Rolf Haubl, Rudolf Heltzel,
Marita Barthel-Rösing (Hg.)
Gruppenanalytische Supervision und Organisationsberatung
Eine Einführung

»edition psychosozial«

Rolf Haubl, Rudolf Heltzel,
Marita Barthel-Rösing (Hg.)

Gruppenanalytische Supervision und Organisationsberatung

Eine Einführung

Psychosozial-Verlag

Für das Aufspüren von unverständlichen Textstellen danken wir
Frau Bettina Daser und Frau Eva Klunker.

Gedruckt mit freundlicher Unterstützung der Freunde
der Universität Augsburg.

Bibliografische Information der Deutschen Nationalbibliothek
Die Deutsche Nationalbibliothek verzeichnet diese Publikation in der Deutschen
Nationalbibliografie; detaillierte bibliografische Daten sind im Internet über
<http://dnb.d-nb.de> abrufbar.

Originalausgabe
© 2005 Psychosozial-Verlag
E-Mail: info@psychosozial-verlag.de
www.psychosozial-verlag.de
Alle Rechte vorbehalten. Kein Teil des Werkes darf in irgendeiner Form (durch
Fotografie, Mikrofilm oder andere Verfahren) ohne schriftliche Genehmigung des
Verlages reproduziert oder unter Verwendung elektronischer Systeme verarbeitet,
vervielfältigt oder verbreitet werden.
Umschlaggestaltung: Katharina Appel
nach Entwürfen des Ateliers Warminski, Büdingen.
Redaktion: Katja Kochalski
Satz: Katharina Appel
Printed in Germany
ISBN 978-3-89806-411-8

Inhaltsverzeichnis

Einleitung: Gruppenanalyse auf neuen Wegen
Rolf Haubl, Rudolf Heltzel, Marita Barthel-Rösing   7

Gruppenanalytische Beratung in Non-Profit-Organisationen
Rudolf Heltzel   11

Mikropolitik für gruppenanalytische Supervisoren und
Organisationsberater
Rolf Haubl   53

Macht und Geschlecht in Organisationen
Elisabeth Rohr   79

»... dann fand ich hilfreich dein Am-Ball-Bleiben« –
Männlichkeit als Dimension in Supervision und Beratung
Holger Brandes   99

Gruppenanalytische Supervision als Integration
von Fallarbeit und Teamentwicklung
Marita Barthel-Rösing   121

Angewandte Großgruppen im Schatten des Modernisierungsprozesses
Gerhard Wilke   141

Zur Leitung von analytischen Großgruppen
Josef Shaked   161

Kultur und interkulturelle Begegnung als Hintergrund von
und Herausforderung für Supervision und Beratung
Mariagrazia Bianchi-Schaeffer   171

Das Krankenhaus als »Kriegsschauplatz«
und/oder als Ort der Gruppenanalyse und ihrer Anwendungen
Ulrich Schultz-Venrath   195

Inhalt

Supervision und Beratung in psychiatrischen Organisationen
Rudolf Heltzel   213

Schiffbruch mit Zuschauer: Zur Geschlechterdynamik in der Therapie mit Sexualstraftätern – Erfahrungen aus einer Supervision
Franziska Lamott   233

Gruppenanalytische Supervision in Pädagogischen Institutionen
Cornelia Volhard   249

Gruppenanalytisch fundierte Beratung in Profit-Organisationen
Georg R. Gfäller   273

Vertrauen ist gut – Betriebsrat ist besser:
Ein eigenwilliger Dritter in der betrieblichen Arena
Erhard Tietel   291

Gruppenanalytisch fundierte Beratung in der Politik
Georg R. Gfäller   315

Supervision in kirchlichen Organisationen:
Das Fundamentalismusproblem
Martin Weimer   335

Vier Gründe, einen Organisationsberater oder einen Supervisor zu rufen: Gesellschaftliche Bedingungen gruppenanalytischer Organisationsberatung und Teamsupervision
Hans Bosse   351

Nachwort: Professionalisierung gruppenanalytischer Supervision und Organisationsberatung
Rolf Haubl   379

Autorenverzeichnis   387

Einleitung:
Gruppenanalyse auf neuen Wegen

Rolf Haubl, Rudolf Heltzel, Marita Barthel-Rösing

Gruppenanalytikerinnen und Gruppenanalytiker, die in der Sektion Analytische Gruppenpsychotherapie (AG) des Deutschen Arbeitskreises für Gruppendynamik und Gruppenpsychotherapie (DAGG) organisiert sind, haben in den letzten Jahren große Anstrengungen unternommen, um – neben dem traditionellen therapeutischen Schwerpunkt ihrer Profession – den wissenschaftlichen und praxisbezogenen Austausch im Bereich der *Supervision und Organisationsberatung* voran zu treiben. Diese Anstrengungen schlagen sich in ersten Professionalisierungsschritten nieder, zu denen eine Zertifizierung sowie eine jährlich stattfindende Fachtagung gehören. Inzwischen haben sich zahlreiche Kolleginnen und Kollegen aus dem deutschsprachigen Raum in diesen Innovationsprozess eingebracht und auf diese Weise berufliche »Identitätsarbeit« geleistet.

Die Anwendung der Gruppenanalyse auf die Dynamik und Arbeitsweise von Teams, Großgruppen und Organisationen fußt auf einer Tradition, die mehr als 50 Jahre zurückreicht. Sie ist mit dem – von Gruppenanalytikern entwickelten – Konzept der Therapeutischen Gemeinschaft verbunden. S. H. Foulkes, als damaliger Leiter des Sigmund-Freud-Instituts in Frankfurt am Main eng mit Mitgliedern der »Frankfurter Schule« – insbesondere Horkheimer, Mannheim und Elias – verbunden, hatte Deutschland 1933 verlassen und eine Stelle als Psychiater im Northfield Military Hospital nahe Birmingham gefunden, dem seinerzeit größten psychiatrisch-psychotherapeutischen Behandlungszentrum für psychisch kranke Soldaten während des Zweiten Weltkriegs. Rickmann, Bion und dann v. a. Foulkes und sein Kollege und Schüler Main wirkten hier als Psychiater im Offiziersrang. Northfield wurde zum Zentrum für die Entwicklung neuer gruppenpsychotherapeutischer Methoden und zur Geburtsstätte der gruppenanalytischen Schule. Von Beginn an ging es dort nicht nur um die psychotherapeutische Arbeit in Kleingruppen, sondern um einen umfassenden, im ursprünglichen Sinn systemischen Ansatz in Therapiegruppen, Aktivitätsgruppen und Arbeitsgruppen verschiedenster Art, wobei das Krankenhaus als Ganzes, als ein zusammengehöriges therapeutisches Feld gesehen wurde.

Diese in die Mitte des letzten Jahrhunderts zurückreichenden Erfahrungen berühren Fragen, mit denen gruppenanalytisch arbeitende Supervisoren und Berater in Organisationen heute zu tun bekommen. Auch wenn Foulkes, Main und ihre Mitarbeiter nicht als externe Berater, sondern als Reformer wirkten, die die Klinik von innen heraus umgestalteten, können heutige gruppenanalytische Supervisoren und Berater auf diesen Ursprüngen ihrer Profession aufbauen. Dabei erhält die Professionalisierung und Institutionalisierung gruppenanalytischer Supervision und Organisationsberatung durch aktuelle berufspolitische Umwälzungen einen entscheidenden Antrieb. Denn im Verlauf der letzten zehn bis fünfzehn Jahre hat sich vieles im Feld der Supervision und Organisationsberatung verändert – nicht zuletzt durch dramatische Veränderungen, die mit einer Existenzgefährdung psychotherapeutischer Praxen einhergingen. Für einige Psychoanalytiker und Gruppenanalytiker war die Wahrnehmung dieser Entwicklung Anlass dafür, ihre Supervisions- und Beratungsarbeit auszuweiten und zu vertiefen, für andere ist es Grund genug, neue Arbeitsfelder erstmals und vorsichtig in Erwägung zu ziehen und sich ihnen zuzuwenden. Auf diese Weise entsteht Bewegung, die noch vor wenigen Jahren undenkbar schien.

Diese Dynamik entsteht aus gesellschaftlichen Entwicklungen, in die wir alle verstrickt sind – ob wir es wollen oder nicht. Obwohl wir uns bemühen können, darin als möglichst kompetente Akteure zu handeln, entziehen sich wesentliche Aspekte unserer Kontrolle. Das passende Bild dazu ist nicht die gebuchte Kreuzfahrt mit festen Ankerplätzen und sicheren Erholungspausen (obwohl auch diese in der Katastrophe enden kann), sondern die Wildwasserfahrt in der Gruppe, für die man so gut wie möglich vorbereitet sein sollte – um sich den Strudeln der Strömung aussetzen zu können.

Damit ist eine umfassende, komplexe Dynamik angesprochen, die – wie Gruppenanalytiker mit Foulkes sagen – die »Grundmatrix« betrifft. Diese bezieht sich auf den kulturellen und historischen Kontext, der die Entwicklung von Einzelnen, von Familien und Gruppen, von Institutionen und Organisationen im Sinne des alles durchdringenden »Zeitgeistes« zutiefst beeinflusst. Supervision und Organisationsberatung entwickeln sich – wie Psychoanalyse und Gruppenanalyse – in einer nicht aufhebbaren Dialektik mit gesellschaftlichen Kontextphänomenen, d. h. im Schnittfeld ökonomischer, sozial- und gesundheitspolitischer sowie kultureller Veränderungsprozesse.

Unsere Zeiten sind solche des Übergangs, der Brüche und Verwerfungen, der Irritationen und Ambivalenzen, der Identitätsunsicherheiten und Sinnverluste. Dies ist die Matrix für all das, was unser Leben und unsere Arbeit bestimmt. Zusätzliche Brisanz erhält dieser Prozess durch die Beschleunigung, denen Organisationsentwicklungsprozesse ausgesetzt sind – und dies betrifft sowohl das Innere von Organisationen als auch deren Beziehungen zu den jeweiligen Außenwelten: Ständige Veränderungen und Neuerungen, wiederkehrende Strukturwandel und Umbrüche drängen sich aus ökonomischer Sicht auf und sind unumgängliche Herausforderungen in allen Organisationen, die heute überleben wollen. Als Konsequenz prägt chronische Ungewissheit das Erleben aller Beteiligten – nicht nur in ökonomischer, sondern auch in tieferer, existenzieller Bedeutung. Damit untrennbar verbunden ist ein anhaltendes Infragestellen von Sinn und ein schleichendes Aushöhlen »intermediärer Institutionen«, also der überlieferten Sinn- und Gesinnungsgemeinschaften, deren Verlust vielerorts als schmerzlich erlebt wird.

Manches spricht dafür, dass der Preis für diese Entwicklung hoch sein wird. In unsicheren Zeiten benötigen Menschen überschaubare, verlässliche Verhältnisse, um sich genügend sicher fühlen zu können. Sie benötigen das Gefühl, Teil einer identifizierbaren Organisationskultur zu sein und zur gemeinsamen Organisationsidentität verantwortlich beizutragen. Besonders in Krisenzeiten benötigen sie funktionale psychosoziale Abwehrmechanismen, um die unbewussten katastrophischen Ängste, die aus der skizzierten Ausgangslage resultieren, bewältigen zu können. Entsprechend wird bei allen Versuchen, in Organisationen etwas in Bewegung zu setzen – und Supervision setzt unweigerlich etwas in Bewegung –, große Angst ausgelöst, was eine verstärkte Abwehr zur Folge hat. Alle Organisationen stehen vor der Herausforderung, dieser komplexen Entwicklung standzuhalten und ihr – möglichst konstruktiv – zu begegnen. Supervision und Organisationsberatung gewinnen hierbei zunehmend an Bedeutung, da sie zu dem erforderlichen Containing von Angst und den zugehörigen Bedrohungsgefühlen einen erheblichen Beitrag leisten. Sie können dazu beitragen, dass statt destruktiver Gruppenprozesse und statt des Ausweichens in Formen des Fundamentalismus und der Gewalt Lernen durch Erfahrung und Konfrontation mit der Realität in Prozessen einer gemeinsamen Team- und Organisationsentwicklung die Oberhand behalten können.

Dass die skizzierten Verwerfungen nicht nur mit Belastungen und Risiken verbunden sind, sondern auch Chancen und neue Möglichkeiten der Entwicklung mit sich bringen, ist die andere Seite der Medaille. Viele Organisationen (bzw. deren Subsysteme) werden im Prozess der existenziellen Gefährdung auch mit Mängeln und Routinen konfrontiert, die in ruhigeren Zeiten als unveränderbar galten, deren Wahrgenommenwerden der institutionellen Abwehr unterlag, und die nun neu gesehen und in Frage gestellt werden können. So entstehen »Möglichkeitsräume«, die aber auch mit Verlusten, mit Abschieden von Althergebrachtem und vormals Bewährtem verknüpft sind. Gefährdungen und »Möglichkeitsräume« stehen in einem dialektischen Zusammenhang: Sie scheinen einander auszuschließen – und bedingen einander doch gegenseitig. Die eine Seite ist ohne die andere nicht zu bekommen, was höchste Ansprüche an das Integrationsvermögen aller Beteiligten stellt. Sowohl Organisationen (bzw. deren Subsysteme) als auch die in ihnen tätigen Individuen müssen sich darin üben, Ambivalenzen und Paradoxien zu ertragen und auszuhalten.

Für gruppenanalytische Supervisoren und Organisationsberater besteht eine zentrale Paradoxie darin, dass sie das Spezifische ihrer Methode, den Kern ihrer Identität, erhalten und pflegen – zugleich aber Fremdes, aus anderen

Konzepten Stammendes aufnehmen und in ihre Arbeit integrieren müssen. Es geht um die Spannung zwischen Traditionspflege und Bilderstürmerei, zwischen Identitätserhaltung und dem Bruch mit Überkommenem. Wie nahezu überall, so stehen auch gruppenanalytische Supervisoren und Organisationsberater vor der Herausforderung, mit dieser Spannung zurecht zu kommen und Disparates, Konträres auszubalancieren. Foulkes selbst war sowohl Traditionalist als auch Bilderstürmer, d. h. radikaler Gruppenanalytiker. Er hat es nie unterlassen, sich zu beiden Seiten seiner beruflichen Identität zu bekennen, und vielleicht bestand gerade darin seine große Leistung, mit der er seiner Zeit voraus war: Er hatte (wie sich postmodern formulieren ließe) mehrere Identitäten, die er lebenslang pflegte, weiterentwickelte und zueinander in Beziehung setzte – ohne seinen Kern preiszugeben.

Das Besondere des gruppenanalytischen Supervisors und Organisationsberaters ist seine gruppenanalytische Grundhaltung, in der er sich von anderen Supervisoren und Organisationsberatern unterscheidet. Diese spezifische Haltung, die er Supervisionsgruppen, Teams und Organisationen zur Verfügung stellt, hat er in einer mehrjährigen Ausbildung erworben und im Verlaufe seiner Berufstätigkeit vertieft. Da er dabei stets mit seiner eigenen, methodisch reflektierten »Subjektivität« arbeitet, gewinnt diese Haltung allmählich eine Gestalt, in der Person und Rolle konvergieren. Die Kompetenz, die aus einem solchen Bildungsprozess resultiert, kann sich niemand im Schnelldurchgang aneignen. Wer sie erwerben will, braucht Zeit, nicht zuletzt, um sich selbst in verschiedenen Gruppensituationen kennen zu lernen.

Die Anwendung der gruppenanalytischen Methode in der Supervision und Beratung – insbesondere in Organisationen – erfordert aber eine zusätzliche vertiefte Auseinandersetzung mit aktuellen, die Gruppenanalyse ergänzenden Theorien und Konzepten der Systemtheorie, der Organisationssoziologie, der Organisationsentwicklung und -beratung, wie dies ohnehin bereits im Ursprung der Methode angelegt ist: Schon der Neurologe Goldstein, ein früher Lehrer von Foulkes, hatte eine lebendige Wechselbeziehung des Organismus zu seiner Umwelt als Entwicklungsprinzip betont.

Davon legen auch die Beiträge, die dieses Buch versammelt, Zeugnis ab. Von Gruppenanalytikerinnen und Gruppenanalytikern geschrieben, die auf ihre je eigene Art zu einer Profilierung gruppenanalytischer Supervision und Organisationsberatung in verschiedenen Arbeitsfeldern beitragen, bieten sie zum ersten Mal einen Überblick über den bisher zurückgelegten Weg. Wohin er noch führt, wird sich zeigen, da neue Wege bekanntlich erst beim Gehen entstehen.

Gruppenanalytische Beratung in Non-Profit-Organisationen

Rudolf Heltzel

Im ersten Teil dieser Arbeit werden Charakteristika von Non-Profit-Organisationen (NPOs) beschrieben und wesentliche Herausforderungen diskutiert, denen sie sich in einer Zeit tief greifender gesellschaftlicher Veränderungen zu stellen haben. Im zweiten Teil wird gruppenanalytische Organisationsberatung im Kontext anderer Beratungskonzepte diskutiert und die gruppenanalytische Beratungspraxis anhand einer Kasuistik veranschaulicht. Obwohl Gruppenanalytiker seit langem nicht nur Supervisionen, sondern auch komplexe Beratungen in Organisationen durchführen, sind diese Erfahrungen in der Fachliteratur bisher nicht ausführlich ausgetauscht worden. Die vorliegende Arbeit erkundet also ein *theoretisch* noch wenig bearbeitetes Terrain und präsentiert Gedanken zu einer Arbeitsweise, die sich in einem dialogischen Prozess zwischen Auftraggebern und Berater als sinnvoll und hilfreich bewährt hat. Andere Gruppenanalytiker könnten – unter anderen Ausgangsbedingungen – zu anderen Konzepten kommen. Gleichwohl besteht die Hoffnung, mit diesen Überlegungen zu einer Professionalisierung gruppenanalytischer Organisationsberatung und zum interdisziplinären Austausch über Fragen der Beratung im Nonprofit-Bereich beitragen zu können.

Die Bedeutung des Themas liegt auf der Hand, wie schon ein erster oberflächlicher Blick auf den Gegenstand zeigt: Während der Nutzen gruppenanalytischer Supervision und Beratung in und für Wirtschaftsunternehmen erst noch nachgewiesen werden muss (zu diesem Arbeitsfeld liegen noch relativ wenig Erfahrungen vor), ist der Ertrag angewandter Gruppenanalyse für den primär nicht gewinnorientierten Sektor bereits heute vielfältig belegt. Wie ich zu zeigen versuche, sind gruppenanalytische Supervisoren/Berater und NPOs »natürliche« Kooperationspartner. Das liegt einmal an dem Umstand, dass die meisten Gruppenanalytiker mit ihren Erst- und Zweitberufen in den verschiedensten NPOs sozialisiert wurden, so dass sie ein hohes Maß an spezifischer Feldkompetenz erwerben konnten. Und dann verbindet gruppenanalytische Berater mit anfragenden NPOs, dass beiden eine *intermediäre Funktion* zukommt, dass sie also Verbindungen zwischen ansonsten klar unterschiedenen und getrennten Bereichen oder Raumen herstellen. Das vertieft und befruchtet die Kooperation, wie weiter unten ausgeführt wird. Da der Nonprofit-Bereich eine beachtliche Ausdehnung erreicht hat und kontinuierlich weiter wächst, da er zahlreichen selbstreflexiven Berufen Heimat bietet und in Bezug auf die ihm zugehörigen Organisationen eine große Variabilität und Entwicklungsdynamik aufweist, stellt er den größten und wichtigsten Teil des Supervisions- und Beratungsmarktes dar, an dem auch Gruppenanalytiker partizipieren.

Non-Profit-Organisationen: Charakteristika, Bedeutung, Problemlagen und Konfliktfelder

(1) Vielfalt und Gemeinsamkeiten von NPOs

NPOs sind ein selbstverständlicher Bestandteil des wirtschaftlichen, sozialen und kulturellen Lebens westlicher Industriestaaten, ihre Bedeutung wächst kontinuierlich an. Traditionell sind sie besonders im Bildungsbereich und Erziehungswesen präsent, sie tragen zur Gestalt des Gesundheitswesens bei und prägen den Katastrophenschutz und vor allem das Sozialwesen in seinen vielfältigen Schattierungen. Die zahlreichen anderen Felder, in denen sie ebenfalls vertreten sind, können hier nicht vollständig aufgelistet werden (siehe dazu: Badelt 2002a). NPOs weisen – auf der Basis verschiedener Rechtsformen – ein bestimmtes Maß an formaler Organisation auf, sie dürfen keine Gewinne ausschütten (anfallende Gewinne müssen für die »Mission« der NPO verwendet werden), sie zeichnen sich durch ein Minimum an Selbstverwaltung bzw. Entscheidungsautonomie sowie Freiwilligkeit (z. B. Mitwirkung Ehrenamtlicher) aus, und sie sind private, also nicht staatliche Organisationen (Badelt 2002a): »Mit NPOs sind all jene privaten, nichtgewinnorientierten Organisationen angesprochen, welche weder dem Markt noch dem Staat zugerechnet werden, und die damit eine Art ›dritte institutionelle Form‹ repräsentieren« (Simsa 2001a, S. 1). Das heterogene Spektrum der NPOs umfasst typischerweise solche Organisationen wie Dienstleistungsbetriebe und Hilfsorganisationen für eine bestimmte Klientel, Bildungseinrichtungen, eingetragene und gemeinnützige Vereine sowie GmbHs mit unterschiedlichen Aufgabenfeldern, Stiftungen, Wohlfahrtsverbände, Interessenvertretungen, Bürgerinitiativen etc., wobei es sich sowohl um große Komplexeinrichtungen und überregional präsente Organisationen, als auch um kleinere Zusammenschlüsse mit wenigen Mitgliedern, Mitarbeitern und ehrenamtlich Tätigen handeln kann (siehe dazu: Badelt 2002; Schwarz 2001; Schwarz u. a. 2002). Trotz der skizzierten Heterogenität des Nonprofit-Sektors macht es Sinn, von Gemeinsamkeiten der entsprechenden Organisationen zu sprechen, da Ausgangslage, Herausforderungen und Entwicklungsperspektiven sich von denjenigen gewinnorientierter Unternehmen unterscheiden. Das Verbot der Gewinnausschüttung, die identitätsstiftende Bedeutung der »Mission«, das Charakteristikum ehrenamtlicher

Mitwirkung nicht nur an der Basis, sondern auch in den Führungsgremien – all diese Charakteristika haben erhebliche Konsequenzen vor allem für das Management, aber auch für Supervision und Beratung in NPOs.

(2) Relevanz des Nonprofit Sektors

Für den Nonprofit-Sektor in Deutschland hat das seit Jahrzehnten geltende Subsidiaritätsprinzip herausragende ökonomische Bedeutung insofern, als es den NPOs einen Vorrang gegenüber der öffentlichen Hand zuweist, was das Erbringen sozialer Dienstleistungen angeht (siehe dazu: Anheier u. a. 2002). In der Geschichte der Bundesrepublik wurde dies vor allem im Gesundheitswesen und im Sozialbereich von den großen Wohlfahrtsverbänden umgesetzt, die das Subsidiaritätsprinzip hauptsächlich verkörpern. Die zugehörigen großen Komplexeinrichtungen gehören zu den größten NPOs überhaupt. 1990 – vor der Wiedervereinigung – stellten NPOs jeden zehnten Arbeitsplatz im Dienstleistungsbereich (Anheier u. a. 2002, S. 27). Fünf Jahre später betrug die Gesamtzahl der Beschäftigten nahezu 5% der volkswirtschaftlichen Gesamtbeschäftigung, wobei zwischen den alten und den neuen Bundesländern noch erhebliche strukturelle Unterschiede bestehen. Im Gesundheitswesen arbeiteten 1990 über 34% der Vollzeitbeschäftigten in NPOs (in Pflegeheimen lag der Anteil bei 63%), im Bereich sozialer Dienste sogar über 61% (Anheier u. a. 2002, S. 31). Noch beeindruckender als diese absoluten Zahlen ist deren Entwicklung über Jahre betrachtet: »Während die Gesamtbeschäftigungszahlen zwischen 1960 und 1995 um 11% expandierten, steigerte sich die Beschäftigung im Nonprofit Sektor viel kräftiger, nämlich um über 370 Prozent« (Anheier u. a. 2002, S. 33). Simsa referiert Zahlen zur Bedeutung von NPOs in Westeuropa. Gemessen an den Beschäftigungsanteilen sei diese am höchsten in den Bereichen Erziehung und Bildung (nämlich 28%), soziale Dienste (27%) und Gesundheit (22%) (Simsa 2001a).

Diese Daten spiegeln die volkswirtschaftliche Bedeutung des Nonprofit-Sektors wider. Wie groß ihre Bedeutung als Hoffnungsträger gesellschaftlicher Entwicklung ist, zeigt die Tatsache, dass fast drei Viertel aller NPOs in Westeuropa in den Bereichen Erziehung, soziale Dienste und Gesundheit tätig sind (Simsa 2001b, S. 14). Da sie dort nicht selten die Rolle von Vorreitern oder Pionieren bei der Entwicklung und Implementierung innovativer Konzepte spielen (was auch über den Nonprofit-Sektor hinaus wirkt) stoßen sie bedeutsame Reformbewegungen an und tragen zu deren gesellschaftlicher Anerkennung bei. Hinzu kommt die mögliche und in der Fachliteratur zunehmend diskutierte Relevanz für die Entwicklung einer Zivil- und Bürgergesellschaft, womit die aktive Beteiligung nicht staatlicher Akteure am öffentlichen Diskurs angesprochen ist, also die Artikulation wachsender Unzufriedenheit mit Politik und das Bestreben, diese – im Interesse des aufgeklärten, verantwortungsbewussten Bürgers – zu kontrollieren und mitzugestalten (Simsa 2001b).

(3) Die intermediäre Funktion von NPOs

Die Bedeutung des »Dritten Sektors« zwischen Staat und Wirtschaft (Anheier u. a. 2002, S. 19; Schwarz u. a. 2002, S. 20) geht aber noch weiter. NPOs zeichnet die Kategorie des »zwischen« aus, sie können als intermediäre Vermittlungsinstanzen zwischen unterschiedlichen Teilbereichen der Gesellschaft verstanden werden (Zauner 2002). So stellen sie eine »*Welt zwischen den Welten*« (Simsa 2002, S. 145) dar und fungieren als Vermittlungsspezialisten zwischen Öffentlichem und Privatem, zwischen dem Staat und den Individuen, zwischen Bürokratie und persönlicher Lebenswelt, womit ihnen eine integrative Funktion zukommt: »Die Aufgabe von NPOs ist damit die Vermittlung zwischen ökonomischen und sozialintegrativen Interessen und der Sektor gilt generell als *integrierende Kopplungsinstanz*« (Simsa 2002, S. 146). »Vermittlung« meint hier den »Modus der Verhandlung« als eine »Miteinander-in-Beziehung-Setzung« (Zauner 2002, S. 168f.).

Wenn NPOs zwischen mehreren »Welten« vermitteln, sind sie darauf angewiesen, auch nach innen »Mehrsprachigkeit« und eine Grundhaltung des Aushandelns von Interessenlagen zu kultivieren. Dass dies eine ständige Quelle von Konfliktlagen ist und wachsenden Beratungsbedarf hervorruft, wird weiter unten diskutiert. Vorerst ist festzuhalten, dass den NPOs als Repräsentanten einer *intermediären Funktion* eine eminente gesellschaftliche Bedeutung zukommt. Was Berger und Luckmann über »intermediäre Institutionen« sagen, trifft auch auf NPOs zu:

> »Intermediär‹ sind sie deshalb, weil sie zwischen dem Einzelnen und den in der Gesellschaft etablierten Erfahrungs- und Handlungsmustern vermitteln. Mit Hilfe dieser Institutionen trägt die Person selbst zur Erstellung und Bearbeitung des gesellschaftlichen Sinnvorrates bei. (...) So mag eine kirchliche Ortsgemeinde, (...) selbst eine Agentur des Wohlfahrtsstaates im Erleben der damit verbundenen Menschen eine wirklich vermittelnde, intermediäre Institution sein (...)« (Berger und Luckmann 1995, S. 59).

Angesichts zunehmender Sinnkrisen wirke »ein gewisser Grundbestand intermediärer Institutionen (...) sinnstiftend und sinnstützend in der Lebensführung des Einzelnen und im Zusammenhalt von Lebensgemeinschaften« (Berger und Luckmann 1995, S. 62). Aus diesen Gedanken folgt als Empfehlung: »Die intermediären Institutionen müssen dort gestützt werden, wo sie nicht ›fundamentalistische‹ Haltungen verkörpern, sondern die ›kleinen Lebenswelten‹ (...) der

Sinn- und eventuell auch Gesinnungsgemeinschaften stützen und zugleich ihre Angehörigen zu Trägern einer pluralistischen ›civil society‹ heranbilden« (Berger und Luckmann 1995, S. 70f.). Spätesten mit dieser Formulierung wird deutlich, wie nahe an der Aufgabenstellung von Supervisoren und Beratern diese Gedankengänge angesiedelt sind.

(4) Herausforderungen für NPOs

Den referierten, vielleicht idyllisch anmutenden Überlegungen ist die harte Realität entgegen zu stellen: Obwohl der »Dritte Sektor« als Alternative zum Staat und zur Wirtschaft angesehen werden kann, bleibt er von beiden Bereichen nicht unberührt, ist er kein geschlossener Raum – im Gegenteil: »Die Wirtschaft« steht ungeduldig in der Tür und verlangt Einlass, und »der Staat« schließt die Fenster und kontrolliert zunehmend alle Ein- und Ausgänge. Die Zeiten werden härter und turbulenter, die Umwelten fordernder und versagender – auch für NPOs. Für den Nonprofit Sektor lassen sich folgende Trends ausmachen (Horak und Heimerl 2002, S. 184f.):

- Zunehmender Rechtsfertigungsdruck
- Zunehmender Zeitdruck
- Knappere Mittel, Rückzug der öffentlichen Hand
- Schwierige Personalsituation
- Rasche technologische Entwicklung (Informationstechnologie!)
- Wertewandel
- Veränderung der Finanzierungsstruktur
- Komplexe Beziehungen zu den Anspruchsgruppen
- Zunehmende Krisenanfälligkeit
- Verschwimmende Konkurrenzbeziehungen (zum Staat, zur Wirtschaft, zu NPOs!)
- Information als entscheidende Basis für NPOs (Controlling!)

Deutliche Marktorientierung, betriebswirtschaftliche Kompetenz, entschlossenes unternehmerisches Handeln und professionelles Management sind gefordert – das Ende des »funktionalen Dilettantismus« (Seibel 1992) scheint angesagt. Damit sind die Herausforderungen, denen sich NPOs zu stellen haben, aber keineswegs erschöpfend dargestellt. Was in der Aufstellung fehlt, ist am ehesten mit dem Begriff »Identitätsarbeit« zu umschreiben. Was damit gemeint ist, möchte ich mit einer zwar konstruierten, aber realitätsnahen Skizze veranschaulichen: Viele NPOs wurden in der Hochphase der bundesdeutschen Reformbewegung, also in den 70er Jahren des letzten Jahrhunderts als basisdemokratisch inspirierte, mehr oder weniger alternativ zur herrschenden Praxis gedachte Projekte gegründet und erarbeiteten sich – angestoßen von charismatischen Gründerpersönlichkeiten und getragen von gemeinsam geteilten, womöglich ideologisch geprägten Konzepten – nicht selten beachtliche Erfolge (zur Pionierphase von Unternehmen siehe: Glasl und Lievegoed 1993). Aufgrund dieser Erfolge vergrößerten sie sich und entwickelten sich zu mehr oder weniger differenzierten bzw. integrierten Organisationen, wobei diese Organisationsentwicklung – teils mit externer Begleitung, teils ohne solche professionelle Unterstützung – zu unterschiedlichen, im Einzelfall stark differierenden Lösungen führte. Was wenige engagierte, kreative Menschen anstießen, wuchs sich zu einer Organisation mit 50 bis 100 Mitarbeitern, einem Jahresumsatz in Millionenhöhe, einem Geflecht aus unterschiedlichsten Projekten bzw. Bereichen und einem Organigramm mit mehreren Hierarchieebenen aus. Altgediente Gründungsmitglieder des Trägervereins arbeiten heute neben jungen Kollegen, die eine ganz andere Berufssozialisation durchlaufen haben und die ursprüngliche »Firmenphilosophie« nur bedingt (oder nur offiziell, nicht aber wirklich) teilen. Die Erfahrenen müssen sich mit Enttäuschungen auseinander setzen, was die Überzeugungskraft ihrer ursprünglichen Anschauungen angeht, die Neuen müssen den »Frust« ertragen, dass die Umsetzung neuer Ideen schwerer fällt als sie glauben, und die Organisation als ganze ist mit verschiedenen, sich teilweise widersprechenden Auffassungen zur Berufsethik, mit widerstreitenden Interpretationen der Berufsrollen, der zukünftigen Aufgaben, der Beziehung zwischen Leitenden und Mitarbeitern etc. konfrontiert.

Fragen kommen auf wie: Kann die Organisation »professioneller« werden und trotzdem an den Grundwerten festhalten? Sind Kommerzialisierungsdruck und »Mission« vereinbar? Kann das gehen – von der sozialen Bewegung zum Dienstleistungsunternehmen? Ist das machbar – eine kontinuierliche Qualitätsverbesserung bei immer knapper werdenden Mitteln? Wie sind ehrenamtliche und hauptamtliche Verantwortlichkeiten zu vereinbaren? In welche Richtung soll sich die Organisation entwickeln, welche Prioritäten soll sie setzen, welches Bild in der Öffentlichkeit präsentieren? Wer sind wir eigentlich? Wer wollen wir in Zukunft sein?

Angesichts solcher Fragen scheint es keineswegs *über*trieben, zahlreichen NPOs eine handfeste Identitätskrise für die Zukunft vorauszusagen, wie manche meinen (Badelt 2002b). Im Gegenteil – es ist auffallend *unter*trieben, denn die Mehrzahl der NPOs befindet sich mitten darin und steht vor der großen Herausforderung, diese Krise konstruktiv zu bewältigen, wofür es viele Beispiele gibt. Weiter unten wird deutlich werden, dass gerade dieser Punkt zu einem anwachsenden Bedarf an Supervision und Beratung führt – in meiner Praxis jedenfalls gibt es keinen Auftrag, der nicht, in der einen oder anderen Form, mit dieser Thematik zu tun hätte.

(5) Problemlagen und Konfliktfelder in NPOs

Die tatsächlichen und potenziellen Problemlagen und Konfliktfelder sind zahlreich und miteinander verknüpft, daher stelle die nach meinem Eindruck häufigsten und wichtigsten im Folgenden zusammen (siehe dazu Simsa 2002 sowie Zauner und Simsa 2002):

- Da NPOs häufig aus sozialen oder Protestbewegungen hervorgegangen sind, zeichnen sich viele durch *Ideologieanfälligkeit* und eine besondere Beziehung zur *Moral* aus. Die Bindung an eine »Mission« kann – wie oben dargestellt – eine der wesentlichen Stärken von NPOs ausmachen (sie unterstützt in der Regel eine dauerhafte Identifizierung mit der Einrichtung und ihren Zielen und wirkt enorm motivationssteigernd), sie kann aber auch zu inhaltlicher Einengung und Unbeweglichkeit führen und die Organisationskultur in hohem Maße lähmen. Wenn die NPO sich ganz wesentlich über die Erarbeitung konfrontativer Strategien definiert hat, können die existenzsichernden Kooperationsbeziehungen leiden, weil Ideologie und Moral die Strategiebildung und die Differenzierung der Aufgabenfelder allzu sehr durchdringen. Außerdem kann es für die NPO schwierig werden, wenn der aus der Zeit als Protestbewegung stammende, »gewohnte« und die Gruppenkohäsion stärkende Außenfeind in seiner Bedeutung zurücktritt, etwa weil er durch die erfolgreiche Arbeit der NPO in den Hintergrund gedrängt wurde und mittlerweile andere Fragen im Zentrum der Alltagsarbeit stehen. Wenn es nicht zur angemessenen Reflexion organisationsinterner Konflikte kommt, droht die Eskalation derselben – manchmal bis zur Zerreißprobe des Zusammenhaltes.

- Zu hartnäckigen Konfliktkonstellationen kommt es dann, wenn grundlegende, identitätsstiftende, von tiefer Moral geprägte *Grundhaltungen* (etwa eine humanistische, karitative, demokratische oder emanzipative Ausrichtung oder Kombinationen davon) auf das *Primat der Ökonomie* (also das Gebot zur Wirtschaftlichkeit und Effizienz) treffen und wenn diese polaren Positionen (die beide essenziell für das Überleben der NPO sind) auf unterschiedliche Personen oder Subsysteme oder Hierarchieebenen verteilt und *aufgespalten* werden – so als ginge es nicht um ein »Sowohl – als – auch«, sondern um ein rigoroses »Entweder – oder«. Die Integration dieser Pole muss fortlaufend erarbeitet und damit immer wieder neu stabilisiert werden.

- Eine ähnlich bedeutsame Dichotomie ist die zwischen den Individuen bzw. Personen (was sowohl die Mitarbeiter als auch die Klienten der NPO meint) und der Organisation als solcher. NPOs bzw. die in ihnen tätigen Professionellen neigen zur *Organisationsabwehr* (Heintel und Krainz 1994), sie verschließen oder verweigern sich der Rationalität formaler Organisation oder blockieren deren sinnvolle Entwicklung. Das beste Beispiel dafür ist das Verhältnis von Leitung und Geleiteten, das in jeder Supervision und Beratung Thema wird: Während noch bis vor ein oder zwei Jahrzehnten Leitung aus Prinzip in Frage gestellt, abgelehnt, verhindert oder – wenn sie nicht zu verhindern war – wenigstens gelähmt wurde, hat sich nach und nach die Einsicht durchgesetzt, dass kompetente Führung und Leitung der entscheidende Faktor für Organisationsentwicklung ist und dabei wesentlich auch zur persönlichen Zufriedenheit der Mitarbeiter beitragen kann (siehe dazu: Heltzel 2001).

- Eine wichtige Quelle unausweichlicher Probleme und Konflikte ist die *Heterogenität und Ambiguität von Zielen*, worin sich NPOs prägnant von gewinnorientierten Organisationen wie etwa Wirtschaftsunternehmen unterscheiden: »So ist die komplexitätsreduzierende Funktion von Geld in NPOs eingeschränkt, monetäre Größen sind bestenfalls eine unter mehreren Orientierungen. Weiterhin typisch für NPOs ist eine Verknüpfung der *inhaltlichen Tätigkeit* mit allgemeinen *gesellschaftlichen Zielen*. Diese sind nicht leicht operationalisierbar und oft stark *politisiert*, sodass Interessen von internen und externen Anspruchsgruppen eine besonders hohe Rolle spielen« (Simsa 2002, S. 137). Auch hier ist es zumindest in größeren Organisationen möglich, diese verschiedenen Interessen auch innerhalb der NPO an verschiedene Gruppierungen zu »delegieren« und aufzuspalten. Was als verständlicher Versuch der Vereinfachung und Problembewältigung beginnt, kann so in starre Konfliktlinien übergehen, in denen bekannte Protagonisten bewährte Positionen vertreten, ohne dass es zum Versuch einer Zusammenführung heterogener Ausrichtungen kommt.

- Manche Probleme und Konflikte resultieren aus der *Kooperation mit dem Staat*. Die Abgrenzung der verschiedenen Sektoren ist in der Praxis keineswegs so scharf und übersichtlich, wie die eingangs skizzierte Definition des Nonprofit-Sektors nahe legt. Tatsächlich gibt es vielfältige Kooperationsbeziehung zwischen NPOs und »dem Staat«, so dass nicht ohne Recht auch von einer Symbiose, also einer wechselseitigen Abhängigkeit bei beiderseitigem Nutzen gesprochen werden kann. Praktisch realisiert sich diese komplexe Beziehung (von der es ebenso viele Variationen wie NPOs gibt) etwa in Vertragswerken, die die Leistungserbringung und die Finanzierung derselben zum Inhalt haben, in formellen und informellen Netzwerken der Zusammenarbeit, aber auch darin, dass Staat (Behörde, Verwaltung) und

NPO in Personalunion von denselben Individuen gesteuert oder getragen werden. Dies gilt insbesondere für den Bereich der öffentlichen Wohlfahrt, wo verzwickte Problemlagen und Konfliktkonstellationen – insbesondere Identitätsfragen betreffend – resultieren können.

- Andere Schwierigkeiten sind Konsequenz der Tatsache, dass viele NPOs im Kern der *Kompensation gesellschaftlich bedingter Missstände*, also der »Schadensbegrenzung« dienen (Simsa 2002). Das führt zur Dauerkonfrontation mit massivem Leid und belastenden Ballungen von Problemen, so dass bei langjähriger Berufstätigkeit ein erhebliches Burnout-Risiko besteht – trotz professioneller, reflektierter Aufgabenerfüllung. So berichten etwa Beratungsteams der Wohnungslosenbetreuung in Großstädten von einem nicht mehr sinnvoll zu bewältigenden Ansturm der Klienten, die beraten, vermittelt und unterstützt werden wollen bzw. sollen. Viele dieser Klienten befinden sich in chronisch problematischen, nicht selten hoffnungslosen Lebenslagen, so dass ihnen bei realistischer Betrachtung entweder gar nicht oder nur ansatzweise geholfen werden kann; eine rasch zunehmende Zahl dieser Hilfesuchenden ist psychisch schwer erkrankt, nicht wenige davon sind sehr junge Menschen ohne jede verlässliche »Anbindung« an vertraute Personen oder zuständige Institutionen und überdies nur sehr begrenzt »absprachefähig«. Nicht selten sind sie von anderen, ebenfalls überforderten Einrichtungen (etwa dem Amt für Sozialhilfe) »geschickt« und konfrontieren die Mitarbeiter (und Mitarbeiterinnen!) des Beratungsteams mit aufgestauten Aggressionen, schwerstem Misstrauen, sexuell getönter Übergriffigkeit u. a. Seiten ihrer beschädigten Persönlichkeit. Hier benötigen Professionelle zur Unterstützung des Containings nicht nur Fortbildung, Supervision und Beratung, sondern auch eine mit der zuständigen Leitung reflektierte – womöglich öffentlichkeitswirksame – Artikulation sozialpolitischer Forderungen (zur Burnout-Prophylaxe am Beispiel Psychiatrie siehe ausführlich: Heltzel 2003, 2004c).

- Eine ständige Quelle hartnäckiger Probleme und Konflikte ist die für NPOs so überaus spezifische *Kooperation von Haupt- und Ehrenamt*. Das kann sich an der Basis abspielen, wenn z. B. ehrenamtlich Engagierte einer weltanschaulich gebundenen NPO, die einen Großteil ihrer Freizeit für ihre »Mission« hergeben, damit konfrontiert werden, dass »die Hauptamtlichen« sich mit »Dienst nach Vorschrift« begnügen, also besonderes Engagement für die gemeinsame Sache vermissen lassen. Oder wenn die durchaus engagierten, aber weniger masochistisch strukturierten Angestellten mit mehr oder weniger offen vorgebrachtem Unmut der Ehrenamtlichen fertig werden müssen, weil die weit über das Maß hinaus für die

»Mission« wirken und Gleiches auch von den Hauptamtlichen erwarten. Noch heftigere Konflikte ergeben sich aus dem Umstand, dass NPOs in der Regel von Ehrenamtlichen geführt werden, die sich – auf Vorstandsebene oder im Aufsichtsrat – in ihrer Führung mit hauptamtlichen, leitenden Angestellten abstimmen müssen. Wer was auf welchen Wegen entscheidet und wer wie dabei mitbestimmt – das sind zentrale, für die NPO existenzielle Topoi, weil sie Fragen von Demokratie und Macht thematisieren (siehe dazu Schwarz 2001).

– Eine weitere unausweichliche, jedoch selten diskutierte Konfliktlage hat damit zu tun, dass viele NPOs zwar einen *Entwicklungsprozess der formalen Differenzierung* und der »Professionalisierung« beschreiten müssen – dass sie dabei aber ihre Herkunft, ihre Geschichte, ihren *Charakter als »Familienbetrieb«* zu berücksichtigen haben. Gut geführte Vereine, Stiftungen etc. leben – wie gut geführte Familienunternehmen – von dem Engagement bestimmter, für ihre Aufgabe sehr geeigneter Menschen und deren bekömmlichem Zusammenspiel im Kontext einer Gruppe. Das verbreitete »Du«, die häufig gepflegten privaten Verbindungen, die »familiäre« Kommunikation, die Berührungspunkte auch außerhalb der »Firma« sind nicht nur und nicht immer von Nachteil, »unprofessionell« und daher zu überwinden, sondern häufig eine wesentliche Ressource gerade dieser so beschaffenen, unverwechselbaren NPO. Zwischen beiden Polen eine möglichst entwicklungsfördernde Balance zu finden, ist eine der großen Herausforderungen solcher Organisationen und nicht selten Gegenstand von Beratung.

Soweit die unvollständige und praxisnah angelegte Skizze spezifischer Problemlagen und Konfliktfelder in NPOs, mit denen Supervisoren und Berater häufig konfrontiert werden. Mitunter geschieht dies schon im Erstkontakt, da die skizzierten Schwierigkeiten Anlass der Nachfrage sind. In anderen Fällen werden sie im Verlauf von Beratungsprozessen Thema. Unter Umständen, die weiter unten diskutiert werden, können Konflikte in Organisationen einen destruktiven Verlauf nehmen und die Organisationsentwicklung lähmen, also im Sinne der »Anti-Group« (Nitsun 1996) eskalieren, was eine große Herausforderung für alle Beteiligten (auch für den hinzugezogenen Berater) darstellt.

(6) Anforderungen an das Management in NPOs

Der Veränderungsstrudel, der heute alle Wirtschaftsunternehmen erfasst, ist längst auch im »Dritten Sektor« angekommen:

Gruppenanalytische Beratung in Non-Profit-Organisationen 21

»Mehr und mehr können sich (...) auch die Organisationen (...) des Gesundheitswesens und andere Organisationen aus dem Nonprofit-Sektor dem Veränderungsdruck nicht mehr verschließen. Schrumpfende Finanzmittel bei gleichzeitig ansteigenden Anforderungen zwingen dazu, (...) über einen radikalen Wandel nachzudenken (...). Die Beschleunigung des Veränderungstempos im Umfeld von Organisationen hat in der Zwischenzeit ein Ausmaß angenommen, das diese dazu zwingt, ihr bisheriges Selbstveränderungspotenzial deutlich zu steigern, um Entwicklungen vorausschauend mitzugestalten beziehungsweise um zu verhindern, aus Gründen des ›Sich ausruhens‹ auf alten Erfolgen immer wieder in existenzbedrohende Krisen zu schlittern« (Wimmer 1997, S. 108f.).

Die Kasuistik des zweiten Teils dieser Arbeit wird diesen Punkt veranschaulichen, ebenso wie den daraus folgenden Schluss, dass unternehmerisches Denken und Handeln auf allen Ebenen der Organisation zur entscheidenden Überlebenssicherung werden. Auch ist Wimmer darin zuzustimmen, »dass wir für die erfolgreiche Handhabung dieses neuartigen Steuerungsproblems auf *funktionsfähige Führungsteams* angewiesen sind, die in ihren Problemlösungs- und Entscheidungsprozessen sowohl die horizontale Verknüpfung der betroffenen Organisationseinheiten untereinander wie auch die Abstimmung zwischen den Hierarchieebenen leisten« (Wimmer 1997, S. 120; Hervorhebung R. H.).

Immer weniger sind Einzelpersonen in der Lage, die für Veränderungs- und Anpassungsprozesse wichtigen Beobachtungen zu sammeln und auszuwerten sowie die daraus resultierenden Einschätzungen und Entscheidungen zu treffen.

»Steuerung passiert im Zusammenwirken zwischen Führungskräften gleicher und unterschiedlicher Ebenen, sie vollzieht sich in Arbeitsteams. Sie ist eine Gemeinschaftsleistung, die in ihrem Vollzug natürlich der qualifizierten Mitwirkung von Personen bedarf« (Wimmer 1996, S. 53).

Führung ereignet sich *im Team* und bezieht sich (bezogen auf die darunter liegende Ebene) wiederum auf Teams. Teamfähigkeit wird so zum Angelpunkt für überlebenssichernde Organisationsentwicklung:

»Hier entsteht eine Art von Führungsverantwortung, die sich eng mit der Arbeit im Team bewähren muss, die zutiefst auf die Akzeptanz der anderen im Team angewiesen ist, die ihren Kredit verspielt, sobald zu demonstrativ die übliche Vorgesetztenrolle hervorgekehrt wird. Die Fähigkeit, Teams in ihrer Leistungsfähigkeit erfolgreich zu machen, sie in ihrer Selbststeuerung gekonnt zu unterstützen, ohne dabei auf eine hierarchische Machtposition zurückgreifen zu können, dies wird eine der gesuchtesten Kompetenzen in künftigen Organisationen sein« (Wimmer 1996, S. 55).

Beispiel für Führung und Leitung als Gemeinschaftsleistung
In einem gut etablierten Trägerverein, der verschiedene Hilfsangebote für eine spezifische Klientel anbietet, kommen die Geschäftsführung und die verschiedenen Bereichsleitungen mit externer Beratung im Abstand von zwei Monaten für einen halben Arbeitstag zusammen, um die Aufgabenstellungen der Einrichtung zu reflektieren und eine Teamentwicklung in der Führung und Leitung zu fördern. In früheren Jahren war dies in bilateralen Kontakten zwischen der Geschäftsführung und den Bereichsleitungen geschehen, jetzt versammeln sich – auf Vorschlag des Beraters – beide Geschäftsführer mit allen Bereichsleitungen und ihren Stellvertretungen in einer Arbeitsgruppe, sodass die bilateralen Kontakte sich erübrigen. Um die Teamentwicklung zu intensivieren, wurde außerdem – auch auf Vorschlag des Beraters – eine wöchentlich stattfindende Besprechung des gleichen Kreises – ohne externe Begleitung – installiert, um die laufenden Geschäfte zu steuern. In den vom Berater begleiteten Sitzungen werden sowohl Rollenkonflikte der Geschäftsführung und der einzelnen Leiter, als auch Konflikte in der Gruppe, als auch Problemstellungen in den einzelnen Bereichen, als auch wesentliche Fragen zur zukünftigen Entwicklung des Vereins und seiner Subsysteme reflektiert. Nicht nur trägt der Kreis zur stetigen Verbesserung der Teamfähigkeit seiner Teilnehmer bei, er unterstützt auch deren fortlaufende Professionalisierung der Führungs- bzw. Leitungsrolle durch praxisnahe Reflexion derselben. Vor allem aber ist er ein essenzieller Beitrag zur Zukunftssicherung des Vereins, insofern alle Führungs- und Leitungskräfte gemeinsam sowohl operative als auch strategische Fragen abwägen und einer Entscheidung zuführen. Vermutlich tragen beide Kreise (der extern beratene und der interne, höher frequente) zu einer Verbesserung des »Klimas« in der Gesamteinrichtung bei, denn seit der Implementierung und Differenzierung dieser Zusammenarbeit haben zuvor verbreitete misstrauische und vorwurfsvolle (paranoid getönte) Stimmungen der Geschäftsführung gegenüber deutlich abgenommen. Außerdem ist eine Zunahme von Eigenverantwortung der einzelnen Bereiche zu verzeichnen, die ohne den hier skizzierten Teamentwicklungsprozess auf Leitungsebene vielleicht denkbar, aber nicht umsetzbar war.

Immer mehr NPOs realisieren, dass ohne Teamentwicklung im Management und ohne Professionalisierung desselben die anstehenden Herausforderungen nicht zu bewältigen sind. Die Aufgaben des Managements in NPOs sind so komplex und so umfassend, dass sie im Rahmen dieser Arbeit nicht im Detail diskutiert werden können (siehe dazu: Badelt 2002, darin einführend: Horak und Heimerl 2002; Schwarz 2001, S. 39ff., sowie Schwarz u. a. 2002). Im Überblick geht es dabei um Prozesse der Willensbildung und Willenssicherung, der Steuerung (Planung, Controlling, Qualitätsmanagement), der Führung, Organisation und Innovation

(Schwarz 2001, S. 42). Aus gruppenanalytischer Sicht, also unter besonderer Berücksichtigung der *Teamentwicklung im Management* hat die Gestaltung des Verhältnisses zwischen *Haupt- und Ehrenamt* besondere Bedeutung. Dieses Thema ist – wie oben bereits erwähnt – häufig Gegenstand von Beratungsaufträgen. Das verwundert nicht, denn in dieses für NPOs charakteristische Verhältnis sind zahlreiche Widersprüche und Paradoxien von vornherein eingebaut.

Ehrenamtlich tätige Vorstände sind mit der Überprüfung, Verantwortung und strategischen Lenkung der verschiedenen Geschäftsabläufe schon allein zeitlich, oft aber auch fachlich-inhaltlich überfordert (Patak 2001). Das kann so lange »gut genug« gehen, wie eine fähige, loyale, verantwortliche Geschäftsführung im wohlverstandenen Interesse der Organisation tätig ist und keine gravierenden Konflikte und Probleme auflaufen:

»Viele erfolgreiche Geschäftsführer (...) führen sozusagen nach ›oben‹ und nach ›unten‹. Sie suchen ihre Mitarbeiter aus, führen, kontrollieren und motivieren sie, aber zugleich wählen sie sich auch ihre Vorstände und Funktionäre aus und steuern – oft recht geschickt – die ehrenamtlichen Gremien« (Patak 2001, S. 166).

Wenn diese ehrenamtlichen Vorstände aber die ökonomische Haftung übernehmen müssen, oder wenn sie die Organisation (den Verein, die Stiftung) nach außen souverän vertreten und zugleich heftige interne Konflikte klären oder schlichten sollen, ist die Überforderung der Beteiligten vorprogrammiert. Mitunter tragen gute, belastbare persönliche Beziehungen über Klippen und Hindernisse, häufig ist aber zusätzlich eine besondere Leidensfähigkeit – wenn nicht gar eine ausgewachsene masochistisch Charakterstruktur – gefordert, um ein, zwei oder auch drei Wahlperioden zu überstehen. Die Entwicklung effizienter Managementstrukturen in NPOs erfordert daher in jedem Fall, das Verhältnis zwischen Hauptberuflichen und Ehrenamtlichen zu reflektieren und – wenn möglich – einen fortlaufenden Teamentwicklungsprozess auch hier anzustoßen und zu fördern. Beratern kommt hierbei die Aufgabe zu, solche Schritte in angemessener Form anzuregen und – wenn es gewünscht ist – zu begleiten. Die Erfahrung zeigt, dass dies mitunter größte Ängste weckt und hochgradig tabuisiert ist. Alle Beteiligten (Hauptberufliche wie Ehrenamtliche) wissen dann um die informell kursierenden gegenseitigen Vorwürfe, um die latenten (aber hartnäckigen) Animositäten, um nicht offen kommunizierte Konflikte, aber alle scheuen deren gemeinsame Klärung. Gruppenanalytische Supervisoren können eine große Unterstützung in diesen schwierigen Prozessen sein, und gruppenanalytische Berater können Mut machen, sich ihnen – mit professioneller Unterstützung – zu widmen.

Der Topos der Beziehung zwischen Haupt- und Ehrenamt greift aber über die Ebene gruppeninterner Konflikte hinaus, insofern er die für das Überleben der NPO entscheidende Frage der *Demokratie* bzw. des *Machtausgleichs* zwischen Mitgliedern, hauptamtlich Angestellten und ehrenamtlich tätigen Funktionären berührt. Schwarz plädiert im Grundsatz dafür, den Mitgliedern mehr Macht gegenüber dem Management und innerhalb diesem den Ehrenamtlichen mehr Macht gegenüber den »Profis« zu geben, »jedoch nicht durch Entmachtung der einen oder anderen Seite, sondern durch Schaffung von Gegenmacht, mit dem Ziel des Machtausgleichs« (Schwarz 2001, S. 109). Das hätte Folgen für die Professionalisierung ehrenamtlicher Funktionäre (Vorstands- bzw. Aufsichtsrats-Mitglieder) wie für die Entwicklung ehrenamtlicher Führung (Diskussion von Grundsatzfragen mit den Mitgliedern, demokratische Meinungsbildung, dann Entscheidung der Führung/Leitung und Umsetzung von Details auf der Ebene von Statuten und Satzungen):

> »Insgesamt wird hier der sogenannten *offenen Planung* das Wort geredet, in welcher (...) die Betroffenen zu Beteiligten gemacht und Entscheide in einem kommunikativ-kooperativen Ablauf erarbeitet werden. (...) Die Qualität von »Management« und »Planung« wird damit maßgeblich von der Art und Weise geprägt, wie Entscheidungen unter Beteiligung vieler zustande kommen« (Schwarz 2001, S. 110).

Was die Arbeitsteilung in der Führung angeht, sind Ehrenamtliche in einem solchen Konzept der Abstimmung und Zusammenarbeit entsprechend ihren begrenzten Möglichkeiten vorwiegend für die *strategischen Fragen* zuständig, während Hauptamtliche das *operative Geschäft* führen – ohne dass sich der ehrenamtlich zusammengesetzte Vorstand bzw. Aufsichtsrat permanent in die Geschäftsführung einmischt. Dass eine solche Arbeitsteilung diffizile Haftungsfragen aufwirft, liegt auf der Hand (siehe dazu Ettel und Nowotny 2002). Auch bei bester Arbeitsteilung zwischen Haupt- und Ehrenamt und bei optimaler Partizipation der Mitglieder bzw. Mitarbeiter bleibt das Problem zu lösen, wie eine Vielfalt an Risiken und Optionen – die Zukunftsentwicklung der Organisation betreffend – abgewogen und entschieden werden können (Hirschhorn 2000). Insgesamt resultiert ein enormer, dauernder Stress, was organisationsrelevante Entscheidungsprozesse angeht. Führungs- und Leitungskräfte in NPOs sind daher – wie ihre Vettern und Cousinen in gewinnorientierten Unternehmen – fortwährend mit anwachsender Komplexität konfrontiert, die sie im Interesse der Organisation zu beobachten, zu verarbeiten und zu bewältigen haben.

Praxeologie gruppenanalytischer Beratung in NPOs

Das hier vertretene, im Verlauf zweier Jahrzehnte entwickelte Beratungskonzept hat sich aus der Supervisions-, Beratungs-, Fortbildungs- und Seminartätigkeit zunächst in psychosozialen Organisationen (Psychiatrie, Suchtkrankenversorgung, Psychosomatik, Psychotherapie) und in medizinischen Kliniken, dann in Einrichtungen des Sozialwesens und des Bildungsbereiches, der Altenpflege, in kirchlich gebundenen Organisationen, in alternativen Genossenschaften und weiteren Organisationen und Arbeitsfeldern herausgebildet. Meine Arbeitsweise wurde dabei fortlaufend von anderen Beratungskonzepten beeinflusst (diese Offenheit für Anregungen durch »Fremdes« ist ein Charakteristikum der gruppenanalytischen Methode), wobei sowohl Übereinstimmungen, als auch Unterschiede im Wahrnehmen, Verstehen und Vorgehen bestehen. Im folgenden diskutiere ich einige dieser Einflüsse, die nicht nur für mich selbst, sondern für viele gruppenanalytischen Kollegen bedeutsam waren. Dabei betone ich die Berührungspunkte, während ich die Differenzen zwischen den vorgestellten Beratungsansätzen und dem eigenen Konzept nur kurz skizziere.

(1) Das Beratungskonzept Fürstenaus

In meiner Arbeit als Supervisor und Berater bemühe ich mich in Übereinstimmung mit Fürstenau um »Offenheit für unterschiedlichste Beratungs-, Supervisions-, Fortbildungs- und Seminarprojekte, um die Spannweite der (...) Konzeption zu zeigen« (Fürstenau 2001, S. 116; die folgenden Seitenangaben beziehen sich auf diese Quelle). Ich strebe an, »für jedes komplexe oder neue Projekt die Beratungsregularien und -methodik eigens in Zusammenarbeit mit dem jeweiligen Klientensystem zu entwickeln, statt ausschließlich auf (...) ›mitgebrachte‹ Konzepte, Methoden und Orientierungen (also »Standardlösungen«, R. H.) zu vertrauen« (S. 115). Supervision und Beratung werden so »zur Projektkonsultation, das heißt einer Konsultation, deren Methode projektbezogen vom Supervisor/Berater im Kontakt mit den Klienten jeweils zu entwickeln ist« (S. 113). Als Anregung für die Zeitgestalt von Beratungsbeziehungen gilt auch für mich, diese »als zeitlich begrenzt zu konzipieren, zugleich aber eine hinreichend lange Zeit projektbezogener Kontakte vorzusehen, um (...) Weiterentwicklung/Fortbildung zu ermöglichen« (S. 116). Damit wird die verbreitete Standardorientierung etwa zwei- oder dreijähriger Dauer von Beratungsprozessen in Frage gestellt (in dieser flexiblen Haltung stimmen Gruppenanalytiker zunehmend überein).

Versteht man Beratung als entwicklungsfördernde Begleitung des jeweiligen zu beratenden Systems, dann stellen in der Sicht Fürstenaus *alle* Kontakte mit Vertretern dieses Systems eine Beratungssituation dar, in der der Berater deren

Anregungen und Wünsche aufnimmt und nach und nach – im Sinne der Weiterentwicklung des Systems – verarbeitet (S. 108). Gefragt ist jeweils die »veränderungsoptimale systemische Gestaltung« des Beratungssettings (Fürstenau 1992, S. 93; die folgenden Seitenangaben beziehen sich auf diese Quelle), was die »Fähigkeit zu elastischer Handhabung von Setting und Rahmenbedingungen« (S. 103) und zu »konzeptionsbezogener Steuerung« (S. 106) des Prozesses erfordert. – Auch für mich gilt dabei, dass es durchaus möglich ist,» auf mehreren Ebenen eines Unternehmens gleichzeitig tätig zu sein, wenn man sich (...) strikt an die Regel hält, stets die Rolle und Funktion dessen zu fokussieren, mit dem man es gerade zu tun hat« (Fürstenau 2001, S. 110).

Neben diesen Berührungspunkten zur Konzeption Fürstenaus (die alle in dem abschließenden Fallbeispiel wieder auftauchen) gibt es bedeutsame Unterscheidungen – insbesondere, was die Bewertung emotionaler Prozesse und damit zusammenhängend die Nutzung von Übertragungs-Gegenübertragungs-Verstrickungen angeht: Aus der systemischen Sicht Fürstenaus sind diese zu vermeiden oder mindestens zu minimieren, während gruppenanalytisches Arbeiten – in Anlehnung an das psychoanalytische Beratungsverständnis Wellendorfs (Wellendorf 2000) – von der Unvermeidbarkeit solcher Prozesse ausgeht und sie zum Verständnis von Organisationsdynamik nutzt. Auch für die Bewertung destruktiver Gruppen- und Organisationsprozesse gilt, dass sie – in Fürstenaus Sicht – unterlaufen, vermieden oder jedenfalls als positive Ressource umgedeutet werden sollten, während die heutige gruppenanalytische (auch von Bion beeinflusste) Arbeitsweise in der Bearbeitung und Bewältigung entsprechender Regressionsprozesse eine wesentliche Herausforderung sieht (Heltzel 2004).

(2) Arbeitsfeldbezogene Gruppendynamik

Die arbeitsfeldbezogen orientierte Gruppendynamik hat großen Einfluss auf die Professionalisierung der Beratung in Organisationen genommen (siehe dazu etwa: Edding 1988; Heintel und Krainz 1988; Schwarz 1990; Fatzer 1993, 1996; Doppler 1993; Doppler und Lauterburg 1996). Für gruppenanalytische Organisationsberatung von besonderem Belang sind dabei systematische Überlegungen zum Interventionsrepertoire in Gruppenzusammenhängen, vor allem in organisationellem Kontext (Voigt und Antons 2001, die folgenden Seitenangaben beziehen sich auf diese Quelle). Hier geht es um »die Handlungsspanne des *absichtsvollen Tuns* – mit und ohne Worte –, das darauf abzielt, einen Ablauf oder Prozess verändernd zu beeinflussen. Dieses Veränderungsmoment kann sich auf das Verhalten und die Sichtweisen einer Person beziehen oder – zum Beispiel in der Organisationsentwicklung – auf Veränderungen im Ablauf/Geschehen eines institutionellen Zusammenhangs« (S. 225). Für Gruppenanalytiker ist es bedeutsam aufzunehmen, dass freie Einfälle – im Kontext von Organisationsberatung – in ihrer Bedeutung für die Generierung von Interventionen relativiert werden (S. 226), und dass in der Systematik möglicher Interventionen zwischen solchen auf Organisations-, Gruppen- und Individualebene unterschieden wird (S. 227).

Bei den Interventionsarten sind – für Beratung in Organisationen – besonders struktursetzende Interventionen (Klärung der Arbeitszeiten, Zusammensetzung der Gruppe, Vorschläge zum Wechsel der Vorgehensweise usw.) von ergänzender Wichtigkeit (S. 232), ebenso Interventionen auf der inhaltlich-thematisch-sachlichen Ebene, also solche, die sich auf die Aufgabenstellung und Zielsetzung der Gruppe beziehen (S. 235). Was die Intensität von Interventionen angeht, ist es erforderlich, eine Variation verschiedener Intensitätsstufen zu pflegen: Vom »Antippen« einer aktuellen Konfliktlage, über ein Sich-Exponieren des Gruppenleiters – der »Stellung bezieht und sich das Recht nimmt, aktiv gestaltend in den Prozess einzugreifen« (S. 238) – bis zur Benennung des eigentlichen Kerns eines Konfliktes in möglichst deutlicher Sprache (S. 238). Der Gruppenleiter kann Verhaltensweisen der Gruppenmitglieder gegenüberstellen, oder die Gruppe mit eigenen Reaktionen konfrontieren, z. B. indem er eigene Gefühle oder Bilder, Phantasien und Assoziationen einbringt (S. 239).

Wohlgemerkt: Alle diese Interventionsweisen *ergänzen und erweitern* das spezifisch gruppenanalytische Interventionsrepertoire (siehe dazu: Behr u. a. 1985, S. 111ff.) und machen es keinesfalls überflüssig. Trotz der Relativierung der Methode freier Einfälle gegenüber der therapeutischen Gruppenanalyse bleibt diese doch die Leitdifferenz, die gruppenanalytisches Verstehen und Begleiten vom gruppendynamischen Vorgehen signifikant abgrenzt. Wer sich aber für gruppenanalytische Beratung in Organisationen entscheidet, wird sich mit den skizzierten Modifikationen, Ergänzungen und Erweiterungen der gruppenanalytischen Methode auseinander zusetzen haben, er/sie wird viel lernen können dabei (siehe dazu auch: Fürstenau 1992, S. 187f.).

(3) Psychodynamische Organisationsberatung (Tavistock-Modell)

Diese, der Tavistock – Tradition verpflichtete, auf kleinianischen Konzepten und der Theorie offener Systeme von Miller und Rice basierende Konzeption ist der dritte wichtige Einfluss auf gruppenanalytische Beratungspraxis in Organisationen (siehe dazu: Obholzer und Roberts 1994; Lazar 1994, 1998; Lohmer 2000). Gruppenanalyse integriert Elemente aus der Psychoanalyse, der Sozialpsychologie, der Gestaltpsychologie und der allgemeinen Systemtheorie (Behr u. a. 1985), wobei der traditionelle Graben zwischen Foulkes und Bion im letzten Jahrzehnt zunehmend überbrückt wurde (Schermer und Pines 1994, Nitsun 1996; Heltzel 2004).

Der Tavistock-Ansatz gründet in der Annahme, dass die primäre Aufgabe einer Organisation (z. B. die Unterstützung wohnungsloser, die Pflege alter oder die Behandlung kranker Menschen) deren Mitglieder mit *unbewusster Angst* konfrontiert, gegen die sich diese mittels *psychosozialer Abwehrmechanismen* schützen. Organisationen kommt aus dieser Sicht die Funktion der Bewältigung sozialer Ängste zu (Obholzer 1994). Dabei können dysfunktionale Routinen entstehen, die die Aufgabenerfüllung nachhaltig beeinträchtigen (Mentzies Lyth 1991). Es ist Aufgabe insbesondere des Managements, ein *Containment für Ängste*, Unsicherheitsgefühle u. a. Affekte zur Verfügung zu stellen, was nicht nur eine funktionale Dimension (Klarheit über die Aufgaben und Strukturen), sondern auch den erforderlichen Reflexionsraum meint. Zentrale Aufgabe von Beratung ist es, dieses Containment zu fördern und zu unterstützen, Beratung trägt selbst wesentlich dazu bei, dass Ängste und Affekte »im System einen Ort haben, wo sie aufgenommen, verstanden, überdacht und in geeigneter Weise dem System wieder zurückvermittelt werden können« (Lohmer 2000, S. 437) – in der unten beschriebenen Beratungsarbeit (Kasuistik) hatte gerade diese Dimension eine große Bedeutung.

Die zunehmende Instabilität und der permanente Wandel von Organisationen bewirken eine Zunahme von Angst und Widerstand (Obholzer 1997) und forcieren die ohnehin ständig bereitliegende Neigung zur Gruppenregression i. S. der *Grundannahmen* Bions (vgl. Lazar 1994, 1998). Ohne dieses Konzept lassen sich tief regressive und hoch destruktive Gruppenprozesse in Organisationen nicht hinreichend verstehen. Grundannahme-Gruppen (bzw. Organisationskulturen, die von Grundannahmen dominiert sind), sind extrem konservative, lernunwillige, realitätsfeindliche, veränderungsresistente Gebilde, also das gerade Gegenteil dessen, was der Begriff »lernende Organisation« meint. Organisationsberatung bekommt damit zu tun, ob sie will oder nicht – mindestens als Anlass der Nachfrage, aber auch im Verlauf von Beratungsprozessen. Grundannahmen helfen Gruppen, ihr *psychisches Überleben* zu sichern. Sie stellen sich als Reaktion auf »primitive« Ängste ungeplant, spontan und unbewusst ein und bedürfen keiner sprachlichen Verständigung. Grundannahme-Gruppen suchen magische (realitätsferne) Lösungen für anstehende Konflikte und Notlagen, so vermeiden sie die Frustration, die aus dem Lernen aus Erfahrung erwächst. Sie torpedieren – wenn sie längere Zeit unkorrigiert bestehen – eine realitätsbezogene Erfüllung von Aufgaben, Kooperation und Entwicklung und beschwören damit den *realen Untergang* herauf, den sie zu verhindern trachten. Mitglieder von Grundannahme-Gruppen leiden unter den Umständen, halten aber beharrlich am Status quo fest. Sie leiden, weil Angst und Hilflosigkeit der Motor ihrer Regression sind und weil sie mit schwer zu ertragenden Affekten zu tun bekommen. Zugleich vermittelt ihnen die Grundannahme ein tiefes Gefühl der Zusammengehörigkeit und erspart ihnen Schmerz, Trauer, Frustration und

Anstrengung, die aus der Konfrontation mit der Realität herrühren. So ist das Arbeitsleben in Teams und Organisationen, die von diesem Erleben dominiert werden, schwer und leicht zugleich – Gruppenanalytiker kennen die spezifische Konnotation dieser Verfassungen aus zahlreichen Beratungsprozessen (auch die Kasuistik erzählt davon).

Die an Klein bzw. Bion orientierte Psychoanalyse konzeptualisiert die skizzierte Gruppenregression noch anders, nämlich als Vorherrschen der *paranoid-schizoiden Position*. Auch hier ist Angst und deren Verarbeitung der Hintergrund der Dynamik. Die entsprechenden Ängste handeln von Vernichtung, Verfolgung und Untergang. Sie sind mit Hoffnungslosigkeit verbunden. Alle diese Ängste werden durch die aktuellen Entwicklungen in Organisationen zusätzlich geschürt, sie fördern massive, archaische Abwehrbewegungen. Die Welt der paranoid-schizoiden Position – das sind im Extrem Spaltungen und Schuldvorwürfe, Selbstbezogenheit und Verletzungen bis ins Mark, vernichtende Racheimpulse und lähmende Machtkämpfe. Diese Welt gibt es nicht nur bei Shakespeare, sie ist auch in heutigen Organisationen präsent, insbesondere in Zeiten der inneren und äußeren Bedrohung, Berater werden daher zunehmend damit konfrontiert (»Anti-Group«, siehe: Nitsun 1996; zur aktuellen Entwicklung in Organisationen siehe: Heltzel 2004).

Gruppen (bzw. Teams) und Großgruppen (bzw. Organisationen und deren Subsysteme) *oszillieren* zwischen Stadien der »Unreife« (Grundannahmen, paranoid-schizoide Position) und der »Reife« (»Arbeitsgruppe« Bions bzw. depressive Position), manchmal in größeren Zeitabständen, manchmal auch im Rahmen einer Sitzung. Bei »reifen Gruppen« (Koenigswieser und Heintel 1998) handelt es sich – mit Bion gesprochen – um Gruppen im *Modus der Arbeitsgruppe*, die aus Erfahrung lernen. Es ist Aufgabe von Beratung, eine solche Entwicklung möglichst wirkungsvoll zu fördern (dies gelingt nicht immer so gut wie im Fall der unten dargestellten Organisationsberatung).

Der an Klein und Bion ausgerichtete psychoanalytische Ansatz wird in der Denktradition des Tavistock-Modells mit der Systemtheorie von Rice und Miller kombiniert (siehe dazu: Roberts 1994). Ein Kernpunkt dieser Theorie ist das Konzept der *primären Aufgabe,* auf die hin eine Organisation gedacht und strukturiert ist oder jedenfalls sein sollte. Welches diese Aufgabe ist und wie sie ausgeführt werden sollte – dies auszuführen ist zentrale Managementaufgabe innerhalb dieses Konzepts. Angesichts der hohen Dynamik in und um Organisationen ist es heute aber zunehmend schwierig oder gar unmöglich, primäre Aufgaben einigermaßen sicher festzulegen – jedenfalls über längere Zeiträume. Was heute primäre Aufgabe ist und das Überleben sichert, wird morgen schon in Frage gestellt und übermorgen als unsinnig verworfen. Und bei der Entscheidung über diese Aufgabe gibt es immer mehrere Optionen. Die Festlegung bezüglich der Aufgabe wird damit zum *primären Risiko* (Hirschhorn 2000).

Trotz der Berührungspunkte zwischen dem Tavistock-Ansatz und dem gruppenanalytischen Konzept der Beratung in Organisationen (oder anders formuliert: trotz der Annäherungen zwischen Bion und Foulkes) gibt es wesentliche *Unterschiede*, die hier nur kurz benannt werden können: Gruppenanalytiker verstehen Containment weniger mit Hilfe räumlicher Metaphern, sondern als Matrixphänomen, also als Ergebnis bzw. Ausdruck netzwerkartiger *Beziehungen*, die es spezifisch zu fördern gilt. Aus gruppenanalytischer Sicht muss Containing durch »Connecting« (mündliche Mitteilung Schultz-Venrath) ergänzt werden, genauer: Containing besteht nicht im Angebot eines Raumes (was die Metapher des Containers nahe legt), sondern ereignet sich im Prozess des Connecting, der Beziehungsverflechtung. Entsprechend legen Gruppenanalytiker in ihren Interventionen das Gewicht auf die Förderung von Verbindungen, von Austausch, von Kommunikation und bewerten Deutungen – insbesondere solche, die die Gruppe als homogenes Ganzes ansprechen – als relativ weniger gewichtig (Behr u. a. 1985; Heltzel 2000b). Statt die Gruppe als Ganzes anzusprechen, betonen sie bevorzugt die Unterschiede in den Voten der einzelnen Teilnehmer und fördern Übertragungen der Gruppe auf den Gruppenleiter nicht. Sie verstehen, intervenieren und handeln also nicht in einem dyadischen Konztext, sondern gruppal (interaktionell und matrixbezogen) und prozessual. Containment realisiert sich daher in gruppenanalytischer Sicht nicht nur in einem Geflecht wechselseitiger, vielschichtiger Bezogenheit, sondern wird darüber hinaus – auf der Zeitachse – von unterschiedlichen Teilnehmern des Prozesses in besonderer Weise getragen, von anderen in Frage gestellt usw.; Containment ist so kein räumliches Modell, sondern ein oszillierendes, sich im Gruppenprozess veränderndes Matrixphänomen.

Der Tavistock-Ansatz integriert die von Miller und Rice entworfene *Theorie offener Systeme*, um die *Umweltabhängigkeit* des Systems zu verdeutlichen. Diese Theorie betont die Überlebenssicherung des Systems durch möglichst flexible, reflektierte, reaktive Anpassung an sich wandelnde Umwelten. Eine Abschließung des Systems gegenüber der Umwelt kommt einer existenziellen Gefährdung gleich (Roberts 1994). Die neuere Systemtheorie sieht dies genau anders herum. Obwohl beide Systemtheorien voneinander so gut wie keine Notiz nehmen, ist es aus gruppenanalytischer Sicht nahe liegend, die verschiedenen, sich widersprechenden Theorien miteinander in Beziehung zu setzen. Das ist möglich, da sie unterschiedliche Aspekte komplexer Wirklichkeiten fokussieren oder besser: unterschiedliche Wirklichkeiten konstruieren (Schattenhofer 2001).

(4) Die neuere Systemtheorie

Aus der Fülle beratungsrelevanter Themenkomplexe (siehe dazu: Ebert 2001) sollen hier vier ausgewählt werden, die mit den Stichworten *Selbststeuerung*, *Komplexität*, *Beratungskontext* und *Interventionsverständnis* markiert sind.

Systemisches Denken ist durch eine bestimmte Art der Weltsicht gekennzeichnet, die u. a. von der Unterscheidung zwischen System und Umwelt ausgeht (Wimmer 1992; die folgenden Seitenangaben beziehen sich auf diese Quelle). Die neuere Systemtheorie sieht soziale Systeme (also etwa Organisationen) als »operativ geschlossen« an, insofern sie »in einem sehr viel stärkeren Maße aktiv ihre Realitäten (schaffen), als dies im offenen Systemansatz angenommen wurde« (S. 67). Systeme treffen äußerst selektiv Entscheidungen darüber, welche Informationen aus der Umwelt sie aufnehmen und im Sinne der *Selbststeuerung* weiter verarbeiten wollen:

»Mit anderen Worten, Systeme haben äußerst selektiv Kontaktpunkte mit den für sie relevanten Umwelten entwickelt, wobei diese Punkte nicht willkürlich sind, sondern eng mit den spezifischen Überlebensbedingungen eines Systems zusammenhängen (...). Die strukturellen Koppelungen eines Systems ermöglichen es diesem, seine Umwelt im Großen und Ganzen zu ignorieren, sich also den allermeisten Ereignissen gegenüber indifferent zu halten und nur ganz bestimmte Irritationen aufzunehmen« (S. 69).

Die meisten Ereignisse oder Informationen werden aber vom System übergangen und ignoriert: »Blickt man also mit einem systemischen Blickwinkel auf Organisationen, so beobachtet und behandelt man diese als sich selbst reproduzierende Ganzheiten, die sich durch die Produktion und Aufrechterhaltung einer Grenze gegenüber ihrer Umwelt am Leben erhalten« (S. 70). Das hat Folgen für das Verständnis der Beraterrolle, denn Interventionen können aus dieser Sicht bestenfalls Irritationen auslösen und damit Entwicklung anregen:

»Intervenieren in diesem Sinne heißt also, das Kommunikationsgeschehen zwischen Berater- und Klientensystem so zu gestalten, dass dadurch die Weiterentwicklung der Problembearbeitungskapazität des Klientensystems angestoßen und befördert wird. (...) Dies hat beispielsweise zur Folge, dass der Kontaktaufbau, die Problemexploration, das Entscheiden über und die Implementierung von Maßnahmen simultane Prozesse sind, bei denen es schwer fällt, zwischen Diagnose- und Interventionsphase noch sinnvoll zu unterscheiden« (S. 83).

Systemische Beratung dient der Selbstthematisierung, sie ist selbstreflexiv angelegt und fördert die Selbststeuerung des Systems. Insgesamt gilt der Grundsatz: »Man leistet Hilfe für die Erarbeitung von neuem Wissen des Systems über sich selbst unter Verzicht auf eine rasche Übereinkunft bezüglich einer gemeinsamen Problemsicht und der sofortigen Konzentration auf Lösungen« (S. 100) – das sind Grundhaltungen, die mit der gruppenanalytischen Haltung sehr gut kompatibel sind.

Im Gegensatz zum Tavistock-Ansatz, der einen Schwerpunkt auf die Anpassungsfähigkeit des Systems gegenüber Veränderungen in der Umwelt legt, betont der auf die neuere Systemtheorie rekurrierende Beratungsansatz demnach die Eigenständigkeit und Selbststeuerungsfähigkeit des Systems (beide Ansätze nehmen im übrigen voneinander so gut wie keine Notiz, sie existieren in getrennten Umwelten und entwickeln sich unabhängig voneinander weiter). In dialektischer, gruppenanalytischer Sicht sind Systeme sowohl offen als auch geschlossen, sowohl unabhängig als auch abhängig: Sie sind eigenständig, abgegrenzt, »operativ geschlossen« und selbstrekursiv und können daher durch Intervention von außen nicht willkürlich verändert werden. Und sie überleben im Kontakt mit ihren Umwelten, indem sie sich selektiv an diese anpassen, sich »anschlussfähig« zeigen. Diese beiden Sichtweisen schließen einander aus und bedingen sich gegenseitig. Je nachdem, ob die eine oder die andere Seite bevorzugt wahrgenommen wird, resultieren andere Schwerpunkte in der Beschreibung der System-Umwelt-Beziehung (siehe dazu Ebert 2001, S. 141ff. und 208ff.), und es ergeben sich unterschiedliche Konsequenzen für die Rolle des Beraters.

Komplexität ist einer der zentralen Begriffe der neueren Systemtheorie und von großer Bedeutung sowohl für die Steuerung von Organisationen, als auch für die Wahrnehmungseinstellung des Beraters:

> »Von der Komplexität eines Systems spricht man, wenn es eine große Anzahl von Elementen aufweist, die in einer großen Zahl von Beziehungen zueinander stehen, die verschiedenartig sind und deren Zahl und Verschiedenartigkeit zeitlichen Schwankungen unterworfen sind« (Baecker 1999, S. 28; die folgenden Seitenangaben beziehen sich auf diese Quelle).

Komplexität ist ubiquitär, sie basiert auf der Gleichzeitigkeit von Abläufen und der unbegrenzten Vielzahl an Möglichkeiten, sie schließt Unberechenbarkeit, Kontingenz und daher Risiko ein und bringt Gefühle der Überforderung, der Ungewissheit und der Verwirrung mit sich (aus gruppenanalytischer Sicht wäre zu ergänzen, dass sie unbewusste und bewusste Angst und die zugehörigen Abwehrbewegungen auslöst). Komplexität ist überfordernd. Für die Bewältigung von Komplexität sind daher Bescheidenheit, Fehlerfreundlichkeit und Flexibilität entscheidend: »Man pflege Varietät, damit man, wenn das eine nicht mehr klappt, es vielleicht auf anderem Weg versuchen kann« (S. 34) – diese Empfehlung ist in vielen Beratungssituationen hilfreich.

Komplexität in Organisationen bedarf vor allem der *Vereinfachung*. »Management by complexity« kann nicht heißen, Komplexität immer noch zu steigern, sondern im Gegenteil: erfolgreiche, nützliche, also »richtige« Komplexitätsreduktionen zuzulassen – obwohl jederzeit klar ist, dass es diese angesichts der Komplexität der Verhältnisse gar nicht geben kann. *Einfache Komplexität* arbeitet mit Notwendigkeiten und Einschränkungen,

»auf die man sich einlässt, weil man damit rechnet, im Prinzip jederzeit und das heißt in Abhängigkeit von den Strukturen des Systems die Kontingenz wieder mobilisieren zu können und somit zur komplexen Komplexität zurückkehren zu können. (...) Organisation und Management bieten Vereinfachungen an, die jederzeit auf andere Möglichkeiten hin beobachtet werden können. Unter diesen Bedingungen akzeptiert man einfache Komplexität, weil man weiß, dass das eine Paket aus Komplexität und Vereinfachung, auf das man sich jetzt einlässt, nicht ausschließt, dass man demnächst ein anderes Paket ausprobiert« (S. 177ff.).

Diese Theorie einfacher Komplexität in Organisationen beschreibt die aktuellen Herausforderungen für das Management zutreffender (komplexer!) als die Theorie der primären Aufgabe oder des primären Risikos, auf die sich der Tavistock-Ansatz bezieht. In Fall der unten vorgestellten NPO wurde in vielen Fragen entsprechend vorgegangen.

Systemische Organisationsberater empfehlen »*reife Gruppen*« (Arbeitsgruppen, Teams, Steuerungsgruppen) als konstruktive, zukunftsorientierte Methode der Komplexitätsbewältigung in Organisationen, was mehreres meint: Nicht nur die sachliche Ebene der Zusammenarbeit, sondern – dem theoretischen Anspruch nach – auch die sinnlich-emotionale, etwa durch Thematisierung von Überforderungsgefühlen und Unsicherheit (Koenigswieser und Heintel 1998, S. 94; die folgenden Seitenangaben beziehen sich auf diese Veröffentlichung); nicht nur Aufgabenorientierung, sondern auch Emotionalität und Sinnlichkeit (S. 95); nicht nur die zweckrationale Ebene, sondern grundsätzliche Gleichberechtigung in der Gruppe, offene Kommunikation, Kreativität und Vielfalt – Steuerungsgruppen etwa sollten interdisziplinär, bereichs- und hierarchieübergreifend zusammengesetzt sein und sowohl Veränderer, als auch Bewahrer zusammenführen (S. 98f.). Die Berater schreiben:

»Wir nehmen an, dass nun die Teams ›gut‹ zusammen gesetzt sind und auch einen klaren Auftrag haben. Wir nehmen auch an, dass die Rahmenbedingungen klar sind. Dennoch bleibt die Frage offen: Was muss in Teams geschehen, damit diese in ›reifer Weise‹ sich selbst steuern können? Und was heißt Selbststeuerungsprinzip? Dieses Prinzip besagt, dass man sich selbst beobachtet, thematisiert, Feedback aufnimmt und reflektiert (...). Diese Art, über sich selbst, über das Wie zu sprechen, nennen wir Metakommunikation. Durch den Reflexionsprozess (...) werden auch kollektiv unbewusste, latente Dimensionen nicht mehr nur agiert, sondern auch ins Bewusstsein gerückt und damit auch veränderbar« (S. 100).

Professionelle Moderation soll helfen, diese Art von Teamfähigkeit zu erreichen und selbstreflexiv zu arbeiten: »Es muss möglich sein, die Ängste und Mythen zu thematisieren, Intuition zuzulassen und alle erdenklichen Ressourcen zu nutzen. In reifen Gruppen gibt es wechselseitige Akzeptanz; es wird verlangt, unbefangen seine Meinung zu äußern, Konflikte auszutragen, Probleme beim Namen zu nennen und mit Unterschieden umzugehen« (S. 102). Ohne Arbeitsgruppen, Teams und Steuerungsgruppen dieser Art sei die Bewältigung und Steuerung von Komplexität in Organisationen nicht möglich. Gruppenanalytische Berater werden dieser Skizze sich selbst steuernder, »reifer Gruppen« ohne weiteres zustimmen können, da ihre Arbeit in der Förderung genau solcher Gruppenarbeit besteht – nicht nur dem Anspruch nach, sondern in umfassender Praxis (wie u. a. aus der Kasuistik zu entnehmen ist). Gruppenanalytische Beratung ermöglicht, fördert und nutzt tiefe affektive Prozesse in Gruppen einschließlich der unbewussten Dimension. Sie fußt auf dem in langjähriger gruppenanalytischer Sozialisation erworbenen Vertrauen auf die Kraft, die Kreativität und die Potenz von Gruppen und verzichtet weitestgehend auf Strukturierung durch systematisches Fragen und andere Techniken systemischer Beratung (zur Relativierung der Methode freier Gruppenkommunikation und der Notwendigkeit von Variationen im Interventionsrepertoire in Organisationsberatungsprozessen siehe oben).

Eine Dimension, welche gruppenanalytische Berater in Organisationen *nicht* schon aus eigener Erfahrung mitbringen, aber mit Gewinn aus der systemischen Beratungspraxis übernehmen können, ist mit dem Begriff *Beratungskontext* umschrieben. Auswahl und Gestaltung des Beratungssettings haben großen Einfluss auf den Beratungsprozess (Wimmer 1992, 2004; Scala und Grossmann 1997). Wer also wann und mit wem mit welchem Auftrag an welchem Ort zusammenkommt, ist mit entscheidend für den Erfolg des eingeschlagenen Prozesses. Wer teilnimmt und wer nicht, wer punktuell und zu welchen Punkten einbezogen wird und wie dies im Verlauf des Prozesses wieder aufgegriffen und weiter entwickelt wird (flexible Gestaltung des Beratungssettings je nach Prozessentwicklung und Bedarf, vgl. auch Fürstenau 1992) – das sind wesentliche Fragen, die sich dem Berater besonders zu Beginn, aber auch im weiteren Verlauf des Beratungsprozesses stellen. In diesen Kontext gehören auch Entscheidungen über Dauer und Frequenz der Sitzungen, wobei der Berater die Aufgabe hat, hierzu hilfreiche Informationen und Anregungen zu geben, also das Klientensystem fachlich zu beraten, wenn es nicht schon selbst über genügend eigene Erfahrungen in dieser Sache verfügt. Ein für Veränderung optimales Design des Beratungssettings zu schaffen, ist daher aus systemischer Sicht vorrangige Aufgabe des Beraters.

Das *Interventionsverständnis* variiert durchaus innerhalb der Gruppe systemischer Organisationsberater. Hier soll die von Wimmer vorgeschlagene

Einstellung besonders hervorgehoben werden (Wimmer 2004; die folgenden Seitenangaben beziehen sich auf diese Quelle), die sich sehr mit der Haltung gruppenanalytischer Organisationsberater berührt. Von Interventionen spricht Wimmer bei allen Kommunikationsereignissen, die im Kontext des Beratungssystems stattfinden:

»Beratung passiert nicht im Klientensystem, sondern in einem eigens dafür geschaffenen sozialen Gefüge, das der Klient und die Berater durch gelingende strukturelle Kopplung miteinander formen, ohne dabei die eigenen Systemgrenzen in die eine oder andere Richtung aufzulösen« (S. 268).

Dabei bemüht sich der Berater, das Kommunikationsgeschehen so zu gestalten,

»dass dadurch die Weiterentwicklung der Problembearbeitungskapazität des Klientensystems angestoßen und befördert wird. Aus diesem Grunde sind alle Kommunikationsereignisse, die in der Beziehung zwischen Berater- und Klientensystem stattfinden, unter diesem Interventionsaspekt zu sehen, zu planen und auszuwerten (...). Dies hat beispielsweise zur Folge, dass der Kontaktaufbau, die Problemexploration, das Entscheiden über und die Implementierung von Veränderungsmaßnahmen simultane, ineinander verwobene Prozesse sind, bei denen es schwer fällt, zwischen Diagnose- und Interventionsphase noch sinnvoll zu unterscheiden. Man kann demgegenüber auch davon ausgehen, dass alles, was die Berater tun, auch vom Klienten im Kontext der Beratungsbeziehung beobachtet und ausgewertet wird« (S. 268f.).

Diese Haltung (die der von Fürstenau beschriebenen ähnelt) impliziert auch eine Abkehr von spezifischen, womöglich standardisierten »Techniken« des Intervenierens, was mit der gruppenanalytischen Arbeitsweise in Organisationsentwicklungsprozessen sehr gut kompatibel ist.

(5) Gruppenanalytisch konzipierte Beratung in NPOs

Der hier vertretene Beratungsansatz geht davon aus, dass Supervision in Organisationen – da sie organisationelle Zusammenhänge berücksichtigt, Leitung einbezieht und das jeweilige Subsystem in seiner aufgabenbezogenen Weiterentwicklung zu unterstützen sucht – mit Organisationsberatung »korrespondiert« (Weigand 2000). Supervision kann sich mit Organisationsberatung berühren oder in sie übergehen, eine starre Abgrenzung beider wird daher zukünftigen Herausforderungen nicht gerecht (siehe dazu auch: Fürstenau 2001).

Es gibt viele verschiedene Formen der Supervision in Organisationen (am Beispiel der Psychiatrie siehe dazu ausführlich: Heltzel 2004b). Die wichtigsten sind: Teamsupervisionen (in der Regel mit Beteiligung der zuständigen Teamleitung); Supervision von teamübergreifenden Arbeitsgruppen (die etwa eine umschriebene Thematik bearbeiten sollen); Supervisionen von Subsystemen anderer Art (etwa Gruppen von Mitarbeitern, die fortlaufend mit bestimmten Aufgaben betraut sind); Supervision von Projektgruppen (selbstreflexive Entwicklungsbegleitung des Projektes); umgrenzte Supervisionsprojekte mit genau festgelegten Zielen (z. B. Kriseninterventionen, Konfliktklärungen); Großgruppensupervisionen (entwicklungsbegleitende Abteilungs-Supervision, Supervision aller Vereinsmitglieder, eines psychosozialen Verbundes etc.); Supervision von Leitungsteams aller Art und jeder Hierarchiestufe und weitere Supervisionsprojekte, die hier nicht alle aufgezählt werden können. Im Grunde steht es in jeder Situation neu an zu klären, welche Problemlagen und Bedürfnisse vorgebracht werden und welche Personen daher wann und mit welcher Aufgabenstellung in einem Supervisions- oder Beratungsprojekt zusammenarbeiten sollten. Das eröffnet die Möglichkeit zahlreicher Varianten der »Organisationssupervision« (Gotthardt-Lorenz 2000) oder der Organisationsberatung. Gruppenanalytische Supervision zeichnet sich dabei durch die systematische Förderung der Selbstreflexion des Systems aus, sie ermöglicht die Wahrnehmung und das Verstehen tiefer (unbewusster) emotionaler Prozesse ebenso wie die Klärung von Aufgabenorientierungen; sie stellt einen Zusammenhang zwischen Phänomenen der Kultur (»Grundmatrix«), den Beiträgen Einzelner und deren Vernetzung im organisatorischen Zusammenhang her und trägt insgesamt stark zur Entwicklung des Teamgedankens und der Kommunikation innerhalb der Organisation bei (siehe dazu ausführlich: Heltzel 2000).

In meiner Praxis ist es inzwischen häufiger der Fall, dass Nachfragen sich nicht auf einzelne Supervisionsaufträge – also etwa die Supervision *eines* Teams einer Einrichtung – beziehen, sondern ausdrücklich die *Kombination* mehrerer Supervisionsprojekte thematisieren. Meistens sind dann Teams und deren Leitungs- bzw. Führungsgremien als Supervisanden gemeint, also etwa der Vorstand des Vereins, die aus mehreren Personen zusammengesetzte Geschäftsführung, die Ebene des mittleren Managements einer Komplexeinrichtung usw. (Heltzel 2001). Wenn diese Varianten der Leitungsberatung mit Großgruppensupervision der Abteilung oder mit anderen Formen der »Organisationssupervision« (z. B. mehreren Teamsupervisionen) verbunden werden und die Entwicklung der Organisation als ganze thematisiert wird, ist es angemessen, statt von Supervision von *gruppenanalytischer Organisationsberatung* zu sprechen – auch wenn nicht *alle* beteiligten Personen und Subsysteme in den Beratungsprozess einbezogen sind (Wimmer 1992). Mit dieser Form komplexer Aufträge tun sich jene Supervisoren/Berater schwer, die die gleichzeitige Arbeit auf mehreren Hierarchiestufen nicht mit ihrer professionellen Rolle in Einklang bringen können. Nach meiner (von manchen Kollegen bestätigten) Erfahrung bedauern dies nicht wenige Führungskräfte und Leiter, da sie sich – in Übereinstimmung mit ihren Mitarbeitern – gerade eine solche komplexe Begleitung der Organisationsentwicklung durch einen Supervisor/Berater (oder durch ein kleines, kooperierendes Beraterteam) wünschen. Hier ist also erkennbar Beratungsbedarf gegeben, der nicht überall angemessen beantwortet wird.

Das von mir vertretene Konzept ermöglicht es nicht nur, an mehreren Orten innerhalb der Organisation, sondern auch auf mehreren Hierarchiestufen derselben als Berater/Supervisor tätig zu sein, wenn bestimmte Voraussetzungen beachtet werden. Zu allererst ist es unabdinglich, dass die Organisation als ganze von dieser Art der Entwicklungsbegleitung weiß und ihr – jedenfalls grundsätzlich – zustimmt. Die verschiedenen Engagements unterliegen also nicht der Geheimhaltung, sie werden vielmehr *so transparent wie möglich* kommuniziert und in der Organisationsöffentlichkeit diskutiert. Dies bedeutet selbstverständlich *nicht*, dass Details oder gar persönliche Belange aus Sitzungen weiter gegeben werden – die verlässliche Verschwiegenheit des Beraters in solchen Fragen ist vielmehr absolute Voraussetzung des weiteren Erfolges. Was der Berater in der Organisation kommuniziert, sind Themen, Anregungen und Gedanken, die die Entwicklung des Systems und seiner Subsysteme betreffen – mitunter auch auf ausdrücklichen Wunsch der unmittelbar Beteiligten. Auf diese Weise trägt der Supervisor/Berater dazu bei, dass Nicht-Kommuniziertes kommuniziert, dass Nicht-Verbundenes verbunden, das Nicht-Integriertes integriert wird – manchmal durch diesbezügliche verbale Kommunikation, mitunter aber auch nur so, dass er das isoliert voneinander Kommunizierte im Sinne des »Containings« in sich hält und damit integriert (auch wenn es sich widerspricht oder sogar ausschließt). Er kommt damit der *Holding-together-Function* (Hearst) des Gruppenanalytikers nach und erfüllt eine *intermediäre Funktion*, indem er sich ungeachtet der Tatsache, dass viele Beteiligte gerade dies für ausgeschlossen halten, als »Welt zwischen verschiedenen Welten« bewegt und »im Modus der Verhandlung« zwischen ansonsten getrennten oder zerstrittenen Parteien vermittelt.

Eine besondere Rolle kommt dabei der *Analyse multipler Gegenübertragungen* zu, wie sie in der gruppenanalytischen Arbeit generell auftreten (siehe dazu ausführlich: Moeller 2003), in der organisationsbezogenen Beratung aber von noch einmal hervorgehobener Bedeutung sind. Bei seiner Kontaktaufnahme mit den Vertretern verschiedener Interessenlagen in der Organisation wird der gruppenanalytische Berater mit der »multidimensionalen Widersprüchlichkeit der gruppenanalytischen Gegenübertragung« (Moeller 2003, S. 88) konfrontiert, die dem menschlichen Streben nach möglichst widerspruchsfreier Einheitlichkeit diametral entgegen gesetzt ist: »Das Resultat ist ein Ansteigen der inneren Bedrohung, mit anderen Worten: der Angst« (Moeller 2003, S. 88). In dieser Situation ist der Berater herausgefordert, die unterschiedlichsten, sich widersprechenden oder auch sich ausschließenden Gegenübertragungseinstellungen in sich zu halten und bestehen zu lassen – auch wenn sich dies als schwer umsetzbar, zeitweise auch als unerträglich erweist. Um diese Herausforderung zu bestehen, ist *gruppenanalytische Selbsterfahrung* – wenn möglich nicht nur in der Kleingruppe, sondern auch im Setting der Großgruppe – wenn nicht unerlässliche Voraussetzung, so doch eine enorme Hilfe. Der gruppenanalytische Berater trägt seinerseits durch die von ihm erlebten Gegenübertragungen zur Ausgestaltung des Beziehungsgeschehens in der Organisationswirklichkeit bei: Indem er die Vielfalt und Widersprüchlichkeit inneren Erlebens in sich »hält« und die Hoffnung verkörpert, dass aus Chaos eine Weiterentwicklung resultieren kann, ist er den Organisationsmitgliedern Modell, mit dem sie sich identifizieren können. Indem er inneren Möglichkeitsraum zur Verfügung stellt, regt er die Erweiterung solchen Raumes in der Organisation (will sagen: in und zwischen den Akteuren) an.

In noch etwas anderer Konzeptualisierung geht es um die Befähigung zur Schaffung und Aufrechterhaltung *»triangulärer Räume«* in der Organisation, die zur Entwicklungsförderung genutzt werden können (Tietel 2002, 2003, 2004). Der Berater setzt in dieser Art zu arbeiten polare Positionen miteinander in Beziehung und repräsentiert die Hoffnung, dass entgegen verbreiteter Erwartung – wenn es gut geht – doch Austausch, Verstehen und Zusammenarbeit möglich sind. Dies schließt Konflikte ausdrücklich ein, üblicherweise ist es gerade durch ihre Bearbeitung möglich, die hier skizzierten Entwicklungsprozesse zu fördern. Der Berater verfolgt dabei die grundlegende Strategie, Konfliktparteien eine direkte, persönliche Klärung der strittigen Fragen nahe zu legen, er schlägt dafür geeignete Beratungssettings vor, wenn dies nötig scheint und regt so oft als möglich an, dass sich die Konfliktparteien ohne ihn und im Rahmen vorhandener Organisationsstrukturen auseinander setzen. Fehlt es im System an solchen Gelegenheiten (was nicht selten der Fall ist), regt er deren Etablierung an. Auf diese Weise fördert er fortlaufend Selbstreflexion und Selbststeuerung und wird sich nach einer Zeit der intensiven Mitwirkung aus dem Prozess der Organisationsentwicklung zurückziehen können. Meine Erfahrung in zahlreichen Beratungsprozessen ist, dass dies – wie in persönlichen Entwicklungsprozessen auch – eine geraume Zeit benötigen kann, dass schließlich der Abschied aus der gemeinsamen Arbeit aber ausnahmslos gelingt.

Gefährdet werden kann dieser Prozess durch Interaktionen, die der systemische Familientherapeut Haley als »perverse Triaden« beschrieben hat (siehe dazu ausführlich: Tietel 2004). Das sind Koalitionsbildungen, die sich gegen Dritte richten und sich insbesondere dann, wenn sie geleugnet werden, hochgradig destruktiv auswirken können. Der trianguläre Raum zwischen den beteiligten Akteuren wird in diesem Fall angegriffen, indem statt seiner *geheime, gegen Dritte gerichtete dyadische Beziehungen* kultiviert werden. Berater in

Organisationen können dies erleben, wenn Vertreter der einen Hierarchiestufe (oder des einen Subsystems) im Kontakt mit ihnen Partei gegen Repräsentanten einer anderen Hierarchiestufe (oder eines anderen Subsystems) ergreifen und dabei womöglich in dem Glauben handeln, dies geheim halten zu können. Ginge der Berater auf diesen Verführungsversuch ein, bräche der trianguläre Raum zusammen, da eine geheime dyadische Verbindung zum Schaden Dritter (zu denen der Berater ebenfalls Kontakte unterhält) installiert würde. Dass der Berater bei diesem Manöver auch seine eigene Rolle aufgäbe und als hilfreicher externer Begleiter entwertet (oder besser: zerstört) würde, ist die andere Seite der Medaille. Selbstverständlich eröffnete ein Arbeiten zwischen verschiedenen, miteinander womöglich im Konflikt stehenden Parteien ein Feld für vielfältige paranoid getönte Phantasien, die in Organisationen – auch ohne Fehlverhalten des Beraters – unterstellt werden können. Wird die Dreiecksbeziehung andererseits von allen Seiten akzeptiert (wozu der Berater wesentlich beitragen kann), dann wird die Perspektive und Interessenlage des jeweiligen Dritten mit gedacht oder zumindest respektiert. In diesem entwicklungsgünstigen Fall »kann sich die Triade stabilisieren und ihre produktive Kraft entfalten. Wird die Beziehung der Anderen zueinander weniger als bedrohlich oder vernichtend wahrgenommen und vorgestellt, sondern auch als gut, als sachgemäß, als angemessen oder gar als produktiv, dann wirkt dies stabilisierend auf die Vorgänge in der Triade und in den einzelnen Akteuren zurück« (Tietel 2004, S. 34). Der Berater kann dies fördern, indem das ihm Zugetragene – wenn es sich auf Andere in der Organisation bezieht und kommuniziert werden sollte – in geeigneter Form organisationsöffentlich macht. In anderen Fällen fördert er die »triadische Kompetenz« (Bürgin und von Klitzing 2001) aller Beteiligten, indem er die Einfälle der Supervisanden (auch die, welche Kritik an Dritten üben) zwar hört und aufnimmt, aber in sich hält (und nicht zum Schaden der momentan Ausgeschlossenen nutzt). Damit vermittelt er eine Haltung, die sich etwa so wiedergeben ließe:

»Obwohl ihr zur Zeit Konflikte untereinander und Kritik aneinander habt, und obwohl ihr am Sinn eurer Zusammenarbeit momentan zweifelt (was ich hiermit zur Kenntnis nehme), mache ich mir Eure augenblickliche Position nicht uneingeschränkt zu eigen und strebe meinerseits an, mit mehreren Parteien zugleich konstruktive Kontakte und Beziehungen zu pflegen – ohne dass dabei Schaden für jeweils Ausgeschlossene entsteht«.

Indem der Berater sich auch unter Druck, also unter erschwerten Bedingungen als nicht parteiisch und als nicht destruktiv oder traumatisierend erweist, ist er den Akteuren ein brauchbares Identifikationsmodell, was triadische Kompetenz angeht. Dass der Berater – zumindest in Komplexeinrichtungen – nicht nur ein oder zwei Dreiecksverhältnisse eingeht und zu reflektieren bzw. zu balancieren hat, sondern eine potenzielle Vielzahl derselben, ist für Gruppenanalytiker eine prinzipiell vertraute Herausforderung: Er macht auf diese Weise Erfahrungen mit dem organisationellen Netzwerk, mit der *Matrix der Organisation*, innerhalb derselben er ein wichtiger Knotenpunkt ist.

Der skizzierte Beratungsprozess ließe sich auch als ein (im Einzelfall mühsamer, zäher, von Rückschlägen begleiteter) *Prozess der allmählichen Vertrauensbildung* beschreiben. In diesem bringt der Berater in einer Ausgangslage verbreiteten Misstrauens seinerseits eine reflektierte »Misstrauen in Misstrauen« (Neuberger 2004) ein und übersteht in der anschließenden Arbeit viele Tests, Prüfungen und Herausforderungen, wobei sich beweisen muss, dass er seine vielfältigen Kontakte und die unterschiedlichsten, ihm zugänglichen Informationen nicht eigennützig und zum Schaden anderer missbraucht. Das lässt sich nicht durch eine Deklaration im vorhinein sicherstellen, sondern bedarf der gemeinsamen Praxis und der kritischen Überprüfung in einem dialogischen Prozess. Im Allgemeinen ist es dabei so, dass kleine, unvermeidliche Fehler des Beraters durchaus toleriert und verziehen werden – sofern er sich im ganzen als Person erweist, deren Verhalten innerhalb der organisationellen Matrix Vertrauen rechtfertigt (dieser entscheidende Punkt wird immer genauestens beobachtet und kritisch geprüft). Das bedeutet anderseits, dass in der Organisation vorhandenes massives Misstrauen, also eine deutlich paranoid gefärbte Organisationskultur dem hier skizzierten Beratungsansatz Grenzen setzt. Ohne einen gewissen Vorschuss an Basisvertrauen hat der Berater keine wirkliche Chance, den hier vorgestellten Beratungsansatz erfolgreich in den Entwicklungsprozess der Organisation einzubringen. Organisationsangehörige wünschen sich – nach meinem Eindruck – Berater, die einen solchen Vertrauensvorschuss verdienen. Sie wünschen sich Berater, die – anders als sie selbst – noch nicht jedes Vertrauen in die konstruktive Entwicklung des Systems verloren haben, die also eine Alternative zur in der Organisation verbreiteten Haltung des Misstrauens, der Resignation und der Hoffnungslosigkeit darstellen können. Vielleicht ist dann trotz tiefer Hoffnungslosigkeit und krankmachenden Misstrauens doch noch Veränderung möglich.

Ein bedeutsames Thema dieser Form der komplexen Beratung ist das von *Macht und Ohnmacht* (Doppler 1993, 2003; Haubl in diesem Buch). Gruppenanalytiker, die neben verschiedenen Teams auch die nächst höhere Hierarchieebene, u. U. auch die Geschäftsführung, den Vorstand, die Direktion oder auch größere Gruppen, Abteilungen usw. beraten, erlangen einen Einfluss in der Organisation. Da dies beobachtet, von manchen auch gewünscht wird, kann der Berater – wegen seiner Nähe zu den Mächtigen – projektiv mit deutlich mehr Macht ausgestattet werden, als ihm tatsächlich zur Verfügung steht. Diese Situation stellt eine große Verführung für den Berater dar, was die

Entwicklung eigener Größenphantasien angeht: Er kann sich selbst als wesentlich mächtiger Phantasieren, als er tatsächlich ist. Oftmals muss er nämlich die Erfahrung machen, dass seine Interpretationen, Vorschläge und Interventionen zwar gehört und mehr oder weniger freundlich aufgenommen, keineswegs jedoch angenommen oder »eins-zu-eins« umgesetzt werden. Vielleicht finden die Akteure in der Organisation auch bald bestätigt, dass sie – was sie schon immer wussten – alle Hoffnung auf Veränderung (jedenfalls in ihrem Sinne) fahren lassen müssen. Aus scheinbarer Macht (oder phantasierter Allmacht) kann so schnell tatsächliche Ohnmacht des Beraters werden, und dies zu realisieren und zu reflektieren gehört zu seinen wesentlichen Aufgaben. Erst ein in dieser Weise »geerdeter« Berater erweist sich als wirkliche Hilfe zur Selbsthilfe, da er die Abhängigkeitswünsche der Klienten notwendig enttäuscht. Andererseits wäre es der Situation unangemessen, wenn der Berater die eigenen Einflussmöglichkeiten (und die Freude am Einflussnehmen) vor sich selbst und vor den Anderen verleugnen würde. Hier gilt der Rat des im Umgang mit Macht Erfahrenen: Wer als Berater von Mächtigen (und sei es: informelle) Verantwortung für die Geschicke in der Organisation übernimmt, »sollte sein persönliches Verhältnis zur Macht einigermaßen transparent und soweit im Griff haben, dass er den eigenen spontanen Tendenzen nicht blind ausgeliefert ist. Andernfalls läuft er Gefahr, seine (...) Klienten zu instrumentalisieren« (Doppler 2004, S. 30). Aus gruppenanalytischer Perspektive ist im Übrigen festzuhalten, dass Macht in interdependenten Beziehungen begründet ist, weshalb niemand – schon gar nicht der Berater – die Machtverhältnisse in Organisationen wirklich kontrollieren kann (siehe dazu auch den Beitrag von Haubl in diesem Buch).

Ich schließe die konzeptionelle Skizze der von mir praktizierten Beratungsarbeit in Organisationen mit der ergänzenden Bemerkung ab, dass es – idealtypisch – nahe läge, das Beratersystem grundsätzlich *als Gruppe* zu konzipieren – die wachsende Komplexität des Untersuchungsgegenstandes korrespondierte dann optimal mit der Pluralität sich ergänzender Beobachterstandpunkte bzw. Beraterkompetenzen. Tatsächlich kooperiere ich in bestimmten Fällen befristet mit gruppenanalytischen Kollegen oder auch mit Beratern anderer Provenienz, die spezifische Erfahrungen und Kompetenzen in den Beratungsprozess einbringen (etwa, was juristische, betriebswirtschaftliche oder arbeitsrechtliche Fragen angeht). Solche Kooperationen erfordern allerdings einen manchmal sträflich unterschätzten, in Wirklichkeit aber beachtlichen Aufwand an gemeinsamer Reflexion, an Austausch und Abstimmung. Wenn der hierfür notwendige Zeit- und Energieaufwand nicht vom Beratersystem selbst aufgebracht bzw. abgegolten werden soll, entstehen zusätzliche Kosten, deren Erstattung mit den Klienten verhandelt werden muss:

»Bei allen aufwendigen Beratungsprojekten, insbesondere wenn sie mehrere Berater(innen) in unterschiedlicher Intensität und Arbeitsteiligkeit involvieren, ist es ratsam, diese Binnenseite der Beratung als eine der Rahmenbedingungen des Berater/Klientensystems in aller Klarheit mit dem Auftraggeber herauszuarbeiten und in der Honorargestaltung mit zu berücksichtigen« (Wimmer 1992, S. 105).

Da aber NPOs bekanntermaßen über deutlich eingeschränkte finanzielle Ressourcen verfügen, sind diesem idealtypischen Vorgehen hier doch enge Grenzen gesetzt – es sei denn, die Berater übernehmen einen Großteil dieser zusätzlichen Kosten selbst. In Abwägung dieser Umstände entscheide ich mich in den meisten Fällen zu dem hier ausführlich geschilderten Vorgehen als möglichst flexibler (aber nicht für alles kompetenter) Einzelberater oder – wie sich mit Baecker formulieren ließe – zu einer in zahlreichen Fällen praktikablen Variante *»einfacher Komplexität«* in Bezug auf die Struktur des Beratersystems und dessen prozessorientierte Ausgestaltung.

Kasuistik:
Gruppenanalytische Organisationsberatung in der Wohnungslosenhilfe
Als mich ein Mitglied der Personalvertretung der Einrichtung anruft und um Supervision für eine Gruppe von Kollegen bittet, knüpft er an meine frühere Tätigkeit als Psychiater im Sozialpsychiatrischen Dienst an, in der ich Hilfe und Unterstützung in Krisensituationen mit psychisch auffälligen Bewohnern angeboten hatte. Ich sei den Kollegen seitdem bekannt, man setze Vertrauen in mich, ob ich Teamsupervision durchführen könne – man habe gehört, dass ich ein solches Angebot inzwischen mache. Ich sage zu und vereinbare ein Erstgespräch, bei dem zwar nicht der Anfragende, dafür aber zwei andere, dann ein weiterer Mitarbeiter anwesend sind. Wir sitzen in einem trostlosen Aufenthaltsraum auf Holzstühlen, die Anwesenden sind sehr erschöpft, sprechen mit gedämpften Stimmen über eigene Krankheiten, über ihre Resignation und Hoffnungslosigkeit, über Gefühle des Alleingelassenseins und die reale Befürchtung, in diesem Raum von der Leitung abgehört zu werden. Wegen dieser Befürchtung (und wegen der abweisenden Räumlichkeit, auch wegen der insgesamt deprimierenden Atmosphäre, die auch mich erreicht und meine Gegenübertragung prägt) biete ich für die Supervision des Teams, die – auch von der Einrichtungsleitung – gewünscht und von mir zugesagt wird, meine Praxisräume an. Dort entschließe ich mich noch während der ersten Supervisionssitzung und unter dem fortgesetzten Einfluss der bereits erwähnten Gegenübertragungsgefühle (Bedrückung, Hoffnungslosigkeit, Vereinsamungsgefühle) zu einem ungewöhnlichen Schritt: Ich bereite Tee zu und biete ihn den Supervisanden an, um die Atmosphäre angenehm zu gestalten und die Ängste und Widerstände gegenüber der Supervision nicht unnötig anwachsen

zu lassen (dieses Angebot halte ich für etwa zwei Jahre aufrecht, später erübrigt es sich). Nun nehmen die meisten pädagogischen Mitarbeiter an der Supervision teil, und wir besprechen nach und nach die wesentlichen Probleme der Arbeit, also zunächst die Herausforderungen, welche die Klientenarbeit darstellt (»Wohnungslosigkeit« ist ein Euphemismus, er steht für traumatische Kindheitsgeschichten, eine in der Regel schwer beschädigte Persönlichkeit, eine zumeist desolate Lebenssituation und bedrückende Zukunftsaussichten – natürlich spiegelt sich diese Klientendynamik im Team und in meiner Gegenübertragung). Bald wird vorrangiges Thema, wie die Schwierigkeiten der Primäraufgabe nicht nur auf das Befinden der pädagogischen Betreuer und die Organisationskultur abfärben, sondern auch Folgen in Bezug auf die existenzielle Lage der Einrichtung haben: Die Angebote der Einrichtung sind nicht mehr zeitgemäß (da vorwiegend an stationären Hilfe-Angeboten ausgerichtet), sie werden von den Klienten abgelehnt oder nur widerwillig angenommen, die Belegung ist entsprechend niedrig, die Existenz der Arbeitsplätze auf Dauer gefährdet – wenn keine Abhilfe erfolgt. Aus all diesen Gründen rege ich die Teilnahme der Hausleitung an der Supervision an, worauf die Gruppenmitglieder mit großer Hoffnungslosigkeit, aber geringem Widerstand reagieren. Also nimmt die Hausleitung teil, und sie bestätigt die meisten der angesprochenen Punkte. Da sehr bald klar ist, dass das bisher durchgeführte Supervisionsangebot nicht ausreicht, um die komplexen Probleme der Einrichtung zu klären und eine hoffnungsvollere Entwicklung anzuregen, schlage ich vor, zusätzlich zur Supervision der pädagogischen Mitarbeiter eine hierarchie- und teamübergreifende Arbeitsgruppe einzurichten. Ich rate auch zu einer bestimmten Zusammensetzung der Gruppe: An ihr sollten – so rege ich an – die Einrichtungsleitung, ein Vertreter des Trägers, mindestens je ein Vertreter der jeweiligen Subsysteme (Teams), der Verwaltung und des Personalrates sowie ich als externer Moderator teilnehmen. Das Ziel dieser Arbeitsgruppe sollte die Untersuchung der aktuellen Lage in der Organisation und im Umfeld derselben sein; sie solle einen Raum für die Klärung von Konflikten eröffnen und Vorschläge erarbeiten, wie die Angebote der Einrichtung so weiter entwickelt werden könnten, dass sie den Klienten attraktiv erschienen, sich realistisch rechneten und damit auch die Arbeitsplätze sicherten. Diese Gruppe kommt sehr bald zustande und gibt sich selbst den Namen »Planungsgruppe«, sie tagt von nun an monatlich, wobei ich selbst über einen Zeitraum von etwa acht Jahren als deren externer Berater teilnehme. Ab dem fünften Jahr stelle ich regelmäßig zum Jahresende meine Mitwirkung zur Diskussion und rege mein Ausscheiden an, was zunächst zögernd, dann aber bereitwillig aufgegriffen wird. Inzwischen tagt die Gruppe fortlaufend ohne Berater und ist eine wichtige Konstante im Prozess der Organisationsentwicklung. Im Verlauf ihrer mehrjährigen Arbeit durchläuft diese Gruppe verschiedene Phasen, sie bearbeitet viele Probleme und erreicht eine Reihe bedeutsamer Ziele. Dabei steht zunächst an, überhaupt miteinander ins Gespräch zu kommen, was alles andere als selbstverständlich ist. So erscheint das Verhältnis zwischen Einrichtungsleitung und Personalrat in der ersten Zeit maximal gespannt (der Mitarbeitervertreter schreibt jedes Wort mit, sagte aber selbst nichts – außer, dass er nichts sage, weil das Vertrauen zur Leitung aus vielen Gründen fehle). Dies ändert sich ganz allmählich, in größerem Ausmaß aber erst, als der Träger eine neue Einrichtungsleitung einsetzt und als schließlich die Mitarbeiter eine neue, anders zusammengesetzte Personalvertretung wählen (mehrere ihrer Mitglieder sind von Beginn an aktiv an der Planungsgruppe beteiligt), die kritisch begleitendes »Co-Management« anstrebt und in vielen Situationen auch praktiziert.

Die Planungsgruppe diskutiert nicht mehr zeitgemäße, ungenügend attraktive, nicht wirtschaftlich arbeitende Hilfe-Angebote, bewertet sie kritisch und erarbeitet – in Untergruppen oder ausgelagerten Projektgruppen – Alternativen zur bisherigen Standardversorgung. So entstehen nach und nach mehrere innovative Angebote, die von den Professionellen gemeinsam erarbeitet, in der Planungsgruppe vorgestellt und von den Klienten angenommen werden. Entsprechende Verhandlungen mit dem Kostenträger sind Sache der Einrichtungsleitung, die darüber immer wieder fortlaufend in der Planungsgruppe berichtet. Manche alternativen Ideen erweisen sich in der Praxis als nicht erfolgreich oder nicht umsetzbar, müssen daher nach einiger Zeit wieder eingestellt und durch noch andere Alternativen ersetzt werden. Für die zuständigen Professionellen bedeutet dies zu akzeptieren, dass ihre Arbeit auf dem Prüfstand steht und dass sie umgestellt werden muss, wenn sie fachlich als nicht kompetent genug oder schließlich als nicht »marktgängig« erscheint. Als ein »Highlight« der Planungsgruppe (ich gebrauche diesen Begriff, weil es in ihre Matrix eingeht und in der Folge alle weiteren Aktivitäten beeinflusst) erweist sich die Einladung eines »feindlichen« Fachgutachters, der die Arbeit der Einrichtung zuvor öffentlich als nicht nutzerorientiert kritisiert hatte. Als er seine Kritik präsentiert und alternative Vorschläge unterbreitet, kann die Gruppe in der offenen Diskussion zu seiner Überraschung deutlich machen, dass wesentliche Anregungen längst erfolgreich in die Praxis umgesetzt, andere für die nahe Zukunft in Planung sind. Man hat sich – so erleben es alle – erfolgreich gegenüber ernst zu nehmender Kritik durchgesetzt.

Als ein weiterer wesentlicher Aufgabenschwerpunkt der Planungsgruppen-Arbeit erweist sich die Begleitung einer umfassenden Umstrukturierung der Einrichtung, die mit zahlreichen Stellenumsetzungen einher geht, also das Risiko schwerer Konflikte mit sich bringt (nach meiner Erfahrung können solche Umstrukturierungen, wenn sie nicht gemeinsam reflektiert und sorgfältig kommuniziert werden, die Quelle lähmender Organisationskonflikte sein). Dass sich die Planungsgruppe bei dieser Umstrukturierung als hilfreich erweist, dass sowohl die Leitung, als auch der Personalrat mit den Ergebnissen des Prozesses und der Art, wie sie zustande kommen, im Großen und Ganzen zufrieden sind, wird von den Beteiligten – wie ich heute weiß – als eine Art »Durchbruch« in der Zusammenarbeit erlebt und ermöglicht mir in der Folge, mich als Berater schrittweise entbehrlich zu machen.

Die Planungsgruppe kann als die Keimzelle der Organisationsentwicklun angesehen werden. Um sie herum und im Austausch mit ihr werden andere Gruppen etabliert, die – mit zeitlicher Befristung und teilweiser Mitwirkung meiner Person als Berater/Supervisor/Fortbilder – spezifische Beiträge zur Differenzierung der Einrichtung leisten: Abteilungsübergreifende Großgruppensupervision, verschiedene Teamsupervisionsgruppen, Fortbildungsgruppen (Fallarbeit, Umgang mit Gewalt in der Einrichtung), Intervisionsgruppen (Fallarbeit), verschiedene Projektgruppen zum Aufbau neuer Hilfe-Angebote (Suchtvereinbarung, hausinterne Therapieangebote), Reisegruppen zur Erkundung überregional renommierter Projekte (niedrigst schwellige Arbeitsangebote, verschiedene Formen betreuten Wohnens im Stadtteil). Zwischen Planungsgruppe und diesen anderen Gruppen entwickelt sich eine Wechselbeziehung: Die Planungsgruppe regt manche neuen Projekte (und damit Gruppen) an, und diese wiederum generieren Themen für die Planungsgruppe (z. B. die Klärung von »Schnittstellenproblemen« zwischen verschiedenen Subsystemen oder Hierarchieebenen der Einrichtung).

Für meine Rolle als externer Begleiter eines komplexen OE-Prozesses bedeutet diese Organisationsentwicklung, dass ich im Verlaufe eines Jahrzehnts der Zusammenarbeit nicht nur als Berater der Planungsgruppe tätig bin, sondern auch als Supervisor von – zeitweise – mehreren Teams, als Fortbilder in Sachen Fallarbeit (sehr schwierige, häufig psychisch auffällige Klienten), als Berater in mehreren umschriebenen Konflikten zwischen Teams oder zwischen Einzelpersonen und als Coach für einzelne Leitungskräfte. Bis auf zwei Supervisionen von an der Basis tätigen Teams sind alle diese Aufträge inzwischen beendet, und auch die verbliebenen Engagements werden auf längere Sicht abgeschlossen sein.

Ist es angesichts einer derartigen Vielfalt, Dichte und Länge des Engagements als selbständiger Berater möglich, eigene Verstrickungen in die »Fallen« des Systems sicher zu vermeiden, also im eigentlichen Sinn »extern« zu bleiben? Ich kann diese Frage nur mit einem klaren Nein beantworten, bewerte diese Antwort aber weniger rigoros, als das in der Fachliteratur im Allgemeinen üblich ist. Über die Jahre ist es durchaus vorgekommen, dass es mir nicht gelang, eine Haltung der Unparteilichkeit einzunehmen; dass ich die Kontrolle über meine Affekte nicht so gekonnt behielt, wie ich es anstrebe und wie »es sich gehört« (hieran scheiterte die Supervision eines Subteams); dass ich nichts oder sehr wenig verstand, weil ich vorübergehend Teil des Systems und damit sowohl affektiv als auch kognitiv persönlich zu intensiv beteiligt war; dass ich – jedenfalls vorübergehend – eigene Interessen verfolgte, etwa, wenn ich mich als leidenschaftlicher Vertreter der Gemeindepsychiatrie für die vielen schwer psychisch Kranken in der Einrichtung engagierte und in diesem Moment »vergaß«, wie sehr diese die Professionellen belasteten, die ich doch zu unterstützen und zu begleiten hatte; dass ich das Witzemachen, das Plaudern mit den Professionellen der Einrichtung auch in Arbeitsgruppen genoss und darüber – jedenfalls für kurze Zeit – die anstehenden Aufgaben in den Hintergrund gerieten. Meine Erfahrung nicht nur in der hier vorgestellten Organisation ist allerdings, dass die beteiligten Professionellen das vorübergehende und partielle persönliche Involviertsein des Externen in die Dynamik des zu beratenden Systems durchaus tolerieren, wenn es besprochen, reflektiert und wenn nötig auch kritisiert werden kann – und wenn der Berater sich dabei als Person mit menschlichen Fehlern und Schwächen erweist, die einzugestehen er in der Lage ist. Professionelle sind dankbar, wenn sich auch ihre Berater in diesem Sinne als mit Fehlern behaftet erweisen.

Schluss

Abschließend sollen einige ausgewählte Punkte aus dem ersten Teil dieser Arbeit (Bedeutung von NPOs, Problemlagen und Konfliktfelder) rekapituliert und in äußerst knapper Form auf das Praxisbeispiel bezogen werden. Ich folge dabei der Struktur des Textes. Die gesellschaftliche Relevanz der dargestellten Arbeit (Wohnungslosenhilfe) liegt auf der Hand. »Der Staat« hat sie seit langem ganz an NPOs delegiert und kommt seiner Verantwortung dafür durch Kostenübernahme, Beteiligung an der Planung und durch Kontrolle der betreffenden Einrichtungen nach. Aus dieser Kooperation zwischen »Staat« (Behörde, Amt) und »drittem Sektor« ergaben und ergeben sich immer wieder Konflikte, die »gemanagt« werden müssen – insbesondere die Verteilung der Verantwortung, die Qualität der Dienstleistungen und die Wirtschaftlichkeit der Hilfe-Maßnahmen betreffend. Im Verlaufe eines Jahrzehntes hat sich die Kooperation »unter dem Strich« aber deutlich verbessert, wobei der Beitrag der NPO hierzu im Wesentlichen in der skizzierten, in Teilen wirklich innovativen Entwicklung (sowie in einer verlässlichen, fachkompetenten, geschickten Verhandlungsführung) bestand. So war es auch zu verstehen, dass die zuständige Politik bestimmte Aufgaben eher in die Verantwortung der NPO vergab, als sie in der Hand des eher unbeweglichen Amtes zu belassen. Andererseits bewahrte sich die NPO so viel Unabhängigkeit, dass sie in zentralen sozialen Fragen als »kritischer Anwalt« der Klienten an die Öffentlichkeit ging und weiterhin geht. Dass das Thema »Wirtschaftlichkeit« höchste Priorität besaß und in Zukunft sogar noch bedeutsamer werden wird, dass sich Finanzierungsstrukturen drastisch veränderten und »Controlling« einzog, bedeutete in der Konsequenz unternehmerisches Handeln als Zielvorstellung bei den Professionellen der NPO, abgefangen bei deren Führung und Leitung. Diese Entwicklung ist in vollem Gang, wobei sie sich vielfach mit der überlieferten karitativen Ausrichtung der NPO, also mit ihren traditionellen Werten, mit ihrer Geschichte und ihrer vertrauten Organisationsidentität bricht. Die Reflexion dieser Identitäts-Themen hat viele Sitzungen sowohl der Planungsgruppe, als auch der sie ergänzenden Gruppen bestimmt. Im Kontrast zu den Erfahrungen in manchen anderen NPOs mit analoger Ausgangslage empfand ich die Bearbeitung dieser Themen als angenehm undogmatisch und kaum ideologieanfällig, was – neben wechselseitiger Sympathie – wohl nicht unwesentlich zur Ausweitung der Kooperation zwischen der NPO und dem Berater beigetragen hat. Das Verhältnis zwischen Ehren- und Hauptamtlichen drängte sich nicht als Konfliktherd in den Vordergrund, was vor allem daran gelegen haben dürfte, dass der Trägervorstand ein hauptamtlicher ist (treffen nämlich die Interessen ehrenamtlicher Vorstände und hauptamtlicher Geschäftsführer aufeinander, entsteht nicht selten ein ganz erhebliches Konfliktpotenzial – wie bei einer Gewitterfront). Die Kooperation zwischen Ehren- und Hauptamt wurde lediglich aus Anlass eines Projektes, das die Unterstützung der Klientenarbeit durch Freiwillige (und deren »Coaching« durch einzelne Professionelle) thematisierte, fokussiert. Breiten Raum nahm dagegen die Beschäftigung mit den Wünschen, Interessen und Einflussnahmen zahlreicher Kooperationspartner, also anderer Einrichtungen, Diensten, Ämtern usw. ein, also die Reflexion vernetzter Arbeit im Verbund der verschiedenen Dienstleister. Und natürlich bestand der gesamte Beratungsverlauf in einer kontinuierlichen Ausweitung und Differenzierung »reifer« Gruppenarbeit im oben diskutierten Sinne.

Literatur

Anheier, H. K., Seibel, W., Priller, E., Zimmer, A. (2002): Der Nonprofit Sektor in Deutschland. In: Badelt, C. (Hg.): Handbuch der Nonprofit Organisation. Strukturen und Management. 3. Auflage. Stuttgart (Schäffer-Poeschel), S. 19–44.

Badelt, C. (Hg.) (2002): Handbuch der Nonprofit Organisation. Strukturen und Management. 3. Auflage. Stuttgart (Schäffer-Poeschel).

Badelt, C. (2002a): Zielsetzungen und Inhalte des »Handbuchs der Nonprofit Organisation«. In: Badelt, C. (Hg.): Handbuch der Nonprofit Organisation. Strukturen und Management. 3. Auflage. Stuttgart (Schaffer-Poeschel), S. 3–18.

Badelt, C. (2002b): Ausblick: Entwicklungsperspektiven des Nonprofit Sektors. In: Badelt, C. (Hg.): Handbuch der Nonprofit Organisation. Strukturen und Management. 3. Auflage. Stuttgart (Schäffer-Poeschel), S. 659–691.

Baecker, D. (1999): Organisation als System. Frankfurt/M. (Suhrkamp).
Behr, H.L., Hearst, L.E., Kleij, G.A. van der (1985): Die Methode der Gruppenanalyse im Sinne von Foulkes. In: Kutter, P. (Hg.): Methoden und Theorien der Gruppenpsychotherapie. Stuttgart – Bad Cannstatt (Fromann-Holzboog), S. 93–120.
Berger, P. L., Luckmann, T. (1995): Modernität, Pluralismus und Sinnkrise. Gütersloh (Bertelsmann Stiftung).
Bürgin, D., Klitzing, K. von (2001): Zur Psychoanalyse von Kindern und Jugendlichen. Triadische Kompetenz: Ressource für die psychische Entwicklung. Aus der Forschung über die Entwicklung der Eltern-Kind-Triade. In: Bohleber, W., Drews, S. (Hg.): Die Gegenwart der Psychoanalyse – die Psychoanalyse der Gegenwart. Stuttgart (Klett-Cotta), S. 519–533.
Doppler, K. (1993): Gruppendynamik und Organisationsentwicklung im Spannungsfeld der Macht – Chancen und Gefährdungen eines handlungsorientierten Ansatzes. In: Zeitschrift für Gruppenpsychotherapie und Gruppendynamik 29, S. 103–114.
Doppler, K. (2003): Die natürliche Allgegenwart von Macht. Anmerkungen zu einem ambivalenten Thema. In: Supervision 4/2003, S. 23–31.
Doppler, K., Lauterburg, C. (1996): Change Management. Den Unternehmenswandel gestalten. Frankfurt und New York (Campus).
Ebert, W. (2001): Systemtheorien in der Supervision. Bestandsaufnahme und Perspektiven. Opladen (Leske und Budrich).
Edding, C. (1988): Die Domestizierung der Gruppendynamik. In: Zeitschrift für Gruppenpsychotherapie und Gruppendynamik 24, S. 341–357.
Fatzer, G. (Hg.) (1993): Organisationsentwicklung für die Zukunft. Köln (EHP).
Fatzer, G. (Hg.) (1996): Organisationsentwicklung und Supervision: Erfolgsfaktoren bei Veränderungsprozessen. Köln (EHP).
Fürstenau, P. (1992): Entwicklungsförderung durch Therapie. Grundlagen psychoanalytisch – systemischer Psychotherapie. Stuttgart (Pfeiffer).
Fürstenau, P. (2001): Fortbildungskonsultation und -supervision für Supervisorinnen und Supervisoren. In: Fürsetnau, P.: Psychoanalytisch verstehen. Systemisch denken. Suggestiv intervenieren. Stuttgart (Pfeiffer), S. 112–119.
Glasl, F., Lievegoed, B. (1993): Dynamische Unternehmensentwicklung. Wie Pionierbetriebe und Bürokratien zu Schlanken Unternehmen werden. 2. Auflage. Bern, Stuttgart, Wien (Haupt – Freies Geistesleben).
Gotthardt-Lorenz, A. (2000): »Organisationssupervison«: Rollen und Interventionsfelder. In: Pühl, H. (Hg.): Handbuch der Supervision 2, 2. Aufl. Berlin (Spiess), S. 297–312.
Heintel, P., Krainz, E. E. (1988): Projektmanagement. Eine Antwort auf die Hierarchiekrise? 1. Aufl., Wiesbaden (Gabler).

Heltzel, R. (1997): Die Bedeutung von Feldkompetenz für Beratung und Supervision in der Psychiatrie. In: Heltzel, R. (Hg.): Supervision in der psychiatrischen Klinik. In: psychosozial 20, Nr. 70, S. 57–70.

Heltzel, R. (1999): Entwicklungsbegleitung in psychiatrischen Organisationen. In: Pühl, H. (Hg.): Supervision und Organisationsentwicklung. Handbuch 3. Opladen (Leske und Budrich), S. 332–358.

Heltzel, R. (2000a): Teamsupervision in der Psychiatrie. In: Pühl, H. (Hg.): Handbuch der Supervision 2, 2. Aufl., Berlin (Spiess), S. 204–220.

Heltzel, R, (2000b): Zur Identität des gruppenanalytischen Supervisors und Organisationsberaters. In: Jahrbuch für Gruppenanalyse 6, S. 95–120.

Heltzel, R. (2001): Was heißt Leitung heute? In: gruppenanalyse 11, Heft 2, S. 131–153.

Heltzel, R. (2003): Zehn Methoden, wie Professionelle das eigene Ausbrennen fördern können. In: Sozialpsychiatrische Informationen, 33, Heft 4, S. 11–19.

Heltzel, R. (im Druck): Können psychiatrische Organisationen haltende Umwelt sein? In: Jahrbuch für Gruppenanalyse 10.

Hirschhorn, L. (2000): Das primäre Risiko. In: Lohmer, M. (Hg.): Psychodynamische Organisationsberatung. Konflikte und Potentiale in Veränderungsprozessen. Stuttgart (Klett-Cotta), S. 98–118.

Horak, C., Heimerl, P. (2002): Management von NPOs – Eine Einführung. In: Badelt, C. (Hg.): Handbuch der Nonprofit Organisation. Strukturen und Management. 3. Auflage. Stuttgart (Schäffer-Poeschel), S. 181–196.

Königswieser, R., Heintel, P. (1998): Teams als Hyperexperten im Komplexitätsmanagement. In: Ahlemeyer, H.W., Königswieser, R. (Hg.): Komplexität managen. Strategien, Konzepte und Fallbeispiele. Wiesbaden (Gabler) und Frankfurt (FAZ), S. 93–104.

Lazar, R. A. (1994): Einige Hauptaspekte von W. R. Bions Modell der Gruppe und ihre Anwendung in der Supervision und Beratung sozialer Institutionen. In: Verein für Psychoanalytische Sozialarbeit (Hg.): Supervision in der psychoanalytischen Sozialarbeit. Tübingen (Diskord), S. 86–120.

Lazar, R. A. (1998): Das Individuum, das Unbewusste und die Organisation – Ein Bion-Tavistock-Modell von Beratung und Supervision in Organisationen. In: Eckes-Lapp, R., Körner, J. (Hg.): Psychoanalyse im sozialen Feld. Giessen (Psychosozial), S. 263–292.

Lohmer, M. (Hg.) (2000): Psychodynamische Organisationsberatung. Konflikte und Potentiale in Veränderungsprozessen. Stuttgart (Klett-Cotta).

Mentzies Lyth, I. (1991): Eine psychoanalytische Betrachtung sozialer Institutionen. In: Bott Spilius, E. (Hg.): Melanie Klein heute. Entwicklungen in Theorie und Praxis, Bd. 2. Weinheim (Internationale Psychoanalyse), S. 379–400.

Moeller, M. L. (2003): Gegenübertragung in der Gruppenanalyse. In: Pritz, A., Vykoukal, E. (Hg.): Gruppenanalyse. Theorie – Technik – Anwendung. 2., veränderte Aufl., Wien (Facultas), S. 70–102.

Neuberger, O. (2004): Misstrauen in Vertrauen. Unveröffentlichter Vortrag auf der 3. Fachtagung Gruppenanalytische Supervision und Organisationsberatung am 20.–22.2.2004 in Frankfurt/M.

Nitsun, M. (1996): The Anti-Group. Destructive Forces in the Group and their Creative Potential. London and New York (Routledge).

Obholzer, A., Roberts, V.Z. (Hg.) (1994): The Unconscious at Work. London and New York (Routledge).

Obholzer, A. (1997): Das Unbewusste bei der Arbeit. In: Eisenbach-Stangl, I., Ertl, M. (Hg.): Unbewusstes in Organisationen. Zur Psychoanalyse von sozialen Systemen. Wien (Facultas), S. 17–38.

Patak, M. (2001): Vorstand mit Verstand. Wider die programmierte Überforderung ehrenamtlicher Funktionäre. In: Simsa, R. (Hg.): Management der Nonprofit Organisation. Gesellschaftliche Herausforderungen und organisationale Antworten. Stuttgart (Schäffer-Poeschel), S. 165–170.

Roberts, V.Z. (1994): The organization of work: contributions from open systems theory. In: Obholzer, A., Roberts, V.Z. (Hg.): The Unconscious at Work. London and New York (Routledge), S. 28–38.

Scala, K., Grossmann, R. (1997): Supervision in Organisationen. Veränderung bewältigen – Qualität sichern – Entwicklung fördern. Weinheim, München (Juventa).

Schattenhofer, K. (2001): Was ist eine Gruppe? Gruppenmodelle aus konstruktivistischer Sicht. In: König, O. (Hg.): Gruppendynamik. Geschichte, Theorien, Methoden, Anwendungen, Ausbildung. 4. Aufl., München und Wien (Profil), S. 95–128.

Schirmer, V. L., Pines, M. (Hg.) (1994): Ring of Fire. Primitive Affects and Object Relations in Group Psychotherapy. London and New York (Routledge).

Schwarz, G. (1990): Konfliktmanagement. 1. Aufl., Wiesbaden (Gabler).

Schwarz, P. (2001): Management-Brevier für Nonprofit Organisationen. 2., vollst. überarbeitete und erw. Auflage. Bern, Stuttgart, Wien (Haupt).

Schwarz, P., Purtschert, R., Giroud, C., Schauer, R. (Hg.) (2002): Das Freiburger Management-Modell für Nonprofit-Organisationen. 4., weitgehend aktualisierte und ergänzte Auflage. Bern, Stuttgart, Wien (Haupt).

Seibel, W. (1992): Funktionaler Dilettantismus. Erfolgreich scheiternde Organisationen im »Dritten Sektor« zwischen Markt und Staat. Baden-Baden (Nomos).

Simsa, R. (Hg.) (2001): Management der Nonprofit Organisation. Gesellschaftliche Herausforderungen und organisationale Antworten. Stuttgart (Schäffer-Poeschel).

Simsa, R. (2001a): Einleitung. In: Simsa, R. (Hg.): Management der Nonprofit Organisation. Gesellschaftliche Herausforderungen und organisationale Antworten. Stuttgart (Schäffer-Poeschel), S. 1–2.

Simsa, R. (2001b): Hoffnungen auf Zivilgesellschaft und die gesellschaftliche Funktion von NPOs im Spannungsfeld von Schadensbegrenzung und aktiver Mitgestaltung.

In: Simsa, R. (Hg.): Management der Nonprofit Organisation. Gesellschaftliche Herausforderungen und organisationale Antworten. Stuttgart (Schäffer-Poeschel), S. 5–20.

Simsa, R. (2002): NPOs und die Gesellschaft: Eine vielschichtige und komplexe Beziehung – Soziologische Perspektiven. In: Badelt, C. (Hg.): Handbuch der Nonprofit Organisation. Strukturen und Management. 3. Auflage. Stuttgart (Schäffer-Poeschel), S. 129–152.

Tietel, E. (2002): Trianguläre Räume in Organisationen. In: Pühl, H. (Hg.): Supervision – Aspekte organisationeller Beratung. Berlin (Ulrich Leutner), S. 47–75.

Tietel, E. (2003): Emotion und Anerkennung in Organisationen. Wege zu einer triangulären Organisationskultur. Münster, Hamburg, London (LIT).

Tietel, E. (2004): Institutionelle Triangulierung aus psychoanalytischer und systemischer Sicht. In: Triangel-Institut (Hg.): Brücken und Tücken psychoanalytisch-systemischer Beratung. Berlin (Leutner), S. 26–49.

Voigt, B., Antons, K. (2001): Systematische Anmerkungen zur Intervention in Gruppen. In: König, O. (Hg.): Gruppendynamik: Geschichte, Theorien, Methoden, Anwendungen, Ausbildung. 4. Aufl., München und Wien (Profil), S. 224–246.

Weigand, W. (2000): Teamsupervision: Ein Grenzgang zwischen Supervision und Organisationsberatung. In: Pühl, H. (Hg.): Handbuch der Supervision 2, 2. Aufl. Berlin (Spiess), S. 78–99.

Wellendorf, F. (2000): Supervision als Institutionsanalyse und zur Nachfrageanalyse. In: Pühl, H. (Hg.): Handbuch der Supervision 2, 2. Aufl. Berlin (Spiess), S. 30–40.

Wimmer, R. (1992): Was kann Beratung leisten? Zum Interventionsrepertoire und Interventionsverständnis der systemischen Organisationsberatung. In: Wimmer, R. (Hg.): Organisationsberatung. Neue Wege und Konzepte. Wiesbaden (Gabler), S. 59–112.

Wimmer, R. (1996): Die Zukunft von Führung. Brauchen wir noch Vorgesetzte im herkömmlichen Sinn? In: Organisationsentwicklung 15, Heft 4, S. 46–57.

Wimmer, R. (1998): Das Team als besonderer Leistungsträger in komplexen Organisationen. In: Ahlemeyer, H. W., Königswieser, R. (Hg.): Komplexität managen. Strategien, Konzepte und Fallbeispiele. Wiesbaden (Gabler) und Frankfurt (FAZ), S. 105–130.

Wimmer, R. (2004): Wozu benötigen wir Berater? Ein Orientierungsversuch aus systemischer Sicht. In: Wimmer, R.: Organisation und Beratung. Systemtheoretische Perspektiven für die Praxis. Heidelberg (Carl-Auer-Syteme) Verlag, S. 248–288.

Zauner, A. (2002): Über Solidarität zu Wissen. Ein systemtheoretischer Zugang zu Nonprofit Organisationen. In: Badelt, C. (Hg.): Handbuch der Nonprofit Organisation. Strukturen und Management. 3. Auflage. Stuttgart (Schäffer-Poeschel), S. 153–180.

Zauner, A., Simsa, R. (2002): Konfliktmanagement in NPOs. In: Badelt, C. (Hg.): Handbuch der Nonprofit Organisation. Strukturen und Management. 3. Auflage. Stuttgart (Schäffer-Poeschel), S. 443–456.

Mikropolitik für gruppenanalytische Supervisoren und Organisationsberater

Rolf Haubl

In der bisherigen Literatur zur Supervision und Organisationsberatung ist eine offene Auseinandersetzung mit Fragen der Macht eher selten. Nach wie vor wird zu wenig reflektiert, dass Supervisoren und Organisationsberater in sozialen Feldern arbeiten, die durch Machtverhältnisse strukturiert sind und auf denen Machtkämpfe stattfinden. Und noch weniger, dass sie selbst Machtmittel einsetzen, um ihre Aufträge zu erfüllen, oder gar Machtansprüche hegen, die mit den bestehenden Machtverhältnissen kollidieren. Zu schnell ziehen sie sich auf ihr Ethos einer neutralen und abstinenten Prozessbegleitung zurück, als ob sie dadurch von vornherein verhindern könnten, in Machtkämpfe verstrickt zu werden.

Um eine Enttabuisierung der Machtfrage voranzubringen, möchte ich Supervisoren und Organisationsberater für die Mikropolitik in Organisationen sensibilisieren. Als mikropolitische Analyse sei dabei die – wie ich meine: unverzichtbare – Perspektive bezeichnet, in der untersucht wird, wie in einer Organisation die Macht verteilt ist, einschließlich der Strategien und Taktiken, mit denen Organisationsmitglieder versuchen, die bestehenden Verhältnisse zu ihren Gunsten und/oder zu Gunsten der Gruppen, denen sie angehören, zu beeinflussen. Hinzu kommen die Strategien und Taktiken, mit denen Supervisoren und Organisationsberater beeinflusst werden, aber auch selbst mit ihren Interventionen Einfluss nehmen.

Grundannahmen einer mikropolitischen Analyse

Wird Macht als mikropolitische Determinante organisationalen Lebens konzeptualisiert (Neuberger 1995), dann stehen konkrete Machtmittel im Vordergrund (Paris 1998). Wenn man so will, die instrumentelle Seite der Macht: Welche Machtmittel gebraucht wer in welchen Situationen mit welchen intendierten und nicht-intendierten Folgen für sich und andere? Ein skeptisches Verständnis von Mikropolitik setzt mikropolitisches Handeln von Organisationsmitgliedern mit dem Einsatz »schmutziger« – und deshalb geheim gehaltener – »Tricks« gleich, womit es den Einsatz illegitimer Machtmittel zum Normalfall erklärt. Das gibt allerdings ein unzutreffendes Bild, obwohl sich nicht bestreiten lässt, dass Organisationsmitglieder auch solche Machtmittel einsetzen. Ob sie dies tun, ist immer auch eine Frage der Erfolgswahrscheinlichkeit und die hängt von der Fähigkeit und Bereitschaft aller ab, den Einsatz illegitimer Mittel zu verhindern. Gelingt dies, wählen die Organisationsmitglieder in der Regel Machtmittel, die durch geltendes Recht und geltende ethische Prinzipien legitimiert sind. Ich schlage vor, von folgenden Annahmen auszugehen:

* Alles soziale Handeln in Organisationen hat neben anderen Aspekten immer auch einen Machtaspekt.
Die wahrscheinlich bekannteste Machtdefinition stammt von Max Weber. Er definiert Macht als »die Chance, innerhalb einer sozialen Beziehung den eigenen Willen auch gegen den Widerstand von anderen durchzusetzen, gleichviel worauf diese Chance beruht« (Weber 1922, S. 11). Anders Herrschaft: Sie definiert Weber (1922, S. 122) als »die Chance, für spezifische Befehle bei einer angebbaren Gruppe von Menschen Gehorsam zu finden«. Vergleicht man die Definitionen, so besteht in beiden Fällen keine Erfolgsgarantie. Im Vergleich mit Macht ist Herrschaft aber ein spezifisches Machtverhältnis. Und zwar eines, bei dem die Durchsetzung von Interessen – Webers Wille – auf »institutionalisierter Macht« (Popitz 1985, S. 38f.) beruht. Im Prozess der Institutionalisierung wird Macht entpersonalisiert, formalisiert und in eine übergreifende Ordnung von hierarchischen Positionen integriert. Zusammen genommen ergibt das eine »Erhöhung der Stabilität« (Popitz 1985, S. 39).

* Die Macht, über die Organisationsmitglieder verfügen, besteht aus zwei Quellen: zum einen aus ihrer Positionsmacht, die ihnen die Organisation im Rahmen einer formellen Befehlshierarchie verschafft, zum anderen aus ihrer informellen Macht, die sie sich aufgrund ihrer individuellen mikropolitischen Kompetenz selbst verschaffen. Um ihre primäre Aufgabe in der Organisation – ihren arbeitsteiligen Beitrag zur primären Aufgabe der Organisation – so gut wie möglich zu erledigen, reicht Positionsmacht nicht aus. Sie benötigen nicht minder informelle Macht: Fehlt sie, kann das Positionsmacht neutralisieren oder gar schmälern, andernfalls dient sie deren Sicherung oder gar Steigerung. So können Organisationsmitglieder trotz hoher Positionsmacht faktisch nahezu ohnmächtig sein, weil es ihnen an individueller mikropolitischer Kompetenz mangelt, während Mitglieder mit einer viel geringeren Positionsmacht, die mikropolitisch sehr kompetent sind, faktisch mächtiger sein können, als es ihre Position erwarten lässt (Mechanic 1962).

* Im Alltagsbewusstsein gehen wir davon aus, dass Macht ein Besitz sei, weshalb wir auch von Machthabern sprechen. Dagegen nimmt eine mikropolitische Analyse mit Michel Foucault (1977, S. 115) an, dass Macht nicht etwas ist, »was man erwirbt, wegnimmt, teilt, was man bewahrt oder verliert«, sondern etwas, »was sich von unzähligen Punkten aus und im Spiel ungleicher und beweglicher Beziehungen vollzieht«: eine »Vielfältigkeit von Kräfteverhältnissen«, ein »Spiel, das in unaufhörlichen Kämpfen und Auseinandersetzungen diese Kräfteverhältnisse verwandelt, verstärkt, verkehrt« (Foucault 1977, S. 114). Insofern wird Macht als eine polyzentrische Beziehungsdynamik gedacht, die zu prinzipiell veränderbaren Resultaten führt, wer gegen wen seine Interessen durchsetzt.

»Die Macht funktioniert und wird ausgeübt über eine netzförmige Organisation. Und die Individuen zirkulieren nicht nur in ihren Maschen, sondern sind stets auch in einer Position, in der sie diese Macht zugleich erfahren und ausüben; sie sind niemals die unbewegliche und bewusste Zielscheibe dieser Macht, sie sind stets ihre Verbindungselemente. Mit anderen Worten: die Macht wird nicht auf die Individuen angewandt, sie geht durch sie hindurch« (Foucault 1978, S. 82).

Alle Mitglieder einer Organisation sind in eine dynamische Matrix wechselseitiger Bemächtigungsversuche eingebunden, die insgesamt die Machtverhältnisse in einer Organisation bestimmen. In dieser Matrix ist jedes Organisationsmitglied mit solchen Versuchen aus drei Richtungen konfrontiert: von der »Seite« (Gleichgestellte), von »oben« (Vorgesetzte) und von »unten« (Unterstellte). Gleichzeitig gehen seine eigenen Bemächtigungsversuche in eben diese drei Richtungen.

* Was für Macht gilt, gilt ebenso für Widerstand. Denn Widerstand lässt sich als Gegenmacht begreifen. Auch sie ist polyzentrisch, dynamisch und vielfältig. Es gibt viele »einzelne Widerstände: mögliche, notwendige, unwahrscheinliche, spontane, wilde, einsame, abgestimmte, kriecherische, gewalttätige, unversöhnliche, kompromissbereite, interessierte oder opferbereite Widerstände« (Foucault 1977, S. 117).

Widerstände (Collinson 1994; Hodson 1995; Tucker 1993; Ashford und Mael 1998) können je nach Erfolgsbilanz eskalieren:

(a) Reformierender Widerstand. Die Organisationsmitglieder erkennen die herrschende Über- und Unterordnung prinzipiell an und vertrauen in die institutionalisierten Wege, die sie interessierenden Veränderungen zu erreichen, weshalb sie diese Wege nutzen.

(b) *Symbolischer Widerstand*. Die Organisationsmitglieder erkennen die herrschende Über- und Unterordnung prinzipiell an, demonstrieren aber, dass es eine Grenze ihrer Beherrschung gibt. So werden Normen immer wieder rituell übertreten, ohne dies aber als ernsthaften Angriff auf die bestehende Herrschaft zu verstehen, vorausgesetzt, die Organisation ist nachsichtig

und ahndet diese Übertretungen nicht. Andernfalls machen die Organisationsmitglieder Ernst.
(c) *Entlarvender Widerstand.* Die Organisationsmitglieder steigern ihre symbolischen Übertretungen von Normen bis an den äußersten Rand der Toleranzgrenzen der Organisation. Ziel ist es, die Organisation zu Maßnahmen zu provozieren, in denen sie ihren (vermeintlich) »wahren« – gemeint ist: illegitimen – Charakter zeigt, so dass es keinen Grund gibt, die herrschende Über- und Unterordnung anzuerkennen.
(d) *Revolutionierender Widerstand.* Die in der Organisation herrschende Über- und Unterordnung wird nicht (mehr) anerkannt und es besteht kein Vertrauen (mehr) in deren Reformbereitschaft. Nunmehr werden Normen gebrochen, um für eine »bessere« Herrschaft zu kämpfen.

* Machtverhältnisse sind immer Verhältnisse von Macht und Gegenmacht. Da sie sich nach den Machtmitteln richten, die Organisationsmitglieder aktuell zur Verfügung haben, besteht ein bestimmtes Machtverhältnis prinzipiell nur auf Zeit. Es kann sich ändern, wenn sich die Verteilung der Machtmittel und/oder deren Einsatzbedingungen ändern.

* Organisationsmitglieder versuchen, so viel Macht wie möglich zu erlangen. Mit dem Ziel, die Chancen zu erhöhen, ihre Interessen durchzusetzen, ist dies zweckrational. Allerdings verfolgen dieses Ziel nicht alle Organisationsmitglieder gleichermaßen, da es ein (lebensgeschichtlich) unterschiedlich ausgeprägtes Machtstreben gibt (Winter 1973; Winter und Barenbaum 1985).

* Das Machtstreben von Organisationsmitgliedern hat nicht zwangsläufig den Nutzen der Organisation zum Ziel. Denn Organisationsmitglieder versuchen, auch Interessen durchzusetzen, die der Erledigung ihrer primären Aufgabe abträglich sein können. Allerdings ist die Verfolgung eigener Interessen der Erledigung ihrer primären Aufgabe nicht zwangsläufig abträglich. Sie kann zu deren Optimierung beitragen und dadurch helfen, die Organisation zu entwickeln.

* Setzt ein Organisationsmitglied seine Machtmittel ein, obwohl die anderen Organisationsmitglieder von sich aus tun würden, was es will, besteht die Gefahr, dass sie Widerstand leisten, weil es solche Mittel einsetzt. Das macht den Wunsch nach harmonischen Verhältnissen verständlich, in denen alle Organisationsmitglieder von sich aus tun, was die anderen wollen. Indessen sind unterschiedliche und gegensätzliche Interessen an der Tagesordnung. Und das nicht zwangsläufig zum Schaden der Organisationsmitglieder, da es ohne die Nutzung von Unterschieden und Gegensätzen keine Entwicklung gibt.

* Organisationen versuchen, das Machtstreben ihrer Mitglieder mittels organisationaler Sozialisation zu kanalisieren. Ziel ist es, sie dazu zu bringen, Organisationsinteressen zu internalisieren: ihre eigennützigen Interessen so mit dem Gesamtnutzen der Organisation zu verbinden, dass es nicht identische, aber doch kompatible Interessen werden. So gesehen ist organisationale Sozialisation – vor allem in »greedy institutions« (Coser 1974) – »Motivationsmacht«, die Macht, Organisationsmitglieder »dazu zu bringen, dies oder jenes überhaupt erst zu wollen«, was hilft, »soziale Konflikte von vornherein zu vermeiden, und eine besonders wirkungsvolle Form sozialer Integration dar[stellt]« (Baumann 1993, S. 28). Denn an die Stelle einer externen Kontrolle tritt Selbstkontrolle: Statt Konflikten mit der Organisation, die sie zu Widerstand veranlasst, erleben die Organisationsmitglieder intrapersonale Konflikte zwischen ihrem Real-Selbst und ihrem Ideal-Selbst. Was bei anderer Betrachtung auch ein Versagen der Organisation sein könnte, wird für sie zu einem beschämenden persönlichen Versagen, das sie durch besondere Anstrengung wiedergutmachen müssen. Für moderne Organisationen sind solche »Versuche, den Willen, die Wünsche, Interessen und Identitäten [der Organisationsmitglieder] zu formen, weit typischer und routinierter als eine Dominierung durch Zwang« (Knights und Vurdubakis 1994, S. 173).

* Jedes Organisationsmitglied verfügt neben seiner Positionsmacht über ein (veränderliches) Repertoire an mikropolitischen Machtmitteln, die es zur Durchsetzung seiner Interessen einsetzen kann.

* Obgleich sich in der Literatur lange Listen möglicher mikropolitischer Machtmittel (Neuberger 1995, S. 160ff.) finden, machen solche Zusammenstellungen wenig Sinn. Denn prinzipiell kann jede Handlung unter bestimmten Umständen ein (Erfolg versprechendes) mikropolitisches Machtmittel sein – Schmeicheleien, das Ausnutzen »wunder Punkte« oder die Rückforderung eines geleisteten Gefallens, was immer.
Jede Handlung eines Organisationsmitgliedes ist ein (nicht notwendig erfolgreiches) mikropolitisches Machtmittel, wenn sie in der (bewussten) Absicht erfolgt, dass ihm andere Organisationsmitglieder zu willen sind, die das von sich aus nicht wären: wenn es also mit deren Widerstand rechnet. Freilich können sie ihm auch zu willen sein, weil sie ihm den Einsatz überlegener mikropolitischer Machtmittel unterstellen, ohne dass es tatsächlich diese Absicht verfolgt. Dann gilt eine solche Handlung nicht als Machtmittel. Wenn das Organisationsmitglied allerdings anderen Organisationsmitgliedern zu glauben machen versucht, es habe überlegene Machtmittel und werde diese auch einsetzen, obwohl er solche Mittel gar nicht hat, dann ist diese Inszenierung ihrerseits ein mikropolitisches Machtmittel.

* Ein Organisationsmitglied setzt nicht alle mikropolitischen Machtmittel ein, über die es verfügt. Welche Mittel aus seinem Repertoire es einsetzt, ist eine Wahl die von bestimmten Bedingungen abhängt. Z. B. setzt es ein Machtmittel ein, weil es legitim ist, geringe Kosten verursacht, in vergleichbaren Situationen erfolgreich war, es sich dieses Mittels gewohnheitsmäßig bedient, es zu seinem Selbstbild passt – und aus anderen Gründen mehr.

* Wählt ein Organisationsmitglied ein Machtmittel aus seinem Repertoire, von dem es sich Erfolg verspricht, kann es sich über dessen Wirksamkeit bzw. Wirkung täuschen: kann eine Handlung für ein erfolgreiches Machtmittel halten, die aber keines ist, oder eine Handlung für kein erfolgreiches Machtmittel halten, die aber eines ist. Dann »vergreift« es sich in der Wahl seiner Mittel, weil es ein Mittel zur »falschen Zeit« einsetzt, es »falsch dosiert«, seine »Nebenwirkungen« unterschätzt – und aus anderen Gründen mehr.

* Kein Organisationsmitglied kann die Machtverhältnisse kontrollieren, da sie Matrixcharakter haben. Denn sie sind aufgrund der Unvermeidbarkeit nichtintendierter Nebenfolgen aller eingesetzten Mittel intransparent: Zwar mag ein Organisationsmitglied den Einsatz seiner Machtmittel strategisch-taktisch planen, also zu antizipieren versuchen, wie sie sich in der Matrix auswirken werden. Da seine Antizipation aber begrenzt ist, weil es nie alle Wirkungszusammenhänge kennt, kann es auch nie sicher sein, welchen Erfolg seine Mittelwahl hat.

* Wenn ein Organisationsmitglied mit der Wahl seiner Machtmittel Erfolg hat, gewinnt es Macht über andere Organisationsmitglieder. Dadurch bestimmt es (bis auf weiteres), was diese tun (oder lassen). Sie fügen sich nach mehr oder weniger langem Widerstand, weil sie seine Überlegenheit anerkennen. Diese Anerkennung impliziert ein irreduzibles Minimum an Freiwilligkeit. Darin liegt der Unterschied zwischen Macht und Gewalt.

Gewalt ist dann gegeben, wenn das Organisationsmitglied anderen die Wahlfreiheit nehmen kann und nimmt. Dann müssen sie tun (oder lassen), was es will, ohne es anzuerkennen.

»Machtbeziehungen [kann es] nur in dem Maße geben, wie die Subjekte frei sind. Wenn einer von beiden vollständig der Verfügung des anderen unterliegt und dessen Sache geworden ist, ein Objekt, über das dieser eine unendliche und unbegrenzte Gewalt ausüben könnte, gibt es keine Machtbeziehung« (Foucault 1985, S. 19)

Gewalt ist ein Grenzfall von Macht, wobei es für Gewaltverzicht gute Gründe gibt. Denn Gewaltanwendung, deren ultima ratio in der Drohung eines Organisationsmitgliedes besteht, anderen Organisationsmitgliedern an Leib und

Leben zu schaden, verursacht besonders hohe Kosten. Deren höchste Summe ist ihr Tod. Würden sie aber getötet – oder sich selbst töten, um ihre existenzielle Wahlfreiheit zu demonstrieren –, nützten sie ihm nichts mehr. Solange es aber will, dass sie ihm nützen, muss es ein Interesse daran haben, auch dann auf Gewalt zu verzichten und mit Machtmitteln auszukommen, um seinen Willen gegen ihren Widerstand durchzusetzen, wenn es Gewalt anwenden könnte.

Genau deshalb ist Macht ein Beziehungsphänomen. Gewalt negiert Beziehungen, während der Einsatz von Machtmitteln in Beziehungen stattfindet, in denen alle Organisationsmitglieder nicht nur aufeinander bezogen, sondern auch voneinander abhängig sind. Wenn dies anerkannt wird, ist der mögliche Kampf auf Leben und Tod letztlich zu einem Tausch entschärft, der ihnen durchaus unterschiedlich großen Nutzen, aber doch Nutzen bringt. Weder die Überlegenen noch die Unterlegenen gehen bis zum Äußersten. In ihren Machtkämpfen versuchen sie lediglich, Tauschpositionen zu verbessern.

Supervision im Dienste einer mikropolitischen Kompetenzerweiterung

Der Organisationsberater Roger Harrison (1977, S. 118) notiert, dass seine Klienten in ihren Köpfen eine

»Landkarte der Kräfte haben, die auf sie in der Organisation einwirken (...). Diese Karte zeigt gewöhnlich Macht und Einfluss, und ob andere auf der eigenen Seite oder gegen einen stehen. Auf der Karte befinden sich beispielsweise Hinweise, zu wem man offen sein und Vertrauen haben kann, und wer die Informationen gegen einen verwenden wird.«

Ich kann dies aus meiner Erfahrung bestätigen, will aber betonen, dass sich Organisationsmitglieder erheblich darin unterscheiden, wie genau ihre »Karte« ausgearbeitet ist.

Solche Unterschiede finden sich auch in empirischen Untersuchungen, die zeigen, dass Organisationsmitglieder, die faktisch mächtig sind, ein genaueres »Bild« von der Machtverteilung innerhalb der Organisation haben als vergleichsweise weniger mächtige Mitglieder (Krackhard 1990). Anscheinend interessieren sie sich mehr dafür, wer mit welchen Mitteln auf wen Erfolg versprechend einwirken kann, und sind dementsprechend aufmerksamer, um geeignete Beobachtungen zu sammeln. Dies kann sowohl eine Voraussetzung sein, um faktisch mächtig zu werden, als auch eine Maßnahme, um es zu bleiben.

Wer über ein möglichst genaues »Bild« verfügt, kann sich selbst besser innerhalb der Macht-Matrix positionieren: die eigenen Chancen realistischer abschätzen und die Gestaltung seiner Beziehungen darauf einstellen. Denn auch diese Gestaltung macht einen Unterschied (Krackhard 1992): Organisationsmitglieder, die faktisch vergleichsweise mächtig sind, betreiben zum einen eine bewusstere Beziehungsgestaltung, d. h. sie investieren gezielt in den Aufbau sozialer Netzwerke; zum anderen wählen sie ihre Beziehungen weniger nach Affiliation, sondern nach Nutzen (Burt 1998), mithin strategisch-taktisch. Dabei streben sie vor allem nach Beziehungen zu Organisationsmitgliedern, die »Schlüsselpositionen« besetzen: das sind Positionen, die den Informationsfluss zwischen Personen und Organisationseinheiten kontrollieren, die ansonsten innerhalb der Organisation getrennt sind. Organisationsmitglieder in solchen Positionen können als »Türöffner« oder als »Intermediäre« dienen (Brass 1992; Brass und Burkhard 1992) und so die eigene Macht vergrößern. Tatsächlich haben Organisationsmitglieder, die derart strategisch-taktisch vernetzt sind, größere Chancen, aufzusteigen (Podolny und Baron 1997) und vor Abstieg geschützt zu sein (Boeker 1992).

Ist der Erfolg von Organisationsmitgliedern davon abhängig, welches »Bild« sie sich von der Machtverteilung in der Organisation machen und wie sie es nutzen, um ihre Vernetzung innerhalb dieser Matrix zu bestimmen und gegebenenfalls durch eine strategisch-taktische Beziehungsgestaltung zu verbessern, darf es eine mikropolitisch sensibilisierte Supervision und Organisationsberatung nicht versäumen, dabei Reflexionshilfe zu leisten. Auf der Seite des Supervisors und Organisationsberaters setzt eine solche Hilfestellung voraus, dass er zum einen die Machtfrage vorbehaltlos angeht und zudem ein möglichst reiches Erfahrungswissen über die Psycho- und Soziodynamik verschiedener Machtmittel besitzt. Zum anderen kommt er nicht umhin, eine ethische Entscheidung zu treffen: Wer Organisationsmitglieder dabei unterstützt, Machtmittel einzusetzen, um ihre Interessen gegenüber anderen Organisationsmitgliedern erfolgreich(er) durchzusetzen, muss sowohl deren Ziele als auch die gewählten Mittel für legitim halten.

(a) Die Rekonstruktion der Macht-Matrix lässt sich unter verschiedene Leitfragen stellen, wobei ich zunächst von einer Einzelsupervision ausgehe (und begrifflich nicht zwischen Supervision und Coaching unterscheide). Ich denke, dass es auch dafür einen spezifischen gruppenanalytischen Zugang gibt.

Diese Behauptung kann sich auf die Position des »radikalen Foulkes« (vgl. Dalal 1998, S. 64ff.) berufen, der die individualpsychologische Befangenheit seiner traditionellen psychoanalytischen Ausbildung überwunden hat. Denn sein Konzept der Matrix gilt nicht nur für Gruppen, sondern für jedes Individuum, da es zwar für sich existiert, aber sozial, mithin durch Interaktionen mit signifikanten anderen Individuen konstituiert ist. Insofern repräsentiert jedes Individuum stets die verinnerlichten soziale Beziehungen, in denen es gelebt hat und lebt. Mehr noch: Seine individuelle Psyche ist die individualisierte (mentale) Matrix dieser Beziehungen. Folglich wird das Erleben und Handeln eines Individuums in einer konkreten Gruppensituation maßgeblich durch die »Gruppe im Individuum« (Brownbridge 2003) mitbestimmt. Einen Klienten in der Supervision anzuregen, sich diese verinnerlichte Gruppe bzw. weniger fundamental: die jeweils kontextspezifisch relevante verinnerlichte Gruppe bewusst zu machen, kann ihm helfen, sich in kommenden Interaktionssituationen besser zu orientieren.

Somit setzt der spezifisch gruppenanalytische Zugang in der Einzelsupervision im Unterschied zu anderen Zugängen konsequent an dem Beziehungsnetzwerk an, in das der Klient eingebettet ist. Ob diese Rekonstruktion graphische Hilfsmittel wie Organigramme, Soziogramme oder Netzwerkkarten gebraucht, sei dahingestellt. Aber auch dann wird die Supervision, soweit sie auf Macht fokussiert, durch folgende Fragen geleitet:

»Welche Macht haben Sie im Beziehungsnetzwerk Ihrer Organisation bzw. Organisationseinheit über wen mit welchen Mitteln? Und wer hat mit welchen Mitteln Macht über Sie?«

Auf diese Weise erfolgt eine egozentrische Rekonstruktion der Machtverteilung. Eine solche Rekonstruktion bleibt beschränkt, weil sie meist den tatsächlichen Grad von Vernetzung unterschätzt, indem sie sich auf dyadische Beziehungen des Klienten konzentriert. Da Wirkungszusammenhänge aber komplexer sind, sollte auch die Verteilung der Macht zwischen den anderen Organisationsmitgliedern rekonstruiert werden. Denn erfahrungsgemäß verkennen die Klienten oft, dass es nicht nur direkte, sondern auch indirekte Bemächtigungen gibt: So mag X zutreffend glauben, dass er Macht über Y habe, dabei aber die Macht von Y über Z übersehen, der seinerseits aber Macht über ihn hat! Insofern gilt es in einem nächsten Schritt, die egozentrische Rekonstruktion zu dezentrieren:

»Wer hat (aus Ihrer Sicht) im Beziehungsnetzwerk Ihrer Organisation bzw. Organisationseinheit über wen mit welchen Mitteln welche Macht?«

Das »Bild« der Macht-Matrix, das ein Klient auf diese Fragen hin entwirft, löst das organisationale Leben in mehr oder weniger komplexe Beziehungskonfigurationen auf, wobei gerade auch die Bereiche der Matrix zu beachten sind, von denen er keine oder nur diffuse Vorstellungen hat. Das kann unwichtig sein, aber auch auf »blinde Flecken« verweisen, die den Klienten hindern, sich realistisch zu verorten. Aber auch dann, wenn solche Bereiche erschlossen sind, entsteht noch kein »Bild« des Ganzen.

Aufschluss können »Wir-Selbstrepräsentanzen« bieten, vor allem vor- und unbewusste, die oft eher nebenbei in Vergleichen oder Metaphern anklingen, wobei »eine frühere oder gegenwärtige, aber außerhalb der aktuellen Gruppe liegende Gruppensituation auf die aktuelle Gruppensituation übertragen [wird]« (Bosse 2000, S. 54).

Fallvignette
Der Leiter eines neuen Projektes im Rahmen der Produktentwicklung äußert in der Leitungssupervision wiederholt ärgerlich, sein Team sei ein »Kindergarten«. Manifest wertet er damit seine Mitarbeiter ab. Der Vergleich ist ganz auf Abgrenzung angelegt: Sie sind die »Kindergarten-Kinder«. Was aber ist dann seine Rolle, die er, wie ich zu spüren glaube, schamvoll nicht benennt? Vielleicht, so deute ich ihm an, die Rolle der »Kindergarten-Tante«! Tatsächlich empfindet er eine tiefe narzisstische Kränkung: Statt Mitarbeitern mit Teamerfahrung hat ihm die Organisation für das Projekt fast ausschließlich unerfahrene Mitarbeiter zugewiesen. Er ist gekränkt, verärgert und – was er sich nur schwer einzugestehen vermag – auch geängstigt, denn er erlebt die Zusammensetzung des Teams als Entwertung seiner Person: Hat er auf Spitzenleute gehofft, weil ihm dies als Hinweis der Organisation erschienen wäre, dass man ihm großartige Leistungen zutraut, die seiner Karriere dienen würden, so kann der »Kindergarten« doch nur enttäuschen. Den nahe liegenden Schritt, sich mit seinen Vorgesetzten über den Vorgang zu verständigen, scheut er. Denn er will auf jeden Fall die beschämende Situation vermeiden, den Anspruch zu erheben, Leiter eines Spitzenteams zu sein, um dann vielleicht auf den Kopf zugesagt zu bekommen, mehr als die Rolle einer »Kindergarten-Tante« traue man ihm nicht zu. Diese Angst lähmt ihn so sehr, dass er seine faktisch bestehenden Möglichkeiten zunächst nicht realistisch einschätzen kann. Erst als klar wird, dass seine Entwertungsgefühle die Kehrseite einer bislang durch Leistungen noch nicht gedeckten Größenphantasie sind, vermag er angemessen zu handeln: Er benennt einige wenige erfahrene Mitarbeiter, die er in seinem Team haben will, und verhandelt über die Bedingungen für deren Mitarbeit. So kommt letztlich ein gemischtes Team zustande, das erfolgreich arbeitet.

(b) Der Einsatz von Machtmitteln ist nie nur eine persönliche Entscheidung. Stets bestimmt auch die spezifische Kultur in einer Organisation oder Organisationseinheit mit, welche Mittel erwünscht, welche toleriert und welche verpönt sind. Es ist deshalb hilfreich, nach der kulturspezifischen Mittelwahl zu fragen:

»Was muss man in Ihrer Organisation(seinheit) in einer bestimmten Angelegenheit tun, wenn man seine Interessen gegenüber anderen Organisationsmitgliedern (Gleichgestellte, Vorgesetzte, Unterstellte) erfolgreich durchzusetzen will?«

Und im Kontrast dazu:

»Was tun Sie in Ihrer Organisation(seinheit), wenn Sie ihre Interessen in einer bestimmten Angelegenheit, gegenüber einem bestimmten anderen Organisationsmitglied (Gleichgestellter, Vorgesetzter, Unterstellter) durchsetzen wollen?«

Die (wahrgenommenen) organisationskulturellen Üblichkeiten in Erfahrung zu bringen und sie mit der individuellen Mittelwahl zu vergleichen, ist angebracht, wenn Organisationsmitglieder, die Supervision nachfragen, um ihre Machtposition zu verbessern, das Problem einer nachteiligen individuellen Mittelwahl haben: sei es, weil sie sich einer Diskrepanz überhaupt nicht bewusst sind, sei es, weil es Gründe für sie gibt, die in der Organisationskultur üblichen Mittel nicht zu gebrauchen – sie ihnen nicht zur Verfügung stehen oder ihnen zwar zur Verfügung stehen, aber ihrem Selbstbild widersprechen.

Ein besonderes Einsatzfeld des skizzierten Vorgehens ist meiner Erfahrung nach die Leitungssupervision mit Frauen. So sind Frauen vor allem in Wirtschaftsunternehmen weniger erfolgreich, als sie es sein könnten, weil es ihnen nicht gelingt, sich mit den im »Männerbund« (Lehner 2002) üblicherweise gebrauchten Machtmitteln zu arrangieren (Bayes und Newton 1989; Kraus und Kraus 2002). Dabei kann der Reflexion dieses Problems noch ein anderes Problem vorgelagert sein: die Weigerung von Frauen, sich überhaupt als mikropolitische Akteure wahrzunehmen. Solche Frauen schreiben den Einsatz von Machtmitteln ausschließlich Männern zu, während sie ihr eigenes Handeln als machtfrei, wenn nicht gar als machtlos darstellen und wohl auch oft so erleben. Dies ist aber nicht selten eine Selbsttäuschung, die dazu führt, dass eine überzeugende Ausübung der Leitungsrolle durch ständige Schuldgefühle (»management by guilt«: Levinson 1984) behindert wird.

Eine spezifische Form von Kompromissbildung findet sich in einer Untersuchung, in der hochrangige Managerinnen einer großen Computerfirma über ihre Erfahrungen mit den Machtmitteln befragt worden sind, die in der von Männern dominierten Firma üblicherweise eingesetzt werden (Martin und Meyerson 1998). Die Frauen erleben die männlichen Kollegen zunächst als erschreckend aggressiv rivalisierend, wovon sie sich distanzieren, wohl wissend, dass dadurch ihre Chancen sinken, sich zu behaupten. Aus dem Dilemma, sich nicht anpassen und damit vermännlichen zu wollen, aber auch nicht ohnmächtig zusehen zu wollen, finden einige der Frauen den Ausweg, das aggressive Verhalten der Männer als »Spiel« zu rahmen, das nicht »persönlich« zu nehmen ist. Diese Rahmung erlaubt es ihnen, »mitzuspielen«, ohne ihre weibliche Identität zu gefährden. Sie bewirkt eine Enthemmung ihrer eigenen Aggressivität, die jetzt eingesetzt werden kann, weil sie als bloßes »Spiel« nicht derselben moralischen Verurteilung unterliegt. Wie effektiv diese Coping-Strategie ist, bleibt offen. Womöglich täuschen sich die Frauen aber: das »Mitspielen« kann sie unmerklich verändern.

Fallvignette
Simone S., eine Frau Mitte 30, die seit knapp zwei Jahren in einer Kleinstadt persönliche Referentin des Bürgermeisters ist, wird von diesem zur Leiterin eines Projektes »Die Zukunft von X-Stadt« gemacht. In diesem Projekt sitzen die Ressortleiter der Stadtverwaltung, fünf Männer und eine Frau. Nach der konstituierenden Sitzung des Projektes sucht Simone S. Leitungscoaching nach, um Unterstützung bei der Aneignung ihrer neuen Position zu erhalten. Sie kommt auf Empfehlung einer anderen Frau, mit der ich bereits gearbeitet habe. Privat lebt Simone S. in einer Wochenendpartnerschaft: ihr Lebenspartner arbeitet in einer drei Stunden entfernten Großstadt, wo er auch wohnt. In der Regel fährt sie am Wochenende zu ihm. Die Beziehung besteht seit vier Jahren. Er möchte, dass sie heiraten und sie zu ihm zieht, was sie aber nicht will, weil sie dafür ihre Karriere aufgeben müsste.

Jede der fünf Sitzungen Leitungscoaching, zu denen wir uns treffen, kreist um ein spezifisches kritisches Ereignis. In der Abfolge dieser Ereignisse spiegeln sich die Schwierigkeiten, die Simone S. hat, sich in ihrer neuen Rolle durchzusetzen. Scham- und Schuldgefühle, die mit der unbewussten Vorstellung verbunden sind, diese Rolle stehe ihr als Frau überhaupt nicht zu, hindern sie daran.

- *Simone S. stimmt die Termine für die Projektsitzungen ab und lädt dazu ein. Meist kommt der Bürgermeister zu spät. Er lässt sie im unklaren, ob und wann er kommt. Solange er nicht anwesend ist, gelingt es ihr nicht, die Sitzung in Gang zu bringen. Simone S. fühlt sich durch die zahlreichen Nebengespräche untereinander ignoriert. Kommt der Bürgermeister zur Tür herein, ändert sich alles. Die Gruppe verstummt, worauf der Bürgermeister meist mit »Machen Sie ruhig mit ihrem Tagungspunkt weiter!« reagiert. Dann wartet er ab. Aber da noch kein Tagesordnungspunkt behandelt worden ist, kann sie der Aufforderung nicht nachkommen, was sie peinlich berührt. Daraufhin ergreift der Bürgermeister das Wort. Erst jetzt beginnt die Sitzung wirklich. Und Simone S. fühlt sich zur Protokollantin degradiert.*
- *Später, nachdem sie mit Hilfe des Coachings als Projektleiterin besser etabliert ist: Nach jeder Projektsitzung zeigt sie sich entsetzt über das »Kampfgetümmel«, das zwischen den Männern herrscht. Die gehen nicht zimperlich miteinander um: werfen sich in die Brust, erheben ihre Stimme, werden laut und – wie sie meint – schnell verletzend, um kurz darauf wieder miteinander zu scherzen und ein Bier trinken zu gehen. Ihr ist das*

ein Horror. Anfangs kann sie nicht anders, als fasziniert zuzusehen. Durch das Coaching gestützt geht sie in einer Projektsitzung auf ähnliche Weise dazwischen wie die Männer. Es wirkt. Anschließend fühlt sich Simone S. aber schlecht: Ihre Stimme sei sicher schrill gewesen, ja hysterisch. Und wahrscheinlich habe sie ein ganz verzerrtes Gesicht gehabt.

– *Bei der Präsentation der ersten Ergebnisse der Projektgruppe in Anwesenheit des Bürgermeisters und des Stadtrates passiert folgendes: Simone S. hat eine Powerpoint-Präsentation vorbereitet. Als sie starten will, stellt sich heraus, dass ein Kabel falsch gesteckt ist. Sie versucht, es umzustecken, hat damit aber Schwierigkeiten. Da steht einer der Ressortleiter aus ihrem Projekt auf, greift nach dem Kabel, um ihr zu helfen. Spontan »Haut sie ihm auf die Finger«, so dass er sich zurückzieht. Nachher macht sie sich Vorwürfe und überlegt, wie sie mit ihm darüber sprechen kann.*

– *Sie möchte die einzelnen Ressortleiter besser kennen lernen. Deshalb macht sie mit ihnen Einzelgespräche aus, zu der die Männer auch kommen. In diesen Gesprächen erlebt sie die Männer im Vergleich zu den Projektsitzungen als sehr wortkarg, aber daran interessiert zu erfahren, ob sie denn mit jedem von ihnen sprechen würde. Völlig irritiert ist sie, als sie mitbekommt, dass sich die Männer getroffen haben, um miteinander über die Gespräche mit ihr zu sprechen. In der nächsten Projektsitzung fühlt sie sich eingangs zu der Erklärung genötigt, die Einzelgespräche hätten »keine besondere Bedeutung« gehabt.*

– *Obgleich es in der Projektgruppe ja eine weitere Frau gibt, kommt die im Unterschied zu den einzelnen Männern in den Coaching-Sitzungen erst einmal nicht vor, so, als sei sie bei den Projekt-Sitzungen gar nicht dabei gewesen, was aber nicht zutrifft. Simone S. nimmt sie einfach nicht wahr und ist überrascht, als sie das bemerkt. Es ist eine Mitte 50ig-jährige, ältliche Frau, die das Ressort Bildungseinrichtungen betreut, zu denen auch die Kindergärten gehören, für deren Belange sie sich besonders engagiert, was Simone S. nervt. Zudem hat sie sich damit abgefunden, Ressortleiterin zu sein, und auf eine steile Karriere in einer anderen Stadt verzichtet, »der Liebe wegen«.*

(c) Für eine mikropolitische Kompetenzerweiterung bietet sich neben der Einzelsupervision auch eine Gruppensupervision an. Dabei können Personen mit vergleichbaren Positionen in unterschiedlichen Organisationen oder Personen, die in unterschiedlichen Organisationen verschiedene, aber aufeinander bezogene Positionen inne haben, zusammen kommen, um ihre Erfahrungen mit dem Einsatz von Machtmitteln zu besprechen. In gruppenanalytischer Perspektive besteht ein Vorteil dieses Settings darin, dass sich bestimmte Aspekte der besprochenen Machtmittel in der Gruppe selbst vor- oder unbewusst in Szene setzen können, so dass die Psycho- und Soziodynamik der Mittel, über die geredet wird, gleichzeitig auch erlebt und szenisch verstanden werden kann (Haubl 1999).

Fallvignette
Eine Gruppe von Nachwuchsführungskräften mit ausgeprägten Karriereambitionen: Herr R. schildert eine Machtkonstellation, die auch anderen Gruppenteilnehmern vertraut ist. Der Leiter seines Bereiches verlässt das Unternehmen. Er hat selbst noch einen Nachfolger vorgeschlagen, und es scheint festzustehen, dass der Vorgeschlagene die Stelle auch erhält. Zu diesem Zeitpunkt arbeitet Herr R. bereits seit mehreren Monaten mit einem Mentor, der gute Beziehungen zur Geschäftsleitung hat und ihm mit Rat und Tat zur Seite steht (»mentoring«: Baum 1992). Der überrascht ihn nun mit der Frage, ob er denn bereit wäre, Bereichsleiter zu werden. Herrn R. ist bewusst, dass er, der erst vergleichsweise kurz dem Unternehmen angehört, damit ungewöhnlich schnell aufsteigen würde. Aber die Anfrage erscheint ihm als einmalige Chance, die er nicht verspielen will. Was sagt die Gruppe?
    Es entwickelt sich eine lebhafte Diskussion über die Vor- und Nachteile, Karriere durch »Vitamin B« zu machen. Dabei konzentrieren sich die meisten Gruppenteilnehmer auf die Frage, was denn der Mentor und die Geschäftsleitung mit der Beförderung von Herrn R. im Schilde führen. Man könne sich nicht vorstellen, dass sie kostenlos sei. Irgendwann werde ihm die Rechnung präsentiert. Herr R. beteiligt sich an dieser Diskussion, indem er seinerseits Überlegungen anstellt, wie er etwas über die unausgesprochenen Erwartungen an ihn herausfinden könne. Die Gruppenteilnehmer entwickeln ein Szenario nach dem anderen. Dabei verstummt Herr R. allmählich, weil sie, so kommt es jedenfalls mir vor, ein immer ungünstigeres Bild von ihm entwerfen: als sei er für die Stelle völlig ungeeignet und werde aus eigener Kraft sowieso nie Karriere machen. Was wohlwollende Anteilnahme zu sein scheint, erweist sich als Entwertung.
    Ich beschreibe der Gruppe meine Beobachtung und deute sie ihr als Neid: »Ich habe den Eindruck, Sie führen Herrn R. gerade vor Augen, womit er auch rechnen muss, mit Kollegen, die ihm die Chance neiden und deshalb kein gutes Haar an ihm lassen, um seine Beförderung als unverdient darzustellen. Muss er mit solchen Anfeindungen rechnen?«
    Durch diese Intervention angestoßen, diskutiert die Gruppe schließlich über Leistungsgerechtigkeit. Man wisse, dass Leistung nicht ausreiche, um Karriere zu machen, »Vitamin B« zum Alltag in Unternehmen gehöre. Jeder würde deshalb entsprechende Chancen nutzen, gleichzeitig aber empört sein, wenn es Kollegen täten. Neidische Anfeindungen gehörten da tatsächlich zu den Gefahren, auf die man vorbereitet sein sollte. Vielleicht könne man den

Neid der Kollegen ja besänftigen, indem man seine Beförderung nachträglich durch besondere Leistungsbereitschaft rechtfertige.

(d) In einer Teamsupervision ist die Thematisierung von mikropolitischen Machtmitteln sehr viel problematischer als in einer Gruppensupervision. Denn die realen Abhängigkeiten, die unter den Teammitgliedern bestehen, führen auch zu realen Konsequenzen. Deshalb gebietet es die Vorsicht, mikropolitische Machtmittel nur soweit zu thematisieren, wie deren Offenlegung niemanden schwächt.

Fallvignette
In einer Abteilung einer psychosozialen Einrichtung arbeitet der Großteil des Teams bereits seit vielen Jahre zusammen. Der Teamsupervisor hat erst vor kurzem die Supervision übernommen. Nebenbei erfährt er von einem Brief der Geschäftsleitung, der die Schließung der Abteilung ankündigt, die in den letzten Jahren nicht mehr rentabel sei. Davon war bei seinen Kontraktverhandlungen mit keinem Wort die Rede. Mehr noch irritiert ihn, dass der Brief in den Supervisionssitzungen nicht zur Sprache kommt. Als er das anspricht, wird so getan, als müsse man die Ankündigung nicht ernst nehmen. Solche Drohungen habe es immer einmal wieder gegeben. In den kommenden Wochen stellt sich jedoch heraus, dass das Team die Realität verleugnet. Nach und nach bringt der Supervisor in Erfahrung:
Der Abteilungsleiter hat vor gut einem Jahr einen schweren persönlichen Schicksalsschlag erlebt. Seitdem leidet er an einer Depression. Zwar ist er medikamentös anscheinend gut eingestellt, kommt seiner Leitungsfunktion aber nur mehr unzureichend nach. Als die Teammitglieder das merken, beginnen sie unausgesprochen, seine Funktion zu übernehmen. Ohne dafür autorisiert zu sein, treffen sie Entscheidungen, die er treffen müsste, aber lediglich abzeichnet. Zwar ist er meist im Haus, wird aber so abgeschirmt, dass kaum jemand Zugang zu ihm findet. Der Teamsupervisor selbst hat ihn bislang nur ein einziges Mal telefonisch gesprochen, auch wenn im Kontrakt die Teilnahme des Leiters an den vierzehntägigen Sitzungen vereinbart ist. Dafür wird ihm eine plausible Begründung angeboten: Momentan könne der Leiter noch nicht teilnehmen, da er durch eine unglückliche Terminüberschneidung mit dem seit Jahren fixen Supervisionstermin verhindert sei.
Mag das Team seinen Leiter ursprünglich auch tatsächlich abgeschirmt haben, um ihn zu schützen, so nutzt es seinen Machtzuwachs, um sich bestimmte Vorteile zu verschaffen: Seit langem leidet es unter einer erheblichen Überlast. In seiner Wahrnehmung soll es immer mehr mit immer weniger Personal leisten. Diesem von der Geschäftsleitung angestrebten Personalabbau steuert es mit einer eigenmächtigen Personalpolitik entgegen. Alle decken diese Maßnahmen, weil sie den Arbeitsalltag spürbar erleichtern. Bislang sind sie

damit so gut durchgekommen, dass offensichtlich niemand an ein mögliches Ende denkt. Was tun?

Der Teamsupervisor ist nicht dazu da, das eingespielte Arrangement moralisch zu verurteilen. Aber auch nicht, um den Schein zu wahren, selbst wenn es ihm sympathisch ist, wie alle zusammen halten. Es gilt, ihre Motive zu prüfen: Was als uneigennützige Solidarität mit dem angeschlagenen Leiter erscheint, dient gleichzeitig dem Team dazu, sich Angst zu ersparen. Denn der Widerstand, den es leistet, indem es sich Personalentscheidungen anmaßt, die den Sparkurs der Geschäftsleitung unterlaufen, verhindert dreierlei: erstens, dass sich der Leiter seine wahrscheinliche Berufsunfähigkeit eingesteht und offiziell vertreten oder ersetzt wird; zweitens, dass das Team seine Überlast nicht nur beklagt, sondern dokumentiert und darüber offensiv mit der Geschäftsleitung verhandelt, und drittens, dass es sich auf die mögliche Schließung der Abteilung vorbereitet.

All dies zu vermeiden, ist verständlich, da es unter solchen Umständen schnell zu Entsolidarisierungen kommen kann, die gerade bei einem Team mit einer langen gemeinsamen Geschichte sehr schmerzlich sind. Statt sich dem zu stellen, wehrt das Team seine Angst durch eine hypomanisch getönte Verschwörung ab, die vermuten lässt, dass die Depression des Abteilungsleiters über seine persönliche Erkrankung hinaus eine depressive Grundstimmung des Teams zum Ausdruck bringt. Ist die Geschäftsleitung gewillt, die angekündigte Schließung der Abteilung durchzusetzen, heißt dies, die Teamsupervision zu nutzen, um gemeinsam zu betrauern, was sich nicht ändern lässt, und dadurch Kreativität für neue Zukunftsentwürfe freizusetzen.

Teamsupervision als triadische Struktur

Um die Macht-Matrix kenntlich zu machen, in der sich ein Teamsupervisor positionieren muss, bietet es sich an, Teamsupervision als triadische Struktur zu beschreiben. Die Triade ist die Grundform sozialen Lebens. Beziehungsnetzwerke bestehen aus Triaden, die ihre kleinsten netzförmigen Einheiten sind.

(a) Jede Triade besteht aus drei verschiedenen Dyaden: A – B, A – C und B – C. Mit jeder Dyade gibt es einen ausgeschlossenen Dritten. So hat A eine Beziehung zu B und eine Beziehung zu C. In ihnen ist er Teilhaber. Dagegen hat er an der Beziehung zwischen B und C nicht teil. Ihr gegenüber ist er Beobachter. Die Dynamik in einer Triade hängt maßgeblich davon ab, wie alle Akteure mit ihren wechselseitigen Ausschlüssen umgehen.

Die Position des ausgeschlossenen Dritten ist epistemologisch von großer Relevanz. Unterscheidet man Teilhaberwissen und Beobachterwissen, so sind

Mikropolitik für gruppenanalytische Supervisoren und Organisationsberater 69

in Dyaden beide Quellen des Wissens konfundiert. Wollen B und C ihre Beziehung reflektieren, um sie besser zu verstehen und zu gestalten, so müssen sie ihre Teilhabe beobachten, mithin zugleich teilhaben und beobachten. Dieser Konfusion unterliegt A als ausgeschlossener Dritter nicht. Da er an der Dyade nicht teilhat, kann er sie handlungsentlastet beobachten. Ist A bereit, seine Beobachtungen B und C zur Verfügung zu stellen, und sind B und C bereit, seine Beobachtungen zu bedenken, dann kann dieses Wissen helfen, sich ihrer Beziehung bewusst(er) zu werden.

Die Position des ausgeschlossenen Dritten ermöglicht darüber hinaus, die Perspektivität und Relativität allen Wissens zu erkennen. Wenn Teilhaberwissen und Beobachterwissen nicht identisch sind, dann bedarf es einer Kombination beider Wissensquellen: So hat A Teilhaberwissen aus seiner Beziehung zu B und Teilhaberwissen aus seiner Beziehung zu C, über die Beziehung zwischen B und C dagegen Beobachterwissen, wobei er aber gleichzeitig weiß, dass B und C Teilhaberwissen aus ihrer beider Beziehung besitzen. Damit weiß A aber auch, dass er über B kein vollständiges Wissen hat, weil C etwas über B weiß, was A nicht wissen kann, da er nicht C – ein anderer als C – ist. Als Ausweg bleibt A, sich mit C über B zu verständigen, indem sie ihrer beider Wissen mit(einander)teilen. Eine solche Verständigung impliziert die Anerkennung, dass weder A noch C für sich objektives Wissen haben, zusammen aber intersubjektives Wissen über B gewinnen können.

Nun ist das Verhältnis von Dyade und ausgeschlossenem Dritten nicht interesselos und nicht emotionslos. So gehen diejenigen Interessen und Emotionen, die A hinsichtlich der Beziehung zwischen B und C hat, in seine Beobachtung von deren Beziehung ein. Folglich sind seine Beobachtungen, die er ihnen zur Verfügung stellt, tendenziös. Folglich tun B und C gut daran, sie als tendenziöse Beobachtungen zu bedenken, die sie freilich mit bewirkt haben, da sie ihrerseits A aufgrund bestimmter Interessen und mit bestimmten Emotionen ausschließen.

Aufgrund solcher Vorbehalte kann sich letztlich jeder selbst innerhalb der Triade als tendenziöser Akteur erkennen und versuchen, sich nicht nur die aktuellen Tendenzen der anderen, sondern auch seine eigenen Tendenzen bewusst zu machen.

(b) Als Triade betrachtet, setzt Teamsupervision auf der Ebene der Beauftragung den Supervisor, das Team und die Organisation, repräsentiert durch ihre Leitungsebene, in Beziehung. Darin eingelassen sind andere Triaden wie die zwischen Supervisor, Team und primärer Aufgabe, oder die zwischen Supervisor, Team und einzelnem Teammitglied. Im Folgenden beschränke ich mich auf die Beauftragung, die als Abschluss eines Dreieckskontraktes erfolgen sollte, in dem alle drei Parteien den Arbeitsauftrag und das Setting für die Auftragserfüllung aushandeln.

Wünschenswert wäre, wenn dieser Aushandlungsprozess erst abgeschlossen würde, wenn alle Beteiligten dem Vorhaben mit guten Gründen zustimmen. Gute Gründe zu verlangen, impliziert eine bestimmte Reflexionsleistung, die ihrerseits Informiertheit voraussetzt. Deshalb versuche ich bei jeder Beauftragung, ein erstes Treffen aller Parteien anzuregen. So halte ich es für wichtig, dass der Auftrag in dieser Öffentlichkeit formuliert und gegebenenfalls diskutiert wird. Alle Supervisoren wissen, dass ein ausgesprochener Auftrag einen unausgesprochenen Auftrag verbergen kann. Gelegentlich, weil der Auftraggeber damit rechnet, dass der unausgesprochene Auftrag nicht zustimmungsfähig ist. Häufiger aber, weil der Auftraggeber nur diffuse Vorstellungen hat, was er überhaupt will, oder ganz genau zu wissen meint, was er will, ohne aber nahe liegende Konsequenzen seines Auftrages zu berücksichtigen. Eine Beauftragung in Gegenwart aller Beteiligten trägt zu einer Klärung bei, sogar dann, wenn klar wird, mehr Klärung derzeit nicht erreichen zu können. Und was Heimlichkeiten anbelangt, so besteht die Chance, sie wenigstens atmosphärisch zu erfassen.

Im Berufsalltag von Teamsupervisoren gibt es zahllose Fälle, in denen sich dieser Standard, zu dem auch die Selbstdarstellung des Supervisors und die Darstellung seiner Supervisionsmethode gehört, nicht einhalten lässt. Als Standard gesetzt, werden damit aber alle Abweichungen begründungspflichtig, was für die Frage sensibilisiert, welche bewusste, vorbewusste oder unbewusste Bedeutung eine spezifische Beauftragungskonstellation hat. Ich habe mir dabei die Interpretationsregel zu eigen gemacht, die Art und Weise, wie ich behandelt werde, versuchsweise als Spiegelung der Art und Weise zu betrachten, wie die Organisation die Teammitglieder behandelt bzw. wie die Teammitglieder sich untereinander behandeln (Haubl 2002).

Fallvignette
Der Leiter eines Altenheimes empfängt die Teamsupervisorin, um mit ihr den Auftrag und das Setting zu besprechen. Anschließend eröffnet er ihr, dass das Team drei Räume weiter bereits auf sie warte. Sie möge sich dort noch vorstellen. Im übrigen könne sie dort alles berichten, was er mit ihr besprochen habe. Das Team, das die Supervisorin antrifft, wartet bereits eine halbe Stunde, weshalb die Besprechung schnell gehen muss. Es hat Erfahrung mit Teamsupervision, formuliert dementsprechend routiniert seinen aktuellen Bedarf, erklärt die Methode des Supervisorin für bekannt und drängt auf einen baldigen Termin für die erste Sitzung. Der Terminplan des ganzen Hauses aber hänge im Zimmer des Leiters, den die Supervisorin deshalb noch einmal aufsuchen solle. Dort angekommen, wird sie von dem Leiter bereits in der Zimmertür in jovialem Tonfall gefragt: »Na, ging's gut?«. Was bedeutet es, wenn die Teamsupervisorin bei ihrer Beauftragung derart hin- und her geschickt wird?

(c) Die gesamte Beauftragung steht von vorn herein unter der Machtfrage, auch wenn diese nur selten zu Beginn offen zur Sprache kommt. Gelegentlich aber geschieht das. Dann erweist sich etwa der überraschende Widerstand eines Teams, einer Supervision zuzustimmen, die ihm die Organisation als berufliche Qualifizierungsmaßnahme anbietet, als Zweifel an den angegebenen Beauftragungsmotiven: Wenn es heißt, dass das Team Supervision brauche, ist damit nicht bereits eine Definition erfolgt, die ihm alle Probleme anlastet und die Organisation exkulpiert?

So gesehen, dürfte es sinnvoll sein, an Supervisionsaufträge mit der hermeneutischen Vorannahme heranzugehen, dass die Parteien – je nach Perspektive – wünschen oder fürchten, der Supervisor werde Partei ergreifen und damit die eine Partei stärken und die andere schwächen. Folglich sollte der Supervisor mit entsprechenden Bemächtigungsversuchen rechnen. Jede Partei wird strategisch-taktisch versuchen, ihn zu einer Parteinahme zu bewegen: ihn entweder auf die eigene Seite zu ziehen, um die eigene Wahrnehmung zu validieren, oder ihn auf die andere Seite zu stoßen, um ihn dann als befangen ablehnen zu können.

In diesem Kräftefeld behauptet er sich nur, wenn es ihm gelingt, in Bewegung zu bleiben, um zwischen den Parteien zu vermitteln, was eine Parteinahme für die eigenen nicht verhandelbaren Arbeitsbedingungen als Teamsupervisor ausdrücklich einschließt. Nur so kann die triadische Struktur der Teamsupervision epistemologisch fruchtbar werden.

Fallvignette
Eine sozialpädagogische Einrichtung engagiert eine neue Teamsupervisorin. Die Kontraktverhandlungen sind, wie sie meint, zu aller Zufriedenheit verlaufen. Jetzt wartet sie auf den unterschriebenen Vertrag. Und auch der Termin für die erste Sitzung ist noch nicht festgelegt. Was sie zu diesem Zeitpunkt nicht weiß: Es gibt Vorbehalte gegen ihre Beauftragung, die nicht ausgeräumt worden sind.

Das Team besteht überwiegend aus den Angehörigen von zwei Berufsgruppen, die sich in einer destruktiven Statuskonkurrenz befinden: auf der einen Seite Erzieherinnen und Erzieher, auf der anderen Seite Sozialpädagoginnen und Sozialpädagogen. Die Teamsupervisorin selbst ist ihrem Herkunftsberuf nach ebenfalls Sozialpädagogin, hat aber nach einigen Berufsjahren eine Supervisionsausbildung absolviert und arbeitet seit längerem ausschließlich als freie Supervisorin. Die Vorbehalte gegen sie kommen aus den Reihen der Erzieher, die befürchten, dass sie sich auf die Seite der Status höheren Berufsgruppe schlägt: einmal Sozialpädagogin, immer Sozialpädagogin. Aber, wie gesagt, davon weiß die Teamsupervisorin zunächst nichts, fragt sich aber, wo ihr Vertrag bleibt.

Statt des erwarteten Vertrages erhält sie eine Einladung zum Sommerfest der Einrichtung, ein Serienbrief, aber mit persönlicher Anrede. Sie schwankt, ob sie der Einladung folgen soll: verletzt sie damit ihr Abstinenzgebot oder verschenkt sie eine Chance, die Einrichtung besser kennen zu lernen? Es fällt ihr schwer, sich zu entscheiden. Letztlich folgt sie der Einladung nicht, weil sie nicht möchte, dass man denkt, sie komme nur, um zu demonstrieren, wie wichtig ihr der Auftrag ist.

Einige Tage nach dem Sommerfest, erhält sie von der Organisationsleitung Post, aber nicht den erwarteten Vertrag, sondern die Bitte, doch noch einmal zu einem Gespräch zu kommen, weil es weiteren Klärungsbedarf gebe. Die Teamsupervisorin ist irritiert, überlegt, vorher anzurufen, tut dies aber nicht, sondern findet sich zu dem gewünschten Gespräch ein. Während dieses Gespräches wird sie, zumindest erlebt sie das so, ziemlich aggressiv zur Rede gestellt, warum sie der Einladung nicht gefolgt sei. Sie hemmt ihren spontanen Impuls, sich zu rechtfertigen, und stellt sich statt dessen verstehend auf die Situation ein. Geklärt werden kann: Das Sommerfest ist alleine von den Erzieherinnen und Erzieher organisiert worden, die ihren sozialpädagogischen Kolleginnen und Kollegen den Vorwurf machen, sie seien sich wie üblich für solche Arbeiten zu gut. Auf die Teamsupervisorin übertragen: Sie folgt der Einladung nicht, also ist sie sich – ganz Sozialpädagogin – wohl ebenfalls zu gut, die Arbeit der Erzieherinnen und Erzieher zu achten.

Es gelingt der Teamsupervisorin, diese Befürchtungen auszuräumen, indem sie offen von ihren Überlegungen bei Erhalt der Einladung erzählt. Dadurch gewinnt sie die Berufsgruppe der Erzieher erst einmal für sich, muss aber feststellen, dass noch längst nicht alles klar ist. Ihre Zuwendung zu dieser Seite, führt zu einem Angriff von der anderen Seite: Die Wortführerin der Berufsgruppe der Sozialpädagogen gibt zu bedenken, ob es nicht besser sei, sich noch nach anderen Kandidaten für die Supervisorenrolle umzusehen, wenn es mit der Teamsupervisorin – nichts gegen sie persönlich! – bereits im Vorfeld solche Schwierigkeiten gebe.

Die Supervisorin greift, obgleich verärgert, das Misstrauen, das sie spürt, verständnisvoll auf: Sie stimme zu, dass die Entscheidung für einen Supervisor eine Vertrauenssache sei, weshalb sie es gut nachvollziehen könne, dass sich das Team Entscheidung nicht leicht mache. Allerdings wisse sie nicht, was gegen sie spreche. Gerade eben habe sich doch gezeigt, dass man sich ganz gut verständigen könne. Leider lasse sich das jetzt aber nicht mehr klären, da der vereinbarte Zeitrahmen für das Gespräch überschritten sei.

Anschließend glaubt die Teamsupervisorin, sie habe den Auftrag verloren. Bereits am nächsten Tag aber liegt der Vertrag im Briefkasten. In späteren Sitzungen klärt sich, was unverstanden geblieben ist: Die Sozialpädagoginnen und Sozialpädagogen nehmen die Supervisorin als eine Person wahr, die ihren

Herkunftsberuf hinter sich gelassen hat. Sie befürchten, darin den Erzieherinnen und Erziehern ähnlich, dass sie sich jetzt als etwas Besseres erlebe, wobei sie freilich die eigenen Statusängste und Statuswünsche auf sie projizieren.

(d) Damit alle Parteien bereitwillig ihre Beobachtungen zu Verfügung stellen und die ihnen zu Verfügung gestellten Beobachtungen bedenken, müssen folgende Bedingungen erfüllt sein:
- Alle Parteien nehmen sich untereinander als eigenständig wahr. Konflikte entstehen, wenn der Vorgesetzte, der als Repräsentant der Organisation die Teamsupervision bewilligt, an ihr teilnimmt, weil er dadurch eine Doppelrolle inne hat.
- Alle Parteien stimmen zu, dass jede Partei mit jeder anderen Partei eine offene Beziehung unterhalten kann. Konflikte entstehen, wenn die Organisation verlangt, über alle Vorgänge in der Teamsupervision informiert zu werden, das Team aber auf bedingungsloser Verschwiegenheit besteht.
- Alle Parteien haben realistische Vorstellungen nicht nur von ihren Beziehungen zu den anderen Parteien, sondern auch von deren Beziehungen untereinander sowie von dem gesamten Beziehungsnetz. Konflikte entstehen, wenn bestimmte Beziehungen verleugnet oder verzerrt wahrgenommen werden.
- Alle Parteien bringen das basale Vertrauen auf, dass keine Partei die Absicht hegt, eine andere zu schädigen. Konflikte entstehen, wenn es anzuerkennen gilt, dass jede Partei legitime, aber unterschiedliche, vielleicht sogar gegensätzliche Interessen verfolgt, für die es keinen konfliktfreien Interessenausgleich gibt.
- Alle Parteien beobachten auch sich selbst als Teilhaber wie als Beobachter, um Wahrnehmungsverzerrungen vorzubeugen. Konflikte entstehen, wenn eine Partei davon überzeugt ist, über objektives Wissen zu verfügen.

Die Bearbeitung dieser vier exemplarisch genannten Konflikte, die nie ganz zu vermeidenden sind, bedarf einer dauernden Anstrengung. Der Teamsupervisor hat die Aufgabe, sie anzuregen und dadurch die triadische Struktur zu einer »triangulären Kultur« (Tietel 2003) zu entwickeln, in der gemeinsame Lernprozesse möglich sind.

Das Machtstreben des Teamsupervisors

Die Frage nach der Macht des Teamsupervisors wird meist mit Hinweis auf seinen Expertenstatus beantwortet. Seine Macht sei Expertenmacht. Nun verkörpert der Experte aber das paternalistische Modell professionellen

Handelns: Experten definieren, welche Probleme hilfsbedürftige Laien haben, und für diese Probleme bieten sie ihnen Lösungen an. Eine Teamsupervision, die in gruppenanalytischer Tradition steht, lehnt dieses Modell ab (Haubl 2000, S. 53f.), weil es zu einer Verantwortungsdelegation führt: Erfolgreiche Problemlösungen schreibt der Experte sich selbst zu, Misserfolge führt er dagegen auf mangelnde Einsicht und Kooperation der Laien zurück, um damit abzuwehren, dass diese ausschließlich ihn dafür verantwortlich zu machen suchen, wenn es zu keiner erfolgreichen Problemlösung kommt.

Die Expertenrolle abzulegen, ist nicht einfach, weil sie dem Teamsupervisor, wenn auch oft vor- oder unbewusst, gerne angetragen wird. Er soll sie übernehmen. Dem Team und/oder der Organisation diesen Wunsch zu erfüllen, ist verlockend, bieten sie ihm doch nichts weniger an als eine Machtposition, der sie sich freiwillig unterordnen. Sie tun dies allerdings in der illusionären Hoffnung, der Teamsupervisor werde ihre Probleme lösen, ohne dass sie sich verändern müssen, weil ihre Veränderungsabsichten ambivalent sind und riskante Selbstkonfrontationen beinhalten. Kann er solche Konfrontationen nicht vermeiden, und er wird sie nicht vermeiden können, schnappt die vor- oder unbewusst aufgestellte Falle zu: Das Team und/oder die Organisation kassieren seine Ermächtigung, indem sie ihn entwerten. Fühlt er sich ohnmächtig, haben sie die zweifelhafte Genugtuung, dass es keine Veränderung ohne ihre Veränderungsbereitschaft gibt, die sie ihm jedoch verweigern.

Somit steht der Teamsupervisor vor der Aufgabe, alle Beteiligten zu motivieren, die Verantwortung selbst zu übernehmen: ihre Probleme selbst zu definieren und für diese Probleme auch selbst Lösungen zu suchen. Zu diesem Zweck wird er die Delegation von Verantwortung und darüber hinaus das gesamte Kräftefeld, das auf ihn einwirkt, thematisieren, indem er – selektiv – veröffentlicht, was ihn bewegt. Diese kommunizierte Selbstreflexion steht dem paternalistischen Modell entgegen: an die Stelle der Anwendung überlegenen Wissens tritt die Teilhabe an Prozessen einer allmählichen Urteilsbildung, die Zeit brauchen, weil sie kognitive und emotionale Widerstände durcharbeiten (Haubl 1994). Überzeugt dieses Vorgehen, wird es vorbildlich: Dann entwickelt sich in der Teamsupervision eine Haltung der Entschleunigung, die eine Steigerung der prozessierten Komplexität wagt: Hals-über-Kopf-Entscheidungen aufschiebt, stereotype Vorstellungen und diffuse Gefühle differenziert, Risiken prüft, Nebenfolgen antizipiert und Sachzwänge in Handlungsalternativen überführt, mithin Raum schafft, um das Mögliche zu denken (»potential space«: Ogden 1997).

Eine solche Prozessorientierung verlangt nun nicht, der Teamsupervisor solle sein gegenstandsbezogenes Wissen außen vor halten. Es spricht nichts dagegen, dass auch er Problemdefinitionen und Lösungsvorschläge einbringt, die er aus seiner Erfahrung mit vergleichbaren Fällen gewinnt. Ausschlaggebend ist, wie er sie einbringt: Lernprozesse im Team und in der Organisation wird er nur dann erfolgreich initiieren können, wenn er sich selbst als Lernender begreift und dementsprechend bereit ist, sich auch selbst eines Besseren belehren zu lassen.

Dazu gehört, dass er seine Konzepte nicht gebraucht, um seinen Expertenstatus zu immunisieren. Exemplarisch dafür ist die Handhabung des Konzeptes des Unbewussten (Wellendorf 2002). Denn es kann zur Immunisierung von Deutungen eingesetzt werden. Dann deutet der Teamsupervisor ein bestimmtes Geschehen als unbewusst und nimmt die Ablehnung dieser Deutung als Beleg dafür, dass er das Geschehen zu recht als unbewusst gedeutet hat! Wer so verfährt, setzt sich als Mastermind in Szene statt das Konzept des Unbewussten auf sich selbst anzuwenden, heißt: mit eigenen aufklärungsbedürftigen unbewussten Motiven zu rechnen. Zu diesen Motiven gehört oft auch das eigene Machtstreben, zumal dann, wenn man Supervisor geworden ist, »weil man eigentlich eine Leiterrolle sucht, die damit verbundene Verantwortung und negativen Projektionen und Übertragungen aber scheut« (Pühl 2002, S. 38).

Ein Teamsupervisor, der seinem unreflektierten Machtstreben folgt, wird es als kränkend erleben, dass er keinen direkten Zugang zum Arbeitsalltag des supervidierten Teams in der Organisation hat. Er ist der ausgeschlossene Dritte, der darauf vertrauen muss, dass seine Beobachtungen, die er in der Supervision zur Verfügung stellt, außerhalb der Supervision bedacht werden. Indem er dies tut, respektiert er die Autonomie des organisationalen Lebens. Fällt es ihm schwer, kann er sich genötigt fühlen, den Transfer zu kontrollieren. Je schmerzlicher er seinen Ausschluss erlebt, desto mehr wird er versuchen, sich einzumischen, indem er etwa jede Supervisionssitzung mit einem strengen Rapport der Ereignisse beginnt, die in der Zwischenzeit stattgefunden haben. Damit begibt er sich aber in die Gefahr, zu einem Verfolger zu werden, der den Transfer, den er zu sichern wähnt, tatsächlich hintertreibt.

Die Autonomie des organisationalen Lebens kann für den Teamsupervisor deshalb kränkend sein, weil sie ihn an seine Entbehrlichkeit und damit an die professionelle Norm erinnert, sich entbehrlich machen zu sollen (Haubl 1997, S. 131ff.). Oder positiv gewendet: Team und Organisation ermächtigen zu sollen, sich dauerhaft selbst zu reflektieren. Diese Zielvorstellung steht vor allem bei einer schlechten Auftragslage im Widerspruch zu seinen legitimen ökonomischen Interessen. Denn nur, wenn hinreichend Bedarf an Teamsupervision besteht, kann er (gut) davon leben. Insofern muss er (und seine Standesvertretung) den Bedarf hoch halten: sich unentbehrlich machen. Dieses Motiv kann dazu führen, dass der Teamsupervisor selbst für einen fortgesetzten Supervisionsbedarf sorgt, indem er den Transfer notorisch als ungenugend darstellt. Als Rationalisierung dient dann der übertrieben ehrgeizige Anspruch, sich erst zufrieden zu geben, wenn das organisationale Leben nach dem Vorbild der Supervision gestaltet ist. Dieser Anspruch aber verkennt, dass sich ein Komplexitätsniveau, wie es der handlungsentlastete Schonraum der Supervision aufzubauen erlaubt, nicht »veralltäglichen« lässt. Wo immer der Anspruch aufscheint, ist ein Machtstreben am Werk, das die Autonomie des organisationalen Lebens nicht respektiert, weil es der Teamsupervisor nicht erträgt, ein ausgeschlossener Dritter zu sein.

Literatur

Ashford, B. E., Mael, F. A. (1998): The power of resistance. Sustaining valued identities. In: Kramer, R.M. & Neale, M.A. (Hg.): Power and Influence in Organizations. Thousand Oaks (Sage), S. 89–119.

Baum, H. (1992): Mentoring: narcicisstic phantasies and oedipal realities. In: Human Relations 45, S. 223–245.

Brownbridge, G. (2003): The group in the individual. In: Group Analysis 36 (1), S. 23–36.

Baumann, P. (1993): Motivation und Macht. Zu einer verdeckten Form sozialer Macht. Opladen: (Leske + Budrich).

Bayes, M., Newton, P. (1989): Frauen an der Macht: eine soziopsychologische Analyse. In: Organisationsentwicklung 8 (1), S. 47–63.

Boeker, W. (1992): Power and managerial dismissal: scapegoating at the top. In: Administrative Science Quarterly 37, S. 400–421.

Bosse, H. (2000): Von der Couch zum Kreis. Wandlungen des Übertragungsverständnisses auf dem Weg zu einer gruppenanalytischen Theorie und Praxis. In: gruppenanalyse 10 (1), S. 49–66.

Brass, D. J. (1992): Power in organizations: a social network perspective. In: Research in Politics and Society 4, S. 295–323.

Brass, D. J., Burkhardt, M. E. (1992): Centrality and power in organizations. In: Nohria, N., Eccles, R. (Hg.): Networks in Organizations: Structure, Form, and Action. Boston, MA: (Harvard Business School Press), S. 191–215.

Burt, R. S. (1998): Personality correlates of structural holes. In: Kramer, R. M., Neale, M. A. (Hg.), Power and Influence in Organizations. Thousand Oakes, CA (Sage), S. 221–250.

Collinson, D. (1994): Strategies of resistance: power. Knowledge and subjectivity in the workplace. In: Jermier, J. M., Knights, D., Nord, W. R. (Hg.): Resistance and Power in Organizations. London (Routledge), S. 25–68.

Coser, L. A. (1991): Greedy Institutions. Patterns of Undivided Commitment. New York (Free Press).

Dalal, F. (1998). Taking the Group Seriously. London (Jessica Kingsley Publishers).

Foucault, M. (1977): Sexualität und Wahrheit. Bd. 1: Der Wille zum Wissen. Frankfurt am Main: (Suhrkamp).

Foucault, M. (1978): Dispositive der Macht. Über Sexualität, Wissen und Wahrheit. Berlin (Merve).
Foucault, M. (1985): Freiheit und Selbstsorge. Frankfurt am Main (Suhrkamp).
Harris, M., Lightner, R., Manolis, C. (1998): Awareness of power as a moderator of expectancy effects: Who's the boss around here? In: Basic and Applied Social Psychology 20, S. 220–229.
Harrison, R. (1977): Rollenverhandeln: ein »harter« Ansatz zur Team-Entwicklung. In: Sievers, B. (Hg.), Organisationsentwicklung als Problem. Stuttgart (Klett-Cotta), S. 116–133.
Haubl, R. (1994): Widerstand. In: Haubl, R., Lamott, F. (Hg.): Handbuch Gruppenanalyse. München (Quintessenz), S. 158–181.
Haubl, R. (1997): Gruppenleitung und Selbstorganisation der Gruppe. Zugleich eine Rekonstruktion der gruppenanalytischen Theorie von S.H. Foulkes. In: Jahrbuch für Gruppenanalyse 3, S. 107–139.
Haubl, R. (1999): Die Hermeneutik des Szenischen in der Einzel- und Gruppenanalyse. Inszenieren – szenisches Verstehen – szenisches Intervenieren. In: Zeitschrift für Gruppenpsychotherapie und Gruppendynamik 35 (1), S. 17–53.
Haubl, R. (2002): Gesellschaftlicher Wandel und die Zukunftsfähigkeit der Psychoanalyse. In: Psychoanalyse. Texte zur Sozialforschung, 7, S. 43–57.
Haubl, R. (2002): Der Supervisor als neues Organisationsmitglied. In: Jahrbuch für Gruppenanalyse 8, S. 85–113.
Hodson, R. (1995): Worker resistance: an underdevelopment concept in the sociology of work. In: Economic and Industrial Democracy 16, S. 79–110.
Jablin, F. M. (1982): Formal structural characteristics of organizations and superior-subordinate communication. In: Human Communication Research 8 (4), S. 338–347.
Knights, D., Vurdubakis, T. (1994): Foucault, power, resistance and all that. In: Jermier, J. M., Knights, D., Nord, W. R. (Hg.): Resistance and Power in Organizations. London: (Routledge), S. 167–198.
Krackhardt, D. (1990): Assessing the political landscape: structure, cognition, and power in organizations. In: Administrative Science Quarterly 35, S. 342–369.
Krackhardt, D. (1992): The strength of strong ties: The importance of philos in organizations. In: Nohria, N., Eccles, R. (Hg.): Networks in Organizations: Structure, Form, and Action. Boston, MA: (Harward Business School Press), S. 191–215.
Kraus, H., Kraus, K. (2002): Frauen und Macht. In: Wolf, M. (Hg.): Frauen und Männer in Organisationen und Leitungsfunktionen. Unbewusste Prozesse und die Dynamik von Macht und Geschlecht. Frankfurt am Main (Brandes & Apsel), S. 37–54.
Lehner, E. (2002): Die Organisation als Männerbund. In: Wolf, M. (Hg.): Frauen und Männer in Organisationen und Leitungsfunktionen. Unbewusste Prozesse und die

Dynamik von Macht und Geschlecht. Frankfurt am Main (Brandes & Apsel), S. 19–36.

Levinson, H. (1984): Management by guilt. In: Kets de Vries, M. F. R. (Hg.), The Irrational Executive. Psychoanalytic Explorations in Management. New York (International University Press), S. 132–151.

Martin, J., Meyerson, D. (1998): Women and power. Conformity, resistance, and disorganized coaction. In: Kramer, R. M., Neale, M. A. (Hg.): Power and Influence in Organizations. Thousand Oakes (Sage), S. 311–348.

Mechanic, D. (1962): Sources of power of lower participants in complex organizations. In: Administrative Science Quarterly 7, S. 349–364.

Neuberger, O. (1995): Mikropolitik. Der alltägliche Aufbau und Einsatz von Macht in Organisationen. Stuttgart (Enke).

Ogden, Th. H. (1997): Über den potentiellen Raum. In: Forum der Psychoanalyse 13, S. 1–18.

Paris, R. (1998): Stachel und Speer. Machtstudien. Frankfurt am Main (Suhrkamp).

Pfeffer, J., Cialdini, R. B. (1998): Illusions of influence. In: Kramer, R. M., Neale, M. A. (Hg.): Power and Influence in Organizations. Thousand Oaks (Sage), S. 1–20.

Pfeffer, J., Salancik, G. (1974): Organization decision making as a political process: the case of a university budget. In: Administrative Science Quarterly 19, S. 135–151.

Podolny, J., Baron, J. (1997): Resources and relationships: Social networks and mobility in the workplace. In: American Sociological Review 62 (5), S. 673–693.

Pühl, H. (2002): Teamsupervision: Auftragsklärung, Nachfrageanalyse und organisationelle Triangulierung. In: Pühö, H. (Hg.): Supervison. Aspekte organisationeller Beratung. Berlin (Leutner), S. 24–47.

Popitz, H. (1986): Macht und Herrschaft: Stufen der Institutionalisierung von Macht. In: Popitz, H., Phänomene der Macht. Tübingen (Mohr Siebeck), S. 37–67.

Tietel, E. (2003): Emotionen und Anerkennung in Organisationen. Wege zu einer triangulären Organisationskultur. Münster (LIT).

Tucker, J. (1993): Everyday forms of employee resistance. In: Sociological Forum 8, S. 25–45.

Weber, M. (1922): Wirtschaft und Gesellschaft. Tübingen (Mohr Siebeck).

Wellendorf, F. (2002): Überlegungen zum »Unbewussten« in Organisationen. In: Pühl, H. (Hg.): Supervision. Aspekte organisationeller Beratung. Berlin (Leutner), S. 134–146.

Wellbourne, T., Trevor, C. (2000): The roles of departmental and position power in job evaluation. In: Academy of Management Journal 43 (4), S. 761–771.

Winter, D. (1973): The power Motive. New York (Free Press).

Winter, D., Barenbaum, N. B. (1985): Responsibility and the power motive in women and men. In: Journal of Personality 53 (2), S. 335–355.

Macht und Geschlecht in Organisationen

Elisabeth Rohr

Organisationen sind nach gängigen Definitionen aufgabenorientierte, arbeitsteilig gegliederte und auf Dauer angelegte komplexe soziale Systeme, d. h. gesellschaftliche Einrichtungen, die auf die Erfüllung einer »primären Aufgabe« ausgerichtet sind (Hirschorn 1988; Regenhard 2000; Ritter 2002). Sie sind jedoch zugleich mehr als das: Denn Organisationen lassen sich auch als eine »historisch-gesellschaftlich spezifische Form von Herrschaft« (Türk 1993) beschreiben. In ihnen spiegelt sich der historische Aushandlungsprozess unterschiedlich gelagerter Interessen von Unternehmern und Arbeitern wider (Lehner 2002). Organisationen sind damit Ausdruck eines gesellschaftlichen Kompromisses, der den Interessenausgleich zwischen ökonomisch und sozial unterschiedlich mächtigen Akteuren und Statusgruppen regelt. Hierbei handelt es sich grundsätzlich um einen labilen Kompromiss, wobei das strukturelle Konfliktpotential immer virulent bleibt und jeweils nur eine zeitlich begrenzte Befriedung erfährt.

Soviel zum Mythos der Organisation als eines herrschaftsfreien Raumes. Wer also über Organisationen spricht, muss auch über Macht und Machtverhältnisse und über Konflikte und Widersprüche sprechen – ohne dabei die harten Fakten wie Profit und Produktivität, Löhne und Arbeitsbedingungen und den viel gerühmten und mittlerweile geschmähten »share holder value« aus den Augen zu verlieren. Organisationen lassen sich also nicht, wie dies in vielen klassischen Organisationsentwicklungstheorien á la McKinsey geschieht, in ihrer Komplexität auf ihre betriebswirtschaftliche Logik und ihre instrumentelle Zweckrationalität reduzieren oder alleine aus der Technik von Arbeitsabläufen (wie dies das Konzept des »Business Process Reengineering« suggeriert) begreifen. Schließlich verweist die Definition der Organisation als einer spezifischen Form der Herrschaft unmissverständlich auf Verhältnisse, die nicht frei sein können von Konflikten, Spannungen und Widerständen und die in ihrem Zusammenspiel, jenseits der instrumentellen und sachlogischen Orientierung, das Schicksal einer Organisation oftmals mehr beeinflussen als so manchem Manager lieb ist. In den letzten Jahren hat jedenfalls eine Reihe von Studien zur Psychoanalyse der Organisation gezeigt, dass Organisationen wie ein lebender Organismus nicht nur eine spezifische und charakteristische Kultur (oder »corporate identity«) ausbilden, sondern auch eine dem Management wie der Mitarbeiterschaft unbewusste Dynamik, die Arbeits- wie auch die Produktionsprozesse steuert und ganz wesentlich über Erfolg oder Misserfolg einer Organisation mit entscheiden (Kets de Vries 1990; Mertens und Lang 1992; Hesse und Schrader 1996; Wolf 2002).

Organisationsmythen

Mario Erdheim hatte in seiner 1982 veröffentlichten Studie über die gesellschaftliche Produktion von Unbewusstheit bereits gezeigt, wie Affekte und Widerstände auch die Wahrnehmung und Erfüllung der »primären Aufgabe« in Organisationen (z. B. in Schulen) beeinflussen und wie die Verschleierung von Herrschaftsverhältnissen geradezu essentiell ist zur Aufrechterhaltung einer arbeitsteiligen und aufgabenorientierten Organisation. Er vertritt damit in Anlehnung und in Abwandlung von Freuds Überlegungen in »Massenpsychologie und Ich-Analyse« die Auffassung, dass insbesondere die in Organisationen herrschenden Macht- und Ohnmachtverhältnisse einer radikalen Unbewusstmachung unterzogen werden und die Mitarbeiterschaft durch die Befriedigung spezifischer Triebbedürfnisse Gratifikationen erhält, die sie veranlassen, an dieser Unbewusstmachung aktiv mitzuwirken. Auf eine unnachahmlich zynische Art hat dies auch Michael Hammer (1996, S. 188), der Erfinder des Anfang der 90er Jahre hoch gehandelten Organisationsentwicklungskonzeptes »Business Process Reengineering«, auf den Punkt gebracht, als er schrieb:

»Durch Motivation, Kommunikation und Anreize können wir Mitarbeiter dazu bewegen, dass sie den Prozess der Eliminierung ihrer eigenen Arbeitsplätze unterstützen, wenn wir ihnen aufzeigen, dass es für ein höheres Ziel notwendig ist.«

Als Beleg für seine These führt er dann Soldaten an, die trotz eigener Lebensgefahr in den Krieg ziehen: aus Liebe zum Vaterland, aus religiöser, ethnischer oder anderer Überzeugung.

Solche und andere, durchaus harmlosen Organisationsmythen – z. B. die Vorstellung von der Organisation als einer großen Familie, einem Team, einer Sportsmannschaft, einer verschworenen Gemeinschaft, aber auch Slogans wie, »wir ziehen alle an einem Strang«, »wir bauen eine Welt ohne Grenzen (...) einen kulturellen Regenbogen zu den Sternen« – versinnbildlichen dabei effektive Prozesse der Unbewusstmachung von Machtverhältnissen. Zugleich dienen sie als psychische Gratifikation für die mannigfaltigen Versagungen, die Arbeit, Vorgesetzte und Unterordnungen jeder und jedem Einzelnen aufnötigen.

In Weiterführung dieser Gedanken ist jedoch davon auszugehen, dass in Zeiten gesellschaftlicher und ökonomischer Krisen, die immer auch eine ernste Bedrohung für das Überleben von Organisationen darstellen, intern verfestigte

Abwehrstrukturen aufweichen und es zu einem partiellen Zerfall organisatorischer Mythen kommt. In der Folge werden Aspekte der unbewusst gehaltenen Spannungen und Konflikte in der Mitarbeiterschaft und gegenüber dem Management ebenso ins Bewusstsein geschwemmt wie Aspekte der bislang verdeckten Macht- und Ohnmachtverhältnisse.

Ein symptomatischer, jedoch lange Zeit verleugneter Aspekt der tabuisierten Macht- und Ohnmachtverhältnisse in Organisationen betrifft das Geschlechterverhältnis, das organisationsintern noch eine besondere Brisanz zu gewinnen scheint, wenn Macht mit Geschlecht, vor allem mit dem weiblichen Geschlecht, verknüpft wird.

Männerbündische Organisationen

Neben die Debatte um neue Konzepte von Organisationsentwicklung wie »Lean Management« oder die »Lernende Organisation« ist seit geraumer Zeit ein vor allem von feministisch orientierten Organisationsberaterinnen in die Diskussion eingebrachtes und nach wie vor von Unternehmen wie von Organisationsentwicklungstheorien weitgehend ignoriertes Thema gerückt: das organisationsinterne Geschlechter- und Machtverhältnis. Seit die EU 1996 Gender-Mainstreaming als gleichstellungspolitische Strategie im Rahmen der Überarbeitung des Maastrich-Vertrages auf EU-Ebene eingeführt und mit Inkrafttreten des Folge-Vertrages von Amsterdam die Mitgliedstaaten sich verpflichteten, die Kategorie Geschlecht verbindlich bei allen politischen Entscheidungsprozessen zu berücksichtigen und einzubeziehen, seitdem geraten auch Unternehmen unter Druck, sich mehr mit diesem Thema zu befassen. Jedenfalls zeigen sich erste Auswirkungen dieser Maßnahmen zum einen in der wachsenden von Organisationsberaterinnen, Supervisorinnen und Wissenschaftlerinnen produzierten Literatur zum Thema, die durch die EU-Strategie in ihrem Bemühen, das Geschlechterthema in die Wirtschaft einzuführen, Aufwind erhalten haben. Zum anderen zeigen sich erste Auswirkungen auch in der Kreation eines neuen Begriffs, der mittlerweile durch die Organisationsliteratur geistert und ganz konkret auf spezifische Prozesse bisheriger Unbewusstmachung verweist: »Management of Diversity« ist das neue Zauberwort, wobei es u. a. darum geht, »die Fertigkeiten, die Frauen in ihrer nachgeordneten gesellschaftlichen Rolle haben entwickeln müssen, als Ressource und neue Sichtweise für die Organisation« nutzbar zu machen (Ritter 2002, S. 57). Frauen sollen dazu beitragen, eine »neue Flexibilität in die Denkweise und die Strukturen von Organisationen« (Ritter 2002, S. 57) einzubringen, um mit ihrem Potential, das sich in ihren sozialen Kompetenzen von »care«, von Empathie und von Kooperations- und Konfliktfähigkeiten ausdrückt, innovativ und produktionssteigernd wirksam zu werden. Diese emphatische Betonung des »Managements of Diversity« verweist deutlich auf eine ins Unbewusste gedrängte Realität, nach der Organisationen immer auch »gendered organizations« sind, in denen vergeschlechtliche Prozesse ablaufen (Acker 1991).

So gut wie der Begriff eines »Management of Diversity« auch klingt, so schwer ist es jedoch, das damit verbundene Konzept umzusetzen. Denn das Konzept widerspricht eindeutig den männlich geprägten Organisationsstrukturen und -kulturen, die auch heute noch, relativ unangefochten, existieren (Mittelsten-Scheid 1998, S. 307).

Erich Lehner (2002) spricht in diesem Zusammenhang von der Organisation als einem »Männerbund«. Er betont dabei, dass das von Sombart (1996) als Männerbundsyndrom bezeichnete typisch männliche Interaktions- und Kommunikationsmuster als »psychisches Verhaltensmuster und als Mentalitätsraster« auch dort wirkt, wo eine spezifische Bildung eines Männerbundes gar nicht feststellbar ist (Lehner 2002, S. 29). Denn dieses psychische Verhaltensmuster wurzelt in einer »psychischen Disposition (...) und führt zu einer bestimmten Persönlichkeitsstruktur, einem Typus, der sich in seinem Fühlen, Denken und Handeln auf eine charakteristische, voraussehbare, stereotype Weise verhält, die man als ›männerbündlerisch‹ bezeichnen kann« (Sombart 1996, S. 151). Dieses auch als »hegemoniale Männlichkeit« (Connell 1995) bezeichnete Verhaltensmuster prägt die gegenwärtigen Geschlechterstrukturen in Organisationen. Dabei drückt sich die Struktur einer »gendered organization« in der Dominanz der Männer auf strategischen Feldern (das sind die zentralen Enscheidungs- Macht- und Kontrollpositionen) aus. Frauen sind in Organisationen – so Regenhard (2000, S. 23) – »dreifach gehandikapt:

– Strukturell durch ihren niedrigeren Status, der nicht analog dem männlichen Status von der Qualifikation induziert ist.
– Sozial durch die geschlechtsrollentypische Abwertung der Fachkompetenz mit weitreichenden Folgen für Status, Aufstieg und Bewertung der Arbeit.
– Kulturell durch die Abwertung der Person bei frauenuntypischem Verhalten«.

Unabhängig von diesen geschlechtsspezifischen Strukturmerkmalen zeichnet sich eine männerbündische Struktur in Organisationen vor allem durch eine klare Hierarchie sowie auf der formellen wie informellen Ebene und durch ein Anciennitätsprinzip aus, das Karriere nicht aufgrund von Leistungen, sondern aufgrund von Dienstalterkriterien ermöglicht. Darüber hinaus fordert eine männerbündisch strukturierte Organisation allseitige Verfügbarkeit über die Dienstzeit hinaus und Loyalitätsbeweise hinsichtlich der Entscheidungen des Vorgesetzten. Weiterhin gilt, dass die Absonderung der Männer durch Freundschaften unter den Männern noch verfestigt wird. In dieser nach männerbündischen Prinzipien strukturierten Organisation finden dann kodifizierte und hoch ritualisierte Konkurrenzkämpfe statt, die dazu dienen, den eigenen Status innerhalb des Männerbundes zu sichern oder zu verteidigen (Lehner 2002, S. 31 ff.). Diese über Männerbündnisse vermittelte Reproduktion des Managements hat Nerge (1993) als »homosexuelle Reproduktion« des Managements charakterisiert. D. h., das traditionell geprägte, männliche Muster von Organisation ist nicht alleine gekennzeichnet durch »Zentralität, strikt und rigide gehaltene Formalstruktur und einen eben solchen Verhaltenskodex« (Regenhard 2000, S. 44), sondern zusätzlich noch durch Frauen ausschließende, unbewusst wirkende homosexuelle Bindungstendenzen der Männer.

Gegenwärtig haben aber Globalisierung und gesellschaftlicher Wandel sowie eine konjunkturell sich ausweitende ökonomische Krise in Kombination mit weiblichen Emanzipations- und Machtstrebungen nicht nur die traditionelle männliche Erwerbsbiographie und die in Organisationen dominierende und auch reproduzierte »hegemoniale Männlichkeit« in die Krise geraten lassen (Birsl 1994, S. 57), sondern gleichzeitig auch die traditionell männerbündisch strukturierten Organisationen selbst in Frage gestellt.

Zwar besteht auch aktuell an der männlichen Dominanz und der Unterrepräsentanz von Frauen in Betrieben auf der Leitungsebene kein Zweifel – so ist im Jahre 2002 in den 100 größten Unternehmen in Deutschland keine Frau in den Vorständen zu finden (Kraus und Kraus 2002, S. 37). Doch wahr ist auch, dass das männerbündische Arrangement in den Organisationen mitsamt seinen kodifizierten und ritualisierten Spielregeln immer öfter durchkreuzt wird von Frauen, die in diese Männerdomänen einbrechen, das Spiel stören und nicht nur fordern mitzuspielen, sondern auch noch darauf bestehen, eigene Spielregeln einzuführen. Und zunehmend sind sie nicht mehr gewillt, an der bisher für Frauen geltenden »unsichtbaren gläsernen Decke« halt zu machen.

Was bedeutet dies für die traditionell männerbündisch strukturierten Organisationen und für die Dynamik von geschlechtsspezifisch geprägten Macht- und Ohnmachtverhältnissen am Arbeitsplatz? Was geschieht, wenn Frauen Machtpositionen übernehmen und wie gehen Frauen und Männer damit um? Was wird unbewusst gemacht auf der Ebene der Organisation, auf der Ebene von Macht und Ohnmacht, auf der Ebene des Geschlechterverhältnisses?

Geschlechterarrangements im Berufsleben, gestern und heute

Im 20. Jahrhundert haben sich die Begegnungsräume und die Begegnungsmodalitäten von Frauen und Männern in Organisationen ganz erheblich verändert.

War es Anfang des Jahrhunderts noch schier undenkbar oder zumindest eine absolute Seltenheit, Frauen in organisatorischen Positionen der Macht anzutreffen, so zeichnet sich heute doch ein langsamer Wandel ab. Ein Wandel zwar, der sich viel langsamer vollzieht, als die Frauenbewegung das vor wenigen Jahrzehnten noch gefordert und erhofft hatte, aber immerhin ein sichtbarer und spürbarer Wandel und zwar in vielen Bereichen des beruflichen Lebens. Jedenfalls sind die historischen Epochen einer rigiden Geschlechtertrennung und Arbeitsteilung vorbei. Dieser Wandel aber führt zu einer spannungsgeladenen neuen Unübersichtlichkeit und Geschlechterunordnung am Arbeitsplatz (Beck und Beck-Gernsheim 1990).

Obwohl wir von einer gleichberechtigten Teilhabe der Geschlechter an Macht- und Autoritätspositionen im Arbeitsleben noch relativ weit entfernt sind, erstaunt es doch immer wieder zu erleben, welch heftige Affektstürme selbst relativ harmlose Veränderungen des Geschlechterarrangements in Organisationen auszulösen vermögen.

Margit Brückner (1995, S. 9) verweist darauf, dass das heute allseits übliche und berufsbedingte Aufeinandertreffen der Geschlechter keinem spezifisch sozialen oder kulturellen Muster mehr folgt. Die Begegnung der Geschlechter im organisatorischen Rahmen hat sich demzufolge nicht nur entritualisiert, sondern auch entstrukturiert und enthierachisiert. Für die berufliche Praxis bedeutet dies – nicht durchgängig, so doch zunehmend – hierarchisch unübersichtliche und strukturell beliebige Geschlechterbegegnungen, die keiner sozialen oder kulturellen Kontrolle oder Ordnung mehr gehorchen. In vielen Unternehmen müssen Männer wie Frauen mit Kolleginnen wie Kollegen auf einer gleichberechtigten Ebene und nicht zuletzt auch mit männlichen und hin und wieder auch mit weiblichen Vorgesetzten arbeiten. Auch wenn nach wie vor geschlechterhomogene oder -segregierte Arbeitsbereiche existieren, lässt sich organisatorische Macht doch nicht mehr durchgängig nur einem Geschlecht zuordnen, wie das in früheren Zeiten noch üblich war.

Diese neue Unübersichtlichkeit und Geschlechterunordnung am Arbeitsplatz und die tendenzielle Aufweichung eines dualistischen oder komplementären Geschlechter- und Machtverhältnisses im Berufsleben hat jedoch nicht nur traditionelle Gewissheiten, sondern auch Professionalität und Sachlichkeit schwinden und Orientierungsdefizite entstehen lassen. Denn wohin mit den Trieben, wenn die Chefin eine Frau und gar noch eine attraktive Frau und nicht mehr die allseits um das Wohl des viel geplagten Chefs besorgte Sekretärin ist, die sich wie unzählige Groschenromane erzählen, als mütterliche Projektionsfigur ganz phantastisch für den Flirt im Büro, einen Seitensprung und sonstige lustvolle Eskapaden eignet? Zwar werden uns in den bunten Medien regelmäßig Geschichten von Frauen vorgeführt, die sich wenig an gesellschaftliche Konventionen halten und aus einer Position der Stärke und Macht auch mit statusniedrigeren Männern eine Liaison wagen, wie z. B. die verstorbene englische Prinzessin Margaret, die sich in jungen Jahren unsterblich in ihren Leibwächter verliebt hatte, oder Joan Collins, bekannt aus der Fernsehserie Dallas, die vor einiger Zeit ihren Garderobendesigner aus dieser Serie heiratete, und nicht zuletzt war es Liz Taylor, die die entsprechende Regenbogenpresse schon mit einer Vielzahl solcher zumeist unglücklich endenden Lieben beglückte. In diesen Fällen werden jedoch die Frauen gerne als männermordende Vamps und die Männer als intellektuell beschränkte, aber potente Muskelprotze dargestellt, wobei beide auf animalische Gelüste, auf sexuelle Gier und hirnlose Potenz reduziert werden.

Was es allerdings aus der Perspektive eines Mannes bedeutet, eine sozial höher stehende Frau zu ehelichen, veranschaulicht das traurige Schicksal von Prinz Claus, der verstorbene Ehegemahl von Königin Beatrix der Niederlande. Seine Depressionen und gar sein Parkinson werden indirekt seinem Verzicht auf »eigene berufliche Ambitionen« zu Lasten gelegt, und auch sein krankheitsbedingt gänzlich versiegter und einst viel gerühmter Charme mitsamt seiner nicht minder gerühmten erotischen Ausstrahlung haben sich angesichts der im Heiratsvertrag geregelten Unterordnung unter seine Frau verflüchtigt. Übrig blieb ein völlig gebrochener Mann. Das jedenfalls legen Text und Photos der Reportage in der Frankfurter Rundschau vom 8.10.2002 nahe. Ist also weibliche Macht und Potenz grundsätzlich nur über die Kastration des Mannes zu erringen?

Die Berichterstattung in der Presse lässt jedenfalls kaum eine andere Deutung zu. Und diese Deutung wird immer dann voller Empörung zum Ausdruck gebracht, wenn die scheinbar bislang sozial verbürgte Dominanz des Mannes gefährdet bzw. auf den Kopf gestellt wird. So hat z. B. 1988 ein wegen Zuhälterei angeklagter Mann mitsamt seinem Verteidiger augenblicklich den Glauben an die Neutralität der Rechtsprechung und an die Unabhängigkeit des Gerichtes verloren, als er sich in seinem Verfahren fünf Frauen auf der Richterbank (2 Schöffinnen, 2 Beisitzerinnen und einer Richterin) ausgeliefert sah (FR vom 6.12.). Gerechtigkeit konnte hier, wie seine empörten Ausrufe deutlich machten, nicht mehr erwartet werden (Brückner 1995, S. 31).

Geschlechterunordnung

Die alltäglich erfahrbare Realität veränderter oder sich langsam verändernder Geschlechter und Machtverhältnisse im Berufsleben und die damit verbundene neue Unübersichtlichkeit und Geschlechterunordnung ist nicht mehr zu ignorieren. Dies heißt jedoch nicht, dass diese neue Realität und diese neue Geschlechterunordnung von den Individuen psychisch auch schon anerkannt, d. h. verinnerlicht und verarbeitet worden wäre. Die psychische Verarbeitung und Bewältigung dieser sozialen Veränderungen steht somit noch aus. Dies hat zur Folge, dass im Alltag wie in Organisationen zwangsläufig bislang verdrängte Konflikte aufbrechen, die subjektiv nur schwer zu ertragen sind und die deshalb ganz erhebliche Dissonanzen und Irritationen erzeugen.

Solche oft merkwürdig peinlich anmutenden Dissonanzen treten z. B. im universitären Handlungsfeld auf, wenn Studierende die Statusposition von Professorinnen falsch einschätzen. Obwohl an sozial- und geisteswissenschaftlichen Fachbereichen häufig die überwiegende Mehrheit der Studierenden Frauen sind und mancherorts der Professorinnenanteil 25% übertrifft, so hat diese stark weiblich geprägte institutionelle Realität kaum Einfluss auf offensichtlich vorhandene und verinnerlichte Bilder und Vorstellungen einer mit männlicher Macht und Dominanz assoziierten Institution. Aufgrund dieser an vielen Fachbereichen vorhandenen Geschlechterstruktur müsste es eigentlich klar sein, dass Frauen in gesetztem Alter, denen man in den Räumlichkeiten der Institute begegnet nicht automatisch Sekretärinnen sein müssen. Und doch geschieht diese blinde Zuschreibung immer wieder und zwar von Studierenden beiderlei Geschlechts. Daran wird deutlich, dass die institutionelle Präsenz von Frauen nach wie vor nicht automatisch mit Macht, sondern tendenziell mit untergeordneten Positionen identifiziert wird. Männlichen Kollegen dürfte es zwar auch hin und wieder passieren, dass sie gebeten werden, ein kommentiertes Vorlesungsverzeichnis zu verkaufen, doch dürfte sie dieses Ansinnen, so vermute ich, relativ selten, wenn überhaupt, treffen.

Auf der Ebene psychischer Verinnerlichungsprozesse ist demzufolge der gesellschaftliche Wandel in den Geschlechter- und Machtverhältnissen der Organisationen nicht nur nicht nachvollzogen, sondern im Gegenteil: offensichtlich wird noch an einer traditionell etablierten und historisch überholten Arbeitsteilung zwischen den Geschlechtern festgehalten, und zwar selbst bei einer Generation, die zumindest in großen Teilen von berufstätigen Müttern aufgezogen worden sein dürfte. Verstehen lässt sich dieser »timelag« von Verinnerlichungsprozessen zunächst nur als Indiz für die Dramatik dieses gesellschaftlichen Wandels, der vielleicht doch in seiner affektiven Bedeutung vielfach unterschätzt worden ist.

Diese affektive Bedeutung erschließt sich ansatzweise dann, wenn die Reaktion der Studierenden in der zuvor angedeuteten Situation nochmals aus einer analytischen Perspektive betrachtet wird, wobei auffällt, dass die Studierenden sehr häufig voller Scham und peinlichst berührt schnellstens das Weite suchen, sobald sie realisieren, dass sie es mit einer Professorin zu tun haben und sie sich in der Statuszuschreibung geirrt haben. Warum aber Scham?

Auf den ersten Blick scheint diese Frage überflüssig, weil die Antwort so eindeutig und einfach ist: Auch in Zeiten gesellschaftlicher Unübersichtlichkeit und einer neuen Geschlechterunordnung ist es nach wie vor ein ›faux pas‹, soziale

Statuszuschreibungen zu verkennen und gesellschaftliche Rangordnungen durcheinander zu bringen. Das aber scheint zwar keine falsche, jedoch keine befriedigende Antwort auf die Frage nach der Ursache der offensichtlichen Scham zu sein, die bei der falschen Einschätzung der Statuszuschreibungen auftritt. Die Scham lässt sich m. E. auf einen anderen, inneren Beweggrund zurückführen, nämlich auf ein Gefühl, ertappt worden zu sein. Auch wenn sich die Zeiten geändert haben und weibliche Emanzipation viele erstarrte Verhältnisse in den Organisationen zumindest zeitweise zum Tanzen gebracht hat, so ist die Psyche doch noch lange nicht diesem zarten Wandel gefolgt. Im Gegenteil, unbewusst scheinen Studierende und zwar Studierende beiderlei Geschlechts nach wie vor an einem inneren Bild von Frauen festzuhalten, dass sie als Mütter, Hausfrauen, und wenn sie denn schon berufstätig sind, allenfalls als Sekretärinnen zu erkennen gibt. Die Scham wäre dann Zeichen eines inneren Errötens über die Traditionalität der eigenen Wünsche und Ausdruck eines Triebwunsches, der sowohl als infantile Fixierung wie auch als Zeichen eines Entwicklungsdefizits in Erscheinung tritt. Die Studierenden »outen« sich sozusagen als Traditionalisten, als altmodisch, rückständig und infantil und das in einer Bildungseinrichtung, wo es um Leistung, akademische Reife und Rationalität geht. Psychische Reife einerseits und intellektueller Anspruch andererseits klaffen hier auseinander. Die Scham würde dann daher rühren, dass die Fassade der Intellektualität unter dem Ansturm der infantilen Triebwünsche zusammenbricht und dies in einer Institution geschieht, die für Rationalität und akademische Leistungen steht und die Emotionen und erst recht Triebe tabuisiert und sie sogar als Lernhemmnisse diskreditiert.

Die neue Geschlechter- und Machtunordnung in Organisationen bringt also überwunden geglaubte, infantile und regressive Wünsche zum Ausdruck, die der geforderten Sachlichkeit und der Aufgaben- sowie Leistungsorientierung im Berufsleben diametral entgegenstehen, ja, diese unbewusst, aber effektiv boykottieren und unterlaufen.

Dabei waren auch die historischen und scheinbar geregelten Geschlechter- und Machtverhältnisse psychisch nie so fest verankert, wie es gesellschaftlich den Anschein hatte, sondern immer schon eine affektiv höchst komplizierte und ambivalente Angelegenheit, wie bereits Adorno (1978, S. 227) wusste, als er das Zusammenspiel von männlicher Überlegenheit und Schwäche, von Idealisierung und Entwertung des Männlichen sehr anschaulich beschrieb und als kennzeichnend für die patriarchalische Ehe in folgender Anekdote skizzierte.

> »Der Haustyrann lässt von seiner Frau in den Mantel sich helfen. Eifrig besorgt sie den Liebesdienst und begleitet ihn mit einem Blick, der sagt: was soll ich machen, lasst ihm die kleine Freude, so ist er nun einmal, nur ein Mann. Die patriarchale Ehe rächt sich an dem Herrn durch die Nachsicht, welche die Frau übt und welche

in den ironischen Klagen über männliche Wehleidigkeit und Unselbständigkeit zur Formel geworden ist. Unterhalb der verlorenen Ideologie, welche den Mann als Überlegenen hinstellt, liegt eine geheime, nicht minder unwahr, die ihn zum Inferioren, zum Opfer von Manipulateuren, Manövern, Betrug herabsetzt. Der Pantoffelheld ist der Schatten dessen, der hinaus muss ins feindliche Leben«.

Als Relikt aus jenen Zeiten haben sich Frauen, wie Karin Flaake (1995) betont, nicht nur die Sorge für andere bewahrt, sondern auch die Neigung, männliche Leistung und Produktivität zu unterstützen, um auf diese Weise heimlich an männlicher Macht und Kraft zu partizipieren. Wenn jedoch Frauen aus dem Schatten des Mannes heraustreten und selbst Macht und Potenz im Beruf reklamieren, werden sie häufig mit sexistischen Zuschreibungen disqualifiziert.

Wenn also der wehleidige Pantoffelheld der Schatten des Patriarchen ist, so ist heute das »zickige Luder« der Schatten weiblicher Macht und Stärke. Dies suggeriert zumindest der Titel eines Sportbeitrages in der Frankfurter Rundschau. Der Bericht vom 22.2.02 über die Olympiasiegerin über 1500 m im Eisschnelllauf, Annie Friesinger, trug folgenden Titel: »Von Kufenludern, Busenkriegen und einer seltsamen WG. Nach dem Olympiasieg von Annie Friesinger stehen die Zeichen unter Deutschlands besten Eisschnellläuferinnen weiter auf Konfrontation.«

In dem Artikel ist viel über »Zickenzoff« und »Busenkrieg«, jedoch wenig über die sportlichen Leistungen der Olympiasiegerin zu erfahren. Es drängt sich mithin der Eindruck auf, dass es vor 15 Jahren, als der oben erwähnte Zuhälter glaubte, von 5 Frauen auf der Richterbank keine Gerechtigkeit erwarten zu können, noch recht milde zuging im Vergleich zu den sexistischen Waffen, die heute im Dienst sind, wenn es darum geht, die Potenz von Frauen zu diskreditieren und sich an ihnen wegen ihrer nicht mehr verborgenen Macht und Potenz zu rächen. Alice Schwarzer interpretiert dies als Methode, die Stärke der Frauen zu verdecken: »Je stärker Frauen werden, desto mehr versucht man, sie bloßzustellen.« So rede man Sportlerinnen z. B. ein, sie müssten beweisen, dass sie immer noch feminin seien und überrede sie, sich nackt fotografieren zu lassen. Die nackte Darstellung sei ein Versuch, »sie verletzlicher zu machen«, meint Schwarzer in der Frankfurter Rundschau.

Die Krise hegemonialer Männlichkeit und die zunehmend ins Bewusstsein einer breiteren Öffentlichkeit drängende potente, erfolgreiche und machtbewusste Frau stellen im Rahmen des hegemonialen männlichen Dominanzdiskurses nicht nur eine Kastrationsbedrohung dar, sondern sind offensichtlich vor allem mit Scham verknüpft, einer männlichen Scham, die aus dem Gefühl resultiert, kleiner und ohnmächtiger zu sein, als es den Anschein hat, und defizitärer, verletzlicher und unsicherer zu sein, als man selbst ertragen kann. D. h., die traditionellen Geschlechterarrangements am Arbeitsplatz und die damit produzierte Unbewusstmachung von Macht- und Ohnmachtverhältnissen im Kontext der diente der Verschleierung prä-ödipaler männlicher Phantasien und der virulenten Angst vor einer als allmächtig und verschlingend erlebten Mutterfigur.

Der Börsencrash des völlig überbewerteten Neuen Marktes und der IT-Branche scheint ein gutes Beispiel für diese These zu sein. In der IT-Branche feierte die hegemoniale Männlichkeit wahre Triumphe und einen schier unendlichen Größenwahn. Alles schien möglich, alles verwandelte sich in Gold. Nun ist dieser Größenwahn zusammengebrochen, ein Scherbenhaufen zerbrochener Existenzen ist übrig geblieben. Jetzt werden Frauen auf den Thron gehoben, in Krisenzeiten immer schon allseits geschätzte Managerinnen der Not. In der neuesten Shell-Jugendstudie (2002) erscheinen Mädchen plötzlich nicht mehr nur als die besseren und erfolgreicheren Schülerinnen, sondern Jungens gar als die benachteiligten Schüler in unserem Bildungssystem, die hohe Versagensquoten haben. Selbst in dieser Studie wird also durch eine spezifische Art der Darstellung der Ergebnisse suggeriert, der Aufstieg der Mädchen gehe auf Kosten der Jungen. Das Kastrationsdeutungsmuster hält sich also hartnäckig und zeigt, dass selbst im wissenschaftlichen Denken eine Veränderung des herkömmlichen Geschlechterverhältnisses in Richtung Gleichheit der Geschlechter, kaum gedacht werden kann. Ulrich Beck (1990, S. 24) hat auf diese Paradoxien aufmerksam gemacht als er sinngemäß schrieb: Bei Männern ist eine Rhetorik der Gleichheit bei gleichzeitiger Verhaltensstarre feststellbar. Theoretisch mangelt es nicht an gutem Willen, und es werden auch entsprechende Anstrengungen unternommen. Jedoch scheitern diese häufig und zwar sowohl auf der theoretischen wie der praktischen Ebene. D. h., die gesellschaftliche Entwicklung eilt der psychischen Verarbeitung weit voraus, weshalb die Umsetzung der Ansprüche und Einsichten mit so vielen Schwierigkeiten und Hürden verbunden ist.

Dies gilt auch für den strukturellen Wandel von Organisationen. Theoretisch ist die Perspektive des Wandels vorhanden, Konzepte sind erstellt, guter Wille ist da und Organisationen verändern sich auch, doch mangelt es an Verhaltensflexibilität was eine Änderung der existenten Macht- und Geschlechterverhältnisse angeht. Oder wie es Regenhard (2002, S. 43 ff.) formuliert: »Die Geschlechterhierarchie als zentrales Ordnungsmittel erfährt (...) Umschriften der Differenz und neue Arrangements«. Und das heißt: »Wir haben es zwar mit einer Erosion der traditionellen Organisation zu tun, nicht aber mit einem Abschied von der männlich dominierten Organisation«. Diese Paradoxie ist m. E. neben vielen anderen Faktoren auch ein Schlüssel zum Verständnis der augenblicklichen ökonomischen Krise. Denn die Modernisierung von Unternehmen findet zwar auf vielen teilstrukturellen Ebenen statt, nicht aber auf der Ebene der traditionellen Macht- und Geschlechterverhältnisse. Damit ist struktureller Wandel vielerorts lediglich Makulatur. Die Paradoxie wirkt sich produktivitätshemmend aus.

Fallbeispiel: Geschlechterspannungen in der Supervision

Welche skurrilen Ausformungen die skizzierten Paradoxien in Organisationen bei allem glaubhaft vermittelten Willen zur Veränderung annehmen können und wie sie sich in supervisorischen Arbeitsprozessen niederschlagen, das möchte ich an einem Fallbeispiel aus meiner gruppenanalytischen Supervisionspraxis verdeutlichen:

Schon längere Zeit hatte ich mit einem nur aus Männern bestehenden Team als Supervisorin gearbeitet, als die schon länger schwelenden, schweren Auseinandersetzungen mit dem Vorgesetzten Thema wurden. Dieser forderte mit Nachdruck und unverhohlenem Zorn mehr Engagement und die Übernahme von mehr Verantwortung für den Betrieb von seinen Mitarbeitern. Diese beklagten sich hingegen über fehlende Anerkennung und mangelnde Höflichkeit im Umgang mit ihnen. Obwohl große Ängste angesichts der deutlich werdenden gegenseitigen Aggressionen wach wurden, konnten die Konflikte der Mitarbeiter mit ihrem Vorgesetzten deutlich benannt und schließlich auch ein Stück weit bearbeitet werden. Angesichts der affektiv deutlich zum Ausdruck gebrachten Aggressivität der Männer verspürte ich häufig in den Sitzungen den Impuls, pazifizierend wirken zu müssen, da mich die geballte aggressive Drohhaltung der Männer einschüchterte. Allerdings gab es selbst in den am stärksten aggressiv aufgeladenen Sitzungen immer wieder heitere Momente, in denen sich die Männer mit treffsicherer Ironie die Bälle zuwarfen und souverän mit ihrer Aggressivität spielten, so dass ich das Gefühl hatte, außen vor zu sein und nicht mithalten zu können, weil mir nur die Rolle einer Spielverderberin blieb, die das lustvolle Spiel abbrechen und wie eine strenge Gouvernante die ungezogenen Jungs zur Räson bzw. zur Arbeit rufen müsste.

Hier reinszenierte sich vor meinen Augen die Struktur und Kultur einer männerbündischen Organisation mit ihren ausgesprochen homosexuell getönten Komponenten, dem Ausschluss von Frauen und dem lustvoll-aggressiv geprägten Bindungsverhalten der Männer. Supervisorisch interessant war für mich die Erkenntnis, dass eben diese männerbündische Struktur zwar Leid verursachte, wie es z. B. in den schweren und angstbesetzten Auseinandersetzungen mit dem Vorgesetzten zum Ausdruck kam, doch zugleich bot sie auch Gratifikationen im Bereich einer lustvoll inszenierten Männergesellschaft an, auf die niemand bereit war zu verzichten und in der Frauen als Kolleginnen zweifellos nur als Störfaktoren auftauchten. Vermutlich war mir als Supervisorin die Aufgabe zugedacht, zwar den leidvollen Aspekt zu beseitigen und dadurch ihre Arbeitsfähigkeit und die Beziehung zum Vorgesetzten zu retten und zu bewahren, doch an der männerbündischen Struktur sollte ich keinesfalls rütteln. Und dies obwohl sie immer wieder darüber klagten, dass es ihnen trotz aller Bemühungen bislang noch nicht gelungen war, Kolleginnen zu gewinnen. Immer wieder verließen diese nach wenigen Wochen fluchtartig den Betrieb. Das empfanden sie als eine große Kränkung, vor allem auch deshalb, weil es ihnen nicht gelang, dies zu verstehen. Kam also hier der heimliche Supervisionsauftrag zum Zug, mit meiner Hilfe diese wie auch immer geartete, frauenabstoßende Schwelle zu beseitigen?

Als ich nach knapp einem Jahr intensiver Supervisionstätigkeit, in der es immer wieder um die Auseinandersetzungen mit dem Vorgesetzten ging, zufällig diesen Vorgesetzen auf einem Fest traf, bot er mir in recht angeheitertem Zustand an, mir meine, wie er vermutete, unbekannte Heimatstadt bei Nacht zu zeigen. Ich entzog mich diesem Ansinnen durch heimliche Flucht und fuhr mit dem Fahrrad durch die mir wohl vertraute Stadt nach Hause. Wenige Zeit später wurde die Fortsetzung der Supervision ohne nähere Begründung aufgekündigt.

In dieser Szene begegnete mir der Vorgesetzte als ein potentieller Verführer, der mich nicht nur in die Rolle eines Objektes des Begehrens, sondern auch in die Rolle einer unwissenden Frau drängte, der er das unbekannte Nachtleben der Stadt zeigen wollte. In diesem Verführungsszenario trat er als fürsorglicher Beschützer und zugleich als kompetenter Begleiter auf, allerdings in einer Kombination aus Don Juan und edlem Ritter, wobei er in die Rolle eines mir überlegenen Mannes schlüpfte und somit das in der Supervision existente Machtgefälle im Geschlechterverhältnis zumindest in dieser Situation korrigierte.

Diese Szene ließ mich erstmals ahnen, was es ihn und vermutlich alle seine Kollegen wohl doch gekostet haben mag, mit einer Frau als Supervisorin zu arbeiten – obwohl sie dies ausdrücklich gewünscht und einen männlichen Supervisor abgelehnt hatten. In dieser nächtlichen Verführungsszene wurden die supervisorischen Ambivalenzen deutlich: Ich sollte als Supervisorin mit Hilfe meiner mütterlichen Qualitäten die zerstörerischen Affekte zwischen Mitarbeitern und Vorgesetztem aus der Welt schaffen, die Kontrahenten miteinander versöhnen, jedoch nicht selbst als machtvolle und potente Supervisorin in Erscheinung treten, sondern unsichtbar bleiben und nach getaner Arbeit möglichst schnell verschwinden.

In dieser Supervision kam es also zu einer Erotisierung der Arbeitsbeziehungen, durchaus nichts Ungewöhnliches in Konstellationen, in denen Männer und Frauen (aber eben auch Männer und Männer oder Frauen und Frauen) zusammen arbeiten. Und an dieser Erotisierung war ich gewiss nicht ganz unbeteiligt, da ich während der Supervisionssitzungen oft nicht umhin konnte, einige der Männer außerordentlich attraktiv zu finden, und mich bei dem Gedanken ertappte, es zu bedauern, dass diese Arbeit mir Abstinenz auferlegte.

Eine besondere Brisanz aber erfährt diese Konstellation dort, wo Autorität weiblich besetzt ist und das Klientel aus Männern besteht, da dann die klassischen Rollenklischees des überlegenen Mannes und der unterlegenen Frau auf den Kopf gestellt sind. In diesem Fall lässt sich die Erotisierung durch die männlichen Supervisanden als Abwehr gegen Gefühle der Demütigung und Scham verstehen, die durch die supervisorische Arbeit bei einer Frau und damit bei einem Mitglied des unterlegenen Geschlechts hervorgerufen werden (Gornick 1992; Mittelsten-Scheid 1998). Dabei wird die Erotisierung als Abwehr gegen Gefühle einer labilen Männlichkeit eingesetzt, die im regressiven Sog einer präö-dipalen Mutter-Übertragung zu verschwinden droht. In diesem Fall geht es den Supervisanden darum, »angesichts von Scham und ängstlichem Verlangen nach Genährtwerden einen triumphalen Ausgang zu phantasieren« (Gornick 1992, S. 284) und dadurch die dominante Position des Mannes zu restaurieren.

Diese Scham spielte ebenfalls in der beschriebenen Supervision eine herausragende Rolle, war jedoch im supervisorischen Prozess durchweg unentdeckt geblieben und erst in der Verführungsszene deutlich zum Ausdruck gekommen.

Inhaltlich war es in der Supervision immer wieder um das innere Bild von der Organisation gegangen, das die Kultur und die Arbeitsbeziehungen aller beeinflusste und weitgehend sogar bestimmte. Dieses Bild war jedoch im Diskurs der gruppenanalytischen Supervision nicht zu fassen, es entzog sich jeder Konkretisierung und blieb ein seltsam verschwommenes Rätsel. Doch der Wunsch, diese geheimnisvolle innere Struktur der Organisation aufzudecken, war intensiv, und so forderte ich die Supervisanden eines Tages auf, sich Teilen eines imaginären Körpers, der die Organisation symbolisieren sollte, zuzuordnen und die Zuordnungen der anderen jeweils zu kommentieren und eventuelle Veränderungsvorschläge zu unterbreiten. Es entwickelte sich eine höchst erregte, jedoch auch vitale Auseinandersetzung, an der sich alle voller Neugier und Interesse beteiligten. Schließlich stand ein imaginärer Körper im Raum, ein Körper, der alle verblüffte: Es war ein Körper entstanden, der nur aus einem Torso und einem kleinen Kopf bestand, dem jedoch die Beine fehlten, während er sehr viele, muskelbepackte Arme aufwies. Auch bei den inneren Organen hatte sich niemand dem Herz, dem Hirn oder den Geschlechtsorganen zuordnen können, während das Rückgrad, der Po, die Rippen, gut bedacht waren. Die Diagnose war so eindeutig und so überzeugend, dass es kaum fassbar schien: Es wurde wahrhaftig viel, ja zuviel gerackert, alle arbeiteten bis zum Umfallen, darin stimmten alle überein. Jedoch fehlte es an Hirn, Herz und

Macht und Geschlecht in Organisationen   93

Fortpflanzungsorganen und an Beinen, auf denen der Torso sich hätte bewegen können.

In den darauf folgenden Sitzungen fiel den Supervisanden dazu ein, dass in der Tat eine Küche im Betrieb fehlte, wo man sich mal zu einem Kaffee und einem Plausch hätte treffen können. Auch die Konflikte mit Ehefrauen und Freundinnen, die sie wegen permanenter Überstunden kaum noch zu Gesicht bekamen, wurden Thema. Schließlich konnte auch darüber gesprochen werden, dass der Betrieb zwar florierte, aber viele sich trotzdem unzufrieden fühlten und sie häufig über die unerträgliche Arbeitslast, über den ständigen und nie nachlassenden Arbeits- und Erfolgsdruck und das Fehlen eines guten Betriebsklimas klagten. Hinzukam, dass der Vorgesetzte durch seine Forderung nach mehr Engagement und seinen Vorwürfen allen ständig das Gefühl vermittelte, die Existenz und die Zukunft des Betriebes seien nicht gesichert.

Deutlich wurde an dem Bild des Torsos, dass die Organisation nicht in der Lage war, sich auf der emotionalen Ebene zu reproduzieren, es fehlten das Herz und die Sexualorgane und schließlich fehlte auch das Hirn, so dass Emotionalität und Intelligenz hätten zusammenwirken können.

An dem Torso wird die »homosexuelle Reproduktion« einer männlich dominierten Organisation szenisch überaus deutlich und deutlich wird des weiteren, dass diese »homosexuelle Reproduktion« zwangsläufig eine »unfruchtbare« Konstellation bedeutet. Die Selbstbefruchtung, so lustvoll sie auch sein mag, gebiert keine Früchte, sondern bleibt steril. Aus dieser Perspektive betrachtet wird auch die nächtliche Verführungsszene mit dem Vorgesetzten nochmals verständlicher: Hier ging es um das Begehren, um Triebe, um Wünsche und Phantasien in Bezug auf eine Frau. All diese emotionalen Komponenten fehlten in dieser männerbündischen Organisation, waren allenfalls als flüchtige Affäre lebbar, ohne dass es je zu einer stabilen Bindung hätte kommen können. Denn immer wieder war es ja misslungen, Kolleginnen zu integrieren, obwohl sich die Männer alle Mühe gaben, doch die Frauen hielten es nie länger als wenige Wochen aus, verließen dann wieder den Betrieb und hinterließen eine gekränkte, ratlose und verlassene Mannschaft.

In dieser Organisation schien es aussichtslos, die männerbündische Struktur aufzubrechen, denn die vermutlich angewandte männliche Verführungsstrategie zur Integration potentieller Kolleginnen endete regelmäßig in deren Flucht. Dieses Dilemma hatte ich ja nun auch selbst erlebt, und außer Flucht war mir damals auch kein anderer Weg aus der Falle eingefallen.

Doch in der Supervision war eine Annäherung an das Thema gelungen. Die Supervisanden hatten mir ihr Dilemma in aller Deutlichkeit vor Augen geführt, sich dabei weit vorgewagt und sowohl Scham- wie Impotenzgefühle zum Ausdruck kommen lassen. Vielleicht aber war damit auch eine Grenze überschritten. Ich hatte als Supervisorin zuviel gesehen und musste deshalb gehen, denn sie hatten sich nicht nur in all ihrer verführerischen Attraktivität, sondern auch in ihren Defiziten, ihren Beschädigungen und ihrer Ohnmacht gezeigt.

Eine geraume Zeit später erfuhr ich, dass der Betrieb weiter florierte und dass Frauen nun ebenfalls als Kolleginnen dort arbeiteten. Zwar hatte nicht die Supervision und die Supervisorin, so doch der Betrieb und mit ihm die männliche Mitarbeiterschaft trotz der erlebten Scham- und Impotenzgefühle überlebt und damit möglicherweise die Voraussetzungen für eine Kooperation mit Kolleginnen geschaffen. Ich war der Testfall gewesen, an mir hatten sie erproben können, wie es ist, wenn sie ihre Defizite einer Frau zeigen und erleben, dass sie daran nicht zugrunde gehen. Zwar wurde mit mir nochmals eine Frau geopfert, jedoch nur, um es Kolleginnen in Zukunft zu ermöglichen, im Betrieb zu arbeiten.

Weibliche Abwehrstrategien und weibliche Macht

Interessant ist es nun, der Frage nachzugehen, wie Frauen in Autoritäts- und Leitungspositionen mit der Sexualisierung von Arbeitsbeziehungen und der Scham der Männer umgehen und wie sie auf diese Übertragungsangebote reagieren.

Aufgrund eigener Feldforschungserfahrungen und meiner ethnologischen Studien über das Verhalten weiblicher und männlicher Forscher in fremden Kulturen sowie langjähriger Supervisionserfahrungen drängt sich mir die Vermutung auf, dass Frauen in Autoritäts- und Leitungspositionen in aller Regel bemüht sind, eine Erotisierung der professionellen Beziehung zu verhindern und zwar, indem sie sich selbst als entsexualisiertes Wesen bzw. als Mütter darstellen und damit das männliche Gegenüber ebenfalls entsexualisieren und zudem infantilisieren, das heißt zu einem Kind machen, das Probleme hat und Hilfe braucht (Rohr 1995, 1999). Rohde-Dachser (1985) wies in diesem Kontext bereits darauf hin, dass von Psychoanalytikerinnen sowohl in der Ausbildung wie auch später in ihrer beruflichen Praxis ausdrücklich Geschlechtsneutralität verlangt wird.

Wie eine Ausgabe des Magazins »Mensch & Büro« verdeutlicht, gilt dies jedoch nicht nur für Psychoanalytikerinnen, sondern offensichtlich generell für Frauen in beruflichen Machtpositionen. Denn diese Geschlechtsneutralität war offensichtlich bislang das unausgesprochene Credo von Managerinnen, wie das Magazin in einem Beitrag zum Thema »Managerinnen dürfen sexy sein« sehr anschaulich beschrieb. Hier heißt es: »Berufstätige Frauen haben zunehmend genug vom tristen Einheitslook der 80er und 90er Jahre. Managerinnen haben es offensichtlich nicht mehr nötig, durch das Tragen von seriösen grauen Hosenanzügen Kompetenz zu signalisieren« (Ikonomu 2002, S. 77). Doch obwohl Weiblichkeit angeblich »in« ist und nicht mehr wegkaschiert werden muss und sogar ein Schlitz im Kleid wieder etwas Bein andeuten darf, so ist diese neue Freiheit doch nicht grenzenlos. »Geschmackvoll und dezent muss es in der Bürowelt nach wie vor zugehen«, heißt es dazu abschließend und emphatisch (Ikonomu 2002, S. 77). Also zuviel Frau und Bein darf es dann doch nicht sein, das könnte die Arbeitsmoral und die Arbeitsproduktivität wohl unterhöhlen.

Die zuvor in grauen Nadelstreifenanzügen versteckte Weiblichkeit suggerierte mithin Geschlechtsneutralität und eine hohe Arbeitsmoral sowie Sachlichkeit, wobei die Entsexualisierung der Arbeitsbeziehungen zum einen als Prophylaxe wirkte, um eine mögliche Erotisierung zu verhindern, und zugleich als disziplinierende Maßnahme diente, um die Triebhaftigkeit der Mitarbeiter und Kollegen zu zügeln.

Diese Entsexualisierung der Arbeitsbeziehungen kam auf Seiten der Frauen als eine Form der Vermännlichung zum Ausdruck, weshalb betont männliche Kleidung und eben keine Miniröcke, tief ausgeschnittene Blusen, eng anliegende Pullis etc. getragen wurden.

Fazit

Die in der Supervisorin verkörperte Kombination von weiblicher Autorität, Sexualität, Macht und Potenz flößt offensichtlich der Supervisorin selbst wie auch den Supervisanden Angst bzw. Unbehagen ein. Diese Angst und das Unbehagen können zu einem unbewussten Abwehrbündnis treiben, das dazu dient, Themen im Kontext von Sexualität, Verführung, Aggression und Gewalt weitgehend aus dem supervisorischen Prozess auszuschließen.

Ähnliches geschieht auf der Ebene von Arbeits- und Geschlechterbeziehungen in Organisationen, wobei diese Beziehungen zwischen Erotisierung und Entsexualisierung hin und her schwanken und beides sowohl der Abwehr wie auch der Konsolidierung einer tragfähigen Arbeitsbeziehung dienen kann. Auf die Gratwanderung kommt es an und darauf, inwieweit es gelingt, die Scham, Schwäche und Kränkung der Männer ebenso wie die Potenz und die Macht der Frauen zu ertragen.

Schwierig ist dies vor allem deshalb, weil die neue Geschlechterunordnung, die Frauen in Organisationen tendenziell immer öfter Positionen der Macht erlaubt, Männern und Frauen gleichermaßen wie eine Wiederkehr des verdrängten frühen und omnipotenten Bildes der Mutter vorkommen muss, eines Bildes, das mit frühkindlichen Sehnsüchten nach Verschmelzung, aber auch Ängsten vor Identitätsverlust und Gefühlen der Scham verbunden ist. Männer erleben diese Wiederkehr des verdrängten Bildes von einer als omnipotent phantasierten Mutter als existenzielle Bedrohung ihrer Geschlechtsrollenidentität und als eine potentiell beschämende Situation, da ihre Kleinheit, Verletzlichkeit und Bedürftigkeit offensichtlich werden könnte. Diese Situation wird durch die Sexualisierung von Arbeitsbeziehungen abgewehrt und überkompensiert. Bei Frauen hingegen weckt die phantasierte Omnipotenz der Mutter heftige Gefühle des Neides und der Rivalität, die ebenso tabuisiert sind wie die Schamgefühle der Männer. Frauen versuchen aus diesem Gefühl heraus, vehement den Aufstieg von Frauen zu verhindern, denn gleich sollen sie alle sein und es auch bleiben (Bischof-Köhler 2002). Der Aufstieg von Männern erscheint demgegenüber weniger bedrohlich und wird aus dem Grunde auch nicht gleichermaßen bekämpft.

Frauen in organisatorischen Machtpositionen werden also einerseits mit dem Neid und der Rivalität der weiblichen Mitarbeiterinnen und andererseits der Scham und der Kränkung der männlichen Mitarbeiter konfrontiert. Dies gilt es zu ertragen, ohne in unfruchtbaren Abwehrbündnissen Zuflucht zu suchen.

Für gegenwärtige Arbeitsbeziehungen in männerbündischen Organisationen heißt dies jedoch, dass noch keine tragfähigen Rituale gefunden wurden, um mit Frauen in Machtpositionen und der damit verbundenen Scham der Männer und dem Neid der Frauen umzugehen. Aus diesem Grunde wird sowohl die Scham wie auch der Neid in den Macht- und Geschlechterverhältnissen verdrängt und unbewusst gemacht. Das ist jedoch keine Lösung des Konfliktes, da neben eine neue organisatorische Rhetorik der Gleichheit lediglich eine neue Form der strukturellen Verhaltensstarre tritt, die nur einen minimalen Fortschritt hin zu einer geschlechterdemokratischen Organisation bedeutet. Letztendlich aber bleibt die Frage offen, ob in einer Organisation, die ja eine spezifische Form der Herrschaft impliziert, das Machtgefälle auf der Ebene der Geschlechterverhältnisse überhaupt aufgehoben oder überwunden werden kann. Vielleicht ist das ein viel zu hoher und uneinlösbarer Anspruch. Realistischer scheint es zu sein, nach erträglicheren und weniger Frauen diskriminierenden Formen der Unbewusstmachung von Macht- und Ohnmachtverhältnissen in Organisationen zu suchen, nach Formen, die weniger vernichtend und ausschließend sind und auf Spaltung und Entwertung verzichten können.

Literatur

Acker, J. (1991): Hierarchies, jobs and bodies. A theory of gendered organizations. In: Lorber, J. (Hg.): The Social Construction of Gender. Newburn Park (Sage), S. 162–179.
Adorno, T. W. (1978): Minima Moralia. Reflexionen aus dem beschädigten Leben. Frankfurt (Suhrkamp).
Beck, U. (1990): Freiheit oder Liebe. Vom Ohne-, Mit- und Gegeneinander der Geschlechter innerhalb und außerhalb der Familie. In: Beck, U., Beck-Gernsheim, E. (Hg.): Das ganz normale Chaos der Liebe. Frankfurt (Suhrkamp), S. 20–64.

Beck, U., Beck-Gernsheim, E. (1990): Das ganz normale Chaos der Liebe. Frankfurt (Suhrkamp).
Birsl, U. (1994): Rechtsextremismus: weiblich-männlich? Rechtsextremistische Orientierungen im Geschlechtervergleich. In: Zeitschrift für Frauenforschung 1+2, S. 42–63.
Bischof-Köhler, D. (2002): Geschlechtstypische Besonderheiten im Konkurrenzverhalten: Evolutionäre Grundlagen und entwicklungspsychologische Fakten. In: Wolf, M. (Hg.): Frauen und Männer in Organisationen und Leitungsfunktionen. Frankfurt (Brandes & Apsel), S. 91–124.
Brückner, M. (1995): Geschlechterbegegnungen: Viele Orte – Wenig Raum. In: Rohr, E. u. a. (Hg.): Geschlechterbegegnungen: Viele Orte – wenig Raum. Frankfurt (Nexus), S. 9–34.
Connell, R. W. (1995): Masculinities. Cambridge (Polity Press).
Deutsche Shell (Hg.) (2000): Jugend 2000. 13. Shell-Jugendstudie, Bd.1 und 2. Opladen (Leske + Budrich).
Flaake, K. (1995): Verborgene Macht und sichtbare Einflussnahme – Geschlechterarrangements und ihr Preis. In: Rohr, E. u. a.: Geschlechterbegegnungen: Viele Orte – wenig Raum. Frankfurt (Nexus), S. 325–46.
Gornick, L.K. (1992): Die Entwicklung eines neuen Narrativs: Therapeutin und männlicher Patient. In: Alpert, J. (Hg.): Psychoanalyse der Frau jenseits von Freud. Berlin, Heidelberg (Springer), S. 269–298.
Hammer, M., Champy, J. (1994): Business Reengineering. Die Radikalkur für das Unternehmen. Frankfurt (Campus).
Hesse, J., Schrader, H. (1996): Die Neurosen der Chefs. München, Zürich (Piper).
Hirschhorn, L. (1988): The Psychodynamics of Taking a Role. In. Hirschorn, L. (Hg.): The Workplace within. Psychodynamics of organizational life. Cambridge (MIT Press), S. 40–56.
Ikonomu, D. (2002): Managerinnen dürfen sexy sein. In: Mensch & Büro 4, S. 76–78.
Kets de Vries, M.F.R. (1990): Cheftypen. Zwischen Charisma, Chaos, Erfolg und Versagen, Wiesbaden (Gabler).
Kraus,H., Kraus, K. (2002): Frauen und Macht. In: Wolf, M. (Hg.): Frauen und Männer in Organisationen und Leitungsfunktionen. Unbewusste Prozesse und die Dynamik von Macht und Geschlecht. Frankfurt (Brandes & Apsel), S. 37–54.
Lehner, E. (2002): Die Organisation als Männerbund. In: Wolf, M.(Hg.): Frauen und Männer in Organisationen und Leitungsfunktionen (Brandes & Apsel). Frankfurt, S. 19-36.
Loo, E. van de (2002): Die geträumte Organisation oder »The Organization in the Mind«. In: Wolf, M. (Hg.): Frauen und Männer in Organisationen und Leitungsfunktionen. Frankfurt (Brandes & Apsel), S.125–140.

Mertens, W., Lang, H. (1992): Die Seele im Unternehmen. Berlin (Springer).
Mittelsten-Scheid, B. (1998): Übertragung in der Supervision unter geschlechtsspezifischen Aspekten. In: Gruppenpsychotherapie, Gruppendynamik 14, S. 299–317.
Nerge, S. (1993): Frauenfrühling im Management? Europas Management zwischen Kulturpatriarchat und Emanzipation. Berlin (Sigma).
Regenhard, U. (2000): Abschied von der männlichen Organisation. Neue Organisationskonzepte und Geschlechterordnungen. In: Riebe, H., Düringer, S., Leistner, H. (Hg.): Perspektiven für Frauen in Organisationen. Neue Organisations- und Managementkonzepte kritisch hinterfragt. Münster (Votum Verlag), S. 14–47.
Riebe, H., Sellach, B. (2000): Die lernende Organisation – Wunsch und Wirklichkeit. In: Riebe, H., Düringer, S., Leistner, H. (Hg.): Perspektiven für Frauen in Organisationen. Neue Organisations- und Managementkonzepte kritisch hinterfragt. Münster (Votum Verlag), S. 83–104.
Ritter, J. (2002): Weibliche Autorität in Organisationen. In: Wolf, M. (Hg.): Frauen und Männer in Organisationen und Leitungsfunktionen. Unbewusste Prozesse und die Dynamik von Macht und Geschlecht. Frankfurt (Brandes & Apsel), S. 55–72.
Rohde-Dachser, C. (1985): Frauen als Psychotherapeuten. Das Janusgesicht der Emanzipation im Helfer-Milieu. In: Frühmann, R. (Hg.): Frauen und Therapie. Paderborn (Junfermann), S. 52–69.
Rohr, E. (1995): Der weibliche und der männliche Blick. Die Wahrnehmung des Fremden und das Geschlecht der Forscherin und des Forschers. In: Heinemann, E., Krauss, G. (Hg.): Geschlecht und Kultur, Nürnberg (Institut für soziale und kulturelle Arbeit), S. 129–174.
Rohr, E. (1995): Die fremde Frau. Der weibliche Blick auf eine fremde Kultur. In: Notizen Bd. 52 (Fachfrauen – Frauen im Fach), S. 265–298.
Rohr, E. (1999): Cultural Change – Und wie Frauen und Männer darauf reagieren. In: Götz, K., Löwe, M., Schuh, S., Szautner, M. (Hg.): Cultural Change. München/Mering (Hampp), S. 61–86.
Rohr, E. (2000): Erotik und Macht in Supervision und Therapie. In: gruppenanalyse Vol. 10, Heft 2, S. 101–125.
Senge, P.M. (1996): Die fünfte Disziplin, Stuttgart (Klett-Cotta).
Sombart, N. (1996): Männerbund und Politische Kultur in Deutschland. In: Kühne, T. (Hg.): Männergeschichte-Geschlechtergeschichte. Männlichkeit im Wandel der Moderne. Frankfurt (Campus), S. 136–155.
Wolf, M. (2002): Das Unbewusste in der Organisation – zur Dynamik von Organisation, Gruppe und Führung. In: Wolf, M. (Hg.):Frauen und Männer in Organisationen und Leitungsfunktionen. Frankfurt (Brandes & Apsel), S.141–184.

»... dann fand ich hilfreich dein Am-Ball-Bleiben« – Männlichkeit als Dimension in Supervision und Beratung

Holger Brandes

Arme Jungs?

Seit Beginn der 90er Jahre ist die Dimension des Geschlechts in der Supervision und Organisationsberatung wahrgenommen und reflektiert worden. Wie in anderen Praxisfeldern auch wurde die Diskussion weitgehend von Frauen angestoßen und bestimmt, und der Fokus lag auf der Analyse von Frauendiskriminierung und der Entwicklung frauenspezifischer Praxisstrukturen. Die männliche Perspektive ist dagegen lediglich als Pendant und unter dem Blickwinkel des Zusammenspiels bzw. der Differenz der Geschlechter, aber kaum als eigenständige Thematik in den Blick gekommen (z. B. bei Erger und Molling 1991; Schneider 1995; Schmidtbauer 1995; Leuschner 1995; Fischer 1995).

Inzwischen ist demgegenüber eine Veränderung eingetreten: Einerseits nimmt generell in der Gesellschaft und auch in der Organisationsberatung und Arbeit mit Führungskräften (vgl. Schiermann und Thiel 2002) auf Seite der Frauen das Interesse an entsprechenden Fragestellungen ab. Dies mag damit zusammenhängen, dass das Thema der systematischen Diskriminierung von Frauen durch die institutionelle Verankerung von Gleichstellungsstellen, Frauenbeauftragten und neuerdings Gender Mainstreaming an Brisanz verliert. Andererseits ist bezogen auf die öffentliche Debatte um geschlechtsspezifische Benachteiligung die Thematik sogar schon gekippt: Jetzt sind es zunehmend die Jungen und die Männer, deren Schul- und Berufsperspektiven zur Sorge Anlass geben. »Arme Jungs!« titelt nicht nur der FOCUS (8/2002).

Gleichzeitig hat sich aber wenig daran geändert, dass Frauen nach wie vor im Führungsbereich von Organisationen und Institutionen deutlich unterrepräsentiert sind: Nur 2 der weltweit 500 größten Unternehmen werden von Frauen geleitet; generell sind nur 11% der Führungskräfte Frauen (Schreyögg 2001); trotz weiterhin zunehmender Anzahl weiblicher Studierender ist der Frauenanteil unter den akademisch Lehrenden immer noch umso geringer, je höher die Statusebene ist. Bischoff (1999, S. 54) stellt für den Wirtschaftsbereich fest:

»Männer behindern und blockieren, Männer misstrauen den weiblichen Fähigkeiten, männliche Unternehmensleitungen können die Leistungen von Frauen nicht anerkennen, woraus ein Druck entsteht, noch mehr zu leisten; gleichzeitig wird beklagt, dass Intuition und Gefühl als störend betrachtet werden. Außerdem wird mangelnde Gleichbehandlung registriert«.

Die Situation ist also widersprüchlich; jedenfalls dürfte es für einen frühzeitigen Abgesang auf die generelle Relevanz der Geschlechtsdimension noch zu früh sein. Womit wir es aber zweifellos zu tun haben, ist zum einen eine größere Bandbreite von Variationen im Geschlechterverhältnis und ein gewachsenes Interesse für die spezifische Situation von Männern in diesem Prozess. Ausdruck hiervon ist, dass sich im letzten Jahrzehnt im Rahmen der Geschlechterforschung eine eigenständige Perspektive auf Männer etabliert hat (Bausteine Männer 1996; Connell 1999, 2000; Meuser 1998; Bourdieu 2001; Brandes 2001, 2002). An diese männerspezifischen Forschungs- und Theoriebeiträge anknüpfend soll versucht werden, im Rahmen der Geschlechterdimension einige Aspekte von Männlichkeit zu beleuchten, die in und für Supervision, besonders auch für Gruppenprozesse in der Supervision, eine Rolle spielen.

Zuschreibung geschlechtstypischer Eigenschaften

Im Haupttrend der auf das Feld der Supervision bezogenen Arbeiten aus den 90er Jahren wird vom dichotomen Denkmuster geschlechtstypischer Eigenschaften ausgegangen. Man konstatiert dabei je nach Ansatz die Existenz »männlicher« und »weiblicher Verhaltensweisen« oder »männlicher« und »weiblicher Anteile«. In der Formulierung von Klaus Schneider (1995, S. 31) sind Männer beispielsweise eher institutionsbezogen, konkurrenzbezogen, ideologiebezogen, beziehungsblockiert, konfliktfähig, hierarchisch abgegrenzt, fachlich orientiert, selbstüberzeugt und aggressiv, während im Gegensatz dazu Frauen ein Verhalten zugesprochen wird, das als klientenbezogen, auf die eigene Person bezogen, handlungsbezogen, beziehungsklug, konfliktscheu, partnerschaftlich verwoben, persönlich orientiert, selbstzweiflerisch und defensiv charakterisiert ist.

Vergleichbar überträgt Elisabeth Hürter (1991, S. 53) ausgehend von der Jungschen Analytischen Psychologie die Prinzipien von Anima und Animus auf die Supervision: Animus als männliches Prinzip steht für Struktur, Sachbeziehungen, Analyse, Autonomie, Distanz, Abgrenzung, Hierarchie, Planen, Aufgabe, Konfrontation, Spannung, Macht, Initiieren, abstrahierende Sprache, Reden usw. Anima als weibliches Prinzip steht für Prozess, Personbeziehungen, Synthese, Abhängigkeit, Nähe, Verbindung, Netzwerk, Risiken hinnehmen, Atmosphäre,

Männlichkeit als Dimension in Supervision und Beratung   101

Einfühlung, Entspannung, Machtverzicht, Bewahren, bildhafte Sprache und Zuhören.

Im gleichen Sinne wird in anderen Beiträgen von »männlichen« oder »weiblichen Kulturen« gesprochen, von »männlichem Hierarchieverständnis« oder beispielsweise davon, dass die »weibliche Machtausübung durch die intime Beziehung« charakterisiert sei und »die männliche durch die militärische Hierarchie« (Schmidtbauer 1995, S. 188)

Unbeeindruckt durch Einflüsse der Frauenbewegung und faktische Veränderungen geschlechtlicher Arbeitsteilung werden unsere Alltagswahrnehmung und unser Denken von »Geschlecht« durch dichotome Klassifikationen bestimmt, und es ist kaum zu bezweifeln, dass Annahmen über geschlechtstypische Neigungen zu Emotionalität und Expressivität weiterhin den Kern kultureller Vorstellungen über Männlichkeit und Weiblichkeit ausmachen. Dies wird auch durch die Ergebnisse der Studie von Zulehner und Volz bestätigt (1998), die in einer für Deutschland repräsentativen Befragung zu dem Ergebnis kommt, dass Merkmale wie aktiv, stark und willensstark sowie leistungsbewusst und Selbstvertrauen von beiden Geschlechtern am deutlichsten mit »männlich« assoziiert werden, während gefühlvoll, gepflegt und mitfühlend von Frauen wie Männern die höchste Bewertung als »weiblich« erhalten (1998, S. 230f.).

Dass dichotome Orientierungs- und Erwartungsmuster auch professionelle Kontexte und Haltungen und damit Supervisions- und Beratungsprozesse beeinflussen, wenn in diesen das Geschlecht ins Spiel kommt, ist hochwahrscheinlich, und wir verfügen über eine Reihe von Studien die hierzu Belege liefern.

Beleg 1: Schneider (1995, S. 30) zufolge, der 69 SupervisandInnen im Rahmen seiner eigenen Supervisionspraxis befragt hat, erwarten Männer positive Veränderungen durch Supervision eher im Bereich der Institution bzw. auf der Kollegenebene, während Frauen höhere Erwartungen bzgl. des Umgangs mit KlientInnen und für sich als Person anmelden. Hierzu passt, dass die Supervisandinnen in seiner Befragung eher Zusammenhänge sehen zwischen ihrer eigenen Befindlichkeit und der Atmosphäre an der Arbeitsstelle, während die Supervisanden weniger Probleme mit übergeordneten Leitungsebenen benennen und auch eine größere Bereitschaft äußern, Leitungsfunktionen zu übernehmen.

Beleg 2: Aus einem Weiterbildungskurs zur Supervision wird berichtet, dass die Teilnehmer bei der Wahl der Leiter für die obligatorischen Selbsterfahrungsgruppen in der überwiegenden Mehrzahl zu einer weiblichen Leiterin neigen, während sie in der Wahl inhaltlicher Themengruppen zu einem männlichen Leiter tendieren. Die Leiterin wird »von den Teilnehmer/innen als einfühlsam, verständnisvoll und wenig konfrontierend phantasiert und erscheint daher als

›ideale Trainerin‹ einer Selbsterfahrungsgruppe. Den männlichen Leitern wird dagegen ein besonderes Maß an intellektueller Kompetenz zugeschrieben« (Dorschky 2003, S. 104). Mehrere Teilnehmer formulieren explizit, dass sie für Selbsterfahrung die Trainerin gewählt hätten, um in der thematischen Arbeit auf einen männlichen Leiter zurückgreifen und von der inhaltlichen Auseinandersetzung mit ihm profitieren zu können.

Auf den ersten Blick haben wir es also im Kontext von Supervision mit einer eindeutigen und übersichtlichen Empirie zu tun: Männer werden in aller Regel als eher rational und instrumentell befähigt phantasiert und bestätigen dies durch entsprechende Erwartungshaltungen und Frauen entsprechend als eher kompetent in personnahen Kommunikationen. Pointiert formuliert: »Der ›weiblichen Empathie‹ steht die ›männliche Fachkompetenz‹ gegenüber« (Dorschky 2003, S. 105).

Vor dem Hintergrund neuerer Entwicklungen in der Geschlechterforschung stellen sich Angesichts einer derartigen Empirie aber einige grundlegende Fragen:

Erstens drängt sich angesichts der Konstruktivismusdebatte in der Geschlechterforschung die Frage auf, inwieweit die dichotome Geschlechtertypologie *tatsächliche Differenzen* im Verhalten von Männern und Frauen abbildet oder ob nicht vielmehr dieses polare Denkmuster unsere Wahrnehmung von Geschlecht überhaupt erst *»konstruiert«*.

Zweitens kann man fragen, wann und wie bezogen auf professionelle Tätigkeit Geschlecht als relevante Dimension überhaupt »ins Spiel« kommt und was dann wiederum »Geschlecht« heißt: Definiert sich Geschlecht ausschließlich über die Dichotomie von Mann und Frau bzw. männlich und weiblich oder ist Geschlecht auch dann im Spiel, wenn wir es nur mit Frauen oder nur mit Männern zu tun haben?

Drittens wird innerhalb der Geschlechterforschung im allgemeinen wie in der Männerforschung im besonderen zunehmend in Frage gestellt, ob es überhaupt Sinn macht, von *der* Weiblichkeit im Gegensatz zu *der* Männlichkeit auszugehen, oder ob nicht vielmehr die Plurale gedacht werden müssen. Bezogen auf Männer also, dass innerhalb einer Gesellschaft und z. T. sogar innerhalb einer Institution durchaus unterschiedliche Formen oder Muster von Männlichkeit existieren können.

Ich will mich im Folgenden mit diesen Fragestellungen auseinander setzen, wobei mein Fokus auf »Männlichkeit« liegt, diese aber wegen der Relativität und engen Bezogenheit von Männlichkeit und Weiblichkeit nur im Rahmen eines umfassenden Gender-Konzepts diskutiert werden kann.

Doing gender while doing the job

Folgt man der neueren sozialwissenschaftlichen Geschlechterforschung, so gibt es erhebliche Zweifel, ob geschlechtstypische Zuschreibungen reale Kompetenzen im Alltagshandeln reflektieren: Hierauf verweisen nicht zuletzt Untersuchungen zum Leitungsstil von Männern und Frauen. Weder hat sich bestätigt, dass durch die Präsenz von Frauen automatisch ein anderer Führungsstil in Leitungsfunktionen Einzug hält, noch sind Männer bei veränderten und mehr »weiblich« konnotierten Funktionsbeschreibungen und Managementstrategien unterlegen. Im Gegensatz zu idealtypischen Modellvorstellungen zeigen nämlich Männer bei Einführung neuer Managementkonzepte auch bezogen auf soziale Kompetenz, Empathie und wechselseitige Wertschätzung eine auf der Folie dichotomer Geschlechterstereotypen eher erstaunliche Flexibilität und nutzen erlernbare Sozialtechniken, um ihre Position im Rahmen ihrer (männlichen) Bezugsgruppe zu behaupten (vgl. Lange 1998).

Verabschiedet man sich von einem wie auch immer begründeten Konzept eines männlichen oder weiblichen »Wesens«, so landet man unmittelbar bei der Frage nach den »Konstruktionsweisen« von Geschlecht bzw. nach den Bedingungen, die zu unterschiedlichen Herstellungs- und Ausdrucksmustern von Geschlecht führen.

Dabei muss man keineswegs notwendig der Radikalität einer Judith Butler (1991) folgen, die Geschlecht in sprachliche Diskurse auflöst und bis in die Sexualität hinein der sinnlichen Realität des Körpers letztlich eine Bedeutung für die Konstruktion von Geschlecht abspricht. Aus psychoanalytischer Perspektive wäre an eine solche Auffassung auch nur schwer anzuknüpfen, weil sie eine Kluft zwischen Körperlichkeit und sozialer Symbolik aufreißt, die bezogen auf die Theorie des Unbewussten nur um den Preis intellektuellen Mystizismus zu schließen ist.

Anknüpfend an das Konzept des »doing gender« (West und Zimmermann 1987) kann alternativ hierzu von *sozialer Praxis* als dem Ort der Konstitution und Konstruktion von Geschlechtlichkeit ausgegangen werden, womit wir – quasi vor dem Diskurs – dort ansetzen, wo Soziales und Körperliches noch ungetrennt sind, nämlich auf der Ebene des spontanen, praktischen Handelns (vgl. Brandes 2002). Aus der von Robert Connell in Abgrenzung zu biologistischen Standpunkten formulierten Perspektive sind »Männlichkeit« und »Weiblichkeit« als Produkte sozial strukturierter und institutionalisierter *Praxis* zu verstehen, die »sich beständig auf den Körper bezieht und auf das, was die Körper tun«, ohne dass diese Praxis auf Körperpraxen im engeren Sinne (wie Sport, Body-Building) reduzierbar wäre (Connell 1995, S. 63).

Die Zusammenhänge, die durch den alltagspraktischen Rekurs auf »Geschlecht« hergestellt werden, sind dabei nicht logisch begründet, sondern basieren vornehmlich auf Analogien oder Ähnlichkeitsbeziehungen – sie sind also in erster Linie *symbolisch* vermittelt. Deshalb sind die über die Geschlechtskategorie vermittelten Zusammenhänge und Beziehungen bei genauerem Hinsehen auch häufig willkürlich, bestenfalls »annähernd« oder »lax« (Bourdieu), was nicht ausschließt, dass sie sich durchaus handfest in faktischer Segregation und Statuszuweisung niederschlagen.

Wenn West und Zimmermann (1987, S. 137) rhetorisch fragen, »Can we ever *not* do gender?«, so ist damit eine Zwangsläufigkeit und Ubiquität unterstellt, die dem vergleichbar ist, was Watzlawik und Mitarbeiter bezogen auf Kommunikation mit ihrem berühmten Axiom, dass man nicht *nicht* kommunizieren könne, ausgedrückt haben. »Doing gender while doing the job« (Leidner 1991) drückt darüber hinaus den zentralen Stellenwert von Erwerbstätigkeit und Professionalität für Männlichkeits- und Weiblichkeitskonzepte aus. Die Zwangsläufigkeit und Ubiquität des »doing gender« in der Berufsarbeit heißt aber nicht notwendig, dass überall und in der gleichen Weise im beruflichen Handeln auf Geschlecht rekurriert wird. Vielmehr ist der Bezug auf geschlechtstypische Muster in hohem Maße von der Art der Tätigkeit und dem Grad des expliziten Körperbezugs abhängig. Genauso, wie es soziale Praxen gibt, die als »Körperpraxen« im engeren Sinne vorrangig der Konstruktion von Geschlecht dienen, gibt es solche, in denen Körper und Geschlecht eher im Hintergrund stehen (wie z. B. Sachbearbeiter-Tätigkeiten). Zwischen diesen Extremen stehen Tätigkeiten, die symbolisch als typisch oder abgeschwächt »eher« dem einen oder dem anderen Geschlecht zugeschrieben werden, ohne dass der Körper selbst im Mittelpunkt der Aktivität steht. Hier kann man von einem gedachten Kontinuum ausgehen zwischen weiblich konnotierten Tätigkeiten, die auf Pflege oder Fürsorge für Hilfsbedürftige, auf Kleinkinderziehung, auf Hygiene oder personale Beziehungen ausgerichtet sind oder solchen, die männlich konnotiert auf rationale Entscheidungen, Technik und Organisation ausgerichtet sind oder körperliche Kraft beanspruchen. Dabei bestehen durchaus auch innerhalb von Berufsgruppen noch geschlechtsdichotome Differenzierungen, beispielsweise in der Unterrichtstätigkeit bezogen darauf, ob sie in der Grundschule stattfindet oder in einem Gymnasium oder an einer Universität. Hier mit dem Effekt eines Doppelmusters, das mit dem symbolischen Bezug von Privatheit und Öffentlichkeit auf Geschlecht zu tun hat: Je näher eine Institution am Privaten, desto niedriger ist der Status einer Institution und desto höher der Frauenanteil der in ihnen professionell Tätigen.

Die Ergebnisse von fallbezogenen Einzelstudien in der Geschlechterforschung sprechen dafür, dass das »doing gender while doing the job« in hohem Maße *kontext- und institutionsspezifisch* stattfindet. Mit anderen Worten: »Geschlecht« ist eine Deutungsressource, auf die je nach Sinnzusammenhang und situativem Bedarf unterschiedlich stark zurückgegriffen wird. Generell kann man sagen, dass in Berufen, in denen ein Ungleichgewicht zwischen den Geschlechtern besteht und bei denen fundamentale Status- und Professionsfragen deshalb nur schwer von einer geschlechterbezogenen Deutungsperspektive abzukoppeln sind, geschlechtsstereotype Deutungsmuster in den Vordergrund treten und zwangsläufig zum Aushandlungsgegenstand gemacht werden müssen.

Beispielsweise rückt die Geschlechterdimension sofort in den Vordergrund und wird zum Reflexionsgegenstand, wenn eine Konstellation entsteht, die den herkömmlichen symbolischen Zuschreibungen zuwiderläuft, wenn also Frauen in eine mehrheitlich von Männern getragene Institution eintreten oder Männer in eine mehrheitlich durch Frauen getragene bzw. (was aufgrund der symbolischen Logik auf das gleiche hinausläuft) eine Frau eine »typisch männliche« oder ein Mann eine »typisch weibliche« Tätigkeit ausübt. Ein besonders eklatantes und deshalb auch öffentlich breit diskutiertes Beispiel hierfür sind weibliche Armeeangehörige und ihre Einsatzmöglichkeiten und Dienstbefugnisse. Solange Frauen nur im Sanitäts- und Versorgungsbereich eingesetzt wurden, konnte innerhalb der Institution noch eine gewisse Entsprechung geschlechtstypischer Zuschreibungen mit faktischen Aufgaben und damit auch die Aufrechterhaltung eines stark institutionsbezogenen Männlichkeitsideals gesichert werden. Spätestens mit dem Verfassungsgerichtsurteil, das die Verweigerung des Waffendienstes von Frauen als Diskriminierung wertete, ist hier aber ein Bruch entstanden, der in seinen Konsequenzen die Grenzen der Institution überschreitet und die fundamentalen geschlechtstypischen Zuordnungen selbst in Frage stellt.

Geschlechtstypischer Umgang mit der Geschlechtergrenze

Grundsätzlich ist der Umgang mit Grenzen und Grenzziehungen im Allgemeinen sowie im Besonderen bezogen auf die *Geschlechtergrenzen* in unserer Kultur ein zentraler Aspekt der Wahrnehmung und Ausgestaltung von »Geschlecht«. Innerhalb eines dichotom strukturierten symbolischen Klassifikationsschemas wird dabei Männern im Vergleich zu Frauen gemeinhin unterstellt, dass sie generell abgegrenzter seien und im alltäglichen Umgang mit Frauen auch die Geschlechtergrenzen stärker betonen.

Einschlägige Studien zur Geschlechtersegregation am Arbeitsplatz bestätigen zumeist diesen geschlechtstypischen Umgang mit der Geschlechtergrenze. Exemplarisch hierfür ist die Untersuchung zur geschlechtsspezifischen Segregation des Arbeitsmarktes von Heintz u. a. (1997). Sie analysieren über qualitative Interviews und teilnehmende Beobachtung die geschlechtsspezifischen

Segregationsstrategien in drei unterschiedlichen Berufsfeldern (Pflegebereich in Kliniken, Informatik und Sachbearbeitungsbereich) und kommen zusammenfassend zu dem Ergebnis, »dass die Abgrenzung gegenüber dem anderen Geschlecht für Männer tatsächlich eine zentralere Funktion besitzt als für Frauen« (Heintz u. a. 1997, S. 230). Besonders in Berufsfeldern, die typischerweise als Frauen- oder Männerberufe klassifiziert werden (einerseits Krankenpflege, andererseits Informatik), werden Leistungen zur Integration des Minderheitsgeschlechts maßgeblich von Seiten der Frauen erbracht. Frauen zeigen (im Beispiel der Pflege) eine höhere Bereitschaft, das Eindringen des anderen Geschlechts zu akzeptieren und sogar positiv zu werten oder in der gegenteiligen Konstellation (in der Informatik) sich an geschlechtlich konnotierte Berufsnormen anzupassen. Auch thematisieren die von Heintz und Mitarbeitern befragten Frauen durchgängig häufiger Differenzen innerhalb ihrer eigenen Geschlechtsgruppe, während Männer dazu tendieren, deren »Gemeinsamkeiten zu betonen und auf Abweichungen von der Norm ›hegemonialer Männlichkeit‹ ablehnend zu reagieren« (Heintz u. a. 1997, S. 230). In mehrheitlich männlichen Berufen wie der Informatik neigen Männer zur Ausgrenzung von Frauen; in mehrheitlich durch Frauen besetzten Berufen betonen Männer zwar ihre Integration, greifen dabei aber immer wieder zur Abgrenzung auch auf geschlechtstypische Stereotypen (wie z. B. die abwertende Formel vom »schwulen Urinkellner«, der sie nicht sind) zurück. Dass dabei die Außenseiterposition in einem geschlechtsfremden Beruf (wie der Krankenpflege) auf männlicher Seite auch fundamentalere Ängste aktiviert, wird durch den Ausruf: »Hier wirst du kastriert!« (Heintz u. a. 1997, S. 98) zumindest angedeutet. In die gleiche Richtung weist die auf Managementpositionen bezogene Feststellung von Eva Brumlop (1989), dass es »auf Seiten der Betriebe und damit auch der Männer so etwas wie eine ungeschriebene Grenze zu geben scheint, die Frauen nicht überschreiten dürfen und sollen, die mit männlichen Machtinteressen und Statussicherung, aber auch mit dem Bedrohtsein durch weibliches ›Anderssein‹ zu tun hat« (zit. n. Flaake 2000, S. 128).

Während geschlechtsspezifische Unterschiede im Umgang mit Geschlechtergrenzen bezogen auf Frauen zumeist mit dem Verweis auf eine Überidentifikation mit männlichen Strukturen und unbewussten Tendenzen zur geringeren Wertschätzung des Weiblichen in Zusammenhang gebracht werden, konkurrieren bezogen auf Männer eine *dominanzbezogene* und eine *identitätsbezogene* Begründungsthese. Während der auf geschlechtsspezifische Identität rekurrierende Begründungsstrang wie im Zitat von Brumlop auf eine generelle Bedrohung durch das »weibliche Anderssein« abhebt, unterstellt die im feministischen Diskurs entwickelte Dominanzthese, wie Heintz u. a. (1997, S. 232) kritisch anmerken, die Existenz »eines männlichen Kollektivsubjekts, das jedem Versuch, die Geschlechterhierarchie zu unterlaufen, geschlossen – gewissermaßen ›wie ein Mann‹ – entgegentritt«.

Die Identitätsthese zur Erklärung männlichen Abgrenzungsverhaltens

In der psychoanalytischen Gender-Diskussion der letzten Jahrzehnte ist durch Akzentverschiebungen auf die präödipaler Entwicklung und den Identitätsaspekt das klassisch Freudsche Modell einer in der männlichen Variante gradlinigeren psychosexuellen Entwicklung grundsätzlich in Frage gestellt worden (vgl. Brandes 2002, S. 28ff.): Da die Abgrenzung des Sohnes von der Mutter als frühester Identifikationsfigur eine Schaltstelle männlicher Identitätsentwicklung bildet, spricht viel dafür, dass Männer in höherem Maße als Frauen lebenslang in ihrer Identität auf Abgrenzung besonders vom weiblichen Geschlecht angewiesen sind. Zu verweisen ist hier auf Nancy Chodorows Argumentation, dass die weiblichen Identifikationsprozesse beziehungsorientiert sind, »während in den männlichen Identifikationsprozessen Beziehungen geleugnet werden.« (Chodorow 1985, S. 228). Hieran knüpft Jessica Benjamin (1990, S. 78) an, wenn sie von einer »typisch männlichen Form von Ablösung« spricht und damit meint, dass der Junge seine Mutter als Subjekt negiert, sie und alles Weibliche abwertet und sich selbst damit von wesentlichen Schichten seiner biographischen Erfahrung abschneidet. Bernd Nitzschke (1988, S. 75) formuliert es noch pointierter: »Im allgemeinsten Sinne ist Männlichkeit in jeder bekannten Kultur dadurch definiert, dass sie den erreichten und gesicherten Abstand von der Weiblichkeit der Mutter bezeichnet.«

In Ergänzung hierzu kann auf gruppenanalytische Erfahrungen mit Grenzziehungen in therapeutischen Gruppen verwiesen werden. Mies und Rasper (1993) illustrieren an einem Fallbeispiel, dass sich Männer und Frauen in der Art und Weise, wie sie in einem Gruppenprozess Grenzen ziehen, unterscheiden. »An der Oberfläche präsentieren sich die Männer als gut abgegrenzt gegen die anderen Gruppenmitglieder und die Gruppensituation, während die Frauen eher über die Schwierigkeiten klagen, Grenzen zu setzen oder zu bewahren« (Mies und Rasper 1993, S. 419). Dem entspricht bezogen auf die Selbstdefinition im Verhältnis zur Gruppe, dass die Männer großen Wert darauf legen,

»dass sie selbst bestimmen können, wieweit sie zur Gruppe gehören oder nicht; die Frauen sehen sich eher von Anfang an als Teil der Gruppe. Auf der einen Seite das Insistieren auf Autonomie, auf der anderen Seite das hervorheben von Verbundenheit (...). Die Frauen übernehmen die Beziehungsarbeit; sie erscheinen dabei aber auch als diejenigen, die Grenzen verletzten, indem sie die eigene Schwierigkeit, Grenzen zu bewahren, an diejenigen Männer zu delegieren versuchen, die vor allem Ruhe und Distanz demonstrieren« (Mies und Rasper 1993, S. 429).

Das gruppenanalytische Fallbeispiel wie auch der Duktus der entwicklungspsychologischen psychoanalytischen Arbeiten zum Thema legen wennschon

nicht die Annahme eines männlichen Kollektivsubjekts, so doch zumindest die
Hypothese einer für alle Männer vergleichbaren Identitätsproblematik im Sinne
höheren Abgrenzungsbedarfs nahe. Ob diese Annahme haltbar ist, darf aber
bezweifelt werden.

»Mann« ist nicht gleich »Mann«

In dem Maße, wie innerhalb der Geschlechterforschung differenzierte empirische
Analysen unternommen wurden, ist das ursprünglich unhinterfragte Konstrukt
einer über Zeit und Raum generalisierbaren Weiblichkeit und Männlichkeit fraglich geworden bis zur grundsätzlichen Problematisierung genereller Aussagen
über *die* Frauen oder *die* Männer. Bezogen auf Männer ist hier insbesondere auf
den richtungsweisenden Ansatz von Robert Connell (1995, 1998, 1999, 2000) zu
verweisen, der zwischen hegemonialen, marginalisierten, unterdrückten und
komplizenhaften Männlichkeitsmustern differenziert und die unterschiedlichen
Machtpotenziale und -strategien dieser Männlichkeitsmuster sowohl gegenüber
Frauen als auch gegenüber anderen Männern hervorhebt.

Exemplarisch für den deutschen Sprachraum ist die quantitativ-empirische
Studie von Zulehner und Volz (1998), die aufgrund einer repräsentativen Befragung
vier Einstellungsmuster identifizieren, die sie im Sinne einer Typologie interpretieren: »Traditionelle Männer«, »pragmatische Männer«, »unsichere Männer« und
»neue Männer«. Qualitativ und auf soziale Milieus ausgerichtet ist die empirische
Studie von Michael Meuser u. a. (1998), der männliche Gruppenbildungen in unterschiedlichen Alltagsmilieus untersucht und deutlich differierende »kollektive
Deutungsmuster« von Männlichkeit identifiziert: In oberschichtorientierten
Herrenclubs wie an Stammtischen älterer Facharbeiter besteht ein kollektiv geteiltes Muster von »Männlichkeit als fragloser Gegebenheit«, das mit ungebrochener
männlicher Selbstsicherheit und selbstverständlicher, unhinterfragter Trennung
männlicher und weiblicher Sphären verbunden ist. Dem gegenüber dominiert
unter jüngeren Männern aus studentischem Milieu ein Muster »prekärer Sicherheit und aufgeklärter Doppelmoral«, in dem habituelle männlichen Selbstgewissheiten bereits ins Wanken geraten sind und die Abgrenzung von Frauen zum
problembelasteten Thema wird. Noch deutlicher ist der Kontrast zu einem
akademischen Milieu von sozialkritischen und durch die Frauenbewegung beeinflussten Männern, deren gemeinsamer Treff in einer großstädtischen Männergruppe von Meuser als »Männlichkeit in Dauerreflexion« charakterisiert wird:
Hier ist das Verhältnis zur eigenen Männlichkeit und auch zu Frauen in hohem
Maße durch eine tiefgehende Verunsicherung in der männlichen Identität geprägt.
Ein weiteres Muster macht Meuser unter jüngeren Facharbeitern aus: Wie unter
Oberschichtmännern und älteren Facharbeitern, ist auch hier Männlichkeit

kein Gegenstand von Problematisierungen. Gleichzeitig ist im Sinne eines »pragmatischen Arrangements« für diese Männer berufliche und häusliche Gleichstellung eine selbstverständliche Voraussetzung im Umgang mit Frauen.

Theoretisch wie empirisch spricht vor dem Hintergrund dieser Studien einiges dafür, dass zumindest auf Seiten der Männer auch der Umgang mit der Geschlechtergrenze gebunden ist an unterschiedliche kollektive Deutungsmuster von Männlichkeit. Am deutlichsten ist hier die Differenz zwischen einerseits traditionellen Formen der Männlichkeit, wie wir sie vor allem in ausgeprägten Ober- und Unterschichtmilieus finden und andererseits Formen, die an moderne individualisierte Mittelschichtmilieus gebunden sind. Dabei verlieren in den westlichen Industrienationen traditionelle Männlichkeitsmuster des Großbürgertums, des Militärs und des klassischen Arbeitermilieus, die durch eine strikte Geschlechtertrennung geprägt sind, immer mehr an Einfluss, während die moderne hegemoniale Männlichkeit ein Muster repräsentiert, das durch flexiblere, oberflächlich betrachtet weniger ausgeprägte Abgrenzungsstrategien charakterisiert ist. Symptomatisch ist hierfür die Mediendiskussion um »Metrosexualität« oder »Metromänner« die den Trend zu einem im traditionellen Verständnis femininen Umgang mit Körperhygiene und Körperstyling in den westlichen Metropolen aufgreift. Besonders innerhalb der Mittelschichten hat sich dabei ein eher machtfernes, aber durch ökonomische Sicherheit geprägtes und zumeist akademisches Milieu herausgebildet, das beeinflusst von der modernen Frauenbewegung eher androgyne Züge trägt und aus denen sich häufig auch die Männer rekrutieren, die den Weg in weiblich konnotierte Berufe wie Sozialarbeit, Seelsorge, Pädagogik oder Psychotherapie finden. Besonders in diesen Bereichen stoßen wir auf Männlichkeitsformen, in denen Bedürfnisse nach Abgrenzung und männlicher Selbstvergewisserung im Widerspruch stehen zum Bestrebung nach einem partnerschaftlichen Umgang der Geschlechter und »genderpolitical correctness«. Die unbewusste psychische Dimension dieser in veränderte männliche Deutungsmuster eingelagerten Widersprüche ist an anderer Stelle am Beispiel der Traumarbeit einer Weiterbildungsgruppe von Männern aus dem kirchlichen Raum analysiert (Brandes 2004). Dort wird deutlich, wie die Empathie gegenüber Frauen in Verbindung mit dem kirchlich-institutionellen Kontext zu bewusst kaum handhabbaren Konflikten führt gegenüber Wünschen nach einer gesicherten und von Frauen abgegrenzten männlichen Identität und entsprechenden sexuellen Bedürfnissen nach außerehelichen oder homosexuellen Kontakten.

Professionalisierung und Geschlecht

Der Verweis auf unterschiedliche Männlichkeitsmuster stellt geschlechtsbezogene Pauschalisierungen sowohl bezüglich der Identitäts- wie auch der Dominanzthese in Frage und erzwingt eine differenziertere Sicht auf männliche Umgangsweisen mit der Geschlechtergrenze. Bezogen auf die Dominanzthese wird dies noch dadurch unterstrichen, dass Grenzziehungen zwischen den Geschlechtern im Berufskontext hochgradig abhängig sind von Status- und Professionalisierungsstrategien.

Dabei sind Professionalisierungsfragen insofern mit dem Geschlechteraspekt verwoben, als in sozialhistorischer Perspektive Professionalisierung die »Ablösung von Laienlösungen durch Formen rationalisierter Expertenlösungen von Problemen« meint und im traditionellen Professionsmodell diese Expertenrolle an das männliche Geschlecht gebunden war (vgl. Gildemeister und Robert 1998). Wo Frauen erfolgreich in Felder der Erwerbsarbeit eindrangen, »handelte es sich zunächst primär um als ›hausarbeits-nah‹ klassifizierte Bereiche, wurde auf sog. ›weibliche Fähigkeiten‹ rekurriert« (Gildemeister und Robert 1998, S. 55). Dies spiegelt sich bis heute in der Tendenz, vornehmlich von Frauen ausgeführte Arbeiten als Alltags- und Hausarbeitsnah einzustufen und die in ihnen erforderten Fähigkeiten »natürlich« als mit dem weiblichen Geschlecht verbunden. Dies diente dazu, sie mit Konsequenzen für Gehaltseinstufung und Ausbildungsstandards in den diffusen Bereich der »Semiprofessionen« abzudrängen. Auf der anderen Seite gelten Abgrenzungsfähigkeit vom »Privaten«, Rationalität und emotionale Distanz sowie spezielle, nicht alltägliche Fähigkeiten in den meisten Berufskulturen zum Kern des Professionalitätsanspruchs. Darüber hinaus gehört zu jeder Professionalität ein »Alleinstellungsanspruch«, d. h. die Fähigkeit, den eigenen Bereich und die eigene professionelle Kompetenz gegenüber anderen Berufen abzugrenzen. Ein Beispiel hierfür sind in der Sozialarbeit die permanenten Bemühungen, sich gegenüber verwandten Disziplinen, (einerseits der Psychotherapie, andererseits der Soziologie) abzugrenzen und eine eigene »Sozialarbeitswissenschaft« zu konstruieren, die den Status einer akademischen Profession legitimiert (vgl. Brandes 2002, S. 246ff).

Vor diesem Hintergrund ist der Umgang *beider* Geschlechter mit der Geschlechtergrenze also immer auch im Sinne von Maßnahmen zur Sicherung von Status und Professionalität zu interpretieren. Vor diesem Hintergrund erweisen sich beispielsweise die angesprochenen Integrationsbemühungen der Frauen in der Krankenpflege als Teil einer Professionalisierungsstrategie, insofern es für sie vorteilhaft ist,

> »den Beruf von der engen Verknüpfung mit Weiblichkeitsstereotypen als nichtprofessionellen Konstituenten beruflicher Kompetenz zu ›reinigen‹. In diesem Kontext erhält das als ›männlich‹ stereotypisierte Handeln seine Bedeutung:

Abgrenzung gegenüber Patienten und Ärzten, Sachlichkeit und *coolness* werden als progressive Form der Pflege gewertet. Die männlichen Pfleger verkörpern das angestrebte Berufsbild. (...) Die Krankenschwestern könnten damit selbst von einer Durchsetzung des männlichen Modells profitieren« (Heintz u. a. 1997, S. 242).

Männer als Minorität

Im Folgenden will ich anhand typischer Beispiele (nämlich Krankenpflege und Sozialarbeit) noch etwas differenzierter dem nachgehen, wie angesichts von Männern in weiblich konnotierten Berufen auf die Ressource Geschlecht zurückgegriffen wird:

Krankenpflege. Am Beispiel des Pflegepersonals einer Klinik zeigen Heintz u. a. (1997) wie die Wahrnehmung von Unterschieden zwischen männlichem und weiblichem Pflegeverhalten nach geschlechtstypisierende Konstruktionen erfolgt, wobei auf die Person des Patienten bezogene Gefühlsarbeit als weiblich konnotiert erscheint, während instrumentelle Teile pflegerischen Handelns, die eine innere Distanz bei der Pflegekraft voraussetzen, als spezifisch männlich gelten. Im Widerspruch zu diesen geschlechtstypisierenden Zuschreibungen ergab aber die teilnehmende Beobachtung im Klinikalltag keinerlei Unterschiede im tatsächlichen Handeln männlicher und weiblicher Pflegekräfte:

»Im Alltag handeln die Pflegenden beider Geschlechter nicht typisch unterschiedlich. Männer wie Frauen wechseln routiniert zwischen der Gefühlsarbeit, die auf die Person des/der Patient/in bezogen ist, und dem an allgemeinen medizinischen Standards orientierten instrumentellen Handeln hin und her und beziehen beide Handlungsweisen versiert und zielsicher aufeinander« (Heintz u. a. 1997, S. 117). Und bezogen auf die Eignung männlicher Pflegekräfte: »Wenn im Arbeitsalltag Feinfühligkeit, professionelle Gefühlsarbeit, manuelle Geschicklichkeit etc. gefragt sind, unterscheiden sie sich nicht von Frauen« (Heintz u. a. 1997, S. 119).

Was sich hieran ablesen lässt, ist, dass wir es bei geschlechtstypischen Zuschreibungen weniger mit einen verlässlichen Ausdruck tatsächlicher Differenzen zu tun haben als mit alltagspraktischen Konstruktionen von Geschlecht, die einerseits der Stabilisierung der eigenen Geschlechtsidentität andererseits einer Professionalisierungsstrategie dienen.

Dieses so festzustellen, bedeutet aber keineswegs, die professionelle und Alltagsrelevanz solcher Konstruktionen gering zu schätzen oder gar zu leugnen, die es Männern beispielsweise schwerer macht in Frauenberufe einzutreten (vgl. Heintz u. a. 1997, S. 233).

Die Konsequenz ist vielmehr eine veränderte Fragestellung, nämlich die nach der Relevanz und Funktion, die geschlechtstypische Konstruktionen im jeweils konkreten Kontext gewinnen. Im Fall der Pflegearbeit in der Studie von Heintz und Mitarbeitern liegt diese Relevanz darin, dass die Zuschreibungen bezogen auf männliche Pflegekräfte als »Spezialisten für Schweres« und als Garanten für Distanzierungsfähigkeit, Sachlichkeit und Ruhe wesentlich dazu beiträgt, die Minderheit der männlichen Pflegekräfte zu bestätigen und in das mehrheitlich weibliche Team zu integrieren. Heintz und Mitarbeiter (1997, S. 92) kennzeichnen dies als »Coping-Strategie in einem gegengeschlechtlichen Beruf«. Andere praktische Auswirkungen zeigen sich ganz handgreiflich in der Auswahl von Leitungskräften und der Ausgestaltung betrieblicher Hierarchien.

Sozialarbeit. Ihre ganze Professionalisierungsgeschichte lässt sich unter dem Schlagwort von der »Mütterlichkeit als Beruf« (Sachße 1994) fassen, womit das Problem für männliche Sozialarbeiter schon umrissen ist – bis heute gibt es kein diesem weiblichen Profil vergleichbares männliches Leitbild in der Sozialarbeit (vgl. Brandes 2002, S. 233ff.).

Männer, die in diese Beruf eintreten, repräsentieren in der überwiegenden Mehrzahl ein Männlichkeitsmuster, dass sich durch deutliche Distanz zur hegemonialen Männlichkeit im Sinne Connells auszeichnet. Damit ist eine skeptische Haltung generell gegenüber Macht und Autorität gemeint, verbunden mit einer kritisch-alternativ politischen Positionierung, sozialer Sensibilität, emotionalem Einfühlungsvermögen und reduzierte Affinität zu sozialen Statussymbolen.

Auf der anderen Seite zeigen sie sich karriereorientierter als Frauen, die in eine entsprechende Ausbildung eintreten und entwickeln ein besonderes Interesse für Lehrinhalte, die auf zukünftige Leitungspositionen ausgerichtet sind. Insofern spricht einiges für die Einschätzung von Fröschl (2001, S. 299), die anknüpfend an eine englische Untersuchung feststellt:

>»Männer, die Sozialarbeiter werden wollen, tun dies im Bewusstsein, anders zu sein, und mit der Überzeugung, dass sie Qualitäten haben, die nicht als typisch männlich gelten. Sie sehen sich also als etwas Besonderes. Sie treten in den Beruf ein mit dem Vertrauen, dass sie auf der Karriereleiter aufsteigen werden. Im Gegensatz dazu kommen die Frauen in einen Beruf, der Fähigkeiten voraussetzt, die als typisch weiblich gelten. Sie sehen sich selbst nicht als außergewöhnlich oder unkonventionell. Sie sind sich bewusst, dass ihre Karrierechancen geringer sind als die der Männer«.

Wenn diese Einschätzung zutrifft, ließe sich anschließend an die von Connell vorgeschlagene Typisierung die »Männlichkeit« von Männern, die Berufe in der

Sozialen Arbeit anstreben, als »komplizenhafte Männlichkeit« zu bezeichnen. Gegen eine solche Wertung spricht, dass diese spezifische Form der Männlichkeit auch deutliche Züge einer tiefgehenden Erschütterung und Infragestellung des eigenen Selbstbildes als Mann zeigt. »Männlichkeit« ist hier in aller Regel ganz und gar nicht fraglos gegeben und entspricht eher dem, was in Meusers Untersuchung entweder als »prekäre Sicherheit und aufgeklärte Doppelmoral« oder als »verunsicherte Männlichkeit in Dauerreflexion« erscheint.

Diese Form der Männlichkeit ist in ihrer kognitiven Anteilen durch eine kritische Haltung gegenüber hegemonialer Männlichkeit, ein androgynes Geschlechtermodell und die relative Nähe zu frauenbewegten und feministischen Positionen geprägt, zugleich ist damit aber auf der habituellen Ebene die Bindung an das gesellschaftliche verbindliche Muster eines symbolischen Zusammenhangs von Männlichkeit an Macht und Dominanz nicht aufgehoben.

Die Folge ist auf der bewussten Ebene ein verschwommenes und durch Verunsicherung geprägtes Männlichkeitsbild. In der unbewussten Dynamik besteht eine hohe Ambivalenz im Verhältnis zu Frauen und zur Macht, die häufig dazu führt, dass quasi unter der Hand die Durchsetzung verleugneter habitueller Dominanzwünsche erfolgt.

Dies schlägt sich in der Lehre wie in der Praxis in zwei parallelen, aber auch widersprüchlichen Strategien zum Umgang mit Männlichkeit in der Sozialen Arbeit nieder:

Einerseits gibt es eine Strategie, die sich annäherungsweise als Verleugnungs- und Vermeidungsstrategie bezeichnen lässt, und die besonders bzgl. Problemkonstellationen in der Sozialen Arbeit eingenommen wird, wo es um Gewalt und Unterdrückung zwischen den Geschlechtern geht und wo männliche Sozialarbeiter prinzipiell Gefahr laufen, mit den (zumeist männlichen) Tätern identifiziert zu werden. Dies macht es in einigen wichtigen Feldern Sozialer Arbeit (z. B. der Sozialpädagogischen Familienhilfe oder der Täterarbeit) außerordentlich schwer, männliches Personal zu rekrutieren. Andererseits gibt es eine Strategie, die ich als »Leitungsstrategie« bezeichnet habe, die es männlichen Sozialarbeitern ermöglicht, z. T. verleugnete Wünsche nach Macht- und Autoritätsausübung unter dem Deckmantel von Institutionsinteressen und eines hierdurch gesetzten Zwangs zur Grenzziehung auszuleben (vgl. Brandes 2002, S. 239ff.).

Darüber hinaus zeigt sich auch in der Sozialarbeit, dass der Rückgriff auf Geschlechterstereotypien immer stark vom jeweiligen professionellen Kontext abhängt: Befragt man z. B. Sozialarbeiter- und Sozialarbeiterinnen explizit nach einem geschlechtsspezifischen Deutungsmuster ihrer Profession, zeigen sich weibliche wie männliche Sozialarbeiter ablehnend gegenüber einer Identifizierung ihrer Tätigkeit als »Frauenberuf«, was als Ausdruck der Befürchtung gewertet werden kann, in ihren professionellen Kompetenzen abgewertet zu werden. Werden sie dagegen nach der Wahrnehmung geschlechtsspezifischer Unterschiede im Berufsalltag befragt, greifen sie durchaus wieder auf geschlechtsstereotype Deutungsmuster zurück (vgl. Dorschky 2003). Ebenso unterschiedlich, ja gegenläufig sind die Ergebnisse, je nachdem, ob man generell nach der Wahrnehmung geschlechtstypischer Unterschiede im Umgang mit dem Klientel fragt oder nach der Selbsteinschätzung bzgl. persönlich besonders relevanter Aspekte im Umgang mit dem Klientel; in der Selbsteinschätzung betonen Sozialarbeiterinnen eher die Bedeutung beruflicher Distanz zum Klientel (die sie grundsätzlich eher den männlichen Kollegen zuschreiben), während Sozialarbeiter Wert auf Nähe und Empathie als weiblich konnotierte Qualitäten legen. Dorschky (2003, S. 110) interpretiert dies dahingehend, dass die als »gegengeschlechtlich« gedeuteten Qualitäten am wenigsten als selbstverständlicher Bestandteil des eigenen Verhaltensrepertoires gesehen und daher bewusster hergestellt werden müssen.

Männliche Symbolräume

Auch wenn das »Kollektivsubjekt Mann« eine unangemessen vereinfachende Fiktion ist, stellen Männer doch in spezifischer Weise geschlechtshomogene Kontexte her, die von Frauen häufig als ausgrenzend oder unter Karriereaspekten als »Seilschaften« wahrgenommen werden. Dabei haben wir es in erster Linie mit *symbolischen* Kontextbildungen zu tun, die von den Akteuren weitgehend *unbewusst* in Abgrenzungsszenarien umgesetzt werden und als solche für institutionelle Beratungs- und Supervisionsprozessen von Bedeutung sind.

Vergleichbares stellen auch Frauen untereinander her und diese Prozesse sind anhand von Fallanalysen für den Bereich der Supervision mehrfach belegt (z. B. Rohr 1992, 2000; Dorschky und Robert 1998; Flaake 2000). Das Besondere an diesen symbolischen Kontextbildungen ist ihre Mehrdeutigkeit und »Laxheit«, weshalb sie auch unterschiedliche Männlichkeitsmuster zu integrieren vermögen.

In meiner Arbeit mit Männergruppen vornehmlich im Bereich von Therapie und Selbsterfahrung ist mir deutlich geworden, dass diese sich ganz wesentlich über Gemeinsamkeiten konstituieren, die mit spezifisch männlichen Erfahrungen und »männlichen Identitätspraktiken« zu tun haben. Der Rückgriff auf solche Gemeinsamkeiten dient der impliziten Vergewisserung der männlichen Identität gerade dann, wenn der aktuelle Kontext dies nicht selbstverständlich sichert. Dabei handelt es sich häufig um spontane und passagere Hinweise, die auf den ersten Blick so selbstverständlich erscheinen, dass sie der bewussten Reflektion und Problematisierung entgehen. Ein scheinbar völlig banales

Beispiel liefert die Aussage: »... dann fand ich hilfreich dein Am-Ball-Bleiben« – so gefallen in einem Interview zu geschlechtsspezifischen Aspekten von Supervision (Erger und Molling 1991, S. 71). Hier sprechen nicht nur zwei Männer miteinander, sondern das Interview wird auch von Männern ausgewertet. Eine Frau wäre vielleicht über diesen Satz gestolpert und hätte ihn nicht als völlig selbstverständliche Kommunikationssequenz gewertet – so aber bleibt er gänzlich unkommentiert. Tatsächlich ist dieser Satz alles andere als selbstverständlich – vielmehr illustriert er, wie Männer untereinander Gemeinsamkeiten herstellen, in diesem Fall durch Rückgriff auf eine Fußball-Metapher. Entsprechendes gilt für das Bild von Coach als »Sparringspartner«, das eine Autorin treffend mit dem Hinweis kommentiert, sie könne wohl deshalb wenig damit anfangen, weil ihr ihre Mutter »nicht die richtigen Spiele beigebracht« habe (Krell 2001, S. 118). Ein weiteres *Beispiel* aus eigener Erfahrung ist der Satz: »Wir sind wie Indianerhäuptlinge, die gemeinsam nach dem Krieg die Friedenspfeife rauchen«. Auch hier wird auf eine männlich konnotierte Metapher zurückgegriffen.

Aber selbst diese symbolischen Muster sind nicht vom Kontext unabhängig. An anderer Stelle (Brandes 2003) habe ich dies am Unterschied zwischen professioneller Selbsterfahrung und Therapie bezogen auf Gruppenübertragungen zu verdeutlichen versucht: Während in geschlechtshomogen-männlichen *Therapiegruppen* die Gruppe in der Übertragung als Ausdruck einer verunsichernden »Unmännlichkeit« erscheint, assoziiert mit Weiblichkeit, Passivität, Hilfsbedürftigkeit, Abhängigkeit, unmännlicher Intimität und Homosexualität, wird in vergleichbaren *professionellen Selbsterfahrungsgruppen* die Männerrunde viel eher als Symbol für Männlichkeit interpretiert, assoziativ verbunden mit Männerfreundschaften, Aktivität, Konkurrenz, Macht und Heterosexualität. Mit Connell gesprochen produziert die eine Gruppe eher ein kollektives Muster marginalisierter oder unterdrückter Männlichkeit und die andere ein Muster hegemonialer Männlichkeit. Auf welches symbolische Deutungsmuster zurückgegriffen wird, auf eine eher männerbündisch gefärbte Phantasie von der Gruppe als Symbol von abgegrenzter Männlichkeit oder der Symbolisierung der Gruppe als Ausdruck »unmännlicher« Abhängigkeit und Hilfsbedürftigkeit, ist dabei sowohl vom Kontext der Gruppenbildung (professionell oder therapeutisch) abhängig, als auch von der Zusammensetzung der Gruppe, insofern auch mögliche Gemeinsamkeiten in Biographieverläufen symbolisches Gewicht erlangen. Dies wiederum hat Einfluss darauf, welcher Kommunikationsstil sich in der Gruppe entwickelt, welche Bedeutung Konkurrenz und Hierarchiebildungen haben und welche Übertragungen sich im Verhältnis zum Leiter und auf die Gruppe als Ganze ausbilden (vgl. Brandes 2003).

Konsequenzen für Supervision

Was liefern die hier zusammengetragenen Versatzstücke für Einsichten in den Stellenwert und die Wirkung von »Männlichkeit« in der Supervision?

Zum ersten halte ich die Einsicht für supervisions- und beratungsrelevant, dass auf Männlichkeit, wie generell auf Geschlecht, immer *situations- und kontextspezifisch* zurückgegriffen wird. Dabei gibt es offenbar keinen linearen und einfachen Zusammenhang zwischen dichotomen Geschlechterstereotypien, professionellen Situationen und objektiven Tätigkeitsanforderungen. Vielmehr ist der Rückgriff auf Männlichkeitsstereotypen überdeterminiert, d. h. sowohl abhängig vom realen Männer-Frauen-Verhältnis und damit Majoritäts- und Minoritätsstatus, als auch vom Professionalisierungsgrad und Status des jeweiligen Berufsfeldes. Dies wiederum spiegelt sich darin wieder, wie die Profession geschlechtstypisch symbolisiert wird, in den Abgrenzungsstrategien zwischen Männern und Frauen, aber auch im Verhältnis zwischen unterschiedlichen Männlichkeitsmustern in einem Feld.

Zum zweiten sind Supervision und Organisationsberatung genötigt, sich von der Illusion der Existenz eines mehr oder minder verbindlich definierbaren Deutungsmusters von Männlichkeit zu verabschieden und in Rechnung zu stellen, dass sie es mit unterschiedlichen, milieuabhängigen Mustern zu tun haben, die sich sowohl hinsichtlich ihrer Nähe zu sozialer Macht und Dominanz im Geschlechterverhältnis unterscheiden als auch bezogen auf die subjektive Dimension der Sicherheit oder Unsicherheit in den jeweiligen männlichen Identitäten. Konsequenzen hierfür zeigen sich in unterschiedlichen unbewussten Konfliktkonstellationen wie auch unterschiedlichen Symbolisierungen in der kollektiven Übertragung. So ist beispielsweise in einer Gruppe mit Männern, die kollektiv ein hegemoniales Muster repräsentieren (beispielsweise im Management), mit einer stark sachbezogenen Erwartungshaltung gegenüber dem Supervisor oder Organisationsberater zu rechnen ist sowie mit manifesten Tendenzen zur Hierarchisierung und Konkurrenz untereinander. Hier spielen »männerbündische« Verhaltensmuster und Symboliken eine zentrale Rolle, aber auch psychische Konflikte, die sich an Aufstiegsillusionen und Zumutungen an Flexibilität, Mobilität und Selbstaufgabe sowie an verleugnete Wünsche nach emotionaler Zuwendung und Stabilität persönlicher Verhältnisse festmachen.

Mätzke (1999, S. 47) charakterisiert vor dem Hintergrund seiner Erfahrungen im Personalmanagement eines deutschen Automobilkonzerns diese Männer als »Vagabunden in Nadelstreifen« und fokussiert deren psychisches Dilemma in der Aussage: »In einer Familie wird es wohl selten vorkommen, dass beispielsweise der Sohn entlassen wird, weil er nicht der Stellenbeschreibung ›Sohn‹ entspricht«.

In Supervisionsgruppen mit Männern, die eher marginalisierte oder »komplizenhafte« Männlichkeitsmuster repräsentieren, werden dagegen

Hierarchie und Konkurrenz viel stärker verleugnet und sind als hochgradig ambivalent besetzt häufig Hintergrund für psychische Konfliktkonstellationen. Hier sind es häufig verleugnete Macht- und Karrierewünsche und verdrängte Impulse der Abgrenzung, die die unbewusste Dynamik bestimmen.

Stoßen in der Supervision Männer aufeinander, die unterschiedliche Männlichkeitsmuster repräsentieren, darf der Aspekt der sozialen Macht- und Dominanzverhältnisse zwischen diesen Deutungsmustern, d. h. die Machtbalance *zwischen* Männern nicht unterschätzt werden. Hier verweist die neuere Geschlechterforschung darauf, dass eine Verkürzung ist,»Geschlecht« nur unter der Perspektive des Mann-Frau-Verhältnisses zu betrachten (Connell 2002).

Sowohl die Komplexität dessen, was soziologisch als »Vergeschlechtlichung von Beruf« thematisiert wird, als auch die Differenz von Männlichkeitsmustern und ihre Konsequenz für Macht- und Dominanzrelationen zwischen Männern und zwischen Männern und Frauen kommt in der Art und Weise, wie Männlichkeit im Rahmen von Supervision symbolisiert und agiert wird, zum Tragen. Hierfür müssten Supervisoren und Berater eine besondere Sensibilität entwickeln.

Dass sich diese Zusammenhänge unter dem Aspekt von Übertragung und Gegenübertragung auf die Arbeitsfähigkeit und Arbeitsweise von Supervisionsgruppen auswirken, ist hoch wahrscheinlich. Leider fehlt es diesbezüglich noch an aussagefähigen Fallstudien; insbesondere ist mir keine zur Supervision eines reinen Männerkontextes bekannt. Ich kann deshalb nur auf meine Erfahrungen mit Männergruppen in Therapie und Selbsterfahrung zurückgreifen (Brandes 2001, 2003), wenn ich anrege, dass (männliche) Supervisoren sich nicht nur ihres eigenen Verhältnisses zu Frauen bewusst sein sollten, sondern auch ihres biographisch und sozial-strukturell bedingten spezifischen Deutungsmusters von Männlichkeit und der hierin angelegten spezifischen psychischen Konflikte.

Literatur

Bauer, A., Gröning, K. (Hg.) (1995): Institutionsgeschichten, Institutionsanalysen. Sozialwissenschaftliche Einmischungen in Etagen und Schichten ihrer Regelwerke. Tübingen (edition diskord).

BauSteineMänner (Hg.) (1996): Kritische Männerforschung. Neue Ansätze in der Geschlechtertheorie. Hamburg (Argument-Verlag).

Benjamin, J. (1990): Die Fesseln der Liebe. Psychoanalyse, Feminismus und das Problem der Macht. Basel, Frankfurt/M (Stroemfeld/Roter Stern).

Bourdieu, P. (2001): Masculin Domination. California.

Brandes, H. (2001): Der männliche Habitus, Bd. 1: Männer unter sich. Männergruppen und männliche Identitäten. Opladen (Leske + Budrich).

Brandes, H. (2002): Der männliche Habitus, Bd. 2: Männerforschung und Männerpolitik. Opladen (Leske + Budrich).
Brandes, H. (2003): Übertragung, Geschlecht und Gruppe. In: Gruppenpsychotherapie und Gruppendynamik 39 (2), S. 109–131.
Brandes, H. (im Druck): Emotional conflicts of »new men« in Germany. A case-study about dreams in a men‹s Group. In: Journal of Interdisciplinary Gender Studies.
Brandes, H., Roemheld, R. (Hg.) (1998): Männernormen und Frauenrollen. Geschlechterverhältnisse in der Sozialen Arbeit. Leipzig (Evangelische Verlagsanstalt).
Butler, J. (1991): Das Unbehagen der Geschlechter. Frankfurt/M (Suhrkamp).
Chodorow, N. (1985): Das Erbe der Mütter. Psychoanalyse und Soziologie der Geschlechter. München (Frauenoffensive).
Connell, R. (1995): Neue Richtungen für Geschlechtertheorie, Männlichkeitsforschung und Geschlechterpolitik. In: Armbruster, C., Müller, U., Stein-Hilbers, M. (Hg.): Neue Horizonte? Sozialwissenschaftliche Forschung über Geschlechter und Geschlechterverhältnisse. Opladen (Leske + Budrich), S. 61–84.
Connell, R. (1999): Der gemachte Mann. Konstruktion und Krise von Männlichkeiten. Opladen (Leske + Budrich).
Connell, R. (2000): The Men and the Boys. Cambridge (Blackwell).
Connell, R. (2002): Gender. Cambridge (University Press).
Dorschky, L. (2003): Hat kommunikative Handlungskompetenz ein Geschlecht? Anmerkungen zu Kompetenz und Gender in der Sozialen Arbeit. In: Effinger, H., Märtens, M. (Hg.), Professionell Kommunizieren. Elementare Handlungskompetenz in der Sozialen Arbeit. Leipzig (EHS), 104–130.
Dorschky, L., Robert, G. (1998): Zielgruppe: weiblich. Über die Ambivalenz frauenspezifischer Projekte zur Beschäftigungsförderung. In: Brandes, H., Roemheld, R. (Hg.): Männernormen und Frauenrollen. Geschlechterverhältnisse in der Sozialen Arbeit. Leipzig (Evangelische Verlagsanstalt), S. 72–98.
Erger, R., Molling, M. (1991): Der kleine Unterschied. Frauen und Männer in Supervision. Hille (Ursel-Busch-Fachverlag).
Fischer, M. (1995): Hilfe für die starken Männer. Supervision im Wirtschaftsbereich. In: Bauer, A., Gröning, K. (Hg.): Institutionsgeschichten, Institutionsanalysen. Sozialwissenschaftliche Einmischungen in Etagen und Schichten ihrer Regelwerke. Tübingen (edition diskord), S. 454–472.
Flaake, K. (2000): Frauen in Arbeitszusammenhängen – produktive und problematische Dynamiken für Kooperationen. In: gruppenanalyse 10 (2), S. 126–136.
Fröschl, E. (2001): Beruf Sozialarbeit. In: Gruber, C., Fröschl, E. (Hg.): Gender-Aspekte in der Sozialen Arbeit. Wien (Czernin), S. 285–308.
Gildemeister, R., Robert, G. (1998): Im Spannungsfeld von Rationalisierungen der Arbeitswelt und »postindustriellem Haushaltssektor«. Vergeschlechtlichung,

Neutralisierung und Revergeschlechtlichung. In: Brandes, H., Roemheld, R. (Hg.): Männernormen und Frauenrollen. Geschlechterverhältnisse in der Sozialen Arbeit. Leipzig (Evangelische Verlagsanstalt), S. 53–71.

Heintz, B., Nadai, E., Fischer, R., Ummel, H. (1997): Ungleich unter Gleichen. Studien zur geschlechtsspezifischen Segregation des Arbeitsmarktes, Frankfurt/M, New York (Campus).

Hürter, E. (1991): Männliches und Weibliches in der Supervision. In: Supervision 20, S. 48–57.

Krell, G. (2001): Frauen entwickeln – Organisationen und Männer nicht? In: Organisationsberatung, Supervision, Coaching 8 (2), S. 113–120.

Lange, R. (1998): Geschlechterverhältnisse im Management von Organisationen. München u. Mering (Hampp Verlag).

Leidner, R. (1991): Serving Hamburgers und Selling Insurances: Gender, Work and Identity in Interactive Service Jobs. In: Gender & Society 5 (2), S. 154–177.

Leuschner, G. (1995): Macht von Frauen und Männern in sozialen Institutionen aus der Sicht eines Gruppendynamikers und Supervisors. In: Bauer, A., Gröning, K. (Hg.): Institutionsgeschichten, Institutionsanalysen. Sozialwissenschaftliche Einmischungen in Etagen und Schichten ihrer Regelwerke. Tübingen (edition diskord), S. 203–219.

Mätzke, M. (1999): Vagabunden in Nadelstreifen. In: gruppenanalyse 9 (1), S. 45–47.

Meuser, M. (1998): Geschlecht und Männlichkeit. Soziologische Theorie und kulturelle Deutungsmuster. Opladen (VS Verlag für Sozialwissenschaften).

Mies, Th., Rasper, B. (1993): Grenzen und Schranken zwischen den Geschlechtern als Kriterien bei der Wahl des gruppenanalytischen Settings. In: Knauss, W., Keller, U. (Hg.): 9th European Symposium in Group Analysis »Boundaries and Barriers«. Heidelberg , S. 418–427.

Rohr, E. (1992): Im Glashaus – Gruppenanalytische Erfahrungen mit Sekretärinnen. In: gruppenanalyse 2 (2) S. 69–87.

Rohr, E. (2000): Erotik und Macht in Supervision und Therapie. In: gruppenanalyse 10 (2), S. 101–125.

Schiermann, Ch., Thiel, H.-U. (2002): Mann oder Frau – spielt das noch eine Rolle beim Führen und beraten? In: Supervision 3, S. 19–23.

Schmidbauer, W. (1995): Zusammenspiel von Männern und Frauen in Institutionen. In: Bauer, A., Gröning, K. (Hg.): Institutionsgeschichten, Institutionsanalysen. Sozialwissenschaftliche Einmischungen in Etagen und Schichten ihrer Regelwerke. Tübingen (edition diskord), S. 186–202.

Schneider, K. D. (1995): Frauenwelten – Männerwelten. Bewegung und Begegnung in der Supervision. In: Forum Supervision 5, S. 21–36.

Schreyögg, A. (2001): Editorial. In: Organisationsberatung, Supervision, Coaching 2, S. 99–100.

West, C., Zimmermann, D. H. (1987): Doing gender. In: Gender & Society 1 (2), S. 125–151.
Zulehner, P., Volz, R. (1998): Männer im Aufbruch. Wie Deutschlands Männer sich selbst und wie Frauen sie sehen. Ein Forschungsbericht, Ostfildern.

Gruppenanalytische Supervision als Integration von Fallarbeit und Teamentwicklung

Marita Barthel-Rösing

Als ich 1990 begann, Gruppenanalytische Supervision in Organisationen zu praktizieren, war ich erstaunt, welches Potential sich in den Supervisionsgruppen entfaltete und wie die Entwicklung in der Supervisionsgruppe sich in die Organisation hinein fortsetzte und diese wie Hefe im Teig in Bewegung zu bringen schien. Die Methode der freien Kommunikation mit all dem, was freie Kommunikation auslöst, war mir von meiner gruppenanalytischen Ausbildung her in der Arbeit mit Gruppen so vertraut, dass es mir selbstverständlich war, auch in den Supervisionsgruppen den Raum der freien Kommunikation – die gruppenanalytische Variante der psychoanalytischen Methode – zu eröffnen mit der auf den professionellen Bereich eingrenzenden Formulierung: »Alles, was Sie im Zusammenhang Ihrer Arbeit hier in dieser Organisation beschäftigt, hat Raum in der Supervision.« Das war auch unter den Supervisoren, die Gruppenanalytiker waren, damals noch nicht selbstverständlich und löste in Intervisionszusammenhängen kontroverse Diskussionen aus. Die Literatur als Rückendeckung dieser, wie es schien, gewagten Unternehmung war noch nicht umfangreich (Gfäller 1986). War es möglich, die psychoanalytische Methode der freien Assoziation in ihrer gruppenanalytischen Weiterentwicklung als Methode der freien Kommunikation auch in nicht-therapeutischen Arbeitsfeldern konsequent anzuwenden? Freie Kommunikation scheint zunächst eine Zumutung für eine Supervisionsgruppe zu sein, nach meiner Erfahrung in sehr zahlreichen Supervisionszusammenhängen indes eine sehr förderliche, eröffnet sie doch das große Potential gruppenanalytischer Supervision.

Meine Erfahrung als Supervisorin umfasst die Arbeit in Balint-Gruppen mit Teilnehmern aus therapeutischen und pädagogischen Berufsfeldern, Einzelsupervision und die Arbeit mit Teams in Organisationen – in Kinderläden, pädagogischen und sonderpädagogischen Institutionen (schulischen und außerschulischen, staatlichen Institutionen und solchen in privater Trägerschaft), in der Universität (mit Studenten, wie auch mit Dozenten) in Psychotherapie-Einrichtungen und Psychiatrischen Kliniken (auf allen Hierarchie-Ebenen), in Organisationen des Betreuten Wohnens und Beschützten Arbeitens, in anderen psychosozialen Einrichtungen (z. B. Geburtshäusern), sowie in Organisationen des Kulturbetriebs. Die Zusammenarbeit mit den Supervisionsgruppen dauert – neben einigen kurzfristigen Krisen-Interventionen – in den meisten Fällen mehrere Jahre, mit einigen Teams bis zu acht Jahren, in denen ich die Teamentwicklung kontinuierlich begleitete resp. die Supervisionsgruppe leitete, in der das Team sein Potential reflektieren und entwickeln konnte. Supervision in Teams praktiziere ich grundsätzlich in der Integration von Fallarbeit und Teamsupervision, der Arbeitsweise, die das spezifische Potential gruppenanalytischer Supervision zur Wirkung bringt.

Historisch ist die Unterscheidung von Fall- und Team-Supervision in den 80er Jahren anzusiedeln, als Team-Supervision auf dem Supervisionsmarkt zunehmend gefragt war und als Standard professionellen Arbeitens zumindest in psychosozialen Organisationen sich etablierte. So diente die strenge Unterscheidung von Supervision, die sich entweder mit dem Team oder mit der Klientel des Teams, dem Fall, zu befassen habe (Rappe-Giesecke 1994; Weigand 1994), einer Klarifikation und Strukturierung innerhalb einer sich als eigenständig etablierenden Profession, die aufgrund von grundständigen Ausbildungsgängen nun nicht mehr ausschließlich von denen ausgeübt wurde, die sie auf dem Erfahrungshintergrund einer langjährigen therapeutischen resp. psychoanalytischen Ausbildung praktizierten.

Mit der Verschulung der Supervisionsausbildungen hat die Unterscheidung von Fall-Supervision einerseits und Team-Supervision andererseits strenge, nicht selten starre Züge angenommen, ist quasi zum Kriterium »sauberen Arbeitens« geworden. So erfuhr ich, als ich vor einigen Jahren auf einer Tagung von der Möglichkeit der Integration sprach, die heftige Reaktion einer Supervisorin, die sich vor Entsetzen schüttelte. Diese Reaktion erscheint mir aufschlussreich, zeigt sie doch etwas von einer Abwehr, die offenbar Verbotenem gilt und emotional hoch besetzt ist. In der Praxis von Supervisoren führt eine solchermaßen von Abwehr unterfütterte Trennung, wenn sie nicht mehr hinterfragt werden darf, fast zwangsläufig zum Ausblenden von Material, das eine Supervisionsgruppe zur Bearbeitung anbietet. So können z. B. Teamkonflikte, die in verschlüsselten Ausdrucksformen zur Bearbeitung drängen und vom Supervisor nicht aufgegriffen werden oder explizit als hier nicht bearbeitbar zurückgewiesen werden, unter der Oberfläche eine affektive Dynamik entfalten, die als destruktive Sprengkraft das Team von innen gefährdet. Mehrmals habe ich die Arbeit mit solchermaßen aufgeladenen Supervisionsgruppen bzw. Teams aufgenommen, in denen ein Supervisor zuvor strikt Fall-Supervision praktiziert und die greifbaren Teamkonflikte ignoriert hatte.

Zur Diskussion steht hier nicht die Proklamation von Strukturlosigkeit, sondern die Integration von Fall- und Team-Supervision im Rahmen der konsequenten Realisierung der gruppenanalytischen Methode. Dieser methodische Bezugsrahmen – den der Gruppenanalytiker als Supervisor mit seiner gruppenanalytischen Haltung auf der Basis seiner gruppenanalytischen Ausbildung als dynamische Administration der Supervisionsgruppe zu schaffen in der Lage ist – bildet eine notwendige und solide Voraussetzung für die Integration von Fall- und Teamarbeit (Franke u. a. 1996; Barthel-Rösing 2001).

Das Team als Supervisionsgruppe

Es geht im Folgenden um die Supervision im Team. Ein Team ist durch die gemeinsame und arbeitsteilige Arbeit innerhalb einer Organisation gekennzeichnet. Es ist zu Beginn der Supervision zu klären, wer daran teilnehmen wird, wer zum Team gehört und wer nicht. Das ist nicht immer ganz eindeutig, schon gar nicht von außen zu klären. Gehören z. B. die Nachtwachen auf einer psychiatrischen Station, die Service-Kräfte im Betreuten Wohnen oder die einmal pro Woche arbeitende Kunsttherapeutin in einer Sonderschule zum Team dazu oder nicht? Gehören die Praktikanten dazu? die Zivildienstleistenden? Dies zu entscheiden, ist Aufgabe der Supervisionsrunde. Unter der gruppenanalytischen Prämisse einer Klärung der Grenzen, gehört diese Klärung in die Kontraktphase der Supervision.

In der gruppenanalytischen Arbeit sind die Grenzen der Gruppe ein konstitutives Element, und diese Grenzen schließen auch Abwesende ein. Die Grenzen eines Teams zu erarbeiten, ist Bestandteil der Supervisions-Arbeit. Dies führt nicht selten mitten hinein in grundlegende, u. U. bisher nicht kommunizierte Problemkomplexe des Teams bzw. der Organisation. Bereits diese Klärung, wer zum Team dazugehört, spielt sich im Schnittfeld von interpersonell teambezogener und organisationeller Fragestellung ab. Die Kriterien zur Entscheidung über das Innen und Außen der Supervisionsgruppe fördern zuweilen teaminterne Kontroversen zutage und können zu Kontroversen mit der Leitung führen, wenn z. B. Teilzeitkräfte nicht an der Supervision teilnehmen sollen. Die in der Kontraktphase der Supervision getroffene Entscheidung, wer zur Supervisionsgruppe dazugehört, kann im Laufe des Supervisionsprozesses revidiert werden, wenn sich die Entscheidung als dysfunktional erweist. Auch diese Diskussion ist dann Bestandteil der Supervision. Die Realität, dass in bestimmten Arbeitszusammenhängen selten oder auch niemals alle Teilnehmer anwesend sein können, z. B. in allen Arbeitsfeldern mit Schichtarbeit, setzt die Grenze der Gruppe nicht außer Kraft. Wenn z. B. die Professionellen einer Psychiatrie-Station niemals alle an der Supervision teilnehmen, so wird doch das Team als Ganzes von diesen gerade zu diesem Termin Anwesenden repräsentiert. Es kann sich in der Gruppe einspielen, dass zu Beginn der Sitzung all diejenigen, die an dieser Sitzung nicht teilnehmen können, genannt werden – zur Information aller, einschließlich der Supervisorin. Die Vollständigkeit der Supervisionsgruppe wird so durch die Kommunikation, die die Abwesenden integriert, symbolisch hergestellt.

Zur Kontraktgestaltung

Die inhaltliche Bestimmung der Supervisionsinhalte durch den Kontrakt kann nur die bewussten Intentionen erfassen. Weigand (1994, S. 130) unterscheidet »zwischen der rationalen, formulierbaren und kontrollierbaren Dimension des Kontrakts, dem »geheimen« und unausgesprochenen Auftrag, dem sich selbst auferlegten Auftrag des Beraters und den unbewussten Aufträgen, die anfangs beiden Seiten noch nicht bekannt sind.« Letzterem gilt m. E. der schwierigste Teil der Arbeit, denn rational als notwendig erkannte Veränderungen haben keine Chance, wenn die unbewussten Widerstände nicht bearbeitet werden. Im Hinblick auf mein Thema der Integration von Fall- und Teamarbeit gilt für den Kontrakt, dass er kontraproduktiv ist, wenn durch ihn die Bearbeitung von latent eingebrachtem, arbeitsfeldbezogenem Material verhindert oder ins Abseits der inoffiziellen Bearbeitung gedrängt wird.

Wenn ich in einer Organisation für Fall-Supervision mit einem Team angefragt werde, sehe ich es als meine Aufgabe, im Kontraktgespräch mit dem Auftraggeber – dem Leiter oder dem Leitungsteam – zu thematisieren und mit meiner Fachkompetenz als Supervisorin darüber aufzuklären, dass auch in den Fall-Bearbeitungen die Probleme und Konflikte des Teams und der Organisation zum Ausdruck kommen. In der Supervision innerhalb einer Organisation kann es niemals nur um die isolierte Klärung der Psychodynamik eines Falles gehen, wie dies in der klassischen Balintgruppe angenommen wird (im Übrigen sind selbst in der Balintgruppe die eingebrachten Fälle bzw. deren herausgearbeitete Aspekte immer auch in ihrer Bedeutung im Kontext der Gruppe zu verstehen). Gfäller (1986, S. 76) formuliert die Selbstverständlichkeit der Integration unter gruppenanalytischer Prämisse folgendermaßen: »Da die Gruppenanalyse fordert, dass jegliche auf diese Art geleitete Gruppe die jeweiligen institutionellen Umfeldbedingungen mitberücksichtigt, ist aus dieser Sicht für jegliche Supervision erforderlich, Institutionsanalyse zu betreiben.« Die Einschränkung der Supervision auf »Fall-Supervision« kann einem Abwehrbündnis im Team entsprechen oder von Seiten der Leitung die Befürchtung signalisieren, die Kommunikation könnte der freieren Entfaltung der Mitarbeiter und der Konsolidierung des Teams dienen – eine berechtigte Befürchtung! Daraus resultiert nicht selten das Anliegen, die Supervision auf Fallbearbeitungen zu beschränken, um das gemeinsame Nachdenken über institutionelle Missstände und solidarisierende Kritik niederzuhalten. Wenn auf diese Weise im Erstgespräch mit dem Leiter oder Leitungsteam sich ein Notstand der Organisation offenbart, so verstehe ich dies als vermutlich vorbewussten Appell um Hilfe. Der auf dem unbewussten Kommunikationskanal angekommene institutionelle Appell ist also bereits, indem er in meinem Denken gegenwärtig ist, als institutioneller Aspekt zum Bestandteil des Verhandlungsgesprächs um den Supervisions-Kontrakt geworden.

Mit meinem Wissen, dass in der Supervision des Teams etwas unterbunden werden soll, das vermutlich danach drängt, zum Ausdruck und in Kommunikation gebracht zu werden, ist es möglich, die Ängste – z. B. auf der Ebene von »Bedenken« – anzusprechen, die auf Seiten der Leitung der Einstellung zugrunde liegen, es sei für die Organisation besser, etwas zu unterdrücken. Hier kommen dann u. U. historische Gründe ans Licht: So kann es beispielsweise in der Geschichte der Organisation subversive Supervisions-Verhältnisse gegeben haben, das Problem also schon seit längerem perpetuiert und in der Matrix der Einrichtung verankert sein. Es kann auch die Angst offenbar werden, dass die institutionellen Probleme überbordend Raum einnehmen könnten und Fall-Probleme zu kurz kämen – eine Befürchtung, die Hinweis darauf sein kann, dass die primäre Aufgabe der Organisation gerade in eben dieser Gefahr ist, von institutionellen Problemen überwuchert zu werden.

Die Empfänglichkeit für Unbewusstes und der professionelle Anspruch, verantwortungsvoll damit umzugehen, erleichtern das Kontraktgespräch nicht, aber sie vergrößern die Chance, der Organisation gerecht zu werden mit einer Supervision, die den Anliegen der Organisation, auch den noch nicht bewussten, in der Kontraktgestaltung Raum einräumt.

Aus all diesen Gründen ist es erforderlich, dem Auftraggeber zu vermitteln, dass Fallsupervision in einem Team nicht auf die Bearbeitung von Fällen beschränkt werden kann – dass auch die Team und Organisation betreffenden Themen in der Supervisionsarbeit auftauchen werden und nicht zum Verschwinden gebracht werden, wenn sie unausgesprochen bleiben.

Supervision muss, »in komplexen sozialen Systemen immer auch die Möglichkeit der Institutionsanalyse bieten, als ein möglicher Focus, auf den sich die supervisorische Arbeit richtet. Focus kann nach Bedarf der Fall, das Team oder die Institution sein.« (Wolf 1994, S. 141) Der Focus ist aber nicht mit der Methode zu verwechseln. »Die Methode ist jeweils die gleiche. Es geht immer um die Erschließung der ausgeschlossenen Bedeutungen und der mit ihnen verknüpften, abgewehrten Affekte, Konflikte und Handlungsmotivierungen« (ebenda). In Gruppenanalytischer Supervision kann die latente Ebene der Kommunikation nicht ausgeblendet werden; das heißt, dass ein Gruppenanalytischer Supervisor m. E. den Arbeitsauftrag, Fall-Supervision in einer Organisation zu machen, aufgrund seines professionellen Wissens nicht unmodifiziert annehmen kann. Im Kontraktgespräch mit dem Leiter (oder Leitungsteam) der Organisation obliegt es mir als Supervisorin also, die institutionelle Abwehr als Schutzmechanismus zu respektieren und dennoch gerade aufgrund dieses Verstehens (das ein Wissen um die destruktiven Seiten der Abwehr beinhaltet) einen Rahmen für die Supervision zu sichern, der die Inhalte nicht einschränkt auf den Focus des Falles, was hieße, den Supervisionsauftrag mit institutionsbezogenen Scheuklappen auszustatten. Ob es gelingt, dem Auftraggeber dies zu vermitteln, wird nicht zuletzt auf dem Vertrauen beruhen, dass der Auftraggeber in diesem Gespräch zu mir als Supervisorin gewinnt. Dieses Vertrauen ist nicht unabhängig vom Selbstvertrauen, das der Supervisor ausstrahlt. Wenn aus der bisherigen Erfahrung als Supervisor in Organisationen ein Vertrauen in die eigene Arbeit und deren Methode entstehen konnte, so vermittelt sich dieses Vertrauen in die gruppenanalytische Arbeit auch den Auftraggebern. Dieses Vertrauen in die eigene Professionalität als gruppenanalytischer Supervisor beinhaltet die Vorstellung, sich zwar in die »institutionalisierte Abwehr« (Mentzos 1988) verwickeln zu lassen, dies jedoch als Erkenntnisinstrument nutzen zu können, bei aller Verworrenheit der institutionell bedingten psychosozialen Konflikte nicht die primäre Aufgabe der Organisation aus dem Auge zu verlieren und auch in verwirrenden Situationen die innere Strukturierung der Gruppe entdecken, in Worte fassen und der Gruppe so strukturierenden Halt vermitteln zu können.

In dem Maße, in dem ich als Repräsentantin Gruppenanalytischer Supervision das Vertrauen der Leitungspersonen gewinnen kann, wird diese Supervision im Dreieck von Leitung, Team und Supervisor ein mit Vertrauen besetzter Faktor sein, der triangulierende und damit stabilisierende Funktion für die Organisation hat.

Die Erstbegegnung mit dem Team kann erfolgen, wenn ein möglicher Kontrakt in seinen Rahmenbedingungen bereits mit der Leitung besprochen ist. In der Praxis geht die Anfrage nach Supervision auch nicht selten vom Team aus. Erstsupervision und die Entscheidung des Teams für den Supervisor können so dem Kontraktgespräch mit der Leitung vorausgehen, in dem es dann eine Einigung im Dreieck zu erzielen gilt. Dieser *Dreiecks-Kontrakt* ist für die Arbeit innerhalb einer Organisation unabdingbar, auch wenn die Anfrage nach Supervision direkt vom Team kommt.

Wer aus der Organisation nimmt wie und mit welchen formulierten Anliegen und Bedingungen den Kontakt zum Supervisor auf? Die Abläufe in dieser ersten Phase der Supervision setzen neben dem äußeren Prozess augenblicklich einen inneren Prozess in allen Beteiligten in Gang, der für den Supervisor äußerst aufschlussreich ist in der Analyse seiner von Anfang an mobilisierten Gegenübertragung, aus der sich auf der Basis von Wissen und Erfahrung grundlegende Vorstellungen der Organisation bilden.

Erstsupervision im Team

Die *Erstsupervision*, deren Bedeutung für das Mobilisieren der inneren Konstellationen von dem üblichen Begriff »Probesupervision« mir nicht adäquat gefasst scheint, findet, so praktiziere ich es, mit der erläuterten Spielregel der freien Kommunikation in der üblichen Dauer einer Supervisions-Sitzung statt – mit einer vereinbarten zusätzlichen Zeit zum Besprechen eines möglichen Settings, falls sich das Team – anschließend und in Abwesenheit der Supervisorin – für diese Supervision entscheidet. In der Erst-Supervision kann das Team die noch nicht vertraute Arbeitsweise gruppenanalytischer Supervision und sich als Team darin erfahren, bevor die Team-Mitglieder ihre Entscheidung treffen, ob sie sich auf die Zusammenarbeit einlassen wollen. Die Vereinbarung des Settings beinhaltet auch eine Vereinbarung über die Dauer der Supervision, d. h. eine Begrenzung, die entsprechend dem jetzt noch nicht absehbaren Prozess die Möglichkeit zur Verlängerung des Kontrakts beinhaltet. So kann in der vorletzten der vereinbarten Sitzungen in der Teamsupervision geklärt werden, ob die nächste Sitzung die Abschluss-Sitzung sein wird, oder ob und bis wann die Zusammenarbeit weiter gehen soll. Auch im Falle einer langjährigen Supervisionsarbeit wird so immer wieder die potentielle Grenze der Zusammenarbeit in den Blick gerückt; sie ist damit konstitutionell anwesend und gibt die garantierte Möglichkeit für Kritik und Infragestellen der Supervisions-Arbeit, und zwar von allen Seiten des Dreiecks und von jedem Einzelnen, der an dem Supervisionsprozess beteiligt ist. Mit der Vereinbarung einer begrenzten Zeit der Zusammenarbeit ist dieser Zeitraum aber auch gesichert gegen willkürliche Beendigung der Supervision, von welcher Seite auch immer. Der Supervisionsgruppe ist ein Zeitraum garantiert, der als sicherer Rahmen der Sprengkraft der Konflikte standhält. Forster (2000, S. 120), der psychodynamische Organisationsberatung vertritt, spricht in diesem Zusammenhang von der

»Prozessanlage, welche den Entwicklungsfortschritt durch alle Stürme, Spannungen und Schwierigkeiten hindurch schützt. (...) Diese Akzentsetzung wurzelt im psychoanalytischen Konzept des Settings, des vereinbarten Arbeitsrahmens, der tauglich und stabil genug sein muss, um den guten Analyseverlauf gerade auch in Phasen des Aufruhrs sicherzustellen.«

Mit Forster (2000, S. 124) kann ich aus meiner Erfahrung in Organisationen sagen: »Diese erste Phase ist auch deswegen so entscheidend, weil sie Signale für die Kultur des Veränderungsprozesses setzt. (...) Die im Veränderungsprozess real gelebte Kultur ist das einzige Mittel zur Prägung einer angestrebten neuen Kultur.«
In dieser ersten Phase der Supervision, in der im Dreieck Leitung – Team – Supervisor die Rahmenbedingungen und das Setting vereinbart werden (nicht die Inhalte), wird die Basis dafür gelegt, dass die Supervision über die Klärung der Psychodynamik einzelner Fälle hinaus der Teamentwicklung dienen kann. Es werden die Voraussetzungen geschaffen für eine Integration von Fallarbeit und Teamentwicklung.

Fallbeispiel einer Erstsupervision
Die Anfrage aus einer Psychiatrie-Station innerhalb einer Klinik war die nach Team-Supervision – vor dem Hintergrund eines bevorstehenden Umzugs an einen anderen Ort im Zuge der Regionalisierung psychiatrischer Einrichtungen. Der bevorstehende Umzug stifte – wie ich von der anfragenden Stationsleiterin erfuhr – große Unruhe im Team. Es seien auch noch nicht alle im Team entschieden, ob sie mitgehen wollten. In der Vorstellungsrunde der Erst-Supervision nimmt dann auch jeder/jede Einzelne des multiprofessionellen Teams Stellung zum jeweils eigenen Stand der Entscheidung. Meine einführenden Worte stecken den Rahmen ab, räumen Zeit ein zum Besprechen einer Setting-Vereinbarung für den Fall der Zusammenarbeit und eröffnen die freie Kommunikation: »Alles, was Sie im Zusammenhang mit Ihrer Arbeit und der neu beginnenden Supervision bewegt, können Sie hier miteinander zur Sprache bringen.«

Obwohl die Anfrage einer Teamsupervision galt, möchte eine Ärztin gerne einen Fall besprechen, der dem Team gerade besondere Schwierigkeiten mache; sie nennt den Namen, bekommt zustimmende Kommentare; nicht nur sie ist ratlos im Umgang mit dem Patienten, den sie nun vorzustellen beginnt. Es geht um einen jungen Mann, der obdachlos und depressiv eingeliefert worden war, wobei seine Kindheitsgeschichte Hinweise auf Traumata enthält. Hier sei er inzwischen »aufgetaut«, habe sein Zimmer eingerichtet und beanspruche »einen Raum für seine Sachen«. Und das sei nun zum Problem geworden: Den Versuch, ihn extern in einer Pflegefamilie unterzubringen, habe er scheitern lassen; sie seien ratlos, wie sie damit umgehen sollten, wenn er – was zu befürchten sei – nun auch den gut vorbereiteten zweiten Versuch boykottieren und darauf bestehen werde, hier auf Station zu bleiben. Der detaillierten einfühlsamen Vorstellung der Ärztin folgen die differenzierten Äußerungen der anderen Team-Mitglieder, eigene Erlebnisse mit dem geschilderten jungen Mann, assoziative Gedanken zur Situation und zu dem Dargestellten, Stellungnahmen zur aktuellen Situation – in Einfühlung und Nachdenklichkeit. Sie zeigen mir ihre professionelle Kompetenz. Die Fülle von Material, das sie zusammengetragen haben, bedarf schließlich nur noch einiger Verbindungen, die ich nach intensivem Zuhören mit Bezugnahme auf das von ihnen Aufgezeigte ziehe. Meine Verbalisierungen beleuchten das Kommunikations-Netz, das die Supervisionsgruppe entfaltet hat, und lassen den offen liegenden Konflikt noch deutlicher sichtbar werden. Die Psychodynamik des jungen Mannes und seine Beweggründe, hier bleiben zu wollen, sind emotional zugänglich und verstehbar geworden. Im Team hat sich der Konsens herausgebildet, dass sie ihm dennoch die Trennung nicht ersparen, nun aber bewusster dafür sorgen können, dass die Trennung nicht zur Retraumatisierung gerät, sondern dass sie seinen Übergang von der Station hinaus, auf der er sich so gut eingerichtet hat, mit ihrem erarbeiteten Verstehen einfühlsam begleiten.

Ob ein solches Begleiten wohl das sei, was sie von mir als Supervisorin erwarten, frage ich – und sie sind völlig verblüfft. Ein befreiendes Lachen der Gruppe lässt nochmals die starke emotionale Beteiligung des gesamten Teams spürbar werden. Sie sind erstaunt, dass niemandem in der Gruppe die spürbare Identifikation des Teams mit der Patienten-Problematik, der Zusammenhang von Fall und Team-Situation bewusst geworden war.

Dies hat mich indes die Stärke der Abwehr erleben lassen – und zwar vor allem in meiner Identifikation mit ihrer Abwehr, in die ich so verwickelt war, dass ich selbst erst relativ spät in der Sitzung mich aus dem emotionalen Mitschwingen lösen und die differenzierende, d. h. trennende Gedankenarbeit des Erkennens leisten konnte.

Dieses Enactment und die Loslösung durch professionelle Denkarbeit ist ein Kennzeichen psychoanalytischer wie auch gruppenanalytischer Arbeit. Die Abwehr hat hier auch einer intensiven Erarbeitung des Falles gedient – und der Teamentwicklung, da die mit der bevorstehenden Veränderung ausgelösten Emotionen, die für das Team als mögliche Destabilisierung bedrohlich schienen und darum nicht offiziell kommuniziert wurden, nun im Schutze des Falles gefühlt, geäußert und geteilt werden konnten. Das Teams hat mir in dieser Erstsupervision eindrucksvoll seine Situation mit den ausgelösten tiefen Emotionen vermittelt, die in kollektiver (institutioneller) Abwehr versiegelt waren, was sich blockierend auswirkte sowohl für die primäre Aufgabe – den Patienten in seinem Widerstand empathisch zu verstehen – als auch für die kreative Bewältigung der Teamaufgabe, den eigenen Auszug vorzubereiten mit den notwendigen organisatorischen Vorkehrungen. Nicht zuletzt war damit auch die Freude auf den Neubeginn blockiert. Hier geht es in der Zusammenarbeit der Supervision, für die sie sich entscheiden, dann weiter.

In dieser Erstsupervision hat das Team in der Gesamt-Inszenierung der Sitzung mit ihren verbalen und sinnlich-symbolischen Anteilen mir als Supervisorin Aspekte des Supervisionsauftrags vermittelt, die über das hinausgehen und Tiefergehenderes beinhalten als das, was als überlegter Auftrag formulierbar gewesen wäre.

Manifeste und latente Inhalte der Supervision

In den Problemfeldern einer Organisation sind immer Abwehrprozesse dynamisch wirksam, die durchgearbeitet werden müssen, um sie bewusst und emotional zugänglich werden zu lassen. Die innere Dynamik eines Teams bricht sich Bahn, kommt zum Ausdruck über unbewusst verschlüsselte Themen und über unbewusste Inszenierungen im Sinne des Agierens (Klüwer 1995). So offenbart sich im eingebrachten Fall immer auch etwas von der Teamdynamik, was nicht heißt, dass es nicht auch wirklich um den Fall ginge. Das dargestellte Beispiel hat wohl gezeigt, wie die Bearbeitung sowohl dem Patienten, als auch dem Team zugute gekommen ist, so wie auch die Blockierung durch Abwehrprozesse – Primäraufgabe und Team betreffend – sich wechselseitig bedingt hat, indem der Patient etwas agierte, das in den Mitgliedern des Teams und im Team insgesamt virulent war, das Team an seinem gegenwärtig schwierigsten und schmerzhaftesten Punkt berührt und in seiner Stabilität bedroht hat – wodurch Abwehrprozesse in Gang gesetzt wurden, die wiederum die Arbeit mit dem Patienten schwierig werden ließen.

Fallarbeit und Teamentwicklung beeinflussen einander und intensivieren sich wechselseitig, wie dieses Beispiel und jede einzelne Sitzung mit Supervisions-Teams zeigt. Wenn Rappe-Giesecke (1994, S. 82) die Indikation für Fallarbeit mit Teams an die Bedingung knüpft,»dass das Team nicht existenziell gefährdet ist, also keine Stellenstreichungen oder größere strukturelle Umorganisationen ins Haus stehen (...) dass das Team keine gravierenden kooperativen Probleme hat (...) und (...) keine massiven gruppendynamischen Konflikte vorliegen«, so kapituliert die Supervisorin vor der Aufgabe, die in solchen Fällen gerade die Herausforderung ist. Kapituliert sie, weil sie, »das klassische Ablaufschema nicht durchsetzen (kann)« (Rappe-Giesecke 1994, S. 82)?

Wenn das Team existenzielle Konflikte hat, versagt möglicherweise die Anpassung des Teams an eine verschulte, einordnende Methodik. Wie aber kann die professionelle Arbeit der Primäraufgabe aufrechterhalten werden unter den Bedingungen eigener Beeinträchtigung der Professionellen? Gerade unter den von Rappe-Giesecke genannten schwierigen Bedingungen braucht ein Team umso dringender Supervision, um die krisenbedingte Beeinträchtigung der professionellen Fähigkeiten zu bearbeiten. In existenziellen Krisen der Organisation ist zuweilen die fallbezogene Arbeit das, was am ehesten trägt. Was im Team in einer existenziell gefährdeten Situation zur Sprache kommen müsste, kann kein Einzelner bestimmen, in der Gruppe kommt es aber in Kommunikation, wenn die Gruppenphantasien in freier Kommunikation zugelassen und nicht durch ängstlich reglementierende Strukturierung niedergehalten werden. Solche Reglementierung evoziert bekanntermaßen Widerstände – und kann im Zirkelschluss die Annahme bestätigen, dass unter diesen Umständen eine Bearbeitung nicht möglich sei. Vielleicht markiert Rappe-Gieseckes Katalog von ausschließenden Bedingungen die Grenze einer Supervision, die auf die manifesten Inhalte der Kommunikation beschränkt ist. Krisen und schwierige Situationen eines Teams resp. einer Organisation erfordern jedoch in besonderem Maße die kompetente Bearbeitung der unbewussten Dynamik. Sind sie möglicherweise darum eine Domäne gruppenanalytischer Supervision?

Die manifeste Äußerung eines Problems kann zu Beginn der Supervision lokalisiert und formuliert werden. Das Verstehen der latenten Dynamik, der unbewussten institutionellen Abwehr im Team und in der Organisation ist indes eine wesentliche Arbeit gruppenanalytischer Supervision. Was diese Lokalisierung der Störung betrifft, so werden nicht selten die Probleme nach außen verschoben, z. B. auf die Ebene der (abwesenden) Leiter, die Auseinandersetzung um die Konflikte in (gefährlicher) Nähe vermieden. Meine Aufgabe als Supervisorin ist es dann, die Lokalisierung des Konflikts im Hier und Jetzt zu bemerken und das Team in einer annehmbaren Weise damit zu konfrontieren.

Es kann aber auch vorkommen, dass die Ursache eines Problems in einem Einzelnen lokalisiert zu sein scheint und die Zusammenhänge mit den institutionellen Gegebenheiten erst erarbeitet werden müssen. Ist dieser Einzelne ein Mitarbeiter, so kann es sich im Extremfall um ein Sündenbock-Phänomen handeln, bei dem die Mitarbeiter eigene unliebsame Anteile auf einen Einzelnen projizieren – sie externalisieren, um sich dieser Anteile zu entledigen.

In Organisationen, in denen Menschen betreut oder behandelt werden, werden die Konflikte in der Organisation immer auch an diesen »Fällen« erlebt, unter anderem, weil sie in den Beziehungen zu den Patienten oder zur Klientel interpersonell agiert werden. Die Psychodynamik der Einzelnen in einer Organisation ist nicht unabhängig von der Dynamik der Gesamt-Organisation; respektive beinhaltet die Organisationsdynamik die spezifischen Dynamiken der Einzelnen, sowohl der Klientel, als auch der in dieser Organisation beschäftigten Professionellen, die wiederum nicht zufällig diese Profession gewählt haben.

Wenn Fall-Supervision in einer Organisation den isolierten Fall im Blick hat, so wird etwas ausgeblendet, das über das fallbezogen Erarbeitete hinaus dem Fall ebenfalls zugute kommen könnte, weil es die *Umwelt* des Falles – das Team und die Organisation – betrifft.

Kasuistik aus demselben Team – ein Jahr später
Nach einem introspektiven Schweigen beginnt eine Psychiatriepflegerin über eine Patientin zu sprechen, da sie mit dieser Patientin völlig ratlos sei; die anderen stimmen dem zu. Der zuständige Arzt trägt einige Informationen über die Patientin vor, die seit Jahren immer wieder stationär bei ihnen aufgenommen wird. Auffällig ist, dass ein katatoner Zustand der Patientin mit Phasen wechselt, in denen sie aufsteht und »richtig gut drauf ist«.
Die Teammitglieder tragen ihre Erfahrungen mit der Patientin zu einem gemeinsamen Narrativ zusammen. Beim Zuhören fällt mir auf, dass es immer wieder um diese Polarität Aufstehen versus Liegen geht, dass das Team die Patientin offenbar gerne zum Aufstehen bringen will und das Liegen der Patientin als eigenes Versagen erlebt. Auffällig ist dabei eine regressive Tendenz des sonst gut entwickelten Kommunizierens: Die Teilnehmer sprechen

weniger miteinander als vielmehr an mich gerichtet. Ich verspüre den enormen Druck, eine Erleuchtung haben zu müssen, wie diese Patientin aufrecht zu halten sei, und fühle mich zunehmend als Versagerin und – wiewohl ich gar nicht Rat geben will – völlig ratlos. Unter einem solchen Druck, der mir per projektiver Identifikation vermittelt wird, steht offenbar das Team. Mir kommen die Bibelworte in den Sinn: »Nimm dein Bett und wandle.« Auf dem Team – resp. jetzt auf mir – scheint der Erwartungsdruck zu lasten, ein Wunder vollbringen zu sollen, omnipotent zu sein. »Wir hofieren sie, damit sie aufsteht«, sagt eine erfahrene Psychiatriepflegerin. Ein Pfleger spricht mit einem Mal davon, dass sie diese Patientin bei ihrem Umzug liegend hierher transportiert haben. Sie erinnern sich und tragen zusammen, wie das war, als sie hierher umgezogen sind und die Hoffnung hatten, dass nun alles besser werde. »Und die ist tatsächlich aufgestanden«, sagt eine aus dem Team, »es war wie ein Wunder.« – »Und so sollte es doch bleiben,« sagt eine andere, »es soll doch keinen Rückschritt geben.« Sie schweigen – und dann bricht es aus der Erfahrenen hervor: »Mein Gott, was machen wir mit der Patientin? Sie soll für uns funktionieren! Sie ist unser Maskottchen geworden!«

Das Ausgesprochene löst im Team eine Welle von Erkenntnissen aus; den Teilnehmern fallen weitere Szenen ein, und sie belasten sich selbst in einem Ausmaß, dass nun die Übertragungsbeziehung zu mir augenfällig wird, da ich mich gedrängt fühle, sie zu entlasten, sie freizusprechen von Schuld. Meine entsprechende Deutung führt in zwei Stränge des Prozesses der Supervisions-Sitzung: einen auf das Team bezogenen und einen auf die Patientin bezogenen.

Auf das Team bezogen, wird die Idealisierung der neuen Situation am neuen Ort als Abwehr der Angst vor dem Neuen, vor Überforderung und Isolierung, nochmals – nun im zeitlichen Abstand eines Jahres – dem gemeinsamen Verstehen zugänglich. Was aber hat diese Gefühle heute aktualisiert? Was ist die aktuelle Bedrohung? Die freie Kommunikation führt zur Aufklärung: Irgendwann ist ganz nebenbei davon die Rede, dass eine zweite Psychiatrie-Station demnächst hier einziehen wird. Die aufkommende latente Konkurrenz zu dieser aktualisiert im Team Versagensängste und die Anforderungen an das kollektive Ideal-Selbst des Teams, Besonderes – nahezu Wunder – zu vollbringen.

Nachdem die Situation im Zusammenwirken von Patientendynamik, Professionellendynamik und Organisationsdynamik vor dem Hintergrund der aktualisierten Geschichte des Teams zur Sprache gebracht werden konnte, kann nun die Patientin mit ihrer Problematik einer Schuld-Depression gesehen und intensiv besprochen werden. Die Supervision hat also einen Differenzierungsprozess ermöglicht zwischen den Problemen des Teams und den Problemen der Patientin, die nun getrennt voneinander behandelt werden können.

Es entspricht meiner Erfahrung in dieser integrierten Arbeitsweise, dass die Arbeit am Fall, d. h. die supervisorische Bearbeitung der primären Aufgabe, nicht zu kurz kommt, sondern intensiviert wird, gerade weil ihre unbewusste Dynamik in der Interdependenz mit der Professionellendynamik und der Organisationsdynamik erfahrbar wird.

Zur Freien Kommunikation in Gruppenanalytischer Supervision

Dem Paradigma der psychoanalytischen Methode, der freien Assoziation, entspricht in der Gruppe die freie Kommunikation. Was Becker zur psychoanalytischen Methode ausführt, gilt auch für gruppenanalytische Supervision als einer Anwendung der Gruppenanalyse:

»Es ist mit der psychoanalytischen Auffassung unbewusster Prozesse nicht zu vereinbaren, dass man von Anfang an zu wissen meint, welches die dynamisch wirksamen Elemente in einem Konfliktgeschehen seien und dass man danach sein Vorgehen und die Auswahl eines Fokus festlegt« (Becker 1995, S. 181).

Schnelles Strukturieren beruhigt, weil es die Ängste aller Beteiligten bindet; es schränkt indes den eröffneten potentiellen Raum erheblich ein.
Der gruppenanalytische Supervisor stellt eine gruppenanalytische Situation her durch das Setting, d. h. einen sicheren Kommunikationsraum, in dem sich das Gruppenunbewusste entfalten kann, wenn nicht vorschnelle Fokussierung auf ein Thema die Ausfächerung des bewussten, vorbewussten und unbewussten Konfliktfeldes behindert.
Freie Kommunikation braucht einen Supervisor, der mit freier Kommunikation umgehen kann, mit dem potentiellen Chaos von Affekten und noch nicht verstehbarer Inhalte, der es ertragen kann, zeitweise nichts zu verstehen und dabei das Vertrauen in sich und in die Gruppe aufrechterhalten kann, dass sich das Chaos im Laufe des Prozesses ordnen wird. Vertrauen in die Gruppe haben zu können, ist ein wesentliches Ergebnis der langen Sozialisation zum Gruppenanalytiker.
Für die Supervisionsgruppe stellt die Ankündigung einer integrierten Arbeitsweise, auch wenn sie der Anfrage des Teams entspricht, im Zusammenhang mit freier Kommunikation eine Herausforderung dar. So kann die Freiheit, bisher Unkommuniziertes im Team zur Sprache bringen zu können, besonders in Organisationen, in denen dies von der bisherigen Kommunikationskultur weit entfernt ist, zunächst Ängste auslösen. So kam in einem Team die paranoid gefärbte Phantasie auf, der nicht anwesende Chef habe »Blumenkohlohren« im

Raum versteckt. Gemeinsam geteilte Phantasien geben indes wertvollen Aufschluss über innere Zustände einer Organisation und bringen, wenn sie in die Bearbeitung aufgenommen werden, den Kommunikationsprozess voran. In der hier angedeuteten Organisation entwickelte es sich dahingehend, dass nach einem Jahr die gefürchtete Leitung in die Supervision einbezogen werden konnte und eine direkte Auseinandersetzung möglich wurde.

Eine andere Angst ist die vor dem Verlust ordnender Strukturen, vor überbordendem Chaos, wenn alle das einbringen würden, was sie loswerden möchten; die Angst vor Aggressionen, vor den eigenen mehr noch als vor denen der anderen! Die Phantasie, dass in der Wäscherei der Kessel platzen könnte, wurde in einer Organisation des Beschützten Arbeitens über viele Sitzungen hin immer wieder gemeinsam aufgeheizt, bevor sie in ihrer unbewussten Bedeutung aufgeschlüsselt werden konnte – als Angst vor der eigenen abgewehrten Aggression, als Angst auch, dass der Kommunikationsraum der Supervision die Dynamik der heftigen Affekte nicht aushalten würde.

Die Freiheit, Phantasien und Ängste zu äußern, die in anderem Rahmen, z. B. in Dienstbesprechungen, Befremden auslösen würden, wird möglich in einem haltenden Rahmen, einem zuverlässigen Setting. Hier gilt, was Becker zur psychoanalytischen Methode schreibt: »Die Klarheit, die das Setting in der Psychoanalyse zu gewährleisten hat, bezieht sich auf die Rahmenbedingungen, nicht auf den Inhalt des Prozesses. Dieser ist zunächst einmal unübersichtlich, chaotisch und unverständlich.« (Becker 1995, S. 181)

Gruppenanalytische Supervision unterscheidet sich von anderen Supervisions-Konzepten nicht durch das Fehlen von strukturierenden Interventionen, sondern durch den Zeitpunkt des Strukturierens. Die Inhalte werden nicht durch eine äußere Strukturierung selektiert, sondern so zugelassen, wie sie auftauchen. Die gruppenanalytische Arbeit besteht im Aufdecken der latenten Strukturelemente, die von den unbewussten Gruppen-Phantasien geformt werden und sich im Laufe des Prozesses jeder Sitzung inszenieren – verbal und im Handlungsdialog unbewusster Inszenierungen (Klüwer 1995). Wenn sich in einem sicheren, haltenden Setting die Kommunikation der Gruppe frei entfalten kann, so werden diese latenten Inhalte und Strukturen dem analytischen Verstehen zugänglich und können zur Sprache gebracht werden. Gruppenanalytische Supervision bietet einen intermediären Raum im Sinne von Winnicott (1971), in dem objektiv Wahrnehmbares und subjektiv Erlebtes, innere und äußere Welt, Phantasie und Realität sich überschneiden und zugleich Raum haben. Der Denkraum eröffnet sich im Erleben dieses potentiellen Raums, der die Begegnung mit dem Anderen enthält und die Entwicklung von Kreativität aus dem Zusammenspiel der beteiligten Personen. Das Timing im Sinne von Winnicott, das Gespür dafür, wann das in der Gruppe auf sinnlich-symbolischer Ebene und in metaphorischer Verschlüsselung Präsentierte so verständlich und bewusstseinsnah ist, dass es in Sprache gebracht und in bewusster Kommunikation ausgelotet werden kann, liegt in der in langjähriger Ausbildung erworbenen Kompetenz des Gruppenanalytikers – und zunehmend auch in der Kompetenz der Gruppenteilnehmer.

Der gruppenanalytischen Haltung entspricht es, das zeitweilige Nichtverstehen, die Irritation und die oft schwer erträglichen Gefühle, die damit verbunden sind, in sich zu halten und auszuhalten (siehe auch den Beitrag von Heltzel in diesem Buch). Damit wird ein *Containing* praktiziert, das den Mitgliedern der Gruppe dazu verhilft, eingefahrenes Abwehrverhalten probeweise aufzugeben und die Irritation zuzulassen, die eine Chance eröffnet für Neuentdeckungen verborgener Zusammenhänge.

Wo es möglich ist, unbewusste Angst der einzelnen Supervisionsteilnehmer zu spüren, zu ertragen und zur rechten Zeit – die Widerstände und die Integrationsfähigkeit der Gruppe berücksichtigend – in Sprache zu fassen, kann diese Angst in der Gruppe kommuniziert werden. Angst, die mit anderen geteilt werden kann, verändert sich indes. Gerade die unerwünschten, unbequemen, unangenehmen Affekte und die damit infizierten Inhalte in der Supervision auszuhalten und ihnen Raum zu geben, stellt möglicherweise ein besonderes Potential psychoanalytisch bzw. gruppenanalytisch arbeitender Supervisoren dar. Ob eine Integration von fallbezogenen, teambezogenen und institutionellen Aspekten möglich wird, hängt auch davon ab, ob der Supervisor diese Integration innerlich leisten, die oft zerreißenden Diskrepanzen, Diskontinuitäten und Interessenskonflikte aushalten und containen kann. Der synoptischen Sicht entspricht dabei ein Oszillieren zwischen den verschiedenen Aspekten, wobei alle drei grundsätzlich gleichzeitig gegenwärtig sind im Sinne des gruppenanalytischen Konzepts von Figur und Hintergrund.

Was bedeutet es z. B., wenn ein Team über Probleme mit den nicht anwesenden Leitern spricht? Es kann eine Vermeidung des Zur-Sprache-Bringens von Problemen im Team sein oder ein Ausweichen vor anstehenden schwierigen Problemen mit der Primäraufgabe. Es kann auch vorsichtiges Sich-Herantasten der Gruppe an ein schwieriges angstbesetztes Thema sein – angstbesetzt nicht nur aufgrund von realen institutionellen Abhängigkeiten. Die inneren Abhängigkeiten aufgrund von Übertragungskonstellationen sind es, die letztlich den Grad von Freiheit bzw. Unfreiheit im Umgang mit den in der Hierarchie Höherstehenden bestimmen. Was es letztlich bedeutet, was unter der manifesten Besprechung unbewusst in der Gruppe verhandelt wird, erschließt sich aus dem Gruppenprozess in Verbindung mit dem Wahrnehmen und Verstehen der eigenen Gegenübertragungsreaktionen.

Die Trennung von Fallarbeit, Arbeit an Team-Problemen und Arbeit an institutionellen Problemen dient der Kontrolle des Prozesses und ist letztlich ein Versuch, die Affekte unter Kontrolle zu halten. Wenn jedoch die Äußerung der im Team dynamisch wirksamen Emotionen verhindert wird, dann auch deren Bearbeitung, denn man kann nicht emotional Aufgeladenes bearbeiten, ohne dass die Emotionen erlebt werden. Die Voraussetzung für die integrierte Bearbeitung von fallbezogenen, interpersonellen und institutionellen Aspekten liegt also in der Fähigkeit des Supervisors, diese Ängste zuzulassen und zu containen, bis er seinen vorangehenden Verstehensprozess dem Team zugänglich machen und die Bearbeitung im Team damit voranbringen kann.

Ich möchte dazu ein weiteres *Beispiel* aus meiner Supervisionsarbeit skizzieren, das zeigt, wie freie Kommunikation und ihre Wirkung zunächst immense Ängste in der Supervisionsgruppe mobilisieren kann und wie diese Ängste und damit zentrale Probleme des Arbeitsfeldes anschließend einer Bearbeitung zugänglich werden. Es ist zugleich ein Beispiel für die Unsinnigkeit, auf einer trennenden Barriere zu bestehen:

Die Supervision des Hausteams einer Organisation des Betreuten Wohnens beginnt in der dritten Sitzung der neu eingerichteten Supervision damit, dass die Team-Mitglieder – ErzieherInnen und Krankenpfleger – sich untereinander über die aktuelle Lage im Haus verständigen. Sie tun dies in Andeutungen und halben Sätzen, deren Zusammenhang allen klar zu sein scheint – nur mir nicht. Immer mehr vermittelt sich mir das Gefühl, ausgeschlossen zu werden. Ich erlebe mich immer hilfloser einem Prozess ausgesetzt, der über mich hinweg geht und verspüre Ärger, dass so mit mir umgegangen wird. Zunehmend breitete sich in mir ein schwer zu ertragendes Gemisch von unangenehmen Gefühlen aus – Ausgeschlossensein, Hilflosigkeit, Ärger und Angst. Aus der Erfahrung mit solch heftigen Gegenübertragungsreaktionen heraus halte ich sie in mir – und vertraue darauf, dass sich im Laufe der Sitzung klären wird, was in diesem Team mit solch schier unerträglichen Emotionen besetzt ist, dass sie mir nur per projektiver Identifizierung vermittelt werden können.

»Heute morgen war es noch ruhig.« – »Nein, es war gestern schon unruhig, die Unruhe ist schon länger da.« Ich höre ihnen aufmerksam zu – scheint doch die Aufklärung jenes mir nicht Zugänglichen nun zu einem existenziellen Anliegen von mir geworden zu sein – entscheidend für meine professionelle Existenz als Supervisorin in diesem Team. Es geht um institutionelle Bestimmungen auf einem gelben Blatt (›die gelbe Karte‹, assoziiere ich in Gedanken) und um eine Bewohnerin, der es schlecht geht, »weil vermutlich nicht richtig abgeführt« worden sei. Sie sprechen über ihre Befürchtung, dass es zu spät sein könnte, erst am dritten Tag (!) abzuführen, und dass das Mittel vielleicht doch schädlich, wenn nicht gar gefährlich sei. Auf manifester Ebene geht es um Lene, seit vielen Jahren Bewohnerin im Haus. Die Dynamik, die um das Abführen in der Supervisionsgruppe entstanden ist, scheint indes darauf zu verweisen, dass es latent um ein anderes Ereignis geht, eines, von dem das Team in seiner Existenz bedroht ist. Ich

erlebe es als Bedrohtsein der neu eingerichteten Supervision. Von einer Betreuerin fällt das Wort »Scheiß-Supervision« und »Ich will meine Stelle nicht verlieren«.

Im aufkommenden Verstehen, dass die Supervisionsteilnehmer mit dem »gefährlichen Abführen« verschlüsselt ihre Angst thematisieren, was herauskommen könnte, wenn sie dieses bedrohliche Ereignis hier in der Supervision »abführen«, d. h. es zur Sprache bringen, sage ich, es sei noch nicht zu spät zum Abführen, und wir könnten vielleicht gemeinsam herausfinden, was das für eine Verstopfung sei. Diese Intervention löste enorm viel aus. Sie hatte mehrere Botschaften enthalten: Ich hatte auf der manifesten Ebene ihres Problems gesprochen, d. h. mich auf diese Ebene eingelassen; gleichzeitig hatte ich Raum geschaffen und sie vom Handlungsdruck auf manifester und auf latenter Ebene – in Bezug auf Lene und in Bezug auf die Supervision – entlastet und ihnen meine Zuversicht vermittelt, dass wir gemeinsam das Problem angehen können, das solche Bauchschmerzen macht. Vor allem aber hatte ich die Aggression (»abgeführt« werden sollte auch ich als Supervisorin) im Winnicottschen Sinne überlebt, indem ich meinen Denkraum wieder gewonnen und meine professionelle Position gewahrt hatte; daran konnte das Team identifikatorisch teilhaben. Dies wirkte angstlösend und löste die Zungen: Es wurde möglich, von den Kolleginnen zu sprechen, die das Team hatten verlassen müssen – nach einem Vorfall um Lene, der sich in seiner Komplexität nun Stück für Stück erschloss. Es war ein mehrere Monate zurückliegender Vorfall, in dem sie sich von der Leitung übergangen und ausgeschlossen fühlten, über den nicht gesprochen werden durfte. Sie hatten sich in ihrer Arbeit nicht gewürdigt gesehen und ihre Stelle im Team als gefährdet erlebt. Es tauchten also all jene Affekte auf, die ich im ersten Teil der Sitzung so heftig empfunden hatte.

Die Sitzung war der Durchbruch zu einer äußerst belasteten Geschichte des Teams, die mir bei der Anfrage nach Supervision, die für alle im Haus ein Novum war, von der Leitung als »Schwierigkeit dieses Teams« angedeutet worden war. In der Erstsupervision war der Vorfall vom Team in kollektiver Abwehr versiegelt worden mit einer knappen Beschreibung der äußeren Ereignisse ohne emotionalen Beteiligung: Sie wollten nichts mehr mit dieser Geschichte zu tun haben, die sei vorbei und vergessen. Dass sie Supervision bekommen sollten, war ihnen zunächst wie eine Strafe erschienen. Diese Deutung ihres offenkundigen Widerstands hatten sie in der Erstsupervision von mir annehmen können – und der Verlauf dieser Erstsupervision hatte es ihnen ermöglicht, sich als Team für die Supervision zu entscheiden. Die unbewusste Gruppenphantasie, dass die Supervision als von der Leitung verordnete kontaminiert und gefährlich sei, war in dieser dritten Sitzung wieder aufgetaucht. Im offenbar als sicher genug erlebten Setting konnten die gefährlichen Emotionen zutage treten und nun in mich projiziert, damit bei

mir deponiert werden und von dieser Sitzung an allmählich als Eigenes angenommen, gefühlt und in der Gruppe geteilt werden.
 Das Durcharbeiten dieser institutionellen Traumatisierung und der daraus resultierenden Dysfunktionalität dieses Teams in Bezug auf die primäre Aufgabe ging im weiteren Verlauf mit der Bearbeitung des professionellen Alltags einher anhand von Fällen, Teamproblemen und Problemen mit der Leitung. Immer wieder tauchten die lähmenden Emotionen des traumatisierenden Ereignisses in zunächst unverständlichem Agieren in unterschiedlichsten Zusammenhängen auf; immer wieder galt es, die zunächst unverständlichen Kommunikationsblockaden, die wie schwarze Löcher auftauchten und den traumatischen Bereich des Nicht-Kommunizierbaren markierten, auszuhalten, bis verstanden werden konnte, was sich in der Gruppe heute inszenierte. Dieses Durcharbeiten im Team war notwendig, um die Erfahrung, die in der Matrix der Gruppe verankert war (auch wenn sich die Zusammensetzung des Teams schon längst verändert hatte und weiter veränderte), als bewusst zugänglichen Teil der Teamgeschichte zu integrieren. Supervisor und Gruppe fungieren als Gruppengedächtnis in einem Team, das heute, nach fast vier Jahren Supervision, nicht mehr durch »Leichen im Keller« gelähmt wird. Die institutionellen Bedingungen konnten in ihren als bedrohlich und entwertend erlebten Dimensionen zunehmend in den Blick genommen und in ihren Auswirkungen auf die primäre Aufgabe reflektiert werden.

Die Gruppe als Agens gruppenanalytischer Supervision

Der Gruppenanalytische Supervisor fördert und prägt mit seiner gruppenanalytischen Haltung die Integrations- und Haltefähigkeit der Supervisionsgruppe und damit des Teams. Ist es zu Beginn der Arbeit mit einer Supervisionsgruppe zunächst vor allem Aufgabe des Supervisors, die Zusammenhänge zwischen Fall-, Team- und Institutions-Ebene zu entdecken und zu integrieren, so werden diese Aufgabe im weiteren Verlauf die Mitglieder der Supervisionsgruppe übernehmen. Diese Fähigkeit – in der Supervision angebahnt und ausgeübt – erweitert den Denkraum im Team spürbar.
 Supervisor *und* die Supervisionsgruppe sind Container für das Unverarbeitete, für schwer erträgliche und darum abgewehrte Affekte wie Wut, Ohnmacht, Neid, Scham, Erschöpfung, Trauer, Angst – für all das, was gerade in dieser Organisation mit Macht abgewehrt werden muss. Die institutionellen Abwehrbündnisse und Abwehrformationen sind um so schwerer zu bearbeiten, als sie mit Ängsten um die professionelle Identität und berufliche Existenz verlötet sind. Das Containing – das Aufnehmen und Aushalten – und das Bearbeiten von Angst ist eine

zentrale Aufgabe der Supervision. Im gruppenanalytischen Verständnis wird dies nicht nur vom Supervisor geleistet, sondern ebenso und vor allem von der Gruppe. Dies unterscheidet gruppenanalytische Supervision von anderen Supervisionsansätzen.

In der Gruppe geht es *nicht entweder* um Fallarbeit *oder* um »Arbeit an der Kommunikationsstruktur« und »Arbeit an institutionellen Problemen« (Weigand 1994, S. 126), sondern um all dies in komplexen intrapsychischen, interpersonellen und innergruppalen Verbindungen. In allem, was in der Supervision eingebracht wird, in jedem Fall, in jedem Teamkonflikt spiegelt sich all dies in verschiedenen Varianten und Gewichtungen im Sinne des gruppenanalytischen Konzepts von Figur und Hintergrund. Und an allem hat jeder Einzelne als Mitglied dieser Gruppe resp. dieses Teams einen Anteil: »In gruppenanalytischer Sicht bedeuten [alle Äußerungen] nämlich immer und grundsätzlich eine Mitteilung über den inneren Zustand der Gruppe und die von der Gruppe geteilten unbewussten Phantasien« (Becker 1995, S. 183), die – so sei hinzugefügt – das Leben in der Organisation, die Vitalität und die Konfliktdynamik mehr als die bewussten Anteile beeinflussen. Jedes Detail enthält das Ganze. Das Innere der Gruppe enthält das Äußere der Institution.

Aus den Schriften einiger renommierter Supervisoren kann man den Eindruck gewinnen, der Supervisor mache die Supervision. In gruppenanalytischer Supervision muss nicht die Bereitschaft zur Selbsterfahrung vom Supervisor »hergestellt« werden (Rappe-Giesecke), sondern in der freien Kommunikation der Gruppe kommt das zur Sprache – oder wird in der Handlungssprache unbewusster Gruppeninszenierungen ausgedrückt – was das Team im Innersten bewegt. Und das ist eben ein Gemisch aus eigener Befindlichkeit, aus den auf die Institution bezogenen Ängsten, aus Lust und Freude und Frustration mit der Klientel, aus Ärger mit den Kollegen und vielem mehr. Vielleicht ist es für die, die keine gruppenanalytische Erfahrung gemacht haben, schwer vorstellbar, dass das Zulassen dieses mitunter explosiven Gemisches nicht im Chaos endet, auch wenn es völlig ungeordnet beginnt. Das Chaos strukturiert sich nicht von alleine und auch nicht durch ein Programm des Supervisors, sondern durch die Gruppe, d. h. durch die Gruppe als Ganzes im Mitwirken jedes Einzelnen und begleitet vom Verstehen des gruppenanalytischen Supervisors. Dabei hat dieser eine Position an der Grenze der Gruppe inne. Als Gruppenanalytikerin habe ich nicht in jedem Moment und oft erst im Laufe der Sitzung den Überblick und Durchblick, immer aber das Vertrauen in die Gruppe und in die eigene Professionalität als gruppenanalytische Supervisorin.

Die Gruppe, die immer mehr ist und mehr weiß als die Summe der Einzelnen, enthält eine Kompetenz und ein inneres Regulationssystem, dessen sie sich am Anfang nicht bewusst ist, im Laufe des Supervisionsprozesses aber immer mehr bewusst wird. Dies wiederum lässt das Team in seiner Kommunikationsfähigkeit und in seinem Selbstwerterleben wachsen und ist wesentliches Element der durch gruppenanalytische Supervision geförderten Teamentwicklung. In der Supervisions-Gruppe kann das Team seine Kompetenz erfahren. Der gruppenanalytische Prozess braucht Zeit, verändert jedoch die Gruppenkultur und bewirkt anhaltende Veränderungen in der Organisation.

Literatur

Barthel-Rösing, M. (2001): Was ist das Spezifische an gruppenanalytischer Supervision. In: Jahrbuch für Gruppenanalyse 7, S. 101–109.

Becker, H. (1995): Angewandte Psychoanalyse in der Teamsupervision als Forschungsansatz. In: Becker, H. (Hg.): Psychoanalytische Teamsupervision. Göttingen, Zürich (Vandenhoeck & Ruprecht), S. 179–230.

Forster, W. (2000): Emotionaler Aufruhr und soziale Verarbeitung: Über den Nutzen psychoanalytischer Konzepte in der Beratung für Unternehmensentwicklung. In: Lohmer, M. (Hg.): Psychodynamische Organisationsberatung. Konflikte und Potentiale in Veränderungsprozessen. Stuttgart (Klett-Cotta), S. 119–140.

Franke, C., Gfäller, G., Kleffmann, R., Wilke, G. (1996): Die gruppenanalytische Perspektive in der Supervision. In: Arbeitshefte Gruppenanalyse 6, S. 74–101.

Gfäller, G. R. (1986): Team-Supervision nach dem Modell von S. H. Foulkes. In: Pühl, H., Schmidbauder, W. (Hg.): Supervision und Psychoanalyse – Plädoyer für eine emanzipatorische Reflexion in den helfenden Berufen, München (Kösel), S. 69–110.

Klüwer, R. (1995): Agieren und Mitagieren – zehn Jahre später. In: Zeitschrift für psychoanalytische Theorie und Praxis 10, S. 45–70.

Mentzos, S. (1988): Interpersonale und institutionalisierte Abwehr. (3. Aufl.) Frankfurt am Main (Suhrkamp).

Rappe-Giesecke, K. (1994): Gruppensupervision und Balintgruppenarbeit. In: Pühl, H. (Hg.): Handbuch der Supervision 2. Berlin (Volker Spiess), S. 72–84.

Weigand, W. (1994): Teamsupervision: Ein Grenzgang zwischen Supervision und Organisationsberatung. In: Pühl, H. (Hg.): Handbuch der Supervision 2. Berlin (Volker Spiess), S. 112–131.

Wolf, M. (1994): Institutionsanalyse in der Supervision. In: Pühl, H. (Hg.): Handbuch der Supervision 2. Berlin (Volker Spiess), S. 132–151.

Winnicott, D. W. (1971): Vom Spiel zur Kreativität. Stuttgart (Klett)

Angewandte Großgruppen im Schatten des Modernisierungsprozesses

Gerhard Wilke

Zum gruppenanalytischen Großgruppenverständnis

Analytische Großgruppen sind ein fester Bestandteil in der Arbeit von therapeutischen Gemeinschaften, in gruppentherapeutischen Blocktrainings und der Organisationsentwicklung geworden. Gruppenanalytiker der Foulkesschen Richtung sind sich im Wesentlichen darin einig, dass man in der Großgruppe die primitiven Abwehrmechanismen und die Angst vor der psychotischen Fragmentierung – typisch für Borderline-Patienten – am eigenen Leibe erfahren kann. Ebenfalls wird deutlich, wie abhängig jeder Mensch von den gesellschaftlichen Gruppenprozessen ist und wie der Einzelne diese halb bewusste, halb unbewusste Vernetzung schicksalhaft und machtlos erlebt. Aus diesem Grunde leugnen wir – jeder auf seine Art – die gegenseitige Abhängigkeit im Fluss des Interaktionsprozesses, der in einer Großgruppe seinen Lauf nimmt.

Die Großgruppe vollzieht gewissermaßen die Entstehung von psychosozialen Konflikten, den dialogischem Austausch darüber und das In-Szene-Setzen gesellschaftlicher Differenzierung laborartig nach. Es ist deshalb nicht abwegig, den Ablauf von gesellschaftlichen Prozessen, so wie wir sie in unserem Alltag voraussetzen und meist unhinterfragt lassen, mit einem Großgruppenprozess zu vergleichen. Der Ethnologe Clifford Geertz (1993) hat argumentiert, dass wir in Bedeutungsnetzwerken leben, die wir gemeinsam weben und die einen Rahmen für die Rekreation unserer Zugehörigkeitsgruppe und unserer Vorstellung von angrenzenden Gruppen abgeben. Eine Anzahl dieser sowohl getrennten als auch verbundenen Bedeutungs- und Ausdifferenzierungsnetzwerke verkörpern unsere gemeinsam geteilte Kultur, Organisation und Gesellschaft. Ethnologie und Gruppenanalyse teilen die Annahme, dass es sich abgrenzende, nur indirekt fassbare Netzwerke sind, die die Grundmatrix einer Gesellschaft und damit auch einer Großgruppe ausmachen. Eine meiner Grundannahmen ist deshalb, dass die Großgruppe ein pluralistisch strukturiertes Ganzes und nicht eine projektiv verschmolzene Einzelmasse ist.

Eine wirklich gruppenanalytisch fundierte Sichtweise der Großgruppe gibt es noch nicht. Die Anhänger der gruppenanalytischen Denktradition haben sich bisher damit beholfen, die theoretischen Ansätze der klassischen und dyadisch verwurzelten Psychoanalyse bedenkenlos zu übernehmen. Foulkes selbst lehnte sich noch an Freud an, seine Schüler Lionel Kreeger und Patrick de Maré beziehen sich dagegen auf die kleinianische Theorie. Kreeger (1975) beruft sich auf das von Bion ausgearbeitete intersubjektive Abwehrverhalten in Gruppen und de Maré (1991) entwickelt seinen Ansatz aus Bion's Theorie des Denkens. Die in Freud wurzelnde Denkart der Psychoanalyse zeigt uns das Unbehagen auf, das zwischen jeder Gruppe und deren einzelnen Mitgliedern liegt. Foulkes (1948) entwickelte mittels seiner Kommunikationstheorie eine differenzierte Sicht der Gruppe: Einzelmitglied, Paar, Sub-Gruppe, Gruppe als Ganzes. Die Theorie von Foulkes beinhaltet das Geschenk, in sich widersprüchlich zu sein. Trotz dieser Widersprüchlichkeit lassen sich seine Kommunikationstheorie und seine Vorstellungen zur Re-Sozialisation in einem Gruppenprozess durchaus auf die Großgruppe übertragen. Auch wenn Foulkes dabei weiterhin dyadisch und nicht – wie in seiner Kommunikationstheorie – pluralistisch denkt: Einer gegen Alle, alle gegen Einen.

In seiner Sozialisationstheorie hat Foulkes behauptet, dass jede Gruppe – auch die Großgruppe – die Werte und Normen erarbeitet, von denen jedes Mitglied individuell abweicht. Erwachsen sein ist für einen Gruppenanalytiker gleichbedeutend mit der Akzeptanz seiner sozialen Natur und besteht in der Fähigkeit, die Interdependenz einer Ich- und Wir-Identität zwischen ihm und der Gruppe zu tolerieren. Dieses Selbst-und-Wir-Ideal, beinhaltet die Spannung zwischen der Existenz als einem einfachen Lokalisationspunkt in einem Netzwerk von Beziehungen und dem Verlangen, etwas Besonderes, etwas Einmaliges zu sein. Ein Grossteil der psychoanalytischen Literatur zur Großgruppe betrachtet dieses Spannungsfeld durch die Brille einer impliziten Traumatheorie. Gruppenanalytiker sind da keine Ausnahme. Die Großgruppe wird auch von ihnen – Patrik de Maré ausgenommen – immer als eine Art des psychischen Überlebenskampfes, als narzisstische Verletzung und Abwehr von psychotischer Fragmentierung, dargestellt. Das Bemerkenswerte an dem Ereignis Großgruppe wird dabei vernachlässigt: die simultane Re-Kreation einer psychosozialen Ordnung, die Wiederbelebung von Angst und Aggression, die Entstehung eines sprachlichen Kommunikationsaustausches, die gemeinsame Bedeutungs- und Sinnfindung sowie strukturelle Differenzierung. Kurz, Zivilisierungsarbeit – trotz und auch wegen der in der Großgruppe deutlichen pathologischen Abwehr und Regression in vorsprachliches Handelns und primäres Denken, die den gegenläufigen Drang zu mehr Ordnung hervorruft.

In der klassischen Freudschen Theorie kann sich eine neue Generation nur über den symbolischen Vatermord zu einer Gruppe formieren, die angesichts der gemeinsamen Schuld Wiedergutmachungsarbeit leistet und damit die Gruppe zivilisierend und gesellschaftstragend gestaltet. Die orthodoxe Psychoanalyse suggeriert, dass der Eintritt in jede Großgruppe kompetente Gemeinschaftsmitglieder innerlich fragmentieren lässt und dass frühkindliche Ängste und Neidgefühle das Geschehen zwischen den Gruppenteilnehmern bestimmen. In Anlehnung an diese Ideen, dass fast alle Mitglieder einer Masse ihr Gewissen und Verantwortungsgefühl aufgeben, um sich an den Gruppenführer zu binden und einen Platz in der Rangordnung zu bekommen, entwickelten Bion und sein Schüler Turquet (1975) eine Vision von der Großgruppe, in der sich Leiter und vermasste und entindividualisierte Gruppe als Held und Anti-Held interaktiv treffen. Dieser dyadische Archetyp zwischen individuellem, klassischem Analytiker und dem kollektiven Selbstzerstörungstrieb einer projektiv vereinten Gruppe in der Rolle eines Als-ob-Individuums, bestehend aus den abgespaltenen Schattenseiten seiner Mitglieder, hat bisher das Denken in der gruppenanalytischen Gemeinschaft zutiefst bestimmt. Die im Wesentlichen optimistische Einstellung des Gründungsvaters Foulkes gegenüber dem homeostatischen Drang in jedem frei assoziativen Gruppenprozess ging dabei verloren und wurde auf die Kleingruppe begrenzt, die damit unbewusst als das gute Objekt im Gegensatz zur Großgruppe als dem schlechten Objekt idealisiert wurde.

Die Spaltung zwischen Kleinianern und Gruppenanalytikern, die unser Verständnis der Kleingruppe zutiefst beeinflusst hat, liegt auch der professionellen Wahrnehmung der Großgruppe zugrunde. Ich möchte die von Morris Nitsun (1996) entwickelte Arbeitsthese zur Spaltung in der Kleingruppentradition anwenden und auf den Kopf stellen. Nitsun unterscheidet in seinem Buch »The Anti-Group« zwischen der *pro-group* Perspektive der Foulkesschüler und der *negative-group* Perspektive der Bionschule in Bezug auf die therapeutische Kleingruppe. Was die Großgruppe betrifft, besteht diese theoretische Spaltung innerhalb der Gruppenanalyse. Wir alle leiten Kleingruppen in Foulksscher Ausrichtung und besetzen die Großgruppe mit den Qualitäten einer kleinianischen Gruppe oder einer Masse im Sinne Freuds. Dennoch argumentiert man, dass es notwendig ist, mit dem Instrument der Großgruppe in den Ausbildungsgängen zu arbeiten, weil angehende Praktiker der gruppenanalytischen Kunst nur so erfahren, was im Inneren eines gestörten Patienten wirklich vorgeht. Dabei wird der Erlebnisertrag einer Großgruppensitzung rein minimalistisch und angsterzeugend definiert. So wie die kleinianische Mutter irgendwie nie gut genug für das Baby sein kann, so ist die Großgruppe dazu verdammt, ungenügend und frustrierend für ihre Mitglieder zu bleiben.

In der praktischen Erfahrung mit Klein- und Großgruppen ist es dagegen so, dass der Gruppenleiter jedweder Ausrichtung nicht mit seiner eigenen Tradition allein auskommen kann. Ohne tiefes Verständnis der vorsprachlichen und primitiven Abwehrmechanismen, so wie sie Klein, Bion, Winnicott und andere konzipiert haben, ist ein frei assoziativer Prozess in der Großgruppe mit 30 bis 400 Teilnehmern (nach meiner Erfahrung) nicht erfassbar. Ebenso ist die analytische Haltung im Interaktionsprozess einer Großgruppe, der auch jeden

Gruppenleiter zwischendurch immer wieder orientierungslos macht, nicht ohne den Foulkesschen Glauben an den gutmütigen Gruppenprozess aufrecht zu halten. Ich plädiere dafür, dass der Kommunikationsfluss in der Großgruppe – insbesondere der im angewandten Setting der Organisationsentwicklung mit Nicht-Therapeuten – die »Weisheit des Lebens« reflektiert. Man kann sich als Leiter bedenkenlos darauf verlassen, dass es nicht nur eine destruktive, sondern auch eine homeostatische Tendenz in jeder Großgruppe gibt. Was nicht heißen soll, dass der Leiter nicht den entscheidenden Beitrag dazu liefert, wie die Mitglieder einer Großgruppe, die Beziehung zur »Umweltmutter« Gruppe erleben und wie fruchtbar ein Großgruppenprozess für die psychische Hygiene und Entwicklung der Arbeitskultur in einer Abteilung oder einer Organisation werden kann. Für sehr wichtig halte ich den Nutzen der Großgruppe im Rahmen der Organisationsentwicklung oder institutionellen Supervision, für die Verarbeitung und Integration der unbewussten Projektionen und traumatogenen, transgenerationellen Übertragungen, die jeder Umstrukturierungs- und Zusammenlegungsprozess in einer Organisation mit sich bringt (siehe dazu den Beitrag Heltzels in diesem Band). Diese Arbeit trägt Früchte, wenn der Leiter sein Vertrauen in die Weisheit des Gruppenprozesses vermittelt und die Teilnehmer gleichzeitig spüren lässt, dass die Regressionsschübe in der Gruppe zutiefst menschlich und normal sind. Insgeheim verlangt die Gruppe vom Leiter, dass er die Hoffnung der romantischen Dichter verkörpert: der kreative Mensch schafft, nachdem er sich seines Leides bewusst geworden ist, etwas Neues, das damit aus seiner Fähigkeit zum Negativen entsteht.

Großgruppe und Organisationsentwicklung

Die Arbeit mit der Matrix im Hier und Jetzt und dessen unbewusste Verknüpfung mit der kulturgeschichtlichen Grundmatrix des sozialen Unbewussten scheint mir besonders lohnenswert im Großgruppenkontext. Dazu ein *Beispiel*:

Ich saß als Leiter einer Großgruppe mit fast 200 Professionellen aus der Psychiatrie und der analytisch orientierten Therapie in der Versammlungshalle eines großen deutschen Landeskrankenhauses. Die Gruppe hatte das Ziel, den individuellen, professionellen und institutionellen Umgang mit der Gesundheitsreform zu reflektieren, wie sie sich in der eigenen Arbeit widerspiegelte. Ungewöhnlich für eine Großgruppe mit mehr als 100 Mitgliedern kam sie in der ersten Sitzung immer wieder zum Schweigen. Alle Versuche einzelner Mitglieder und von mir als Leiter, das Schweigen anzusprechen, wurden mit mehr Schweigen bestraft. Ich hatte das Gefühl, die Abwehr würde nicht zwischenmenschlich, sondern individualisiert in Szene gesetzt. Etwas anzusprechen, etwas wissen zu wollen wurde von der Gruppe nicht als Aufforderung zum Erinnern aufgenommen, sondern als Attacke erlebt. Die Einladung zu einem verbindlichen Dialog wurde zur Verletzung einer inneren Grenze, die mit einem eingekapselten Trauma assoziiert zu sein schien.

Jedes Gruppenmitglied schien mit einer Ahnung von etwas Furchtbarem, einem gewussten, aber noch nicht benennbaren inneren Angstzustand beschäftigt zu sein. Zwischen den Schweigeperioden kam es aber immer wieder zu sehr bildhaften Wortwechseln. Als ob nur in Primärfarben oder in Schwarz und Weiß gemalt werden dürfe. Es gab keinen Raum für Zwischentöne. Zuerst wurde die Gruppe mit einem Zirkus verglichen, in dem es Zuschauer, einen Dompteur und Raubtiere – vor allem Tiger – gab. Danach erstellten Teilnehmer ein ›familiäres‹ Gegenbild, indem sie darauf hinwiesen, dass im Gruppenraum alljährlich die Adventsfeier des Krankenhauses stattfände, dass man also auch Gutes in diesem Kreis erwarten könne. Aus meiner Erfahrung heraus hätte ich danach erwartet, dass man sich mit der Beschaffenheit des Fußbodens beschäftigt, um die projektive Beziehung zu einem ›perfekten‹ Mutterboden aufzubauen, damit man nicht wahrnimmt, dass der Übergangsraum im Zentrum der Gruppe auch als tiefes Loch gedacht werden kann, das Jeden und alles Gesagte verschlingt. Ein bedrohliches Loch, das einen ver-rückt zu machen droht und aus dem man nicht mehr un-ver-rückt herauskommt. In dieser Gruppe kam es ganz anders. Der Fußboden blieb unbeachtet und die braune Holzdecke, die ähnlich wie in einer Kathedrale alles im Raum bestimmte, wurde zum Objekt der Betrachtung. Man fragte sich, ob der braune Farbanstrich auch an eine grausame Vergangenheit erinnere. Ziemlich schnell kamen dann die bösen Geister aus der Grundmatrix der von den Vorfahren geerbten Geschichte wieder hervor. Jemand gestand:

»Ich habe in diesem Raum nach dem Krieg die Patienten wieder aufgerichtet in Gruppenarbeit nach ihrer Insulinbehandlung. Ich war richtig froh, damals hier nicht eine Angestellte zu sein, weil ich sonst auch an diesen schrecklichen Behandlungen hätte teilnehmen müssen. Auch durch mich wären dann Patienten ohne mein Wissen gestorben. So verrichtete ich als freie Mitarbeiterin die gute Nacharbeit und die anderen haben sich mitschuldig gemacht. Ich konnte einiges wieder gut machen, aber meine Gefühle sind dennoch gemischt.«

Die braune Decke wurde assoziativ immer wieder in den Dialog einbezogen. Es wurde klar, dass dieses depressive und zugleich als verfolgend phantasierte Betrachtungsobjekt die gesamte Großgruppe an maligne innere Objekte aus der Grundmatrix – übertragen von Eltern, Schule und aus der eigenen Arbeitswelt – erinnerte. Die Schattenseite von Modernisierungsprozessen war in der Atmosphäre des Raumes greifbar, aber in dieser Anfangsphase der Gruppe nicht benennbar.

Die älteste Teilnehmerin half uns weiter. Sie gestand, dass sie diese große Gruppe nicht möge, weil sie an die massenartigen Formationen der Nazizeit erinnert werde, in denen sie als junges Mädel war. Sie habe erst nach dem Krieg in Amerika gelernt, dass der Mensch ein Recht darauf habe, ein Individuum zu sein, und ihr wären seither Gruppen immer als Bedrohung der individuellen Besonderheit erschienen. Sie drückte die Angst aus, in der Großgruppe wieder auf eine Nummer reduziert zu werden, ein Nichts – oder schlimmer – eine Mittäterin zu werden. Ziemlich unverhofft sprach dann ein Arzt des Krankenhauses davon, dass man im Dritten Reich mehr als zweitausend Menschen im Rahmen des Euthanasieprogramms in diesen Räumen umgebracht hätte. Er fuhr fort, dass es zusätzlich etwa fünfhundert Vermisste gäbe. Dieser Beitrag wurde wieder mit einem Schweigen beantwortet. Jeder Einzelne hatte das Bild in sich aufgenommen, aber der Gruppe merkte man an, dass sie sich mit diesem Wissen nicht auseinander setzen wollte. Es entstand ein Bild von der Großgruppe als Wippe. »Sobald die Sprachwippe unten ist, schnellt sie sofort wieder nach oben«, sagte jemand und fuhr fort: »Wenn man an den Vorredner anknüpfen will, ist der Dialog schon wieder woanders angelangt, und man kommt sich mit jedem Beitrag ›unverbundener‹, ›abgeschnittener‹ vor.« Trotzdem hielt die Metapher von der Wippe etwas zusammen. Man reduzierte den Kommunikationsfluss auf eine Zweierbeziehung zwischen denen da oben und denen da unten in der sich reformierenden oder restaurierenden Psychiatrie. Die Oberen wurden zu den versammelten Psychiatern und die Unteren zu den abwesenden Patienten hochstilisiert, was den Rest, die Pfleger und Therapeuten, zum schweigenden Chor machte. Die Vertrautheit der implizierten Opfer-Mitläufer-Täterschablone schien die Gruppe zu beruhigen. Die unbewusste Konzeption der Großgruppe als griechische Tragödie mit Helden, Anti-Helden und Chor passte zu den Bildern aus der Nazizeit, die als schicksalhafte Bürde auf der im Raum versammelten Generation lag.

Mir war die Kommunikationswippe zu schnell von dem gefährlichen Betrachtungspunkt der Euthanasie auf den vertrauten Spaltungspunkt zwischen Täter und Opfer, der Gruppe als ungenügend guter Versorgungsmutter und dem armen einzelnen Kind, hochgeschnellt. Ich saß noch unten auf dem schweren Erinnerungsboden und wollte die Abgehobenen und Flüchtigen wieder herunterholen. So entschloss ich mich zu folgender Intervention:

»*Mir ist aufgefallen, dass der Mord an den Geisteskranken, der hier stattfand, nicht wirklich betrachtet werden kann und die Gruppe sofort zu den schlechten Psychiatern und bedauernswerten Patienten in der heutigen Psychiatrie geflohen ist. Vielleicht gibt es da eine geheime Verbindung. Gerade weil wir in Deutschland die eigenen Toten, die Opfer aus unseren Familien noch immer nicht wirklich betrauern, müssen wir uns immer Ersatzopfer suchen, mit denen wir uns dann so überidentifizieren, dass wir nur schlecht zwischen Ideal und Wirklichkeit unterscheiden können. Anstatt uns mit wirklichen Menschen, die sowohl gut und schlecht sind, in der Gegenwart auseinander zu setzen, teilen wir vor der Bezugnahme erst einmal alle in Opfer und Täter ein, damit wir uns bereits vor der Kontaktaufnahme auf die Seite der Unschuld stellen. Koste es was es wolle, man muss verhindern, zum Täter zu werden. Bei den bevorstehenden Veränderungen in der Psychiatrie wird ihnen diese Haltung nicht unbedingt weiter helfen, da kommt es wirklich darauf an, in einer neuen Situation zu zeigen, ob sie aus einem anderen Holz geschnitzt sind wie diejenigen, die jene braune Decke verkörpert haben, die uns hier jetzt erinnerungsmächtig zu erdrücken droht.«*

Bezogen auf die Anwendung der Großgruppe im Kontext der Organisationsentwicklung belegt diese Intervention eine Reihe von philosophischen Grundannahmen, die meiner Art zu arbeiten zugrunde liegen. Zusätzlich zur Übertragungs- und Gegenübertragungsarbeit des Leiters im Hier und Jetzt bin ich der Meinung, dass Organisationsentwicklung mit Hilfe der Großgruppe in erster Linie Trauerarbeit und Traumabewältigung beinhaltet. Schon A. und M. Mitscherlich (1967) haben in ihrem Buch »Die Unfähigkeit zu Trauern« gezeigt, dass Institutionen und Gesellschaften zwanghaft, konkretistisch und unkreativ werden, wenn sie aus Individuen bestehen, die sich Trauerprozessen gegenüber verweigern. Wobei ich mich bei erneutem Nachdenken über dieses Buch des Eindruckes nicht erwehren kann, dass es zutiefst moralisierend wirkt. Wären unsere Eltern nur willens gewesen zu trauern, wäre im Hier und Jetzt alles einfacher, spielerischer und demokratischer. Sowohl die Traumatheorie als auch meine Großgruppenerfahrung haben mir gezeigt, dass auch die Täter in einer Organisation und Gesellschaft durch ihre Tat traumatisiert werden und mit den Folgen ähnlich umgehen wie ihre Opfer. Die Verletzung der inneren »psychischen Haut« wird vollkommen unbewusst gemacht und in einer inneren Geheimzone im Geist oder Körper »symptomatisch« isoliert. Die Trauerarbeit, der Verlust des Urvertrauens und der Glaube an die gegenseitige Verlässlichkeit wird abgespalten und in die nächste Generation projiziert. In jedem Team einer Organisation gibt es, genau wie in der deutschen Nachkriegsgesellschaft, mindestens drei, vier Generationen (bestimmt durch die Länge des Arbeitsverhältnisses), auf die sich die unverarbeiteten Traumata und narzisstischen Verletzungen in der Gruppe verteilen.

In der beschriebenen Gruppe wurde die Vor- und Kriegsgeneration durch die Frau verkörpert, die nicht direkt an der Insulinbehandlung beteiligt war. Der Arzt, der die Bedeutung der braunen Decke aufdeckte, setzte die Nachkriegsgeneration in Szene. Die unbewusst zwanghafte Wiedergutmachungsarbeit, die Integration der Schrecken der Vergangenheit, sind nicht nur ein deutsches Sonderproblem. Die Arbeit mit der Übertragung einer kollektiv verankerten

Schuld, einer schwer zu fassenden und Generationen übergreifenden Scham und mit den als katastrophal empfunden Verletzungen der Halt gebenden Schutzhaut einer Organisation sind Teil jedes Veränderungsprozesses und werden in der Großgruppe am besten zugänglich. Jenseits von Schuld und Unschuld entstand kurz nach meiner Intervention ein Denkraum für eine mehr integrative Position in der Großgruppe. Jemand gestand, in der Psychiatrie viel bekommen zu haben und vertrat die Sicht, dass die Arbeit auch mit Wiedergutmachung zu tun habe. Ein anderer Professioneller sprach davon, dass er vor dem Angst habe, was jetzt auf ihn und den Berufsstand zukomme:

> »Ich bin mir nicht sicher, ob ich nicht auch versagen werde wie meine Eltern, wenn ich mir vorstelle, welche Entscheidungen ich treffen muss, um die Reform des Gesundheitswesens mitzumachen. Ich frage mich deshalb, ob ich in der Psychiatrie bleiben kann.«

Danach beschäftigte sich die Gruppe mit der Frage, ob man im Leben überhaupt unschuldig bleiben kann und warum es so schwer ist, einen persönlichen Entwicklungsgang, aufgebaut auf Fehlleistungen und Fehlentscheidungen, zu ertragen.

Es entstand eine tiefe Sehnsucht nach einer Erlösung von der Kollektivschuld und der Existenzschuld. Ein ehemaliger Katholik eröffnete, dass die Therapiestunden mit seinen Patienten ihn oft an das Geständnis der Sünden vor dem Heiligen Vater erinnerten und dass man die Großgruppe auch als Beichtstuhl sehen könne, der es den Mitgliedern ermögliche, mit weniger Schwermut, mit mehr Spiel und Kreativität die Gesundheitsreform und die Veränderung zu meistern. Dieses Vertrauen in den chaotisch erscheinenden Gruppenprozess, die Seelen zu reinigen, erlebten viele Gruppenmitglieder als ein zu schnelles Abhaken des Beichtthemas. Wenn schon in der Großgruppe gebeichtet werden dürfe, dann wollte man auch seinen eigenen Nachholbedarf endlich befriedigen. Es kamen plötzlich ganz persönliche Geschichten in die Gruppe, die daran erinnerten, dass es neben dem Generationenkonflikt mit den Vätern noch ganz andere Beziehungen und Erinnerungen gab, die durchgearbeitet werden müssen, bevor man sich einem Reformprozess wirklich öffnet. Jemand erzählte, dass auch ein Mitglied seiner Familie Opfer des Euthanasieprogramms geworden sei und er vermutete, dass er – unbewusst – deshalb in der Psychiatrie gelandet sei. Ein anderer Teilnehmer sprach davon, wie eng seine Bindung an einen Nazionkel gewesen sei und wie bei ehrlicher Betrachtung dieser Mann sein inneres Bild eines guten Vaters verkörpere. An diesem Punkt entstand wieder ein verlegenes Schweigen, aber es war mehr Ambivalenz und auch Erleichterung beigemischt. Um den Mann zu stützen, wagte ich zu sagen:

Angewandte Großgruppen im Schatten des Modernisierungsprozesses

»Wir konnten uns ja nicht auswählen in welche Familie, in welches Land wir geboren wurden. Die Mehrheit in diesem Raum ist nicht schuldig, aber sie kann nicht vor der Verantwortung weglaufen, mit den Nachbeben der Geschichte ein Leben lang umzugehen. Wir können vielleicht freier anfangen zu leben, uns weniger für unsere Last und Fehler schämen, wenn wir akzeptieren, wer wir selbst sind und dass wir Eltern haben, die sich mitschuldig gemacht haben, die wir aber dennoch lieben – nicht nur hassen.«

»Jedem Behandelnder, jedem Patienten in unserer Psychiatrie steckt die Angst vor der Wiederholung unbewusst in den Knochen«, antwortete darauf ein Gruppenmitglied. Dann wurde die Enthüllung über die Geschichte des Krankenhauses, in dem wir saßen, wieder aufgegriffen. Eine angsterregende Kette wurde gedanklich voll in den Blick genommen: gebaut hat man das Krankenhaus als Erholungsstätte, pervertiert wurde es als Mordstätte, wieder angeboten wurde es dann als Behandlungsstätte, heute ist es unter anderem eine Versammlungsstätte für die Integration von Psychiatrie und Psychoanalyse. Wie soll da eine Einrichtung und die Menschen, die darin arbeiten, mit sich selbst spontan ins Gleichgewicht kommen? Die Gruppe stellte sich die Frage, wie sich die Geschichte im Umgang mit der Gegenwart spiegelt. Jemand warf ein,

»dass die potentielle Panik angesichts der Veränderung verhindert wird durch das Festkleben an der guten alten Zeit durch die Betroffenen und die Idealisierung der neuen Zeit durch die Reformer. Das Neue und das Alte wird somit gleichgesetzt mit Zerstörung. Gemeinsam verhindern die sich streitenden Parteien durch unterschiedliche Projektionen und Abspaltungen, dass man sich im Hier und Jetzt wirklich trifft.«

Bei 200 Leuten ist der Aufenthalt in der autonomen Position nicht lange erträglich, gerade auch dann, wenn es um den Austausch zwischen Orthodoxen und Reformatoren geht. Wissenschaftstheoretiker haben beeindruckend gezeigt, wie die beiden Seiten aneinander vorbeireden. Letztlich sterben die Orthodoxen aus und die Gegenkultur wird zur neuen Orthodoxie. Mit der Klugheit des Rückblicks kann man dann einen erfolgreichen Modernisierungsprozess konstatieren. Bis dieser Punkt der vollen Erkenntnis fassbar wird, haben wir es angesichts des nicht stattfindenden Dialogs oft mit verschiedenen Spannungsstrategien zu tun. Ein frei assoziativer Großgruppenprozess liegt unbewusst auch dem rationalsten Organisationsentwicklungsprozess zugrunde.

Angesichts dieser Gedanken machte der letzte Beitrag, der einem erneuten Wunsch nach den schlechten und schuldigen Eltern gleichkam, viel Sinn. Ein Mann erinnerte die Gruppe erregt daran, dass ihn die automatische Verabreichung von Spritzen und Drogen in der Psychiatrie böse mache. »Wenn ich sehe wie gespritzt wird, fange ich an, mich verletzt zu fühlen, bekomme Angst und erlebe mich nur noch als Rädchen in einer Maschine.« Obwohl er spürte, dass die wirkliche Bedrohung seiner eigenen Identität als Behandelnder in der Psychiatrie in seiner inneren Objektwelt angesiedelt ist – verlagerte er in seiner Angst, nur ein Behandlungsobjekt zu werden, das Unrecht und die Verfolgung nach außen. Er machte eine organisatorische Maschine, in der er in Wirklichkeit selbst Verantwortung mit trägt, dafür verantwortlich, dass die Psychiatrie sich gewandelt hatte und nicht mehr seinen Bedürfnissen entsprechend funktionierte. Ein unpersönliches System, in dem Niemand – auch er selbst nicht – die Verantwortung übernehmen muss, bringt den Sekundärgewinn, dass die reine Idee von der Psychiatrie erhalten bleibt und ihm durch seine Bindung daran die ersehnte Absolution erteilt wird. Damit war die Sache am Ende dieser Großgruppensitzung auf den Punkt gebracht: kann man die gewohnte Organisationswelt und den Versuch der Erneuerung und Modernisierung mit Hilfe der Großgruppenarbeit integrieren, oder scheitert der Versuch eines Dialoges zwischen den reformatorischen und restaurativen Kräften an einer erneuten Spaltung, in der man sich selbst mittels der Entwertung des Anderen – in dieser Gruppe durch die teuflische Weltordnung verkörpert durch die braune Decke, oder die Bilderstürmer und Modernisierer des Gesundheitswesens – »falsch« aufwertet?

In der Kleingruppe arbeiten die Mitglieder identitätsbildend an der Schaffung von Gruppennormen und Werten, von denen sie sich dann durch abweichendes und Grenzen testendes Verhalten abgrenzen, um ihre Einzigartigkeit zu inszenieren. Wobei jedes Gruppenmitglied genau darauf schaut, ob es auch nach der Enthüllung seiner anti-sozialen Seite akzeptiert und respektiert bleibt. In der Großgruppe kommt dieser Verbindungs- und Abgrenzungsprozess interkulturellen Beziehungen nahe, weil in erster Linie Sub-Gruppen miteinander kommunizieren. Nachdem die einzelnen Mitglieder begriffen haben, dass sie weniger für sich selbst als für eine ganze Ansichten- oder Spannungsströmung sprechen und als Verkörperung von etwas Unnennbarem fungieren, kommt es zur Bildung dieser Sub-Gruppierungen und den dazugehörigen Schlagwörtern, die eine ganze Werte- und Weltordnung zusammenfassen. Jede Sub-Gruppierung wird unbewusst von Leitfiguren verkörpert, die erster Ansprechpartner für die Anderen werden, als Schutzengel nach Innen fungieren und als Sündenböcke und Hoffnungsträger ein Lokalisationspunkt für die gesamte Großgruppe sind.

Der Dialog gestaltet sich sozusagen »stellvertretend« in einer Großgruppe, es werden Standpunkte zwischen den im Raum versammelten Denk-, Kreativitäts- und Angstströmungen ausgetauscht. Dieser Austausch zwischen den leitenden Vertretern wird von den schweigenden Mitvertretern emotional, teils neidisch, teils aus Dankbarkeit, mitgetragen. Mit der Zeit wird im psychosozialen Raum der Großgruppensitzung so etwas wie Verbundenheit, gegenseitige

Abwehr, abgrenzende Haltung und bewertende Rangunterscheidung spürbar und benennbar. Aufgabe des Leiters ist es in diesem Kontext, die Denk-, Handlungs- und Gefühlsgrenze der Sub-Gruppen zu erweitern und einen kreativen Übergangsraum zu öffnen. In den Zwischenräumen können die unbetraute Vergangenheit und Regression, die Möglichkeit zum Neuen, der schwelende Konflikt im Hier und Jetzt und die mit der Zukunft verbundenen Ängste und Träume offen und tolerierbar gehandhabt werden. Wichtig ist mir bei der Anwendung der Großgruppe als Instrument der Organisationsentwicklung die Einsicht des französischen Ethnologen Marcel Mauss (1970), dass Mitglieder einer Gruppe mit Hilfe von *Gaben* kommunizieren. Die Gabe kann aus verbalen Sätzen, unbewussten Abwehrmustern, vorsprachlichen und szenischen Darstellungen bestehen. Als Großgruppenleiter sollten wir versuchen, die Form des Austausches der Geschenke an die Gruppe und ihre Mitglieder nicht zu beurteilen. Wir sollten die unterschiedlichen Formen des *verbindlichen Austausches* ins Auge fassen, übersetzen und in einen Matrix fördernden Dialog einweben. Der Versuch, Kontakt aufzunehmen in der Großgruppe, birgt das Risiko, etwas in der Hoffnung zu geben, damit eine Beziehung herzustellen, die in einem verbindenden Netzwerk von Gläubigern und Schuldnern, Ansprüchen und Verpflichtungen, integriert werden kann. Die Regeln dieser psychosozialen Spiele, der sich bildenden Beziehungsmuster, des bewussten und unbewussten Austausches haben laut Edmund Leach (2000) den gleichen Zweck – eine Grundlage zu schaffen für die Bildung der Kultur der Gruppe.

Großgruppenleitung

Die wirkliche Explosivkraft der Foulkesschen Theorie ist in der Kommunikationstheorie enthalten. Dort postuliert Foulkes, dass der Gruppenleiter auf der Ebene des Einzelnen, des Paares, der Sub-Gruppe, der ganzen Gruppe und des sozialen Unbewussten beobachten und intervenieren kann. Das Beobachtungsfeld des Leiters und der Gruppenmitglieder umfasst multiple Übertragungen zwischen Innen und Außen, zwischen der Matrix der Gruppe und der kulturhistorischen Grundmatrix des gesellschaftlichen Raumes. Mit dieser Empfehlung werden wir als Großgruppenleiter davon befreit, in der Dyade zwischen Gruppe und Leiter, in der Triade zwischen Gruppe, Leiter und Mitglied allein zu arbeiten. Wir können davon ausgehen, dass der Gruppenprozess zusätzlich als ein Labor für den Organisationsentwicklungsprozess fungieren kann. Wobei zu sagen wäre, dass sich die Kultur einer Organisation weniger im geplanten Tempo der Ingenieure der Organisationsentwicklung als nach den Mustern der historisch-kulturellen Zeit verändert. Die wirkliche Komplexität der in der psychosozialen Interaktion entstehenden Muster von sozialer Ordnung und Unordnung können ins Auge gefasst werden und im Interaktionsfeld der Großgruppe auf deren Bedeutung untersucht und introjiziert werden. Wenn man sich durchgerungen hat, die Großgruppe als Instrument bei Veränderungsprozessen zu benutzen, kann man das erreichen, wovon jeder *Change Leader* träumt: die simultane Arbeit an langfristigen Entwicklungen im Macht-, Ordnungs- und Ungleichheitsgefüge der Organisationsstruktur und die zunehmende Akzeptanz, auf individueller und kollektiver Ebene, von gegenseitiger Abhängigkeit und des Aufeinander-angewiesen-seins. Der Veränderungsprozess kann sich mittels der Großgruppe vom Fremdzwang zum Selbstzwang durch die Beteiligung an diesem Prozess entwickeln (Elias 1990).

Wenn wir als Gruppenanalytiker die Großgruppe im nicht-klinischen Setting anwenden, muss die Leiterrolle neu reflektiert werden. Paradoxerweise liegt der Fortschritt in der Besinnung auf die Tradition. Die Bemerkungen von Foulkes zur Leitung sind anwendbar auf die Großgruppe, weil seine Texte zur »Dirigentenrolle« offen sind und auf dem Glauben an die kreativen und integrierenden Kräfte in jeder Gruppe aufbauen. Der Großgruppenprozess ähnelt der Quantenphysik, indem die Ereignisse vom Beobachter im Gruppenprozess mit beeinflusst werden, undurchsichtig sind und erst im Nachhinein rekonstruiert und erfasst werden können. Wissen, wie es wirklich gewesen ist, kann der Leiter nicht erlangen, er kann Gedankenexperimente mit der Gruppe teilen und versuchen, den gemeinsamen Sinn der Worte und Handlungen mittels des Austausches von metaphorischen Bildern zu finden. Worte, die als retrospektive Rekonstruktion des psychischen und kulturellen Geschehens in der Gruppe gefunden werden, sind bestenfalls eine Spurensicherung. Ergo: Das Erleben der Leitung in der Rolle des Großgruppenleiters kann zum Modellfall werden für das Leitungsgremium einer heutigen Organisation, in der man zwar formell Strategien plant und nach Organigrammen Funktionen und Hierarchien differenziert, in Wirklichkeit aber oft im noch nicht Benannten, noch nicht Gewussten, noch nicht Erahnten instinktiv und intuitiv handelt, lenkt und kommuniziert.

Leitung ohne Glauben an die Entwicklungskräfte im Gruppenprozess in der eigenen Organisation und ohne direkten Zugang zum Mitbeteiligten ist nicht mehr möglich. So wie der Physiker sich auf prozessuale Abläufe in der Natur verlässt und erst auf dieser Glaubensbasis zu beobachten beginnt, so verlässt sich der Gruppenleiter in seiner verbalen Rekonstruktion auf die Übertragung des Unfassbaren und des Unbeschreiblichen, so der gegenwärtige Manager auf entstehende Markt-, Handlungs- und Verhaltensmuster. Die Modellierung der für die Großgruppenleitung wichtigen Haltung, etwas entstehen zu lassen, genügend Sicherheit zu vermitteln und bei Gelegenheit störend und fördernd zu wirken, deckt sich mit den Qualitäten, die Organisationen in ihren Spitzenleuten suchen und die für die heutigen Organisationsentwicklungsprozesse von zentraler Bedeutung sind. Anthony Giddens (1999) hat mit Recht darauf hingewiesen,

Angewandte Großgruppen im Schatten des Modernisierungsprozesses 153

dass wir die Globalisierung konzeptionell noch nicht wirklich begriffen haben, dass es aber trotzdem klar ist, dass die als zuverlässig angenommenen Strukturen in der Außenwelt nicht mehr intakt und haltend verinnerlicht werden können, weil sie sich im Fluss der schneller werdenden Veränderung permanent immer weiter umgestalten. Er behauptet, das *Ich* sei jetzt zu einem *reflexiven Projekt* geworden. Jeder, der in den letzten fünfzehn Jahren in einer öffentlichen oder privaten Organisation gearbeitet hat, weiß wie schmerzhaft es ist, sich selbst immer wieder neu darzustellen und vermarkten zu müssen. Dieser Prozess wird uns als gesunder Dauerzustand von der Beraterindustrie und den immer kurzlebiger werdenden Chefs verkauft, beinhaltet aber eine Serie von narzisstischen Verletzungen, traumatischen Erschütterungen und unabgeschlossenen Trauerprozessen.

Vamik Volkan (1997) hat in seinem Buch »Blood Lines« gezeigt, wie ethnische Gruppen sich immer fester und verzweifelter an das unbewusste Großgruppenzelt, aus dem die projektive Wir-Gruppe besteht, klammern. Insbesondere wenn ihre innere Sicherheit zu fragmentieren droht. Ich würde deshalb weiter als Giddens gehen und behaupten, dass sich nicht nur das Selbst, sondern jede Arbeitsgruppe, jede Abteilung, jede Organisation, jedes gesellschaftliche *Wir* im gegenwärtigen Kontext mit der zur Dauerarbeit gewordenen Rekreation der eigenen Identität, mit der Art zu sein und miteinander zu arbeiten, interaktiv auseinander setzen muss. Die Globalisierung in der Privatindustrie und der Modernisierungsdruck im öffentlichen Dienst erzeugen in jedem Arbeitszusammenhang großgruppenartige Erscheinungen von Zerfall- und Inkorporationsängsten. Dieser äußere und innere Druck zwingt die Beteiligten, sich immer wieder der notwendigen Anpassung an ein unkenntlich gewordenes Umfeld zu stellen. Großgruppenarbeit ist aus meiner Erfahrung in diesen Prozessen unabdingbar geworden und kann als überlebenswichtig für die Integration der Organisation und Entwicklung der notwendigen Chaos und Komplexitätskompetenzen in den Mitarbeitern angesehen werden.

Für mich geht es dabei um die Einsicht, dass psychotische und dialogische Elemente zur gleichen Zeit im Gruppenprozess interaktiv und in einer *interdependenten Figuration* präsent sind (Elias 1991). Die Großgruppe ist nicht nur destruktiv, sie ist auch kreativ, ihre Teilnehmer agieren und denken zugleich. Der Leiter schützt die Gruppe als Zwischenraum, damit sich die Gegenpole treffen und interaktiv umformen können. Die Großgruppe hilft uns, gedankliche und kulturelle Paradigmen neu zu erkennen und zu erleben. Meine Erfahrung in der Leiterrolle lehrt mich, dass es nicht nur Leid und Angst, sondern auch Mitleid und Spiel in einer Großgruppe gibt. Also: auch in der Großgruppe gibt es die dialektische Bewegung aus der Dyade in die szenische Aufhebung der Verschmelzung in der Triade. De Maré (1991) stellt dazu eine Liste von Entwicklungsstufen auf, deren Abfolge vom Leiter gefördert werden kann. Da die Großgruppe nicht auf libidinöse Einzelwünsche eingeht, entsteht Frustrationsdruck, dieser formt sich um zum Hass, der wiederum zu Angriffen auf den Leiter und den Rahmen der Gruppe führt. Wenn dieser Hass in der Gegenübertragung empathisch ausgehalten und erfahren wird, entsteht der Drang zum Dialog (Winnicott 1992). Dialog in der Großgruppe entwickelt sich oft zwischen Sub-Gruppen, manchmal zwischen Individuen und selten zwischen dem Einzelmitglied und der ganzen Gruppe. Wenn der Leiter sein Augenmerk auf die Muster des Handlungs- und Sprachaustausches richtet, dann kommt es mit Hilfe der Großgruppe zur Kulturentwicklung, zur Vertiefung der menschlichen Verbundenheit zwischen den Mitgliedern einer Organisation, zur Annahme neuer Muster in der Art, wie man miteinander arbeitet und Ziele verfolgt.

In den von mir in der letzten Dekade geleiteten Großgruppen habe ich versucht, mich auf den Foulkesschen Kerngedanken zur »Dirigentenrolle« des Leiters zu stützen. Er hebt neben der persönlichen Haltung des Leiters drei Rollen hervor, die in der Art der Leitung zu integrieren sind: die Rolle des *dynamischen Administrators*, die Rolle des *Analytikers* und die Rolle des *Übersetzers* (Foulkes 1992). In der *dynamischen Administrationsrolle* lasse ich mich auf die Auswahl und den Aufbau des Settings ein. Wie wichtig diese Arbeit ist, zeigt ein Beispiel (Wilke 2003):

Das künstlich aufgebaute Amphitheater, in dem sich die von mir geleitete Großgruppe mit 450 Teilnehmern auf dem gruppenanalytischen Kongress in Kopenhagen in 1996 traf, war von den Konstrukteuren bereits vor der letzten Sitzung wieder abgebaut worden. Der Hallenwart schritt ein und zwang die Leute dazu, das Setting vor Beginn der Endsitzung wieder aufzubauen. Ich selbst erfuhr von dem potentiellen Desaster erst nach Beendigung der Gruppe. Die Zeit, die ich vor der ersten Sitzung investiert hatte, um dem Hallenwart zu erklären, was die Teilnehmer des Kongresses und ich in der Großgruppe machen, worauf es ankommt und wie er uns helfen kann, hatte sich bezahlt gemacht. Es war rückblickend meine wichtigste Intervention in fünf komplexen und schwierigen Sitzungen.

In der *Übersetzerrolle* lehne ich mich an die gruppenanalytische Vorstellung an, dass der therapeutische Prozess gleichzusetzen ist mit der Kommunikation in einem sozialen und kulturellen Kontext. Gruppenmitglieder tauschen Informationen auf mehreren Ebenen aus. Probleme der Entstellung, des aneinander Vorbeiredens, Entfremdungserscheinungen und Anzeichen des Wahnsinnes sind nicht auf einer Ebene oder in der Charakterstruktur von den Beteiligten allein, sondern auch im Zwischenraum, im Austauschraum der Beziehungen angesiedelt. Die Übersetzerarbeit fängt deshalb damit an, die verschütteten Schnittpunkte der Kommunikation, das gegenseitige Missverstehen bildlich und sprachlich zu erfassen und für den verbindenden Wortaustausch zugänglich zu machen. Erst der Austausch schafft die Grundlage für eine Vernetzung und die Mit-Teilbarkeit der Worte. Erst durch Gegenseitigkeit kann ein Ereignis, ein Gefühl einen Sinn erhalten. Mir geht es bei der Leitung um die Förderung von Realitätsbezogenheit, Denkfähigkeit und die Rückbesinnung auf die eigene Lebenserfahrung als Hilfsmittel beim Umgang mit der Ungewissheit, der Fragmentierungsangst und dem Leiden an der Vergänglichkeit. In der Übersetzerrolle liefere ich beschreibende Interventionen im Stile eines teilnehmenden Beobachters, die in erster Linie auf diese Schnittpunkte gerichtet sind, außer wenn ich das Gefühl habe, ich muss etwas sagen, um mein psychisches Überleben zu sichern. Die Großgruppe konfrontiert jeden Teilnehmer mit den existenziellen Grundthemen im Leben: Geburt, Veränderung, Befangenheit im geschichtlichen Kontext und Tod. Oft werden diese Großthemen szenisch dargestellt und kommen nicht sprachlich zum Vorschein. Deshalb wird der Leiter in der *Übersetzerrolle* gebraucht.

Die *Funktion des Analytikers* und Übersetzers werden miteinander in Verbindung gebracht, indem der Leiter sich auf sein Erleben, sein Denken konzentriert und der Gruppe regelmäßig mitteilt, wie sein Nicht-Bezogensein, sein Sich-Unwohlfühlen Ausdruck des Gruppenprozesses sind und nur verknüpft mit der Gruppenmatrix und mittels der gemeinsamen Sinnfindung verständlich werden. Vor allem aber muss der Leiter die *Bedeutungsfrage* immer wieder stellen und die Illusion auflösen, dass es so etwas wie die richtige oder falsche Mitteilung mit Hilfe einer tiefen Übertragungsinterpretation oder durch die Unterstützung einer hierarchischen Machtposition gibt. Es ist eine Illusion zu glauben, dass Sprache richtiger und Handlung falscher Dialog ist. Diese Mitteilungsformen sind immer vermischt. Analytisches Deuten ist der Versuch, mit Hilfe der Interpretation einen Austausch und eine Einigung auf eine temporäre Bedeutung im Kontext des Hier und Jetzt und im Bezug auf Damals und in Zukunft zustande zu bringen. Ich plädiere dafür, dass sich der Leiter in diesem situativen Austausch ernst genug nimmt, um sich von einer übertragenen Einzelanalysehaltung – in der alles auf den Leiter bezogen ist – zu befreien und sich wirklich einem Verständnis hingibt, das gruppenbezogen ist. Meine Interventionen sind bestenfalls Gedankenstützen oder kontextbezogene Denkexperimente. So wie ein Gedicht kann auch kein psychischer Konflikt oder eine szenische Gruppendarstellung in einer Großgruppe wirklich annähernd korrekt übersetzt und analysiert werden. Wie der literarische Übersetzer muss sich der Großgruppenleiter dem Gedanken stellen, dass seine Bemühungen letztlich unzulänglich, aber dennoch von Kultur fördernder Bedeutung sind.

Im Setting der Großgruppe kommt es darauf an, dass nicht nur der abstinente Analytiker, sondern der ganze Mensch und das aktive *Vor-Bild* – insbesondere der denkende und der seine Haltung bewahrende Gruppenleiter – zum Vorschein kommt. Intervenieren in der Großgruppe heißt: Spiegeln, Modellieren,

Vor-machen, Mit-teilen. In den von mir geleiteten Gruppen versuche ich mich bewusst für die Gruppe in Szene zu setzen, indem ich zu Beginn laut sage, dass die Gruppe begonnen hat und auch nach Ablauf der Sitzung auf dem Recht bestehe, einen Endpunkt zu setzten. Im Rahmen einer Organisationsentwicklung halte ich es am Schluss einer Großgruppenblockveranstaltung für notwendig, ein Fazit zu ziehen und die Gruppe und deren Mitglieder mit dem Gefühl zu verabschieden, dass ihre Kohäsion als psychosoziales Gebilde und ihr individuelles Selbstvertrauen durch die gemeinsame Arbeit auf der bewussten und unbewussten Ebene vertieft wurden. Das Prinzip ist, man schaut sich am nächsten Tag in die Augen und sieht Verbundenheit und Konfliktfähigkeit widergespiegelt. Der Sinn der Großgruppenveranstaltung im Rahmen der angewandten Supervisions- und Beratungsarbeit ist es nicht, die interpersonelle Abwehr zu pflegen, sondern die Erfüllung der Produktions-, Dienstleistungs- und Veränderungsziele zu ermöglichen. Die Großgruppe, genau wie die gesamte Organisation, sollte sich durch das Verhalten des Gruppenleiters bewusst werden, dass es eine Leitung gibt, dass diese ein Gesicht hat, sich darstellt als Mittäter und als verletzlicher Mensch, als versorgende Elternfigur und als Mitspieler.

Wenn man die Großgruppe raten lässt, wer der Leiter ist und wo er sitzt, wird ein Verhältnis zur Gruppe re-inszeniert, indem die Bedürftigkeit der Mutter, der Gruppe und Organisation über den Nöten des von ihr Abhängigen steht. Der theoretische Sauberkeitswunsch des Gruppenanalytikers wird dann wichtiger als der Sicherheits- und Anlehnungswunsch der Gruppenmitglieder. Der Leiter wird dann als ein charismatischer Führer erlebt, der die Organisation unbewusst dazu benutzt, um sein eigenes bedrohtes Ich zu integrieren. Man kann sich als Leiter darauf verlassen, dass die Großgruppe ohne aktive Mitbeteiligung des Gruppenanalytikers hinreichend psychotisch wird. Halten, Überleben, Denken, Dasein und die Ruhe bewahren sind meine Schlüsselworte für Großgruppenleitung neben der erlernten und angemessenen Abstinenz. Im Setting der Organisationsentwicklung und Supervision ist es von entscheidender Bedeutung, den gegenwärtigen Zauberformeln von charismatischer Leitung, der Idealisierung der neuen und Entwertung der alten Leute, dem magischen Glauben an formales Denken und Handeln und dem Gleichheits- und Nivellierungsdrang entgegen zu wirken. Die Großgruppe ist ein ideales Instrument der Entidealisierung und ermöglicht gerade aufgrund ihres Hanges zur primitiven Regression die Schaffung eines Übergangsraumes, in dem eine Organisation die jetzt geforderten Kompetenzen – Umgang mit Unsicherheit, Unwissenheit, Risiko, Überlebensangst, Zugehörigkeit, Neues, Unbekanntes – entstehen zu lassen und meistern zu lernen.

Großgruppe als pluralistische Grundmatrix

Ziel einer angewandten Großgruppensitzung ist nicht Psychotherapie, sondern soziokulturelles Lernen durch den Austausch von Erfahrungen und Gefühlen. Die Teilnehmer an einer Großgruppe kämpfen um die Erhaltung ihrer Denkfähigkeit, suchen Kontakt zu ihren ›Mitbürgern‹ und gestalten intersubjektive Abwehr- und Ordnungsmuster. Denken und Sprechen sind eine Art Schutzmauer vor der phantasierten *Inkorporation* durch die Masse, die Abteilung, die Organisation. Sub-Gruppen oder professionelle Teams sammeln sich unter »Sprachtransparenten« oder gemeinsam konstruierten Mythen als Schutz gegen die Fragmentierung des Einzelmenschen oder die Vermassung in der imaginären Gesamtgruppe. Subgruppen erweisen sich als Schutzzonen für den Einzelnen auf der Suche nach Identitätserhalt, aber auch als defensive Grundhaltung gegen die engagierte Auseinandersetzung mit der unberechenbaren Großgruppe, Organisation und Geschichte. Mit Hilfe des Leiters und den sich formenden Zugehörigkeitsgruppen findet die Großgruppe eine teilbare, austauschbare, differenzierfähige Sprache. Der Leiter kann nur Fragmente der Kommunikation erfassen und konzentriert sich auf die Erhaltung der eigenen Reflektionsfähigkeit, er spricht vor allem das Ich der Mitglieder an und meidet es, die Regression anzuheizen.

Die analytische Kleingruppe fördert Übertragungs- und Gegenübertragungsphänomene; die Großgruppe fungiert mehr auf der Ebene der Transposition und Transformation. Das Paradox ist: Es gibt aufgrund der tiefen Regression weniger Übertragungsmitteilungen an die *Gruppengeschwister*, aber es wird mehr im übertragenen Sinne kommuniziert und es kommt zu einer Bindung an die Gruppe als »Mutter«-Organisation und dem Leiter als »Vater« in allen möglichen archetypischen Ausprägungen. In der Großgruppe wird der Kommunikations-, Sozialisierungs-, und Veränderungsprozess an sich ins Auge gefasst. Die augenscheinliche Hoffnungslosigkeit des Unterfangens, in der Großgruppe jenseits der Subgruppierungen Kontakt aufzunehmen, erzeugt ein Frustrationsreservoir, das im analytischen Sinne das Veränderungsreservoir bildet. Laut Bion entwickelt das Kleinkind Gedanken als Schutz vor Zerfallsängsten und mittels der Wiederholung baut es eine innere Toleranzschwelle auf, durch die es möglich wird, Gedanken zu verbinden um wirkliche Denkprozesse zu evozieren. Die Großgruppe wiederholt diesen Entwicklungsschritt laut de Maré mit einem interessanten Nebeneffekt: Der Versuch, die innere Frustrationsfähigkeit angesichts der Fragmentierungs- und Inkorporationsangst, in der Großgruppe zu erhöhen, führt dazu, dass sich der bedrohte Einzelne an eine Schutz gebende Sub-Gruppe bindet. In einem vom Leiter und den Gruppenmitgliedern interaktiv gehaltenen Rahmen wird der Hass in der paranoid-schizoiden Phase durch Frustration umgeformt in einen dialogischen Prozess in der depressiven Position zwischen diesen Sub-Gruppen und ihren sprachlichen Vertretern.

In diesem Austausch zwischen den Sub-Gruppen, dem Leiter, der ganzen Gruppe und der gesellschaftlichen Realität und Vergangenheit wird der unbewusste Versuch unternommen, die destruktiven und kreativen Kräfte in jedem Einzelnen und in der Gruppe zu integrieren. Erst auf dieser Grundlage wird eine Auseinandersetzung mit tief greifenden Veränderungen, so wie sie gegenwärtig jeder Organisation, sei sie öffentlich oder privat, ins Haus stehen, möglich. Ergo: Die Arbeit mit der kontextuellen Ebene in der Großgruppe ermöglicht, dass man toleriert, den Einzelnen oder ein bestimmtes Team wirklich als Lokalisations- und Verkörperungspunkt in dem sozialen und psychischen Netzwerk einer Organisation zu betrachten. Die Großgruppe ist somit ein wichtiges Lernlabor für die Entwicklung von Fähigkeiten, die in der heutigen Führung und Organisationsentwicklung, aber auch in der politisierten klinischen Praxis, verlangt werden: Umgang mit der existenziell gewordenen Identitätsanpassung; Balance zwischen Engagement und Distanzierung; Integration von intuitivem Denken, Fühlen und Handeln im Fluss eines unberechenbarem Interaktionsprozesses; schrittweise Erweiterung des Erfahrungshorizontes, damit das, was Innen ist, auch Außen sein kann, und was Außen ist, Innen toleriert wird. Der Großgruppenteilnehmer lernt somit, dass in einer Organisation und einer Gesellschaft Einzelne zwar wichtige Anstöße geben, aber letztlich indirekt als Sub-Gruppierungen interagieren, für die diese »anstößigen« Individuen als Sprachrohr und Projektionsobjekt in einer alle verbindenden pluralistischen Grundmatrix fungieren. Will man diese komplexen Interaktions- und Verbindungsmechanismen besser kennen lernen und seine Angst vor deren Unkontrollierbarkeit verlieren, dann sind Großgruppen ein guter Ort, an dem man diese Erfahrungen sammelt und sich selbst mit der Arbeit auf der bewussten und unbewussten Ebene jedes Umstrukturierungs-, Zusammenlegungs- und Reformprozesses in Organisationen und Gemeinschaften vertrauter macht.

Literatur

Elias, N. (1990): Über den Prozess der Zivilisation. Frankfurt (Suhrkamp).
Elias, N. (1991): Die Gesellschaft der Individuen. Frankfurt (Suhrkamp).
Foulkes, S. H. (1992): Gruppenanalytische Psychotherapie. München (Pfeiffer).
Foulkes, S. H. (1948): Introduction to Group-analytic Psychotherapy. London (Heinemann).
Geertz, C. (1993): The Interpretation of Cultures. London (Fontana).
Giddens, A. (1999): Runaway World. How Globalisation is Reshaping our Lives. London (Profil).

Kreeger, L. (ed.) (1975): The Large Group. Dynamics & Therapy. London (Constable).
Leach, E. (2000): Telstar and the Aboliginies, or La Pensée sauvage. In: Hugh-Jones, S., Laidlaw, J. (Hg.): The Essential Edmund Leach, Volume 1: Anthropology and Society. New Haven and London (Yale University Press), S. 115–127.
Maré, de, P. z. B. (1991): Koinonia. From Hate, Through Dialogue to Culture in the Large Group. London (Karnac).
Mauss, M. (1970): The Gift. London (Cohen & West).
Mitscherlich, A., Mitscherlich, M. (1967): Die Unfähigkeit zu trauern. Grundlagen kollektiven Verhaltens. Frankfurt (Suhrkamp).
Nitsun, M.(1996): The Anti-group. Destructive Forces in the Group and their Creative Potential. London (Routledge).
Turquet, P. (1975): Threats to identity in the large group. In: Kreeger, L.(ed.): The Large Group. Dynamics & Therapy. London (Constable) S. 87–144.
Volkan, V. (1997): Blood Lines. From Ethnic Pride to Ethnic Terrorism. Boulder, Colorado (Westview Press).
Wilke, G. (2003): The large group and its conductor. In: Pines, M., Lipgar, R. (Hg.): Building on Bion Vol. II. London (Jessica Kingsley).
Winnicott, D.W. (1992): Familie und Entwicklung. Frankfurt (Fischer).

Zur Leitung von analytischen Großgruppen

Josef Shaked

Im Gegensatz zur Kleingruppe, die als eine Familie erlebt wird und in der das ödipale Drama der Kindheit wieder belebt werden kann, wird die Großgruppe eher als bedrohliche anonyme Masse empfunden, welche die Identität des Individuums irritiert. Auf den Einzelnen übt sie einen Sog zur Verschmelzung mit der Masse und gleichzeitig eine Angst vor dem Verlust der Individualität aus. Es findet eine Regression auf prä-ödipale Stadien statt. Während sich in der Kleingruppe die Kindheitsneurose reproduziert, spiegelt die Großgruppe eher das Niveau von Borderline-Störungen mit ihren panikartigen Angstzuständen und primitiven Abwehrmechanismen wider. Das Studium der Großgruppe bietet die Gelegenheit, tiefere Seelenschichten als in der Kleingruppe zu beobachten. Außerdem bildet die Großgruppe eine Brücke zur Massenpsychologie und zur Psychopathologie von großen Menschenansammlungen und Massenorganisationen. Diese Unterscheidungsmerkmale beider Gruppierungsmöglichkeiten berechtigen uns daher, die Aufmerksamkeit verstärkt dem Phänomen Großgruppe zuzuwenden.

Die Großgruppe bildet im Gegensatz zur Kleingruppe eine inkohärente und wenig überschaubare Masse, ihre Grenze ist weniger klar definiert, ihre Identität daher verschwommener und die Abhängigkeit vom Gruppenleiter größer. Sie erwartet vom Leiter Schutz und betrachtet ihn als Garant der Stabilität. Gleichzeitig sieht sie in ihm die Verkörperung der verbietenden Autorität und versucht insgeheim, ihn zu Fall zu bringen.

Die Großgruppe ist elementarer, kraftvoller und weniger differenziert als die Kleingruppe. Sie bedient sich einer Symbolsprache und neigt zur Mythenbildung. Auch Humor und Witz werden von der Großgruppe als Abwehrmittel gegen die Angst benützt, beides eignet sich aufgrund der Mehrdeutigkeit als ausgezeichnetes Ausdrucksmittel. Die Gruppe kann sich dadurch über sich selbst erheben und sich wie von außen betrachten. Auch Gefühle von Scham und Minderwertigkeit können mit Hilfe von Humor und Ironie besser überstanden werden.

In »Massenpsychologie und Ich-Analyse« greift Freud ([1921c] 1960b) die These Le Bons von der Suggestibilität und Regression der Masse auf. Auch für Freud ist die Masse affektlabil und unberechenbar. Seiner Ansicht nach erfolgt die Regression der Masse durch die Projektion des individuellen Ich-Ideals auf einen Führer sowie durch das triebhafte Verhalten der Einzelnen in der Masse, wobei Objektbeziehungen regressiv durch Identifizierungen ersetzt werden. Die unstrukturierte analytische Großgruppe bewegt sich erfahrungsgemäß zwischen den beiden Polen von Chaos und Struktur. Ihre Struktur bildet sich durch die gemeinsame Aufgabe, sich selbst zum Gegenstand des Erlebens und Erkennens zu machen. Das Chaos entsteht durch die erschwerte Kommunikation und den Rekurs auf den Primärprozess anstelle des rationalen Diskurses.

Die Großgruppe eignet sich vorzüglich zum Studium massenpsychologischer Phänomene. In ihr wird deutlich, wie verführbar die Masse aufgrund ihrer Unsicherheit und Labilität ist und wie sehr sie für Suggestion und demagogische Lösungen anfällig ist. Das Durcharbeiten dieser Phänomene kann zu Einsichten führen, die zur Nachdenklichkeit mahnen und die den Einzelnen gegenüber Massensuggestionen vielleicht vorsichtiger machen könnten, obwohl die Erfahrung zeigt, dass Individuen unter solchen Bedingungen immer wieder dem regressiven Sog der Großgruppe erliegen.

Mein Umgang mit der Großgruppe

Vorauszuschicken ist, dass ich bis vor kurzem keine direkten Erfahrungen in der Leitung von therapeutischen Großgruppen besaß; allerdings konnte ich mich auf die Aussagen von Kollegen stützen, die im klinischen Rahmen Erkenntnisse über therapeutische Großgruppen sammelten, und die der Großgruppe, kombiniert mit Kleingruppen und Einzelbehandlungen, eine große therapeutische Wirkung attestierten (vgl. Ardjomandi z. B. 1995). Seit eineinhalb Jahren leite ich wöchentlich eine analytische Großgruppe in Wien zur Aufarbeitung unterschiedlichster Lebensgeschichten vor dem Hintergrund der Zeitgeschichte. Da mehrere Teilnehmer dieser Gruppe aus Opfer- oder Täterfamilien stammen, die mit Schuld-, Scham- oder Identitätsproblemen zu kämpfen haben, blieben in dieser Langzeitgruppe auch therapeutische Effekte nicht aus. Meine Erfahrungen in der Organisationsberatung wiederum beschränken sich auf die Großgruppenleitung in psychoanalytischen und gruppenanalytischen Organisationen zur Bearbeitung von institutionellen Krisen.

Ein weiterer Schwerpunkt meiner Großgruppenarbeit bildet die Leitung von Großgruppen in Ausbildungssituationen und auf internationalen Tagungen. Es zeigt sich, dass beispielsweise in Großgruppen in Teilen der Sowjetunion die enormen Anpassungsschwierigkeiten beim Übergang zum System der freien Marktwirtschaft besonders deutlich zu Tage treten. Die von mir geleiteten Großgruppen in Israel haben mich wiederum von der Eignung dieser Veranstaltung zur Bearbeitung von kollektiven Traumatisierungen überzeugt. Derartige Erfahrungen lenken unsere Aufmerksamkeit auf das grundsätzliche Potential der Psychoanalyse, das nicht nur im therapeutischen Bereich und im Ausbildungsbereich liegt, sondern ebenso auf dem Gebiet der gesellschaftlichen Aufklärungsarbeit – einer Arbeit, welche die individuelle Selbsterfahrung mit dem Unbewussten notwendigerweise transzendiert. Freud bezeichnete diese Aufgabe der Psychoanalyse bekanntlich als *Kulturarbeit* und als *Nacherziehung* und maß ihr mindestens eine ebenso große Bedeutung bei, wie der Psychoanalyse als Therapie.

Richten wir unser Augenmerk auf tragende Elemente der Großgruppen, so ist zunächst auf die analytische Grundregel zu verweisen, die wir bereits in der ersten Sitzung formulieren und mit der Aufforderung an die Teilnehmer verbinden, sie mögen fortan ihren Gedanken, Assoziationen, Phantasien und Gefühlen möglichst freien Lauf lassen. Für die Analytikerseite wiederum ist jener klassische Interventionsstil bezeichnend, der sich auf die Deutung von Widerstands- und Übertragungsreaktionen beschränkt und die Interaktionen der Gruppe als unbewusste psychische Manifestationen interpretiert.

Unter diesen Rahmenbedingungen nimmt die Großgruppe einen charakteristischen Verlauf, der gewisse Ähnlichkeiten mit der Kindheitsentwicklung aufweist. Im Folgenden werde ich versuchen, die Stadien der Großgruppe in Form einer idealtypischen Skizze zu umreißen und in Analogie zur individuellen Entwicklung zu setzen.

Die Anfangssituation ist von der Unfähigkeit der Teilnehmer geprägt, miteinander in Beziehung zu treten und zu kommunizieren. Paranoide Ängste dominieren, innerhalb der Gruppe herrscht Chaos und Leere. Im Gegenzug wird die Gruppe zum großartigen Wesen stilisiert, wodurch Allmachts- und Verschmelzungsphantasien zusehends überhand nehmen. Mit diesen Phantasien gehen gleichzeitig massive Ängste einher, in den Sog einer als archaisch erlebten Mutter zu geraten, von dieser verschlungen zu werden und die Individualität zu verlieren.

In der nächsten Phase gerät die Gruppe in starke Abhängigkeit zu ihrem Leiter, der zunächst als *mütterliches Objekt* erlebt und von dem aufgrund einer ungeheuren positiven projektiven Identifikation magischer Schutz erwartet wird. Abgespaltene negative Aspekte wie Wut oder Orientierungslosigkeit, aber auch das Gefühl eigener Unfähigkeit sowie Neid und Rivalität fluktuieren frei im Raum und gebären sowohl Pseudoführer als auch Sündenböcke.

Im darauf folgenden Schritt versucht die Gruppe, Grenzen zu überschreiten, wodurch gleichzeitig die Angst vor den Konsequenzen manifest wird. In diesem Bereich der Grenzüberschreitung werden insbesondere Partialtriebe ausgelebt, Sündenböcke gesucht, gefunden und verspottet, sadistische und obszöne Phantasien sowie Größenphantasien geäußert.

Ein weiteres Stadium ist erreicht, sobald sich die Gruppe gegen den Leiter als Vertreter der *gesellschaftlichen Ordnung* wendet. Dieser erscheint nun als ödipaler Vater, der mit seinen Geboten und Verboten der Triebbefreiung und dem Inzestverlangen entgegensteht. Des Öfteren wird in gehobener Stimmung ein symbolischer Vatermord inszeniert. Die Gruppe schafft sich eine Art primitive Mythologie, die sich in der Nähe des kindlich magischen Denkens, der Rituale primitiver Gesellschaften und psychotischer Seelenzustände, also in der Nähe der Welt unserer Träume befindet. In diese Phase fällt auch die geistreiche Produktion von situativem Humor, Witz und Wortspielen, welche die alltäglichen Denkgesetze und Wahrnehmungs-Strukturen unterlaufen. Spielerisch und lustvoll tritt unter Umgehung des Über-Ichs anstößiges Triebmaterial zu Tage, ohne dass akutes Angst- und Schuldgefühl manifest wird.

Die letztendliche Auseinandersetzung mit dem Schuldgefühl führt in einer weiteren Etappe zu einer niedergeschlagenen Stimmung in der Gruppe. Die Teilnehmer beginnen erstmals, sich als reale, in ihren Möglichkeiten begrenzte Personen wahrzunehmen. Die Begegnung untereinander, insbesondere jene zwischen den Geschlechtern, wird persönlicher, die Kontakte verlieren ihren inzestuösen Charakter und der ödipale Konflikt wird allmählich aufgearbeitet.

Die letzte Phase dient dem Abschied und der Wiederherstellung der Beziehung zur Außenwelt, zur Lebensrealität und zum Alltag. Im Zustand des Abschieds wird die Geschichte der Gruppe nochmals reflektiert. Dabei stellen sich Gefühle der Trauer über den Abschied von der Gruppe ein, aber auch ernüchternde Gedanken über die zum Vorschein gekommenen kindlichen Illusionen und Größenideen. Einsamkeitsgefühle entstehen, bedrückende Reflexionen über die Vergänglichkeit im Allgemeinen und über verfehlte Begegnungen im Besonderen treten zu Tage.

Es versteht sich, dass in der Realität die genannten Entwicklungsstadien nicht abbildgetreu zu unserer idealtypischen Darstellung durchlaufen werden. Letztlich handelt es sich um die große Dialektik zwischen Abhängigkeit und Autonomie, um das Wechselspiel zwischen psychischem Ausgeliefertsein, vor allem während der Anfangsphase und dem Versuch, die sukzessive Befreiung aus dieser Heteronomie hin zu einer verstärkten Autonomie zu erwirken. Dabei wird die kindliche Entwicklung und gleichzeitig unsere gegenwärtige Abhängigkeit von Autoritäten und gesellschaftliche Normen durchlebt und reflektiert. Wesentlich dabei ist, dass dieser Prozess notwendigerweise nicht ohne Konflikte und partielle Traumatisierungen vor sich gehen kann, wobei der symbolische Vatermord einen wichtigen Bestandteil der Befreiung von der kindlichen Abhängigkeit darstellt und damit den Weg zur Entwicklung von Eigenverantwortung öffnet.

Wie lässt sich diese kurze Beschreibung eines Großgruppenverlaufs mit Hilfe von psychoanalytischen Konzepten erklären? Wie schon erwähnt, bahnt sich in der Kleingruppe in aller Regel eine Familienübertragung an. Aufgrund der Wiederholung von Erlebnissen entwickeln die Teilnehmer Gefühle zueinander, die sie in der Kindheit zu den Eltern und Geschwistern hatten. Auf die Großgruppe ist dieses Modell jedoch nicht problemlos übertragbar, denn die hier vorherrschenden Empfindungen und Gedanken sind nicht familiärer Natur, ganz im Gegenteil, wie das anfänglich überwiegende Gefühl von Fremdheit und Bedrohung bezeugt. Erst später kristallisiert sich ein Gefühl der Zusammengehörigkeit heraus, das man vielleicht mit dem zwischen den Mitgliedern eines Clans vergleichen kann. Die Analogie zu der von Freud ([1912–13a] 1960a) in »Totem und Tabu« beschriebenen *Urhorde* drängt sich hier ebenso auf wie jene zum *Vatermord*, von dem noch im Zusammenhang mit dem Problem der Autorität die Rede sein wird. In der Großgruppe lässt sich die Inszenierung des rituellen Vatermords immer wieder konstatieren. Die Sehnsucht der Gruppe zielt auf eine grenzenlose Triebbefriedigung, auf die Befreiung von den einengenden Geboten und Verboten der Eltern und den gesellschaftlichen Normen. Manchmal werden durchaus *Scheinkreuzigungen* des Gruppenleiters oder schwarze Messen zelebriert, bei denen die Gruppe sich wie eine entfesselte Masse verhält.

Das Scheitern dieser Bemühungen nötigt zu einem Verzicht auf die ersehnten Wünsche, so dass die Gruppe in Resignation und Ratlosigkeit verfällt. Das Aufarbeiten dieser Gefühle ist wiederum Voraussetzung für die Realisierung von Einsichtsfähigkeit. Der Leiter der Großgruppe verkörpert nun das Ich-Ideal der Gruppe, wie Freud ([1921c] 1960b) es in »Massenpsychologie und Ich-Analyse« dargestellt hat. Die Gruppe durchläuft demnach die kindlichen Entwicklungsstadien bis zur Erlangung der Ödipalität und der Bildung des Über-Ichs.

Freuds Konzept der psychosexuellen Entwicklungsstadien erweist sich für die Interpretation der Großgruppenverläufe zwar als fruchtbar, bedarf aber in mehrerer Hinsicht Ergänzung. Wir können die Großgruppe auch aus der Perspektive der Ich-Psychologie, der Selbstpsychologie und der Objektbeziehungstheorie betrachten.

Bions Grundannahmen von *Abhängigkeit*, *Kampf und Flucht* sowie *Paarbildung* bewähren sich frappant in der Großgruppe. Die Abhängigkeit vom Leiter ist in der Großgruppe besonders ausgeprägt. Die Großgruppe erwartet von ihm Schutz und Geborgenheit und eine magische Lösung ihrer Probleme. Die Kampf-und-Flucht-Gruppe dagegen versucht der Situation durch Entkommen oder Ausleben von Aggression zu entgehen. In der Paarbildung wiederum soll das Paar exemplarisch die Erwartungen der Gruppe erfüllen.

Das Problem der Autorität

Die angesprochene Auseinandersetzung mit der Gruppenautorität ist ein wichtiger Schritt in der Entwicklung der Großgruppe. Mit ihr vollzieht sich der Wandel vom Glauben an die allversorgende Mutter hin zur Konfrontation mit dem Vater, der Wandel vom prä-ödipalen zum ödipalen Stadium. Dabei führt die Abhängigkeit vom Gruppenleiter nicht selten zu dessen Vergötterung und nährt Hoffnungen, dass kraft seiner Allmacht Ordnung im Chaos geschaffen und die Aufgewühltheit der Leidenschaften gebändigt wird. Diese Sehnsucht nach Vertrautheit und Geborgenheit kann vom Gruppenleiter naturgemäß nicht gestillt werden, die Schattenseiten des Ideals treten immer deutlicher zu Tage. Die Folge ist eine Mobilisierung von Aggressionen, die dem Leiter gelten, aber auch in Form beliebiger Projektionen ihr Ziel finden können.

Die Konfrontation mit dem Gruppenleiter als Verkörperung der gesellschaftlichen Normen und der öffentlichen Moral bleibt faktisch niemals aus. Anders als in der Kleingruppe, in der die Rebellion gegen den ödipalen Vater dem Familienmuster folgt, repräsentiert die Großgruppe den *Clan* oder die *Gesellschaft*, und die Auflehnung gegen die Autorität symbolisiert den *Generationenkonflikt*. Der Gruppenleiter wird zum tyrannischen Herrscher, der indirekt den mythischen Urvater in Freuds Werk vertritt. Bekanntlich standen nach Freuds Auffassung der Vatermord und die anschließende Reue am Anfang der menschlichen Kulturentwicklung. Diese Entwicklung wiederholt sich im ödipalen Konflikt des Kindes durch die Introjizierung des Über-Ichs und der damit einhergehenden Tabuisierung von Mord und Inzest. In der Großgruppe wiederholt sich dieser Vorgang mit der Rebellion gegen bzw. mit dem symbolischen Mord am Gruppenleiter und der anschließenden Reue, die eine Anerkennung der gesellschaftlichen Normen nach sich zieht.

Allerdings vollzieht sich dieser Fortschritt in der Gruppenentwicklung nicht reibungslos; die grundlegende Ambivalenz gegenüber der Gruppenautorität birgt enormes Konfliktpotential in sich und lässt die geforderte Unterwerfung unter die Regeln des Realitätsprinzips als fragil erscheinen. Da die Gruppenwirklichkeit nur zu oft als wenig lustvoll und beängstigend erlebt wird, entstehen Situationen, in denen sich die Teilnehmer wie eine labile Masse in politischen Krisensituationen verhalten; sie folgen denjenigen Gruppenmitgliedern, die einfache Lösungen für komplexe Probleme anbieten, wie etwa das Suchen von Sündenböcken, die für die Schwierigkeiten der Gruppe verantwortlich gemacht werden. Besonders evident wird die Verführbarkeit der Gruppe, wenn sie durch die Abstinenz des Gruppenleiters frustriert ist und das lang andauerndes Schweigen in der Gruppe auf scheinbar unlösbare Konflikte hindeutet. Regelmäßig werden dann Vorschläge gemacht, ein ›Café aufzusuchen‹ oder ein ›Spiel zu veranstalten‹. Die Gruppe befindet sich zunehmend in einem Loyalitätskonflikt zwischen dem Gruppenleiter mit seinen unangenehmen Forderungen und dem *Verführer*, der eine lustvolle Alternative zum allgemeinen Unbehagen verspricht. Solche *Pseudo-* oder *Alternativ-Führer* locken die Gruppe weg von einer anstrengenden, aber realitätsgerechten Bearbeitung ihrer Schwierigkeiten, hin zu einer Regression auf primitive Stufen der Triebbefriedigung, womit die archaischen Kräfte gegenüber den reflexiven wiederum die

Oberhand gewinnen. Dabei bildet die Gegenübertragung ein spezielles Problem, da sich der Leiter vor der Verstrickung in Machtkämpfe hüten und auch die eigenen Allmachtsphantasien und exhibitionistischen Tendenzen bekämpfen muss. Die Gefahr, sich zu überschätzen und dadurch lächerlich zu machen, ist nicht gering.

Nach meiner Erfahrung sind Einzeldeutungen in der Großgruppe sparsam zu verwenden, da sie die zentrifugalen Kräfte verstärken und die Kohäsion der Gruppe schwächen. Zu lange Erklärungen in der Sprache des Sekundärprozesses verfehlen ebenfalls meist ihre Wirkung, daher eignen sich am besten Deutungen, welche die Bild- und Symbolsprache der Gruppe verwenden.

Einwände gegen die analytische Leitung der Großgruppe

Diese Form der Leitung von Großgruppen findet keineswegs allgemeine Zustimmung (vgl. de Maré z. B. 1991; Wilke 1999, 2003). So bemängeln etwa de Maré und Wilke die Sichtweise der Psychoanalyse als zu beschränkt und eingeengt auf das intrapsychische Geschehen. Die Gruppenphänomene, insbesondere die kulturelle und soziale Dimension der Großgruppe, blieben demnach in der psychoanalytischen Sichtweise ausgespart. Sowohl das Freudsche als auch das Kleinsche Modell betrachteten die Gruppe als eine verschmolzene Masse, die in einer dyadischen Beziehung zum Gruppenleiter stehe. Erst die Gruppenanalytiker im Gefolge von Foulkes hätten den Schritt von der Dyade zur Triade durch die Einführung der sozialen Dimension vollzogen. Island (2003) trägt folgende Bedenken gegen die analytische Führung der Großgruppe vor: Der Leiter befinde sich in einer privilegierten, *wissenden* Position gegenüber der Großgruppe, er kenne im Voraus die Bedeutung des sich entfaltenden Prozesses, daher nehme er keine *neutrale* Position ein, sondern animiere die Gruppe durch seine *monolithische*, theoretisch befrachtete Haltung, sich mit ihm zu beschäftigen. Diese verhindere einen frei schwebenden, assoziativen Dialog unter den Gruppenmitgliedern, verzerre den Gruppenprozess zugunsten der theoretischen Voreingenommenheit des Gruppenleiters, der den intersubjektiven Kontext, in welchem die Äußerungen entstehen, nicht beachte. Die Interpretation dieser Äußerungen als Manifestationen von unbewussten Wünschen oder deren Abwehr würde die Gruppenmitglieder verwirren und ihre Fähigkeit, in einen Dialog einzutreten und zu reflektieren, beeinträchtigen. Ein einzelner Leiter sei nicht in der Lage, die Komplexität des Gruppengeschehens zu erfassen, weil er selber Teil des Geschehens sei. Sogar ein Team von Beobachtern habe Schwierigkeiten, die sozialen und kulturellen Parameter der Großgruppe als Teil eines sich selbst regulierenden Systems zu erfassen. Kurzum, die pre-foulkesschen psychoanalytischen Konzepte mit der dyadischen Beziehung zwischen Leiter und Gruppe seien reduktionistisch, die analytischen Interpretationen neigten dazu, stereotyp, klischeehaft und anmaßend zu sein.

Als Beispiel führt Island die Großgruppe im Rahmen der Ausbildung in Gruppenanalyse in Norwegen an, die von allen 11 Teammitgliedern – von den Leitern der Kleingruppen, den Supervisoren und Vortragenden – gemeinsam geführt werden. Wie der Autor betont, fördern dabei die Gruppenleiter durch die Äußerung ihrer eigenen Gedanken, Gefühle und die Verwendung von Bildern und Symbolisierungen das kommunikative Ziel, die Entfaltung eines freien Dialogs in der Gruppe zu ermöglichen. Eine zusätzlich wichtige Aufgabe der Gruppenleiter bestehe darin, die Grenzen der Gruppe abzusichern; beispielsweise habe ein Mitglied des Leiterteams die Aufgabe, die Zeitgrenze einzuhalten. Etwaigen Ängsten oder Aggressionen, die in der Großgruppe auftauchten, sollte mittels empathischen Interventionen und nicht durch konfrontative Widerstandsdeutungen begegnet werden. Unter diesen Rahmenbedingungen würden destruktive Angriffe auf einen oder mehrere Leiter viel seltener und in weniger vehementer Form auftreten.

Zu diesen Einwänden ist anzumerken, dass meiner Auffassung nach, kein prinzipieller Gegensatz zwischen der Psychoanalyse und der Gruppenanalyse besteht, vielmehr ist die Gruppenanalyse eine der Anwendungsformen der Psychoanalyse in einem Setting, das aus mehreren Personen besteht. Da keine Gruppe im luftleeren Raum agiert, müssen natürlich die spezifische Gruppendynamik und die kulturellen und sozialen Gegebenheiten Berücksichtigung finden, ansonsten würde die Realität der Gruppe schlechterdings verkannt. Allerdings bleibt aus meiner Sicht das vorrangige Ziel der analytischen Großgruppe nach wie vor die Erforschung der unbewussten Vorgänge in der Gruppe. Zu diesem Ziel gehört die Auseinandersetzung mit der Autorität, d. h. mit den Normen und Werten der Gesellschaft, verkörpert durch den Gruppenleiter als Vertreter der verinnerlichten Autoritätspersonen in der Kindheit, zu denen eine ambivalente Beziehung bestand. Die Konflikte, die dabei belebt werden und in die der Gruppenleiter selbst verstrickt ist, verhindern die Entstehung der genannten privilegierten *wissenden* Position.

Schluss

Halten wir zum Schluss fest, dass uns die Erfahrungen mit analytischen Großgruppen tiefere Schichten des psychischen Erlebens zugänglich machen, als Kleingruppen in ihrer Reproduktion der Kindheitsneurose. Darin scheint mir vor allem die Berechtigung für das Arbeiten mit Großgruppen in Ausbildungssituationen zu liegen. Nicht zufällig haben sich das Interesse und die

Problemstellungen der Psychoanalyse verstärkt auf die prä-ödipalen Entwicklungsstufen gerichtet und auch die Behandlungstechnik wendet sich zunehmend schweren Pathologien zu. Um Einblicke in diese tieferen, sonst schwer erfassbaren Regionen unseres Seelenlebens zu gewinnen, eignet sich die Großgruppe ebenso gut, wie zur Bearbeitung von traumatischen, kollektiven Erlebnissen und zur Bekämpfung von Vorurteilen.

Literatur

Ardjomandi, M. E., Dally, A., Kühn Y. (1995): Und plötzlich war die Mauer weg ... – Die »Wiedervereinigte Großgruppe« in der psychotherapeutischen Klinik. In: gruppenanalyse 5 (1), S. 97–113.

De Maré, P., Piper, R., Thompson, S. (1991): Koinonia. London (Karnac).

Freud, S. (1960a): Totem und Tabu. In: Freud, S.: Gesammelte Werke 9. Frankfurt am Main (Fischer).

Freud, S. (1960b): Massenpsychologie und Ich-Analyse. In Freud, S.: Gesammelte Werke 13. Frankfurt am Main (Fischer), S. 71–161.

Island, T.C. (2003): The large group and leadership challenges in a group analytic training community. In: Schneider, S., Weinberg, H. (Hg.): The large group re-visited, London, New York (Jessica Kingsley Publishers).

Wilke, G. (1999): Großgruppenleitung und Gruppenentwicklung. In: gruppenanalye 9 (2), S. 133–48.

Wilke, G. (2003): Chaos and order in the large group. In: Schneider, S., Weinberg, H. (Hg.): The Large Group Re-visited. London, New York (Jessica Kingsley Publishers).

Kultur und interkulturelle Begegnung als Hintergrund von und Herausforderung für Supervision und Beratung

Mariagrazia Bianchi Schaeffer

Zunächst wird der Versuch unternommen, den Begriff »Kultur« außerhalb seiner inflationären Anwendung in einen historischen Kontext zu setzen. Es werden ausgesuchte historische Momente kurz skizziert, die – auch wenn sie zum Teil längst vergangen sind – noch aktuell zum Verständnis des Hintergrunds interkultureller Beziehungen beitragen. Damit soll verdeutlicht werden, wie anhand des Begriffes ›Kultur‹ und seiner jeweiligen Gegensatzpaare – z. B. ›Natur/Kultur‹, ›Zivilisation/Kultur‹ – soziale Konstruktionen von Ungleichheit zwischen Menschen, Kulturen und Nationen konzeptuell begründet werden. Danach wird auf das Thema der interkulturellen Begegnung Bezug genommen, auf den Umgang mit dem ›Fremden‹ und auf den interkulturellen Zwischenraum, in dem potenziell neue Formen der Interaktion zwischen Menschen und Kulturen entstehen können. In diesem Rahmen wird auf die spezifischen Merkmale der Supervision im *internationalen/interkulturellen* Bereich im Vergleich zur Supervision in *interkulturellen Kontexten* innerhalb eines Landes hingewiesen. Anschließend wird näher auf die Supervision in interkulturellen Kontexten in Deutschland eingegangen, auf deren Berücksichtigung in der Supervisionsausbildung, auf die dafür notwendigen Kompetenzen sowie auf spezifische Themen und Probleme, mit denen Supervision in diesen Kontexten konfrontiert ist, wobei – wenn auch nur verkürzt – historische Hintergründe Berücksichtigung finden sollen.

Der lange Schatten der Kultur

Der Begriff »Kultur« hat eine lange, noch andauernde Wirkungsgeschichte. Kultur ist von vornherein ein ordnender Begriff, der immer etwas über den Menschen, seine Welt und seine Mitmenschen aussagt. Er ist gleichzeitig ein normativer Begriff, der Werte definiert, Zugehörigkeit oder Ausschluss bestimmt und nach unserem abendländischen Selbstverständnis auch universelle Gültigkeit beansprucht. »Kultur-cultura« bezeichnete ursprünglich bei den Römern die Pflege des Ackerbodens, wobei darin eine religiöse Bedeutung eingeschlossen ist, wie das Wort cultus = Kult zeigt. Der Begriff hat sich bald auf die Pflege des Menschen durch Bildung ausgeweitet. Dem bebauten Land steht die rohe, wilde Natur, dem arbeitenden, ungebildeten Menschen steht der von der Arbeit entbundene, durch Bildung vollkommene Mensch gegenüber. Im Mittelalter gründet die höfische Gesellschaft ihre Vorherrschaft über die anderen Gesellschaftsschichten auf ihre Kultiviertheit und schafft sich in einer Zeit, da die Landwirtschaft der wichtigste ökonomischer Zweig war, einen Gegenpart in der Figur des unkultivierten »villain« – des Bauern. Der Bauer ist der Prototyp des *Fremden/Anderen,* der zur Begründung und Rechtfertigung von Privilegien und Ungleichheit als minderwertig konstruiert ist (Elias 1969). Kultur und ihre komplementären Gegenbegriffe sind immer Konstrukte, die zur Produktion von gesellschaftlicher Unbewusstheit beitragen (Erdheim 1982). Diese grundlegende Rolle des Kulturbegriffes zur Rechtfertigung sozialer Ungleichheit wird heute auf andere Art aktuell. Probleme werden als *kulturell bedingt* definiert, obwohl sie effektiv als soziale Probleme analysiert und behandelt werden könnten.

Die Anwendung des *Natur/Kultur Paradigmas* auf die außereuropäischen Kulturen im Gegensatz zu der europäischen, datiert auf das Ende des 18. Jahrhunderts zurück. Die europäische Kultur wird als maßgebend, als universell gültig angesehen, ihr stehen die *Naturvölker,* die zivilisiert und kolonialisiert werden sollen, gegenüber. Ihnen wird z. B. jegliches Recht auf eine eigene Geschichte genommen, indem sie als »Vorstufe« der gesellschaftlichen Entwicklung definiert werden. Das rechtfertigt die Fortsetzung der kolonialistischen Expansion und Machtentfaltung, die bis zum Zweiten Weltkrieg fast ununterbrochen andauert. Ihre politischen und sozialen Konsequenzen sind bis heute wirksam und bekannt unter den Namen *Dekolonisation, Dritte Welt und Unterentwicklung.* Diese Begriffe implizieren, dass wir die Entwicklung dieser Länder nach wie vor als Vorstufen unserer Geschichte, im Sinne einer (kapitalistischen) amerikanisch-europäischen Entwicklung sehen, die hierdurch als universal gültiges Modell dargestellt wird.

Die fatalen Folgen des eurozentrischen Kulturkonzeptes werden von E. W. Said (1995, 1993) beschrieben. Man kann sie nicht nur mit den Begriffen »Gewalt« und »Ausbeutung« zusammenfassen, sondern auch mit dem »entfremdeten Blick« des Kolonisierten auf sich selbst, der sich gegenüber dem weißen europäischen Mann als unterlegen empfindet (Fanon 1981; Bonadie-Arning 1993; Dalal 1993; Bianchi Schaeffer 1994).

Parallel dazu entsteht im 18. Jahrhundert auch eine Auffassung von Natur als *positiver Gegenpol* zur Kultur, als ursprünglicheren, glücklicheren und besseren Zustand. Rousseau stellt die Überlegenheit des Menschen in Frage, der die Natur, die göttliche Schöpfung zerstört und junge Menschen mit einer »unnatürlichen« Erziehung beschädigt. Dabei zeigt sich der Begriff »Natur« als nicht weniger sozial konstruiert als der der »Kultur«; beispielsweise bezeichnet Rousseau (1792) die Frau als Naturgeschöpf und begründet mit der »Natur« die ihr auferlegte Geschlechterrolle, die aber keineswegs »natürlich« sondern sozial zugewiesen ist.

Ende des Neunzehnten Jahrhunderts zeigt sich in der Literatur und in der Kunst die Tendenz zum Exotismus, zur Verklärung der fernen »ursprünglichen« Kulturen. Die fremden Länder werden als exotische Orte der Schönheit, Wildheit und sexuellen Freizügigkeit konstruiert und zur Projektionsfläche von Sehnsüchten und Begierden gemacht (Said 1995). Die Neigung, fremde Kulturen oder solche, die in unserer globalisierten Welt als fremd konstruiert sind, als Projektionsfläche eigener, abgewehrter Phantasien und Wünsche zu benutzen, äußert sich nach wie vor in Phantasien und Vorurteilen über Menschen aus anderen Kulturen (Akashe-Böhme 1993).

Abschließend ist auf den Gegensatz ›Kultur/Zivilisation‹ hinzuweisen, wie er in Frankreich und Deutschland im Neunzehnten Jahrhundert debattiert wurde und bis zum Ende des Zweiten Weltkrieges seine Wirkung entfaltete (Kuper 1999). Dabei geht es in Deutschland nicht nur um das Primat von Bildung über Technologie (Soeffner 1998), sondern darum, sich gegen Frankreich als führende Nation abzugrenzen und die Überlegenheit der deutschen Kultur zu beanspruchen (Elias 1968). Während man in Frankreich mit Zivilisation den Prozess der Verbesserung der Lebensumstände aller Bürger durch Entwicklung und Fortschritt meint, wird Zivilisation in Deutschland negativ als ›kulturzersetzend‹ definiert, da sie die gefühlsmäßigen Regungen der Menschen unter das Joch der Vernunft stelle, die nationale Eigenheit nicht berücksichtige und letztlich eine destruktive nivellierende Wirkung auf die Kultur ausübe (Elias 1989). Hier transportiert der Begriff »Kultur« den Anspruch des *Erhalts* und der *Durchsetzung* der eigenen nationalen Kultur und eine Kampfansage gegen Frankreich um die Rolle der europäischen Leitnation.

Erst im vorigen Jahrhundert entwickelt sich ein ganzheitlicher Begriff von »Kultur« als Oberbegriff für *Lebensgewohnheiten, Sitten und Bräuche* eines Volkes, der alle Aspekte von der ökonomischen Produktion, den Herrschafts- und Familienstrukturen und der Art des Alltagslebens umfasst (Gerndt 2002). Darin wird die Wertung zwischen »guten« und »schlechten« Kulturen vermieden. Neue Studien belegen, welchen Grad von Zivilisation die so genannten »Eingeborenen« hatten und wie befremdet sie den mächtigen, aber häufig unbeherrschten, unzivilisierten Europäern gegenüberstanden (Duerr 2003). Wie man sieht, enthält der Begriff »Kultur« eine Vielfalt von Signifikanten und die Tendenz zur Dichotomisierung und Spaltung, wodurch die Machtinteressen sich konstellieren und ihren Niederschlag im »ethnischen Unbewussten« (Devereux 1974, S. 23) finden. Dennoch führt noch heute ein ungeklärter Begriff von Kultur im soziopolitischen Diskurs dazu, Kultur, Rasse, Sprache,

Nation, Ethnie und Religion kritiklos und austauschbar anzuwenden, wodurch eine Reifizierung der Begriffe bewirkt wird. Um dem absoluten Gültigkeitsanspruch des Begriffs »Kultur« entgegen zu wirken, wird heutzutage von Kulturen nur im Plural geredet (Michel de Certeau 1997). Darüber hinaus sind Kulturen keine in sich abgeschlossene, »reine« Einheiten, im Gegenteil: sie sind dem historischen Wandel unterzogen und durch die Bearbeitung verschiedener kultureller Einflüsse bereichert.

Kultur heute: multikulturell und interkulturell

Das interkulturelle Zusammenleben von Menschen aus verschiedenen Ländern und Kulturen als Ergebnis internationaler Entwicklungsdynamiken ist seit vielen Jahren Bestandteil unseres Alltags. Die deutsche Gesellschaft hat sich durch die weltweite Einwirkung von Flucht- und Migrationbewegungen und die Internationalisierung der Arbeitsmärkte zu einer heterogenen, ethnisch durchmischten Gesellschaft entwickelt. Sie hat sich diesem Wandel zu widersetzen versucht, indem sie nie anerkannt hat, dass Deutschland ein Einwanderungsland ist. Dadurch wurde den Migranten über Generationen die Teilnahme an politischen Entscheidungen und eine Zugehörigkeit als Bürger verweigert, was zu erheblichen Problemen geführt hat. Noch heute herrscht hierzulande die Vorstellung, dass Deutschland erst in den vergangenen 50 Jahren mit Einwanderung konfrontiert wurde. Dieses Land war aber immer schon von starken Wanderbewegungen im Sinne von Emigration und Immigration gekennzeichnet (Bade 1983, 2000). Vielfach verdrängt sind auch die neueren Migrationsbewegungen vor, während und nach dem Zweiten Weltkrieg, die Umsiedlungen und später millionenfache Aussiedlung mit sich brachten. Die deutschen Aussiedler aus den Staaten der ehemaligen Sowjetunion stellen gegenwärtig die größte Gruppe der hier lebenden *Menschen mit Migrantenhintergrund*, wie Migranten heutzutage genannt werden (PISA 2001). Durch diese Bezeichnung werden die Aussiedler zu den Migranten gezählt, wodurch der Wahrnehmung von Deutschland als Subjekt der Migration und einer Reflexion darüber entgegengewirkt wird. Darüber hinaus ist die deutsche Wirtschaft seit Jahrhunderten auf die Arbeit ausländischer Kräfte angewiesen, die bis zum Ende des Zweiten Weltkrieges *Fremdarbeiter* und danach *Gastarbeiter* genannt wurden (Bade 1983; Herbert, 2001). Ob Fremd- oder Gastarbeiter, es manifestiert sich in der Bezeichnung eine soziale Konstruktion, die die strukturelle Notwendigkeit der Ausländer als vorübergehende und verzichtbare Präsenz erscheinen lässt, um ökonomische Vorteile, aber auch die Illusion der Unabhängigkeit und der Monokulturalität Deutschlands aufrechtzuerhalten.

Ab den 80er Jahren wurde auch in Deutschland der Diskurs über die Migranten unter dem Aspekt der Kulturen geführt. Mit der Übernahme des amerikanischen Multikulturalismusbegriffes (Taylor 1993) rückt die formale Gleichheit zwischen den Kulturen in den Vordergrund. Dieses Konzept birgt aber eine statische Auffassung von Kulturen als unveränderlich nebeneinander stehend, die zwar die »Anderen« prinzipiell als gleichwertig anerkennen, dennoch sich selbst von den anderen durch gezielte Ausschlussprozesse zu erhalten und verfestigen suchen. Auch wird das faktische Zusammenwachsen von Menschen aus verschiedenen Ländern übersehen, was Integrationsprobleme verfestigt. (Radke 2000; Bielefeld 2000). Infolgedessen hat sich zur Beschreibung des Mit- und Nebenbeieinanders verschiedener Kulturen, ihres gegenseitigen Einflusses und des Entstehens neuer kultureller Lebenswelten aus ihrer Wechselwirkung der Begriff der *Interkulturalität* eingebürgert.

Interkulturelle Begegnungen

Psychoanalytisch und gruppenanalytisch Geschulte verstehen das *Fremde/Andere* als *Projektion des Eigenen* und sehen darin einen grundlegenden Ansatz zu dessen Verständnis (Kristeva 1990). Dieses Paradigma hat mitunter für die Auseinandersetzung mit Projektionen und Vorurteilen persönlicher und kultureller Art einen hohen Erkenntniswert. Es bringt jedoch die Gefahr einer Aneignung des Fremden mit sich, in deren Folge Dinge, die einen ängstigen oder anziehen, die man nicht weiß oder anhand des eigenen Wissens einordnen kann, als Projektion des Eigenen verarbeitet und absorbiert werden (Waldenfels 1997). Im Interkulturellen dagegen liegt die Betonung nicht auf dem *Eigenen*, sondern auf dem jeweils *Fremden/Unbekannten*. Für interkulturelle Begegnung ist daher zentral, das Fremde nicht durch Aneignung einzuverleiben – auch wenn Aneignung häufig als Synonym für Erkenntnis gilt –, sondern das Fremde fremd sein zu lassen, die Distanz des Nicht-Wissens, der Irritation auszuhalten. So kann ein interkultureller Zwischenraum entstehen, wo produktive Desorientierung wirksam ist, in dem Vorstufen neuer *hybrider* Formen des Zusammenlebens und neue Lebensentwürfe möglich werden (Bhabha 2000). Der Begriff »hybrid« ist aus dem Bereich der Cultural Studies entlehnt; er enthält eine Kritik monokultureller Lebensformen, die sich normativ als die einzig gültigen darstellen und dadurch alle anderen marginalisieren. »Hybrid« bedeutet hier, dass neue Lebensformen und Lösungen sich jenseits der jeweiligen kulturellen Ursprünge Gehör verschaffen, dass Vermischungen und Versuche nicht gescheut werden und der Reinheitsanspruch der (nationalen) Kulturen aufgegeben wird. Damit wird das schon existierende, gemischte Zusammensein ansatzweise sichtbar. In diesem Zwischenraum wird es allmählich möglich, der

Polarität von kulturellen Begriffen und Lösungen zu entkommen. Man kann ihn als Raum des *Noch-Nicht-Bewussten* verstehen, in dem Zukünftiges entsteht (Bloch 1959). Hier wird auf einen »*Zwischenbereich*« fokussiert, »in dem eines sich zum anderen verhält und jedes nur das ist, was es ist, indem es sich zum anderen verhält«, so dass ein »Netz von Relationen (entsteht), wo es Knotenpunkte, Anschlussstellen und Verbindungswege gibt, aber keine Zentralstation« (Waldenfels 1997, S. 85).

Die in diesen interkulturellen Begegnungen aufkeimende Relativierung der eigenen kulturellen Bezüge und Interessen, gepaart mit dem Aushalten des Fremden, lässt einen »intermediären interkulturellen Zwischenraum« (vgl. »intermediären Raum«: Bram und Gabbard 2001) der fruchtbaren Desorientiertheit und der Perspektivübernahme entstehen. Man will hier betonen, dass es sich nicht nur um intrapsychische Prozesse handelt, sondern um interpersonelle Begegnungen mit offenem Ausgang. In diesen ist Verständigung möglich, wenn die Differenzen und die Gleichwertigkeit im Netzwerk angenommen und gemeinsam nach Lösungen für Probleme gesucht wird. Interkulturelle Begegnungen finden immer vor dem Hintergrund von Machtverhältnissen, von nationaler/lokaler Angst vor Vermischung und Verlust statt; daher inszenieren sie immer auch den Kampf zur Erhaltung der eigenen Machtposition qua Kultur, die soziale Konstruktion von Ungleichheit auf der Basis eines defizitären Bildes des Fremden, sowie die Marginalisierung von deren Kultur mit dem Verweis auf den universalen Anspruch eigener Werte. Die Aufgabe der Übernahme eines gemeinsamen Gesichtspunktes des Universalen, die Erarbeitung von grundlegenden Werten für das neue Zusammensein, verkommt so zu einem Universalisierungs- und Gleichheitszwang, der Unterschiede und kulturelle Eigenart missachtet. Unterschiede werden dann als Eigenschaften der fremden Ethnie gesehen, auf die sie festgelegt wird, was häufig zu einer Re-Ethnisierung führt. In dieser komplementären Dynamik wird das Fremde doppelt negiert: zum einen durch seine Nicht-Beachtung unter dem Vorwand der Gleichheit aller Menschen, zum anderen durch die Ethnisierung der Eigenarten. Beide Momente dienen dazu, die Uniformität der eigenen Kultur aufrechtzuerhalten. Die Rückführung des Fremden auf seinen ethnischen Ursprung verursacht noch dazu reaktive Prozesse, in denen Ausländer – Menschen aus anderen Kulturen – sich erneut zur »Herkunftskultur« hinwenden und sich damit den universalistischen Ansprüchen der Kultur des Aufnahmelandes, den Entwertungen und dem damit verbundenen sozialen Ausschluss widersetzen. In dieser Dynamik werden der vielfach schon gemeinsam zurückgelegte Weg, die gegenseitigen Abhängigkeiten, die durchaus vorhandenen Berührungspunkte und Ähnlichkeiten ausgeblendet. Immer wird – aus Überzeugung und/oder aus Gründen der politischen Korrektheit – die Gleichheit aller Menschen, der Respekt für andere Kulturen in solchen Begegnungen beschworen. Tatsächlich handelt es sich aber um eine Frage, die der Beantwortung bedarf: sind hier alle Menschen gleich und zugehörig? Erlaubt die Kommunikation Respekt im Sinne eines Manifestwerdens von Konflikten, von verschiedenen Interessen und Anschauungen? Gleichheit und Respekt sind Ziele der Begegnung, etwas was noch gemeinsam hergestellt werden soll. Die Matrix solcher interkultureller Begegnungen ist geprägt von Gegensätzen wie Land/Ausland, hochwertige/ minderwertige Kultur, Zugehörigkeit/Nicht-Zugehörigkeit. Aber auch von Idealisierungen, von gegenseitiger Neugier, vom Wissen um das Angewiesensein auf die Anderen, die Ahnung gemeinsamer Interessen und Anliegen. Das Land, in dem alltäglich Menschen verschiedener Länder und Kulturen aufeinander treffen, hat in der Matrix eine zweifache Bedeutung. Als Heimat-Land mobilisiert es bei allen Beteiligten – nicht nur bei den Einheimischen – die konservative Kraft, die sich gegen das Fremde schützt. Als Ort des Zusammenkommens im Hier und Jetzt eröffnet es die Möglichkeit der Begegnung in einem dadurch entstehenden interkulturellen Zwischenraum und stellt dafür seine Sprache als »Verkehrssprache« zur Verfügung. Dieser interkulturelle Zwischenraum entsteht idealerweise in der Wahrnehmung von und in der Auseinandersetzung mit den eigenen kulturellen Werten und Vorurteilen und mit den häufig als kulturell getarnten sozialen Interessen. Das Fremde wird nicht »bewältigt« oder angeeignet. Durch die geteilte Erfahrung der Erschütterung des Eigenen, kann sich der Fokus auf die an uns gestellten Anforderungen einer ethnisch und kulturell heterogenen Gesellschaft richten. Das konfrontiert alle Beteiligten mit der Aufgabe, die Unterschiedlichkeit des anderen zu erkennen und probeweise stehen zu lassen, den Blick für gemeinsame Anliegen und Interessen frei zu machen und zusammen nach Antworten auf gemeinsame Probleme zu suchen.

Supervision und Kultur

Kulturen sind komplexe Gebilde mit verschiedenen Subsystemen, die spezifische Züge und Gesetzmäßigkeiten aufweisen. In diesem Sinne wurde Anfang der 80er Jahre »Kultur« als Analysebegriff in der Supervision unter dem Aspekt der *Organisations-* bzw. Unternehmenskultur viel diskutiert (Peters und Watermann 1984; Schein, 1995; Fatzer 1996; Schein 1995). Heute wird auf die problematischen Aspekte dieses Konzeptes und auf die mögliche Instrumentalisierung von Kultur als *Machtressource* und *Führungsinstrument* hingewiesen (Haubl 2002). Organisationskultur ist kein homogenes Ganzes, höchstens als verordnete Fassade, die Interessenkonflikte und die Pluralität von Interessen und Gegenkulturen verbirgt. Die Betrachtung von Organisationen als Kulturen wird dennoch zur erkenntnisproduktiven Perspektive, wenn man darin den Blick auf die *organisationskulturelle Produktion von Unbewusstheit* fokussiert

(Haubl 2002, S. 86). Die Kulturalisierung des Diskurses über Organisationen hat eine Spur in dessen Terminologie hinterlassen, weshalb neuerdings »interkulturell« allgemein in Bezug auf Supervision angewandt wird. Die Supervisorin arbeitet interkulturell, da sie »mit der Kultur der fremden Institution konfrontiert ist« (Kruse 1999, S. 43). Eine »interkulturelle Begegnung« (Moeller 2001, S.21) erfolgt in diesem Sinne, wo der Supervisor und die fremden organisationellen »Kulturen« aufeinander treffen. Selbst da, wo man sich mit Supervision in interkultureller Perspektive beschäftigt, geht man davon aus, dass sie eine »Selbstverständlichkeit« sein sollte.

In diesem Zusammenhang wird der semantische Spannungsbogen deutlich, der sich mit der Anwendung des Begriffes »Kultur« entwickelt und dazu führt, dass die Begegnung zwischen Bereichen innerhalb einer Kultur und die Begegnung zwischen verschiedenen Kulturen in der Supervision, wie eben geschildert, gleichgesetzt werden.

Supervision in interkulturellen Kontexten

Während die Supervision in internationalen Organisationen und Firmen, die Praxiseinsätze im Ausland durchführen, über eine eigene Theorie und eine lange Erfahrung verfügt, ist die Supervision in interkulturellen Kontexten innerhalb eines Landes noch sehr wenig entwickelt und theoretisch untermauert. Diese beiden Bereiche unterscheiden sich durch die grundsätzlich verschiedenen Rollen, die kulturelle Unterschiede darin spielen (Roth 2003).

Im internationalen Bereich hat die Beachtung von *Unterschiedlichkeit* wegen ihrer Relevanz zum Gelingen von Beziehungen und Geschäften einen zentralen Wert und wird in die Reflexion miteinbezogen. Kultur wird als objektivierbarer Faktor gesehen, der Missverständnisse und Konflikte verursacht und deshalb untersucht und erfasst werden muss. Dieser Auffassung liegt die Idee von stabilen nationalen Kulturen zugrunde, deren relevante Aspekte untersucht werden, um das Personal für den Auslandseinsatz oder für die Arbeit in interkulturellen Teams zu schulen. In diesem erprobten und weiter expandierenden Bereich der Organisationsentwicklung liegen vor allem auf der Ebene der interkulturellen Kommunikation (Prosser 1989; Ott 1999) und des transkulturellen Managements theoretische Abhandlungen und Trainingsbücher vor (Hofstede 1993; Fatzer 1993; Koopmann 1994).

In diesem Bereich wurde auch Wissen über verschiedene Führungs- und Kommunikationsstile, über organisatorische Modelle und Produktionsmodi gesammelt, die sich in anderen Ländern durch kulturelle und historische Einflüsse entwickelt haben (Thomas 1999). Auch werden Handlungsmuster von international tätigen Managern reflektiert (Berner 2002). In der Supervision mit Organisationen für Entwicklungshilfe oder internationalen Hilfsorganisationen wird zunehmend der Akzent auf die Aus- und Wechselwirkungen, die mit internationalen Einsätzen einhergehen (Wein-Themel 2003), sowie auf die Chancen und Probleme der Globalisierung für transnationale Unternehmen gesetzt (Holzer 2002; Bohn 2002; Holzhauser 2003; Taschl 2003).

Dagegen ist der Bereich der Supervision und Organisationsberatung in interkulturellen Kontexten innerhalb eines Landes wie Deutschland, wo Menschen aus verschiedenen Staaten und Kulturen fester Bestandteil der Bevölkerung sind, unterbelichtet. Die kulturellen Unterschiede wurden lange ausgeblendet, werden zum Teil immer noch als dysfunktional empfunden, da das erklärte Integrationsziel das Erlernen der Sprache und Gepflogenheiten des Aufnahmelandes ist. Auch befürchtete man, dass eine Betonung der Eigenheiten und ihre Kulturalisierung zu einer negativen Betonung von Alterität und zur Verstärkung von Ausschlussprozessen führen würde (Schiffauer 1996; Kiesel 1996; Bielefeld 2001; Radtke 2001; Messerschmidt 2002). Die Supervision hat in diesem Bereich erst Einzug gehalten, als die Wichtigkeit des Faktors »Kultur« zur Klärung von Konflikten und zur guten Führung von Projekten und Maßnahmen für Migranten gewürdigt wurde. Relativ spät, Anfang der 90er Jahre, setzte die Nachfrage von Migrantenorganisationen nach Beratung und Supervision ein. Recherchen zu diesem Thema haben nur wenige Erfahrungsberichte ergeben (Schreyögg 1994; Kruse 1999; Hempel 1999; Haas 2000; Frey und Kalpaka 2002; Janson 2002). Hier wird von Supervision in interkulturellen Kontexten, d. h. mit Ausländern/Migranten verschiedener Länder und Kulturen, aber auch mit Bürgern mit einem so genannten »Migrationshintergrund« eines bestimmten Landes – in unserem Fall Deutschland – gesprochen. Die interkulturelle Dimension ist dort sichtbar, wo man mit kulturell gemischten Teams konfrontiert ist. Interkulturell kann aber auch nur das Thema der Supervision sein, wenn z. B. rein deutsche Teams Menschen aus anderen Kulturen, z. B. Migranten, bikulturelle Jugendliche etc. als Klienten beraten oder als Zielgruppe von Projekten haben. Häufig wird der interkulturelle Kontext im Auftrag nicht berücksichtigt, wenn es der Institution oder Organisation gelingt, ihn nur als Problem eines »Teils« seiner Klienten zu marginalisieren.

Berücksichtigung des interkulturellen Schwerpunkts in der Supervisionsausbildung

Supervision in interkulturellen Kontexten verlangt nach spezifischen Kenntnissen. Es gilt, gegenseitige und gegensätzliche Interessen von Gruppen verschiedener Länder und Kulturen, die Bedeutung und Auswirkung einer monokulturellen Ausrichtung von Institutionen, den Grad der Offenheit für

Unterschiedlichkeit oder deren Verdrängung wahrzunehmen und transparent zu machen. Dabei sollte beachtet werden, dass der kulturelle Faktor nicht zum Zweck des *Ausschlusses* und der *Überlagerung* von anders gearteten Faktoren missbraucht wird. Der Fokus liegt auf Umdenken, Begegnung, auf einem neuen gemeinsamen Zwischenraum, auf Erarbeiten von Lösungen, die dem gerecht werden. Sicher betritt man hier Neuland.

Die Supervisionsausbildung bereitet nicht spezifisch für die Arbeit in interkulturellen Kontexten vor. Eine Untersuchung von Supervisionsausbildungen verschiedener Institute von Kalpaka und Frey zeigt, dass eine interkulturelle Dimension nicht explizit ins Curriculum integriert ist. Als Grund dafür werden die Prozess- und Teilnehmerorientierung genannt, die es erlaubt, besondere »Probleme« der Teilnehmer oder der Auftraggeber anzugehen. Einige Institute äußerten auch die Überzeugung, dass das *Fremde* und das *Ausgeschlossen-Sein* ohnehin ein zentrales Thema von Supervision sei (Frey-Kalpaka 1999). In den Antworten zeigt sich das Selbstbild der Supervision und der Supervisionsausbildung als schon per se mit einer interkulturellen Perspektive ausgestattet, die eine zusätzliche konzeptionelle Verankerung des interkulturellen Themas unnötig macht. Wenn – wie im Falle eines systemischen Lehrbuchs für Supervision – das Thema berücksichtigt wird, zeigen dennoch Formulierungen und Übungen, dass der Autor Migration unter dem Gesichtspunkt »wir und die anderen« nicht ganz aufgibt und der Blick sich nicht auf ein gemeinsames Spannungsfeld richtet (v. Schlippe u. a. 2003). Neuerdings ist man bestrebt, Kenntnisse von »interkultureller Kompetenz« in der Supervision zu vermitteln (Rütz-Lewerenz 1998). Das ist besser als das Thema zu ignorieren, dennoch ist in dem Begriff der interkulturellen Kompetenz die Auffassung einer Erlernbarkeit des Fremden durch Training, die inter-kulturelle Dimension der Begegnung sowie die gegenseitige Befremdung und Herausforderung nicht mitreflektiert.

Der Erwerb und die Einbeziehung spezifischer Fachkenntnisse für die Arbeit in interkulturellen Kontexten konfrontiert Supervision und Supervisionsausbildung mit einer Reflexion über ihr Selbstverständnis und ihre »kulturelle« Ausrichtung. Es geht hier nicht nur um eine unreflektierte Anpassung an eine neue Nachfrage (Maxeiner 2003) oder um eine Verbesserung der eigenen professionellen Kenntnisse. Vielmehr geht es um eine grundsätzliche Erweiterung der Sichtweise gesellschaftlicher und institutioneller Zusammenhänge und um die Berücksichtigung der eigenen, kulturell bedingten *blinden Flecken*. Diese Herausforderung anzunehmen ist in unserer zunehmend globalisierten Gesellschaft unerlässlich. Bemühungen für die Erarbeitung entsprechender Curricula sind schon im Gange. Im Folgenden wird der Versuch unternommen, die dafür notwendigen Kompetenzen zu definieren.

Kompetenzen für die Supervisionsarbeit in interkulturellen Kontexten

Für die Supervision in interkulturellen Kontexten werden alle Kompetenzen und Kenntnisse verlangt, die allgemein für die supervisorische Arbeit grundlegend sind. Sie werden hier unter dem Gesichtspunkt ihrer Bedeutung für den neuen Kontext gesehen, wobei auch auf spezifische Kenntnisse und Fähigkeiten hingewiesen wird, die zusätzlich notwendig sind.

Fachliche Kompetenzen

- Wissen über die Geschichte der Migration nach Deutschland und über deutsche Migrationsbewegungen, um die vermeintlich objektiven Positionen von Institutionen und Menschen in einen historischen Bedeutungskontext einzubetten. Kenntnisse über die soziale Konstruktion von Migration, z. B. der fachspezifischen Theorien im Umgang mit Ausländern und Migranten in den verschieden Bereichen wie Sozialarbeit, Gesundheitswesen, Schule u. a. Das hilft, den Umgang mit Differenzen, die viele Institutionen hierzulande wegen ihrer monokulturellen Ausrichtung haben, als Hintergrund aktueller Probleme, Konflikte und auch gesellschaftlicher Konstruktionen, wie die des Migranten als Mangelwesen, zu verstehen.
- Beachtung der unterschiedlich verlaufenen Sozialisationsprozesse der Migrantengenerationen in Deutschland. Somit wird bereits relevanten Veränderungen Rechnung getragen, die unterschiedlichen Interessen innerhalb der Generationen werden wahrgenommen und für die Arbeit fruchtbar gemacht.
- Hintergrundwissen, um Unterschiede im sozialen und rechtlichen Status zu erkennen und nicht auf ethnische oder kulturelle Faktoren zurückzuführen. Das hilft auch, das Machtgefälle zu reflektieren, das sich in der Supervision widerspiegelt.
- Kenntnisse der Sprache der beteiligten Parteien können von Vorteil sein. In meinem Fall findet die Supervision in der gemeinsamen Verkehrssprache Deutsch statt. In der Sprache als Mittel und Ort der Verständigung werden interpersonale Beziehungen diskursiv ausgehandelt, verdeutlicht sich die kulturelle Kommunikationsmatrix, in der die interkulturelle Begegnung stattfindet. Sprachen in ihrer Vielfalt öffnen die Möglichkeit des Missverständnisses, aber auch die der Pluralisierung der Blickwinkel durch die multiplen sprachlichen und kulturellen Bezüge, da wo sie nicht aus der Kommunikation ausgeschlossen werden und man ihnen Gehör verschafft. Begriffe, Bezeichnungen in den verschiedenen Sprachen können Begriffszusammenhänge klären, Positionen näher bringen und als Signal des

Einverständnisses oder Dissenses über das besprochene Thema wahrgenommen und kommunizierbar gemacht werden. Dadurch wird die Erfahrung möglich, dass Bedeutung nicht schon immer sprachlich/kulturell gegeben ist, sondern gemeinsam ausgehandelt wird.
- Kenntnisse der Kultur anderer Nationalitäten, zumindest deren Auffassung von Hierarchie – in der Familie, bei der Arbeit und zwischen den Generationen –, von Geschlechterrollen, Gruppenloyalität, ihrer Toleranz gegenüber Individualisierungsprozessen und schließlich ihrer schambesetzten Themen und Handlungen. Allerdings haben Kulturen viele regionale und schichtspezifische Subsysteme, so dass dieses Wissen immer auf seine Zweckmäßigkeit in der gegebenen Situation überprüft werden sollte.
- Grundlegende Kenntnisse der jeweiligen Supervisionsfelder, da sie erlauben Probleme und Konflikte, die unangemessen als kulturell gedeutet werden, auf institutionelle, organisatorische und fachliche Faktoren zurückzuführen.
- Frühe Einbeziehung von Elementen der Organisationsberatung hinsichtlich kultureller Aspekte, vor allem im Umgang mit Projektarbeit – so z. B. die Art der nationalen/kulturellen Teamzusammensetzung; Eigenschaften, Probleme und Ressourcen der Zielgruppe der Maßnahmen. Die Fokussierung auf organisatorische Faktoren und institutionelle Rahmenbedingungen wird auch in der Supervision mit Migrantenorganisationen verlangt, die interessiert und dankbar dafür sind, die Effektivität ihrer Arbeit durch die Reflexion der obengenannten Elemente zu überdenken.

Persönliche Kompetenzen

Außer solchen persönlichen Fähigkeiten, die prinzipiell in der Supervision Anwendung finden, wie z. B. Empathie, Interesse, Distanz und Kontrolle von persönlicher Phantasien – die hier die Rolle als Wegbereiter der interkulturellen Verständigung übernehmen – sind für die Arbeit in interkulturellen Kontexten weitere Fähigkeiten relevant:

- Relativierung des eigenen kulturellen Referenzsystems; gute Prämissen dafür bieten eigene Migrationserfahrungen oder auch langjährige Erfahrungen im Ausland.
- Wahrnehmung und Reflexion persönlicher Theorien/Vorurteile als sozialhistorisch entwickelte Konstruktionen des Fremden und die Auseinandersetzung mit den Werten der eigenen Kultur und der Auffassung von anderen fremden Kulturen in der Balance zwischen Idealisierung und Abwertung. Dazu Wahrnehmung von persönlichen Projektionsvorgängen und von eigenen Interessenskonflikten. Damit wird dem soziokulturell bedingten wie auch dem biographischen *blinden Fleck* Rechnung getragen. Tendenzen zur

Kulturalisierung sozialer Zusammenhänge und zur Psychologisierung – oder gar Pathologisierung – des Fremden werden somit reflektiert. Die Teilnahme an einer themenzentrierten Selbsterfahrung in einer gemischten Gruppe mit diesem Schwerpunkt kann hierzu gute Dienste leisten.
- Fähigkeit, die eigene Angst vor dem Fremden auszuhalten; Bereitschaft, das Fremde, Unverstandene, stehen zu lassen, mit persönlicher Ignoranz und Verunsicherung umzugehen und das Team zu motivieren, sich auf einen solchen Prozess einzulassen.
- Fähigkeit, interkulturelle Phänomene zu begreifen, Missverständnisse aufzuklären, interkulturelle Irritationen und Ambivalenz zu ertragen und für die Arbeit fruchtbar zu machen.
- Entwicklung übergreifender Loyalitäten im Sinne der probeweisen Annahme der kulturellen Positionen, die im Supervisionsthema aufeinander treffen.

Zentral ist die Relativierung des eigenen kulturellen Referenzbezugs und die Fokussierung auf das Zusammentreffen von Menschen verschiedener Interessen und Kulturen, die im selben Land zusammenleben. Kulturelle und sprachliche Kenntnisse wurden hier berücksichtigt, allerdings liegt der Akzent auch auf der »hybriden« Begegnung im Hier und Jetzt, mit seinen Asymmetrien wie z. B. verschiedene Grade der »Beherrschung« der Landessprache, Ungleichgewicht zwischen der im Land »herrschenden« Kultur und den Kulturen der Eingereisten. Der Fokus wurde auf die Wahrnehmung kultureller, rechtlicher und sozialer Differenzen, auf die Berücksichtigung der verschiedenen Sozialisationsprozesse der Migrantengenerationen in Deutschland, auf den institutionellen Rahmen und die monokulturelle Ausrichtung der deutschen Gesellschaft gesetzt, um zunächst eine grundlegende Orientierung zu geben.

Eigene Erfahrungen

Seit Anfang der 90er Jahre arbeite ich als Supervisorin mit Lehrern, mit Ärzteteams, bei Projekten zur Unterstützung von Migranten, bei Ausländerbeiräten, bei deutschen oder ausländischen Vereinen, die in der Migrantenarbeit aktiv sind. Zudem habe ich Erfahrung mit italienischen Institutionen und Behörden in der Bundesrepublik, die international oder in der Migrantenarbeit tätig sind. Meine Fachkenntnisse und berufliche Teilidentitäten (Heltzel 2002) als ehemalige Beamtin des Italienischen Staates, als Historikerin, Therapeutin und Gruppenanalytikerin kommen mir zugute.

Gerade die Arbeit mit italienischen Auftraggebern, z. B. im Falle von Behörden im Außendienst, ist eine wichtige Erfahrung, die mir den Blick geschärft hat für die Unterschiede in den oben genanten Bereichen. Hier arbeite ich mit einem Team meiner eigenen Sprache, was vor dem Hintergrund einer geteilten Sozialisation eine maximale Differenziertheit erlaubt. In diesem Kontext wird Deutschland zum »Ausland«. Die Teilnehmer solcher Teams sind nicht aus Not oder unvorbereitet ins Ausland gekommen. Ihnen gewährt die Einbindung in eine Organisation und der ideelle Kontakt mit der »Mutterbehörde« bzw. »Mutterfirma« in der Heimat eine, wie ich es nenne, »extraterritoriale« Distanz. Sie können sprachliche Hürden mit Hilfe von Übersetzern überwinden und den Grad der Teilnahme am Leben im Einsatzland selbst regulieren.

Unter diesen Voraussetzungen gelingt es, in der Supervision auf »heikle« kulturelle Themen wie beispielsweise *Vorurteile* über und/oder die *Idealisierung* von Deutschland einzugehen, die in der Migrantenarbeit häufig tabuisiert sind. Das erleichtert das Verständnis bei Konflikten mit deutschen Partnern und Mitarbeitern. Auch die Leitung einer themenzentrierten Gruppe italienischer Therapeutinnen und Sozialarbeiterinnen zum Thema Fremdenfeindlichkeit hat zur Entwicklung meines eigenen theoretischen Praxisbezugs beigetragen. Hier beobachtete ich, wie Ausländer in der deutschen Einwanderungsgesellschaft als Reaktion und Bearbeitung von selbst erlebten, entwertenden bis feindlichen Erfahrungen, eine ähnlich entwertende Haltung gegenüber den Menschen und der Kultur des Aufnahmelandes entwickeln, die sie in eine Dynamik von Ressentiments und Aufbegehren verwickelt. Parallel dazu entsteht zwischen den Migrantengruppen eine heimliche Konkurrenz um die beste Kultur oder das beste Land, was Solidarisierungsprozessen entgegensteht (Bianchi Schaeffer 1996). Im Folgenden wird die Supervision in einigen dieser Bereiche geschildert, wobei wiedergegeben werden soll, wie sich mir der jeweils spezifische Rahmen und die kulturellen Komponenten darstellen. In allen Bereichen muss – von den spezifischen Feldkenntnissen abgesehen – dem Faktor »Kultur« Rechnung getragen werden.

Supervision und interkulturelle Kontexte in der Schule

Die supervisorische Arbeit in Schulen ist wegen der ubiquitären Präsenz von Schülern aus verschiedenen Ländern und Kulturen immer mit interkulturellen Themen befasst, auch dort, wo sie nicht explizit in den Auftrag eingehen. Bis auf wenige Ausnahmen (Kalpaka 2002) scheinen Berichte über Supervisionserfahrungen dieser Tatsache kaum Rechnung zu tragen, selbst im Falle differenzierter Beiträge, die sich mit Erfahrungen von Produktion von Unbewusstheit in der Schule befassen (Grewe 1999). In meiner Arbeit bin ich vorwiegend mit deutschen Kollegien oder Teilen von Kollegien konfrontiert. Ausländische Lehrer werden wegen der Nicht-Anerkennung ihrer Abschlüsse nur für den muttersprachlichen Unterricht oder in internationalen Klassen als Deutschlehrer eingesetzt und selten in Supervisionsmaßnahmen einbezogen. Supervision, die ausdrücklich auf interkulturelle Themen fokussiert, wird vor allem angefragt, wenn es um Probleme im Umgang mit ausländischen Kindern und deren Familien geht. Die Lehrer fühlen sich ihrer Rolle als Experte angesichts der interkulturellen Herausforderung nicht gewachsen und tendieren dazu, die eigene Disqualifizierung an die Klienten weiterzugeben. Hier gilt es bei den Eingangsgesprächen anzudeuten, dass in einer interkulturellen Perspektive der Rahmen der Supervision offen für eine ganzheitliche Betrachtung bleiben soll. Es braucht Zeit bevor klar wird, dass interkulturelle Arbeit in der Schule eben das Sich-Einlassen auf einen Lernprozess mit den Schülern und deren Familien bedeutet. Man kann rekurrierende Themen feststellen. Auffallend ist zunächst die Sichtweise auf die Migranten als defizitär, hier als defizitäre Schüler und Eltern. Quasi per Definition sind sie diejenigen, die »Probleme haben« und »Probleme machen«. An solchen Theorien und Positionen wurde begründete Kritik geübt (Lutz 1995; Huth-Hildebrandt 1999; Hettlage-Varijas 1995; Rohr und Jansen 2002). Dennoch hält sich die Annahme einer permanenten Problemlage der Migranten, wenn die jüngere Migrantengeneration in den Blick genommen wird. Man spricht von der »Zerrissenheit« ihres Lebens zwischen vermeintlich stets sich ausschließenden und/oder widerstreitenden kulturellen Einflüssen und den damit einhergehenden Identitätsproblemen. Es gibt aber auch Beiträge, die die Lage Jugendlicher mit Migrantenhintergrund umfassend auch unter dem Aspekt der Ressourcen und der Zurückführung der Probleme auf die Nicht-Beachtung interkultureller Lebensentwürfe in institutionellen Kontexten analysieren (Rohr 2002; Eggert 2003). Das Thema »Identitätsproblem« taucht in der Supervision immer wieder nur in Bezug auf die junge Generation von Menschen mit Migrantenhintergrund auf. In der einseitigen Behandlung dieses interkulturellen Themas wird ausgeblendet, dass Schule und Lehrer unter dem Druck allgemeiner sozialer Veränderungen zu einem Überdenken ihrer *Identität* aufgerufen sind, und dass heutzutage Teilidentitäten nicht nur im beruflichen (Heltzel 2002), sondern auch im kulturellen Sinn verbreiteter Bestandteil von Biographien geworden sind. Lehrern fällt es schwer, sich vorzustellen, dass und inwiefern auch die Institution Schule Probleme hat und verursacht. Überfordert durch die heterogene Zusammensetzung ihrer Klassen klammern sie sich an die Gleichheitsforderung der Institution. Wie die Lehrer beteuern, entstehen Probleme, obwohl sie die Schüler »alle gleich behandeln«. Gerade das Ignorieren von Unterschieden steht jedoch einer realistischen Bestandsaufnahme und einer Gestaltung des Unterrichts im Wege, die der Ungleichheit von Voraussetzungen und von Interessen auch kultureller Natur Rechnung trägt. Der Zwang zur Gleichbehandlung verfestigt die Unterschiede, verhindert die Wahrnehmung von Ressourcen und die Entwicklung neuer Lösungen, die in den Dienst einer Veränderung der Schule im Interesse aller Beteiligten gestellt werden und Gleichheit schöpferisch herstellen können. In der Einstellung der Lehrer spiegelt sich die institutionelle Krise der monokulturellen deutschen Schule (Gogolin 2002), die ihre nationale Kultur gegen eine seit Jahrzehnten zunehmend interkulturelle Schülerschaft verteidigt, indem diese Tatsache in Curricula und Schulgesetzgebung nicht berücksichtigt wird. Die Schule steht vor diesen Problemen als wären sie neu. Tatsächlich ist sie jedoch seit ihrer Gründung mit Migrationsphänomenen konfrontiert, denen sie konsequent mit einer Politik der Neutralisierung von Differenzen und dem Bildungsprinzip einer gänzlichen Akkulturation auf die »höherwertige deutsche Kultur« begegnete (Gogolin und Nauck 2000). Komplementär zu diesem *Gleichheitszwang* ist die Tendenz, soziale, interpersonale und schulische Probleme zu ethnisieren/kulturalisieren und dadurch die Schülerschaft in kulturelle Gruppen aufzuteilen und zu fragmentieren. Diese Betonung von Unterschiedlichkeit führt dazu, dass Probleme der Lehrer und der Institution Schule, die eigentlich alle Schüler betreffen, als kulturelle Probleme zum Beispiel der Türken oder der Aussiedler gesehen werden. Hier kommt eine alte, bewährte Herrscherstrategie zum Einsatz: »divide et impera« (»teile und herrsche«). Damit werden gleichzeitig die Kulturen der Migranten als statische Gebilde behandelt, ganz so, als hätten sie sich im Aufnahmeland nicht stark verändert. Diese Dynamik von Gleichheitszwang und der Betonung und Marginalisierung der Differenzierung durch Fragmentierung dient letztendlich dazu, die Probleme den Migranten und ihren Familien zuzuspielen und die Institution Schule vom Wandel abzuschotten und monokulturell »rein« zu erhalten.

Interkulturelle Projektarbeit

Eine wichtige Voraussetzung für die erfolgreiche Durchführung von Projekten, die Migranten als Zielgruppe haben, liegt in der besonderen Berücksichtigung kultureller Faktoren in Bezug auf das Projektziel. Wenn es zu hoch gesteckt ist und folglich auch nicht erreicht werden kann, findet das Vorurteil über *Defizite* der Zielgruppe Bestätigung. Daher ist es wichtig, spezifische Ausgangsbedingungen zu berücksichtigen – z. B. ob es zweckmäßig ist, eine oder mehrere nationale Gruppen einzubeziehen, die kulturellen Besonderheiten und die soziale Situation der anvisierten Migrantengruppe und deren Kenntnisse der deutschen Sprache. Zentral ist auch die möglichst ausgewogene interkulturelle Besetzung des Teams. Die Einbeziehung von Organisationsberatung ist deshalb schon bei der Projektplanung sinnvoll.

Im Rahmen eines von einem ausländischen Verein initiierten und von der Europäischen Union finanzierten Projekts zur Wiedereingliederung von langzeitarbeitslosen Migrantinnen wird nach zehnmonatigen Requalifizierungsmaßnahmen ein Ausbildungsbetrieb für Dienstleistungen gegründet, der binnen eines Jahres von den Frauen übernommen und selbständig weitergeführt werden soll. Das sonst nur von deutschen Mitarbeiterinnen besetzte Team hat eine ausländische Projektleiterin, die erst bei Gründung des Betriebes eine ausländische Supervisorin sucht – zum Ausgleich, wie ich sofort denke, ihrer (privilegierten) Minderheitsposition. Die Supervision schleppt sich dahin. Bald kommt es zwischen der Leiterin und ihrem deutschen Team zu Konflikten. Die deutschen Mitarbeiterinnen erkennen die Kompetenz der Leiterin nicht an und zeigen, dass sie sich für die besseren Experten für die Wiedereingliederung der Frauen halten. Im Team entwickelt sich eine verkehrte Welt, wo plötzlich nicht mehr Deutsche, sondern Ausländer die Definition über Integrationsformen haben. Als dieser Konflikt ausgesprochen wird, folgt eine Reihe angespannter Gespräche. Nach und nach wird deutlich, dass Team und Leiterin von Insuffizienzgefühlen geplagt sind und fürchten, das Projektziel nicht erreichen zu können. Das erweist sich als eine real begründete Angst. Eine nachträgliche Analyse zeigt, dass die Teilnehmerinnen zur Übernahme des Betriebs nicht nur ihre fachlichen Kenntnisse vertiefen, sondern auch gegenseitiges Vertrauen und Solidarität entwickeln müssen. Das kann in so kurzer Zeit kaum gelingen, zumal bei Frauen, die sich bis dato nicht kannten, denen eine gemeinsame sprachliche Basis fehlt, weil sie aus verschiedenen Ländern stammen und des Deutschen wenig mächtig sind, und die durch die lange Arbeitslosigkeit keinen Unternehmergeist ausgebildet haben. Der Konflikt im Team ist eine Spiegelung der Organisationsschwäche, wobei beide Parteien – den Misserfolg vorwegnehmend – den Grund in den fehlenden kulturellen Kompetenzen der anderen sehen.

Supervision in Migrantenorganisationen

Migrantenorganisationen unterscheiden sich unter soziologischen, politischen und organisatorischen Gesichtspunkten voneinander (Jungk 2002). Gemeinsam ist ihnen, dass in ihrer Zielsetzung der Hauptakzent auf Hilfeleistung liegt. In ihrer Organisationsform und in der generationalen Teamzusammensetzung zeigt sich die wechselvolle Geschichte der Migration nach Deutschland, die spezifische Situation und Verarbeitungsmodi der unterschiedlichen Migrantengenerationen und Migrantengruppen im Umgang mit dem Leben in einem »Nicht-Einwanderungsland«.

Bei diesen Organisationen handelt es sich um einen sehr heterogenen Bereich. Darin vertreten sind Institutionen, die sich im Auftrag des jeweiligen Staates für die Probleme und Belange der eigenen Landsleute einsetzen, eine Vielzahl von ausländischen Vereinen mit lokaler, regionaler oder bundesweiter

Wirkungssphäre und in einigen Bundesländern auch Ausländerbeiräte als offizielles lokales Sprachrohr aller Ausländergruppen in einer Kommune. Es gibt auch eine wachsende Anzahl von Verbänden, die interkulturelle Interessen ohne Unterscheidung nationaler Gruppen übergreifend vertreten, z. B. »Interessengemeinschaften« zugunsten bikultureller Ehen, Partnerschaften und bikultureller Kinder. Diese verweisen auf die faktische Existenz einer interkulturell heterogenen Gesellschaft und auf die Notwendigkeit, gemeinsam adäquate Formen der Vergesellschaftung zu finden. Während supervisorische Anfragen seitens großer Organisationen häufig sind, hält Supervision in mittlere und kleine ausländische Vereine und in die Ausländerbeiräte nur zögerlich Einzug. Dies hängt mit den geringen finanziellen Ressourcen, aber auch mit der Reserviertheit gegenüber einer Intervention, hinter der man eine nicht vertraute, psychologische Herangehensweise vermutet, zusammen.

In diesem Bereich habe ich durch fokale Interventionen als Teamsupervisorin zur Klärung von Teamkonflikten und als Organisationsberaterin in der Ausrichtung von gezielten Maßnahmen gearbeitet:

Das Team des Ausländerbeirats einer kleinen Gemeinde fragt nach einer Intervention zur Klärung eines Konfliktes mit den Mitgliedern eines deutsch-ausländischen Vereins, aus dem sich zum Teil das heutige Team des Ausländerbeirats rekrutierte. Der »Ursprungsverein« hat seit über zwanzig Jahren in der Migrantenarbeit Pionierarbeit geleistet. Seine Interventionen zielten von Anfang an auf ein Miteinander von Ausländern und Deutschen, wobei kulturelle Differenzen und Ressourcen beachtet und diskutiert wurden, lange bevor sie allenthalben in den Blickpunkt gerückt waren. Neuerdings äußert sich der Ursprungsverein kritisch in Bezug auf den Ausländerbeirat und dessen Leiterin und wirft ihnen eine unprofessionelle Arbeitsweise vor. Beide Parteien sind an einer Klärung des Konfliktes interessiert, da Streitigkeiten zwischen ihnen zur Minderung des Einflusses auf der kommunalen Ebene führen. In den Sitzungen wird vielfach Bezug auf die gemeinsame, schöpferische Arbeit im »Ursprungsverein« genommen. In der »guten alten Zeit« spielten die deutschen Mitglieder als die besseren Kenner des Einsatzfeldes eine wichtige Rolle. Jetzt stehen sie voller Unverständnis vor dem Umfang der Arbeit, die der Ausländerbeirat entfaltet. Was sie als zu unspezifische, breite Betätigung kritisieren, entspricht aber der institutionellen Aufgabe des Ausländerbeirats als Vertreter der Belange der ausländischen Bevölkerung. In dem Konflikt vollzieht sich der Übergang von einer Pionierphase der Arbeit innerhalb eines Bekannten- und Freundeskreis hin zu einer Arbeit in einer öffentlichen Institution, von der Phase der Unterstützung der Migranten zu ihrer Ablösung und zu ihrem Selbstständigwerden. Das Nachvollziehen dieser Entwicklung und der Veränderung des institutionellen Rahmens helfen, die Irritationen und Entwertungen aufzuklären.

Schluss

Supervision in interkulturellen Kontexten verlangt nach spezifischen Kenntnissen, nach der Erweiterung der Sichtweise auf gesellschaftliche und institutionelle Zusammenhänge und die Reflexion der eigenen kulturell bedingten *blinden Flecken*. Das konfrontiert die Supervision auch mit der Aufgabe, die Definition ihrer Arbeitsweise als prinzipiell interkulturell neu zu überdenken. In seinem berühmten »Exkursus über den Fremden« bestimmte Georg Simmel den Fremden als jemanden »der heute kommt und morgen bleibt« (Simmel 1982). Supervisorinnen und Supervisoren, die in ihrem Land arbeiten, sind keine Fremden, ihre Arbeit kann nicht immer als interkulturell bezeichnet werden. Sie kommen vorwiegend als Externe in Institutionen und Organisationen und bleiben nicht darin, vielmehr werden Dauer und Art ihres Aufenthalts klar vereinbart, dies gehört zu den Prämissen einer professionellen Supervision. Sie arbeiten zwischen Organisations- und Institutionswelten und im Rahmen deren jeweils spezifischem »kulturellen« Kontext. Dieser gehört aber zu dem komplexen Ganzen einer gemeinsamen Kultur im Sinne geteilter Muster von Kommunikation, Fühlen und Handeln, einer geteilten Geschichte, einer gemeinsamen Zugehörigkeit zu einem Land/Nation qua Besitz der bürgerlichen Rechte. Diese Unterscheidung stellt nicht den Erkenntniswert der Übernahme der »*Rolle des Fremden*« im Umgang mit Organisationen und Institutionen in Frage (Haubl 2002, S. 102). Sie will vielmehr zeigen, welche Relativierung sie bei Einbeziehung der Perspektive der Supervision in interkulturellen Kontexten im eigenem Lande erfährt. Denn hier ist entscheidend, Unterschiede nicht auszublenden, das Fremde fremd sein zu lassen, Konstruktionen von Ungleichheit auf der Basis der Aufrechterhaltung und Institutionalisierung des Fremden wahrzunehmen und die eigenen, – auch professionellen – Referenzbezüge zu relativieren.

Literatur

Akashe-Böhme, F. (1993): Frausein-Fremdsein. Frankfurt am Main (Fischer).
Badawia, T. (2002): Der dritte Stuhl. Eine Grounded Theory-Studie zum kreativen Umgang bildungserfolgreicher Immigranten- Jugendlicher mit kultureller Differenz. Frankfurt, London (Iko-Verlag für interkulturelle Kommunikation).
Bade, K.J. (1983): Vom Auswanderungsland zum Einwanderungsland? Deutschland 1890-1980. Berlin (Colloqium).
Bade, K.J. (2000): Europa in Bewegung. Migration vom späten 18. Jahrhundert bis zur Gegenwart. München (Beck).
Berner, C. (2002): Handlungs- und Orientierungsmuster global agierender Topmanager. In: Supervision 4, S. 20–25.

Bhabha, H. K. (2000): Die Verortung der Kulturen. Tübingen (Stauffenburg).
Bianchi Schaeffer, M. G. (1994): Rassismus und Gruppenanalyse. In: Arbeitshefte Gruppenanalyse 2, S. 8–16.
Bianchi Schaeffer, M.G (1996): Ausländische Therapeutinnen. Fremdenhass und die Auseinandersetzung mit der eigenen Nationalität. In: Kiesel, D., Kriechhammer-Yagmur, S., von Lüpke, H. (Hg.): Gestörte Übertragung. Ethno-kulturelle Dimensionen im psychotherapeutischen Prozess. Frankfurt (Haag + Herchen), S. 97–108.
Bielefeld, U. (2000): Das Konzept des Fremden und die Wirklichkeit des Imaginären. In: Bielefeld, U. (Hg.): Das Eigene und das Fremde. Neuer Rassismus in der alten Welt? Hamburger Institut für Sozialforschung. Hamburg (Junius).
Bloch, E.(1985): Das Prinzip Hoffnung. Frankfurt am Main (Suhrkamp).
Bohn, U. (2002): Beratung in globaler Kontext- Eine Standortbestimmung. In: Supervision 4, S.11–15.
Bonadie-Arning, S. (1993): »Rassisch« gemischte Gruppen – ein Erfahrungsbericht einer schwarzen Frau. In: Arbeitshefte Gruppenanalyse 2, S. 38–49.
Bram A.D., Gabbard, G.O. (2001): Potential space and reflective functioning. International Journal of Psychoanalysis 82, S. 685–699.
De Certeau, M.(1994): La culture au pluriel. Paris (Edition de Seuil).
Dalal, F. (1993): Hautfarbe und Psychotherapie. In: Arbeitshefte Gruppenanalyse 2, S. 50–62.
Deutsches PISA-Konsortium (Hg.) (2001): Pisa 2000. Basiskompetenzen von Schülerinnen und Schüler im internationalen Vergleich. Opladen (Leske Büdrich).
Devereux, G. (1974): Normal und anormal. Frankfurt am Main (Suhrkamp).
Duerr, H. P. (2002): Die Tatsachen des Lebens. Der Mythos vom Zivilisationsprozess. Band 5. Frankfurt am Main (Suhrkamp).
Elias, N. (1969): Über den Prozess der Zivilisation. Soziogenetische und psychogenetische Untersuchungen. Bern-München (Francke Verlag).
Elias, N. (1989): Über die Deutschen. Frankfurt am Main (Suhrkamp).
Erdheim, M.(1982): Die gesellschaftliche Produktion von Unbewusstheit. Frankfurt am Main (Suhrkamp).
Fanon, F. (1981): Schwarze Haut, weiße Maske. Frankfurt am Main (Syndikat Verlag).
Fatzer, G. (1993): Organisationsentwicklung für die Zukunft. Köln (Edition humanistische Psychologie).
Fatzer, G. (Hg.) (1996): Organisationsentwicklung und Supervision. Köln (Edition humanistische Psychologie).
Frey, S. , Kalpaka, A. (2002): Potentiale und Hindernisse auf dem Weg zur interkulturellen Öffnung in der Aus- und Weiterbildung. Schlaglichter und die »normale« Weiterbildung in Supervision. In: Supervision 4, S. 26–37.

Gerndt, H. (2002) Kulturwissenschaft in Zeitalter der Globalisierung. Volkskundliche Markierungen. Münster, New York (Waxmann).

Gogolin, I. (1994): Der monolinguale Habitus der multilingualen Schule. Münster/New York (Waxmann).

Gogolin, I., Nauck, B. (Hg.) (2000): Migration, gesellschaftliche Differenzierung und Bildung. Resultate des Forschungsschwerpunkt-Programms FABER. Opladen (Leske- Budrich).

Grewe, B. (1999): Was nicht mehr wahrgenommen wird, verwahrlost. Erfahrungen mit der Produktion von Unbewusstheit in der Schule. In: Forum Supervision 13, S. 42–54.

Haas, R. (2000): Supervision als Forschungsmethode. Erfahrungen einer Ethnologin. In: Pühl, H. (Hg.): Handbuch der Supervsion 2, S. 262–269.

Haubl, R. (2002): Der Teamsupervisor als neues Organsationsmitglied. In: Jahrbuch für Gruppenanalyse 8, S. 85–113.

Heltzel, R. (2002): Wie integrieren wir verschiedene Zugehörigkeiten? In: gruppenanalyse 12 (1), S. 81–86.

Herbert, U. (2001): Geschichte der Ausländerpolitik in Deutschland. Saisonarbeiter, Zwangsarbeiter, Gastarbeiter, Flüchtlinge. München (C.H. Beck Verlag).

Hettlage-Varjas, A., Hettlage, R. (1995): Übergangsidentitäten im Migrationsprozess. In: Zeitschrift für Frauenforschung 3, S. 13–26.

Hofstede, G. (1993): Interkulturelle Zusammenarbeit: Kulturen- Organisationen- Management. Wiesbaden (Gabler).

Holzer, B. (2002): Transnationale Unternehmer: Globalisierung als Chance und Problem. In: Supervision 4, S. 16–19.

Holzhauser, M. (2003) Begeleitung internationaler Teams. Ein Bericht aus der Praxis. In: Supervision 1, S. 121–8.

Huth-Hildebrandt, C. (1999): Die fremde Frau. Auf den Spuren eines Konstrukts der Migrationsforschung. Interkulturelle Studien 29. Münster (Arbeitsstelle für Interkulturelle Studien).

Janson, C. (2002): Regression und Depression als Reaktion auf Identitätskrisen. Zur Situation von Spätaussiedlerinnen und Spätaussiedlern in Deutschland. In: Supervision 4, S. 44–50.

Kalpaka, A. (2002): Heterogenität und Homogenisierungsdruck. Anforderungen an das professionelle Handeln in der Einwanderungsgesellschaft. In: Supervision 4, S. 38–43.

Kiesel, D. (1996): Das Dilemma der Differenz: Zur Kritik der Kulturalismus in der interkulturellen Pädagogik. Frankfurt am Main (Cooperative-Verlag).

Koopmann, A. (1994): Transcultural Management. Ein umweltorientiertes Modell interkultureller Organsaktionsberatung. Köln (Humanistische Psychologie).

Kristeva, J. (1990): Fremde sind wir uns selbst. Frankfurt am Main (Suhrkamp).
Kruse, K. (199): Supervision in interkulturellen Kontexten. In: Supervision 35, S. 38–51.
Kuper, A. (1999) : Culture. Cambridge, Mass. and London (Harvard UP).
Lutz H. (1995): Ist Kultur Schicksal? Über Konstruktion von Kultur und Migration. In: Karpf, E. (Hg.): Getürkte Bilder. Zur Inszenierung von Fremden in Film. Arnoldsheimer Filmgespräche. Frankfurt am Main (Haag + Herchen), S. 77–97.
Ott, M. (1999): Alles verstanden, nichts begriffen? Global Players zwischen Kultur und Konflikt. In: Götz, K. (Hg.): Interkulturelles Lernen /Interkulturelles Training. München (Hampp), S. 235–253.
Messerschmidt, A. (2002): Perspektivenwechsel in der interkulturellen Erwachsenbildung. Anmerkungen zu Marginalisierung und Wiederständigkeit. In: Hessische Blätter für Volksbildung 1, S. 6–15.
Möller, H. (2001): Was ist gute Supervision? Stuttgart (Klett–Cotta).
Peters, T., Waterman, R. (1984): Auf der Suche nach Spitzenleistungen. Landsberg (Verlag Moderne Industrie).
Prosser, M. H. (1989): The Cultural Dialogue. An Introduction to intercultural Communication. Boston (Houghton-Mifflin).
Radtke, F.O. (2000): Lob der Gleich-Gültigkeit. Die Konstruktion des Fremden im Diskurs der Multikulturalismus. In: Bielefeld, U. (Hg.) Das Eigene und das Fremde. Neuer Rassismus in der alten Welt? Hamburger Institut für Sozialforschung. Hamburg (Junius), S. 79–96.
Rohr, E., Jansen, M. (2002) (Hg.): Grenzgängerinnen Frauen auf der Flucht, im Exil und in der Migration. Gießen (Psychosozial).
Roth, J. (2003): Zwischen Kulturtheorie und sozialer Praxis: Überlegungen zu einem interkulturellen Weiterbildungsprogramm für Volkshochschulen in Bayern. Unveröffentlichtes Manuskript.
Rütz-Lewerenz, G. (1998): Interkulturelle Kompetenz in der Supervision. In: Deutsche Gesellschaft für Supervision aktuell 4, S. 14.
Said, E.W. (1993): Culture and Imperialism. London (Chatto & Windus Ltd).
Said, E.W. (1995): Orientalism. Western Conception of the Orient. London (Penguin).
Schein, E.H. (1995): Unternehmenskultur. Frankfurt am Main (Suhrkamp).
Schiffauer, W. (1996): Die Angst der Differenz. Zu den Strömungen in der Kulturanthropologie. In: Zeitschrift für Volkskunde 92, S. 20–31.
Schlippe, von A., El Hachimi, M., Jürgens, G. (2003): Multikulturelle Systemische Praxis: ein Reiseführer für Beratung, Therapie und Supervision. Heidelberg (Carl-Auer-System-Verlag).
Schreyögg, A. (1994): Supervisionsausbildung im Multi-Kulti-Setting. In: Organisation, Supervision, Clinical Management 2, S. 185–189.

Simmel, G. (1908): Exkurs über den Fremden. In: Simmel, G.: Gesamtausgabe 11. Frankfurt am Main (Suhrkamp), S. 764–721.

Soeffner, H. (1988): Kulturmythos und kulturelle Realität(en). In: Soeffner, H. (Hg.): Kultur und Alltag. Göttingen (Schwartz), S. 3–20.

Taschl, S. (2003): Wenn Supervisoren reisen. Was bei europäischer Arbeit von Supervisoren und Supervisorinnen entsteht. Erfahrungen und Reflexionen anhand des Projekts HASI. In: Supervision 1, S. 5–11.

Taylor, Ch. (1993): Multikulturalismus und die Politik der Anerkennung. Frankfurt am Main (Fischer).

Thomas, A. (1999): Kultur als Orientierungssystem und Kulturstandards als Bauteil. In: IMIS-Beiträge 10, Universität Osnabrück, S. 91–130.

Waldenfels, B. (1997): Topographie des Fremden. Frankfurt (Suhrkamp).

Wein, A., Themel, M. (2003): Supervision in internationalen Hilfsprojekten. In: Supervision 1, S. 19–22.

Das Krankenhaus als »Kriegsschauplatz« und/oder als Ort für Gruppenanalyse und ihre Anwendungen

Ulrich Schultz-Venrath

In den siebziger Jahren schockierte ein Bildungsroman von Samuel Shem – »House of God« (Shem 1996) – aus dem Krankenhausärzte-Milieu die amerikanische Öffentlichkeit. Durch einen nicht mehr zu bewältigenden Arbeitsalltag führte das Aufeinanderprallen von medizinischer Theorie und Praxis, ethischem Anspruch und ekelerregender Wirklichkeit dazu, dass anfänglich hoch motivierte Medizinstudenten zu abgebrühten, sexualisierenden und sexualisierten, zynischen Ärzten wurden, deren Ziel nicht mehr darin bestand, Patienten möglichst rasch und effektiv zu helfen, sondern sie schnellstmöglich in ein anderes Krankenhaus zu verlegen. Patienten wurden in Gomers – *Get out of my emergency room* – oder Nicht-Gomers, Krankenschwestern und Reinigungskräfte zu rasch wechselnden Sexualobjekten eingeteilt:

> »Sie streifte meinen Arm mit ihrer Brust, ließ das Kleid aufgeknüpft, und zusätzlich zu ihrer gestreckten Beuge zeigte sie noch mehr aus ihrem Repertoire, darunter das, was der Dicke das ›Blitz-Setzen‹ nannte: Wenn in dem Augenblick zwischen Hinsetzen und Überschlagen der Beine das phantastische Dreieck aufblitzt, das französische Röschen, das sich über dem weichen mons wölbt wie ein Spinnaker vor den sanften blonden Passatwinden. Obwohl ich medizinisch alles über diese Organe wusste und meine Hände ständig in erkrankten Exemplaren hatte, begehrte ich sie. Und da ich es mir gesund und jung und frisch vorstellte und blond und sanftweich und prickelnd, begehrte ich sie umso mehr« (Shem 1996, S. 170).

Hinter dem Pseudonym Samuel Shem verbarg sich Stephen J. Bergman, Professor für Psychiatrie an der Harvard Medical School, der sich mit zahlreichen Vorträgen über das Thema: »Wie kann man in der Medizin menschlich bleiben« einen Namen gemacht hatte. Vermutlich ist es kein Zufall, dass besonders Psychiater, Psychosomatiker, aber auch Psychotherapeuten und Psychoanalytiker diese unmenschlichen Zustände in Krankenhäusern früher als andere Berufsgruppen bisher im Krankenhaus intensiv wahrnahmen und kritisierten.

Das Krankenhaus zu Beginn des 21. Jahrhunderts und fast 60 Jahre nach Ende des Zweiten Weltkriegs als »Kriegsschauplatz« anzusehen, mag Empörung auslösen, weil entweder sofort eine maßlose Übertreibung oder aber eine Verharmlosung des Krieges vermutet wird, wovor Anführungszeichen nicht zu schützen scheinen. Dennoch werden die aktuellen Auseinandersetzungen um eine strukturelle Gesundheitsreform sprachlich kriegerisch ausgedrückt, und deren Auswirkungen auf die Mitarbeiter des Gesundheitssystems sind durchaus im Sinne von »Kriegsfolgen« psychisch und physisch existenziell. Suizide durch Ärzte oder Pflegepersonal in der Klinik gehören als Symptome ebenso dazu wie psychische Erkrankungen und steigende Insolvenzen von Arztpraxen oder Kliniken (»Klinik-Schließungen«, Süddeutsche Zeitung vom 25.08.2004): So berichtete die Marburger Bund Zeitung (MBZ) am 31. Oktober 2003 auf ihrer Titelseite ausführlich über den Selbstmord eines 52-jährigen chirurgischen Oberarztes, der sich in seinem Arbeitszimmer in einer niedersächsischen Klinik erschossen hatte.

Nicht selten kommt es aufgrund völlig unterschiedlicher Erwartungen und Zielvorstellungen zwischen Träger, Geschäftsführung, Mitarbeitern und ärztlicher Leitung zu Friktionen, die gelegentlich in einer überhasteten Kündigung des ärztlichen Direktors oder Chefarztes münden. Durch dieses resolut wirkende Agieren nach außen wird letztlich unbewusst jegliche persönliche und institutionelle Veränderung vermieden. Meist lässt sich beobachten, dass die Verabschiedung von alten Handlungsroutinen nur als kognitiver, und nicht in erster Linie als emotionaler Prozess für die gesamte Organisation verstanden wurde (Kets de Vries und Balazs 2000).

Die Titel-Kriegsmetapher hat noch einen anderen Hintergrund: Es ist ein selten erwähntes Phänomen, dass gerade Kliniken für Psychosomatik und Psychotherapie ihre ursprüngliche Entstehung nicht unwesentlich dem Krieg verdanken, wobei der Erste Weltkrieg einen besonderen Entwicklungsschub für die stationäre psychoanalytische Behandlung und der Zweite Weltkrieg einen ebensolchen für die Entwicklung und Etablierung der Gruppenanalyse in solchen Lazaretten bedeutete. So waren im Ersten Weltkrieg einige Psychoanalytiker in leitende Positionen in Kriegsneurosen-Lazarette gerückt, wie etwa Karl Abraham als Leiter der psychiatrischen Station beim XX. Armeekorps in Allenstein, Max Eitington als Chefarzt der Beobachtungsabteilung in Kassa, Sandor Ferenczi als Chefarzt der Nervenabteilung im Maria-Valerie-Barackenspital in Budapest und Ernst Simmel als Leiter eines Kriegsneurosenlazaretts in Posen. Der Erste und noch mehr der Zweite Weltkrieg waren Voraussetzung dafür, dass sich die psychosomatische Medizin, insbesondere die stationäre psychosomatische Versorgung – und die Psychoanalyse – therapeutisch viel versprechend am massenhaften Auftreten funktioneller Störungen beweisen und damit einen ersten Achtungserfolg gegenüber den somatischen Disziplinen erzielen konnte. Das relativ rasche Kriegsende des Ersten Weltkriegs hatte sogar zu einer diskreten Enttäuschung unter den Psychoanalytikern geführt, die sich ein noch besseres Verständnis der Kriegsneurosen und damit einhergehend eine bessere Stellung in der somatischen Medizin versprochen hatten: »Die Gelegenheit zu einer gründlichen Erforschung dieser Affektionen war nun leider versäumt. Man muss hinzufügen: sie wird hoffentlich nicht so bald wiederkommen« (Freud 1919d, S. 321)

Wilfred R. Bion, dem im Zweiten Weltkrieg als Leiter einer Kriegsneurosen-Station nach kurzer Tätigkeit gekündigt worden war, hatte sich wie Sigmund Heinrich Foulkes mit Untersuchungen und Beobachtungen über die unbewusste Funktionsweise von selbstorganisierten Gruppen bahnbrechend hervorgetan (Bion 1990; Foulkes 1974).

Aktuelle Rahmenbedingungen

Der hohe Anteil für Gesundheitsausgaben am Bruttosozialprodukt (> 10%) wird von einer zunehmenden Zahl von Kritikern inzwischen als Hinweis dafür gesehen, dass in den Industrienationen eine Art fundamentalistische »Gesundheitsreligion« die Weltreligionen zu ersetzen scheint: High-Tech-Heilsutopien werden suggeriert und eine gigantische Industrie mit trügerischen Versprechungen treibt die sehnsüchtigen Massen den Gesundheitspäpsten, Fitnessgurus und Wellness-Propheten zu (Lütz 2004). Insofern sind politische Überlegungen, wie Ausgaben und Verteilungskämpfe ökonomisch am sinnvollsten gestaltet werden können, zur Zeit auf allen Ebenen im Gange, ohne dass sich durchschlagende Präferenzen bezüglich der besten Versicherungskonstellation (Bürgerversicherung versus Kopfpauschale) oder aber der Ausgaben (ambulant oder stationär, oder für neu konstruierte Versorgungskonzepte) abzeichnen, nicht zuletzt auch deshalb, weil die Lobbyisten der verschiedenen Systeme ihre Interessen mächtig und offenbar ziemlich erfolgreich vertreten.

Weithin wird das Gesundheitssystem in Deutschland z. Zt. als krank angesehen, dessen »Heiler« sich bekanntlich in einem »Haifischbecken« tummeln. Mit dieser journalistischen Formulierung ist intendiert, dass die Partialinteressen der am Gesundheitswesen ökonomisch Beteiligten offenbar in einem existenziellen Kampf verstrickt sind, wobei dem Hai in dieser Sprachregelung unbemerkt eine ungefährdete Stellung zugeordnet wird, da dieser eigentlich von niemandem bedroht werden kann und unklar bleibt, wer der Hai in unserem Gesundheitssystem ist. Dennoch kann davon ausgegangen werden, dass das Ende des ökonomischen Drucks durch die gegenwärtige gesundheitspolitische Strukturkrise, noch nicht abzusehen ist.

Im Krankenhausbereich ist gesundheitspolitisch eine Reduzierung der Bettenzahl (z. B. allein in NRW 9000 Betten in den nächsten zwei bis drei Jahren) geplant, die auch mit einer Reduzierung der Kliniken (10–15% in den nächsten fünf Jahren) einhergehen soll und insbesondere eine Bedrohung derjenigen Kliniken darstellt, die weniger als 200 Betten haben. Dabei ist noch relativ unbekannt, welche Kliniken geschlossen werden sollen, was die Lage von Führung und Mitarbeitern nicht leichter macht. Politisch gewünscht ist z. Zt. eine Bildung von Schwerpunktkliniken mit attraktiven klinischen Angeboten (z. B. mit weniger chirurgischen und gynäkologischen Betten), die im Rahmen integrierter Versorgung und Vernetzung mit anderen Dienstleistern (ambulant, teilstationär, stationär und Rehabilitation) zu möglichst kurzen stationären Aufenthalten für Patienten und damit zu einer Minimierung der Kosten führen sollen.

Um die spezifischen Probleme von Krankenhäusern im Gesundheitssystem der Bundesrepublik Deutschland zu Anfang des 21. Jahrhunderts besser verstehen zu können, welches als zu teuer, als zu ineffizient oder gar als unmenschlich kritisiert wird, bedarf es einer theoretischen Perspektive, die der Komplexität der gegenwärtigen gesundheits- und sozialpolitischen Verhältnisse Rechnung trägt. Neben gruppen- und organisationsanalytischen Theorien (Obholzer und Roberts 1994; Lohmer 2000) sind Einsichten der soziologischen Systemtheorie, wie sie z. B. Niklas Luhmann und seine Schüler (Baecker 1999) in zahlreichen Studien ausgearbeitet haben, besonders hilfreich.

Methodische Überlegungen

Nach Luhmann (1984) ist für moderne Gesellschaften wesentlich, dass sie in Funktionssysteme untergliedert und damit funktional differenziert sind. »Die Leistungen, die für ihre Erhaltung notwendig sind und die ihre Entwicklung vorantreiben, werden in jeweils eigenen Systemen (...) bearbeitet« (Kraft 2004, S. 252). Dieses Prinzip der Differenzierung führt dazu, dass das System sich in sich selbst multipliziert: Es existiert dann nicht nur als Gesellschaft mit Außengrenzen, sondern immer zugleich auch als Differenz von Teilsystem und dessen innergesellschaftlicher Umwelt (Luhmann 1983a). Diese soziologische Perspektive ist in der Gruppenanalyse nicht unbekannt: die Matrix von Kleingruppen und deren unbewusste Konflikte wiederholen sich spezifisch in der Großgruppe einer Organisation. Dies aber macht die Komplexität der modernen Gesellschaft aus, die damit »in sich selbst sozusagen mehrfach vorkommt« (Luhmann 1983b, S. 170). Das heißt aber auch, dass es keinen funktionsunabhängigen Beobachtungsstandpunkt mehr gibt, was auch für die Kritiker des Systems gilt. »Die Gesellschaft hat weder Zentrum noch Spitze. Kein Funktionssystem, auch nicht die Politik, auch nicht die Wirtschaft und nicht einmal die Religion, kann einen über die eigene Funktion hinausgehenden Platz beanspruchen« (Luhmann 1983a, S. 30). Dies bedeutet für moderne Gesellschaften, und auch für deren Krankenhäuser, dass das typische Strukturprinzip funktionaler Differenzierung einerseits die Autonomie der Teilsysteme und andererseits gleichzeitig deren wechselseitige Abhängigkeit steigert (Luhmann 1983a, S. 31f). Teilsysteme orientieren sich dabei an dem einfachen Prinzip: »je besser, desto besser«. Sie streben danach, ihre Funktionen ständig zu optimieren und sind damit auf Wachstum angelegt. Selbstbeschränkung ist ihnen strukturell fremd (Luhmann 1983b, S. 171). Da darüber hinaus jedes Teilsystem seine Operationen mit Hilfe der ›binären Kodierung‹ (z. B. wahr/unwahr in der Wissenschaft oder krank/gesund im Gesundheitswesen) strukturiert, sind in einem Konkurrenzsystem von Krankenhäusern als strukturell zunächst gleichen Organisationen *Krankheiten* von positivem, *Gesundheit* von negativem Wert:

> »Nur ›Krankheit‹ entscheidet über die Anschlüsse des Systems: der Krankenschein, die Überweisung, Diagnoseprozeduren, Behandlungsvorschläge, Verschreibungen, Operationen, Kuren und dergleichen mehr. Nur Krankheiten sind für den Arzt instruktiv; Gesundheit hingegen gibt nichts zu tun. Sie reflektiert allenfalls das, was fehlt, um krank zu sein« (Kraft 2004, S. 253).

Systemtheoretisch ist das Gesundheitssystem folglich ein »Krankheitssystem« (Luhmann 1983a), welches vor allem Krankheiten und Patienten braucht, um zu überleben, wobei die jüngeren Bestrebungen von Krankenhäusern, sich mit Gesundheitszentren und Wellness-Institutionen am Markt zu behaupten, vielleicht nicht nur ökonomisch ein erster Hinweis dafür sind, aus dieser Paradoxie aussteigen zu wollen, zumal sich der Gesundheitsmarkt als lukrativ darstellt. Sprachlich fand diese systemimmanente Ausweitung und »Globalisierung« seinen Niederschlag in den letzten zwei Dezennien des 20. Jahrhunderts z. B. in der Formulierung der *Psychiatrisierung des Alltags* (Castel u. a. 1982) oder aber auch in der *Medikalisierung der Gesellschaft* (Bauch 1996).

Die Beschränkung erfolgt ausschließlich durch das Geld, dessen Mangel als Ursache für fehlende Qualität in den verschiedensten sozialen Einrichtungen allenthalben beklagt wird.

> »›Mehr Geld‹ ist der kategorische Optativ dieser Gesellschaft, gerade weil alle Erhaltungs- und Steigerungsansprüche damit in Gang gehalten werden können; und ›weniger Geld‹ ist zugleich das einzige Regulativ, das auf der Ebene symbolischer Kommunikation die Grenzen des Erreichbaren (also auch die Umwelt der Gesellschaft) repräsentiert« (Luhmann 1983a, S. 38f).

Dadurch verwandelt sich der Druck von außen zum Druck im Inneren mit der gegenwärtig im gesamten Gesundheitssystem, aber besonders in Krankenhäusern zu beobachtenden Folge, dass die Zahl, aber auch die Qualität der Konflikte an

Intensität zuzunehmen scheint (Zahlen zu diesen Ereignissen liegen nicht vor) und sich die Auseinandersetzungen verschärfen (Bruns 2001). Diese Konflikte, die sowohl als vertikale wie horizontale Auseinandersetzungen in Erscheinung treten, führen in der Regel deswegen ein (manchmal sogar juristisches) Eigenleben, weil die Führungskräfte solcher Krankenhäuser für diese Aufgaben entweder überhaupt nicht oder zumindest nur partiell oder vereinzelt ausgebildet wurden. Krankenhäuser versuchen diese Spannungszunahme, die auch durch eine neue Flexibilität des modernen Kapitalismus verursacht wird (Sennett 1998), mit Leitbildern, total quality management (TQM), corporate identity, Organisations- und Unternehmenskultur, Netzwerkbildung und Qualitätszertifizierung zu kanalisieren, um der drohenden Desorganisation der Organisation, die sich der festen Kopplung von Zielen, Verfahren, Personal und Ressourcen verschrieben hat, entgegenzuwirken. Diese Bemühungen folgen nicht selten der veralteten Managementtheorie, »*Management als eine rationale Aktivität*« anzusehen, »die sich darauf konzentriert, Unternehmen eine arbeitsteilige Struktur zu geben und diese Struktur dann über Strategien zu steuern« (Baecker 1999).

Diese traditionelle, an Rationalität orientierte Managementtheorie übersieht in der Regel aber sowohl die unbewussten Ressourcen als auch die unbewussten Widerstände gegenüber jeder notwendigen organisatorischen Veränderung, die in Hilfsorganisationen wie sie Krankenhäuser darstellen, sowohl auf Führungsebene wie auf Mitarbeiterebene in spezifischer Weise ausagiert werden. Das Interesse an dieser allgemeinen Erfahrung, »dass Pläne, die gemacht wurden, nicht ausgeführt werden; dass Entscheidungen, die getroffen wurden, nicht in die Tat umgesetzt werden; und dass Zeitpläne sich offensichtlich als irgendwie undurchführbar erweisen« (Obholzer 1997, S. 17) wurde systematischer erst durch Mitarbeiter der Tavistock-Klinik mit kleinianischer und postkleinianischer Perspektive (Palmer 2001), inzwischen aber auch im deutschen Sprachraum durch verschiedene Autoren geweckt, die sich mehr der Gruppenanalyse nach Foulkes verpflichtet fühlen, der mit den Vertretern der Tavistock-Klinik sein Leben lang rivalisierte.

Wegen der radikalen Veränderungen der post-modernen Organisationen und ihrer Führungsaufgabe ist die Integration beider Ansätze, das Unbewusste bei der Arbeit bzw. die Psychodynamik der Organisation besser zu verstehen, heute mehr denn je erforderlich. Allerdings wird ohne gruppenanalytische Ausbildung keine Organisationsanalyse fundiert möglich sein. Andererseits können psychoanalytische Modelle nicht für sich allein beanspruchen, ein hinreichendes Verständnis und Management von Organisationen mit ihrer Theorie zur Verfügung zu stellen. Sie müssen vielmehr in Verbindung und Zusammenarbeit mit »sozialpsychologischen Theorien, mit Managementtheorien und anderen Theorien, die sich auf die Beobachtung der äußeren Realität richten, angewandt werden« (Obholzer 1997, S. 18).

Daneben gibt es noch eine ganze Reihe von verschiedenen organisationsanalytischen Ansätzen, die theoretisch eine Organisation als eine von der Psyche unabhängige Realität ansehen, die man mit wissenschaftlichen Methoden objektiv studieren und auch kontrollieren kann, bis hin zur Gegenposition einer Organisation als Wahrnehmung ihrer Mitglieder, die täglich aufs neue durch Interaktion und die gemeinsam geteilte Arbeit entsteht.

Das Krankenhaus als Organisation verführt natürlich zur Metaphernbildung, vom *Krankenhaus als Maschine* (mit bürokratischen Strukturen und der Leitidee von Dauerhaftigkeit und Berechenbarkeit), über das *Krankenhaus als Organismus* (als offenes System, welches sich an ein evolutionäres Umfeld anpasst), das *Krankenhaus als Gehirn* (ein neuronales Netzwerk mit Informationsprozessen, Entscheidungswegen, holografischen und matrixartigen Strukturentwürfen), das *Krankenhaus als Kulturgebilde* (mit Fokussierung auf Riten, symbolische Handlungen, Teilen gemeinsamer Normen und Werte, Differenzierung in Subkulturen), das *Krankenhaus als politisches System* (Vergleich mit dem Staat, dem Regierungssystem und der Institutionalisierung von Interessenkonflikten und Herrschaft) und nicht zuletzt bis hin zum *Krankenhaus als psychischer Container* (Vergleich mit der Innenwelt eines Individuums, welches durch den Sexualtrieb, die patriarchalische Familie, die Sterblichkeit und die Abwehr von Ängsten bestimmt ist). All diese Metaphern fließen letztendlich in einer jeweiligen Theorie einer Organisationsanalyse von Krankenhäusern ein.

Aktuelle Einflüsse auf die Krankenhausorganisation und deren Mitarbeiter in Deutschland

Die Krankenhäuser in Deutschland befinden sich zur Zeit in einer großen strukturellen Umwälzung, die im Wesentlichen durch ein neues fallbezogenes Finanzierungssystem (Diagnoses related groups – DRG's) bedingt ist, von dem im Augenblick nur die Psychosomatik und Psychiatrie unberührt zu bleiben scheint. Dieses neue Finanzierungssystem, das einerseits die ökonomische Verantwortung von den Krankenkassen auf die Krankenhäuser, andererseits von der Krankenhausverwaltung auf die Ärzte/Therapeuten verschiebt, wird zu einer Neuorganisation medizinischer Prozesse mit maximaler Transparenz, insbesondere für die Krankenkassen, führen. Erschwerend für die Umsetzung dieser Neuorganisation für Krankenhäuser ist jedoch, dass parallel ein Ärztemangel eingetreten ist, der sich besonders in Ostdeutschland und in ländlichen Regionen zu einem versorgungspolitisch beklagten Notstand in den letzten Jahren entwickelt hat. Dieser Notstand wird durch die neue Arbeitszeitgesetzgebung, wie sie durch die EU vorgegeben wurde, noch verschärft, da keine durchgehenden Dienste mehr erlaubt sind, was für die kleineren Kliniken die

Neueinstellung von ärztlichem Personal erforderlich macht, ohne dass die Krankenkassen eine abgesicherte Gegenfinanzierung zusichern können.

Obwohl mittels verschiedener Begrifflichkeiten, wie z. B. integrierter Versorgung, Behandlungspfade oder medizinischer Gesundheitszentren, an den strengen (ökonomischen) Grenzen zwischen ambulanter und stationärer Versorgung gerüttelt wird, sind die rechtlichen Rahmenbedingungen den politischen oft nachgeordnet, dadurch immer wieder im Fluss, was für die Träger oder Geschäftsführungen von Kliniken bedeutet, sich relativ kurzfristig neu zu positionieren. Viele Versprechungen, wie z. B. die so genannten disease-management-Programme (DMPs) für die Mammakarzinom-Behandlung, erweisen sich nach ersten Probeläufen dann häufig als bürokratisch überlastet und damit unattraktiv für die Verbesserung der Arbeitsabläufe und der Patientenversorgung. Darüber hinaus entspricht die finanzielle Ausstattung der verschiedenen innovativen Programme oft keineswegs den Vorstellungen einigermaßen gerecht bezahlter, klinischer Versorgung. Dennoch ist die Bildung von Kompetenzzentren mit der Optimierung von Behandlungsprozessen politisch mit den verschiedenen Reformprojekten intendiert.

Folgen dieser strukturellen Gesundheitsreform werden für die Krankenhäuser ein signifikanter Rückgang der Verweildauern, eine Steigerung der Fallzahlen, die Notwendigkeit von Codierungsoptimierung mit interner Ökonomisierung und eine weitere Spezialisierung der verschiedenen Abteilungen sein. Des Weiteren wird eine Intensivierung des Wettbewerbs mit Verdrängung kostenungünstiger Krankenhäuser sowie eine bessere Vergleichbarkeit (Benchmarking) der Krankenhäuser untereinander, aber auch eine zunehmende Verlagerung der Leistung aus dem traditionellen Krankenhausbereich in komplementäre Einrichtungen zu beobachten sein.

Da klassische Krankenhausorganisationen diesen Anforderungen nur schwer gewachsen sind, füllen zunehmend private Trägerorganisationen diese Lücke, indem sie entweder solche Krankenhäuser aufkaufen oder selbst sogar zu Anbietern regionaler Versorgung werden. Insofern wird eine Zunahme privater Krankenhausträger prognostiziert, die mit einer Abnahme gemeinnütziger und öffentlicher Krankenhäuser einher gehen wird. Kommunale oder kirchliche Krankenhäuser versuchen durch Outsourcing von Teilbetrieben des Krankenhauses, zum Beispiel der Küche, des Reinigungssystems oder des Labors, die internen Kosten zu senken. In den letzten fünf bis zehn Jahren wird durch die angestrebte Behandlung internationaler Patienten (Stichwort: »Patiententourismus« oder »Gesundheitstourismus«), zum Beispiel aus Russland und den Golf-Anrainerstaaten, der Versuch gemacht, zusätzliche Einnahmen für das Krankenhaus zu erzielen. Technologisch werden die Arbeitsabläufe durch die Entwicklung von elektronischen Patientenakten im Krankenhaus, die möglichst eine Schnittstelle zu den ambulanten und teilstationären Einrichtungen haben sollen, optimiert, wobei der zur Zeit fehlende einheitliche Standard große Probleme in der Umsetzung der versprochenen technologischen Verbesserung bereitet.

Relativ unauffällig, aber nichtsdestoweniger einflussreich, bedingt das fallbezogene Finanzierungssystem in Verbindung mit den technologischen und arbeitstechnischen Veränderungen, bzw. erhofften Verbesserungen, auch eine Änderung der Abteilungsorganisation. So finden sich bereits ernsthafte Planungen, dass unabhängig der Abteilungszuordnung jedes freie Bett von jeder Abteilung belegt werden kann, was das Ende einer vertikalen, abteilungsorientierten Krankenhausorganisation einläutet.

Ähnliche Einschnitte hat dies für die klassische Krankenhaushierarchie (Chefarzt/-ärztin, Oberarzt/-ärztin, Assistenzarzt/-ärztin, Pflegeteam), die sich zu einer flachen team- und netzwerk-bezogenen Gruppe verändert, in welchem dem Einzelnen aufgrund der Verdichtung der Arbeit eine höhere Verantwortung zukommt. Die aktuelle »Dokumentationslawine« kann auch als manische und zwanghafte Abwehr basaler Unsicherheit in Krankenhäusern angesehen werden, die letztlich als chaotisch-unregierbare Gebilde zu funktionieren scheinen. Diese »Implosion« der Arbeit, die inzwischen von den meisten Mitarbeitern eines Krankenhauses am häufigsten als Zeitdruck beklagt wird, führt bei Krankenhausärzten nachweislich zu einer Verminderung der Vitalität, der sozialen Funktionsfähigkeit, der emotionalen Rollenfunktion und des psychischen Wohlbefindens (Jurkat u. a. 2003). Es ist mein persönlicher Eindruck, dass dieser Arbeitsdruck, der als Implosion der Arbeit anzusehen ist, mit einer Zunahme an psychischen, aber auch schweren somatischen Erkrankungen von Ärzten und Therapeuten, auch in psychiatrischen und psychosomatischen Kliniken einhergeht.

Organisationsanalytisch und individualpsychologisch bedeutet der zunehmende Einfluss virtueller Formen und Bindungen eine Veränderung von Strukturen und Grenzen, manchmal sogar deren Auflösung, die nicht selten mit der Illusion ewiger Jugend einhergeht und elterliche Management-Modelle (insofern auch von Abhängigkeit) verleugnet. Dies vermittelt sich zum Beispiel in der Illusion einer stetig steigenden Effizienz als oberstes Leistungsprinzip. Geschäftsführer und Aufsichtsräte verkünden, wenn sie überhaupt in Dialog mit den Mitarbeitern des Krankenhauses treten, dann meist zu Jahresbeginn stolz die steigende Fallzahlentwicklung als Erfolg ihrer Institution. Um jedoch auch nach innen eine neue Krankenhauskultur zu entwickeln, müssen Ärzte über die Beteiligung an Leitbild- und Ethik-Kommissionen oder -Komitees, TQM-Arbeits- und DRG-Koordinatorengruppen zum »flexiblen« Arzt i. S. Sennets (Sennett 1998) geschult werden, damit sie sich nicht als Prellböcke moderner Organisationsentwicklung verhalten.

Erfolgreiche versus nicht erfolgreiche Krankenhausentwicklungen

Peters und Waterman (1991) gingen in ihrem Buch »Auf der Suche nach Spitzenleistungen« der zunächst ebenso harmlosen wie berechtigten Frage nach, worin sich erfolgreiche von erfolglosen Firmen unterscheiden. Die spätere Kritik, dass die von ihnen ins Spiel gebrachten erfolgreichen Firmen wenige Jahre später vielfach nicht mehr erfolgreich waren, und damit deren Erfolgsbedingungen in Frage stellten, relativierte sich, weil die Frage, die die beiden gestellt hatten, wichtiger war, als die Antworten, mit denen sie ihre Frage zu belegen versuchten (Baecker 1999, S. 114f). Für den Krankenhausbereich gibt es unseres Wissens bisher keine ähnliche Analyse. Möglicherweise spielen aber auch eher äußere Faktoren, wie etwa die Finanzierungskraft der Krankenkassen eine regional entscheidende Rolle, ob letztlich ein Krankenhaus erfolgreich agieren kann. Mehr und mehr wurde in den letzten Jahren von den Krankenkassen der so genannte Medizinische Dienst eingeschaltet, um letztlich stationär behandelte Fälle nicht bezahlen zu müssen. Häufiger werden folgende Schreiben von AOK-Sachbearbeitern, die die Begründungszusammenhänge für die Notwendigkeit stationärer Behandlung ablehnen:

> »Das Krankheitsbild wäre sehr wohl ambulant behandelbar gewesen. Die Tatsache, dass der Patient jegliche professionelle Hilfen als schwere narzisstische Kränkung ansah, ist als Begründung für eine stationäre Krankenhausbehandlung nicht akzeptabel. Ebenso wenig können soziale Probleme und die Partnerschaftsproblematik – wie im Krankenhausentlassungsbericht dargelegt, Hauptthema des Versicherten – nicht zur Begründung der Krankenhausbehandlung herangezogen werden« (Schreiben der AOK vom 23. 12. 2003 an unsere Klinik).

Mehr und mehr mischt sich der Medizinische Dienst als Vertreter der Krankenkassen in die Behandlungsabläufe von Krankenhäusern ein, was gerechtfertigt wäre, wenn die fachliche Qualität der dort tätigen Fachärzte regelmäßig (etwa alle fünf Jahre) durch eine unabhängige Prüfungskommission überprüft würde oder aber eine einjährige Kliniktätigkeit alle fünf Jahre zur Aufrechnung erforderlich wäre. Nicht selten ist zur Zeit aufgrund der ungeheuren Wissensexplosion, speziell im neuro-psychiatrisch-psychosomatischem Bereich, eine Differenz zwischen dem medizinischen Fortschritt in Universitätskliniken wie Krankenhäusern und dem Wissensstand der Krankenkassen und deren Medizinischen Diensten, aber auch der politischen Planungs- und Kontrollkommissionen zu beobachten. So lautete aufgrund der fulminanten neurowissenschaftlichen Entwicklungen in den letzten zehn Jahren das diesjährige Kongressmotto der APA (American Psychiatric Association) in Atlanta: »Psychosomatic Medicine

– Integrating Psychiatry and Medicine«, während in Deutschland berufspolitische und ideologische Grabenkämpfe seitens der Psychiatrie den Einfluss der Psychosomatik mit allen Mitteln bis hin zur Minimierung von Lehrstühlen bekämpfen.

Auch wenn die Zahlen aus gesundheitspolitischen Erwägungen immer wieder schwanken, so ist an dem Umstand der ständig umzusetzenden Bettenreduktion und damit auch der Schließung von Krankenhäusern wenig zu rütteln, weil die ökonomischen Grenzen offenbar nichts anderes zulassen. Dies bedeutet für Geschäftsführung und Träger von Krankenhäusern und für deren Mitarbeiter, sich (möglicherweise immer wieder) auf schwerwiegende Veränderungen einzulassen. Dabei unterscheiden sich erfolgreiche Krankenhausentwicklungen (definiert als erfolgreich wirtschaftend, prosperierend oder zumindest den Besitzstand wahrend) von nicht erfolgreichen Krankenhäusern und Krankenhaus-Abteilungen (definiert als nicht erfolgreich wirtschaftend, »down grading« oder vor der Schließung stehend) in einer Reihe von Merkmalen, die hier nur beispielhaft erwähnt werden können. Im Fall erfolgreicher Krankenhausentwicklung haben Geschäftsführung bzw. der Träger eines Krankenhauses häufig Visionen und Strategien, was einerseits Zeit und andererseits die Fähigkeit des/der Führenden abverlangt, in die Zukunft unter Einschluss der verschiedenen Möglichkeiten zu denken. Das Management des internen und externen Wandels und vor allem Mangels erfordert einen regelmäßigen, vielfachen Austausch mit allen Beteiligten des Krankenhauses sowie des politischen und medizinischen Umfeldes, aber auch das Austarieren von Interessen. Dies wird zum Beispiel beim Ausgleich von Überstunden in Form von Geld oder Freizeit sichtbar, wenn die Zahl der Überstunden, etwa des Pflegeteams, ein solches Ausmaß angenommen hat, dass sie weder finanzierbar noch durch Freizeit ausgleichbar sind. Die Geschäftsführung benötigt für solche unternehmerischen Kompetenzen eine osmotische Funktion der Wahrung von Grenzen, aber auch ein Konzept zur Förderung von Mitarbeitern und deren Ideen. Der Denkstil solcher Einrichtungen äußert sich eher in einem »Sowohl-als-auch«. Das Verhalten gegenüber gesundheits- und parteipolitischen Entwicklungen ist grundsätzlich aktiv und nicht in Abwehr oder nur antwortend. Deshalb sind solche Institutionen häufig sehr der Öffentlichkeitsarbeit (»sich zeigen«) zugetan, was manchmal allerdings mit der Qualitätsentwicklung nach innen (der primären Aufgabe), welche in der Regel die Abteilungsleiter oder Chefärzte zu vertreten haben, in Konflikt gerät. Dennoch werden in der Regel selbstkritische und selbstreflexive (nicht-projektive) Fähigkeiten der Führung bevorzugt.

Als nicht erfolgreich erweisen sich häufig solche Geschäftsführer oder Krankenhausträger, die ausschließlich an Tradition und an Besitzstandswahrung interessiert sind, auch wenn z. B. für kirchliche oder Spezialkrankenhäuser dadurch vorübergehend eine besondere Nische vorzuliegen scheint. Unter den nicht erfolgreichen Krankenhausentwicklungen findet sich häufiger eine erstarrte Haltung gegenüber Innovationen, aber auch das Phänomen, dass Eigennutz vor dem Organisationsnutzen (»anti-task-processes«) steht; in der Regel verhält sich eine nicht erfolgreiche Geschäftsführung gegenüber gesundheitspolitischen Veränderungen eher reaktiv. Auch fehlen Überlegungen und Strategien, Mitarbeiterverhalten zu ändern, ebenso fehlt ein Entwicklungsspielraum für Mitarbeiter-Ideen, in dem Vorschläge zur Organisationsentwicklung geäußert werden können. Die fehlende Integration äußert sich nicht selten in einem Entweder-Oder-Denkstil, kombiniert mit einem harmonistisch-fusionären Organisationsbild (Ich = Wir), wobei besonders häufig an Pionierprojekten das Phänomen der Erstarrung im Denken, das mit einem verwaltungsorientierten Handeln einhergeht, beobachtet werden kann. In solchen Institutionen dominiert dann eine völlig unfreie Arbeitsbeziehung und/oder der Verlust der primären Aufgabe, was sich auch darin äußert, dass ungünstige Organisationsentwicklungen auf untergebene Mitarbeiter projiziert werden, eine ökonomische Transparenz vermieden wird und sich die Verwaltung einschließlich des Einkaufs keinem Qualitätsmanagement unterzieht.

Probleme der Angst- und Abwehrbewältigung in sich verändernden Krankenhausstrukturen

Bezüglich der Angst- und Abwehrdynamik ist der Leiter »vielleicht die wichtigste Variable, weil er vorherrschendes Niveau und Geist der Gruppe bestimmt. Er muss seine Fähigkeiten zum Besten der Gruppe einsetzen; er ist deren erster Diener. Er muss der Gruppe folgen, sie an ihr legitimes Ziel führen und ihr helfen, mit zerstörerischen und selbstzerstörerischen Tendenzen fertig zu werden, idealerweise sie ganz ausschalten. Was die Funktion des Leiters anbetrifft, ist es von äußerster Wichtigkeit, dass er die dynamischen Grenzen der Situation erkennt und innerhalb dieser bleibt, und das umstandsgebundene Machbare im Auge behält als Grundlage und Abgrenzung seiner Aufgabe« (Foulkes 1978, S. 13). Diese paternalistische Auffassung von Führung reicht heute sicherlich nicht mehr aus, um die massiven, meist paranoiden Ängste von Mitarbeiterteams zu verstehen, zu »containen« oder gar zu verändern (Hinshelwood und Chiesa 2001). Es gibt eine Reihe von Führungsstilen, die in unterschiedlicher Weise wechselhaft Einfluss auf solche Großgruppenprozesse nehmen, sei es ein »Führer, der nicht ›Nein‹ sagen kann«, »der bewundert und geliebt werden will« oder »der alles unter Kontrolle haben muss« oder ein abwesender Führer (Kernberg 2000). Ebenso bedeutsam für die Mitarbeitergruppe sind affektiv unzugängliche, instabile oder gar korrupte, sich bereichernde Führer. Der Persönlichkeitsorganisation des Geschäftsführers oder

Chefarztes kommt die entscheidende Rolle als zentraler Regulator all der Kräfte zu, die mit Grenzfunktionen zu tun haben, wobei er gleichzeitig aktuell die Paradoxie zu erfüllen hat, Grenzen zu öffnen oder permeabel zu machen. Dennoch scheint es so zu sein, dass der Persönlichkeitsstil des Leiters mit einem bestimmten Stil der Mitarbeiter i. S. der Gruppenmatrix und der Entwicklung der Gruppe korrespondiert. Nach meinen Erfahrungen findet sich bei narzisstischen und zwanghaften Führungsfiguren überwiegend ein Kampf-Flucht-Dynamik-Team mit hohem Personalwechsel, während paranoid-schizoide, hysterisch-inzestuöse oder angstneurotisch-phobische Leiter mit einem Team konfrontiert sind, in dem Paarbildung oder eine Abhängigkeit vom Leiter derart dominiert, dass z. B. kein angemessener Personalwechsel zu beobachten ist. Leicht depressive Führer, die aber das Team im richtigen Moment hypomanisch für ein Ziel motivieren können, scheinen die einzigen zu sein, die mit einer funktionierenden Arbeitsgruppe rechnen können.

Durch die Dynamisierung der inneren Krankenhausorganisation auf allen Ebenen mit dem inzwischen auch gesundheitspolitisch geforderten permanenten Nachweis von Effizienz und Effektivität (TQM) einschließlich der veränderten Arbeitsabläufe durch elektronische Vernetzung (Intranet, Internet, Elektronische Patientenakte, Dokument-Management-Systeme, Archivierung) wird die klassische Leiterfunktion massiv untergraben und/oder zumindest scharf angegriffen. Die Angstabwehr äußert sich auf der Kognitionsebene im Mitarbeiterteam in (paranoiden) ad hoc-Mythen oder in simplizistischen Ideologien über die jeweilige Führung (Kernberg 2000), auf der Beziehungsebene häufig in Form von inzestuösen, mehr oder weniger heimlichen Paarbildungen, womit die primäre Aufgabe ebenso wie die Arbeitsgruppe im Sinne von Bion (1990) häufig sehr gefährdet ist.

Von der Führung bis hin zu den schwächsten Mitgliedern der Organisation wird einerseits die Bereitschaft abverlangt, sich täglich mit völlig Unbekanntem vertraut zu machen, andererseits den dadurch bedingten Verlust von vermeintlichen Sicherheitsgefühlen nicht allzu sehr auf die Versorgung der Patienten zu übertragen. Dies erfordert von den Chefärzten wie von der Geschäftsführung (und selbst des Trägers als triangulärer Struktur) eine kontinuierliche Identitätsarbeit einer sich ständig wandelnden Klinik-Organisation für alle Mitarbeiter, in der nichts mehr von Dauer ist.

Geschäftsführer, die primär an ökonomischen Gewinnen und Verlusten orientiert sind, fühlen sich bezüglich dieser Fähigkeit, eine kontinuierliche Identitätsarbeit ebenso wie ein frühes und transparentes »*connecting*« zwischen den Beteiligten herzustellen, genauso überfordert wie die meisten Chefärzte oder ärztlichen Direktoren. Dieser Mangel beruht möglicherweise darauf, dass die »Container«-Funktion des Leiters nicht nur weitgehend unbekannt ist, sondern im Sinne psychischer Arbeit entwickelt werden muss. Das Fehlen von *connecting*-Kompetenz ist unabhängig von der Art der Leitungspersönlichkeit und betrifft Bleistift-Verwalter, bzw. -Geschäftsführer ebenso wie visionäre Verwalter, bzw. Geschäftsführer. Sie ist letztlich von der Mentalisierungsfunktion, bzw. selbstreflexiven Funktion des Leiters abhängig (i. S. von Bateman und Fonagy 2004), der ein Gespür dafür entwickeln muss, wie viel oder wie wenig Information für die Mitarbeiter-Gruppe verdaubar und/oder erforderlich ist, um einigermaßen konstant als Arbeitsgruppe zu funktionieren.

Eine weitere Besonderheit des Umgangs mit den Ängsten in Krankenhausorganisationen ist daran zu ersehen, dass die Führungskräfte kontinuierlich sich völlig widersprechende Aufgaben zu integrieren haben (z. B. zeitlich oder ökonomisch eingeschränkte Behandlungen versus ethische Behandlungsnotwendigkeit, etc.). Auch wenn in verschiedenen Schulungen zur Verbesserung von Führungsqualitäten mehr oder weniger darauf hingewiesen wird, so ist vermutlich aufgrund der häufig fehlenden eigenen analytischen Gruppenselbsterfahrung nur wenig innerlich präsent, dass die Gruppen-Matrix tatsächlich heute eher über den beruflichen und persönlichen Erfolg als die Pathologie des Einzelnen entscheidet. Dennoch kann die Pathologie des Einzelnen, insbesondere in der Führung, die Entwicklung einer Gruppe verhindern, stören, lähmen oder sogar zerstören (»der Fisch stinkt vom Kopf her«). Eine dadurch schlecht geleitete und/oder organisierte Abteilung, deren Ruf darüber hinaus auch außerhalb der Organisation leidet, kann deshalb letztlich ein ganzes Krankenhaus in eine ökonomische Krise zwingen.

Da die Merkmale für Führungsqualitäten sich durch die postmoderne Organisationsstruktur sehr verändert haben und zum Teil durch eine Veränderung bzw. Auflösung von Bindung manchen Kriterien der Borderline-Persönlichkeitsstruktur nicht unähnlich sind, sei zur Zeit in den Führungsetagen (»Psychopathen erobern die Chefetagen« – Der Standard, Printausgabe 27.08.2004) eine Zunahme von Persönlichkeitsstörungen zu beobachten. Diese sozialpsychologisch noch zu verifizierende These ist allerdings insofern nicht ganz von der Hand zu weisen, als aus gruppenanalytischer Perspektive vor knapp zehn Jahren die theoretische Auseinandersetzung mit dem Phänomen von Anti-Gruppen (Nitsun 1996) begonnen hat. Sie scheint mir insofern von dringlichster Bedeutung, als auch Krankenhausorganisationen nicht mehr auf neurotischem, sondern häufiger auf Persönlichkeitsstörungsniveau zu funktionieren scheinen, in denen die Bindungen zwischen den Mitarbeitern ständig von allen Seiten attackiert werden, woraus ständige Unsicherheit resultiert. Narzisstische Bedürfnisse von Führungskräften dominieren die schlummernden Kompetenzen der Gruppe, wodurch allerdings gerade Krankenhausorganisationen durch die äußere Umstrukturierungsnotwendigkeit wegen ihrer besonderen Vulnerabilität und der damit einhergehenden Identitätsdiffusion der Mitarbeiter in ihrer zukünftigen Existenz sehr bedroht sind. Eine weitere Bedrohung erscheint mir durch narzisstische Führungskräfte gegeben, die mehr Energie in die Außendarstellung als in die interne Weiterentwicklung einer Krankenhausorganisation stecken, um als idealisierter Führer vor der Gruppe zu erscheinen.

Schließlich steht eine Führung im Krankenhaus im Zentrum starker aggressiver Kräfte von außerhalb, meist aber noch mehr von innen, die auf ihre Funktionsfähigkeit einwirken. Führer erweisen sich dann als führungskompetent, wenn sie in der Lage sind, die eigene Aggression in den Führungsaufgaben zu sublimieren und sich gleichzeitig gegenüber projizierter Aggression widerstandsfähig zeigen (Kernberg 2000). Die Einsamkeit der Führungsposition mit zwangsläufigen Frustrationen der Abhängigkeitsbedürfnisse ist häufig mit unbewussten ödipalen, sexualisierten Versuchungen konfrontiert, mit denen die Organisation unbewusst die Ebene der Arbeitsgruppe verlassen möchte. Aus diesem Dilemma könnten analytische Gruppen von Führungskräften (Chefärzten) führen, wenn sie denn in Zukunft für diese auch angeboten würden.

Erfolgreiche Krankenhausorganisationen scheinen in der Lage zu sein, drei gruppenanalytische Prinzipien umzusetzen: für die Spannungen, Ängste und Affekte im Prozess der Organisationsentwicklung wird ein Ort benötigt, wo sie im Sinne des *Containments* aufgenommen, ausgetauscht, akzeptiert und verstanden werden können (Heltzel 2003). Ebenso bedeutsam erscheint allerdings »*Connecting*« zu sein, worunter die Fähigkeit des Leiters, bzw. der Leitung zu verstehen ist, in welcher Art und Weise er/sie Kontakte aufzunehmen und Beziehungen zwischen den Mitarbeitergruppen, Supra- und Subsystemen zu pflegen in der Lage ist, was vermutlich darüber entscheidet, ob und auf welche Weise große Verunsicherungen »gehalten« oder ausagiert werden müssen. Schließlich, aber nicht zuletzt muss der *Trauerarbeit* Zeit, Raum und Ort gewährt werden, womit kompetente Führung anerkennt, »dass die Aufgabe des Alten und die Annahme des Neuen Zeit brauchen, dass Menschen, die vor einen Wandel ihrer Organisation gestellt sind, ebenso Zeit zur Trauer benötigen wie diejenigen, die in einem persönlichen Wandel begriffen sind« (Kets de Vries und Balasz 2000). Die Fähigkeit, diese drei Elemente in Krankenhausorganisationen in ihrer Bedeutung anzuerkennen, hängt letztlich auch vom Bindungstyp des Führers (sicher gebunden – unsicher vermeidend gebunden – unsicher ambivalent gebunden – desorganisiert) ab. Mehr denn je wird antizyklisch darüber hinaus erforderlich sein, »Grenzen wiederherzustellen, Beschränkungen wiedereinzuführen, bewohnbare Gebiete, in denen es sich auch leben lässt, festzulegen. (...) Dies sind vordringliche psychische und soziale Aufgaben; Beschränkungen und Grenzen, die gleichzeitig Differenzierung und Austausch zwischen den auf diese Weise abgegrenzten Bereichen (wie die Psyche, das Wissen, die Gesellschaft, die menschliche Natur sie darstellen) ermöglichen« (Anzieu 1991, S. 19).

Eine besondere Entwicklungsarbeit kommt dabei den politischen Entscheidungs- und Kontrollgremien auf der Ebene der Kommunen, Länder und des

Bundes zu, die für die Entwicklung und indirekte Führung von Krankenhäusern – mehr als ihnen bewusst ist – ebenfalls eine »holding function« ausüben, die durch die gegenwärtige strukturelle Krise und Veränderung von Grenzen und Grenzstrukturen äußerst gefährdet ist und zum Teil zu unnötigen Verunsicherungen auf der anderen Seite führt. Insofern benötigten auch diese Entscheidungsgremien organisationsanalytische Beratung, wenn man die aktuelle Entwicklung als notwendige Differenzierung für eine langfristig (und nicht nur scheinbar ad hoc) verbesserte Versorgung ansieht.

Literatur

Anzieu, D. (1991): Das Haut-Ich. Frankfurt a. M. (Suhrkamp).

Baecker, D. (1999): Organisation als System. Frankfurt a. M. (Suhrkamp).

Bateman, A., Fonagy, P. (2004): Psychotherapy for Borderline Personality Disorder. Mentalization-based Treatment. Oxford, New York (Oxford University Press).

Bauch, J. (1996): Gesundheit als sozialer Code. Von der Vergesellschaftung des Gesundheitswesens zur Medikalisierung der Gesellschaft. Weinheim, München (Juventa).

Bion, W. R. (1990): Erfahrungen in Gruppen und andere Schriften. Stuttgart (Klett-Cotta).

Bruns, G. (2001): Rationalisierung und Rationierung – ein neues Denken in der Medizin und seine Bedeutung für die Psychoanalyse. Psyche 55, S. 738–751.

Castel, F., Castel, R., Lovell, A. (1982): Psychiatrisierung des Alltags. Frankfurt a.M. (Suhrkamp).

Foulkes, S. H. (1992): Gruppenanalytische Psychotherapie. Stuttgart (Klett-Cotta).

Foulkes, S. H. (1978): Praxis des gruppenanalytischen Psychotherapie. München, Basel (Ernst Reinhardt).

Freud, S. (1919d): Einleitung. Die Psychoanalyse der Kriegsneurosen. In: Freud, S.: Gesammelte Werke I. Frankfurt am Main (Fischer), S. 321–324.

Heltzel, R. (2003): Können psychiatrische Organisationen haltende Umwelt sein? Jahrbuch für Gruppenanalyse 9, S. 139–158.

Hinshelwood, R.D., Chiesa, M. (2001): Organisations, Anxieties & Defences. Towards a Psychoanalytic Social Psychology. Sussex (Brunner-Routledge).

Jurkat, H. B., Vollmert, C., Reimer, C. (2003): Konflikterleben von Ärztinnen und Ärzten im Krankenhaus. In: Zeitschrift für Psychosomatik und Medizinische Psychotherapie 49, S. 213–231.

Kernberg, O. (2000): Ideologie, Konflikt und Führung. Psychoanalyse von Gruppenprozessen und Persönlichkeitsstruktur. Stuttgart (Klett-Cotta).

Kets de Vries, M. F. R., Balazs, K. (2000): Die Psychodynamik des Organisationswandels. In: Lohmer, M. (Hg.): Psychodynamische Organisationsberatung: Konflikte und Potentiale in Veränderungsprozessen. Stuttgart (Klett-Cotta), S. 161–197.

Kraft, V. (2004): Gesundheitssystem und psychotherapeutisches Selbst. Psychotherapeut 49, S. 252–260.

Lohmer, M. (2000): Psychodynamische Organisationsberatung. Konflikte und Potentiale in Veränderungsprozessen. Stuttgart (Klett-Cotta).

Luhmann, N. (1983a): Anspruchsinflation im Krankheitssystem. In: Herder-Dornreich, P., Schuller, A. (Hg.): Die Anspruchsspirale. Schicksal oder System defekt. Stuttgart (Kohlhammer), S. 28–49.

Luhmann, N. (1983b): Medizin und Gesellschaftstheorie. In: Medizin, Mensch, Gesellschaft 8, S. 168–175.

Luhmann, N. (1984): Soziale Systeme. Grundriss einer allgemeinen Theorie. Frankfurt am Main (Suhrkamp).

Lütz, M. (2004): Die neue Religion heißt Gesundheit. Süddeutsche Zeitung vom 27.8.2004, S. 2.

Nitsun, M. (1996): The Anti-Group. Destructive Forces in the Group and their Creative Potential. London, New York (Routledge).

Obholzer, A. (1997): Das Unbewusste bei der Arbeit. In: Eisenbach-Stangl, J., Ertl, M. (Hg.): Unbewusstes in Organisationen. Zur Psychoanalyse von sozialen Systemen. Wien (Facultas), S. 17–38.

Obhozer, A., Roberts V.Z. (1994): The Unconscious at Work. Individual and Organizational Stress in the Human Services. London, New York (Routledge).

Palmer, B. (2001): The Tavistock paradigm: inside, outside and beyond. In: Hinshelwood, R. D., Chiesa, M. (Hg.): Organisations, Anxieties & Defences. Towards a Psychoanalytic Social Psychology. Sussex (Brunner-Routledge), S. 158–182.

Peters, Th. J., Waterman, R. H. (1991): Auf der Suche nach Spitzenleistungen: Was man von den best-geführten US-Unternehmen lernen kann. München (mvg-Verlag).

Sennett, R. (1998): Der flexible Mensch. Die Kultur des neuen Kapitalismus. Berlin (Berlin Verlag).

Supervision und Beratung in psychiatrischen Organisationen

Rudolf Heltzel

Die folgenden Ausführungen basieren auf zwei Jahrzehnten eigener Erfahrung als Supervisor, Berater und Fortbilder in psychiatrischen Organisationen. Von 1982 bis heute habe ich die Entwicklung verschiedener regionaler und überregionaler Einrichtungen und Projekte in der Psychiatrie als »Externer« begleitet – nicht selten kontinuierlich und über eine Reihe von Jahren, mitunter aber auch nur über kürzere Zeitspannen, in großen Abständen oder ganz punktuell im Rahmen einer Block-Supervision. Nach und nach habe ich mit den unterschiedlichsten Vorgehensweisen experimentiert, habe dabei Erfahrungen in verschiedenen Kontexten sammeln können und gebe hier einen Überblick über Aufgabenstellungen, Indikationen, Verlaufsformen und Funktionen von Supervision in psychiatrischen Arbeitszusammenhängen (ein Großteil der Ausführungen dieses Beitrages gelten – bis auf spezifische Details – auch für Organisationen der Suchtkrankenversorgung und psychosomatische Kliniken bzw. Abteilungen). Aus Platzgründen müssen meine Praxisbeispiele skizzenhaft ausfallen, und bei der Fachliteratur beschränke ich mich auf eine knappe Auswahl.

Die Psychiatrie als Supervisionsmarkt

Das System der psychiatrischen Versorgung stellt eines der größten und bedeutendsten Segmente des Supervisions- und Beratungsmarktes im deutschsprachigen Raum dar. Dies liegt nicht nur an der großen Zahl der Organisationen und der in ihnen tätigen Professionellen, sondern auch daran, dass Supervision und Beratung hier seit langem eingeführt und – von Ausnahmen abgesehen – mittlerweile weitgehend akzeptiert sind. So schreibt die *Psychiatrie-Personalverordnung (Psych PV)* Supervision als Qualitätsstandard für alle Subsysteme stationärer Einrichtungen vor, und in vielen Stellenanzeigen wird regelmäßige und kostenlose Supervision für Mitarbeiter als positives Merkmal der betreffenden Einrichtung besonders hervorgehoben. Es ist hier nicht möglich, die ganze Breite psychiatrischer Projekte und Einrichtungen angemessen wiederzugeben. Nicht nur die Aufgabenstellung, die Trägerschaft und die konzeptionelle Ausrichtung variieren stark, auch die Strukturen der Organisationen unterscheiden sich gravierend: kleine, überschaubare Projekte existieren neben großen Komplexeinrichtungen, so dass sich Supervisoren und Beratern ein breites Spektrum von Einsatzorten und Tätigkeitsfeldern öffnet – wenn sie der möglichen Vielfalt nicht mit unangemessener Komplexitätsreduktion (also übertriebener Selektion) begegnen. Die Komplexität der Anfragen und potenziellen Auftragslagen kann anziehend wirken und Neugier auslösen – sie kann aber auch Angst und Abwehr wecken. Mit dieser Ambivalenz müssen Supervisoren und Berater fortlaufend selbstreflexiv umgehen, wenn sie vor den Herausforderungen nicht kapitulieren und Reißaus nehmen oder vor der (möglicherweise überfordernden) Komplexität resignieren und in Zynismus verfallen wollen. Die Psychiatrie als Feld lässt niemanden kalt, wie gerade informelle Gespräche mit Kollegen immer wieder zeigen. So erhalten Gruppenanalytiker von Professionellen, die noch nicht als Supervisoren in Organisationen arbeiten, verschiedene Rückmeldungen: Die erste, allgemeine Erwähnung entsprechenden Engagements löst nicht selten Neid aus, da sich die Gesprächspartner den Kollegen in Wirtschaftsunternehmen phantasieren, ihn also mit beneidenswerten Einkünften »ausstatten«. Sobald sie von Aufträgen in der Psychiatrie hören, kann der Neid in Erleichterung oder sogar Mitgefühl umschlagen. Wird nun vorgebracht, dass Mitleid nicht nötig sei – Supervisionen in der Psychiatrie würden zwar als zeitweise belastend und frustrierend, aber auch als spannend, herausfordernd, lehrreich, auch als lustvoll empfunden – erntet der Supervisor Belustigung, Unglauben oder auch unverhohlene Entrüstung.

Welche Supervisoren wünschen sich psychiatrische Professionelle bzw. deren Leitungsverantwortliche? Welche Bedürfnisse signalisiert »der Markt«? Wenn man einmal von der ganz persönlichen Dimension dieser Frage absieht, ist es sicher so, dass gerade psychiatrische Professionelle in erster Linie Supervisoren mit nachgewiesener Feldkompetenz und einiger Lebenserfahrung suchen und bevorzugen. Danach wird Wert auf eine spezifische methodische Ausrichtung, also etwa auf psychoanalytische, gruppenanalytische, systemische, psychodramatische oder gestalttherapeutische Beratungskompetenz gelegt (manche Einrichtungen entscheiden sich in bestimmten Abständen für einen Wechsel der methodischen Ausrichtung, andere sind eindeutig und langfristig festgelegt, etwa auf psychoanalytische/gruppenanalytische Supervision oder auf systemische Supervisionskonzepte – um die wohl verbreitetsten zu nennen). Was die Nähe zum Feld angeht, so gilt: Der Supervisor muss nicht unbedingt selbst im Grundberuf Psychiater sein, aber eine Vorgeschichte als Mitarbeiter in einer psychiatrischen Organisation und eigene therapeutische Erfahrungen mit der dort behandelten Klientel werden verbreitet gewünscht oder auch erwartet, mindestens jedoch intensives Einarbeiten in spezifische Problemstellungen des Feldes. Gruppenanalytiker mit Vorerfahrungen in der Psychiatrie – oder solche mit spezifischem Interesse daran – haben daher sehr gute Aussichten, wenigstens erste Supervisionsanfragen zu erhalten. Über die weitere Entwicklung der Auftragslage entscheidet dann die erfolgreiche Bewältigung dieser Aufgaben, denn gute, erfolgreiche Supervisoren werden unter psychiatrischen Professionellen weiter empfohlen und tragen auf diese Weise zu ihrer ökonomischen Unabhängigkeit bei (die wiederum eine der Voraussetzungen für qualifizierte Supervision und Beratung ist). Da die für gruppenanalytische Supervision charakteristische Integration von Fallarbeit und Teamentwicklung mehr und mehr zu einem anerkannten Qualitäts-Standard gerade in der psychiatrischen Arbeit wird, haben Gruppenanalytiker bei entsprechenden Anfragen wirklich Substanzielles zu bieten (vgl. Barthel-Rösing in diesem Buch und Heltzel 2000a, 2000b) und gehen gut vorbereitet in etwaige Konkurrenzsituationen.

Selten wird offen thematisiert, dass sich Leitungsverantwortliche und Mitarbeiter in der Psychiatrie – wie ich von erfahrenen Führungskräften hören konnte – Supervisoren wünschen, die ihre Supervisanden nicht traumatisieren. Das mag verwunderlich klingen, weil doch zumindest das ernsthafte Bemühen darum selbstverständlich sein sollte. Manche Organisationen wissen jedoch über Erfahrungen zu berichten, die nachdenklich machen. Von einem der Team- und Großgruppensupervision aufgeschlossen gegenüberstehenden Klinikleiter hörte ich, dass die Traumatisierung der Supervisanden durch ihre Supervisoren allgemein unterschätzt werde und Thema fachlicher Auseinandersetzung sein sollte. Nach meiner Überzeugung sind damit destruktive Dynamiken angesprochen, die sich in einer Wechselwirkung zwischen der Dynamik der Klientel, der zuständigen Organisation und den beteiligten Professionellen entwickeln – mit dem Risiko, dass alle Seiten beschädigt zurückbleiben. Das führt unmittelbar zum nächsten Abschnitt.

Die Welt psychiatrischer Organisationen

Die primäre Aufgabe psychiatrischer Organisationen ist die Behandlung (oder auch Beratung, Betreuung, Begleitung) psychisch schwer irritierter, akut oder chronisch kranker Menschen. Inwieweit das Umfeld der einzelnen Klienten oder Patienten dabei einbezogen sein sollte – was Konsequenzen in Bezug auf die Definition der primären Aufgabe hätte – gehört schon zu den strittigen Fragen (vgl. Heltzel 2002). Die Patienten der Psychiatrie zeichnen sich durch fragliche oder fehlende Kooperationsbereitschaft und durch tief greifende intrapsychische und interpersonelle Konflikte aus (andere sprechen von quälender Zerrissenheit, Paradoxien, Aporien, Dilemmata, also Ausweglosigkeiten, die es lebenslang zu »balancieren« gelte – Mentzos 1992). Hinzu kommt eine Neigung zu archaischen Ängsten und damit korrespondierend zu »primitiven« Abwehrmechanismen. Die betreffenden Störungsbilder haben häufig lebensgeschichtlich verankerte, auf Traumata zurückgehende Hintergründe und werden in aller

Regel – insbesondere in akuten Krisensituationen – nicht symbolisch (über Sprache) kommuniziert, sondern über Enactments (per Handlungssprache) mitgeteilt, wobei das jeweilige Umfeld manipulativ einbezogen und zur psychischen Entlastung benötigt wird. Für Professionelle heißt das, dass sie – zumindest zeitweise – in erhebliche emotionale Verstrickungen geraten und mit eigenen schweren Ängsten und heftigen Affekten konfrontiert werden können. Diese, aus der primären Aufgabenstellung (Versorgung psychisch schwer Kranker) resultierende Dynamik ist Gegenstand oder zumindest Hintergrund jeder Supervision im psychiatrischen Kontext, wobei Klientendynamik, Professionellendynamik und Institutionsdynamik sich gegenseitig beeinflussen und die spezifische Felddynamik ausmachen (vgl. Heltzel 1997).

Damit nicht genug: Psychiatrische Organisationen arbeiten in einem gesellschaftlichen Umfeld, das durch vielfältige Verwerfungsprozesse, durch das Primat der Ökonomie, durch irritierende Übergänge, vielfältige Brüche, Ambivalenzen und Verunsicherungen, durch permanenten Legitimationsdruck, durch wachsenden Zeitdruck, eine Dynamisierung des Organisationslebens, durch fortwährende Ungleichgewichte, chronische Unbestimmtheit, durch Fragmentierung und Diskontinuität, durch Komplexität, und das heißt in der Konsequenz: durch bemerkenswerte bewusste und unbewusste Angst (bzw. die Abwehr derselben) gekennzeichnet ist. Diese Zusammenhänge wurden mehrfach diskutiert (vgl. Heltzel 1999, 2000a, 2001a), daher beschränke ich mich an dieser Stelle darauf, die spezifische Ausgestaltung dieser Grundmatrix in psychiatrischen Einrichtungen mit wenigen Strichen nachzuzeichnen.

In ausnahmslos allen psychiatrischen Einrichtungen, mit denen ich zusammen arbeite, haben sich im Verlauf des zurückliegenden Jahrzehnts schwerwiegende, teilweise auch dramatische Veränderungen vollzogen: Auf dem Hintergrund der Krise in den Gesundheits- und Sozialversicherungssystemen sind die finanziellen Ressourcen nahezu überall dramatisch gekürzt worden. Selbst in der entlegensten Ecke der Republik ist ein Boom der Effizienznachweise und der Legitimierungszwänge in Form von Kostenübernahmeanträgen, Zertifizierungsprozessen und Dokumentationsschwemmen zu verzeichnen. In vielen Einrichtungen ist die existenzielle Infragestellung so groß, dass manche Teams nur noch auf der Basis von Kurzzeitarbeitsverträgen fortbestehen können, so dass vermeintlich selbstverständliche Standards wie »Behandlungskontinuität« und »Bezugskrankenpflege« ausgehöhlt und schließlich gegenstandslos werden können.

Große Komplexeinrichtungen wie die Psychiatrischen Landeskrankenhäuser werden im Rahmen von Regionalisierungen (die fachlich zu begrüßen sind) drastisch verkleinert und dabei nicht selten auf bis zu einem Zehntel der früheren Behandlungsplätze reduziert, was erhebliche Verunsicherungen und vor allem betriebsinterne Konflikte um verbleibende Arbeitsplätze (Mitarbeiter- und

Leitungsebene betreffend) nach sich zieht. Niemand kann heute das Fortbestehen dieser 100-jährigen Institution »Landeskrankenhaus« garantieren, wobei erst folgende Generationen von Patienten, Angehörigen und Professionellen darüber werden urteilen können, ob die institutionellen Alternativen wirklich durchgehend Fortschritte bedeuteten oder mitunter nicht doch auch Abstriche, Verluste oder Verschlechterungen, jedenfalls in bestimmten Dimensionen. Kliniken für Psychiatrie und Psychotherapie an Allgemeinkrankenhäusern müssen, um überleben zu können, mit Kliniken anderer Trägerschaft und Fachrichtung fusionieren, was nicht nur konzeptionelle Verunsicherungen und Identitätsdiffusionen nach sich zieht, sondern vor allem hoch destruktive Machtkämpfe und mikropolitische Schlachten um Einflusssphären um die knapper werdenden materiellen Ressourcen. Obwohl die psychiatrischen Abteilungen dieser aus mehreren Fachabteilungen bestehenden Allgemeinkrankenhäuser in der Regel voll ausgelastet sind und Gewinne erwirtschaften (die dem ganzen Haus zugute kommen), können sie sich mitunter nur mühsam gegen unerträgliche Übergriffe der Geschäftsführung und den Neid der somatisch ausgerichteten Fachabteilungen zur Wehr setzen. So kann es etwa vorkommen, dass einer Abteilung, die alle Auflagen der Kostenträger erfüllt, stets voll ausgelastet ist und ausgesprochen wirtschaftlich arbeitet, trotzdem die Schließung einer Station zugemutet wird – ohne dass die Geschäftsführung dies nachvollziehbar begründet. Oder es passiert, dass eine ganze Fachabteilung an einen anderen Träger abgegeben wird – über die Köpfe der Direktion hinweg und aus offenbar übergeordneten, gesundheitspolitischen Gründen (auch hier übrigens ohne erläuternde Begründung). Es ist nicht übertrieben, in solchen Fällen von einer *Traumatisierung der Organisation* und der dort Tätigen zu sprechen. Ein mir bekannter leitender Psychiater einer psychiatrischen Klinik beschrieb die Lage in der Großgruppensupervision mit der Metapher des »Dreißigjährigen Krieges«: Jeder kämpfe gegen jeden, wobei der »Kriegsverlauf« schnelle Wechsel der Bündnisse erforderlich mache – wer heute noch Freund sei, werde vielleicht schon morgen als Feind angesehen und hinterrücks bekämpft. Eine zumindest milde Neigung zur paranoiden Wahrnehmung der Wirklichkeit ist unter solchen Umständen eine notwendige Überlebenshilfe und ein Kennzeichen guter Führung (vgl. Kernberg 2000). In anderen Fällen mag es ohne schwere Traumatisierungen und Bürgerkriege abgehen, dafür müssen wechselnde Konfliktlagen geortet, diagnostiziert und bewältigt werden. Damit sind jene Abteilungen angesprochen, die im Rahmen der Regionalisierung der psychiatrischen Versorgung neu gegründet und in Allgemeinkrankenhäuser integriert werden, wo sie sich im Kanon der somatischen Fächer und mit dem Einsatz persönlich engagierter, aber psychiatrisch ungeschulter Mitarbeiterinnen und Mitarbeiter aus der Somatik zu behaupten haben – das sind Aufgabenstellungen, die ohne wirkungsvolles Konfliktmanagement (und ohne unterstützende Supervision) nicht zu lösen sind.

Im »komplementären« Bereich, wo vorwiegend *private Non-Profit-Organisationen* tätig sind, sind die Umwälzungen und Verwerfungen keineswegs geringer: Viele Träger des Betreuten Wohnens, des Beschützten Arbeitens, der psychosozialen Rehabilitation, der psychosozialen Beratung etc. befinden sich gerade in diesen Tagen in aufwühlenden und lang anhaltenden Existenz- und Identitätskrisen: 25 Jahren nach ihrer Gründung als mehr oder weniger revolutionäre Alternativen zur traditionellen Psychiatrie stehen sie nun – kampferprobt und ehrenwert ergraut – vor der größten Herausforderung ihres Organisationslebens, denn jetzt gelten sie ihren jungen Klienten nicht mehr als »gute« Alternative zur »schlechten« Welt der Anstaltspsychiatrie, sondern als Repräsentanz der ungeliebten, vielleicht sogar verhassten Psychiatrie. Das produziert massive Ernüchterungen und Enttäuschungen auf Seiten der Professionellen, bei nicht wenigen unter ihnen mehr oder weniger schwere narzisstische Kränkungen, auf jeden Fall neuen Reflexions-, mitunter auch Fortbildungsbedarf. Die zugehörigen Trauerprozesse sind vielfach blockiert, denn die erfahrenen Mitarbeiter haben sich ihre berufliche Rolle und Identität anders erträumt und versuchen – verständlicherweise – die als unerträglich erlebten Abschiede und Verluste so lange wie möglich zu verleugnen. Sie müssen sich dabei mit jüngeren Kollegen auseinander setzen, deren berufliche Identitätsbildung zu ganz anderen Auffassungen über den »Job« und dessen Ausgestaltung geführt hat. Diese Lage produziert nachhaltige organisationelle Konflikte und ruft nach Veränderung. Für das Veränderungsmanagement sind hauptamtliche Geschäftsführungen und ehrenamtliche Vorstandsmitglieder zuständig, deren fortlaufende und eskalierende Überforderung programmiert ist, so dass manche Berater von einer »tickenden Zeitbombe« sprechen, die »in vielen Fällen nur durch gute, starke persönliche Beziehungen und gewaltige Leidensfähigkeit der Betroffenen am explodieren gehindert wird« (Patak 2001, S. 166). Was aber, wenn die persönlichen Beziehungen nicht gut, sondern belastet sind – wovon Supervisoren und Berater in ihren Aufträgen erfahren?

Manche Einrichtungen – vor allem wenn sie in kommunaler oder staatlicher Trägerschaft arbeiten und *Behördencharakter* annehmen – sind Meister des Widerstandes gegen organisationellen Wandel. Sie erscheinen als Inseln der Stabilität und der Nicht-Irritierbarkeit im Meer des Wandels und der Veränderungen und beweisen täglich aufs Neue, dass es auch ohne die Strukturen »totaler Institutionen« und ohne weiße Kittel möglich ist, zwischenmenschliche Nähe zur psychiatrischen Klientel und konzeptionell sinnvolle Veränderungen zu vermeiden. Im Sinne interpersoneller und institutionalisierter Abwehr werden an diesen Orten Rollen und Strukturen kultiviert, wie sie aus Verwaltungen und Behörden, also bürokratischen Organisationen, bekannt sind. Unter dem Schild »Sozialpsychiatrie« wirken dann Stelleninhaber, die – unabhängig von der Berufsgruppe, aber mit der Macht des Amtes ausgestattet – ihre Berufsrolle so interpretieren, dass daraus möglichst geringe Irritationen für ein Arbeitsleben resultieren. Die so demonstrierte Nicht-Erreichbarkeit zu durchbrechen, gelingt nur noch ausgewählten Klienten der so genannten »Kerngruppe«, für die sich die Professionellen offiziell zuständig zu fühlen haben. Supervisoren werden mit dieser Problematik etwa in Leitungsberatungen bekannt gemacht, wo es den zuständigen Vorgesetzten darum geht, diese verkrusteten und häufig durch das Beamtenrecht zusätzlich zementierten Verhältnisse in kreative Bewegung zu bringen – oder sie erfahren in den Supervisionen derjenigen Teams davon, die von den Psychiatrie-Behörden abhängig sind. So ist die Psychiatrie wie so oft eine Art Widerspiegelung der Gesellschaft: Während die einen in unkündbaren Arbeitsverträgen und gesicherten Bezügen »nur« vom Verlust ihrer Lebendigkeit und Lernfähigkeit bedroht sind, kämpfen die anderen um ihr reales Überleben als psychiatrische Professionelle und hoffen, dass sie ihre emotional hochgradig belastende Arbeit über längere Zeit durchstehen dürfen – wenn der Arbeitsvertrag es erlaubt.

Durch die in den zurückliegenden zwei Jahrzehnten vollzogene Auflösung der stationären Aufenthaltsorte für *schwer und chronisch psychisch Kranke* sammelt sich diese Klientel zunehmend an Orten außerhalb der psychiatrischen Klinik: Einerseits im Betreuten Wohnen, wie es von verschiedenen Trägern im Rahmen von Kooperationsverträgen als Teil des psychiatrischen Versorgungssystems angeboten wird. An vielen Orten ersetzen solche Projekte mittlerweile die früheren klinischen Abteilungen für schwer Kranke. Sie bemühen sich darum stabile Rahmenbedingungen, also verlässlichen Halt unter schwierigsten, nicht selten unter grenzwertigen (mitunter auch inakzeptablen und unerträglichen) Bedingungen aufrecht zu halten. Professionelle mit solchen Aufgabenstellungen haben wirkliche *Intensiv-Arbeitsplätze*, an denen das Risiko des »Ausbrennens« hoch ist – insbesondere, wenn die angestrebten Ziele zu hoch angesetzt und die Leidensbereitschaften ausgeprägt sind. Noch hinter diesen Einrichtungen der offiziellen Psychiatrie – Landschaft rangieren heute die stationären und ambulanten Projekte der so genannten »Wohnungslosenhilfe«. Hier sind – je nach Diagnostik – ein Drittel bis drei Viertel der Bewohner und Klienten entweder schwer suchtkrank oder chronisch psychisch erkrankt, nicht selten auch beides zugleich. Ein Teil der Betroffenen ist in der Psychiatrie gut bekannt und lehnt es ab, dort weiterhin Hilfe und Unterstützung anzunehmen. Ein anderer Teil gehörte nie zu den Nutzern psychiatrischer Versorgungseinrichtungen, verweigert sich einer »Eingemeindung« in die Psychiatrie und lebt im Hilfesystem für Wohnungslose, das – in Analogie zum zweiten und dritten Arbeitsmarkt – inzwischen als das »dritte« psychiatrische Versorgungssystem angesehen werden kann (wobei dieser Umstand von den meisten Repräsentanten der etablierten Sozialpsychiatrie immer noch hartnäckig verleugnet wird). Für diese Organisationen und die in ihnen tätigen Professionellen gelten die Ausführungen dieses Kapitels in besonderem Maße. Ein weiterer Ort für chronisch psychisch Kranke sind die überall im Aufbau befindlichen forensischen Abteilungen (Maßregelvollzug). Während alle anderen Funktionsbereiche der Psychiatrischen Landeskrankenhäuser verkleinert oder geschlossen werden, wird hier in erheblichem Maße ausgebaut und investiert – auch, was begleitende Unterstützung durch Supervision, Beratung und Fortbildung angeht. Einiges spricht dafür, dass dieser Bereich – insbesondere die forensische Behandlung und Sicherheitsverwahrung von Sexualstraftätern – in den nächsten Jahren noch gesteigerte Aufmerksamkeit auch unter gruppenanalytischen Supervisoren erfahren wird. Zusammen mit dem Bereich der Wohnungslosenhilfe ist hier bereits jetzt ein großer und wichtiger Anwendungsbereich für Supervision heran gewachsen, der neue Anforderungen an Supervisoren und Berater stellt. Wegen des besonderen Ineinandergreifens von individueller Pathologie, organisationellen Konflikten und gesellschaftlichen Widersprüchen kann angewandte Gruppenanalyse (als Supervision, Beratung und Fortbildung) gerade hier ausgesprochen hilfreich sein (siehe dazu den Beitrag von Lamott in diesem Buch; zudem Heltzel 2002).

Supervisions- und Beratungssettings in der Psychiatrie

Das verbreitetste und am besten bekannte Setting ist zweifellos die Teamsupervision, die in nahezu jeder psychiatrischen Einrichtung Anwendung findet (vgl. Heltzel 1999, 2000a). Von großen Ausnahmen abgesehen, hat jedes Team Erfahrungen mit diesem Supervisionsetting gesammelt, viele machen fortlaufend und in unterschiedlicher Frequenz davon Gebrauch. Teamarbeit ohne regelmäßige begleitende Supervision entspricht nicht dem heute geltenden Qualitätsstandard für psychiatrische Arbeit. Teamsupervision in der Psychiatrie konfrontiert den Supervisor mit einer spezifischen, komplexen Felddynamik, welche die Dynamik der Klientel, die der Professionellen und die der Institution bzw. Organisation einbezieht (Heltzel 1997). Sie fokussiert auf die Aufgabenstellung der Professionellen und berät das Team als Subsystem der Organisation bezüglich der Weiterentwicklung dieser primären Aufgabe gemäß den übergeordneten Organisationszielen. Dabei werden Vorgesetzte – von begründeten Ausnahmen abgesehen – einbezogen, wie der Supervisor überhaupt die Nachfrage mit der Leitung und dem Team klärt und insgesamt den Kontrakt in einem Dreieck zwischen der Leitung als Repräsentanz des Gesamtsystems, dem Team und sich selbst aushandelt. Differenzierte Teamsupervision erfordert – von begründeten Ausnahmen abgesehen – die Integration von Fallarbeit und Teamentwicklung (Selbstreflexion im Team) in einem ungeteilten Supervisionsprojekt, wozu sich die gruppenanalytische Grundhaltung in besonderer Weise eignet (siehe dazu den Beitrag von Barthel-Rösing in diesem Buch; zudem Heltzel 2000a). Der Fall, die Teamdynamik und die Dynamik der Organisation bedingen und beeinflussen sich wechselseitig, so dass die in manchen Lehrbüchern vertretene, mehr oder weniger starre Trennung zwischen verschiedenen »Programmen« in der Teamsupervision der Komplexität der Verhältnisse nicht gerecht wird. Daher empfehlen die Vertreter dieses Konzeptes inzwischen »Kombinationen« der Programme, zwischen den reflektiert gewechselt wird (vgl. Rappe-Giesecke 1990; Mattke 2001). Aus Foulkesscher Sicht der Interdependenz dieser verschiedenen Ebenen bleibt dieser Versuch einer nachträglichen Flexibilisierung und Dynamisierung des Programm-Schemas jedoch unbefriedigend.

Gelingende Teamsupervision oszilliert zwischen Nichtwissen und Wissen, zwischen möglichst voraussetzungsloser Selbstreflexion und Fachberatung und integriert einen Anteil an Instruktion, den Fall betreffend. Sie erfüllt damit auch eine Fortbildungsfunktion. Das Spezifikum gruppenanalytischer Supervision ist aber die Offenheit in der Sitzungsgestaltung, also die Zurückhaltung, was deren thematische Strukturierung betrifft. So entsteht Raum für die unterschiedlichsten Stimmungen, Gefühle und für tiefe affektive Prozesse, den die Gruppe für ihre Anliegen nutzen kann (siehe dazu den Beitrag von Barthel-Rösing in diesem Band; vgl. Heltzel 2000a, 2000b).

Kasuistik:
Als ich mich zum Erstgespräch in dem Team einer therapeutischen Einrichtung einfand, stellte sich nach meiner kurzen Vorstellung ein tiefes, dichtes, ernstes, hoffnungsloses Schweigen ein, das etwa ein viertel Stunde anhielt. Es erreichte und ergriff auch mich und ich entschied mich, ihm Raum zu geben und nicht vorschnell dagegen an zu strukturieren, etwa durch klärende, das Gespräch öffnende Fragen (was angesichts der Situation des ersten Kennenlernens durchaus denkbar gewesen wäre). So also – sprachlos und sehr bedrückt – stellte sich das Team vor, und allmählich wurde deutlich, dass die Einrichtung (deren Therapeutischer Leiter in der Supervision anwesend war), unter großem Druck stand, dass also die Lage tatsächlich sehr ernst – womöglich hoffnungslos – war. Das Hoffnungslose entpuppte sich als eine höchst komplexe, durch eine längere Geschichte ausgezeichnete Verstrickung zwischen Leitung, Personalrat und Geschäftsführung, in der es vor allem um Machtkonflikte und gegenseitige Entwertungen ging, also um existenziell erlebte Fragen, die in der über mehrere Jahre durchgeführten, fallorientierten Supervision offenbar nie kommuniziert worden waren. Die Folge war eine hartnäckige Blockierung unumgänglicher Umstrukturierungen und inhaltlicher Innovationen. Diese erste Sitzung war der Beginn engagierter gemeinsamer Arbeit und endete vorerst mit der Gewissheit, dass die Supervision zu einem Raum für die Klärung dieser Konflikte werden müsste. Ich gehe davon aus, dass dies bei einem strukturierten Vorgehen meinerseits kaum so eindringlich und unabweislich

hätte gefühlt werden können (damit ist Containing als eine wesentliche Qualität guter Supervision – gerade auch im psychiatrischen Kontext – angesprochen).

In vielen psychiatrischen Organisationen wird immer noch reflexartig »Teamsupervision« gedacht, wenn eigentlich andere Formen der Supervision und Beratung indiziert sind. Es ist eine der wesentlichen Aufgaben von Supervisoren, im Dialog mit den Anfragenden und den Auftraggebern das für die jeweils anstehende Problemstellung angezeigte Vorgehen vorzuschlagen und auszuwählen, mitunter auch erst gemeinsam zu entwickeln. Die passende Zusammensetzung der Teilnehmer und die möglichst reflektierte inhaltliche Ausrichtung des Supervisions- und Beratungsprojektes sind die wichtigsten zielführenden Interventionen des Supervisors (vgl. Fürstenau 1992; Scala und Grossmann 1997). Supervision und Beratung in psychiatrischen Organisationen kann daher heute sehr Verschiedenes bedeuten (vgl. Belardi 2002 sowie Heltzel 1999, 2003).

Eine verbreitete Form der Supervision ist die Gruppensupervision für miteinander kooperierende, jedoch nicht in einem Team zusammengefasste Mitarbeiter, die umschriebene Aufgaben innerhalb der Organisation erfüllen. Dies kann etwa das Subsystem der »Kreativtherapeuten« sein, das alle Musik-, Kunst-, Ergo- und Körpertherapeuten einer Abteilung für Psychiatrie und Psychotherapie umfasst, oder die akademischen Einzeltherapeuten der Abteilung. Im Funktionsbereich eines Psychiatrischen Landeskrankenhauses leite ich die Supervision der Gruppe der Einzelpsychotherapeuten, wobei auch die leitende Ärztin und der sie vertretende Oberarzt regelmäßig teilnehmen. In der Supervisionsgruppe werden Einzeltherapien vorgestellt und gemeinsam reflektiert, darüber hinaus ist es möglich, Konflikte in der hierarchieübergreifenden und interdisziplinären Zusammenarbeit sowie konzeptionelle Fragen einzubringen. So ist sie auch zu einem Raum geworden, in dem das zwischen Funktionsbereichsleitung und den zuständigen Einzeltherapeuten abgestimmte therapeutische Vorgehen kommuniziert, geklärt und projektiert werden kann.

Eine weitere Form der Supervision ist die Begleitung von Projektgruppen, die für die Erarbeitung von Konzepten, für bestimmte Teilziele der Organisationsentwicklung o. ä. Aufgabenstellungen verantwortlich sind. In einem Trägerverein für Betreutes Wohnen, Intensiv betreutes Wohnen (Heimstruktur) und Tagesstättenangebote für psychisch Kranke supervidierte ich eine Projektgruppe, die ein verbindliches Fortbildungskonzept für den Verein erarbeiten und umsetzen sollte. Repräsentanten aller im Verein vertretenen Einzelprojekte sowie des Personalrats und der Geschäftsführung nahmen teil, ebenso die Fortbildungsbeauftragten. In einem halben Jahr der Projektarbeit wurden zahlreiche Konfliktthemen besprochen, so etwa die Frage verbindlicher Teilnahme an Fortbildungsprojekten, die Verpflichtung zur Rückmeldung ins Team, die

Frage der Auswahl der angebotenen Fortbildungsthemen u. a. m. Am Ende der befristeten Zusammenarbeit stand ein von der Geschäftsführung und dem Personalrat unterzeichnetes, für den ganzen Verein verbindliches Fortbildungskonzept.

Immer mehr Initiativen, Projekte und Einrichtungen in der Psychiatrie machen – wenn sie auf flexible, Phantasievolle und kompetente Supervisoren zurückgreifen können – die Erfahrung befristeter Supervisionsprojekte mit vereinbarten Zielen: So lässt sich u. U. in nur ein, zwei oder drei Sitzungen eine hoch eskalierter Konflikt zwischen Subteams der Abteilung, zwischen rivalisierenden Vorgesetzten, zwischen den Mitarbeitern einer bestimmten Berufsgruppe, zwischen Mitarbeitergruppen und deren Kooperationspartnern klären: Supervision als Krisenintervention.

Kasuistik:
Ich erinnere eine solche Sitzung mit dem Pflegedienstleiter einer Abteilung für Psychiatrie und Psychotherapie und dessen kommissarischem Vertreter: Der Vorgesetzte war für längere Zeit zur Fortbildung abgestellt, und der kreative und engagierte Vertreter hatte die Zeit als kommissarischer PDL genossen und zur Weiterentwicklung zahlreicher Projekte genutzt. Als der »Chef« zurückkehrte und seinen Platz beanspruchte, fühlte er sich in die zweite Reihe gestellt, während sein Stellvertreter sich nunmehr »ausrangiert« erlebte. Beide reagierten mit Ärger, was die Arbeit beeinträchtigte. Der Konflikt ließ sich in relativ kurzer Zeit immerhin so weit klären, dass eine konstruktive Zusammenarbeit wieder möglich wurde (dazu verhalf das wechselseitige Verstehen des Gegenübers). Später entschied sich der »Stellvertreter« dazu, die Stelle zu wechseln, so dass er – an anderem Ort – selber PDL wurde.

Wenn eine Organisation bzw. deren Leitung von der Möglichkeit solcher Formen der Supervision weiß (wozu der Austausch mit dem Supervisor beitragen sollte), wird sie von Zeit zu Zeit kreativ davon Gebrauch machen.

Abteilungsübergreifende Großgruppensupervision ist in zahlreichen Fällen von Organisationsentwicklung in der Psychiatrie sinnvoll und wird noch zu selten angewandt (Heltzel 1999, 2000b). Das liegt daran, dass sie eine spezifische gruppenanalytische Qualifikation erfordert, wobei unter den Gruppenanalytikern nur wenige zu finden sind, die sich in diesem Supervisionssetting engagieren. Dies mag mit der Fehleinschätzung zusammenhängen, dass Großgruppensupervision im organisationellen Zusammenhang dasselbe sei wie eine »analytische Großgruppe« am gruppenanalytischen Ausbildungsinstitut oder während einer Fachtagung für Gruppenanalytiker. Großgruppensupervision ist aber keine Großgruppe dieser Art, sondern – wie Supervisionen in anderen Settings auch – berufliche, auf die Primäraufgabe bezogene Selbstreflexion, die den jeweiligen

Kontext der Organisation in den Blick nimmt. Sie eignet sich ganz besonders zur Entwicklungsbegleitung in Abteilungen und komplexen Verbünden und stellt, wenn sie in diesem Sinne verstanden wird, einen sehr wertvollen Beitrag zur Organisationsentwicklung dar. Da ich das Interventionsverhalten des Supervisors in der Großgruppensupervision an anderer Stelle ausführlich diskutiert habe (Heltzel 1999), schildere ich an einem Praxisbeispiel, wann diese Form der Supervision indiziert ist und welche Ziele damit angestrebt werden können. Großgruppensupervision ist vorzugsweise dann angezeigt, wenn Phasen tief greifenden Organisationswandels anstehen und die betreffende Einrichtung darum ringt, Fragmentierung zu überwinden bzw. sich darum bemüht, den Zusammenhalt mehrerer Subsysteme im Kontext komplexer Aufgabenerfüllung zu sichern.

Kasuistik:
Exakt darum ging es in einer großen psychiatrischen Klinik, die den für die integrierte Behandlung einer bestimmten Klientel zuständigen Bereich im Zusammenhang tief greifender Organisationsentwicklungsprojekte neu strukturieren und dabei die Vernetzung verschiedener Subteams voran bringen und sichern wollte. Konkret waren damit zwei Stationen, eine Tagesklinik und eine große sozialpsychiatrische Ambulanz angesprochen – neben Professionellen aus ebenfalls zuständigen Abteilungen wie der Ergo- und der Arbeitstherapie. Die Arbeit dieser verschiedenen Subsysteme sollte – im Interesse einer sinnvollen, aufeinander bezogenen, die therapeutische Beziehung in den Vordergrund stellenden Behandlung der betroffenen Patienten – transparent kommuniziert und wirkungsvoller als bisher miteinander vernetzt werden. Das war ein zwar allseits geteiltes, aber nur schwer zu realisierendes Vorhaben, da die verschiedenen Subsysteme in der Vergangenheit gerade eine nicht aufeinander bezogene, sondern eine voneinander abgegrenzte, durchaus eigene und spezifische Entwicklung genommen hatten. Die Hintergründe dieser Institutionsgeschichte sind sehr komplex, sie reflektieren einerseits Besonderheiten des Sektors und der Klinik, andererseits die Charakteristika charismatischer Leiter, welche die Entwicklung ihrer jeweiligen Projekte spezifisch geprägt hatten. Wenn diese bisher weitgehend getrennt verlaufenen Projektentwicklungen zusammengefasst und integriert werden sollten, waren Fremdheitserfahrungen, Kommunikationsprobleme, zwischenmenschliche und fachlich-inhaltliche (konzeptionelle) Konflikte, vielleicht auch Machtkämpfe, schlimmstenfalls Spaltungsprozesse usw. zu erwarten. In Absprache mit den Hauptverantwortlichen der Klinik und des Bereichs sowie dann auch mit den praxisnah arbeitenden Professionellen schlug ich eine bereichsübergreifende Großgruppensupervision vor, die in Blocks von zwei aufeinander folgenden Sitzungen pro Quartal stattfinden und der Vernetzung der betreffenden Subsysteme dienen sollte. In Fällen wie diesem ist schon allein

die Implementierung einer kontinuierlich tagenden Großgruppe ein die Integration der verschiedenen Subsysteme fördernder Schritt, da die separate Begleitung der jeweiligen Subteams deren isolierte Entwicklung nur noch fördern würde. Die Zusammenfassung aller Beteiligten in einer großen Gruppe von 30–40 Teilnehmern ermöglicht Kennenlernen, Kontakt, Austausch, Informationsfluss, Konfliktklärungen, Konzeptdiskussionen und – nach einiger Kontinuität in diesem Setting – gemeinsame Identitätsentwicklung als ein aus mehreren Subsystemen bestehender Bereich. Nach inzwischen drei Jahren der Zusammenarbeit in der Großgruppensupervision (an der auch die Führungs- und Leitungskräfte im Rahmen ihrer Möglichkeiten teilnehmen) hat all dies stattgefunden und ist (mit zugehörigen Konflikten und Widerständen) weiter in Bearbeitung.

Während diese Großgruppensupervision thematisch fokussiert ist (Förderung der Zusammenarbeit in der vernetzten Therapie einer bestimmten Patientengruppe), bin ich in anderen Aufträgen damit betraut, psychiatrische Abteilungen über Jahre in ihrer Organisationsentwicklung zu begleiten, wobei in der Großgruppe alle die Organisation existenziell betreffenden Fragen aufgeworfen und unter den Beteiligten besprochen werden können. In der Großgruppensupervision sitzen die Teilnehmer in einem großen Stuhlkreis, so dass sie sich gut sehen und hören können. Das begrenzt die Gruppenregression und fördert die Aufgabenorientierung. Da keine Tagesordnung vorliegt und freie Gruppenassoziation stattfindet, können aber trotzdem tiefe affektive Prozesse und unbewusste Ängste, Phantasien sowie deren Abwehr zur Darstellung kommen. Bei entsprechendem Leitungsstil oszilliert die Gruppe zwischen der unstrukturierten Inszenierung verborgener organisationeller Konflikte und unbewusster Ängste und Phantasien sowie deren Abwehr hin und her, wobei sie nicht vergisst, am Ende handlungsfähig zu sein. Eine meiner Großgruppensupervisionen fand unmittelbar vor einer Personalversammlung statt, in der es – in Gegenwart der Unternehmensführung – um die Frage der weiteren Existenz der Organisation gehen sollte. Es war ausgesprochen eindrucksvoll zu erleben, wie die Gruppenmitglieder in zwei unstrukturierten Sitzungen ihre Ängste kommunizierten und schließlich – ungeplant und aus der freien Gruppenassoziation heraus, aber gefördert durch meine Interventionen – eine »Haltung« für die anschließende Personalversammlung kreierten, so dass sie ihre Interessen selbstbewusster vertreten konnten.

Eine weitere Möglichkeit der Anwendung von Großgruppenarbeit in der Organisationsberatung ist der gruppenanalytisch geleitete Austausch in der Großgruppe eines psychosozialen Verbundes, wo 100–150 Professionelle zu regionalen Arbeitstagungen zusammen kommen, um ihre vernetzte Arbeit in der Region zu reflektieren. – Gelingende Großgruppenarbeit kann als »öffentlicher

Übergangsraum« (vgl. Neubaur 2002) verstanden werden: Sie thematisiert und elaboriert den Übergang zwischen öffentlich und privat in dem Sinne, dass sowohl Kontextbedingungen psychiatrischer Tätigkeit als auch die intimen Konsequenzen derselben in freier Gruppenassoziation umkreist und fokussiert werden können. Dabei oszillieren die Einfälle zwischen diesen Polen, ohne die jeweils andere Seite auszublenden. Sie ermöglicht zusammen zu fühlen und zu denken, also »andächtig« zu sein (Neubaur 2002, S. 95). Die Großgruppe eröffnet Alternativen zum fundamentalistischen Rechthaben, zur totalitären Gewissheit und stellt – wenn es gut geht – einen Übergang zur depressiven Position dar, in der Individuen und Gruppen beginnen, Verantwortung für das eigene Schicksal zu tragen und zugleich von der Omnipotenz Abschied zu nehmen. Winnicotts Konzept des Übergangsraumes beschreibt einen Bereich zwischen Phantasie und Realität, zwischen subjektivem Erleben und objektiven Gegebenheiten. Ein solcher Raum ermöglicht eine Situation, die zugleich wirklich und nicht wirklich ist, zugleich ernst und nicht ernst – wie Spielen. Was ist wirklicher – das subjektive Erleben oder die objektive Realität? Diese Frage wird in der Großgruppe nicht beantwortet, weil sie niemand stellt (siehe dazu die Beiträge von Wilke und Shaked in diesem Band; vgl. Heltzel 1999, 2000b).

Von großer Bedeutung sind Supervisionen von Leitungsteams, die zunehmend nachgefragt werden. Das verwundert nicht, denn angesichts der immer komplexer werdenden Anforderungen an Organisationen und der dort Tätigen wird die Professionalisierung von Leitungsarbeit auf allen Ebenen (vor allem im Team) zum Angelpunkt von Organisationsentwicklung und zu einer der Voraussetzungen für zufriedenstellende Aufgabenerfüllung. – Supervisionen von Leitungsteams bieten die Möglichkeit, über die fortlaufende Bearbeitung von Konflikten untereinander zu einem Team überhaupt erst zusammenzuwachsen, was keineswegs überall »Standard« ist. Häufig verstehen sich Leitungsverantwortliche zu Beginn der Supervision nämlich noch gar nicht als Arbeitsgruppe (Team), die Supervisionsanfrage ist dann ein erster Schritt in die gewünschte Richtung. Beispiele solcher Supervisionen sind: Die Supervision der pflegerischen Leitungsebene (PDL und alle Stationsleitungen bzw. ihre Stellvertretungen) eines Funktionsbereiches oder einer Abteilung für Psychiatrie und Psychotherapie; die Supervision der Führungs- und Leitungsebene eines Trägervereins für verschiedene Projekte des Betreuten Wohnens u. a. komplementäre Angebote (Geschäftsführung und die Leitungen aller Projekte sowie ihre Stellvertretungen); die Supervision des Leitungsteams einer psychiatrischen Klinik (Leitender Arzt, alle Oberärzte, PDL, leitender Sozialarbeiter); die Supervision des Vorstandes eines psychosozialen Trägervereines, usw. – in allen diesen Supervisionen geht es erstens um die gemeinsame Reflexion der jeweiligen Leitungsrollen bzw. um deren Differenzierung und Professionalisierung, womit berufliche Identitätsarbeit möglich wird (Oberärzte z. B.

verstanden ihre Rolle in der Vergangenheit tendenziell als die »erfahrener Einzelkämpfer mit Feuerwehrfunktion«, die sich – wenn alles gut ging – nicht allzu sehr aufdrängten oder einmischten und von den Teams auch nicht wirklich in die Arbeit einbezogen wurden; heute sind sie konzeptionell, in der Personalführung, in der Teamarbeit und im Abteilungsmanagement ganz anders gefordert und benötigen Zeit und Unterstützung, um sich dieses neue Rollenverständnis erarbeiten zu können). Zweitens können in Leitungssupervisionen die jeweils aktuellen Problem- und Aufgabenstellungen der betreffenden Einrichtungen reflektiert werden, also etwa die wichtigsten Entwicklungsvorhaben und deren Umsetzung, oder die wesentlichen Umfeldeinflüsse und deren Konsequenzen (Wandel und Überleben der Organisation sind damit immer wieder Thema). Drittens ist Raum für konkrete Probleme der Personalführung, also etwa die Haltung zu Verweigerung, Widerstand, Provokation, Regelverletzung, »Verwahrlosung« u. a. Phänomenen, wie sie in jeder größeren Organisation unweigerlich auftauchen. Hier gibt es viele komplizierte Übertragungs-Gegenübertragungs-Entwicklungen, die fokussiert und reflektiert werden können, aber auch relativ viel Reflexions- und Beratungsbedarf, insbesondere das Konfliktmanagement und den angemessenen Gebrauch von Macht betreffend (siehe dazu den Beitrag von Haubl in diesem Band). Der Übergang von der Leitungssupervision zur Leitungsberatung ist daher fließend, so dass Gruppenanalytiker, die sich entsprechend engagieren möchten, über ein breites Interventionsrepertoire (und spezifische Kenntnisse über Arbeitsweise und Struktur von Organisationen) verfügen müssen (vgl. Fürstenau 1992).

Leitungsberatung als Beitrag zur Organisationsentwicklung: In anderen Fällen geht es explizit um die Beratung der Führungs- und Leitungsebene, und die Anfrage erfolgt auf dem Hintergrund komplexer Entwicklungsaufgaben, die sich der Organisation stellen (vgl. Heltzel 2001). Das kann etwa die Neuorientierung eines etablierten Trägervereins für komplementäre Angebote sein, der in sozialen, alternativen, linken o. ä. Reformbewegungen der 70er Jahre wurzelt und nun – unter den heutigen Bedingungen – mit neuen Aufgabenstellungen (qualifizierte Managementprozesse, Wirtschaftlichkeitszwänge, verändertes Klientel) und in diesem Zusammenhang mit organisationellen Identitätskonflikten konfrontiert ist. Oder die Umstrukturierung einer Großklinik ist Hintergrund einer Anfrage, wobei es nicht nur um deren schrittweise und kontinuierliche Verkleinerung, um die konzeptionelle Neuorientierung aller Bereiche, um Außenorientierung des Systems u. a. Themen geht, sondern parallel dazu (oder besser: zeitgleich!) um die qualifizierte Fortführung der Patientenversorgung, um die fortgesetzte Klärung ernsthafter Konflikte auf den unterschiedlichen Hierarchieebenen, wie sie ein komplexer Entwicklungsprozess fast zwangsläufig mit sich bringt. – Gruppenanalytisch ist eine solche

Beratung dann, wenn der Berater auch hier auf die Kreativität und die Fähigkeiten der Gruppe vertraut, wenn er durch seine Interventionen die Entwicklung zu einer Arbeitsgruppe anregt, wenn er die Kommunikation der Teilnehmer untereinander fördert und bei der schrittweisen Bearbeitung von Themen nicht zwanghaft strukturiert, sondern trotz überwältigender Probleme und ängstigender Komplexität seine Ohnmachtgefühle und sein Nichtwissen in sich hält, ohne übermäßig zu strukturieren. Statt sich als allwissender Experte zu präsentieren, eröffnet er so einen Möglichkeitsraum für die Reflexion scheinbar überwältigender Problemstellungen, den die Gruppe mit Leben füllen kann. Der Gruppenanalytiker hilft durch seine Interventionen der Gruppe, Angst und Spannung auf einem erträglichen Niveau zu halten, damit konstruktiv gearbeitet werden kann; er fördert eine Tradition der Zusammenarbeit, indem er selbst das gruppenanalytische Prinzip personifiziert; er tritt klar, offen, standfest und konfliktbereit auf, wenn die Bedingungen es erfordern; er reagiert flexibel auf Anforderungen und verändert sich mit der Gruppe; er fördert, indem er die Äußerungen verschiedener Gruppenmitglieder zusammenfasst, wiederholt und auf den Punkt bringt, die Integration verschiedener Beiträge – all dies geht natürlich auf Foulkes und die gruppenanalytische Psychotherapie zurück, lässt sich aber fruchtbar auf Supervision und Beratung in Organisationen übertragen. – Meine Darstellung vernachlässigt hoch destruktive Gruppenprozesse im Sinne der »Anti-Group« (vgl. Nitsun 1996) und eine Diskussion der Grundannahmen Bions in ihrer Bedeutung für gruppenanalytische Organisationsberatung. Die Auseinandersetzung mit dieser Thematik sowie den Konzepten der Psychodynamischen Organisationsberatung im Sinne des Tavistock-Ansatzes (vgl. Lohmer 2000) erforderte eine eigene Veröffentlichung.

Supervision und Beratung auf mehreren Ebenen der Organisation: Gelingende Supervision setzt die fortlaufend reflektierte Gestaltung und Weiterentwicklung von Dreieckskontakten zwischen Auftraggebern, Supervisanden und Supervisoren voraus. Dies erfordert Triangulierungskompetenz auf Seiten des Supervisors (sowie des zu supervisierenden Systems) und schafft »trianguläre Räume«, die zur Entwicklungsförderung der Organisation genutzt werden können (vgl. Tietel 2002 sowie den Beitrag von Haubl in diesem Buch). Es ist Aufgabe aller drei Beziehungspartner des Dreiecks, getrennte Kontakte zu jeweils zwei anderen Beziehungspartnern aufzunehmen und fortlaufend zu gestalten. Dabei werden alle drei unausweichlich damit konfrontiert, dass sie aus der Beziehung der anderen zwei »Eckpunkte« des Dreiecks zueinander – mindestens zeitweise – ausgeschlossen sind. Brittons Theorie des »triangulären Raumes« zufolge ergibt sich »sowohl die Möglichkeit, Teil einer Beziehung zu sein und dabei von einer dritten Person beobachtet zu werden, als auch die Möglichkeit, selbst eine Beziehung zwischen zwei Personen zu beobachten«

(Britton 1998, S. 98). Dem Kind wird damit der Prototyp einer Beziehung vermittelt, in der es selbst Beobachter, jedoch nicht Teilnehmer ist – vorausgesetzt, dass es die Verbindung zwischen den Eltern »unter der Vorherrschaft der Liebe wahrnimmt und seinen Hass zu tolerieren vermag« (Britton 1998, S. 99). In der Organisationsberatung scheitert die Arbeit auf mehreren Hierarchieebenen dann, wenn diese letzte Voraussetzung nicht gegeben ist und Hass sowie Verfolgungsgefühle unter den Beteiligten dominieren. Das in dieser Lage charakteristische paranoide Klima ist dann auch durch maximale Klarheit, Transparenz, Aufrichtigkeit und Integrationskompetenz nicht zu konterkarieren bzw. zu mildern, so dass die besonderen Ressourcen dieses potenziell kontakt- und beziehungsfördernden Ansatzes nicht erschlossen werden können.

Die Fähigkeit, »trianguläre Räume« in Organisationen zu fördern, gehört mittlerweile zu den allgemein anerkannten Standards guter Supervision. Aus gruppenanalytischer Sicht ist allerdings eine Erweiterung der Aufgabenstellung des Supervisors gegeben: Im komplexen Geflecht, in der Matrix organisationeller Arbeitszusammenhänge und Beziehungen geht es nicht nur um die Wahrnehmung und Gestaltung von Dreiecksbeziehungen, sondern um Kommunikationen und Beziehungen zu zahlreichen anderen »Akteuren« des Systems (man könnte von zahlreichen verschiedenen Dreieckskonstellationen sprechen, aber dies würde der schillernden, chaotischen, verwirrenden Struktur der institutionellen Matrix nicht gerecht). Dies können exponierte Einzelpersonen, verschiedene Teams, Subkulturen oder Hierarchieebenen der Organisation sein, die in unterschiedlichen Beziehungen zueinander stehen. In vielen Organisationen sind Nicht-Kommunikation, Nicht-Verstehen, Nicht-Kooperation und Nicht-Integration verbreitet, so dass es Aufgabe des gruppenanalytischen Beraters ist, die wechselweise abgespaltenen, einander fremden, voneinander isolierten, sich gegenseitig ausschließenden Subsysteme miteinander in Kontakt zu bringen. Er versucht dies, indem er zu den verschiedensten Personen, Arbeitsgruppen, Subkulturen und Hierarchieebenen Kontakt aufnimmt und die Verbindung zwischen ihnen zunächst in seinem Inneren herstellt und aufrecht erhält – auch wenn er sich zwischenzeitlich dabei zerrissen oder gespalten fühlen sollte. Indem er diese Zerreißprobe vor aller Augen »überlebt« (sein Vorgehen ist in keiner Weise geheim, sondern für alle Organisationsmitglieder transparent) und die verschiedenen Kontakte, Beziehungen und Kooperationen weiterführt, trägt er nach und nach dazu bei, Nicht-Verbundenes, Getrenntes und voneinander Isoliertes auch real miteinander zu verbinden, so dass Austausch, Kommunikation und gegenseitiges Sich-Verstehen tendenziell zunehmen. Dies ist in allen gelingenden gruppenanalytischen Supervisionen und Beratungen in komplexen Organisationen wenigstens in Ansätzen der Fall und setzt die Bereitschaft und die Fähigkeit des Gruppenanalytikers voraus, sich möglichst unbefangen zwischen den Subsystemen der Organisation zu bewegen und sich dabei zeitweise höchst verwirrenden Gegenübertragungsgefühlen auszusetzen (sie in sich zu »containen«). Der so arbeitende Berater braucht seinerseits ein Mindestmaß an Hoffnung, dass es lohnt, zu Verständigung und Austausch beizutragen, auch wenn dies anfangs oder auch im Verlauf des Beratungsprozesses schwierig oder unmöglich scheint (vielleicht braucht er selbst Supervision, um eigene Zweifel und Hoffnungslosigkeit bearbeiten und seine Fähigkeit zum Containing wieder gewinnen zu können). Er benötigt darüber hinaus eine durch gruppenanalytische Sozialisation entwickelte belastbare Integrationsfähigkeit, um seiner Holding-together-Function (Hearst) auch im organisationellen Kontext nachkommen zu können. Ich gebe eine Kurzskizze einer solchen Arbeit auf mehreren Ebenen einer psychiatrischen Komplexeinrichtung.

Kasuistik:
In einem Großkrankenhaus steht tief greifende Umstrukturierung unter höchst komplizierten Umfeldbedingungen an. Um diesen extrem störanfälligen Entwicklungsprozess zu begleiten, berate ich die Direktion des Hauses sowie den um die ärztlichen Funktionsbereichsleiter und die Pflegedienstleitungen erweiterten Führungskreis. Zusätzlich bin ich in verschiedenen Abteilungen als Supervisor von Leitungs- und Stationsteams tätig, so dass ich mit verschiedenen Subsystemen der Organisation arbeite und auf diese Weise mit zahlreichen Konflikten, Problemstellungen und Entwicklungsaufgaben in Berührung komme. Die verschiedenen Ebenen der Einrichtung wissen um meine Engagements und haben mich nach und nach damit betraut, da sie – trotz vieler noch ungelöster oder noch bevorstehender Schwierigkeiten – insgesamt doch positive Erfahrungen mit diesem Vorgehen machen konnten (insbesondere, dass die Kommunikation zwischen verschiedenen Hierarchieebenen und zwischen verschiedenen Funktionsbereichen sowie innerhalb derselben sich schrittweise verbesserte, so dass Energien für die anstehende Umstrukturierung und für die Umsetzung der Primäraufgabe frei wurden).

In meiner Supervisions- und Beratungspraxis überwiegen solche komplexen, zusammengesetzten Aufträge seit längerem – übrigens nicht nur in psychiatrischen, sondern auch in anderen psychosozialen und sozialen Organisationen. Dabei arbeite ich in begründeten Fällen auch mit anderen gruppenanalytischen Kollegen oder mit Organisationsberatern anderer Provenienz vernetzt zusammen. In der Literatur werden Vernetzungen von Supervisoren im Rahmen komplexer Supervisions- und Beratungsaufträge inzwischen vermehrt diskutiert. Sie sind nicht einfach umzusetzen und relativ kostenintensiv, daher in Non-Profit-Organisationen (also im Rahmen knapper werdender Budgets) nicht immer praxistauglich. Angesichts komplexer werdender Fragestellungen spricht aber vieles dafür, dass gruppenanalytische Supervisoren und Berater in Zukunft verstärkt mit Beratungsaufträgen auf mehreren Ebenen einer Organisation konfrontiert sein werden – entweder im Alleingang oder vernetzt.

Seminare für Führungs- und Leitungskräfte psychiatrischer Organisationen:
Dies ist – streng genommen – ein anderes Format als Supervision und Beratung in Organisationen. Ich erwähne es hier gleichwohl, da gruppenanalytische Supervision ein wesentlicher Bestandteil dieses Angebotes ist, und da ich letzteres als einen wesentlichen Beitrag zur Organisationsentwicklung in der Psychiatrie ansehe. Wie andere Varianten der Supervision hat sich auch dieses Angebot aus meiner Beratungspraxis heraus entwickelt, indem ich – im Dialog mit Führungs- und Leitungskräften – Fortbildungsbedarf wahrnahm, aufgriff und meinerseits mit einem überregionalen und organisationsübergreifenden, aber feldspezifischen Seminarangebot beantwortete.

Kasuistik:
Diese fortlaufende Gruppe trifft sich sechs mal im Jahr zu einem ganzen Tag in meiner Praxis. Den 12 Teilnehmern, die alle mit Führungs- oder Leitungsaufgaben in der Psychiatrie betraut sind (Leitende Ärzte und Oberärzte, Pflegedienstleitungen, Verwaltungsleitungen, Leitungen von Krankenpflegeschulen etc.) biete ich Konzepte zur Führung an (Führungsstile, Rolle der Führung im Veränderungsmanagement, Organisation als komplexes System, Konfliktmanagement, Verstehen und Gestalten von Gruppenprozessen in Organisationen, Containing als Führungsaufgabe, Beziehungs- und Psychodynamik von Arbeitsbeziehungen etc.), wobei sich die ausgewählten Themen aus dem Gruppenprozess ergeben und in gemeinsamer Reflexion weiter entwickelt werden können. Die Gruppe diskutiert die präsentierten Konzepte, prüft ihre Relevanz für die Alltagspraxis, tauscht dabei Erfahrungen aus und wendet sich – in jeder zweiten Sitzung – ausführlich den von den Teilnehmern eingebrachten Praxisbeispielen zu. Hier kommt gruppenanalytische Supervision mit ihrem charakteristischen Zusammenführen von Fallarbeit und Reflexion des Kontextes von Führung zum Einsatz. Durch den Wechsel von Konzeptdiskussion und Live-Supervision in der Gruppe findet praxisnahes Erfahrungslernen als Beitrag zur Professionalisierung des Führungsgeschäftes statt.
Wenn mehrere Führungskräfte der gleichen Einrichtung an solcher Gruppenarbeit teilnehmen und dies seitens der Organisation gewollt und womöglich finanziell gefördert wird, stellt diese Maßnahme auch einen nützlichen Beitrag zur Organisationsentwicklung in der Psychiatrie dar.

Literatur

Britton, R. (1998): Belief and Imagination: Explorations of Psychoanalysis. London (Routledge).
Fürstenau, P. (1992): Entwicklungsförderung durch Therapie. München (Pfeiffer).
Heltzel, R. (1997): Die Bedeutung von Feldkompetenz für Beratung und Supervision in der Psychiatrie. In: psychosozial 20, S. 57–70.
Heltzel, R. (1999): Entwicklungsbegleitung in psychiatrischen Organisationen. In: Pühl, H. (Hg.): Supervision und Organisationsentwicklung. Handbuch 3. Opladen (Leske und Budrich), S. 332–358.
Heltzel, R. (2000a): Teamsupervision in der Psychiatrie. In: Pühl, H. (Hg.): Handbuch der Supervision 2, Berlin (Spiess), S. 204–220.
Heltzel, R. (2000b): Zur Identität des gruppenanalytischen Supervisors und Organisationsberaters. In: Jahrbuch für Gruppenanalyse und ihre Anwendungen 6, S. 95–120.
Heltzel, R. (2001): Was heißt Leitung heute? In: gruppenanalyse 11 (2), S. 131–153.
Heltzel, R. (2002): Von der Psychiatrie zur Psychoanalyse oder: Die Wiederentdeckung Winnicotts. In: Luzifer-Amor 30, S. 123–152.
Heltzel, R. (2003a): Die Aggression der Professionellen im Maßregelvollzug – am Beispiel der Behandlung von Sexualstraftätern. In: Sozialpsychiatrische Informationen 33 (1), S. 7–13.
Heltzel, R. (2003b): Diskussionsbemerkung zu Nando Belardi. In: Zeitschrift für Gruppenpsychotherapie und Gruppendynamik 39 (1), S. 76–83.
Kernberg, O. (2000): Ideologie, Konflikt, Führung. Stuttgart (Klett-Cotta).
Lohmer, M (Hg.) (2000): Psychodynamische Organisationsberatung. Stuttgart (Klett-Cotta).
Neubaur, C. (2002): Winnicott oder: Das Leben, ein Übergangsraum. In: Luzifer-Amor 30, S. 92–122.
Nitsun, M. (1996): The Anti-Group. London, New York (Routledge).
Patak, M. (2001): Vorstand mit Verstand. Wider die programmierte Überforderung ehrenamtlicher Funktionäre. In: Simsa, R. (Hg.): Management der Nonprofit Organisation. Gesellschaftliche Herausforderungen und organisationale Antworten. Stuttgart (Schäffer-Poeschel), S. 165–170.
Pühl, H. (1998): Teamsupervision. Von der Subversion zur Institutionsanalyse. Göttingen (Vandenhoeck & Ruprecht).
Rappe-Giesecke, K. (1990): Supervision. Berlin (Springer).
Scala, K., Grossmann, R. (1997): Supervision in Organisationen. Weinheim, München (Juventa).
Tietel, E. (2002): Trianguläre Räume und soziale Häute in Organisationen. In: Pühl, H. (Hg.): Supervision. Aspekte organisationeller Beratung. Berlin (Ulrich Leutner), S. 47–75.

Schiffbruch mit Zuschauer:
Zur Geschlechterdynamik in der Therapie mit Sexualstraftätern – Erfahrungen aus einer Supervision

Franziska Lamott

Dem Schiffbruch auf dem unsteten Meer wird der Zuschauer auf dem Land zugeordnet. Er genießt seine Distanz zum Geschehen, da er ungefährdet auf dem festen Ufer steht; Beobachter einer existenziellen Auseinandersetzung anderer. Schiffbrüchige hingegen haben einen risikoreichen Existenzkampf überstanden, und erst als Schiffbrüchige können sie glücklich zur See fahren. Sie haben aus dem Schiffbruch gerettet, was für das Leben wichtig ist, den »im Prozess der Selbstentdeckung und Selbstaneignung erreichbaren Selbstbesitz« (Blumenberg 1988, S. 17).

Der Ort des Geschehens

Wir befinden uns im Gefängnis, einem Ort, der die Schiffbrüchigen unserer Gesellschaft aufsammelt, sie dem Alltag entzieht und ihnen Hilfestellungen zur Resozialisierung und Veränderung eröffnet. Hier kommen Männer zusammen, die in Beziehungen Schiffbruch erlitten haben, sich mit Gewalt dem anderen Geschlecht oder Kindern genähert und Grenzen verletzt haben. Ihnen soll therapeutische Hilfe zuteil werden, indem sie, die Sexualstraftäter, Zugang zu sich und ihren Taten finden. Die Annäherung an die eigene Störung findet in der Gruppentherapie statt. Das Therapeutenpaar fungiert als Modell einer von gegenseitiger Anerkennung getragenen Beziehung. Zuschauer gibt es dabei viele, auf allen Rängen, in unterschiedlicher Entfernung, mit unterschiedlicher emotionaler Anteilnahme.

Das Gefängnis ist ein Ort, der, ähnlich dem Militär, durch Rituale der Männlichkeit geprägt ist. Hier wie dort werden Männer institutionell sozialisiert, werden Körper und Seele den Ordnungs- und Herrschaftsstrukturen unterworfen: Härte gegen sich selbst, gezügelte Gefühlskultur (Theweleit 1995, 2002).

Das Verhältnis der Geschlechter ist gesellschaftlich präformiert, wird kontrolliert und gesetzlich geregelt. Verletzungen werden geahndet, Vergewaltiger isoliert. Und dennoch entspringen Sexualstraftaten dem Geschlechterverhältnis unserer Kultur, werden von ihr hervorgebracht und lassen sich als in Handlung überführte Bestandteile kollektiver Phantasien lesen. Obwohl in öffentlichen Verlautbarungen verabscheut, mit Empörung und Bestrafungswünschen verfolgt, werden sie in den Massenmedien minutiös beschrieben und pornographisch genau nachvollzogen. Mit Lust wird dem Thrill (Balint 1988) dieser Geschichten nachgejagt. Unzählige Filme bestätigen das.

Doch der Alltag der Sexualtherapie ist öde in seinem Zwang zur Wiederholung. So entfaltet sich im Mikrokosmos des Gefängnisses wie unter einem Brennglas jene Geschlechterdynamik, die auch den Alltag außerhalb der Institution bestimmt. Sie spiegelt sich facettenreich auf diversen Ebenen der Organisation, auf der Ebene des Personals wie auf der Ebene der Gefangenen, zwischen Allgemeinem Vollzugsdienst und den Fachdiensten ebenso wie in den therapeutischen Beziehungen zwischen Männern und Frauen. Um Reinszenierungen gewalttätiger Beziehungen zu erkennen und mit ihnen als Veränderungspotential arbeiten zu können, ist der Blick von außen hilfreich. Dieser erlaubt, Alltagsszenen als sich wiederholende Beziehungsmuster der Betroffenen zu entziffern und mit den Strukturen der Institution in Verbindung zu bringen. Das Gefängnis ist ein spezieller Ort. Seine Besonderheit wird deutlich, wenn Frauen mit Sexualstraftätern therapeutische Beziehungen eingehen.

Strukturelle Dilemmata

Psychotherapie im Strafvollzug ist wie keine andere therapeutische Maßnahme mit einem strukturellen Dilemma verbunden.

> »Die Gefangenen sollen gebessert und bestraft werden, die Öffentlichkeit soll beruhigt und in ihrem Rechtsgefühl bestärkt werden, potentielle Straftäter sollen abgeschreckt werden, und schließlich sollen die Anstalten bei ihren disziplinierenden und isolierenden Praktiken ruhig und sicher bleiben« (Gratz und Stangl 1997, S. 196).

Der Strafvollzug hat ein in sich widersprüchliches, doppeltes Mandat zu erfüllen, dessen Unvereinbarkeiten nicht selten Störpotentiale produzieren, die von den Beteiligten bewältigt werden müssen, damit die Institution reibungslos funktionieren kann. Die berufsspezifische Aufspaltung der Rollen in den Allgemeinen Vollzugsdienst (Sicherheit und Ordnung) und in Mitarbeiter betreuender Fachdienste (Resozialisierung, Psychotherapie) ist dabei von großer Bedeutung. Idealtypisch gesehen, repräsentieren die Juristen und mit ihnen die Strafvollzugsbeamten das gesetzgebende, strafende, also primär das begrenzende und versagende Element, während die Sozialpädagogen und Psychologen eher die versorgende und gewährende Seite verkörpern. Diese Aufspaltung erlaubt beiden Berufsgruppen, rolleninadäquate Aspekte an die jeweils andere Gruppe zu delegieren. Das gilt ganz besonders für Situationen, in denen der Rückzug auf das eigene professionelle Selbstverständnis als Schutz vor widersprüchlichen Anforderungen genutzt wird. Die sich so erneut verfestigenden Unvereinbarkeiten zwischen den Professionen führen zu Spannungen, die berufsspezifische Ängste und Abwehrkonstellationen mit sich bringen.

Mentzos hat in einer Arbeit über »Interpersonale und institutionalisierte Abwehr« (1988) betont, dass sich Institutionen nicht nur auf zweckrationale Strukturen stützen, sondern ebenso auf gemeinsame Werte, Einstellungen und »gefühlsmäßige, oft nicht klar erkennbare und definierbare Motivationen« (Mentzos 1988, S. 80). Das heißt, dass neben dem Zweckrationalen auch undurchschaute Gefühlspotentiale wirken, denen die Mitarbeiter ausgesetzt sind und die sie gleichzeitig mit verursachen. Diese Emotionen sind in ähnlicher Weise ambivalent wie die rationalen Strukturen des Strafvollzugs. Gratz und Stangl haben in einer Untersuchung »Über den Umgang mit Ängsten im Strafvollzug« (1997) betont, dass die Widersprüchlichkeiten der Gefühle und die Antagonismen des Strafvollzugs Konfusion und Angst erzeugen. Diese Angst wird meist als Ausdruck individuellen Versagens und persönlicher Schwäche erlebt, die zu zeigen bedeuten würde, dass man verletzbar ist und Gefahr läuft, sich der Lächerlichkeit und Demütigung seitens der Kollegen preiszugeben. »Schwächlinge« haben in Institutionen des Strafvollzugs einen schweren Stand. Das gilt in besonderem Maße für die Mitarbeiter des Allgemeinen Vollzugsdienstes, deren Aufgabe es ist, Sicherheit und Ordnung zu garantieren.

In einer Institution, deren historisch gewachsenes Organisationsprinzip (Foucault 1977; Goffman 1973) Männlichkeitswerte hervorbringt, die Stärke mit hartem Durchgreifen und Unbeugsamkeit gleichsetzen, bedeutet, Verletzbarkeit zu zeigen, sich als schwach, als Versager und Feigling zu präsentieren. Daher muss die Angst tabuisiert werden, denn das Gefängnis ist *der* Ort gesellschaftlicher Angstabwehr (Mentzos 1988), dem die Aufgabe zukommt, öffentliche Ängste zu binden und zu neutralisieren, um auf diese Weise gesellschaftlich stabilisierend zu wirken. Die Mitarbeiter können sich also nicht als desillusionierte oder ängstliche Berufsgruppe präsentieren, sie müssen glaubwürdig die Rolle der erfolgreichen »Troubleshooter« spielen. Innerinstitutionell hat das ein Klima zur Folge, in dem sich die Konflikte zwischen den Berufsgruppen sowie zwischen Männern und Frauen eher verschärfen als entspannen, indem über Schwächen und Ängste – auch aufseiten der Gefangenen – kaum offen gesprochen wird und in dem sich nur schwer konstruktive psychosoziale Lösungen finden lassen. Besonders in kriminalpolitisch krisenhaft verlaufenden und medial zugespitzten Situationen ist die Gefahr der Aufspaltung der sich widersprechenden Funktionen zwischen den Berufsgruppen groß. Die der Angstabwehr dienende Spaltung innerhalb der Berufsgruppen wie zwischen den Geschlechtern muss überwunden werden, soll Psychotherapie nicht zwischen den Antagonismen der Institution aufgerieben und damit kontraproduktiv werden.

Die strukturellen Rahmenbedingungen des Strafvollzugs bestimmen das psychotherapeutische Setting, dessen wichtigste Funktion die Herstellung und Sicherung eines geschützten Raums innerhalb des Gefängnisses ist. Damit stehen Therapeuten und Therapeutinnen vor der paradoxen Situation, in einer von Misstrauen und Vorsicht geprägten Organisation einen Ort zu schaffen, an dem ein von Offenheit und Vertrauen getragenes Arbeitsbündnis mit dem Gefangenen eine Chance bekommen soll (Lamott 1994).

»Male-bonding«

Das Gefängnis ist hierarchisch strukturiert und ähnlich dem Militär sind die Organisationsstrukturen durch spezifische Beziehungsmuster, durch »malebonding« (Nira Yuval-Davis 1999, S. 35), geprägt. Das gilt für die Gruppe des Personals ebenso wie für die der Gefangenen. Der Männerbund repräsentiert Macht und Herrschaft, er stärkt seine Position durch Abgrenzung gegenüber dem anderen Geschlecht (Mosse 1997; Theweleit 2002). Die Beziehungs- und Interaktionsformen sind Teil des kulturellen Erbes und gehören zu der von Foulkes beschriebenen »Grundlagenmatrix«, die nicht nur die Institution, sondern auch die in ihr eingebundene psychotherapeutische Gruppe prägt. Sie liefern den Stoff für Übertragungen (Brandes 2003; Lamott 1994).

Institutionen prägen ihre Mitglieder durch die je eigenen »Denkstile« (Douglas 1991) und Symbolsysteme. Militär wie Gefängnis sozialisieren auf spezifische Weise, indem sie der (Selbst-) Kontrolle des Körpers besondere Aufmerksamkeit schenken. Theweleit (1995) zeigt eindrucksvoll, wie der männliche Körper als Institutionenkörper Identität erlangt, wie das institutionelle Gestenrepertoire den »Macho« hervorbringt und gewaltförmige Erfahrungen zum Bestandteil des Normalen werden. Diese unbewusste Form der Körperbezogenheit stabilisiert sowohl den Einzelnen als auch die Institution, formiert aber auch den Widerstand gegen individualisierende Strebungen und Prozesse therapeutischer Bewusstwerdung.

Damit eröffnet sich ein spannungsreiches Feld: Die Einigkeit herstellende Abgrenzung gegenüber allem, was nicht zur Gruppe gehört, produziert zwar eine hohe Gruppenkohäsion, die Macht, Durchsetzungsfähigkeit und Rationalität verspricht (Brandes 2003), doch diese Prinzipien stehen im Widerspruch zur therapeutischen Gruppe, in der Affekte wie Wut und Ärger, aber auch Ängstlichkeit, Schwäche und Hilflosigkeit einen symbolischen Ausdruck finden sollen. Männer, die sich in diesen Gruppen von Anfang an wohl fühlen, setzen sich der Gefahr aus, als »weibisch« und homosexuell stigmatisiert zu werden. In der männlichen Wahrnehmung steigt damit die Gefahr, von Frauen verachtet zu werden (Connell 1999). Die symbolische Repräsentanz der unterschiedlichen Gruppenkulturen fördert negative Übertragungen (Brandes 2003) und kann im Rahmen des Strafvollzugs zu einer Entwertung der Psychotherapie in der Gruppe führen.

Die Entwertung der therapeutischen Gruppe korrespondiert mit der Angst vor dem Verlust von Männlichkeit. Das gilt in besonderem Maße für Sexualtäter, die vor allem unsichere Bindungen und Probleme in der Beziehung zum anderen Geschlecht und mit einer brüchigen psychosexuellen Identität zu kämpfen haben. »Je frühgestörter die Patienten, desto eher wird die Gruppe als Bedrohung der eigenen Männlichkeit wahrgenommen, als ein ursprünglich weiblicher Zusammenhang, aus dem die Ablösung nicht gelungen ist« (Brandes 2003, S. 125). Die Gruppenpsychotherapie verlangt Identifizierungen, die die vertraute psychosoziale Identität bedrohen. Das alte Selbstbild aufzugeben ist beunruhigend, erscheint als Selbstverrat, als Unterwerfung. Daher wird Gruppenpsychotherapie im Gefängnis häufig als Zerstörung, als öffentliche Beschämung wahrgenommen und weniger als hilfreiches therapeutisches Medium – eine Widerstand erzeugende Wahrnehmung. Setzt sich eine solche »konzeptuelle Metapher« (Buchholz 1998) – »Therapie ist Beschämung« – durch, dann tritt an die Stelle von Gruppenkohäsion, Spaltung und Entwertung.

Um eine stabile, therapeutisch tragfähige Gruppenmatrix zu entwickeln, braucht es Zeit. Erst das Durcharbeiten der Abhängigkeiten und der Ängste vor Frauen wie vor Homosexualität erlaubt, die Beziehungen untereinander zu stärken, so dass eine dem Entwicklungsprozess förderliche Gruppenkohäsion zustande kommt (Brandes 2003).

Szenen einer Gruppentherapie
In einer von einem Therapeutenpaar geleiteten Gruppe mit acht Sexualstraftätern, die außerhalb der Gruppe in Einzeltherapie bei jeweils einem der beiden Gruppenleiter sind, kommt es zum verbalen Angriff eines Teilnehmers auf »seine« Therapeutin.
Der 22-jährige Teilnehmer, der bei Mutter und Großmutter aufgewachsen und einige Zeit im Heim verbracht hatte, war wegen eines Vergewaltigungsversuchs verurteilt. Er hatte während eines Ausgangs aus dem Heim über die Weihnachtstage eine junge Frau, die einen Kinderwagen schob, verfolgt und auf offener Straße zu vergewaltigen versucht. Der Tat vorausgegangen war ein Streit mit der Mutter am Telefon, die ihn überraschend zum Fest auslud, da sie dieses mit ihrem neuen Freund allein begehen wollte und der Sohn offensichtlich die Zweisamkeit störte.

In der Zeit vor der besagten Gruppensitzung gab es Unregelmäßigkeiten in der Einzeltherapie. Die Therapeutin hatte einige Stunden wegen einer Fortbildungsveranstaltung abgesagt.

In der fraglichen Stunde attackiert er die Therapeutin mit sexuellen Anspielungen und detailreichen Ausführungen über ihre körperlichen Vorzüge. Indem er ihren Körper und ihre Kleidung als für alle verführerisch beschreibt, bugsiert er sie in die Rolle einer Frau für alle, einer Prostituierten. Die Teilnehmer beobachten stumm – manche verlegen, manche hämisch grinsend – diesen Angriff. Die Therapeutin schweigt, ringt mit ihrer Fassung und hätte sich, wie sie später sagt, Schützenhilfe von ihrem Kollegen gewünscht. Doch auch dieser schweigt. Er verharrt in der Rolle des Zuschauers. Im Verlauf des Gruppenprozesses bezieht er sich allerdings noch einmal auf die Szene und lobt den Teilnehmer für den Mut zur Verbalisierung seiner »Phantasien«, schließlich sei die sprachliche Symbolisierung sexueller Phantasien ein wesentliches therapeutisches Ziel. Doch handelt es sich tatsächlich nur um die Verbalisierung einer Phantasie? Das szenische Material birgt mehr.

(1) Sprechhandlungen und szenisches Verstehen

Die Äußerungen des Teilnehmers nur als verbalisierte Phantasien aufzufassen, bedeutet, das Sprechen ausschließlich als Symbolisierungsleistung und nicht auch als Sprechhandlung zu verstehen. Foulkes (1971) betonte die doppelte Funktion des Sprechens, d. h. das Sprechen hat sowohl einen inhaltlichen als auch einen Handlungsaspekt, die aufeinander bezogen sind. So kann die Sprache auch als Instrument der Aggression, als ein Beherrschungsmechanismus verstanden werden, der eine Regression auf die Ebene aggressiver Handlungen befürchten lässt (Duncker 1999). Auch bei Aggressionsdelikten mit tödlichem Ausgang ist dem Ereignis oft ein verbaler Schlagabtausch als Vorgestalt des Handlungsablaufs vorausgegangen (Lamott 2001).

Fokussiert man im vorliegenden Fall neben dem Inhalt des gesprochenen Wortes auch die Bedeutung für den Sprecher, so verdichtet sich der Eindruck, dass die verbale Aggression Ausdruck von Verlustangst ist, da er in der Gruppensituation »seine« Einzeltherapeutin mit vielen Teilnehmern und dem Therapeuten teilen muss. Aktuelle Kränkungen erinnern an früher erlebte, und je mehr diese Wiederholungscharakter haben, desto stärker werden sie als Verletzungen empfunden. Den in ihrer Entwicklung gestörten Probanden ist es nicht möglich, auf diese Kränkungen adäquat zu reagieren. Die Kränkungsaggression ist nicht kommunizierbar und die »Mentalisierung« (Fonagy 1998) versagt, dementsprechend wird die Wahrnehmung von Konflikten und Ängsten durch Spaltung, Idealisierung, Entwertung oder omnipotente Kontrolle abgewehrt.

Setzt man den Inhalt der Äußerung in Beziehung zum Akt des Sprechens, so erweitert sich der Interpretationsspielraum: Werden z. B. unterschiedliche

Botschaften durch den Akt des Sprechens und seinen Inhalt übermittelt, bleiben von der vollständigen Szene nur einzelne unverbundene Fragmente übrig, dann kann man mit Lorenzer (1972) von »Sprachzerstörung« sprechen. Diese gibt Hinweise auf die Reinszenierung früher Interaktionserfahrungen, die mittels »szenischem Verstehen« (Argelander 1967) erfasst werden können. »Durch das Puzzlespiel der Mitteilungen des Patienten als Szenen hat der Psychoanalytiker den verschütteten Sinnzusammenhang des aktuell determinierten infantilen Dramas zu suchen« (Lorenzer 1971, S. 36 f.). Nicht das Gesprochene, sondern der Sprecher soll verstanden werden »als Akteur im Spiel der Szenen« (Lorenzer 1971, S. 36), d. h. der therapeutische Fokus liegt weniger auf dem manifest Gesprochenen einer einzelnen Person, als vielmehr auf der Analyse der Interaktion und der im szenischen Material aufgehobenen infantilen Szene, in die auch die Therapeutin einbezogen ist. Wie auf einer Bühne werden die unbewussten Konflikte mit anderen Interaktionspartnern handelnd in Szene gesetzt. Diese »Enactments und szenischen Darstellungen« (Streeck u. a. 2000) sind das Material der Gruppenanalyse und der Supervision. Durch das szenische Verstehen kann die aktuelle Szene komplettiert und die »Sprachzerstörung« durch »Rekonstruktion« tendenziell aufgehoben werden. Gelingt die Triangulierung in dieser wiederbelebten Szene, so kann sich das »analytische Dritte« (Ogden 1994) als heilsame Kraft etablieren.

(2) Das ödipale Drama

Zurück zur Szene in der Gruppe: Für die Gruppenteilnehmer ist der einzige »wirkliche« Mann in der Gruppe der Gruppenleiter, der sich keine Blöße geben muss, der keine Probleme mit Frauen zu haben scheint, denn schließlich repräsentiert die Anwesenheit einer ihm zugeordneten Co-Leiterin seine Männlichkeit. In der oben beschriebenen Szene ist sie gleichzeitig auch die Einzeltherapeutin des Teilnehmers. Auch er hat eine besondere Beziehung zu ihr, deren Exklusivität durch das Gruppensetting allerdings in Frage gestellt ist. Vor diesem Hintergrund lässt sich die Attacke gegen die Therapeutin auch anders lesen. Eifersüchtig auf die anderen Teilnehmer und den Gruppenleiter, mit denen er »seine Therapeutin« teilen muss, entwertet er das begehrte Objekt, indem er sie als Frau für alle »freigibt«, sie zur Hure stempelt. Alle werden gleichermaßen zu Kunden, Differenzen innerhalb des Männerbundes werden eingeebnet. Das »Gesetz des Vaters« wird angegriffen (Legendre 1998) und vom Gruppenleiter, als Repräsentanten des Gesetzes, nicht verteidigt. Damit reinszeniert sich die in der Sozialisation der Söhne so entscheidende Abwesenheit der väterlichen Instanz, mithin der Mangel an realitätssichernder Triangulierung.

Rauchfleisch (1981) und Pecher (1989) interpretieren den Gesetzesbruch und die Konsequenzen der Unterbringung im Gefängnis mit der unbewussten Suche nach dem grenzziehenden und haltgebenden Vater. Viele Straftäter sind ohne Vater oder mit einem schwachen Vater aufgewachsen. Die Gefahr einer übermäßig starken Bindung an die Mutter – für die sie häufig Partnerersatz und Liebesobjekt sind – nährt die Größenphantasien. Ohne gelungene Triangulierung (Buchholz 1990) bleibt eine adäquate Ablösungsaggression gehemmt. Während also das Versagen der Funktion des Vaters im Fehlen einer moralischen Richtschnur besteht, stellt die Mutter häufig eine unsichere Basis übergriffiger Beziehung dar (Lemche 1994). Vor diesem Hintergrund lässt sich die gegen Frauen gerichtete sexualisierte Aggression auch als unbewusste Bestrafung, als ein Versuch interpretieren, sich durch Gesetzesbruch und Bestrafung vor der weiblichen Macht in Sicherheit zu bringen (Möller 2001).

(3) Reinszenierung der Tat
Die Gruppenszene erscheint zudem wie eine Reinszenierung der Tat. Auch damals war dem aggressiven Akt Zurückweisung und Verlustangst vorausgegangen. In der Gruppe wiederholt sich die angstbesetzte Situation, er könne die Therapeutin an die Gruppe verlieren. Ihr folgt, wenn auch in diesem Fall nur verbal, eine gewaltsame Entwertung des begehrten Objekts, dem niemand beisteht. Das Zulassen dieses wenn auch nur symbolischen Angriffs und das Nicht-Eingreifen der anwesenden Männer könnte geeignet sein, in den Augen des Täters nicht nur das aktuelle Verhalten, sondern auch die vergangene Tat zu rechtfertigen. Alle Beteiligten spielen in der Reinszenierung eine Rolle, die sie auch anders hätten ausgestalten können. So wäre die Szene anders verlaufen, hätte die angegriffene Therapeutin sich gegen die Positionsbestimmung als Opfer gewehrt und der Therapeut sie vor dem aggressiven Sprechakt durch Konfrontation des Gruppenteilnehmers in Schutz genommen. Die besondere Deliktsymptomatik und die spezifische Art der Beziehungsstörung wirken sich auf die Gruppengeschehnisse und die Täter-Opfer-Spaltung aus (Lemche 1994). Für den therapeutischen Prozess ist es notwendig, diese Zusammenhänge wahrzunehmen und als Material für Erkenntnisprozesse zu nutzen.

(4) Gruppenanalytische Interpretation
In der Wahrnehmung der Gruppenteilnehmer dürfte das Verhalten des Gruppenleiters als stillschweigende Zustimmung zur aggressiven Entwertung betrachtet werden – das Objekt, die Co-Leiterin, scheint des Schutzes nicht wert. So gesehen könnte man von einer Kollusion sprechen, von einem uneingestandenen, unbewussten Zusammenspiel mehrerer Partner, das zur Abwehr und Bewältigung von Ängsten und Schuldgefühlen – vor dem Hintergrund eines gleichartigen, unbewältigten Grundkonfliktes – inszeniert wird (Willi 1978). Im Nachgespräch mit der Co-Leiterin erklärt der Gruppenleiter seine Haltung: Er sei überzeugt gewesen, dass sie sich selbst habe verteidigen können, schließlich sei sie doch emanzipiert. Was im Alltag zutreffend sein mag, wird

im therapeutischen Kontext zum Bumerang, denn dort geht es um die Deutung des szenischen Materials, der Sprechhandlungen und der im Schweigen enthaltenen Kommentare. Der Verzicht auf die therapeutische Intervention wird so zum Agieren. Auf diese Weise bleibt das Potential des symbolischen Raums ungenutzt.

In gruppenanalytischer Perspektive wirft die Szene die Frage auf, was die Gruppe mit dem Paar »macht« und welche Bedeutung das Geschehen für den therapeutischen Prozess hat. Zunächst wird das Paar getrennt, der Gruppenleiter seiner Position und seiner Privilegien entledigt und den Gruppenteilnehmern »gleichgemacht«. Gleichzeitig entfaltet sich ein Beziehungsgefüge, das die der Tatszene inhärente Täter-Opfer-Struktur reproduziert: Die Gruppe als geschlossenes Ganzes. Es gibt keine Differenzen mehr, kein Oben und Unten, keinen Gruppenleiter, keine vereinzelten Gefangenen – eben keine Unterschiede zwischen den Männern. Sie sind eins geworden, ein mächtiger Gesamtphallus, der in den weiblichen (Therapie-) Raum eindringt. Indem die Frau erfolgreich zum Objekt der Entwertung wird, zu einem Objekt, das die anderen eint, wird »Die Ordnung der Geschlechter« (Honegger 1991) wiederhergestellt und der Männerbund stabilisiert. Die sich auf diese Weise formierende psychosoziale Abwehr (Mentzos 1988) setzt die therapeutische Kultur außer Kraft, beraubt sie ihres kreativen Stachels und führt erneut zu einer Homogenisierung der Gefängniskultur. Lohmer (2000) weist in diesem Zusammenhang darauf hin, dass die Neigung zur Homogenisierung in der Institution bereits den Keim des Stillstands in sich birgt, Entwicklung hingegen erst durch das Zulassen scheinbar »störender« Einflüsse ermöglicht wird.

Rollenklischees

Die Integration von Frauen in die Welt eines Männergefängnisses erzeugt Krisen, die geeignet sind, die unausgesprochenen Regeln der Organisation sowie ihre »corporate identity« sichtbar zu machen. Sie kann Irritationen und Abwehrbewegungen hervorrufen. Im positiven Fall werden bipolare zugunsten differenzierter Konzepte aufgegeben, im negativen Fall kommt es zur Verhärtung geschlechtsspezifischer Rollenklischees.

Die Beziehungen zwischen den Gefangenen und ihren Therapeutinnen, insbesondere bei vorliegender Sexualdelinquenz, sind der kritischen Beobachtung der männlichen Kollegen ausgesetzt, die sich dazu positionieren. Idealtypisch lassen sich folgende Positionen beschreiben:

- Der *Zuschauer* oder der teilnehmende Beobachter: Er bemerkt mögliche Übergriffe der Gefangenen gegenüber dem weiblichen Personal, greift aber nicht ein. Latza (1991) berichtet aus Interviews mit forensischen Therapeuten, dass männliche Therapeuten, die ausschließlich mit Sexualstraftätern arbeiten, darüber berichten, dass sie selbst von eigenen Vergewaltigungs- oder anderen sexuellen Phantasien überrascht wurden. Es ließe sich entweder eine Identifikation, d. h. mangelnde Abgrenzung, oder eine Tendenz zu rigider Abgrenzung (aus Angst, Ähnlichkeiten mit den Tätern bei sich selbst zu entdecken) beobachten (Latza 1991).

- Der *ritterliche Beschützer*: Er sucht die Gelegenheit, Frauen vor den Gefahren des Alltags, vor allem vor den gefährlichen Gefangenen, zu schützen. Das zugrunde liegende Männerbild benötigt als Contraposition einen unberechenbaren, bösen und gefährlichen Rivalen, um die eigene Position hilfreicher Ritterlichkeit aufrechterhalten zu können.

Komplementär dazu finden sich folgende weibliche Rollenklischees:

- Die hilflosen *Opfer*: Sie rufen die ritterlichen Beschützer auf den Plan und scheinen sich eher mit dem Opfer zu identifizieren. Dabei geraten sie in der Arbeit mit Sexualstraftätern in die Gefahr, Vergewaltigungsphantasien aus der Opferperspektive und infolgedessen ein negativ verzerrtes Männerbild zu entwickeln (Latza 1991).
- Die *Verführerinnen*: Sie verwickeln die Gefangenen wie die Kollegen in erotisch getönte Beziehungen, indem sie durch verführerisches Verhalten zeigen, wie begehrt sie sind und auf welche Weise sie die unbezähmbar erscheinenden Täter domestizieren und gefügig machen.

Diese idealtypischen Positionen führen zu spezifischen Problemkonstellationen und damit verbundenen Kollusionen. Es kann davon ausgegangen werden, dass sich im Alltag der Institution konflikthafte Beziehungsmuster szenisch wiederholen. Diese zu erkennen und mit den dem Delikt zugrunde liegenden Störungen der Straftäter zu verbinden, ist eine zentrale Aufgabe, an der alle Berufsgruppen beteiligt sein sollten. Unterstützungssysteme wie Fortbildung und Supervision können dabei hilfreich sein.

Welche Konsequenzen die Integration von Frauen für die Organisationsstruktur bzw. Institutionskultur hat, hängt vom Auftrag des Strafvollzugs sowie vom Mut der Leitung ab, auch in kriminalpolitisch brisanten Zeiten Resozialisierung als psychosoziales Konzept offensiv zu verteidigen. Der Geschlechterpolitik des Gefängnisses sollte eine Vorbildfunktion für die aktuellen und zukünftigen Beziehungen der Sexualstraftäter zukommen.

Solange Institutionen durch militärische Strukturen geprägt sind, solange sind sie in besonderem Maße Kampf-Flucht-Organisationen (Bion 1974). Sie befinden sich auf der Suche nach einem Feind, der in interpersonalen Beziehungen zur

Abwehr der mit der Arbeit verbundenen Ängste fungieren soll (Long 2001). Dazu bieten sich nicht selten weibliche Mitarbeiter an. Das könnte sich ändern, je selbstverständlicher Frauen auf allen Ebenen des Gefängnisses vertreten sind und sich in die »corporate identity« der Institution einschreiben. Forschungen belegen, dass eine lange gemeinsame Ausbildung von Männern und Frauen in der Armee die Geschlechtsgebundenheit der Zusammengehörigkeitsgefühle neutralisieren kann (Nira Yuval-Davis 1999).

Der Blick von außen

Das Gefängnis als Arbeitsfeld verlangt von den dort Tätigen und erst recht von den Supervisoren und Supervisorinnen eine interdisziplinäre Erweiterung des psychologischen Blicks, um gesellschaftliche, institutionelle und organisationsstrukturelle Probleme nicht reduktionistisch zu psychologisieren. Eine solche Reduktion auf die psychischen Probleme Einzelner birgt die Gefahr in sich, strukturelle Schwierigkeiten als Probleme einzelner Mitarbeiter misszuverstehen. Daher ist regelmäßige, um Fragen der Organisation und Institution erweiterte Supervision in ganz besonderem Maße wichtig. Institutionen sollten als gesellschaftliche Subsysteme und Träger menschlicher Kulturgeschichte verstanden werden. Pühl betont in diesem Zusammenhang die Bedeutung der »Institutionsmatrix«, die einerseits »die formale Struktur und die Arbeitsaufgabe und andererseits die schwerer fassbaren Bindungs- und Abhängigkeitsaspekte« (Pühl 1998, S. 50) umfasst. Institutionen produzieren neben den offiziellen Leistungen »Unbewusstheit« (Erdheim 1982), ein Mehr an Gefühlen, Denkweisen und Überzeugungen (Bauer und Gröning 1995), die nicht immer deutlich zutage treten. Dabei sind interpersonale und institutionalisierte Abwehrmechanismen alltäglich, unvermeidlich und letztendlich auch notwendig. Es kommt darauf an, sie zu verstehen, um sie als Erkenntnis- und Veränderungspotential nutzen zu können. Das kann dann gelingen, wenn Klarheit über die Ziele der Organisation und über Autoritätsstrukturen besteht, wenn es Gelegenheiten gibt, durch Mitsprache die Institution zu gestalten, und wenn Strukturen eine klare, offene Kommunikation aller Beteiligten ermöglichen. Dazu braucht es »arbeitsbezogene Unterstützungssysteme« (Gratz und Stangl 1997, S. 213), Orte, an denen offen über Probleme gesprochen werden kann, und Vorgesetzte, die bereit sind, Therapie als gemeinsames Projekt des Strafvollzugs zu unterstützen.

Integration der Gegensätzlichkeiten meint aber nicht, dass Differenzen aufgelöst und Unterschiede nivelliert werden, sondern dass Gemeinsamkeiten in der Verschiedenheit erarbeitet werden; das gilt für Männer und Frauen ebenso wie für die verschiedenen Berufsgruppen, die auf je spezifische Weise sowohl Hilfestellungen geben als auch Kontrolle ausüben. In diesem Sinne bestünde die

Herausforderung in der Integration widersprüchlich erscheinender Funktionen, und diese ist durchaus vergleichbar mit der Herausforderung, die für den Gefangenen in der Therapie besteht, nämlich ambivalente Gefühle nicht mehr aufzuspalten und zu externalisieren, sondern in sich als widersprüchliche zu integrieren.

Supervision im Gefängnis sollte also Organisations- und Institutionsanalyse (Wolf 1994) umfassen. Um der Gefahr der Bündnisbildung gegen die »repressive Institution« zu entgehen, sind Techniken der Triangulierung notwendig, die es erlauben, weder die eine noch die andere Seite parteiisch zu vertreten. Dass ist nicht immer leicht, da ein unbewusstes Motiv für Parteilichkeit die »triadische Grundangst« (Pühl 1998, S. 56) ist, die Angst, ausgeschlossen und ausgestoßen zu werden, der – wie es Bauriedl (1994) nennt – die Abwehrstruktur des in Zweiecke zerfallenen Dreiecks entgegengesetzt wird.

Supervision wird immer dann nachgefragt, wenn es um Konflikte oder Strukturveränderungen geht. Im vorliegenden Fall war es für die Supervisorin oft schwierig, nicht zur Bündnispartnerin einer Partei gegen eine andere zu werden. Die Verführung war groß, insbesondere, weil die Hartnäckigkeit institutioneller Strukturen und die im Gefängnisalltag in der »Grundlagenmatrix« verankerte Entwertung des Weiblichen bekanntes Material sind. Doch Bündnisse gegen die Institution, die Leitung oder die Kollegen verhärten lediglich die Fronten und bergen die Gefahr, selbst zur Mitspielerin und Gefangenen unbewusster Verstrickungen und Verzerrungen zu werden. Der Supervisionsverlauf hat gezeigt, dass es anfangs unvermeidlich, ja notwendig war, sich von der Dynamik der Gruppenszene affizieren und in das Geschehen hineinziehen zu lassen, um die weibliche Position zu stärken und dem Gewicht des übermächtig erscheinenden Männerbundes etwas entgegenzusetzen. Doch diese Position muss überwunden, die Bipolaritäten und dichotomen Spaltungen aufgegeben werden, damit eine dritte Position möglich wird, die Auswege aus einer destruktiven Geschlechterdynamik weist.

Literatur

Argelander, H. (1967): Das Erstinterview in der Psychotherapie. In: Psyche 21, S. 341–512.

Balint, M. (1988): Angstlust und Regression. Stuttgart (Klett-Cotta).

Bauer, A., Gröning, K. (Hg.) (1995): Institutionsgeschichten, Institutionsanalysen. Sozialwissenschaftliche Einmischungen in Etagen und Schichten ihrer Regelwerke. Tübingen (Ed. diskord).

Bauriedl, T. (1994): Psychoanalyse ohne Couch – Psychoanalyse als Beziehungstheorie und ihre Anwendungen. Stuttgart (Klett-Cotta).

Bion, W.R. (1974): Erfahrungen in Gruppen und andere Schriften. Stuttgart (Klett-Cotta).
Blumenberg, H. (1988): Schiffbruch mit Zuschauer. Paradigma einer Daseinsmetapher. Frankfurt am Main (Suhrkamp).
Brandes, H. (2003): Übertragung, Geschlecht, Gruppe. Ein Versuch der theoretischen Konzeptualisierung von Gruppenübertragungen am Beispiel therapeutischer Männergruppen. In: Gruppenpsychotherapie und Gruppendynamik 39, S. 109–131.
Buchholz, M.B. (1990): Die Rotation der Triade. In: Forum Psychoanalyse 6, S. 116–134.
Buchholz, M.B., Hartkamp, N. (Hg.) (1998): Supervision im Fokus. Polyzentrische Analysen einer Supervision. Opladen (Westdeutscher Verlag).
Connell, R.W. (1999): Der gemachte Mann. Konstruktion und Krise von Männlichkeit. Opladen (Leske & Budrich).
Douglas, M. (1991): Wie Institutionen denken. Frankfurt am Main (Suhrkamp).
Duncker, H. (1999): Gewalt zwischen Intimpartnern. Liebe, Aggressivität, Tötung. Lengerich (Pabst Science Publishers).
Eisenbach-Stangl, I., Ertl, M. (Hg.) (1997): Unbewusstes in Organisationen. Zur Psychoanalyse von sozialen Systemen. Wien (Facultas).
Erdheim, M. (1982): Die gesellschaftliche Produktion von Unbewusstheit. Frankfurt am Main (Suhrkamp).
Fonagy, P. (1998): Metakognition und Bindungsfähigkeit des Kindes. In: Psyche 52, S. 349–368.
Fonagy, P., Target, M. (1996): Die gewalttätigen Patienten verstehen. Der Einsatz des Körpers und die Rolle des Vaters. In: Berger, M., Wiesse, J. (Hg.): Geschlecht und Gewalt. Psychoanalytische Blätter 4, S. 55–90.
Foucault, M. (1977): Überwachen und Strafen. Die Geburt des Gefängnisses. Frankfurt a. M. (Suhrkamp).
Foulkes, S. (1971): Access to unconscious processes in the group-analytic group. In: Group Analysis 4, S. 4–14.
Foulkes, S. (1974): Gruppenanalytische Psychotherapie. München (Kindler).
Goffman, E. (1973): Asyle. Über die soziale Situation psychiatrischer Patienten und anderer Gefangenen. Frankfurt a. M. (Suhrkamp).
Gratz, W. & Stangl, W. (1997): Über den Umgang mit Ängsten im Strafvollzug. In: Eisenbach-Stangl, I., Ertl, M. (Hg.): Unbewusstes in Organisationen. Zur Psychoanalyse von sozialen Systemen. Wien (Facultas), S. 191–216.
Lamott, F. (1994): Setting. In: Haubl, R., Lamott, F. (Hg.): Handbuch Gruppenanalyse. Weinheim (Beltz), S. 49–62.
Lamott, F. (1994): Übertragung-Gegenübertragung. In: Haubl R, Lamott F (Hg.) Handbuch Gruppenanalyse. Weinheim (Beltz), S. 181–195

Lamott, F. (2001): Die Liebe ist stark wie der Tod. Über einige Aspekte weiblicher Aggressivität. In: Cierpka, M., Buchheim, P. (Hg.): Psychodynamische Konzepte. Heidelberg (Springer), S. 285–295.

Latza, B. (1991): Psychotherapie im Strafvollzug mit Sexualdelinquenten. In: Rotthaus, W. (Hg.): Sexuell deviantes Verhalten Jugendlicher. Dortmund (Verlag modernes Lernen), S. 211–225.

Legendre, P. (1998): Das Verbrechen des Gefreiten Lortie. Abhandlungen über den Vater. Freiburg (Rombach).

Lemche, E. (1994) Gruppenanalytische Beobachtungen zur Stationsdynamik in einer forensischen Abteilung. In: Gruppenanalyse 1, S. 37–62.

Lohmer, M. (Hg.) (2000): Psychodynamische Organisationsberatung. Konflikte und Potentiale in Veränderungsprozessen. Stuttgart (Klett-Cotta).

Long, S. (2001): Wer bin ich bei der Arbeit. Ein Beitrag zur Identifikation und Identität bei der Arbeit. In: Freie Assoziation 4, S. 47–69.

Lorenzer, A. (1971): Symbol, Interaktion und Praxis. In: Lorenzer, A., Dahmer, H., Horn, K., Brede, K., Schwanenberg, E. (Hg.): Psychoanalyse als Sozialwissenschaft. Frankfurt am Main (Suhrkamp), S. 9–60.

Lorenzer, A. (1972): Sprachzerstörung und Rekonstruktion. Frankfurt am Main (Suhrkamp).

Mentzos, S. (1988): Interpersonale und institutionalisierte Abwehr. Frankfurt am Main (Suhrkamp).

Möller, H. (2001): Supervision in der Justizvollzugsanstalt. Psychoanalyse – Texte zur Sozialforschung 5, S. 5–20.

Mosse, G.L. (1997): Das Bild des Mannes. Zur Konstruktion der modernen Männlichkeit. Frankfurt a. M. (Fischer).

Ogden, T. (1994): Subjects of Analysis. London (Karnac Books).

Pecher, W. (1989): Das Gefängnis als Vaterersatz. Frankfurt a. M. (Psychosozial).

Pühl, H. (Hg.) (1994): Handbuch der Supervision 2. Berlin (Edition Marhold).

Pühl, H. (1998): Team-Supervision. Von der Subversion zur Institutionsanalyse. Göttingen (Vandenhoeck & Ruprecht).

Rauchfleisch, U. (1981): Dissozial. Göttingen (Vandenhoeck & Ruprecht).

Streeck, U. (Hg.) (2000): Erinnern, Agieren und Mitinszenieren. Enactments und szenische Darstellungen im therapeutischen Prozeß. Göttingen (Vandenhoeck & Ruprecht).

Theweleit, K. (2002): Männerphantasien. Bd. 1, Bd. 2. München (Kindler).

Theweleit, K. (1995): Das Land, das Ausland heißt. München (DTV).

Wagner, E., Werdenich, W. (Hg.) (1998): Forensische Psychotherapie. Psychotherapie im Zwangskontext von Justiz, Medizin und sozialer Kontrolle. Wien (Facultas).

Willi, J. (1978): Die Zweierbeziehung. Analyse des unbewussten Zusammenspiels in Partnerwahl und Paarkonflikt. Das Kollusions-Konzept. Reinbek b. Hamburg (Rowohlt).

Wolf, M. (1994): Institutionsanalyse und Supervision. In: Pühl, H. (Hg.): Handbuch der Supervision 2. Berlin (Edition Marhold), S. 132–152.

Yuval-Davis, N. (1999): Militär, Krieg und Geschlechterverhältnisse. In: Eifler, C., Seifert, R. (Hg.): Soziale Konstruktionen – Militär und Geschlechterverhältnis. Münster (Westfälisches Dampfboot), S. 18–44.

Gruppenanalytische Supervision in Pädagogischen Institutionen

Cornelia Volhard

Gruppenanalytische Supervision und Organisationsberatung hat sich in meiner Praxis in den letzten Jahren zu einem Schwerpunkt entwickelt. Vor dem Hintergrund einer therapeutischen beruflichen Sozialisation hat sich meine gruppenanalytische Identität herausgebildet. Als Gruppenanalytikerin bin ich in der Fortbildung für gruppenanalytische Supervision und Weiterbildung für Gruppenanalyse engagiert, in meiner täglichen Arbeit habe ich als Supervisorin mit Gruppen aus sehr unterschiedlichen Bereichen zu tun. Neben psychiatrischen und therapeutischen Institutionen, z. B. der ambulanten Versorgung psychisch Kranker oder einer Psychosomatisch-Psychotherapeutischen Klinik, sind es sozialpädagogische, beratende und pädagogische Arbeitsfelder, die ein vielfältiges Spektrum ergeben: Kindertagesstätten und Hort, Jugendpsychiatrische Ambulanz, Stationäre Familienhilfe, Psychologische Beratungsstellen, Einrichtungen für Asylbewerber u. a. So breit gefächert Rahmen und Aufgabenstellungen für die supervisorische Arbeit, so unterschiedlich sind die Gruppen in ihrer Zusammensetzung. Ich sehe Teams, Leitungsgruppen und Großgruppen, an denen alle Mitarbeiter einer Organisation teilnehmen, z. B. wenn vier Teams zu einem Zentrum werden sollen und verstehen wollen, wie sie als Gruppe besser zusammenfinden und arbeiten können. Andere suchen in Fallsupervision eine fachliche Unterstützung, und oft sind es Probleme in der Struktur oder Hierarchie innerhalb einer Organisation, die Anlass zur Anfrage sind. Ich bevorzuge es, Gruppen im Abstand von mindestens zwei Wochen zu sehen, weil sich ein dichterer Prozess ergibt, und ich arbeite gerne über längere Zeiträume, weil sich darüber Kontinuität vermittelt und sich vielschichtigere Entwicklungsräume herstellen.

Bei eingegrenzten Fragestellungen ist es meiner Erfahrung nach durchaus sinnvoll, einen Fokus, in dem die Kernkonflikte formuliert sind, zu entwickeln und in nieder frequentem Setting konzentriert daran zu arbeiten. Nicht zuletzt möchte ich erwähnen, dass es sich für mich bewährt hat, wenn irgend möglich, die Supervision in meiner Praxis durchzuführen. Über Jahre bin ich an viele »fremde« Orten gefahren, in die Institutionen, habe mich oft wie auf Wanderschaft erlebt. Bei der Anzahl der Gruppen, die ich sehe, ist dieser »Zubringerdienst« aus organisatorischen Gründen nicht mehr möglich und ist zur Ausnahme geworden, z. B. bei großen Gruppen oder bei Teams, die aus innerbetrieblichen Gründen am

Ort sein müssen. Für die Gruppen ist meine Praxis ein externer Raum, der es ermöglicht, sich aus dem gewohnten institutionellen Kontext, an dem die Konflikterfahrungen »kleben«, herauszulösen, einen neutralen Ort im Sinne eines »potentiellen Raums« (vgl. Köhnke 1997; Ogden 1997) zu erfahren und anders zu nutzen. Und darüber hinaus möchte ich mich mit meinen räumlichen Vorgaben auch abgrenzen von einem Trend der Zeit, der Supervision als eine Dienstleistung versteht, mit dem Ziel der »Kundenzufriedenheit«. Diese Begrifflichkeiten und die damit verbundenen Ansprüche verformen die Beziehungen und kehren die Verhältnisse um. Gruppenanalytische Supervision wird sich da als sinnvoll erweisen, wo Motivation und der Wunsch nach Verstehen stark genug sind, um sich diesem intensiven und oft ergreifenden Prozess zuzuwenden.

Soviel über den Bezugsrahmen meiner supervisorischen Praxis. Vor diesem Hintergrund möchte ich ausgewählte Fallgeschichten erzählen, die Einblicke in die Arbeit mit pädagogischen Einrichtungen geben. Im ersten Beispiel geht es um eine Fallbesprechung in einer Supervisionssitzung im *Hort*, das zweite Beispiel berichtet über eine Sequenz von Sitzungen im *Kinderladen* und im dritten Beispiel stelle ich den Prozess einer Gruppe von *Schulsozialarbeitern* im institutionellen Kontext dar. In den Kommentaren zu den einzelnen Geschichten möchte ich einige methodische Aspekte gruppenanalytischer Supervision im Zusammenhang mit theoretischen Modellen und Konzepten betrachten, die mir bedeutsam geworden sind.

(1) Supervision im Integrativen Hort

Bei unserer ersten Begegnung – es ist viele Jahre her – saßen wir auf Kinderstühlen in dem nicht allzu großen Raum des Kinderhorts einer ev. Kirchengemeinde in einem Neubaugebiet außerhalb der Stadt. Der erste Glanz war schon verblasst. Der Blick ging in einen kleinen Innenhof, Kommen und Gehen da draußen. Durchlässige Grenzen, dachte ich, man wird von draußen gesehen und abgelenkt. Das Team war klein: die Leiterin, eine Erzieherin, ein Zivildienstleistender, der mit besonderen Aufgaben fest in den Arbeitsablauf integriert war. Die Leiterin vermittelte mir, dass sie den Wunsch habe, über die Kinder im Rahmen einer regelmäßigen Supervision zu sprechen. Ich hörte angetan, wie sie ihr Konzept für die Arbeit in dieser integrativen Einrichtung in einer mir angenehmen Selbstverständlichkeit darstellte. Sie wollte weg von der polaren Sicht zwischen »gesund – krank«, »behindert – nichtbehindert«, es ging ihr um gegenseitiges Akzeptieren und soziales Lernen miteinander. Selbständigkeit und Eigeninitiative wurde den Kindern zugetraut, sie wurden nicht in Watte pädagogisch wohl dosierten Verhaltens gepackt, sondern wenn nötig auch energisch konfrontiert. Zugewandtheit, Aufmerksamkeit und eine Art kameradschaftlicher Wärme vermittelt sich mir in der Art, wie hier über die Kinder gesprochen wurde. Die Ausstattung war, besonders was den Raum angeht sehr bescheiden.

Zwölf Kinder wurden hier betreut, in diesem einen Raum spielte sich alles ab: Kochen, Spielen, Malen, Vorlesen, Hausaufgabenbetreuung, nicht zuletzt auch die Dienstbesprechung – und unsere erste Supervisionssitzung. Für Rückzugswünsche der Kinder gab es immerhin ein kleines Hochbett und zum Toben einen extra Raum, der aber nicht immer genutzt werden konnte. Bei der Vorstellung, in dieser bedrängenden Enge hier mit zwölf Kindern den Nachmittag zu verbringen, fragte ich mich, wie man sich da vor der immanenten Reizüberflutung schützen könnte, als Kind und auch als Erwachsener? Das Thema »Grenzen setzen und halten« war eins, das alle Beteiligten immer wieder forderte.

Dies war das Einstiegsszenario in einen über mehr als 10 Jahre andauernden Supervisionsprozess. Als erstes haben wir für die Supervisionssitzungen einen Ort außerhalb des strapazierten Allzweckraumes gesucht. Es brauchte keine lange Überzeugungsarbeit dafür, dass die Supervision einen ruhigen abgegrenzten Rahmen braucht. So einfach war das aber nicht, einen Raum zu finden! Wir zogen oft um, saßen im kühlen Gemeindesaal, im grellen Neonlicht des Büros der Pfarrei, im provisorisch umgebauten Kirchensaal. Heute treffen wir uns im Teamraum eines Neubaus, der vor zwei Jahren durch die Initiative eines rührigen Elternvereins und der Gemeinde gebaut wurde. Die Zahl der zu betreuenden Kinder hat sich verdoppelt, das Team ist entsprechend gewachsen. Die Arbeit wird von Praktikantinnen und Zivildienstleistenden unterstützt.

Bei den vielen äußeren Veränderungen, die immer wieder auch Thema der Supervision waren, hat sich in erstaunlichem Maß die Konzentration auf die Arbeit am gemeinsamen Verstehen der Kinder und der damit verbundenen Elternarbeit erhalten. Die Supervision findet vierzehntägig im Wechsel mit der Dienstbesprechung statt und hat in der Regelmäßigkeit und Konstanz die Struktur und Professionalität dieser Arbeitsgruppe geprägt. Institutionell relativ unabhängig und unbeobachtet von Vorstand und Gemeinde, konnte das Team die tägliche Arbeit gestalten und war auf Eigeninitiative und Selbständigkeit angewiesen. Das, was in den Beziehungen zu den Kindern als wertvoll erachtet wurde, korrespondierte mit dem institutionellen Bezugsrahmen und prägte auch den Leitungsstil und die Kommunikation untereinander. Allerdings blieben Wünsche nach Anerkennung und Wertschätzung dessen, was hier so engagiert geleistet wurde, manchmal auf der Strecke, man war sich selbst überlassen. »Gelobt wird nur dienstags!«, war der Kommentar der Leiterin, als ich einmal wieder klar und unterstützend die Qualitäten ihrer Arbeit mit den doch sehr problematischen Kindern benannt hatte.

Fallgeschichte: Tobias nervt
Tobias war eins von den behinderten Kindern, das es allen schwer machte, ihn zu mögen; er gab damit häufiger als andere Anlass, sich in der Supervision mit ihm zu beschäftigen. Diesmal stellte sich die Situation besonders dramatisch dar. Die Reizbarkeit diesem Jungen gegenüber hatte einen Grad erreicht, der die Erzieherinnen zur Verzweiflung brachte. Scham und Schuldgefühle mischten sich in den Bericht über den Höhepunkt einer tumultartigen Szene, in der es dazu gekommen war, dass ein Glas Wasser ausgerechnet über Tobias ausgekippt worden war. Aber das war nicht das Schlimmste, das, was sie Tobias gegenüber empfanden, war purer Hass, von Ekel eingefärbt. Seine Art, die ewig laufende Rotznase an ihren Pullovern abzuwischen! Sich immer wieder klebrig zu dicht an sie zu drängen! Mit seinem zu jeder Gelegenheit abgelassenen Reizwort »Kacka« stänkerte er herum und nervte alle bis zur Weißglut. Seine Grenzenlosigkeit und die ständigen Wiederholungen hatten zu einem Wechselspiel von aggressiver Nähe und impulsiver Zurückweisung geführt. Das war ein stabiler und unguter Beziehungskreislauf! Es war die Heftigkeit ihrer eigenen aggressiven Gefühle, die erschreckte und allen fremd war. Hier schien es so, als ob sich die Erzieherinnen gegen dieses schreckliche Kind verbündet hätten. Sie fühlten sich in ihrer wohlwollenden zugewandten Haltung, die ein fester Bestand ihrer professionellen Identität war, angegriffen. Nicht, dass sie nicht auch manchmal aus der Haut fahren und sich mit kräftigen Worten Autorität verschaffen konnten! Diese aggressiven Impulse im Sinne der Selbstbehauptung waren aber eingebettet in eine Haltung, die Ambivalenz erträgt und Toleranz vermittelt. Jetzt ging es um eine Dimension, die das eigene Selbstverständnis in Frage stellte. Erfüllt von überflutenden Hassgefühlen, erschrocken über eliminierende Phantasien, verzweifelt über das eigene Gefühl von Wertlosigkeit und Inkompetenz, saßen sie vor mir und stellten ihr berufliches Selbstverständnis in Frage. Fluchtphantasien tauchten auf. Sollte man nicht besser im Reisebüro einen Job suchen? Die Spannung, die über ihrer Darstellung lag, löste sich über Erstaunen in Erleichterung, als gerade diese mit Scham eingestandenen Gefühle und Zweifel zu einem wertvollen Gegenstand der Reflexion in der Supervisionsrunde wurden.

Die »Kacka« war auf dem Tisch, und es passierte nicht das Erwartete: keine Verurteilung, keine Ablehnung, sondern mein Nachfragen, das Interesse an diesen fremden unerträglichen Gefühlen vermittelte. Ich stellte schließlich fest, dass all dies, was sie jetzt in sich spürten, uns wertvolle Hinweise zum Verstehen der inneren Situation von Tobias geben konnte. Musste er sich entledigen von dem unerträglichen Gefühl, wertlos zu sein? Holte er sich nicht ständig negative Bestätigungen, mit seinem aggressiven »Kacka«, das seinen Effekt nie verfehlte? Vielleicht kannte er nur dies und fühlte sich nur so sicher? Was wollte er wissen? Ob er auch gemocht wurde, wenn er »unerträglich« war?

Diese Fragen führten dazu, dass wir zusammentrugen, was aus dem familiären Hintergrund von Tobias bekannt war. Seine Geburt hatte den Eltern Schrecken und Leid gebracht. Er war nicht als das gewünschte gesunde Baby, sondern als ein »Mongölchen« zur Welt gekommen! Die Enttäuschung war tief und kaum zu verkraften. Seine Behinderung war sofort erkennbar gewesen, besonders die Fehlstellung seiner Augen konnten die Eltern nicht akzeptieren – sie erwogen eine Operation. Als die eingeschränkte Entwicklungsfähigkeit des Kindes deutlicher wurde, setzte eine Odyssee von Arztbesuchen ein, die unter anderem in einer Frischzellenbehandlung mündete. Das gierige Essverhalten von Tobias wurde mit Appetitzüglern beantwortet. Nichts an ihm konnte einfach bleiben, wie es nun mal war, nichts war richtig. Es schien so, als ob die Eltern ihr Unglück nicht betrauern und nicht verarbeiten konnten, sondern versuchten, mit vielen Behandlungen und »Reparaturen« ihr Kind zu einem akzeptableren zu machen. Tobias hat wohl keinen Glanz im Auge der Eltern erzeugt. Eher wird er Enttäuschung, emotionale Reserviertheit und Ablehnung gespürt haben. So war besser zu verstehen, was der Sinn seines bedrängenden penetranten Verhaltens gewesen sein mag: Auf diese Weise erzeugte er die so vertraute Ablehnung, die seine Existenz von Anbeginn an begleitet hatte. Sein ewiges »Kacka« war eine aggressive Herausforderung an die anderen, die wichtigen Personen, auf die er angewiesen war und formulierte zugleich sein innerstes Empfinden von Wertlosigkeit und Kränkung.

Das Verstehen dieses Musters als Entledigungsvorgang, durch den Tobias seine eigene Wertlosigkeit und Wut in die anderen buxierte, war der Schlüssel zu einer Einstellungsveränderung der Erzieherinnen. Das »Schlimme« in ihnen als fremd und von außen hereingedrückt zu erkennen, half ihnen, wieder in angemessenerem Abstand, Verständnis für das Schlimme in Tobias aufzubringen. Mit der Haltung der Eltern hatten es alle schwer. Aber es schien sinnvoll, eine Spur der fehlenden oder nicht genügend gelungenen Trauer zu finden und sich hinein zu versetzen in die Verzweiflung, die der Hintergrund für die vielen Bemühungen war, ein anderes Kind aus Tobias machen zu wollen. Dieser Prozess des Nachfühlens und Bedenkens stellte die Weichen um. Es galt nun, den destruktiven Kreislauf zu durchbrechen, Tobias aus seinem Wiederholungszwang, Ablehnung zu erzeugen, herauszuholen. Die Art und Weise wie sich den Erzieherinnen Erkenntnis vermittelte, brachte Erleichterung und emotionale Entlastung. Sie hatten etwas Grundlegendes verstanden, das auf viele andere, schwierige Beziehungskonstellationen übertragbar war. Damit konnten sie etwas anfangen! Und erfreulicherweise wirkte sich die Einstellungsveränderung sofort aus. Die Gereiztheit war verschwunden, Tobias wurde einfach anders wahrgenommen. Mit kleinen beruhigend bestätigenden Gesten konnten die Erzieherinnen seine anklebenden Nähewünsche auf eine bessere Distanz bringen, ihn auch mal neben sich sitzen lassen, ohne wegzurücken, ihm nebenbei kameradschaftlich über den Nacken streichen. Für Tobias waren damit sicher nicht seine schweren Selbstwertprobleme gelöst, und auch der Hass der Erzieherinnen war nicht ganz aus der Welt. Die Beziehung blieb prekär, führte aber nicht mehr ständig zu engem Clinch. Später hörte ich, dass Tobias eine neue Formel gefunden hatte: Mit einem provozierend vergnügt hingeworfenen »ist o. k., Kacka!« kommentierte er die Vorschläge oder Ermahnungen der Erzieherinnen. Darüber musste sich nun niemand mehr aufregen.

Kommentar
Wenn ich zu Beginn der Supervision mit einer neuen Gruppe die gruppenanalytische supervisorische Arbeitsweise vermittle, gehört dazu, neben den wichtigen Verabredungen der Rahmenbedingungen von Zeit, Ort, Aufgabe und Verbindlichkeit, die Mitteilung: Sie können im Rahmen der Supervision über alles sprechen, was Sie im Zusammenhang mit ihrer Arbeit beschäftigt. Diese Regel weicht von der gruppenanalytischen Grundregel der freien Kommunikation, wie sie für Therapie und Selbsterfahrung gilt, insofern ab, als sie den Fokus eingrenzt auf den professionellen Kontext. Dies soll nicht einengend verstanden werden, sondern soll deutlich machen, dass es nicht um einen therapeutischen Rahmen geht. Alle Beiträge – in freier Kommunikation – werden auf den supervisorischen Auftrag bezogen, in dem sich eine Arbeitsgruppe mit den Klienten, dem institutionellen Kontext und dem psychodynamischen Geschehen in der Arbeitsgruppe selbst befassen will. Dies soll insbesondere für Gruppen im institutionellen Zusammenhang, die immer in einem Abhängigkeitsverhältnis stehen, Schutz bieten, dass persönliche Mitteilungen nicht therapeutisiert werden, dass jeder sicher sein kann, nicht zum Patienten gemacht zu werden. Die Kommunikation wird auf professioneller Ebene geführt, mit dem Ziel, Arbeitsfähigkeit und Zufriedenheit in der Gruppe zu fördern, Kompetenzen in der Auftragsgestaltung zu vertiefen und den organisatorischen und gesellschaftlichen Kontext, in dem die Arbeit stattfindet, besser zu verstehen.

Die Motive, Supervision zu suchen, sind vielschichtig und es braucht Zeit und Aufmerksamkeit, bis eine Gruppe sich darin einig ist, wo der Bedarf eigentlich liegt. Wir können zu Beginn nicht voraussetzen, dass es einen eindeutigen Auftrag an die Supervision gibt. Hinter dem aktuellen Anlass ist in der Regel ein unbewusstes Motiv verborgen. In der notwendigen Klärungsphase erhalten wir erste Einblicke in die Konfliktkonstellation und können vorsichtig Hypothesen bilden und uns orientieren in dem vielschichtigen Geschehen, in dem wir uns, als von außen kommende Fremde, wie durch ein Labyrinth tastend und suchend fortbewegen.

Bei eindeutig scheinenden Anfragen, z. B. nach Fallsupervision, gestaltet sich der Einstieg meiner Erfahrung nach meistens etwas klarer. So war es in der oben beschriebenen Erzieherinnengruppe. Im Nachhinein erst wird mir neben dem Wunsch nach fachlicher Unterstützung der Arbeit mit den Kindern ein damals verborgen gebliebenes Motiv deutlich, das in einer relativen Isolation im professionellen Umfeld und dem recht unverbindlichen institutionellen Zusammenhang begründet war. Die Supervision wurde schon nach kurzer Zeit zu einem festen geschätzten Bestandteil der Arbeit.

Der Rahmen war komplikationslos etabliert worden und das Arbeitsbündnis hatte sich zu einer vertrauensvollen Beziehung, die als hilfreich erlebt werden konnte, entwickelt. Das heißt, die Gruppe hatte zum einen erfahren, wie entlastend es ist, Gefühle, Affekte, Phantasien zu formulieren und sich darin angenommen zu fühlen, zum anderen trugen meine »Anreicherungen« zum erweiterten Verständnis der Beziehungen zu den Kindern, deren familiärem Hintergrund und Biographie bei, Verknüpfungen herzustellen, Einsichten zu gewinnen und eigene einfühlende Kompetenz zu vertiefen. Vor diesem Hintergrund war es möglich, die Geschichte von Tobias so zu erzählen, wie es geschah.

Ich habe diese Fallgeschichte ausgesucht, um die unterschiedlichen interpersonellen Austauschprozesse, wie sie sich in der gruppenanalytischen Supervisionssituation darstellen, zu verdeutlichen. Dabei geht es in dieser Geschichte um die dynamische Interaktion zwischen Kind und Erzieherinnen und um die Kommunikation zwischen Erzieherinnengruppe und Supervisorin. Betrachten wir zunächst die Supervisionssituation. Hier geht es um Entlastungsvorgänge, Reflexions- und Umwandlungsprozesse und einer Art Wiederaufnahme für die ich das Modell »container-contained«, wie es W. Bion (vgl. Bion 1990) formuliert hat, heranziehen möchte. Die Container-Funktion des Supervisors kann man beschreiben als die vorbehaltlose, wertungsfreie aufnehmende Haltung, die einen Behälter (Container) für das vom Supervisanden hineinzugebende (Contained) zur Verfügung stellt. Dabei handelt es sich um nicht Verstehbares, um nicht bewältigbare Gefühle, um Unerträgliches, nicht Aushaltbares, in Bions Sprache als Rohelemente oder Betaelemente bezeichnet. Der Inhalt, das Hineingegebene, das Projizierte (Contained) wird im Container bewahrt, befühlt, bedacht, beträumt (bei Bion »Reverie« genannt). Durch diesen Verwertungs- und Umwandlungsprozess, die sog. Alphafunktion, erfährt das »Contained«, das Enthaltene eine Veränderung, es wird verträglicher, verdaulicher, verstehbarer gemacht und in anderer Form zurückgegeben und wieder aufgenommen. Nach R. Lazar (2002, S. 166f.) gehört die »Container- Funktion« zu einer der zentralen Aufgaben des Supervisors:

> »In Anlehnung an Freuds Diktum, ›Wo Es war, soll Ich werden‹, kann man Bions Postulat so formulieren: ›Wo Betaelemente waren, sollen Alphaelemente sein‹, die durch die Alphafunktion sozusagen denkbar gemacht werden sollen. Dies ist also

der Prozess, der laut Bion in jeder Mutter, in jedem Therapeuten, und wie ich behaupten will, in jedem Supervisor stattzufinden hat, wenn er seinem ›Baby‹ (Patient, Klient, Supervisand oder Klientensystem) behilflich sein will. Es dürfte damit klar sein, dass dieser Vorgang mit ›Besser-Wissen‹ oder ›Besser-Können‹ nichts zu tun hat. Die Begegnungen zwischen Supervisanden und Supervisor sind genauso einmalig wie die von Baby und Mutter, Patient und Therapeut. Sie finden aber auf einer ganz anderen Ebene der Kommunikation und der Objektbeziehung statt. Der Supervisand ist zwar in einer vergleichbaren Position wie das Baby, was *neues Lernen und neue Erfahrungen* betrifft, nicht aber was seinen Reifegrad bzw. sein Funktionsniveau betrifft.«

Dies weist einmal mehr darauf hin, dass die Container-Funktion des Supervisors sich auf der Ebene von professionellem Selbstverständnis bewegt und nicht als Einladung zu Regression bzw. einer Therapeutisierung der Supervisionssituation verstanden werden will. Im Beispiel waren es die schlimmen Gefühle, Scham, Schuld, Zweifel, Hass und Wut, die entsorgt und in anderer Weise wieder internalisiert wurden und eine neue Einstellung ermöglicht hatten. Meiner Erfahrung nach ist es vorrangig die emotionale Entlastung, die Beziehungsqualität und Haltung verändert. Mit Erstaunen wird mir manchmal mitgeteilt, wie anders die Kinder nach unserer Besprechung »sind«, genauer gesagt, wie anders sie erlebt werden. Als ob sie dabei gewesen seien. Was sich in der Supervision entfaltet hatte, waren die vielseitigen Teilaspekte, die zunächst ganz unverbunden nebeneinander standen und sich dann in ihrer Vielschichtigkeit neu gruppiert hatten. Es sind mehrere Elemente in diesem Prozess wirksam: die emotionale »Entsorgung«, die mosaikartige Ausbreitung und eine neue Zusammensetzung bzw. Integration von Teilaspekten, die bizarr nebeneinander stehen und jetzt zumindest zugehörig betrachtet werden können. Dies erlaubt und öffnet eine von Projektionen »bereinigte« Wahrnehmungsweise und weitet den Blick im Verständnis des anderen. Ähnliche Prozesse wie in der beschriebenen Supervisionssituation hatten sich in der Interaktion zwischen Tobias und den Erzieherinnen abgespielt, die ich vor dem Hintergrund des Konzepts der projektiven Identifikation nach T. H. Ogden (1988) verständlich machen möchte. Hier geht es auch um projektive und introjektive Mechanismen, durch die sich der »Sender« (Tobias) durch Projektion von unerträglichen Anteilen seines Selbst entledigt, sie im »Empfänger« (Erzieherinnen) platziert und Druck dabei ausübt. Im »Empfänger« entsteht das Gefühl, Fremdes in sich zu empfinden, das fest sitzt, nicht abzuschütteln ist, sozusagen in den Kleidern hängen bleibt. Diese Vorgänge geschehen unbewusst und unterscheiden sich im Erleben von Gegenübertragungsreaktionen. Nach Ogden geht es jetzt, ähnlich wie im Modell »Container« darum, diese fremd platzierten Anteile, diese Implantate, zu identifizieren, zu verarbeiten und zu geeigneter Zeit in verträglicher Form zurückzuführen, sodass sie vom »Sender« wieder aufgenommen werden können. In der Fallgeschichte zeigte die Heftigkeit und der Druck der Interaktion ein hochdynamisches Wechselspiel, zu dem auch der »nervende« Wiederholungszwang gehörte. Zum Anhalten kam dieser Prozess erst, als die Einstellungsveränderung bei den Erzieherinnen die Dramatik der Situation entschärft und Beruhigung gebracht hatte. Tobias war mit seinem »Unerträglichen« gelandet, bekam es nicht mehr zurückgeschleudert, konnte erfahren, dass er, so wie er war, nicht nur negative Reaktionen erzeugte. Im sicheren Rahmen der Supervision, als Container-Funktion verstanden, konnte die projektive Identifikation, in der die Erzieherinnen gefangen waren, verstanden und aufgelöst werden. Dieses aus der dyadischen Situation entwickelte Modell eignet sich ebenso zum Verständnis der Austauschprozesse in Gruppen. In der Arbeitsgruppe wird diese Art des Verstehens von Beziehungen die Kompetenz fördern, sich nicht nur gegenseitig als »Container« zur Verfügung zu stehen, sondern auch in der Beziehung zum Klienten sich dieser Funktion bewusst zu sein.

(2) Supervision im Kinderladen

Aus der politischen Bewegung der 68er Jahre heraus hat sich ein Modell der Kinderbetreuung entwickelt, das in seinem Einfluss auf die traditionellen Kindergärten heute noch wirksam ist: der Kinderladen. Damals organisierten sich Eltern in Initiativgruppen, um für ihre Kinder einen möglichst »repressionsfreien« Raum herzustellen, in dem sie sie jenseits der bestehenden konventionellen Kindergärten versorgten. »Antiautoritär« war das Zauberwort. Leerstehende Läden wurden angemietet. In den Anfängen machten die Eltern selber abwechselnd »Kinderdienst«, dazu gehörte auch Kochen und Putzen. Regelmäßige Elternabende, engagierte Debatten über Erziehungsideale und Ziele sorgten bei der damaligen Diskussionsbereitschaft für eine hohe Dynamik, insbesondere wenn nicht nur über die Kinder, sondern auch über die Erwachsenen gesprochen wurde. Dies verzehrte Energie und Zeit, die man eigentlich durch die gemeinsame Betreuung der Kinder für Berufstätigkeit oder Studium gewinnen wollte. Bald wurden – pädagogisch und ideologisch – geprüfte »Bezugspersonen« als Erzieher engagiert. So entwickelte sich über Jahre ein Prozess zunehmender Professionalisierung. Es entstanden Vereine und Trägergesellschaften, die, unterstützt durch öffentliche Gelder, den organisatorischen Rahmen für die unterschiedlichen Gruppen aufbauten: für die ganz Kleinen Krabbelstuben, für die Drei- bis Sechsjährigen Kinderläden, und für die Schulkinder Schülerläden.

Seit einiger Zeit kommt das Team eines Kinderladens in meine Praxis. Anlass zur Supervision war der anstehende Abschied von zwei Teammitgliedern, die seit Jahren mit großem Engagement den »traditionsreichen« Kinderladen, der in einer geräumigen Altbauwohnung untergebracht war, geführt hatten. Das Team war ohne Leitung und für Organisation und pädagogische Arbeit selbst verantwortlich. Von allen Mitarbeitern wurde dies als besondere Chance zu Selbstregulierung erlebt, die nicht frei von Tendenzen zur Selbstausbeutung war.

Die Zusammenarbeit mit dem Trägerverein war umstandslos. Ideell waren sie einem aufgeklärten Erziehungskonzept verbunden: Selbstverwirklichung, Autonomie, Kreativität, angemessene Förderung musischer Begabung und Vorbereitung auf die schulische Realität waren Ziele des gemeinsamen Handelns. Der Anspruch an sich selbst und auch an die Eltern dieser Kinder, die sich in einem vergleichsweise sehr privilegierten Rahmen tummeln und entwickeln konnten, schien mir sehr hoch. Beeindruckend subtil und liebevoll war die Beobachtung der Kinder, es gab eine hohe Bereitschaft, auf ihre Bedürfnisse einzugehen, sich zu kümmern, schnell auf sich andeutende Krisen zu reagieren. Es wurden Elterngespräche geführt, um über die familiäre Situation auf dem Laufenden zu sein, es wurde Wert darauf gelegt, dass die Eltern auch zu praktischer Mitarbeit bereit waren. Und während andere Einrichtungen oft die Grenze ihrer Einflussnahme am fehlenden Elterninteresse spüren, konnte man hier von gelungener Zusammenarbeit sprechen. Eine hohe Empfindsamkeit und Verletzlichkeit war aufseiten der Eltern zu beobachten, und unübersehbar im Team, das es aber geschafft hatte, dies in einer Balance zu halten. Ich merkte, dass ich manches Mal nicht der Besorgnis folgen wollte, die sich mir in der Schilderung eines Kindes vermittelte, ich stellte den Vergleich mit den Kindergärten her, die mir bekannt waren, wo es ganz andere Not gab. Ich war angetan von der Art des gemeinsamen Nachdenkens, von der Neugierde und Sensibilität der Mitarbeiter, ich merkte, dass dem Team die Supervision auch Freude machte.

Fallgeschichte: Rosa will nur noch kuscheln
Die Sitzungen, über die ich berichte, fanden in der Phase der Neuorientierung statt. Der Abschied von den beiden Kollegen hatte wehgetan. Die Suche nach geeigneten Kräften hatte sich als zermürbend schwierig und verunsichernd dargestellt. Aber jetzt war endlich eine neue Kollegin da. Sabine war mit Schwung eingestiegen, eine Vertretungskraft, Marion, half solange aus, bis der Dritte im Bunde, ein Mann sollte es sein, gefunden war. Mit Elan und vielen Ideen hatte sich das neue Team in die Arbeit gestürzt, war voller Begeisterung, Energie und Initiative. Es machte Spaß, so viel eigenen Spielraum zu haben, gemeinsam die neue Situation zu gestalten, Pläne und Konzeptfragen zu diskutieren, sich als sympathisch und anregend zu erleben. Oft saßen sie nach der Arbeit noch beieinander, diskutierend. Überstunden häuften sich an. Keiner war da, der hier begrenzte. Aber die Krise blieb nicht aus: Trotz einer heftigen

Halsentzündung kam Sabine zur Supervision. Es war ihr sehr dringend, ihr Problem gehe alle an, es müsse etwas passieren. Die Grenze ihres persönlichen Einsatz war längst, ohne dass es jemand bemerkt hatte, überschritten. Nun war sie krank, sie konnte nicht mehr. Sie stellte die grundsätzliche Frage nach der Struktur der gemeinsamen Arbeit. Erschrecken in der Gruppe. Steigt sie wieder aus? Das wäre schwer auszuhalten.

Wir stellten fest, dass es nicht um pure Überanstrengung ging, sondern dass die Gruppe Opfer der eigenen grenzenlosen Ansprüche geworden war, in Erschöpfung und Krankheit gekippt war. Jetzt müsse es darum gehen, Struktur und Rahmenbedingungen zu überdenken, wird dringend von Sabine eingefordert. Dazu gab es Ideen, insbesondere müssten sie besser lernen, auf zeitliche Grenzen zu achten. Aber es ging um mehr. In der Supervision wurde der unersättliche Anspruch und die aggressive Forderung an sich selbst zum Thema. Hier war der ganz private »Größenwahn« am Werk, der alles vorangetrieben hatte. Was brauchte Sabine, was könnte der Gruppe helfen, um den Kreislauf zu durchbrechen? Jetzt wurde die Intensität der Zugewandtheit den Kindern gegenüber Thema. Der Wunsch, alles wahrzunehmen und darauf einzugehen, war deutlich. »Ich komme morgens rein, und spüre gleich, was mit jedem los ist«, meinte Helga, die als Dienstälteste sich der Kultur und Geschichte des Kinderladens sehr bewusst war und sie an die Neuen weitergeben wollte. Die beiden sahen das aber etwas anders und differenzierten: man solle die Kinder nicht zu dicht an sich ziehen, Grenzen setzen, schließlich müssten die ja lernen, sich abzulösen, selbständig zu werden. Außerdem fehlten ihnen Rückzugsmöglichkeiten (es gab keinen eigenen Büroraum!). Sie wollten besser auf die eigenen Gefühle achten: wie viel Nähe vertrage ich, ohne aufgesogen zu werden.

»Und was brauchten sie als Erwachsene zur Regeneration?« So wie sie die Arbeit bisher strukturiert hatten, war es nicht durchzuhalten. Ich hörte, dass jede auch noch »draußen« ein anderes, nebenberufliches Standbein hatte, aber nie genug Zeit dafür blieb. Theaterarbeit, Musik und Sport, das sollte mehr Bedeutung haben können, als etwas eigenes Drittes, dass Abgrenzung herstellte und davor bewahren konnte, in der symbiotisch anmutenden Inanspruchnahme zu versinken. Triangulierung war angesagt.

Vor diesem Hintergrund entwickelte sich in der darauf folgenden Sitzung das Gespräch über die Kinder. Bei den ersten Suchbewegungen, über welches Kind gesprochen werden solle, tauchte eine kleine Spielszene auf, die aber schnell wieder verschwand. Zwei Mädchen spielten Vampire: »Wir kommen und saugen Dich aus«, sangen sie immer wieder laut und vergnügt bedrohend. Helga war gemeint. Sie kann damit leben: lachend wird die Szene beiseite geschoben, denn sie hat heute den dringenden Wunsch, über Rosa zu sprechen, die ihr ziemliche Sorgen macht. Insbesondere fragte sie sich, ob sie genügend auf ihre Bedürfnisse eingehen konnte, fühlte sich unsicher, auch vielleicht unzulänglich und es schwang ein Selbstvorwurf mit, wie sie über die 6-jährige Rosa sprach. Früher sei sie voller Initiative und Phantasie gewesen, jetzt lutsche sie wieder verstärkt, wolle nur noch kuscheln, sei unersättlich und nicht zufrieden zu stellen in ihrem Bedürfnis nach Zärtlichkeit. Neuerdings ziehe sie sich bei kleinsten Enttäuschungen in weinerlich nörgelnder Art zurück. Rosa war ein ganz anderes Kind geworden!

Für Helga war das schwer auszuhalten. Es machte ihr Kummer, sich hilflos zu fühlen, das mit ansehen zu müssen. Bei der Exploration entdeckten wir langsam, dass einige Themen, die Rosa beschäftigen mögen, auch in der Teamgruppe, besonders für Helga in letzter Zeit bedeutsam waren. Es ging um Veränderung, Verlust von vertrauten Personen: Rosa hatte Trennungen zu verkraften, Thomas, der geliebte Erzieher war gegangen, gleichzeitig waren ihre besten Freundinnen in die Schule gekommen, sie blieb zurück, alleine gelassen. Zu Hause wurde sie von der älteren Schwester dominiert, die stolz zur Schule ging. Die Mutter arbeitete neuerdings mehr, war oft nervös, in Eile. Vielleicht gab es auch in der Familie Spannungen. Es schien so, als ob Rosa dies alles nicht gut verkraften konnte und ihren Platz nicht mehr so sicher wie früher einnehmen konnte, weder zu Hause, noch im Kinderladen. Die Gruppe begann nun, auf konzeptueller Ebene zu fragen: Was müssen wir den Kindern eigentlich alles geben? Unterschiedliche Positionen standen nebeneinander: Auf der einen Seite das Ideal optimaler Befriedigung symbiotischer Wünsche, auf der anderen eine Haltung, die grundsätzlich von der Getrenntheit als Bedingung menschlicher Existenz ausgeht und sich an dem Konzept der »optimalen Frustration« orientiert. Es gab Rückmeldungen an Helga, dass sie sich sehr eng auf die Kinder beziehe. Fehlt ihr der professionelle Abstand? Dieses Feed-back von Sabine konfrontiert und führt zu weiteren Klärungen. Eine freundlich vermittelte Abgrenzung ist entwicklungsfördernder als ein schlechtes Gewissen, nicht genug gegeben zu haben. Auch was die Wünsche nach Zärtlichkeit angeht, sollte man nicht in Konkurrenz zu den Eltern geraten. Und die Frage wurde formuliert, ob es nicht auch eigene Wünsche waren, die (projektiv) in den Kindern versorgt werden wollten. Hiermit war Helga angesprochen. Sie hatte die vielen Veränderungen auszuhalten, sie musste sich trennen von den beiden ihr lieb gewesenen Kollegen, sie trug, ganz neu für sie, die Verantwortung. »Es ist verständlich, dass sich die eigene innere Not, Erschöpfung und Überanstrengung in die Art und Weise, wie die Kinder wahrgenommen werden, mischen«, stellte ich fest. Wollte Helga sich mehr ihren eigenen Bedürfnissen widmen? War sie mit Rosas Wünschen, wieder klein zu sein, identifiziert? Die dichte Beziehung zwischen Helga und Rosa war unübersehbar und ich regte spontan dazu an, zu versuchen, Rosa wieder mehr auf die Kindergruppe zu orientieren, das könne aus der dyadischen Bezogenheit herausführen. Eine progressive Herausforderung für beide! Am Schluss stand die Frage im Raum, ob sie mit den Riesenansprüchen an sich selbst so unersättliche und fordernde Kinder erzeugt hatten? Jetzt tauchten die beiden Vampirmädchen hier wieder auf, sind wir das auch? Im Eifer der Diskussion haben wir die Sitzungszeit überzogen, bemerkte ich: Auch etwas Vampir gespielt! So verabschieden wir uns.

Kommentar

Das Interesse gruppenanalytischer Supervision ist es, das dynamische Geschehen einer Arbeitsgruppe im Zusammenhang der institutionellen Prozesse zu begreifen und die Wechselwirkungen auf die Klientenarbeit zu reflektieren. In einer Fallbesprechung ist deshalb immer die Frage von Bedeutung, warum gerade *dieser* Zeitpunkt gewählt wurde, um über spezielle Probleme mit *diesem* Kind zu sprechen. Ich habe die Erfahrung gemacht, dass sich in der Falldarstellung oft auch die Themen auffinden lassen, die gerade in der Arbeitsgruppe, oder bei einzelnen Mitgliedern aktuell sind. Die Auswahl korrespondiert auf unbewusster Ebene mit der inneren Situation der Supervisandengruppe. Diese so genannten Spiegelphänomene lassen sich zum Verständnis der Gesamtsituation nutzen. Ich habe diese wechselseitigen Prozesse in der Fallsupervision des therapeutischen Teams einer Klinik über einen längeren Zeitraum beobachten können und ihre Bedeutung für die gruppenanalytische Supervision dargestellt.

»Zur supervisorischen Ausstattung gehört die Kompetenz, Konflikte zu identifizieren, Zusammenhänge zu erkennen und Verknüpfungen herzustellen und dies zu kommunizieren. Spiegeln als verdeutlichende Funktion erhält Tiefe und Glaubwürdigkeit dadurch, dass Augenscheinliches sichtbar und erfahrbar gemacht wird. Unsere Interpretation vermittelt Einsicht und Evidenz, wenn sich die Phänomene wieder erkennen und in ihrer Zusammengehörigkeit zuordnen lassen. So wie hier, ist es auch dort. So kann unser Verstehen von Spiegelungen die Befindlichkeit bzw. Beziehungskonstellation in unterschiedlichen Zusammenhängen erfassen und aufscheinen lassen. (Klientengruppe – Arbeitsgruppe – Organisation) Diese Form der Verdichtung macht aus dem Erkenntnisprozess eine Erfahrung von Evidenz« (Volhard 2002, S. 40).

Rosa wird zu dem Zeitpunkt in die Supervision eingebracht, an dem die Gruppe sich ihrer Überforderung bewusst wird und eigene Regressionswünsche aufgetaucht waren. Zu Beginn der Supervisionssitzungen bei mir gab es jedes mal ein kurzes Gerangel, wer auf das bequeme Sofa durfte und wer auf den Sessel musste, der wohl als Leitungssitz abgestempelt war. Sabine hat ihre Erschöpfung in ihrer Krankheit zum Ausdruck gebracht. Helga scheint unbewusst mit den regressiven Wünschen von Rosa identifiziert zu sein, als ob sie in ihr etwas von den Bedürfnissen des kleinen Mädchens, das sie einmal war, gefunden hat. Kutter spricht vom »indirekten Spiegelphänomen«, wenn sich in der Falldarstellung des Supervisanden dessen eigene ungelöste Problematik widerspiegelt (vgl. Kutter 1990). Die Affinität und projektive Verzahnung zwischen Helga und Rosa ist deutlich geworden. In der Supervisionssituation ging es jetzt darum, ein Verstehen der wechselseitigen Projektion und Identifikation als Beziehungsmuster herzustellen, die Verknotungen aufzulösen, zu orten, was zu wem gehörte und dadurch das Blockierte wieder in Fluss zu bringen, Entwicklung zu ermöglichen. Hier ist eine Balance zu halten, damit das Gespräch auf der supervisorisch-professionellen Ebene bleibt und nicht therapeutisch-persönlich wird. Dies hätte im supervisorischen Rahmen die Bedeutung einer Grenzverletzung. Ich habe oft erfahren, wie wichtig für die Supervisanden diese klare Abgrenzung ist. Nach gruppenanalytischem Verständnis sind Mitteilungen eines Einzelnen immer auch vor dem Hintergrund der aktuellen Gruppensituation zu verstehen. So wurden an dieser Stelle die zentralen Themen der Gruppe deutlich: In der Supervision wird es weiter um *durchlässige Grenzen*, um die noch *ungenügende Strukturierung* und um die *»blutsaugerischen« Ansprüche*, wie sie im Vampirspiel demonstriert wurden, gehen.

Mit meiner Fallgeschichte möchte ich noch auf einen anderen Aspekt supervisorischer Arbeit hinweisen, auf die triangulierende Funktion der Supervision. Im Beispiel geht es in vielen Variationen um den konfliktreichen Übergang von einem dyadisch-symbiotischen zu einem triangulären Beziehungsmodus. Dieses Wechselspiel von Dyade und Triade ist als eine Grundlage menschlicher Beziehungen zu verstehen (vgl. Metzger 1999). Für Rosa hat die Gruppe der anderen Kinder triangulierende Bedeutung. Meine spontane Mitteilung war nicht ohne Affekt, als ob ich in der Rolle des Vaters Mutter und Baby trennen wollte: Nun hört aber mal mit dem Kuscheln auf und stellt Euch dem, was draußen in der Welt geschieht! Ebenso hat die Team-Gruppe die Bedeutung der dritten Position, die Differenzierung herstellt und aus dyadischer Bezogenheit herauslöst. In der Supervisionssituation entfaltet sich in der Kommunikation das Wechselspiel von einfühlender Identifikation und distanzierender Betrachtung, hier wird die reflexive Ebene als das Dritte gestärkt und verinnerlicht. Diese Position wird durch den Supervisor eingeführt. Der Blick des Dritten stellt einen anderen neuen Raum her, in dem Gedanken und Gefühle bewegt werden. Mit seinem Konzept des intermediären oder auch potentiellen Raums hat Winnicott (vgl. Winnicott 1971) den Übergangsbereich in der frühen Beziehung zwischen Mutter und Kind formuliert und er stellt verallgemeinernd fest: »Betrachten wir unser Leben, so werden wir wahrscheinlich bemerken, dass wir den größten Teil unserer Zeit weder im Verhalten noch in der Kontemplation, sondern in einem anderen Bereich verbringen« (Winnicott 1971, S. 122). Der

Rahmen gruppenanalytischer Supervision stellt diesen anderen Raum zur Verfügung, in dem Erneuerung und Kreativität stattfinden kann.

(3) Sozialarbeit in der Schule

»Nicht für die Schule, sondern für das Leben lernen wir.« Dieser Satz konzentriert den Auftrag der Schule als gesellschaftlicher Institution. Wissensvermittlung, Leistung und Bewertung stehen neben Persönlichkeitsentwicklung und Bildung – »für das Leben«. Die Kultivierung des persönlichen Miteinanders, die Entwicklung psychosozialer Kompetenzen vermittelt sich im Beziehungsgeschehen zwischen Lehrern und Heranwachsenden. Die Balance zwischen diesen komplexen Anforderungen zu halten, wird zunehmend schwieriger. Die Divergenzen in der öffentlichen Debatte um die Schule spiegeln die enorme Konflikthaftigkeit wieder, in der sich Schule als Institution befindet. Im Kinder- und Jugendhilfegesetz (KJHG) sind fördernde und unterstützende Hilfsangebote für Heranwachsende mit sozial-familiären und psychischen Problemen formuliert. Die Idee, Sozialarbeit im Rahmen der Schule anzusiedeln, reagiert auf die gestiegene soziale Problematik bei den Heranwachsenden und der chronischen Belastung/ oft Überforderung der Institution Schule. In Trägerschaft des Jugendamts stellt Schulsozialarbeit – vor Ort – Angebote zur Verfügung i. S. des KJHG. Es geht u. a. darum, bei krisenhaften Entwicklungen direkt und schnell Einfluss nehmen zu können und im präventiven Sinn die Schüler in ihrer Entwicklung der persönlich-sozialen Kompetenz zu unterstützen.

Im folgenden Beispiel möchte ich einen längeren Supervisionsprozess skizzieren und den Blick auf den institutionellen Zusammenhang richten, in dem Schulsozialarbeit verortet ist. Mein Interesse gilt der Frage, wie sich die institutionellen Bedingungen auf die innere Situation der Arbeitsgruppe auswirken und wie sich dies in der Supervisionssituation darstellt.

Fallgeschichte: Zwischen allen Stühlen
Über einige Jahre habe ich ein Team von Schulsozialarbeitern begleitet. Merkwürdig mutete mich der Beginn unserer Arbeit an. Die Schule schien keinen Raum für uns zu haben. Wir trafen uns außerhalb, u. a. in den Räumen einer Städtischen Bibliothek. Ein Schlüssel musste umständlich besorgt werden, es ging durch Flure, Treppenhäuser, bis wir einen großen Saal fanden, indem wir in einer Ecke Stühle in einer Runde zusammenstellten. Mit dem Gefühl, am falschen Platz zu sein, versuchte ich, mit der Gruppe ins Gespräch zu kommen. Der falsche Ort passte zu den Themen der Anfangsphase: Klagen über mangelnde Akzeptanz, die fehlende Anerkennung durch die Schule, Zweifel an der Art des Auftrags und Unsicherheit der Rolle in einem feindlich erlebten

Umfeld. Pädagogen wollen nicht, dass man sie verbessert, dass ihnen über die Schulter geschaut wird, sie wollen nicht bei Ungerechtigkeiten oder gar Ausrastern ertappt werden. Die kümmern sich um ihren Lehrplan. Vermittlung sozialer Kompetenz hat da keinen Platz. Kommen wir da unweigerlich in ein Konkurrenz- und Kompetenzgerangel? So sahen am Anfang die Phantasien der Sozialarbeiter aus. Auch in der Supervisionsgruppe wirkte der Zusammenhang brüchig. Unregelmäßige Teilnahme an der Supervision, oft wegen Krankheit, machte es für mich vergleichsweise schwer, einen Rahmen herzustellen, der Verbindlichkeit und Kontinuität vermittelte. Meine beharrlichen Hinweise auf die »heimatlose« Gruppe führten endlich doch dazu, dass wir das kleine Büro in der Schule für unsere Treffen nutzen konnten. Hier störte allerdings das Telefon und besonders in den Pausen der Lärm der Schüler, die öfter bei uns hereinplatzten. Ich bekam zu spüren, wie bedrängend die Arbeitsbedingungen empfunden wurden.

Es ging jetzt darum, den Rahmen innen durch klare Grenzziehungen zu definieren und zu verteidigen. Dieser Kampf und die ständigen Klagen über mangelnde Anerkennung (im Jugendamt – als Träger, in der Schule – als Auftragnehmer – und nicht zuletzt bei den Schülern – der Zielgruppe) wirkten oft erschlagend auf mich. Der Kontakt mit den Vorgesetzten im Jugendamt war schwer zu halten. Sie schienen absorbiert von Umstrukturierungsprozessen. Die Neuordnung der Kompetenzbereiche war begleitet von Orientierungslosigkeit und brachte eine Art Dauerlabilisierung mit sich, die im Team alte Phantasien von Desinteresse und mangelnder »Fürsorge« wieder belebte. Das Team schien wie verwaist. Die Zusammenarbeit mit den Lehrern war äußerst schwierig, nährte die Phantasie, unerwünscht zu sein und weckte Fluchtgedanken: »Sollten wir nicht an eine andere Schule gehn?« Die Krise führte dazu, dass zwei Kollegen gingen. Neue Mitarbeiterinnen brachten in ihrer Unvoreingenommenheit andere Aspekte in den Vordergrund: Konzept, Aufgabe, Auftragsgestaltung. Die Dynamik der Institution trat vorübergehend zurück, ein produktiver Prozess entwickelte sich mit einem greifbaren Ergebnis: Schulleitung und Jugendamt legten in Vereinbarungen gemeinsam mit dem Team den Auftrag für die Schulsozialarbeit fest. Eine breite Palette von Angeboten stellte sich dar: Kleingruppenarbeit, Lernhilfegruppen, Sozialtraining, Bewerbungstraining, Gesprächsangebote für Schüler, für Eltern und für LehrerInnen, sowie die Vermittlung der Angebote im schulischen Kontext, z. B. in der Lehrerkonferenz. Hier gab es Reibungen, aber die Fähigkeit, auszuhandeln war durch den Prozess in der Supervisionsgruppe gestärkt. Der Platz in der Schule schien gefestigt, die Beziehungen in der Gruppe und zu mir waren vertrauensvoll, der Supervisionsrahmen stabil. Der Wert dieses Zusammenhangs war spürbar geworden. Hier konnte Beunruhigung und Angst, Enttäuschung und Wut darüber, an der Front oft im Stich gelassen zu sein, benannt werden. In der

Überprüfung der eigenen professionellen Ansprüche klärte sich manch illusionärer Wunsch. Die Realitätsprüfung erzwang Ernüchterung und trug mit zur Relativierung dessen, was man überhaupt erreichen konnte bei. Dieser Prozess verlief in Wellen, deren tiefe Täler Depression, Hoffnungslosigkeit und Ohnmachtgefühle enthielten. Es war besonders schwer, mit der Einsamkeit, Beziehungslosigkeit und Aggression eines Jugendlichen konfrontiert zu sein und dabei die eigenen und institutionell gesetzten Grenzen der Einflussnahme zu spüren. Und es stellte sich immer wieder die Frage, welchen Wert und welchen Platz Kinder und Heranwachsende in unserer Gesellschaft eigentlich zugewiesen bekommen, auf welche Zukunft sie vorbereitet werden müssen. Wozu alle Mühe, wenn nicht genügend Ausbildungs- und Arbeitsplätze zur Verfügung stehen? Den Mangel auf mehreren Ebenen in unterschiedlicher Weise zu spüren, verstärkte resignative Tendenzen. Nicht selten waren in diesem Team Krankheiten auf krisenhafte Situationen gefolgt. Die Supervision war der Ort, an dem manchmal nur Trost nötig zu sein schien.

Ich spürte dies wie Ablagerungen, wenn nach einer Sitzung Niedergeschlagenheit und Hoffnungslosigkeit bei mir geblieben waren. Ich fragte mich, ob meine Arbeit darin bestand, die Mitarbeiter im Aushalten zu unterstützen, indem ich die Resignation aushielt und nicht zurückwies oder auf rationaler Ebene nach Antworten suchte. Was hatte die Supervision in diesem Gesamtsystem für eine Bedeutung, war sie Feigenblatt oder Druckverband?

Dennoch, es galt, den Blick immer wieder herausfordernd auf die Aufgabe zu richten, auf die Möglichkeiten und Wege, Entscheidungen zu beeinflussen und auf professioneller Ebene handlungsfähig zu bleiben. Und das zeigte sich in der Art, wie die Projekte trotz aller Dynamik sich in der Institution etabliert hatten. Die Besonderheit der institutionellen Einbindung lag darin, eine Aufgabe innerhalb der Schule wahrzunehmen, aber nicht zur Organisation dieser Schule zu gehören, sondern beim Jugendamt institutionell verankert zu sein. Man musste sich in dem dynamischen Kontext der Schule und des Jugendamts zwischen allen Stühlen positionieren und halten. Die Gefahr, in den Sog der Konfliktlinien des Kollegiums oder zwischen die Fronten einer zerstrittenen Schulleitung zu geraten war groß und die Versuchung, »hilfreich« einzuspringen, lag nahe. Loyalität, ohne Parteinahme und Abstinenz war hier angesagt. Die Orientierung an der Aufgabe, der eigenen Zuständigkeit und die notwendige Abgrenzung von dynamischen Konfliktkonstellationen, sowohl in der Schule als auch im Kontext des Jugendamts, durchzog wie ein roter Faden die Reflexion in der Supervision. Hier formulierte sich das ganz spezifische Thema einer Berufsgruppe, die sich viel zumutet, die Verantwortung für andere zu übernehmen bereit ist und in Gefahr ist, Opfer des eigenen Engagements, der eigenen Rettungsphantasien zu werden. Diese Auseinandersetzung berührte die professionelle Identität, es ging darum, Grenzen zu akzeptieren und das Mögliche schätzen zu lernen. Die Supervision hat dazu beigetragen, dass die Grenzen des Machbaren nicht als eigenes Versagen erlebt wurden und dass professionelles Handeln im Kontext institutioneller und gesellschaftlicher Bedingungen zu begreifen ist. Immer wieder warfen auch politische Verflechtungen ihre Schatten in unsere Runde: Interessenkollisionen und Machtverhältnisse prägten die Entscheidungen auf oberster Ebene, zeigten, dass manchmal auch für Leitung der Entscheidungsspielraum eng gesteckt war. Es galt zu verstehen, an welche Grenzen eine Organisation geraten kann, insbesondere wenn sie vom Virus »Veränderung« befallen ist.

Kontrastierend zum Erleben an der Basis war die neue Sprache, wenn plötzlich von »Produktdesign« die Rede war, als ob moderne Wortschöpfungen das Gelingen des Wandels der Organisation beschwören könnten. Wie sollten sie sich damit identifizieren und wie bei all der Unruhe überhaupt noch arbeiten? Während die Gruppe sich immer wieder mit den Begrenzungen befasst hatte, sorgte eine neue Bewegung »draußen« für Irritation. Überraschend waren Gelder zur Verfügung gestellt worden, die schnell ausgegeben werden mussten (Reaktion auf die PISA-Studie?). Das Jugendamt war alarmiert: neben dem bisherigen Angebot sollten attraktive »Crash-Kurse«, zum Beispiel eine »Kompetenzwerkstatt« für Jugendliche eingerichtet werden. Solche Wortschöpfungen (während ich dies schreibe, ist gerade das Wort »Ich-AG« zum Unwort des Jahres gewählt worden) ließen den Verdacht vom »alten Wein in neuen Schläuchen« aufkommen, von Etikettenschwindel, von der Vertuschung permanenten Mangels in einer Art manischer Gegenbewegung. Das löste Ärger aus, wurde als Überrumpelung und letztlich Entwertung der bisherigen Arbeit, in die so viel gründliche Überlegungen eingeflossen waren, empfunden. Nun ging es hoppla-hopp, Hauptsache, der Geldsegen ergießt sich flächendeckend und öffentlichkeitswirksam! Kaum war das Beben, das ein solches Vorhaben ausgelöst hatte, abgeklungen, wurden neue »Baustellen« eröffnet. Der Rahmen der eigenen Zuständigkeiten drohte sich damit unübersehbar zu erweitern. Ängste wurden wach, dass die eigenen Angebote, z. B. der mit so viel Aufwand etablierte neue Schülertreff, damit plötzlich in unguter Konkurrenz neben anderen stünde, oder sogar wieder abgeschafft werden könnte. »Sollen wir hinschmeißen, aushalten oder uns im Kampf zerreiben? Ist alles nur Flickschusterei? Sind wir letztlich nur Handlanger eines kaputten Systems? Reiben wir uns auf unter Arbeitsbedingungen, die keine Kontinuität und Verlässlichkeit erlauben?« Das dynamische institutionelle Wechselspiel zwischen Schule und Jugendamt machte die Mitarbeiter zu Grenzgängern im Zwischenbereich, es ging immer wieder um Aufbau und Zerstörung und den Kampf um Präsenz und Wertschätzung. Es war der Mangel in der Kommunikation, das Nichteinbezogenwerden in die Planungen, das die Beziehung zur Schulleitung und den Vorgesetzten im Amt immer wieder strapazierte. Wie ein »deja-vu«

muteten mich diese immer wiederkehrenden Einbrüche von außen an, deren Auswirkungen in der Supervisionsgruppe »entsorgt« werden mussten. Seit einiger Zeit kommt diese Gruppe zur Supervision in meine Praxis (ich hatte wie oben erwähnt, meine »Wanderjahre« beendet). Es scheint mir, dass dieser Ort außerhalb nun eine andere Bedeutung hat. Er vermittelt Ruhe und eine klare Abgrenzung, hier kann die Gruppe in sicherem Abstand den inneren Raum gestalten und erforschen. Dies ist besonders für diese Gruppe, mit der ich anfangs herumgezogen bin, wertvoll. Sie hatte den Platz innerhalb der Institutionen im Laufe des konflikthaften Prozesses sicher besetzt und die Gestaltung der Aufgaben hatten zunehmend Anerkennung gefunden. Im Bewusstsein dieser Verankerung war es gut möglich, den Raum draußen, als »Zwischenraum« zu nutzen und zu schätzen. Und kleine Bemerkungen über meine frischen Blumen sind für mich ein Zeichen, dass die Gruppe gerne kommt, dass sich ein emotionales Klima hergestellt hat, in dem sie sich aufgehoben fühlen und im Reflexionsprozess neu ausstatten kann.

Kommentar
Mit meiner Darstellung des Entwicklungsprozesses der Supervisionsgruppe möchte ich auf die unterschiedlichen *Funktionen* und *Rollenübernahmen* (vgl. Sandler 1976) hinweisen, die im gruppenanalytischen Supervisionsprozess aktualisiert werden. Die lange gruppenanalytische Sozialisation, deren Schwerpunkt auf der eigenen mehrjährigen Gruppenanalyse liegt, ist der persönliche Erfahrungshintergrund, indem man das bewegliche »Spiel« von Rollenübernahmen und Zurückweisungen und die eigene Neigung und Bereitschaft darin erleben und erproben kann. Im Sinne der unendlichen Analyse (vgl. Freud [1937c] 1960) setzt sich dieser Prozess fort und fordert uns in der Bewältigung der komplexen Erfahrungen mit Gruppen heraus. Diese *Selbstbeobachtung* und *Reflexion* als professionelle Kompetenz gehört zur Ausstattung, mit der wir Projektionen, Übertragungen und unsere Gegenübertragung annehmen, verstehen und nutzen. Die *Gegenübertragung* hat eine leitende Funktion, um den latenten Gehalt des Geschehens besser erfassen zu können.

In der Auseinandersetzung mit dieser Gruppe (SchulsozialarbeiterInnen) war es der resignative Bodensatz und die Niedergeschlagenheit, die so oft spürbar waren und innere Differenzierungen erforderten: was gehörte zu mir, was waren die Anteile der einzelnen Mitarbeiter und der Gruppe. Und was gehörte zum Gesamtklima der beteiligten Institutionen, deren manische Abwehrversuche wir all zu oft abzufedern hatten (vgl. Mentzos 1976). Ich selbst konnte mich einem gewissen Kulturpessimismus manchmal schwer entziehen. Die Reflexion des Wechselspiels von Identifizierung und Distanzierung ist die Vorraussetzung für die Übernahme von Rollen und Funktionen, für die wir uns zur Verfügung stellen. Ich möchte hervorheben, dass es sich hierbei um einen flexiblen, vorübergehenden Prozess handelt. Die Zuweisungen geschehen spontan und unbewusst, können sich aber auch als unterschwellige Botschaften langsam in uns hereinschieben. Es kann notwendig sein, eine zugewiesene Rolle, zunächst wohl auch unbewusst, anzunehmen. Wichtig scheint es mir, dies zu gegebener Zeit in der Gruppe zu kommunizieren, damit es nicht zu fixierten Rollen und Fehlfunktionen kommt.

In der Arbeit mit der oben beschriebenen Gruppe hatte die *Holding-Function* (vgl. Foulkes 1974; Winnicott 1984) durchgehend große Bedeutung. Mit seinem Konzept der *Umweltmutter* hat Winnicott Funktionen benannt, die auf die gruppenanalytische Supervisionssituation übertragbar sind: es ist die *Bedeutung des Rahmens*, der Kontinuität und Verlässlichkeit vermittelt. Dieser Rahmen enthält im Inneren Aufmerksamkeit, Besorgnis (Concern) und »genügend gute« Pflege. Die haltende Funktion gibt Sicherheit, legt die Grundlagen für die Entwicklung von Ich-Stärke. In der Supervision trägt die fachliche und emotionale Unterstützung dazu bei, die professionelle Haltung und Identität zu vertiefen. Im Prozess der Sozialarbeitergruppe gab es krisenhafte Situationen, in denen dieses »Holding« vorübergehend zu einer Art »*Prothetischer Funktion*« wurde (vgl. Rudnitzki 1985). Die Supervision war zeitweilig wie ein Ersatz, für das, was der Gruppe fehlte, von der Leitung nicht gegeben werden konnte. Die Gefahr, als Supervisorin in die Rolle einer heimlichen Leiterin oder gar Gegenleitung »befördert« zu werden, ist nicht gering, besonders dann, wenn die Organisationsstrukturen unklar oder, wie im Beispiel, sich in einem beschleunigten Veränderungsprozess befinden. Gerade hier kommt der Supervision der Sinn eines besonderen *Denkraums* zu, der frei von Entscheidungsdruck *Nachdenken und vorgreifendes Verstehen* ermöglicht (vgl. Lutzi 2002). Supervision im geschützten Rahmen heißt nicht, dass hier ein Schonraum fern ab der institutionellen Realitäten eingerichtet wird, in dem regressiven Tendenzen nachgegeben wird (vgl. Gfäller 1990). Auf der Basis der Holding-Funktion hat die Reflexion, die Konfrontation und Probehandeln beinhaltet, einen für die professionelle Kompetenz bedeutsamen Platz. Diese beiden Funktionen in Balance zu halten, gehört wesentlich zur supervisorischen Arbeitsweise. Die Orientierung an der gegebenen Aufgabe ist das leitende Prinzip, dem sich das Verstehen von Dynamik und Struktur zuordnet. Gruppenanalytische Betrachtungsweise richtet den Blick nicht nur auf das Beziehungsnetz im Binnenraum der Gruppe. Foulkes hat dies in seinem Modell der Kommunikationsebenen dargestellt (vgl. Foulkes 1974). Danach kann man in der Gruppe fünf Ebenen unterscheiden, die von der Oberfläche zu tieferen und verborgenen Aspekten führen: Die *Aktuelle Ebene*, die *Übertragungsebene*, die *Projektionsebene*, die *Körperebene*, die *Primordiale Ebene* (Kollektive Phantasien). Die Aktuelle Ebene beinhaltet Öffentlichkeit, Gesellschaft, Kultur und Institution. Eine der wesentlichen Grundlagen dafür, dass sich die Methode der Gruppenanalyse so gut für Teamsupervisionen und Organisationsberatung eignet, ist die konzeptionelle Berücksichtigung des institutionellen Umfeldes im Einfluss auf die innere Situation der Arbeitsgruppe (vgl. Gfäller, 1990). Die Anwendungsbereiche gruppenanalytischer Arbeit haben sich in den letzten Jahren in vielfältiger Weise entwickelt. Die gruppenanalytische Haltung und Identität (vgl. Heltzel 2001) bleibt das verbindende Element der Arbeit, sei es mit einem Team, einer Selbsterfahrungsgruppe oder der Beratung einer Organisation im Rahmen einer Großgruppe.

Schluss

Das Konzept der Gruppenanalyse betont den emanzipatorischen Charakter und weist dem Leiter eine Funktion zu, die der Gruppe in ihrer besonderen Kompetenz Bedeutung gibt: Der Leiter folgt der Gruppe, er lässt ihr den Vorrang, er muss nicht alles (alleine) verstehen, er sollte die Gruppe nicht an sich binden, sondern sie von ihren Abhängigkeitswünschen entwöhnen. Der Leiter ist Mitglied der Gruppe, mit einer besonderen Funktion (vgl. Foulkes 1974). Daraus ergibt sich eine *supervisorische Grundhaltung*, die nicht besserweiß, nicht belehrend ist, sich nicht darüber stellt, sondern die dazu beiträgt, dass sich im Gruppenprozess vielschichtige Gesichtspunkte entfalten und zusammenfügen, die durch die andere Sichtweise des Supervisors bereichert und modifiziert werden.

Gruppenanalytische Supervision stellt verschiedene *Funktionen* zur Verfügung. Ich habe die Modelle *Container-Contained, der Holding-Function* und des *Potentiellen Raums* in meinen Betrachtungen hervorgehoben, weil sie sich als basale Konzepte in der Arbeit mit Gruppen erwiesen haben. Sie sind in der einzelanalytischen Situation konzipiert worden, entstammen unterschiedlichen Schulen und haben aber doch verbindende Elemente. Im Sinn einer Umrahmung oder Grundierung organisieren sie das Geschehen, sie sind *Modelle*, die die Bedingungen für Wachstum und Entwicklung formulieren. Das *Modell des Containers* strukturiert die interpersonellen Austauschprozesse, die *Holding-Funktion* der »Umweltmutter« formuliert genügend gute »Pflege« als Grundlage für Wachstum. Der *Potentielle Raum* steht für »freies Spiel« der Gedanken und Kreativität in einem Zwischenbereich, der gleichzeitig Trennung und Verbundensein bedeutet. Darin enthalten ist die *triangulierende Funktion*, die das dritte Element, die reflexive Position, etabliert und stärkt. Das Konzept der *Rollenübernahmen*, als eine vorübergehende und flexible Bereitschaft verstanden, stellt hilfsweise Funktionen mit unterschiedlichen Bedeutungen zur Verfügung. Die Einbeziehung der *Gegenübertragung* trägt zum Verstehen und zur Kommunikation der gerade aktuellen bedeutsamen Funktion wesentlich bei. *Spiegelphänomene* – nicht zuletzt – sind ein wertvolles Mittel zur Orientierung und tragen zum Erleben von Evidenz und Erkenntnis bei.

Für meine gruppenanalytische Arbeit, ob in Selbsterfahrung oder Supervision und Organisationsberatung, gehören diese Konzepte unverzichtbar dazu. Sie bilden den theoretisch- methodischen Bezugsrahmen, sie prägen meine gruppenanalytische Haltung und sind in meiner professionellen und persönlichen Identität in einer Art Legierung verschmolzen. Es geht darum, wie ich selbst als Supervisorin für ein genügend gutes Holding und Containment sorge, wie ich mein Leben in den »Zwischenräumen« gestalte. Wie kann es gelingen, die Aufmerksamkeit zu erhalten, den eigenen inneren Raum wieder frei zu räumen, nachdem er besetzt, belegt und bevölkert worden ist? Und wie kann ich neue Räume für die Gruppen zur Verfügung stellen, wenn ich nicht im Umgang mit mir selbst meine Kapazitäten und Grenzen beachte und für genügend guten Ausgleich sorge? Es liegt mir daran festzuhalten, wie sehr man selbst in der Arbeit mit Gruppen auf einen guten Rahmen angewiesen ist, zu dem neben der professionellen Kompetenz ein kollegialer Zusammenhang und verlässliche persönlich-freundschaftliche Beziehungen gehören.

Literatur

Barthel- Rösing, M.(2001): Was ist das Spezifische an gruppenanalytischer Supervision? In: Jahrbuch für Gruppenanalyse 7, S. 101–110.

Bion, W. R. (1990): Lernen durch Erfahrung. Frankfurt a. M. (Suhrkamp).

Foulkes, S. H. (1974): Gruppenanalytische Psychotherapie. Frankfurt a. M. (Fischer).

Freud, S. (1960): Die endliche und die unendliche Analyse. In: Freud, S.: Gesammelte Werke XVI. Frankfurt a. M. (Fischer), S. 57–99.

Gfäller, R. G. (1990): Die Reflexion des institutionellen Umfeldes in der gruppenanalytischen Supervision. In: Pühl, H. (Hg.) Handbuch der Supervision. Berlin (Spiess), S. 194–213

Heltzel, R. (2000): Zur Identität des gruppenanalytischen Supervisors und Organisationsberaters. In: Jahrbuch für Gruppenanalyse 6, S. 95–121.

Lazar, A. L. (2002): Bions Modell des »Container und Contained« und seine Implikationen für die Praxis. In: Pühl, H. (Hg.): Supervision. Aspekte organisationeller Beratung. Berlin (Leutner), S. 165–178.

Köhnke, D. (1997): Die Gruppe als Möglichkeitsraum. In: gruppenanalyse 7 (2), S. 103–129.

Kutter, P. (1990): Das direkte und das indirekte Spiegelphänomen. In: Pühl, H. (Hg.): Handbuch der Supervision. Berlin (Spiess), 291–302

Lutzi, J. (2002): Ein Wandel der Buchhalter? – Zur Bedeutung des potentiellen Raums für Veränderungsprozesse in Organisationen. In: Freie Assoziation 5 (1), S. 103–116.

Mentzos, S. (1976): Interpersonale und institutionelle Abwehr. Frankfurt a. M. (Suhrkamp).

Metzger, H. G. (1999): Die triadische Struktur der Supervision. In: Zeitschrift für psychoanalytische Theorie und Praxis 14 (1), S. 74–98.

Ogden, T. H. (1988): Die projektive Identifikation. In: Forum der Psychoanalyse 4, S. 1–21.

Ogden, T. H. (1997): Über den potentiellen Raum. In: Forum der Psychoanalyse 13, S. 1–18.

Rudnitzki, G. (1985): Über die Wirkung von Gruppenarbeit bei narzistischen Störungen Körperbehinderter. In: Leber, G.,Trescher, H. G., Büttner, C. (Hg.): Die Bedeutung der Gruppe für die Sozialisation Teil 2: Beruf und Gesellschaft. Göttingen (Vandenhoek & Ruprecht), S. 32–42.

Sandler, J. (1976): Gegenübertragung und Bereitschaft zur Rollenübernahme. In: Psyche 30, S. 769–785.

Volhard, C. (2002): Spiegelphänomene in der gruppenanalytischen Supervision. In: gruppenanalyse 12 (1), S. 25–43.

Wilke, G. (2002): Gruppenanalyse in Organisationen. In: gruppenanalyse 12 (1), S. 7–24.

Winnicott, D. W. (1984): Reifungsprozesse und fördernde Umwelt. Frankfurt a. M. (Fischer).

Winnicott, D. W. (1979): Vom Spiel zur Kreativität. Stuttgart (Klett-Cotta).

Gruppenanalytisch fundierte Beratung in Profit-Organisationen

Georg R. Gfäller

Nachdem in den 80er und 90er Jahren der Markt im Bereich der Psychotherapie und der Supervision aufgrund der enorm vergrößerten Angebotsseite immer enger wurde, und man sehen konnte, wie viel Geld die auf Betriebe spezialisierte Gruppendynamik, Unternehmensberatungen, Trainingsinstitute machten, wandten sich Psycho- und Gruppentherapeuten aller Schulen diesem Markt zu. Einige Trainingsinstitute nahmen gerne das neue Wissen und die Fähigkeiten auf, die meisten aber blieben skeptisch wie die Firmen. Zu sehr haftete der Geruch und Begriff von »Therapie« im Sinne von Krankenbehandlung diesen neuen Anbietern an. Es hatte sich die Gruppendynamik Zeit ihrer Geschichte deutlich von der Therapie abgegrenzt (Däumling 2004; Fengler 2004). Man wollte es nicht mit »Kranken« und ihrer Behandlung zu tun haben, vielmehr mit Personen, die in ihrem Arbeitsumfeld in aktuellen Konflikten auch aktuelle Lösungen suchten. Der Organisationsansatz der Psychoanalyse und Gruppenanalyse, der in England entwickelt wurde (Maine, dann Foulkes und Whiteley) als »Therapeutische Gemeinschaft« für psychiatrische und psychosomatische Kliniken, wurde lange in keinem Zusammenhang mit Organisationsberatung gesehen. Vielmehr begannen die von Nachfolgern Bions (1961) entwickelten Modelle von Konferenzen, Lernen in Organisationen, kurz, das »Tavistock-Modell«, langsam den theoretischen und praktischen Hintergrund für die neuen aus der Psychoanalyse kommenden Anbieter von Organisationsberatung, Coaching, Konfliktmoderation zu liefern. Zugegebenermaßen haben die Theoretiker und Praktiker der »Therapeutischen Gemeinschaft« und Familientherapie (wie R. Skinner), die mehr mit der Gruppenanalyse im Sinne von Foulkes in Verbindung standen, die mögliche Anwendung auf Organisationen allgemein weder gesehen noch konzeptualisiert. Man blieb im therapeutischen Feld und erreichte da enorm viel. So ist es nur allzu verständlich, dass das Tavistock-Modell, das die Organisation und Institution fokussierte, in Verbindung mit der Gruppenanalyse, wie sie von Bion gelehrt wurde, für Psychoanalytiker besonders interessant wurde. Das Manko Bions, in der Gruppenanalyse mehr oder weniger nur eine Zwei-Personen-Situation (Leiter-Gruppe) und Gruppenphänomene nur aus der Perspektive eines Beobachters der Gruppe zu sehen, war und ist für Psychoanalytiker zunächst einmal nicht ohne Weiteres zu erkennen. Außerdem klingt die Sprache Bions und seiner Nachfolger viel »theoretischer« und damit

»wissenschaftlicher« als die Sprache von Maine, Foulkes, Whiteley und Skinner, die mühevoll den Vernetzungszusammenhängen von Gruppen, umgebenden Institutionen, Kollektiven, Gesellschaften, Gruppenleitern, innergruppalen Verflechtungen, kurz, den Wechselwirkungen nachgehen wollten. Das hatte starke Wirkung in einer Zeit, in der die »Wissenschaftlichkeit« der Psychoanalyse von Vielen in Frage gestellt wurde. Kenntnisse und Erfahrungen der Organisations- und Betriebspsychologie samt der aus der Gruppendynamik heraus entwickelten Organisations- und Teamentwicklung mit ihrem Konfliktmanagement waren vielen der neuen aus der Psychoanalyse kommenden Anbietern wenig bekannt. So vertraute man leicht dem aus der Psychoanalyse kommenden Tavistock-Modell trotz aller seiner Einschränkungen, weil dieses nicht nur explizit für Organisationen konzeptualisiert war, sondern auch weitläufige Erfahrungen vermitteln konnte.

Das Tavistock – Modell aus dem Blick der Gruppenanalyse

Mit dem Erscheinen des von Lohmer (2000) herausgegebenen Buches über »psychodynamische Organisationsberatung« wurde ein weiterer Versuch dargelegt, die Psychoanalyse zur Untersuchung unbewusster Strukturen in Institutionen und Betrieben zu verwenden. Dem ging das Buch von Bauer und Gröning (1995) über Institutionen voraus, außerdem enthielt schon das »Handbuch der Supervision« (Pühl 1990) einige lesenswerte Beiträge zum gleichen Thema. Wellendorf (1986) und ich (Gfäller 1986a, b) beschrieben ebenfalls psycho- und gruppenanalytische Herangehensweisen an Institutionen. Später konnte ich über Fortbildung von Führungskräften in Justizvollzugsanstalten berichten (Gfäller 1993). Inzwischen vermehrt sich die Literatur zur gruppenanalytischen Organisationsberatung deutlich (z. B. Gröning 2002; Wilke 2002). In der Zeitschrift »FoRuM Supervision« (edition diskord) sind weitere Texte erschienen (u. a. Gfäller 1995).

Lohmer und die anderen Autoren griffen in ihrem Buch vor allem auf das »Tavistock-Modell« zurück. Dieses Modell ist von seiner Struktur und den Inhalten her aus der Sicht der Gruppenanalyse durchaus beachtenswert. Sehr gut beschrieben ist dieses Modell bei Moses (1992). Die Struktur enthält einen reflektierten Wechsel von größeren und kleineren Gruppen mit verschiedenen thematischen Schwerpunkten und Zielsetzungen. Vom Inhalt her imponiert die Überlegung, dass jegliche Institution ein so genanntes »primäres Ziel« habe, das im Verlaufe der Entwicklung der Institution oder des Betriebs immer wieder in Gefahr gerate, aus den Augen verloren zu werden. Institutionelle und betriebliche Mechanismen entfalten ein Eigenleben, das den ursprünglichen Zielen manchmal konträr entgegensteht. Bei der Entwicklung dieses Konzepts spielten die Überlegungen von Bion (1961) zu Arbeitsgruppen und deren Regression auf die verschiedenen Grundannahmen eine nicht unerhebliche Rolle. Das Buch und vor allem die aus dem Englischen übersetzten Texte sind lesenswert und waren ein weiterer Anstoß dafür, bestehende eigene Überlegungen zur gruppenanalytischen Organisationsberatung niederzuschreiben. Auch die Gruppenanalyse im Sinne von Foulkes hat vielfältige Erfahrungen in der Beratung von Unternehmen, Institutionen, staatlichen Organisationen usw. vorzuweisen, die bislang zu wenig veröffentlicht wurden. An Lohmers Buch ist zu bedauern, dass hier die spezifischen Konzepte der Gruppenanalyse mit all ihrer Bedeutung für Organisationsberatung nicht aufgenommen wurden. Das Problem des Tavistock-Modells ist m. E., dass es letztlich in einer dualen Anschauungsweise verhaftet bleibt und damit Vernetzungen kaum konzeptualisieren kann.

Gerade die genannten Vernetzungen sind ein spezifisches Potential der Gruppenanalyse. Die Gruppe ist etwas gänzlich anderes als eine Zweiersituation. Jeglicher Dialog findet vor dem Hintergrunde des gegebenen Netzwerks statt und wird im Zusammenhang mit diesem gesehen. Das gestaltpsychologische Prinzip von Vorder- und Hintergrund ist wirksam. In vernetzten Situationen sind aus dem Zusammenhang gerissene Einzelbereiche kaum sinnvoll denkbar. Jeglicher Eingriff in das Netzwerk bringt das Ganze in Bewegung. Das Beraterteam oder der Gruppenleiter sind Gruppenmitglieder mit der spezifischen Aufgabe der Leitung. Es ist dies eine deutliche Erweiterung des auf dem dialogischen Prinzip beruhenden Tavistock-Modells.

Beispiel 1: Firmenübergabe
Der alleinige Inhaber eines etwa 2800 Personen beschäftigenden Firmenkonsortiums trat an mich heran mit der Bitte, die Firma und ihn zu begleiten bei der Frage, was sinnvollerweise geschehen solle im Rahmen seiner Firmenübergabe an andere oder der Umwandlung seiner Firma in eine Aktiengesellschaft. Er selbst möchte sich langsam zurückziehen und von dem erwirtschafteten Geld ein gesichertes Leben im Alter führen. Möglicherweise könnte die Firma aufgeteilt werden in Bereiche, die als solche verkauft würden und in andere Bereiche, die unter neuer Leitung weitergeführt würden. Es gäbe eine Anzahl von Personen, die aufgrund ihrer bisherigen Führungsfunktionen und ihrer Fähigkeiten durchaus in der Lage wären, in seine, wie er sagte, »Fußstapfen« zu treten.

Die beiden ausführlichen Erstinterviews mit dem Firmeninhaber und seiner Frau, unabhängig voneinander, zeigten, dass es den beiden wirklich ernst war mit der Nachfolgefrage. Sie legten mir eine Liste der Personen auf der obersten Führungsebene vor, die sowohl beim weiteren Zusammenhalt der gesamten Firma mit ihren Unterbereichen Führungsqualitäten hätten als auch in der Lage wären, bei evtl. Abspaltungen und Verkäufen die Unterbereiche der Firma genügend zu repräsentieren.

Die Geschichte der Firma hatte damit begonnen, dass der jetzige Firmeninhaber (ich nenne ihn Herr M.) und ein damaliger Freund eine sich bald als wirtschaftlich sehr erfolgreich erweisende Idee zu verwirklichen begonnen hatten. Man hatte ein Marktsegment entdeckt, das bislang nicht bewirtschaftet wurde und von daher erfolgversprechend war. Herr M. hatte damals das nötige Kapital eingebracht, der Freund hatte das Grundkonzept für die Produktpalette entwickelt. Die Beiden hatten sich bei der Gründung darauf geeinigt, dass der eine Firmeninhaber und erster Geschäftsführer, der andere unkündbarer zweiter Geschäftsführer werden sollte.

Als sich die Firma nach und nach entwickelte und enorm prosperierte, wurden immer mehr Mitarbeiter und Mitarbeiterinnen eingestellt. Herr M. zog sich auf die strategische Leitung der Firma zurück, der Freund wurde zu einer Art Entwicklungsleiter. Das Gehalt des Letzteren wurde der sich entwickelnden Firma angepasst, wodurch beide immer mehr verdienten und das eingesetzte Kapital sich längst vervielfacht hatte. Die Konkurrenz war nicht untätig geblieben, auch andere Firmen bemühten sich schließlich um diesen Markt; darunter waren internationale Konzerne, die versuchten, durch Dumping-Preise die Firma auszuschalten. Dies gelang in einigen Bereichen, letztlich war aber die Innovationskraft der inzwischen recht großen Firma so gut, dass bis auf eine einzige Konkurrenzfirma alle anderen Versuche, den Markt zu übernehmen, abgewehrt werden konnten. Die in den Konkurrenzkampf eingetretenen Großfirmen konnten die nötige Qualität nicht bieten, wohl aber dieser eine Konkurrent, der ebenfalls ursprünglich eine kleine Firma gewesen war. Im verschärften Konkurrenzkampf musste sich der die Strategie leitende Firmeninhaber so sehr engagieren, dass er mit fortschreitendem Alter dieser Aufgabe aufgrund zunehmender Erkrankungen kaum mehr gewachsen war, so dass es notwendig wurde, die Firma an andere, junge Kräfte zu übergeben. Sein Freund verbesserte die Produktpalette der Firma weiter, aber es blieb bei Verbesserungen, die in Gefahr waren, durch völlig neue Modelle anderer Firmen, vor allem der Konkurrenzfirma, als veraltet zu gelten. Es zeigte sich also, dass zusätzlich zur Aufgabe der Firmenübergabe auch die Aufgabe bestand, den Freund des Inhabers dazu zu bewegen, in der Entwicklung neue, moderne Wege zu gehen, die dieser bislang verweigert hatte. Frau M. war in großer Sorge um die Gesundheit ihres Ehemannes; ihr Interesse war es, die Firma möglichst schnell aufzuteilen und verschiedene Aktiengesellschaften zu gründen, um so neue Führungskräfte mit großer Verantwortung heranzuziehen, und zusätzlich dem störrisch auf alten und bewährten Methoden beharrenden Freund ihres Mannes genügend Druck zu machen, um modernere Verfahrensweisen implementieren zu können. Es zeigten sich in den Vorgesprächen mehrere Möglichkeiten:

- *Übergabe der Führung der gesamten Firma an geeignete interne Führungskräfte;*
- *Gewinnung des Freundes des Inhabers für neue Methoden, um konkurrenzfähig zu bleiben (dieser hatte sich ganz von der Geschäftsführung zurückgezogen, wartete ab und erneuerte die alten, bewährten Produkte);*
- *Aufteilung der Firma in Bereiche, die sich entweder verkaufen ließen oder in Aktiengesellschaften umzuwandeln waren, um mehr Eigenkapital zu akquirieren;*
- *Prüfung der möglichen Nachfolger des Firmeninhabers auf ihre Qualität in Bezug auf Führung als auch auf Produktentwicklung (Herr M. wollte hier sichergehen, da seine Altersabsicherung davon abhing; in der Firma steckte sein gesamtes Kapital);*
- *Prüfung der Marktposition der bisherigen Firma und ihrer Unterfirmen, angesichts der bestehenden Konkurrenz überleben zu können.*

Dazu empfahl ich folgende Vorgehensweise:

1. *Ausführliche Interviews mit all den für Führungspositionen genannten Personen.*
2. *Untersuchen der Marktlage mit Hilfe aller bisherigen Funktionsträger in leitenden Funktionen.*
3. *Überprüfen der in Frage kommenden Führungskräfte, die für die Übernahme der gesamten Firma oder auch von Teilen derselben in Frage kamen, auf ihre Fähigkeiten und Möglichkeiten hin. (Dabei wurde auch die Überführung der gesamten Firma oder von Teilen derselben in Aktiengesellschaften überlegt.)*
4. *Überprüfen des ebenfalls in die Nachfolgeüberlegungen einbezogenen Sohnes des Inhabers auf seine Möglichkeiten, die Firma oder Teile derselben von seinem Vater verantwortungsvoll zu übernehmen.*

Hierfür schlug ich folgendes Setting vor:

1. *Mehrere Einzelgespräche mit all den genannten Personen.*
2. *Gruppengespräche mit der jeweiligen Führungsebene der verschiedenen Unterfirmen.*
3. *Gruppengespräche mit allen wichtigen Funktionsträgern samt dem Inhaber bezüglich der Übernahme, der Aufteilung und der jeweils eigenen Potentialität.*
4. *Gruppengespräche mit den Verantwortlichen für Marketing und dem Inhaber.*

5. *Abschlussgespräch mit der obersten Führungsebene zum Zwecke der Entscheidungsfindung.*
6. *Etwa 6 Monate nach Beendigung des Auftrags ein »Katamnese«-Gruppengespräch.*

Bis zu diesem Zeitpunkt hatte meine Vorgehensweise noch kaum Unterschiede aufgewiesen zur psychodynamischen Organisationsberatung des Tavistock-Modells. Die Gruppenanalyse legt aber nahe, sämtliche am Prozess beteiligten Personen auch in einer Gruppe zusammenkommen zu lassen, in der die genannten Fragen besprochen werden sollten. Zu diesem Zweck wurden drei Gruppensitzungen aller Beteiligten vereinbart. Die erste sollte sich mit der Situation befassen, in der sich die gesamte Firma befindet, die übergeben, aufgeteilt oder umgewandelt werden soll. In der zweiten Sitzung war das Thema Gestaltung der Pläne für die Übergabe und Umwandlung samt Benennung der leitenden Personen. Die dritte Sitzung sollte dann den Beschluss zur Umsetzung als Ergebnis haben. Etwa ein halbes Jahr nach der Umsetzung sollte eine letzte abschließende Sitzung erfolgen, um zu prüfen, wie die Umsetzung geglückt sei und wo noch Nachbesserungen nötig seien.

In der zweiten Gruppensitzung wurde deutlich, dass die Überlegung, den profitabelsten Bereich der Firma in eine Aktiengesellschaft umzuwandeln und von der Gesamtfirma abzutrennen, unmöglich geworden war, weil gerade dieser Bereich noch gebraucht wurde, um die nichtprofitablen Unternehmensbereiche solange mitzutragen, bis diese sich selbst tragen könnten. Es musste – auch aufgrund der veränderten Aktienmärkte und der schwachen Verkaufspreise – umgedacht werden. In dieser Phase wurde deutlich, dass der Firmeninhaber sich nicht auf die von ihm eigentlich gewollte Übergabe einlassen konnte. Aus den Ergebnissen der Einzelgespräche mit den jeweils in Frage kommenden Personen für die jeweilige Leitung der Unterfirmen und der Gesamtfirma wurde zudem ersichtlich, dass der vom Inhaber für die Nachfolge vorgesehene Sohn diese Aufgabe nicht würde bewältigen können. Als stellvertretender Leiter einer der Unterfirmen hatte dieser Sohn sich zwar bemüht, aber wenig zustande gebracht. Außerdem zeigte sich, dass trotz großen Bemühens ein extrem hoch bezahlter Manager einer anderen Unterfirma nicht in der Lage war, den Blick für das Ganze zu behalten. So war man in dieser zweiten Sitzung auf die eigentlichen Schwierigkeiten der Firma gestoßen. Zwar hatte der bisherige Inhaber der Firma den Wunsch, diese zu übergeben, er hatte aber bislang überhaupt nichts dazu beigetragen, um die Nachfolgefrage und die Frage der Leitung der Unterfirmen zu klären. Dieses und sein ständiges Sich-Einmischen in Unternehmensprozesse auch auf der unteren Ebene wurde nun als wesentlicher Störfaktor für die Weiterentwicklung der Firma erkannt. Er war darüber sehr überrascht, konnte dieses Resultat aber hinnehmen. Das

Ergebnis der Sitzung war, dass der Inhaber den Auftrag übernahm, nun selbst aktiv die Nachfolger-Suche und Übergabe zu betreiben, evtl. unterstützt durch mein Coaching.

In der dritten Sitzung wurde darüber berichtet; Herr M. erklärte, er habe aufgrund neuer wirtschaftlicher Schwierigkeiten der Firma so viel Aktivität entfalten müssen, um hier aktuell Abhilfe zu schaffen, so dass für die Überlegungen der Übergabe keine Zeit geblieben sei. Dennoch hatten die jeweiligen Leiter der Unterfirmen sich in der Zwischenzeit Teams zusammengestellt, die effektiv arbeiteten, so dass mehrere Personen für die Gesamtleitung mit zur Verfügung standen. Da ich beauftragt war, den gesamten Prozess zu leiten, stellte ich Herrn M. zur Rede, ob er nun die Firma übergeben wolle oder nicht – und warum er mich nicht darüber informiert habe, dass er seine Aufgaben nicht gemacht habe. Er drehte und wendete sich ein wenig, seine Frau kritisierte ihn sehr. Da trat auf einmal der Sohn recht selbstbewusst auf und sagte, er könne die Firma von seinem Vater übernehmen, nachdem er mehrere Trainings, Coachings und andere Maßnahmen in Angriff genommen habe, um sein bisheriges Zögern zu überprüfen und seine Fehler besser zu kennen. Die anderen leitenden Mitarbeiter der Firma hatten diesen Prozess mit verfolgt und äußerten sich darüber erfreut.

Die vier Unterfirmen arbeiteten inzwischen selbständig, bis auf die Software-Abteilung der Firma, welche die Logistik für alle Unterfirmen zur Verfügung stellte. Es wurde vereinbart, dass mit weiterer Vorbereitung und Begleitung die Firma in etwa zwei Jahren an den Sohn übergeben werden sollte. Immer wieder musste ich dabei den Firmeninhaber in seine Grenzen weisen und Übersetzungsarbeit leisten, da er durch verwirrende und teilweise dubiose Aussagen mehr Unsicherheit stiftete als Klarheit. Er war letztlich froh, dass nun seine Aussagen bei den anderen richtig ankamen. In dieser Sitzung wurde das gesamte Netzwerk der Firma, in das sie eingebunden war, angesprochen und durchdiskutiert. Die leitenden Mitarbeiter waren erstaunlich gut informiert und berichteten über die nun gemeinsam gesehene Verortung der Firma im Wirtschaftsgeschehen. Dies geschah mit Erklärungen zu den jeweils bestehenden Schwierigkeiten. Am Ende der Sitzung schien die gesamte Firma mit ihren guten Mitarbeitern in der Lage zu sein, nun den Umwandlungs- und Übergabeprozess selbständig weiterzuführen. Es konnte in dieser Sitzung aufgezeigt werden, wie durch die erklärte Übergabebereitschaft des Firmeninhabers und die zunächst aufgrund seiner Schwierigkeiten erfolgte Weigerung des Sohnes, die Firma zu übernehmen, so etwas wie ein Machtvakuum entstanden war, das einzelne Unterfirmen für sich genutzt hatten, um an mehr Ressourcen heran zukommen.

Entgegen dem ursprünglichen Plan wurde noch eine vierte Sitzung mit allen Beteiligten zur Klärung der Lage durchgeführt, weil weitere wirtschaftliche

Schwierigkeiten aufgetreten waren und so die gesamte Organisation noch einmal neu geprüft werden musste. Man konnte am Zwei-Jahres-Übergabeplan festhalten, wobei die Führungsgruppen der Unterfirmen schon jetzt festgelegt waren und auch entsprechend arbeiteten. Aus diesen wurden fünf Personen benannt, die schon jetzt in der Gesamtleitung mit Herrn und Frau M. bei klarer Aufgabenteilung tätig werden sollten. Mein Auftrag war beendet.

Die letzte Sitzung wurde ein halbes Jahr später vereinbarungsgemäß durchgeführt mit den jeweiligen Vorsitzenden und stellvertretenden Vorsitzenden zweier ehemaliger Unterfirmen, mit denen Kooperationsverträge bestanden, mit den Leitern/innen der beiden anderen Unterfirmen und mit Herrn und Frau M., dem Sohn und den weiteren Mitarbeitern der Geschäftsführung. Die Geschäftslage hatte sich gut entwickelt, ebenso die Zusammenarbeit.

Im Zentrum gruppenanalytischen Denkens steht die vernetzte Organisation in der Vernetzung mit gegebenen Außenbedingungen. Die Aufgabe war im dargestellten Beispiel die Neuorganisation einer Firma und die Vorbereitung der Übergabe der alleinigen Führung (mit deutlich untergeordneten Mitarbeitern/innen der Geschäftsführung) von Herrn M. an ein geeignetes Führungsteam. Gruppenanalyse erfordert bereits vor Beginn der Gruppe deren »Administration«, was für den dargelegten Auftrag hieß, die Gesamtorganisation im Zusammenhang mit den äußeren Bedingungen wie Markt und Marktposition, die mögliche Firmenentwicklung, Finanzsituation und innere Organisation samt den Führungskräften und Mitarbeitern genau zu untersuchen.

In diesem Falle empfahl sich eine dreigleisige Herangehensweise:

1. Einzelgespräche mit allen an der Führung beteiligten Personen.
2. Gruppengespräche mit
    a) den obersten Führungskräften der verschiedenen Unterfirmen und
    b) mit der zentralen Leitungsebene.
3. Ein System von Gruppengesprächen mit allen beteiligten Führungskräften – mit definierten Zielen.

Damit wurde die bestehende Hierarchie geachtet und gleichzeitig untersucht. Die Finanzierung und das Berichtswesen der Organisationsberatung wurden vor Beginn über einen Vertrag abgesichert. Die begrenzte Vertraulichkeit der Einzelgespräche wurde dadurch gesichert, dass der Interviewerbericht zuerst von der beteiligten Person gelesen und korrigiert wurde; Passagen, die vertraulich bleiben sollten, wurden gestrichen. Erst dann kam der Bericht an Herrn M.

In der ersten Gesamtgruppensitzung lagen dann diese Berichte vor, bzw. wurden von den einzelnen Teilnehmern vorgetragen und ergänzt. Damit war

Gruppenanalytisch fundierte Beratung in Profit-Organisationen

klar, dass diese Gesamtgruppe zum Zentrum wurde, weil nur hier die Gesamtheit der Vernetzungen ihren Ausdruck finden konnte. Gruppenleitung bedeutete hier – wie auch sonst – Förderung der Kommunikation, Achten auf das Setting und Störungen. Jeweils am Ende der Sitzung wurden das Ergebnis, noch offene Aufgaben samt Zuständigkeiten und Zeitplan festgehalten.

Dies ist eine modifizierte Gruppenanalyse, weil innerhalb der Sitzungen gruppendynamisches Geschehen sowie Übertragungsprobleme mit berücksichtigt wurden, um diese zu nutzen und nicht als störend beiseite zu schieben. So tauchte hier z. B. bald das Problem zwischen Vater und Sohn auf, an dem für alle deutlich wurde, wie eine unbewusst gemachte untergründige Organisationsform – nämlich die des kleinen Familienbetriebs – angesichts der wirklichen Differenziertheit und Größe der Firma für Dauerstörungen sorgt, solange dies nicht bearbeitet wird. Ohne die Aufdeckung dieses unbewussten Hintergrunds wäre eine Übergabe der Führung nicht möglich gewesen – deshalb konnte sie erst nach der Intervention durch die Organisationsberatung realisiert werden. Die gegensätzlichen Firmenstrukturen hatten sich in den beiden – Vater und Sohn – personifiziert/personalisiert.

Auch in den Gruppensitzungen mit den Führungsteams der Unterfirmen wurden die Möglichkeiten der Aufdeckung unbewusster Faktoren genutzt. In einer Unterfirma, in welcher der Freund von Herrn M. in der Führung mitarbeitete, konnte aufgedeckt werden, um welchen Konflikt (er war angeblich gegen Modernisierungsbestrebungen) es sich tatsächlich handelte. Die beiden hatten sich entfremdet, worin sich ein weiteres Entwicklungsproblem der Firma ausdrückte: Für die Gestaltung der Produkte fühlte sich vermehrt der Freund zuständig, für das Kaufmännische Herr M. Der Markt forderte leichter zu bedienende neue Produkte, mehr Dezentralisierung, also mehr Kundennähe. Diese Forderung war aber nur mit Qualitätseinbußen zu erfüllen, was der Freund nicht akzeptieren wollte. Er setzte auf Neuentwicklung erst dann, wenn dies wirklich mehr Qualität brachte. Gerade daran waren die konkurrierenden internationalen Firmen gescheitert. In der Kommunikationsstörung zwischen den beiden drückte sich ein weiteres Problem aus: Sie hatten zu zweit angefangen, inzwischen aber war eine große Firma entstanden mit eigenen Dynamiken; unbewusst jedoch hatten beide noch an den alten Vorstellungen einer kleinen Zwei-Personen-Firma festgehalten.

Gewissermaßen nebenbei konnte durch die gruppenanalytische Organisationsberatung neues Führungsverhalten gelernt werden: Führung als Förderung der kreativen Potenzen und der Verantwortung der Mitarbeiter/innen – auch im Sinne von Offenlegung der Entscheidungsgrundlagen – bei klarer Verantwortung für die Entscheidung durch den jeweiligen »Chef«. Lewin nannte dies den »demokratischen Führungsstil«. Foulkes sprach hier vom »conductor« der Gruppe.

Unbewusste Prozesse mit zu berücksichtigen ist auch Ziel des Tavistock-Modells der Organisationsberatung. Da dieses aber im Wesentlichen dual konzipiert ist, auch wenn es Gruppenprozesse nutzt, scheint mir die Gruppenanalyse weiter zu greifen, da sie mit ihrem Ebenen-Modell (Öffentlichkeits-, Übertragungs-, Projektions-, Körper- und Primordial-Ebene) und der Auffassung von Vernetzungsvorgängen und Wechselwirkungen differenzierten Organisationen wie dem im Beispiel geschilderten Betrieb näher kommt. Die anderen mir bekannten Modelle der Organisationsberatung brauchen komplizierte und meist englische Begriffe, Handlungsanweisungen und werden doch dem Ganzen schon vom Konzept her nicht ganz gerecht, auch dann nicht, wenn sie sich auf die Systemtheorie berufen, die von ihren Theoretikern inzwischen eher als Paradigma denn als klare Handlungsanweisung gesehen wird. Das grundsätzliche Problem der Systemtheorie sind die Phänomene an den Grenzen samt dem linearen und kausalen Aufbau der Theorie. Figurationen, Vernetzungen, Matrizen und Wechselwirkungen sind in dieser Theorie nicht vorgesehen. Dennoch kann man viel von diesen anderen Modellen lernen und sie in die gruppenanalytische Organisationsberatung mit einbauen.

Anwendungsgebiete der gruppenanalytischen Organisationsberatung

Im ersten Beispiel wurde von einer Firmenumwandlung und gleichzeitigen Firmenübergabe ausschnittweise berichtet. In einer Vielzahl von hoch interessanten Projekten konnte ich – manchmal zusammen mit Mitarbeitern – die gruppenanalytisch fundierte Methode der Organisationsberatung anwenden. Die interdisziplinäre Kompetenz eines Gruppenanalytikers samt der Fähigkeit, in Vernetzungszusammenhängen und damit Wechselwirkungen zu denken und zu handeln, ist zumindest eine der Grundlagen dafür, dass ich mich z. B. in folgenden Bereichen engagieren konnte:

– Zusammenschlüsse großer Firmen und Banken,
– Kommunikationsprobleme in Vorständen von Aktiengesellschaften,
– Schadensersatzforderungen an eine Automobilfabrik auf dem amerikanischen Markt,
– UNO-Seerechtskonferenz,
– Beratung von privaten und öffentlichen Forschungsinstituten,
– Organisationsentwicklung von Parteien,
– Beratung von Parteien, Landtagen und Regierungen in Fragen der Gesundheitspolitik,

- Beratung von Politikern als Kandidaten für Bundestags- oder Landtagsmandate,
- 1990 moderierende Teilnahme an der ersten Konferenz der Ministerpräsidenten der alten und neuen Bundesländer,
- Probleme von internationalen Anwaltskanzleien im Patentrecht angesichts der Globalisierung,
- Organisationsentwicklung von psychiatrischen, psychosomatischen Kliniken, sowie Kliniken der Kinder- und Jugendpsychiatrie,
- Organisationsentwicklung bei Klinikzusammenschlüssen,
- Untersuchung der Hintergründe und Geschichte des Max-Planck-Instituts zur Erforschung der Lebensbedingungen der wissenschaftlich-technischen Welt (1970–1980, Leitung: C. F. von Weizsäcker, J. Habermas).
- Coaching von Führungskräften (das auch unter gruppenanalytischem Gesichtspunkt durchgeführt werden kann).

Beispiel 2: Firmenkauf
Ich begleitete Herrn S., ein Vorstandsmitglied eines Firmenkonsortiums dabei, eine andere Firma aufzukaufen. Der Vorstandsvorsitzende wollte ihn diese Prüfung machen lassen, um festzustellen, ob er zurücktreten und ihm den Vorstandsvorsitz übergeben könne. Der Inhalt der »Prüfung« war, dass die aufzukaufende Firma von einem nahen Verwandten des zu coachenden Mannes geleitet wurde, der sich gegen den Ankauf sträubte, weil er danach seine Position verlieren würde und zudem die Befürchtung hegte, dass der Kauf dazu dienen sollte, die Firma dann als lästige Konkurrenz zu schließen. Herr S. empfand diesen Auftrag als fast menschenfeindliche Zumutung, hatte aber nur die Möglichkeit, ihn anzunehmen, wenn er seine Karriere nicht gefährden wollte. Der »alte« Vorstandsvorsitzende wurde von ihm als übertrieben hart und autoritär erlebt. Dahingegen erschien ihm der Verwandte als menschenfreundlich und als guter Leiter seiner Firma. Die Übertragungen sind schnell spürbar geworden; letztlich lag der »Alt« genau richtig, Herrn S. einer wirklich harten Prüfung zu unterziehen. Herr S. hatte das Austragen ödipaler Konflikte immer zu vermeiden gewusst, dabei den Vater als autoritären und gewalttätigen Schreckensherrscher diffamiert – gemeinsam mit der Mutter und einer seiner beiden Schwestern. Der »gute« Vater war ein Bruder der Mutter gewesen.

Herr S. hatte somit keinen sehr guten Führungsstil. Er vermied Konflikte, außer, wenn er sich mit einer Rolle identifizieren konnte, in der er »Gutes« tat. Das Familiensystem, die Männer in »Gute« und »Böse« aufzuspalten, hatte er übernommen. Die »Guten« waren meist abwesend. Das Coaching ergab, dass die Vermeidung ödipaler Konflikte seine männliche Identität extrem schmälerte. Er suchte deshalb eine analytische Behandlung auf. Das andere Ergebnis war eine deutliche Veränderung seiner Sichtweise des »Alten« und des Verwandten. Es wurde möglich, die Firma aufzukaufen; der Verwandte bekam, weil er vom »Alten« geschätzt wurde, eine vergleichbare Position in einer anderen Firma, und durch die baldige Umorganisation der gekauften Firma wurde diese spezialisierter und damit profitabler. Herr S. leitete diesen Prozess. Ein Jahr danach las ich in der Zeitung, dass er nun Vorstandsvorsitzender an Stelle des »Alten« geworden war.

Auch wenn hier viel Psychoanalyse am Werke war, hatte die Gruppenanalyse Gewicht im Entdecken und Erarbeiten der vernetzten Zusammenhänge. So konnte der Klient erkennen, dass wegen veränderter Marktlage seine Firma unbedingt die andere aufkaufen müsse, damit es danach beiden besser ginge. Zusätzlich konnte er sich im Gruppenkontext seines Vorstands besser einordnen. Er konnte sich schließlich die Frage beantworten, warum er trotz seiner (ödipalen) Konfliktvermeidung so hoch aufgestiegen war: Der »Alte« hatte seine Potenzen, seine Leistungsfähigkeit und seinen überragenden Intellekt gesehen und gefördert.

Die Anwendungsgebiete für gruppenanalytische Organisationsberatung sind vielfältig. Als Gruppenanalytiker hat man nicht eine aus dem Ganzen herausgelöste Person oder Institution im Auge bzw. im inneren Szenario, vielmehr mehrere miteinander verbundene. Personalisierung von Konflikten wird als Gruppenabwehr untersucht. Im letzteren Falle ist mit gutem Recht anzunehmen, dass der »Alte« und der Gesamtvorstand sicherlich auch die Vernichtung der zu kaufenden Firma in Erwägung gezogen hatten und hier auch im Konflikt lagen mit notwendigen Interessen und entgegengesetzten ethischen Fragen (z. B. der bewirkten Arbeitslosigkeit durch Schließung der gekauften Firma). Herr S. war wegen seines inneren Szenarios einerseits denkbar schlecht und andererseits besonders gut geeignet, die stattgefundene Lösung zu erarbeiten. Das ist ein eindeutig gruppenanalytischer Ansatz.

Generelle Vorgehensweise

In etwas schematischer Form hat sich folgender Ablauf bewährt:

1. Eine Beratungsfirma oder eine einzelne Person bekommt eine Anfrage für Organisationsberatung.
2. Es finden Vorgespräche mit dem möglichen Auftraggeber statt zur Klärung der Situation und der Frage, ob der Auftrag mithilfe der personellen und fachlichen Ressourcen des Beraters durchgeführt werden kann. Eines der Ziele im Vorgespräch oder den Vorgesprächen ist es, aus gruppenanalytischer Sicht die Vernetzungszusammenhänge schon etwas vorzuklären.

3. Der Berater macht einen Vertragsvorschlag mit den Inhalten: Ziele, Methoden, teilnehmende Personen (Ebenen) und Kosten.
4. Vertragsverhandlungen mit dem Ziel eines Vertragsabschlusses, der auch Veränderungsoptionen – unter der Voraussetzung von Klärung und Übereinstimmung – beinhaltet.

Diese ersten vier Punkte gehören zu dem, was die Gruppenanalyse Administration nennt.

5. Da im Vertrag schon weitestgehend der Plan der Beratung aufgezeichnet ist, müssen auch Möglichkeiten für notwendig werdende Veränderungen im Beratungsprozess offen gehalten werden. Schriftverkehr zwischen den Vertragspartnern empfiehlt sich zwecks Dokumentation.
6. Durchführung.
7 Etwa ein halbes Jahr nach Beendigung der Beratung empfiehlt sich eine im Vertrag schon abgesicherte Überprüfung, inwieweit die Ziele nicht nur erreicht, sondern auch haltbar sind.

Die Durchführung (Punkt 6) verdient es, noch näher betrachtet zu werden: Der Vertrag zwischen Auftraggeber und Berater sichert noch nicht ausreichend das Arbeitsbündnis aller Beteiligten. Dazu ist beständige Arbeit an eben diesem nötig. Die Bestandsaufnahme, Klärung der Themenbereiche und Ziele samt der Untersuchung von Vernetzungszusammenhängen ist der zweite Schritt. Der dritte Schritt ist die Untersuchung von möglichen und bestehenden Konfliktbereichen – bewussten und unbewussten. Das braucht Zeit und soll schließlich zum vierten Schritt, einer Einigung oder zumindest klaren Entscheidungen führen, die in ihren möglichen Wirkungen vor ihrer Umsetzung möglichst genau untersucht werden. Der letzte Schritt ist die Durchführung der Entscheidungen. Diese fünf Schritte sind der Mediation sehr nahe (Mähler und Mähler 2001) und haben sich dort bewährt. Da sich Organisationen weiterentwickeln, empfehle ich abschließend eine Katamnese nach einem halben Jahr (Punkt 7).

Bei der praktischen Durchführung kann zusätzlich auf Techniken wie gruppendynamische Übungen (Antons 1973; Däumling u. a. 1974), Techniken des »Change Management« (Doppler und Lauterburg 1994) und auf spezielle Trainings (z. B. Barth 2002) zurückgegriffen werden, wenn sich diese in den gruppenanalytischen Gesamtansatz einpassen lassen. Wie immer in der Gruppenanalyse gilt auch hier der Grundsatz, dass die Methode und Art der Tätigkeit in Übereinstimmung mit der Persönlichkeit des Leiters bzw. Beraters sein muss, damit sie echt und glaubwürdig ist.

Beispiel 3: Firmenfusion
Der Finanzvorstand eines großen internationalen Medienkonzerns suchte mich auf mit dem Anliegen, den kommenden Zusammenschluss mit einem anderen Medienkonzern so zu begleiten, dass seine Firma nicht vollständig untergehe. Ihn und seinen Vorstand sollte ich in dieser Weise beraten. Das Problem war, dass das Bundeskartellamt und auch die EU keine Einwendungen gegen den Zusammenschluss hatten; es gab einen noch größeren Medienkonzern, der in den deutschsprachigen Ländern mehr Marktanteile hatte als dieser mögliche Zusammenschluss. Er selbst befürchtete, seine Position und damit sein Einkommen zu verlieren, weil er annahm, dass die größere Firma mit ihrem eigenen Finanzchef ihn nicht mehr brauche, wenn der Verkauf stattfände. Zwei Ziele also waren gegeben: erstens die Rettung der Potenz und des Mitspracherechts der »alten« Firma, zweitens die Rettung der Position des Klienten im neuen Firmenverbund. Um in diesem Dschungel einigermaßen zurecht zu kommen, mussten meine Mitarbeiter die internationale, die europäische und dann die deutsche Rechtslage untersuchen, um daraus Grundlagen für weitere Coaching-Maßnahmen bezüglich dieses Finanzvorstands zu erarbeiten.

Aus der Gruppenanalyse hatte ich gelernt, Vernetzungszusammenhänge in ihren Wechselwirkungen zu berücksichtigen. Da die mit ihrem Sitz in den USA befindliche Übernahmefirma den in ihrem eigenen Land gegebenen Voraussetzungen verpflichtet war, zudem Kartellamtsbestimmungen der EU und der BRD berücksichtigen musste, konnte es gelingen, dass die Übernahme (der Kauf) der in Deutschland ansässigen Firma im Rahmen des Coachings des Finanzvorstands so ablief, dass beide Firmen – also auch die übernommene Firma – gut prosperieren konnten samt Übernahme des Finanzvorstands in den dann entstandenen sehr großen internationalen Konzern. Es entstanden dabei viele neue Arbeitsplätze. Gruppenanalyse als Denkmodell für vernetzte Zusammenhänge war mir und meinen Mitarbeitern eine unabdingbare Grundlage.

Beispiel 4: UNO-Seerechts-Konferenz
In den 70er Jahren, als ich noch wenig von Gruppenanalyse verstand, die vorhandene Literatur aber gelesen hatte und irgendwie im Rahmen der Diplomatie anwenden wollte, beauftragte mich der Lehrstuhl für Internationale Politik in München mit protokollarischen Aufgaben zur kommenden UNO-Seerechts-Konferenz. Es ging um die Organisation der Tagesordnung der jeweiligen Sitzungen. Das Problem war, dass die meist kleineren Staaten, die Fischerei betrieben, von großen Staaten, wie der führenden Fischereination Japan, im Rahmen der bis dato geltenden internationalen Regelung, 12 Seemeilen vor der eigenen Küste fischen zu dürfen, so in ihrer Existenz bedroht waren, dass man zu ihrem Schutz erwog, 30 Seemeilen als Schutzgebiet der

Küstenländer zu sichern. Japan aber drohte als die führende Macht in diesem Streit die Konferenz zu verlassen, wenn man nur daran dächte, das Schutzgebiet einzelner Nationen wie Norwegen, Schweden, Dänemark, England, USA, Chile, Argentinien, Portugal, Brasilien usw. auf 30 Seemeilen zu erweitern. Die Fischindustrie Japans sei auf die bisherigen 12 Seemeilen angewiesen, so wurde argumentiert.

Als Mitarbeiter des »Protokolls« (d. h. der Tagesordnung) dachte ich als damals so genannter »Linker«, dass man Japan die Vorherrschaft zugunsten der Anliegerstaaten der Weltmeere entreißen müsste. Was war zu tun? Klar war, dass die Mehrheit der in der UNO versammelten Staaten für die 30 Seemeilen waren. Wenn aber die führende Fischereination Japan die Konferenz verließe, würde diese jegliche Kompetenz verlieren. Also musste man Japan irgendwie einbinden. Mit meiner durch Lesen angeeigneten kleinen gruppenanalytischen Kompetenz, außerdem mit der Rückenstärkung durch Norbert Elias und Carl-Friedrich von Weizsäcker samt Kindermann, dem Lehrstuhlinhaber für internationale Politik in München, gelang mit Henry Kissinger, Al Gore (damaliger Sekretär der USA-Delegation) und dem Präsidenten der USA der wohl einmalige Schachzug, Japan für die Präsidentschaft der Konferenz zu gewinnen. Der gewusste Hintergrund war, dass die Shinto-Religion (Philosophie) samt dem japanischen Selbstverständnis für eigene Verantwortung zwingend vorschrieb, dem Gastrecht, also dem Recht der Japan vorsitzenden Konferenz, soweit Priorität einzuräumen, dass die bestehende Mehrheit für die 30 Seemeilen geachtet würde. Dies ist gelungen. Japan bedankte sich zähneknirschend bei den teilnehmenden Nationen für das Vertrauen, als Präsident der Konferenz nicht nur gewählt worden zu sein, sondern auch für einen befriedigenden Abschluss mit gesorgt zu haben.

Der Hintergrund war, dass die Gruppenanalyse keineswegs nur darauf beruht, die gerade jetzt bestehenden Verflechtungen (Netzwerke, Matrizen) zu untersuchen, sondern auch die relevante Geschichte von Verflechtungen und Wechselwirkungen. Dieses Beispiel habe ich auch deshalb für den Schluss aufgehoben, weil daraus in besonderer Weise abzuleiten möglich scheint, Gruppenanalyse als Organisationsberatung im Prozess von Vernetzung und Wechselwirkung in Geschichte und Gegenwart zu beschreiben.

Zusammenfassung

Gruppenanalyse als gruppenanalytisch fundierte Organisationsberatung ist nach meiner Erfahrung ein ausgezeichnetes Instrumente der Organisationsentwicklung Auch wenn das Denken und Handeln in Wechselwirkungen, Vernetzungen und

Matrizen mitunter extrem schwer fällt, so scheint mir doch diese Methodik eine wesentliche Bereicherung bisheriger Techniken und Modelle der Organisationsberatung und Organisationsentwicklung zu sein. Ein paradigmatischer Wechsel der Einstellung ist allerdings erforderlich, auch wenn dieser letztlich wieder hinter die Interessen der Auftraggeber zurücktritt: Nun ist Führung angesagt, nicht nur Begleitung. Dazu ist eine neue Ethik der Gruppenanalyse gefragt: Die politische und gesellschaftliche Begründbarkeit des Handelns im Rahmen der Ethik der Verantwortung jeglicher Wissenschaft.

Gruppenanalyse allein reicht aber nicht aus, um die Prozesse in den Organisationen und Institutionen der verschiedenen gesellschaftlichen Bereichen ausreichend zu verstehen und bearbeiten zu können. Dazu bedarf es zusätzlicher Kenntnisse in diesen Bereichen, die in der Weiterbildung zum gruppenanalytischen Supervisor und Organisationsberater fachlich kompetent vermittelt werden müssen.

Verbindungen zu der wegen der Nähe zur Psychoanalyse uns nahe stehenden »psychodynamischen Organisationsberatung« dürften hier hilfreich sein trotz der dort bestehenden Beschränkung auf »duale« Prozesse und der tendenziellen Reduktion des Gruppenleiters auf den Beobachter. Der Führungsstil gruppenanalytisch fundierter Organisationsberatung sollte modellhaft sein für den Führungsstil der Organisation: Gute Führung arbeitet daran, sich selbst überflüssig zu machen, indem sie rechtzeitig geeignete Nachfolger heranbildet.

Literatur

Antons, K. (1973): Praxis der Gruppendynamik. Göttingen (Hogrefe).
Bauer, A., Gröning, K. (Hg.) (1995): Institutionsgeschichten, Institutionsanalysen. Tübingen (Ed. Diskord).
Berth, R. (Hg.) (2002): Top in Training und Beratung. Konzepte deutscher Spitzentrainer. München (Reinhardt).
Bion, W. (1961): Erfahrungen in Gruppen und andere Schriften. Stuttgart (Klett-Cotta).
Däumling, A. M. (2004): Gruppenpsychotherapie und Gruppendynamik. In: Gfäller, G.R., Leutz, G. (Hg.): Gruppenanalyse, Gruppendynamik, Psychodrama. Quellen und Traditionen – Zeitzeugen berichten. Der Umgang mit Gruppenphänomenen in den deutschsprachigen Ländern. Heidelberg (Mattes), S. 171–174.
Däumling, A. M., Fengler, J., Nellessen, L., Svensson, A. (1974): Angewandte Gruppendynamik. Stuttgart (Klett-Cotta).
Doppler, K., Lauterburg, Ch. (1994): Change Management. Frankfurt/M., New York (Campus).

Fengler, J. (2004): Kooperation und Kontroversen zwischen Gruppendynamik und Gruppenpsychotherapie. In: Gfäller, G. R., Leutz, G. (Hg.): Gruppenanalyse, Gruppendynamik, Psychodrama. Quellen und Traditionen – Zeitzeugen berichten. Der Umgang mit Gruppenphänomenen in den deutschsprachigen Ländern. Heidelberg (Mattes), S. 175–186.

Foulkes, S. H. (1971): Dynamische Prozesse in der gruppenanalytischen Situation. In: Heigl-Evers, A. (Hg.): Psychoanalyse und Gruppe. Göttingen (Vandenhoeck & Ruprecht).

Foulkes, S. H. (1992): Gruppenanalytische Psychotherapie. München (Pfeiffer).

Gfäller, G. R. (1986a): Team-Supervision nach dem Modell von S.H. Foulkes. In: Pühl, H., Schmidbauer, W. (Hg.): Supervision und Psychoanalyse. München (Kösel), S. 69–110.

Gfäller, G. R. (1986b): Welterfahrung und Ich-Entwicklung. In. Zeitschrift für Gruppenpsychotherapie und Gruppendynamik 22, S. 58–75.

Gfäller, G. R. (1993): Strafvollzug und Gruppenanalyse – ein unlösbarer Widerspruch? Bericht über 4 Jahre Fortbildung von Führungskräften an Justizvollzugsanstalten. In: Knauss, W., Keller, U. (Hg.): 9th European Symposium in Group Analysis: »Bounderies and Barriers«. Heidelberg (Mattes), S. 205–212.

Gfäller, G. R. (1995): Konfliktbewältigung an bayerischen Gymnasien. Forum Supervision 5, S. 105–124.

Gröning, K. (2002): Was man in Institutionen nicht wissen darf – psychoanalytische und soziologische Ansätze für das Andere in der Institution. In: gruppenanalyse 12 (2), S. 103–112.

Lohmer, M. (Hg) (2000): Psychodynamische Organisationsberatung. Konflikte und Potentiale in Veränderungsprozessen. Stuttgart (Klett-Cotta).

Mähler, G., Mähler, H.-G. (2001): Mediation. In: Büchting, H.-U., Heussen, B. (Hg.): Beck'sches Rechtsanwaltshandbuch 7. Aufl. München (Beck), S. 1185–1215.

Moses, R. (1992): Die Bedeutung des Holocaust für nicht direkt Betroffene. Stuttgart/Bad Cannstatt (Frommann).

Pühl, H. (Hg.) (1990): Handbuch der Supervision. Berlin (Ed. Marhold).

Wellendorf, F. (1986): Supervision als Institutionsanalyse. In: Pühl, H., Schmidbauer, W. (Hg.): Supervision und Psychoanalyse. München (Kösel), S. 157–175.

Wilke, G. (2002): Gruppenanalyse in Organisationen. In: gruppenanalyse 12 (1), S. 7–24.

Vertrauen ist gut – Betriebsrat ist besser: Ein eigenwilliger Dritter in der betrieblichen Arena[1]

Erhard Tietel

Einleitung

Neben den Beschäftigten und Leitungskräften gibt es in fast allen Großbetrieben und in nicht wenigen Klein- und Mittelbetrieben eine weitere Gruppe, die zumindest auf betriebspolitischer Ebene eine große Rolle spielt: die Betriebsräte. So sehr diese auch an vielen Fragen des ökonomischen, sozialen und personenbezogenen Geschehens in ihrem Unternehmen beteiligt sind, werden sie von Organisationsberatern und Supervisoren oft ignoriert oder gar gemieden. Dies mag damit zu tun haben, dass Berater, zumal bei Organisationsentwicklungsprojekten, nicht selten auf eine zurückhaltende oder gar misstrauische Interessenvertretung stoßen; es hat sicherlich auch damit zu tun, dass die interessenpolitische Perspektive von Betriebsräten mit der reflexiven, aufgaben- und ressourcenorientierten Perspektive von Beratern nicht immer leicht zu vereinbaren ist. Vielleicht hängt es auch damit zusammen, dass Berater in Organisationen einen exklusiven dritten Ort gegenüber der Leitung und den Beschäftigten einnehmen möchten und sich – mehr oder weniger bewusst – daran stören, dass dieser dritte Ort bereits von einem betriebspolitisch agierenden Akteur beansprucht wird.

Ich möchte im vorliegenden Text aufzeigen, dass die Rolle von Betriebsräten in den vergangenen Jahren grundlegend in Bewegung gekommen ist und gerade die für Beratungsprozesse in Organisationen zentralen Gesichtspunkte wie Reflexivität, Dialogfähigkeit, Projekt- und Prozessorientierung,

---

1   Der vorliegende Text ist die überarbeitete Version eines Vortrags auf der auf der 3. Fachtagung Gruppenanalytische Supervision und Organisationsberatung, die unter dem Thema »Vertrauen in Organisationen« am 20. Februar 2004 in Frankfurt stattfand. Er beruht auf einem Forschungsprojekt zur »Subjektiven Erfahrung von Betriebsräten«, das von mir in den Jahren 2002–2004 mit finanzieller Förderung durch die Hans Böckler-Stiftung an der Akademie für Arbeit und Politik der Universität Bremen durchgeführt wurde.

Konfliktmanagement etc. für die Arbeit von Betriebsräten zunehmend eine große Bedeutung haben. Zukunftsfähige Betriebsratsarbeit begnügt sich nicht länger mit dem Verweis auf die Paragraphen des Betriebsverfassungsgesetzes und die viel beschworene Kontrollmentalität von Betriebsräten ist in der betrieblichen Praxis längst durch vielfältige Ansätze zum arbeitnehmerorientierten Mitgestalten von Veränderungsprozessen ergänzt, wenn nicht gar ersetzt worden. Ein Betriebsrat aus einem ÖPNV-Unternehmen formuliert dies im Interview so:

> »Die Betriebsratsarbeit früher war immer mehr eine Verweigerungshaltung. Erst mal abwehren, aber nicht darüber nachdenken, was andere vorschlagen. Das war nicht nötig. Die Zeiten haben sich geändert. Das nimmt heute keine Unternehmensleitung mehr hin, wenn man sagt: ›Ich bin einfach dagegen‹. Bevor man heute sagt: ›Ich bin dagegen‹, muss ich mir vorher überlegen, was kann ich für'ne Alternative anbieten.«

Dieser von den Veränderungstendenzen in den globalisierten Arbeitsbeziehungen angestoßene Wandel der Betriebsratsrolle setzt nicht zuletzt eine Modifizierung des Selbst- und Rollenbildes, der basalen Grundannahmen und der inneren Bilder in den Köpfen von Betriebsräten voraus. Es ist nicht nur die soziale Institution ›Betriebsrat‹ im Wandel begriffen, es geht vor allem auch um die »Organisation-« und die »Institution-in-the-mind« (Hutton 2000), sowie um die emotionale Erfahrung von Aufgaben, Rollen, Zielen, Verantwortung etc. auf bewusster und vorbewusster Ebene (Organisation-in-the-mind) sowie die emotionalen Erfahrungen von Idealen, Werten, Hoffnungen, Symbolen etc. auf einer eher unbewussten Ebene (Institution-in-the-mind). Diese prägen nicht unwesentlich die Art und Weise, wie sich Betriebsräte mit ihrer Arbeit, ihrem Gremium und ›ihrer‹ Organisation identifizieren und wie sie ihre Rolle annehmen und gestalten. Betriebsräte stehen meines Erachtens vor der Aufgabe, sich in weniger dyadisch-antagonistisch, als vielmehr in triadisch strukturierten Beziehungen triangulär bewegen zu können, und sie benötigen, um den vielfältigen Spaltungstendenzen im Betrieb und in ihren eigenen Reihen etwas entgegensetzen zu können, sowohl als Person als auch als Gruppe eine hinreichende »triadische Kompetenz« (Bürgin und von Klitzing 2001).

Zum vorliegenden Text: Eingangs wird die Institution Betriebsrat kurz vorgestellt und die Rolle des Betriebsrats als Grenzinstitution zwischen Geschäftsleitung, Beschäftigten und Gewerkschaft beschrieben. Hierbei erweitere ich die in der Arbeitssoziologie vorherrschende Sichtweise um eine psychoanalytisch inspirierte triadische Perspektive, in der die Beziehungsdreiecke zwischen den Akteuren erst in ihrer vollen Komplexität und Widersprüchlichkeit sichtbar werden. Anschließend zeige ich, in welcher Weise die beschriebenen Beziehungsverhältnisse von zwei grundlegenden polaren »Kraftlinien«, dem Interessengegensatz von Arbeit und Kapital und dem »Betriebswohl« strukturiert (und aufgespalten) werden, um dann in einem dritten Schritt die Bedeutung des Betriebs als erlebter sozialer und emotionaler Einheit, als Sicherheit bietende und haltende »soziale Haut« zu umreißen. Aus jeder dieser drei Perspektiven: der triadischen, der dyadisch-polaren und jener der erlebten Ein(s)heit stellt sich nicht nur die Verortung des Betriebsrats in spezifischer Weise dar, sondern auch die Frage nach dem Vertrauen in Organisationen – ein Thema, das der Betriebsratsthematik wie eine Art »Begleitmelodie« durch den gesamten Text folgt.

Im zweiten Teil zeichne ich nach, wie sich durch Unternehmenswandel und Managementstrategien eine »neue Selbständigkeit« in der Arbeit entwickelt und durch die zunehmende Verlagerung von Regelungen von der tarifvertraglich-überbetrieblichen auf die betriebliche Ebene die Beziehungen des Betriebsrates zur Geschäftsleitung, zu den Beschäftigten und zur Gewerkschaft grundlegend wandeln – als Resultat hiervon auch deren Aufgabe, Rolle und Selbstverständnis. Betriebsräte, so eine verbreitete These, sind dabei, sich von der Rolle eines konsequenten Interessenvertreters mit Gegenmachtposition im Betrieb zu verabschieden und sich in einer neuen Rolle als »Co-Manager« einzurichten. In kritischer Reflexion dieser These schlage ich im dritten Teil vor, die betriebspolitischen Beziehungen – wie bereits angedeutet – triadisch zu denken, und werfe die Frage nach den Möglichkeiten von triangulärem Vertrauen‹ in der Betriebsratsarbeit auf.

Die Grundkonstellation der betrieblichen Arbeitsbeziehungen aus der Perspektive des Betriebsrats

(1) Die Institution Betriebsrat

Betriebsräte sind eine zentrale Institution der Arbeitsbeziehungen in Deutschland. Kennzeichnend für das deutsche System ist seine duale Struktur und seine Verrechtlichung: Auf der einen Seite gibt es die *Tarifautonomie*, die in den Zuständigkeitsbereich der Gewerkschaften fällt und auf der anderen Seite die *Betriebsverfassung*, nach der Betriebsräte in den Betrieben für die Interessenvertretung der Arbeitnehmer zuständig sind. Diese Doppelstruktur hat zur Folge, dass der Konflikt um Lohn und Gehalt sowie der Arbeitskampf im Wesentlichen Sache der Gewerkschaften bleibt, während sich die Betriebsräte auf die betrieblichen Arbeits- und Beschäftigungsbedingungen konzentrieren (vgl. Müller-Jentsch 1999, S. 9).

Ein paar Fakten zum besseren Verständnis der Institution »Betriebsrat«: Obgleich nur cirka 15% aller betriebsratsfähigen Betriebe mit mehr als 5 Beschäftigten einen Betriebsrat haben, arbeiten in diesen mitbestimmten Betrieben dennoch gut die Hälfte aller Arbeitnehmer in Deutschland (Schäfer 2003, S. 138). Man geht von über 100.000 Betriebsratsgremien aus, in denen etwa 220.000 Betriebsräte die Beschäftigten vertreten (Wassermann 2002, S. 11). Hinzu kommen die Personalräte im öffentlichen Dienst (95 Prozent aller Dienststellen haben einen Personalrat; Schäfer 2003, S. 138) sowie die Mitarbeitervertretungen in konfessionellen Einrichtungen. Allein diese Zahlen zeigen, dass es sich bei betrieblichen Interessenvertretungen um keine marginale Gruppe handelt.

Die *Rechte des Betriebsrats* ergeben sich aus dem Betriebsverfassungsgesetz. Den Kern der Mitbestimmung machen die so genannten *Beteiligungsrechte* aus, die den Betriebsrat zur Mitwirkung am betrieblichen Geschehen autorisieren. »Als generelle Tendenz des Betriebsverfassungsgesetzes« kann man Müller-Jentsch (1997, S. 271) zufolge sagen,

> »dass die Beteiligungsrechte in *sozialen* Fragen am stärksten, bei *personellen* Angelegenheiten bereits abgeschwächt greifen und (sich) in *wirtschaftlichen* Fragen (...) auf reine Informationsrechte beschränken. Mit andern Worten: Die Eingriffsmöglichkeiten und Beteiligungsrechte des Betriebsrats sind um so größer, je weiter sie von den strategischen Unternehmerentscheidungen (z. B. über Ziele und Inhalte der Produktion) entfernt sind.«

Lange Zeit sahen Betriebsräte ihre Aufgabe und Rolle vor allem darin, die im Betriebsverfassungsgesetz vorgesehene Mitbestimmung zu praktizieren. Sie wachten darüber, dass die Arbeitgeber sich an die gesetzlichen Bestimmungen hielten, ihren Informationspflichten nachkamen und die tarifvertraglichen Bestimmungen im Betrieb auch richtig umsetzten (vgl. Hurrle 1999). Daher auch der Eindruck, dass Betriebsräte weniger eine gestaltende als vor allem eine Kontrollinstanz sind.

Was beschäftigt Betriebsräte? Befragungen des Wirtschafts- und Sozialwissenschaftlichen Instituts des DGB über »Betriebliche Entwicklungen und Probleme aus der Sicht von Betriebsräten« (WSI 2001) geben Auskunft darüber. An erster Stelle steht der »Personalabbau«, auf Platz zwei »Änderungen der Arbeitsorganisation«, es folgen der Arbeitsschutz, die Erhöhung des Leistungsdrucks, Altersteilzeit, Überstunden, die Einführung neuer Arbeitszeitformen und neuer Techniken, die Fort- und Weiterbildung sowie die Ausgliederung von Betriebsteilen.

Bedeutsam ist noch der widersprüchliche, beziehungsweise, wie Müller-Jentsch (1997, S. 281) es formuliert, der *intermediäre Charakter* der Institution Betriebsrat. Der Betriebsrat ist zwar die Interessenvertretung der Arbeitnehmer – dies aber unter Beachtung der wirtschaftlichen Betriebsziele. Damit verknüpfen sich zwei »tendenziell gegensätzliche Interessensphären und Handlungslogiken in einer einzigen Institution« (Müller-Jentsch 1999, S. 9). Während Dahrendorf in den 70er Jahren ob dieser »prekären Verbindung von Belegschaftsvertretung und Management« noch von einer »strukturwidrigen Zwitterrolle« des Betriebsrats spricht und darin eine potentielle »Gefährdung der Integration des Betriebes« (Dahrendorf 1972, S. 34f.) vermutet, heben heutige Analysen hervor, dass ihr intermediärer Charakter, der »Zwang zur Vermittlung pluraler, oft gegensätzlicher Interessen« gerade »ihre eigentliche Stabilität begründet« (Müller-Jentsch 1997, S. 281). Dies wird auch durch Befragungen von Managern belegt. Nach einer Umfrage des Instituts der deutschen Wirtschaft sind 80 Prozent der befragten Unternehmer der Ansicht, dass das Organ des Betriebsrats nicht nur zu akzeptieren, sondern die Gestaltung der vertrauensvollen Zusammenarbeit weiter voranzutreiben sei (Niedenhoff 1994, S. 19): Zwei Drittel (67%) der Manager sehen im Betriebsrat eine »betriebliche Führungskraft«, knapp die Hälfte (48%) ein »Mitentscheidungsorgan« und immerhin 45% einen »wichtigen Produktionsfaktor«.

(2) Der Betriebsrat als Grenzinstitution: die triadische Perspektive

Friedrich Fürstenberg hat bereits 1958 eine *Strukturanalyse des Betriebsrats* vorgelegt, die auch heute noch als Ausgangspunkt für die Analyse dieser Institution gute Dienste leistet. Er sieht den Betriebsrat in der Rolle eines »Bindegliedes« zwischen drei Akteursgruppen: der Belegschaft, der Geschäftsführung und der Gewerkschaft.

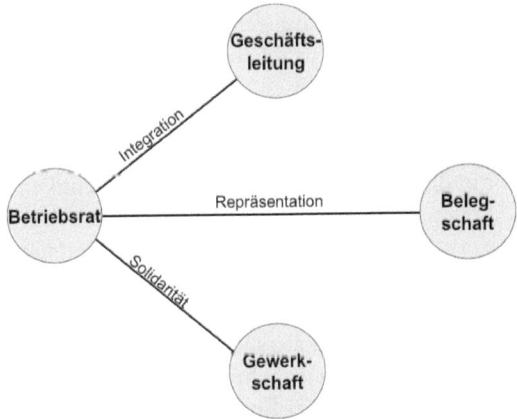

Schaubild 1: BR – Geschäftsleitung – Belegschaft – Gewerkschaft

Der Betriebsrat befindet sich so gesehen im Schnittpunkt dreier dyadischer Beziehungen, die jeweils durch eigene Themen, Anforderungen und Problemfelder gekennzeichnet sind. Dies lässt ahnen, wie viel Konfliktstoff »die institutionell gegebene Grundsituation enthält« (Fürstenberg 1958, S. 420). Fürstenberg nennt drei Problemfelder: Das *Repräsentationsproblem* zwischen Betriebsrat und Belegschaft, das *Integrationsproblem* zwischen Betriebsrat und Geschäftsführung und das *Solidaritätsproblem* zwischen Betriebsrat und Gewerkschaft. Das *Repräsentationsproblem*: Zum einen repräsentiert der Betriebsrat unterschiedliche Gruppierungen im Betrieb und kann nur selten allen gerecht werden. Damit steht er vor dem Grundproblem eines jeden Vertretungsverhältnisses nämlich der Entfremdung der Repräsentanten von ihrer Basis. Nach Fürstenberg machen den Betriebsrat seine zahlreichen sozialpolitischen Funktionen »in gewissem Sinne zu einer Filiale der Personalabteilung« (Fürstenberg 1958, S. 421). Das *Integrationsproblem* besteht bei jedem betrieblichen Thema immer wieder darin, die unterschiedlichen Auffassungen zwischen Betriebsrat und Geschäftsführung so zu integrieren, dass sich beide Seiten auf Maßnahmen einigen können, die sowohl den Arbeitnehmern zugute kommen als auch dem Betriebszweck dienlich sind. Das *Solidaritätsproblem* schließlich markiert die Spannung zwischen Betriebsrat und Gewerkschaft. Beide sind eigenständige Institutionen, vertreten je auf ihre Weise Arbeitnehmerinteressen und sind dabei vielfältig personell und politisch miteinander verwoben. Das ändert nichts daran, dass sie in einzelnen Fragen immer wieder auch in Konflikt und Konkurrenz zueinander stehen.

Die institutionelle Grundsituation des Betriebsrats verkompliziert sich dadurch, dass diese drei Problemfelder nicht isoliert voneinander bestehen, sondern miteinander verknüpft sind. Je besser dem Betriebsrat beispielsweise die Integration mit der Geschäftsleitung gelingt, desto mehr Probleme kriegt er möglicherweise auf der ›gewerkschaftlichen Solidaritätsschiene‹. Das heißt, der Betriebsrat steht vor der Aufgabe, zwischen den drei verschiedenen Interessen-, Erwartungs- und Anforderungsbündeln »den Winkel zu halten«, wie Bauriedl (1994, S. 235.f) diese trianguläre Anforderung so treffend beschrieben hat, was voraussetzt, dass er in der Lage ist, die Interessen, Perspektiven und Präferenzen der anderen Akteursgruppen ein Stück weit in sich zu repräsentieren, um eine innere Beweglichkeit im Umgang mit heterogenen und häufig widerstreitenden Bestrebungen zu ermöglichen.

Erschwerend kommt hinzu, dass nicht nur der Betriebsrat zu jeder dieser Gruppierungen Beziehungen unterhält, sondern diese *untereinander* ebenfalls Beziehungen haben. Trägt man dem im Schema Rechnung, so erweitern sich die drei dyadischen Beziehungen zu sechs Beziehungslinien und vier Beziehungsdreiecken – was den Betriebsrat vollends der komplexen Dynamik triadischer Verhältnisse aussetzt.

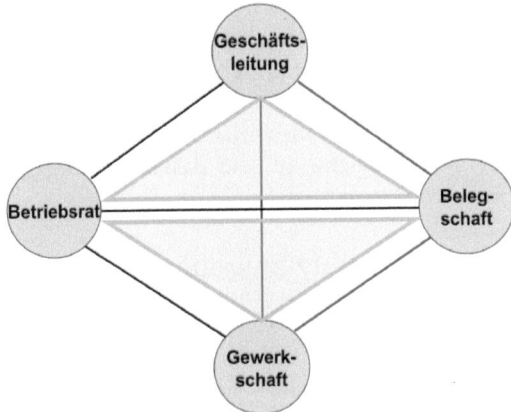

Schaubild 2: Vervollständigung der Beziehungslinien zu Triaden

Mit der Komplettierung der dyadischen Beziehungslinien zu Beziehungsdreiecken erschließen sich vielfältige »*Ausschlussbeziehungen*« – ein zentrales Einfallstor für paranoid-getönte Phantasien: Was treiben die anderen miteinander? Schließen die sich gegen mich zusammen und richtet sich deren Beziehung gegen mich? Es ist hier nicht der Raum, die Bedeutung dieser Ausschlussbeziehungen hinreichend zu würdigen (siehe hierzu Tietel 2003), ich möchte nur kurz am Beispiel eines beteiligungsorientierten Technikeinführungsprojektes darstellen, in welche Schwierigkeiten es den Betriebsrat bringen kann, wenn Beschäftigte, wie das häufig auch bei der Einführung von Gruppenarbeit der Fall ist, in vorher nicht bekannter Weise an der Gestaltung ihrer Arbeitsorganisation und Arbeitsbedingungen mitwirken: Je stärker sich zwischen Gruppen von Beschäftigten und den von der Geschäftsleitung beauftragten Technikern und Führungskräften eine lösungsorientierte Kooperationskultur herausbildete, desto mehr fühlte sich der Betriebsrat ausgeschlossen. Es irritierte ihn, wie er mit seinen Vorbehalten und seinem Widerstand gegen die neue Technologie zum Außenseiter, ja fast zu einer Art Fremdkörper im Schaffensprozess des Beteiligungsprojektes zu werden drohte. In manchen Äußerungen von Betriebsräten klang die Sorge durch, ein »Teil« von ihnen – »ihre Belegschaft« – würde sich selbständig machen und gegen sie arbeiten.

Nicht zuletzt hatte der Betriebsrat die Befürchtung, dass seine gesetzlich verbürgte Mitbestimmung über Wege der Verständigung und Einigung innerhalb des Beteiligungsprojektes unterlaufen, wenn nicht gar ausgehöhlt werden könnte. Der Betriebsrat stand vor der Aufgabe, die Vorstellung aufzugeben, einziger und wahrer Repräsentant der Interessen der Belegschaft zu sein und immer schon zu wissen, was die zu vertretenden Interessen der Belegschaft sind. Er musste sich zudem auf einen diskursiven Prozess einlassen, in dem nicht nur die Interessen und Perspektiven der Belegschaft neu ausgehandelt wurden, sondern die am Projekt beteiligten Beschäftigten ihr eigenes Recht auf Mitsprache, Mitentscheidung und Mitbestimmung auch dem Betriebsrat gegenüber geltend machten.

Mit diesem Beispiel verlasse ich vorläufig die triadische Perspektive und wende mich zwei »Kraftlinien« zu, die das Beziehungsgeschehen in der betriebspolitischen Arena strukturieren.

(3) Der Interessengegensatz zwischen Arbeit und Kapitel: die dyadisch-antagonistische Perspektive

Traditionell betrachtet ruht das geschilderte triadische Beziehungsgeflecht solide auf einer grundlegenden Trennungslinie, die den Wahrnehmungen, Empfindungen wie Empfindlichkeiten, Interpretationen und Verarbeitungsweisen einen Rahmen verleiht und das Selbstverständnis und die institutionellen Identität jeder Akteursgruppe wesentlich strukturiert. Für diese Trennungslinie, die die Arbeitsbeziehungen sozusagen »zweiteilt«, ist der Begriff des Klassengegensatzes aus der Mode gekommen; Interessengegensatz von Arbeit und Kapital ist seine moderate Variante. Wie differenziert die Verhältnisse des Betriebsrats zu Belegschaft und Gewerkschaft im Einzelnen auch sein mögen, letztlich ist klar, man steht auf der Seite der abhängigen Arbeit in einer Welt, in der es *Verkäufer der Ware Arbeitskraft* und *Eigentümer an Produktionsmitteln* gibt. Dies vereint Betriebsrat, Belegschaft und Gewerkschaft auf der einen Seite des Interessengegensatzes während die Geschäftsleitung als Repräsentant des Kapitals auf der anderen Seite des Interessengegensatzes steht.

Der Gegensatz von Arbeit und Kapital, der die Welt des Betriebes in zwei grundlegend verschiedene Sphären aufteilt, bildet auch eine Trennlinie für *Vertrauen* und *Misstrauen*. Aus der Perspektive dieser Spaltung ist das Vertrauen für die eigene Seite, für das WIR des »wir hier unten« reserviert, während man der anderen Seite, »denen da oben«, besser mit Misstrauen begegnet. Wenn im betrieblichen Diskurs der Interessengegensatz vorherrscht, dann besteht Vertrauen vor allem unter den »*Vertrauten*«, unter denjenigen also, die sich entlang ihrer sozialen Position und des Interessengegensatzes miteinander verbunden wissen. Auf der anderen Seite sitzt der Gegner, den es zu bekämpfen und dem es möglichst viel abzupressen gilt. Zeigt ein Mitglied des Betriebsratsgremiums zu viel Verständnis für die Gegenseite, regt sich schnell Misstrauen in den eigenen Reihen und der Betroffene wird unversehens als Abtrünniger entlarvt. Im Modus des Antagonismus ist Vertrauen geknüpft an eine Selbstidealisierung der eigenen Seite, während man der anderen Seite jede erdenkliche Gemeinheit zutraut.

Dieses spaltungsbasierte Denken ist durchaus aktuell. Die Interviews, die ich im Zuge meines Forschungsprojektes mit Betriebsräten geführt habe, zeigen deutlich, dass das Erleben von und das Denken in zwei antagonistischen Seiten nach wie vor höchst lebendig ist. Manche Betriebsräte formulieren gar, dass im selben Zuge, in dem es nicht mehr opportun ist, von Klassenkampf zu sprechen, dieser von oben um so mehr praktiziert wird. Entsprechend ausgeprägt ist ein mal eher offenes, mal eher latentes Misstrauen gegenüber allem, was von der Geschäftsleitung kommt – belegt in der Äußerung einer Betriebsrätin, dass sie in ihrem Gremium *immer erst mal alles in Frage stellen, was der Arbeitgeber sagt, um sich ein eigenes Bild von der Sache zu machen.*

(4) Die Verpflichtung auf das Betriebswohl: die unternehmerische Perspektive

Zur Vervollständigung der Grenzsituation des Betriebsrats muss in die Matrix der triadischen Beziehungen eine zweite Linie eingezogen werden, die die Verhältnisse zwischen den betrieblichen Akteursgruppen strukturiert; eine Linie, die in einem komplexen Spannungsverhältnis zum Interessengegensatz steht: das *Betriebswohl*, sprich: der ökonomische Erfolg des Unternehmens, auf den sowohl der Betriebsrat, als auch zunehmend in Arbeitsverträgen die Beschäftigten verpflichtet werden. Das Betriebswohl vereint Geschäftsleitung mit Betriebsrat und Belegschaft auf der einen Seite, während die Gewerkschaft als Repräsentant überbetrieblicher Interessen und gesellschaftlicher Anliegen außen vor bleibt.

Unter dem Aspekt des Betriebswohls stellt sich die Frage des Vertrauens deutlich anders, als unter dem Aspekt des *Interessengegensatzes*. Hier geht es nicht um das Vertrauen, dass es dem eigenen Management (und den eigenen Kräften) gelingt, den Betrieb auch künftig erfolgreich auf dem Markt zu positionieren und für die Shareholder attraktiv zu halten – hier geht es eher um das Vertrauen in abstrakte Systeme wie die Waren- und Geldmärkte, deren – wie Giddens (1995, S. 107ff) das nennt – vertrauenstiftende »Zugangspunkte« allerdings die betrieblichen Führungskräfte sind, bezüglich deren Eignung und Eigeninteressen das Vertrauen – wie man nicht zuletzt an den Skandalen der letzten Jahre sehen konnte – zuweilen mit gutem Grund auf dünnem Eis steht.

Betrachtet man nun das komplette Schema, so sieht man, dass sich Betriebsrat – und in gewissem Sinne auch die Belegschaft – in einem Kräftefeld zwischen diesen beiden strukturierenden Kraftlinien bewegen: der Interessen-, Solidaritäts- und zuweilen Kampfgemeinschaft der Arbeitenden auf der einen und dem ökonomischen Wohl des Betriebs auf der anderen Seite.

Folgendes Beispiel verdeutlicht dieses Spannungsfeld. Es ist eine alte gewerkschaftliche Forderung, in den Betrieben Überstunden zu verringern, um die Beschäftigten vor den gesundheitlichen Folgen zu langer Arbeitszeit zu schützen und um neue Beschäftigte einstellen zu können, das heißt, die gesellschaftliche Arbeit auch auf die zu verteilen, die arbeitslos sind. Eine Forderung, die bei Betriebsräten und einem Teil der Belegschaft auf offene Ohren stößt. Dem stehen jedoch betriebliche Interessen nach flexiblem Arbeitskräfteeinsatz entgegen, und zudem eine ganze Reihe von Arbeitnehmern, die auf den Mehrverdienst mittels Überstunden einen Teil ihrer Lebensplanung aufgebaut haben. Argumente, denen sich Betriebsräte aus Gründen des Betriebswohls und ihrer Wiederwahl nicht gut entziehen können.

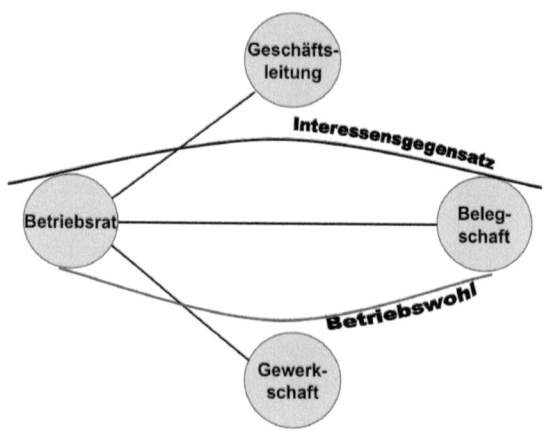

Schaubild 3: Interessengegensatz und Betriebswohl

(5) Der Betrieb als soziales Gemeinwesen: die Perspektive der erlebten Ein(s)heit

In einer gewissen Spannung zur triadischen und dyadischen Perspektive steht ein weiterer – eher psychologischer bzw. emotionaler – Aspekt, der mir für das Verständnis der Arbeitsbeziehungen unter dem Aspekt des Vertrauens wesentlich erscheint. Die Tatsache nämlich, dass Firmenleitung, Belegschaft und Betriebsrat Mitglieder ein und desselben Betriebs sind und eine Bindung an den Betrieb haben. »Beim Daimler« zu sein, das ist in dieser Sichtweise kein Arbeitsverhältnis, es ist eine Lebenswelt. Begriffe wie »Kruppianer«, »Vulkanesen«, oder »Mannesmänner« zeugen von diesem quasi familialen Verhältnis zum ›eigenen‹ Betrieb. Dieser Aspekt klingt auch an, wenn Neuberger und Kompa (1993) ihr Unternehmenskulturbuch – wenngleich mit kritischer Intention – »Wir, die Firma« nennen. In dieser Perspektive ist der Betrieb eine erlebte »Einheit«. Begriffe wie »Betriebsfamilie« oder auch »Betriebsgemeinschaft« treffen diesen Aspekt von Organisationen ganz gut (siehe Krell, 1994).

Psychologisch gesehen geht es hier um den passiven Zusammenhalt des Betriebs im Sinne einer »haltenden Umwelt« (Heltzel 2003), es geht um die emotionale Bindung an den Betrieb, um Gefühle tief verwurzelter Zugehörigkeit und Sicherheit. Ich habe dies an anderer Stelle als die »soziale Haut einer Organisation« bezeichnet (Tietel 2003, S. 111).

Bezüglich des Vertrauens geht es in diesem Modus nicht um ein reflexives (und damit triadisches) Vertrauen, auch nicht um die dyadisch-dichotome Version des Vertrauens als Gegenbegriff zum Misstrauen, sondern um etwas, was man *Verbundenheit* beziehungsweise vorgängige Vertrautheit in der Ungetrenntheit nennen könnte. Vertrauen in den Zusammenhang und Zusammenhalt des Betriebes – eben wie eine soziale Haut, die einen hält und schützt, und die einem, ohne dass man hierfür viel tun muss, Sicherheit und Zugehörigkeit vermittelt. Giddens (1995, S. 118ff.) nennt diese Dimension in Bezug auf Eriksons Begriff des Urvertrauens »ontologische Sicherheit«: ein »Zutrauen der meisten Menschen zur Kontinuität ihrer Selbstidentität und zur Konstanz der sie umgebenden sozialen und materiellen Handlungsumwelt«.

Der Gegenbegriff zu Vertrauen als Vertrautheit ist nicht Misstrauen, sondern das Wegfallen dieser basalen Verbundenheit, das Verlieren einer Begrenzung und eines Holdings, das den Organisationsmitgliedern einen inneren Halt bietet. Es droht (mit Bick 1990, S. 237) nicht so sehr die Dis-Integriertheit von Spaltungsprozessen, die ja immer noch ein aktiver und damit schützender Abwehrmechanismus sind, sondern die Un-Integriertheit, der Fall in das »formlose Grauen« (Ogden 1995, S. 40) zum Beispiel der Arbeitslosigkeit. Zu nennen ist hier auch das häufig als Widerstandsphänomen überschätzte Gefühl von Beschäftigten, dass einem im Zuge von Reorganisationen der vertraute Boden unter den Füßen weggezogen wird. Betriebsräte sind wie keine andere Gruppierung im Betrieb die »Hüter« dieser lebensweltlichen Aspekte, sie sind die Instanz, an die die vernichtenden Ängste vor einem Arbeitsplatzverlust sowie die Irritationen beständiger Auflösungen gewachsener Arbeitskulturen herangetragen werden und die in unzähligen Gesprächen mit der Enttäuschung umgehen müssen, dass man sich jahrelang für seinen Betrieb aufgeopfert hat und jetzt überflüssig ist.

Damit verlasse ich das Grundschema der Arbeitsbeziehungen und wende mich der Frage zu, wie die Rolle von Betriebsräten durch grundlegende Veränderungen in den Arbeitsbeziehungen ins Rollen gekommen ist.

Veränderungstendenzen in den Arbeitsbeziehungen

Seit spätestens Anfang der 90er Jahre vollziehen sich in den Betrieben rasante und tief greifende Veränderungen, die massive Auswirkungen auf die Arbeitsbeziehungen und damit auch auf die Arbeit und das Selbstverständnis von Betriebsräten haben.

(1) Unternehmenswandel und neue Managementstrategien

Im Zuge der Globalisierung finden in den Unternehmen auf allen Ebenen Entgrenzungen von Organisationsstruktur und Arbeitsorganisation statt. Stichworte hierfür sind die Tendenz zur Vermarktlichung der innerorganisatorischen Vorgänge und die Dezentralisierung von Unternehmen. Damit einher gehen eine Vielzahl neuer Managementstrategien: Neue Produktionskonzepte, Ausgründungen, Gruppenarbeit, Zielvereinbarungen, Flexibilisierungen von Arbeitszeit, leistungsabhängige Entgelte usw. (Kratzer u. a. 2003) bringen den neuen Rationalisierungsmodus auf den Begriff »Flexibilisierung und Subjektivierung der Arbeit«. Wesentlich hierfür sei ein »neuer Modus der *Organisation von Unbestimmtheit*« dergestalt, dass – anders als im traditionellen fordistischen Betrieb – die marktliche Unbestimmtheit nicht mehr in eine Bestimmtheit der innerorganisatorischen Abläufe umgewandelt werden kann: »Die Organisation ist nicht mehr auf die Organisation von Bestimmtheit getrimmt, die Unbestimmtheit marktlicher Anforderungen wird nicht nur explizit zugelassen, sondern selbst zum Organisationsprinzip. Nun wird betrieblich nicht mehr Bestimmtheit organisiert, sondern – überspitzt formuliert – Unbestimmtheit« (Katzer u. a. 2003, S. 6). Arbeitsorganisatorisch bedeutet dies, so die Autoren, dass »standardisierte Arbeitsvorgaben«, fest geregelte »Verfügbarkeit von Arbeitskräften«, »rigide Kontrollen« sowie »eingeschränkte Handlungs- und Entscheidungsabläufe« immer weniger geeignet sind, »die nun gleichsam internalisierte Unbestimmtheit zu bewältigen«. Die neuen Antworten lauten vielmehr: Indirekte Steuerung und Selbstorganisation. Fatal für einen Akteur wie den Betriebsrat, der eine seiner Hauptaufgaben darin sieht, mit dem Arbeitgeber möglichst eindeutige und länger geltende Regelungen zu vereinbaren und diese beständig zu kontrollieren.

Für Betriebsräte neu ist vor allem die Tatsache, dass sie vermehrt in die Reorganisation ihres Betriebes einbezogen werden. In nicht wenigen Betrieben werden sie in Steuerungs- und Projektgruppen an den betrieblichen Veränderungsprozessen sowie an Fragen der strategischen Weiterentwicklung ihres Unternehmens beteiligt und übernehmen damit ein Stück weit Mitverantwortung am unternehmerischen Geschehen.

Die Tendenz nicht nur zur Sozial-, sondern zur »Managementpartnerschaft« hat allerdings eine Kehrseite: Betriebsräten werden unter der Prämisse der »Beschäftigungssicherung« Zugeständnisse abverlangt, die noch vor kurzem als undenkbar galten. So besteht der Preis des »Mit-Managens« häufig darin, der Reduzierung von Gehaltsbestandteilen und Mehrarbeitszuschlägen sowie dem Ausbau von Schichtarbeit – nicht selten unter Missachtung bestehender Tarifverträge – zuzustimmen (siehe Kotthoff 1998). Die Sorge um die gefährdeten Arbeitsplätze lässt Betriebsräte erpressbar werden.

(2) Neue Selbständigkeit in der Arbeit?

In der Beziehung zwischen Betriebsrat und Belegschaft sind in mehrfacher Hinsicht Veränderungen festzustellen. Auch wenn nach wie vor Kotthoffs (1995, S. 430) Feststellung Gültigkeit hat, dass »das erste und wichtigste Prinzip« der Institution Betriebsrat darin besteht, »dass er der einheitliche Repräsentant der Belegschaft als Ganzes ist«, kann von einem einheitlichen Belegschaftsinteresse immer weniger gesprochen werden. Hier schlägt die Tendenz zur Individualisierung und zur »Subjektivierung« auf die betriebliche Wirklichkeit durch: Direkte Partizipationsangebote, flexible Arbeitszeiten bis zur Vertrauensarbeitszeit, individuelle Zielvereinbarungen usw. führen dazu, dass jedem einzelnen Beschäftigten größere Aufmerksamkeit, aber auch größere Verantwortung zukommt (Stichwort: Kontrakte). Senghaas-Knobloch (2001, S. 180) bringt dies auf die prägnante Formel, dass sich der Schwerpunkt vom »Sollen« auf das »Wollen« verschiebt. Mit dieser »neuen Selbständigkeit in der Arbeit« einher geht eine Tendenz zur »Selbstökonomisierung« (Glißmann 2000). Angela Schmidt (2000, o. S.) von IBM beschreibt dies eindrücklich:

> »›Tut was ihr wollt, aber seid profitabel‹: Diese Devise gilt vor allem in Unternehmen, die mit neuen Formen der Arbeitsorganisation experimentieren. Die Mitarbeiter werden nicht mehr hierarchisch gesteuert, sondern sie organisieren und motivieren sich selbst. Wo solche Systeme Einzug halten, kommt es zu paradoxen Erscheinungen: Die Zeiterfassung wird abgeschafft – und die Beschäftigten arbeiten so lange wie nie zuvor. Wo es noch Stechuhren gibt, stempeln sie nach acht Stunden aus und setzen sich dann wieder an den Schreibtisch, um ohne Erfassung noch mal ein paar Stunden zu arbeiten. (...) Der Grund für solche Paradoxien liegt in einer neuen betrieblichen Organisation: Die Mitarbeiter werden nicht mehr durch Weisungen geführt. In direkter Konfrontation mit Kunden, Kooperationspartnern, Marktsegmenten und Markt- und Unternehmensdaten managen sie sich selbst. Sie sollen das unternehmerisch Richtige selbständig erkennen und dies auch noch fachlich richtig umsetzen. Ihr eigener Wille wird im Sinne der Unternehmen instrumentalisiert; ihre neue Selbständigkeit wendet sich gegen sie. (...) Der abhängig Beschäftigte wird zum ›unselbständigen Selbständigen‹.«

Betriebsräte berichten, dass Arbeitszeitregelungen von Beschäftigten nicht nur unterlaufen und ignoriert werden, sondern man sich als Betriebsrat obendrein noch Ärger einhandelt, wenn man die Betreffenden zur Rede stellt. In seiner

Schutzfunktion droht der Betriebsrat zum »Schutzmann« zu werden, zu einer Art Arbeitszeitpolizei.

Die Beschäftigten sind schließlich auch dem Betriebsrat gegenüber selbstbewusster geworden und vertreten offensiver ihre jeweiligen Interessen und Anliegen. Kollegen lassen sich vom Betriebsrat nicht mehr vorschreiben› »was sie wollen sollen«. Sie erlauben ihm weniger, sich in ihre Arbeit und in ihre Arbeitskultur einzumischen, sondern erwarten vielmehr, dass der Betriebsrat ein kompetenter Ansprechpartner für ihre Anliegen ist, dass er in seinen eigenen Reihen transparente Strukturen schafft und seine Ziele und Interessen der Belegschaft gegenüber diskursiv begründet. »Der Betriebsrat wird für sie relevant oberhalb der Arbeits- und Abteilungsebene (...) für das Übergreifende, für den Gesamtzusammenhang, für die Rahmenbedingungen« (Kotthoff 2001, S. 10).

(3) Die Beziehungen zwischen Betriebsräten und Gewerkschaften unter Bedingungen zunehmender Verbetrieblichung

Diesen Aspekt spreche ich nur sehr kurz an. Die Beziehungen von Betriebsräten zu den für sie zuständigen Gewerkschaften sind immer schon hoch komplex und widersprüchlich. Zum einen sind aufgrund der dualen Struktur der Interessenvertretung Gewerkschaften und Betriebsräte eigenständige Institutionen, andererseits sind sie organisatorisch, thematisch und vor allem personell eng miteinander verwoben. Gegenwärtig ist diese Beziehung von verschiedenen Seiten her Spannungen ausgesetzt. Bedeutsam ist die Tendenz zur »Verbetrieblichung«, der Verlagerung von Regelungen auf die betriebliche Ebene (Bellmann und Ellguth 2001) und zur Erosion der Flächentarifverträge (Abel u. a. 2001). Zu erwarten ist, dass die Konflikte zwischen den Arenen Betriebsverfassung und Tarifautonomie »in dem Maße zunehmen, wie die Abgrenzung der Kompetenzen zwischen beiden Institutionen verwischt wird« (Weitbrecht 2001, S. 24). Aus Sicht der Betriebsräte birgt die Verbetrieblichung jedoch nicht nur Probleme, sondern auch Chancen für das Aushandeln betriebsspezifischer Lösungen. Im folgenden Schaubild habe ich die gegenwärtig stattfindenden Veränderungen gegenüber der Grundkonstellation verdeutlicht: Betriebsrat und Belegschaft rücken näher an die Geschäftsleitung heran, das Betriebswohl hat in Verbindung mit der Vermarktlichung deutlich an Gewicht gewonnen, während der Interessengegensatz – symbolisiert durch die gestrichelte Linie – insgesamt an Bindungskraft verliert. Die Funktion der Organisation als »sozialer Haut« und »gutem Objekt« für die Mitarbeiter erodiert.

Das Schwinden der *strukturierenden Funktion* des Interessengegensatzes lässt den Boden unter dem *Standbein* des Betriebsrats ziemlich unsicher werden. Und das stark beanspruchte *Spielbein* ist damit überfordert, auch noch diese Funktion zu übernehmen. Die »Lösung« dieses Dilemmas wird von vielen darin gesehen, dass der Betriebsrat zu einem »Co-Manager« wird.

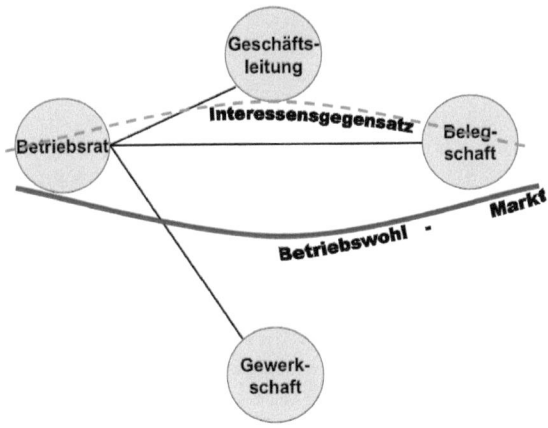

Schaubild 4: Schwinden des Interessengegensatzes ....

(4) Betriebsräte als Co-Manager?

Für die Reaktion von Betriebsräten, bezüglich der genannten Tendenzen handlungsfähig und gestaltungswirksam zu bleiben, hat sich seit ein paar Jahren der Begriff des »Co-Managements« eingebürgert. Laut Kommission Mitbestimmung (1998) kann man von Co-Management dann sprechen, wenn Betriebsräte Aufgaben übernehmen, »die im Betriebsverfassungsgesetz nicht vorgesehen sind«. Auffällig sei insbesondere die

> »direkte Einbeziehung der betrieblichen Interessenvertretung in die Vorbereitung und Umsetzung von Entscheidungen, vor allem im Rahmen von Projektgruppen, wobei die Unterschiede zwischen Interessenvertretung einerseits und *Beteiligung an den Leitungsfunktionen des Unternehmens* andererseits verschwimmen.«

Es träfe durchaus zu, so die Kommission, »dass Betriebsräte heute in zahlreichen Unternehmen zumindest in Bezug auf ihren Zugang zu Informationen oft wie Mitglieder der Unternehmensleitung behandelt werden und dass von ihnen im Gegenzug verlangt wird, selbst unternehmerisch zu denken.« (Kommission Mitbestimmung 1998). Diese Vorstellung von Co-Management vertritt auch Peter Hartz, Arbeitsdirektor bei VW:

> »Strategisches Denken, unternehmerisches Verhalten, Anerkenntnis des Standes im Wettbewerb, Ergebnisorientierung und Identifizierung von neuen Produktchancen – wer dies alles als Betriebsrat vorbringt und als Voraussetzung für neue

und sichere Arbeitsplätze erklärt, betreibt im besten Sinne Co-Management. Für diese Betriebsräte steht der Kampf um Märkte und Produkte vor dem Verteilungskampf« (Hartz 2000, S. 175).

Kotthoff (2001, S. 3f.) schreibt hierzu: »Aus dem Betriebsrat wird ein Betriebsökonom. (...) Das Neue besteht darin, dass der Betriebsrat nun endgültig die Kragenlinie durchbrochen hat: er trägt nun den weißen Kragen mit Schlips. Er muss reden wie der Controller des Vorstands und der Ingenieur aus dem Vertrieb.«

Damit kommen Betriebsräte, meist in Gestalt der Betriebsratsvorsitzenden, in schwerwiegende Loyalitätskonflikte – auch innerhalb ihres eigenen Gremiums. Der Vorsitzende des Betriebsrats eines großen Chemieunternehmens formuliert das im Interview so:

> »Das ist aber ja die Klemme, dass je mehr Dich der Vorstand ins Vertrauen zieht, desto mehr bist Du die Stelle die entscheiden muss, was kann ich eigentlich erzählen und was nicht. Das heißt, gerade das Vertrauen bringt Dich in die Klemme an der Stelle, weil Du entscheidest, was kann ich eigentlich meinen Jungs weitergeben, was nicht.«

Inwiefern die Identifizierung mit der Vorstellung eines »Co-Managers« nur bedingt als Antwort auf die neuen Anforderungen und Erwartungen an die Betriebsratsrolle tauglich ist und welche Alternative ich für ein zukunftsträchtiges Selbstverständnis von Betriebsräten sehe, werde ich abschließend im dritten Teil ausführen.

Vom polaren zum triadischen Denken: Ansätze zu einer triangulären Betriebsratsarbeit

Dass in der einschlägigen Literatur, aber auch unter den Akteuren der Arbeitsbeziehungen selbst, so umstandslos vom Betriebsrat als Co-Manager gesprochen und dieser damit Seite an Seite mit der Geschäftsführung gesehen wird, hängt von mehreren Dingen ab. Zum einen können Co-Manager das Angebot kaum ablehnen, sich an den drängenden Aufgaben der Reorganisation und damit am weiteren Schicksal des Betriebs gestaltend zu beteiligen; zum anderen kann ein beträchtlicher narzisstischer Gewinn daraus resultieren, aus der Position des auf Distanz gehaltenen und wenig anerkannten ›Kämpfers‹ für die Rechte der Arbeitnehmer herauszukommen und vom Management die Mitgestaltung und damit ein Stück Mitverantwortung angeboten zu bekommen.

Meines Erachtens hängt der Wandel in der Verortung aber auch mit dem Fehlen eines besseren Denk- und Identifizierungsmodells zusammen. Ein Artikel aus der Zeitschrift »Organisationsentwicklung«, die im Jahr 2003 eine Diskussion zur Veränderung des Selbstverständnisses von Betriebsräten angeregt hat, soll dies veranschaulichen. Norbert Klöcker, der den einleitenden Text zu dieser Debatte geschrieben hat, fasst den Wandel der Rolle des Betriebsrates in zwei Grafiken zusammen: Der ersten Grafik zufolge, die die »traditionelle Aufgabenverteilung« zum Ausdruck bringt, organisiert das Management die Arbeit, während die Beschäftigten den Anweisungen des Managements folgen und die Arbeit leisten. Der Betriebsrat hat hier seinen Ort auf der Seite der Beschäftigten und »fordert und überwacht« laut Klöcker die »Einhaltung von Vorschriften«. In der zweiten Grafik zeigt Klöcker nun, wie sich die betriebspolitische Aufgabenverteilung seines Erachtens verändert hat: Nach wie vor leisten die Beschäftigten die Arbeit, wenn auch mit einer größeren Gestaltungsfreiheit als früher. Und nach wie vor organisiert das Management die Arbeit, wenn auch weniger in der Gewissheit, die richtigen Lösungen schon zu kennen; die beständige Arbeit an Verbesserungen charakterisiert die Haltung des modernen Managements. Doch wo sieht Klöcker nun den Ort des Betriebsrats? Dieser wechselt von der Seite der Beschäftigten (der Überwachung der Arbeit) auf einen Platz neben der Geschäftsleitung (die Seite der Gestaltung) über und ist dort »durch eigene Vorschläge an Lösungen der Gestaltung der Arbeit beteiligt« (Klöcker 2003, S. 75). Betrachtet man – wie ich es hier vorschlage – die betriebspolitischen Beziehungen eher aus einer triadischen als aus einer polaren Perspektive, dann ist die Frage nicht so bedeutsam, auf welcher Seite der Betriebsrat eigentlich steht, sondern man kann sich stärker auf die dynamischen *Veränderungen in den jeweiligen Beziehungen* konzentrieren. Es genügt nicht, den Betriebsrat in der »sozialen Topographie der Organisation« (Tietel 2004) neu zu positionieren; triadisch gedacht verändern sich mit den Bewegungen des Betriebsrates alle Beziehungsverhältnisse zwischen den Akteuren der Arbeitsbeziehungen – wie umgekehrt die Veränderungen in der Betriebsratsrolle ihrerseits bereits ein Reflex auf die Veränderungen bei den anderen Akteursgruppen sind. Die antagonistische Denkweise greift in dem Maße ins Leere, wie der Betriebsrat längst auf beiden Seiten Platz genommen hat.

Völlig unbeantwortet – ja in der Regel sogar ungestellt – bleibt die Frage, was der beschriebene Wandel in Rolle und Selbstverständnis für die Betriebsräte selbst bedeutet, wie sie es erleben und mit welchen Gefühlen das Schwinden traditioneller Verortungen und Identifizierungen verbunden ist. Welche Anforderungen stellt es beispielsweise an ein Betriebsratsgremium als Gruppe, diesen Wandel, der nicht nur ein Zugewinn, sondern immer auch eine Verlusterfahrung ist, produktiv zu verarbeiten? Verlusterfahrungen bringen viele Betriebsräte in den Interviews mit mir zum Ausdruck, vor allem jene, zu deren Biographie eine enge Bindung an die Gewerkschaft und die politische Linke gehört. Für sie verbindet sich der geforderte und auch erforderliche Wandel ihrer Rolle mit dem Verlust des Glaubens daran, Teil einer historischen Bewegung in Richtung auf humane und gerechte gesellschaftliche Verhältnisse zu sein. Ein Problem, dass man gegenwärtig auch an der Identitätskrise der SPD ablesen kann. Die innere Loslösung von traditionellen Identifizierungen und Mustern kann ohne einen Trauerprozess nicht gelingen. Hierbei spielen der Verlust von Idealen, Gefühle der Beschämung aber auch Schuldgefühle eine große Rolle – emotionale Erfahrungen, die durch ein all zu schnelles Überwechseln in die Position des Co-Managements zuerst vermieden werden. Doch erst der durchgearbeitete Abschied von alten Denk- und Verhaltensmustern ermöglicht es Betriebsräten, sich den veränderten Realitäten wirklich zu stellen, neue Sichtweisen zu entwickeln, zu verinnerlichen und mit einem gewissen inneren Spielraum zu leben. Für diese Art von Trauerprozess stehen die Gewerkschaften, die traditionell Reflexionsprozesse organisieren, kaum zur Verfügung. Zu sehr leiden sie gegenwärtig selbst unter der Bedrohung, ausgegrenzt und marginalisiert zu werden. So besteht die Gefahr, dass Betriebsräte sich in nostalgischer Weise nach vergangenen Zeiten und kämpferischen Erfolgen zurücksehnen und Schwierigkeiten haben, sich mit den veränderten Realitäten realistisch auseinander zu setzen.

Den hier angedeuteten Verlust der identitätsstiftenden Bindung an eine konsequente Beschäftigten- und Schutzperspektive kann man psychologisch als den *Verlust einer Absolutheit* beschreiben. Das unreflektierte Überwechseln mancher Betriebsräte in die Position eines Co-Managements birgt die Gefahr, das betriebliche Wohl und die Zwänge des Marktes in die Position einer neuen Absolutheit zu erheben und selbst – fast wie eine Art manischer Depressionsabwehr – in einen gestalterischen Aktivismus zu verfallen, wobei die eigene unverarbeitete Vergangenheit an jenen bekämpft wird, die sich nach wie vor in erster Linie als konsequente Interessenvertreter der Beschäftigten verstehen.

Die gegenwärtige Anforderung besteht meines Erachtens weniger darin, eine Teilperspektive durch eine andere Teilperspektive zu ersetzen, sondern den Gesamtzusammenhang des Betriebs als ökonomischen, sozialen und lebensweltlichen Zusammenhang zu erfassen sowie die Stellung des Betriebs auf dem Markt im Blick zu behalten, ohne hierbei die arbeitnehmerorientierte Teilperspektive aufzugeben. Das heißt, die immer schon strukturell gegebenen triadischen Beziehungen im Betrieb auch triangulär zu gestalten und um einen eigenen – wirklich »dritten« Ort – auf mehreren Ebenen zu ringen: Gegenüber der Geschäftsleitung, mit der man sowohl vertrauensvoll zusammenarbeiten kann als auch zuweilen heftig um differente Interessen ringen muss; gegenüber den Beschäftigten, zu denen die Beziehungen immer schon vielschichtiger und ambivalenter waren, als dies das Stellvertretungsverhältnis unterstellt hat; gegenüber den Gewerkschaften, wo es darum gehen wird, im Zuge der eigenen Modernisierung das Kind, sprich die Traditionen der Arbeiterbewegung nicht mit dem Bade auszuschütten – und nicht zuletzt auch gegenüber den eigenen Grundannahmen sowie dem eigenen Selbstverständnis.

Alle diese Beziehungen, die traditionellen Gegnerschaften wie die traditionellen Verbundenheiten, werden *heterogener* und *ambivalenter* – und nicht zuletzt *reflexiver*. Aus dem Betriebsrat als ›Grenz-Institution‹ werden Betriebsräte als »Grenz-Gänger«, deren Chance darin besteht, dass sie – wie Wellendorf (1996, S. 86) das formuliert hat – die Differenzen zwischen den verschiedenen betrieblichen Akteuren und Kulturen wahrnehmen und akzeptieren. Betriebsratsarbeit heute ist vor allem ein »komplexes Grenzmanagement« (Wellendorf 1996, S. 89; siehe auch Tietel 2001). Grenzmanagement im sozialen Raum des Betriebs setzt im psychischen »Binnenraum« der Betriebsräte sowie im Betriebsrat als sozialer Gruppe etwas voraus, was von Honneth (2000, S. 1106f.) die »Entschränkung der inneren Dialogfähigkeit« genannt wird, d. h. die Fähigkeit von Personen und Gruppen ihr »Potential an innerer Dialogfähigkeit«, an »kommunikativer Verflüssigung« ihrer Selbstbeziehung dadurch zur Entfaltung zu bringen, dass sie »möglichst vielen Stimmen der unterschiedlichsten Interaktionsbeziehungen in (ihrem) eigenen Inneren Gehör« verschaffen. Giddens nennt das Vertrauen in die Möglichkeit der kommunikativen Bewältigung von Differenzen in den betrieblichen und überbetrieblichen Abstimmungs- und Aushandlungsprozessen »aktives Vertrauen«. Dieses beruhe nicht mehr auf »vorgegebenen sozialen Positionen« oder »Rollen« und auch nicht mehr auf »vorgegebenen Allianzen« (Giddens 1997, S. 35), sondern auf einer »institutionellen Öffnung« (Giddens 1996, S. 321) – und genau dies steht für die Institution Betriebsrat an. Es schafft »neue Solidaritätsbeziehungen«, die an die Stelle der alten »mechanischen Solidaritätsbeziehungen« (Giddens 1997, S. 177) treten.

Ansätze zu einer triangulären Kultur der Betriebsratsarbeit gelingen jedoch nur in dem Maße, wie sich auch die jeweiligen Gegenüber dazu bereit und in der Lage zeigen. Und damit haben, wie meine Interviews mit Vorständen und Geschäftsführern zeigen, Führungskräfte häufig mehr Probleme als Betriebsräte. Und zwar vor allem mit der Anerkennung der wechselseitigen Abhängigkeit, die Buchholz (2003) zufolge Voraussetzung für Souveränität im Umgang mit dem Gegenüber ist.

Triangulär gedachtes Vertrauen impliziert einen weiteren Schritt: Neben dem Vertrauen in die Beziehungen, an denen man selbst teilhat, ein Vertrauen in die Beziehungen zu setzten, die die anderen zueinander haben und von denen man ausgeschlossen ist (siehe Tietel 2003, S. 254ff.). Das ist eine große Aufgabe, entziehen sich diese Beziehungen doch weitgehend dem eigenen Einfluss und der eigenen Kontrolle. Letztlich geht es hierbei um das Vertrauen dahinein, dass das, was die anderen miteinander tun, für uns alle gut sein wird. Dies ist nicht nur für Betriebsräte eine große Herausforderung, sondern vielleicht für Wirtschaftsorganisationen in einer globalisierten Welt eine utopische Vorstellung.

Bei der Aufgabe, einen triangulären Bezug sowohl zu den verschiedenen anderen Akteuren als auch zu sich als Person, Rollenträger und Gremium sowie zu den betriebsrätlichen Themen und zu den eigenen Grundannahmen herzustellen und aufrechtzuerhalten, kann eine gruppenanalytisch orientierte Supervision und Organisationsberatung, gerade weil sie die psychodynamischen Prozesse im Einzelnen und in der Gruppe aufnimmt und einbezieht, für Betriebsräte hilfreich sein, um deren »triadische Kompetenz« zu stärken.

Dies gelingt um so eher, wenn der Berater seinerseits in der Lage ist, sich von seiner Identifizierung mit einer Leitungsrolle ein Stück weit zu distanzieren und sich auf die Perspektiven und Präferenzen eines arbeitnehmerorientierten Managements einlassen kann.

Literatur

Abel, J., Ittermann, P., Wannöffel, M. (2001): Alte und neue Arenen der industriellen Beziehungen – Resümee und Ausblick. In: Abel, J., Sperling, J.-J. (Hg.): Umbrüche und Kontinuitäten: Perspektiven nationaler und internationaler Arbeitsbeziehungen. München und Mering (Hampp Verlag), S. 383–405.

Bauriedl, T. (1994): Auch ohne Couch. Stuttgart (Verlag Internationale Psychoanalyse)

Bellmann, L., Ellguth, P. (2001): Betriebsräte und betriebliche Personalpolitik. Verbreitung von Betriebs- und Personalräten und ihre Wirkung auf die betriebliche Personalpolitik und -flexibilität. Forschungsskizze. In: Forschungsinformationsdienst der Hans-Böckler-Stiftung, 2/2001, S. 25–26.

Bick, E. (1990): Das Hauterleben in frühen Objektbeziehungen. In: Bott Spillius, E. (Hg.): Melanie Klein heute. Bd. 1. München und Wien (Verlag Internationale Psychoanalyse), S. 236–240.

Boym, S. (2001): The Future of Nostalgia. New York (Basis Books).

Buchholz, M.B. (2003): Psychoanalyse als »weltliche Seelsorge« (Freud). In: Journal für Psychologie 11 (3), S. 231–253.

Bürgin, D., von Klitzing, K. (2001): Zur Psychoanalyse von Kindern und Jugendlichen. Triadische Kompetenz: Ressource für die psychische Entwicklung. In: Bohleber, W., Drews, S. (Hg.): Die Gegenwart der Psychoanalyse – die Psychoanalyse der Gegenwart. Stuttgart (Klett-Cotta), S. 519–533.

Dahrendorf, R. (1972): Sozialstruktur des Betriebes. Wiesbaden (Gabler)

Dornbusch, G. (2003): Die Grundsätze der Zusammenarbeit der Betriebspartner. In: Jaeger, G., Röder, G., Heckelmann, G. (Hg.): Praxishandbuch Betriebsverfassungsrecht. München (Beck), S. 241–291.

Drösser, Ch. (2000): Vertraute Prüfung. In: DIE ZEIT 12

Fürstenberg, Friedrich (1958): Der Betriebsrat – Strukturanalyse einer Grenzinstitution. In: Kölner Zeitschrift für Soziologie und Sozialpsychologie 10, S. 419–429.
Giddens, A. (1995): Konsequenzen der Moderne. Frankfurt am Main (Suhrkamp).
Giddens, A. (1997): Jenseits von Links und Rechts. Frankfurt am Main (Suhrkamp).
Giddens, A. (1996): Risiko, Vertrauen und Reflexivität. In: Ulrich Beck, Anthony Giddens und Scott Lash: Reflexive Modernisierung. Frankfurt/M. (Suhrkamp), S. 316–337.
Giddens, A., Lash, S.: Reflexive Modernisierung. Frankfurt am Main (Suhrkamp), S. 316–337.
Gilmore, T. (2004): Zur Psychodynamik von Führungswechseln. In: Freie Assoziation 7 (2), S. 21–41.
Glißmann, W. (2000): Ökonomisierung der Ressource Ich – Die Instrumentalisierung des Denkens in der neuen Arbeitsorganisation. In: Denkanstöße – IG Metaller in der IBM. Sonderheft Mai, S. 5–24.
Hartz, P. (2000): Zwischen Mitbestimmung und Co-Management – eine Ortsbestimmung der Beteiligungsidee. In: Klitzke, U., Betz, H., Möreke, M. (Hg.): Vom Klassenkampf zu Co-Management? Hamburg (VSA), S. 159–178.
Heltzel, R. (2003): Können psychiatrische Organisationen haltende Umwelt sein? Überarbeitete Fassung eines Vortrags auf der Tagung »In verrückten Zeiten – Psychoanalyse, Psychose, Psychiatrie« am 20./21. September 2003 in Frankfurt/M. Manuskript
Honneth, A. (2000): Objektbeziehungstheorie und postmoderne Identität. Über das vermeintliche Veralten der Psychoanalyse. In: Psyche 54, S. 1087–1109.
Hurrle, G. (1999): Unternehmensberatung und Betriebsratsstrategie. In: Thome-Braun, A. (Hg.): Der professionelle Betriebsrat – Mitdenken und Mitgestalten. Band 1. Augsburg (Kognos-Verlag).
Hutton, J. (2000): Working with the concept of organisation-in-the-mind. Vortrag auf der Inscape-Konferenz in Coesfeld, 15. September 2000. Arbeitspapier des Grubb-Instituts, London.
Klöcker, N. (2003): Ein neues Selbstverständnis für Betriebs- und Personalräte. In: Organisationsentwicklung 1, S. 71–79.
Kommission Mitbestimmung (1988): Mitbestimmung und neue Unternehmenskulturen – Bilanz und Perspektiven. Herausgegeben von der Bertelsmann Stiftung und der Hans-Böckler-Stiftung [siehe: *http://www.boecker.de/service/komit/de/komit_de1.htm*]
Kotthoff, H. (1995): Betriebsräte und betriebliche Reorganisation. In: Arbeit 4 (4), S. 425–447.
Kotthoff, H. (1998): Mitbestimmung in Zeiten interessenpolitischer Rückschritte. Betriebsräte zwischen Beteiligungsofferten und »gnadenlosem Kostensenkungsdiktat«. In: Industrielle Beziehungen 5 (1), S. 76–100.

Kotthoff, H. (2001): Betriebliche Arbeitsbeziehungen im Zeichen von Flexibilisierung und Shareholder Value. Zwischen Verbetrieblichung und Entbetrieblichung. Vortrag auf der Internationalen Konferenz der FORBA »Déjà vu? Die neuen Arbeitswelten« vom 18.–20. Oktober 2001 in Wien. [siehe: *www.forba.at/files/ news/referate/kotthoff.pdf]*

Kratzer, N., Sauer, D., Hacket, A., Trinks, K. (2003): Flexibilisierung und Subjektivierung von Arbeit. München (ISF).

Krell, G. (1994): Vergemeinschaftende Personalpolitik. München und Mering (Rainer Hampp Verlag).

Müller-Jentsch, W. (1997): Soziologie der industriellen Beziehungen. Eine Einführung. 2. Aufl. Frankfurt/M u. New York (Campus).

Müller-Jentsch, W. (1999): Vorwort des Herausgebers zur 3. Auflage. In: Müller-Jentsch, W. (Hg.): Konfliktpartnerschaft. München und Mering (Rainer Hampp Verlag).

Neuberger, O., Kompa, (1993): Wir die Firma. Der Kult um die Unternehmenskultur. München (Heyne).

Niedenhoff, H.-U., (1994): Die Kosten der Anwendung des Betriebsverfassungsgesetzes. Köln (Deutscher Institutsverlag).

Ogden, T. H. (1995): Frühe Formen des Erlebens. Wien und New York (Springer).

Schäfer, C. (2003) Editorial: Ergebnisse der 3. WSI-Befragung v. Betriebs- u. Personalräten 2002. In: WSI-Mitteilungen 56 (3), S. 139–148.

Schmidt A. (2000): Mit Haut und Haaren: Instrumentalisierung der Gefühle in neuen Formen der Arbeitsorganisation. In: »Denkanstöße – IG Metaller in der IBM« (Mai 2000).

Senghaas-Knobloch, E. (2001): Neue Organisationskonzepte und das Problem entgrenzter Arbeit. Zum Konzept der Arbeitsrolle als Schutzmantel. In: E. Senghaas-Knobloch. (Hg.): Macht, Kooperation und Subjektivität in betrieblichen Veränderungsprozessen. Münster u. a. (Lit-Verlag), S.171–194.

Sofsky, W., Paris, R. (1994): Figurationen sozialer Macht. Frankfurt am Main (Suhrkamp).

Tietel, E. (2001): »Das hat mich also Schweiß gekostet, weil ich ja der Puffer bin« – Grenzgänger zwischen Betriebsrat und Beteiligungsprojekt. In: E. Senghaas-Knobloch, (Hg.): Macht, Kooperation und Subjektivität in betrieblichen Veränderungsprozessen. Münster, Hamburg und London (LIT-Verlag), S. 83–103.

Tietel, E. (2003): Emotion und Anerkennung in Organisationen. Münster (Lit-Verlag).

Tietel, E., (2005): Subjektive Erfahrungen und Bewältigungsstrategien von Betriebsrätinnen, Betriebsräten und Betriebsratsteams – im Hinblick auf neue Managementstrategien, heterogene Belegschaftsinteressen, gewerkschaftliche Anforderungen und Umgestaltungen in der Betriebsratsrolle. Forschungsbericht an der Universität Bremen.

Tietel, E. (i. Vorb.): Betriebsratsvorsitzende als paradoxe Führungskräfte. In: H.-J. Busch, R. Haubl (Hg.): Macht und Psyche in Organisationen. Göttingen (Vandenhoeck & Ruprecht).

Wassermann, W. (2002): Die Betriebsräte. Münster (Westfälisches Dampfboot).

Weiß, J. (1984): Stellvertretung. In: Kölner Zeitschrift für Soziologie und Sozialpsychologie 36, S. 43–55.

Weitbrecht, H. (2001): Der theoretische Blick auf die sich verändernde Wirklichkeit der industriellen Beziehungen – der Theorieansatz Walther Müller-Jentschs und seine Erweiterung. In: Abel. J., Sperling, H.-J. (Hg.): Umbrüche und Kontinuitäten: Perspektiven nationaler und internationaler Arbeitsbeziehungen. München und Mering (Hampp Verlag), S. 15–30.

Wellendorf, F. (1996): Der Psychoanalytiker als Grenzgänger. Oder was heißt psychoanalytische Arbeit im sozialen Feld? In: Journal für Psychologie 4 (4), S. 79–91.

WSI – Wirtschafts- und Sozialwissenschaftliches Institut des DGB (2001): Zweite repräsentative WSI-Befragung von Betriebs- und Personalräten in Deutschland – Handout zur Pressekonferenz am 5. März 2001.

Gruppenanalytisch fundierte Beratung in der Politik

Georg R. Gfäller

Vorüberlegungen

Politik bezeichnet allgemein zielorientiertes Handeln, das auf die Ordnung oder die Willensbildung in einem Gemeinwesen gerichtet ist. Politik betreiben staatliche Organe, aber auch Individuen, Gruppen, und Organisationen mit dieser Ausrichtung (Prechtl und Burkard 1999, S. 453). Für die Konflikte, in denen politisches Handeln im guten Sinne gefragt ist, könnte man das Motto von Kant [1796], 1991, S. 196) bezüglich der Ziele voranstellen: »Es soll kein Friedensschluss für einen solchen gelten, der mit dem geheimen Vorbehalt des Stoffs zu einem künftigen Kriege gemacht worden«.

In der Politik oder bei Politikern sind die ausgezeichneten Möglichkeiten der Gruppenanalyse und der gruppenanalytischen Supervision nur wenig bekannt, z. B. als allgemeine Politikberatung, als effektives Beratungsinstrument bei Konflikten in und zwischen Fraktionen, Parteien, Ministerien und sonstigen Gremien und nicht zuletzt bei internationalen Konflikten. Viele Abgeordnete oder Regierungsmitglieder auf den Ebenen der Gemeinden, der Städte, der Bezirke, der Länder, im Bund, auf Europaebene und schließlich in der UNO und anderen internationalen Gremien sind eher misstrauisch und etwas ängstlich, weil die Öffentlichkeit zwar einerseits gesucht, andererseits mindestens ebenso gefürchtet wird. Der von außen kommende, gruppenanalytische Berater ist für solche Politiker dazu da, »kranke« Prozesse wie auch die »Unsicherheit«, irgend jemandem wirklich vertrauen zu können, zu entlarven. Ein Beispiel: Ein General bat mich zwar um Mithilfe, aber »keinesfalls als psychologischer oder ärztlicher Psychotherapeut«, ihm persönlich fehle nichts. Es ginge um die Eindämmung eines schwelenden und letztlich international bedrohlichen Konflikts innerhalb eines Landes, bei welchem Berater der Bundeswehr helfen sollten, militärische Einheiten zu entflechten, ohne dem Nationalismus Tür und Tor zu öffnen. Er wolle »nur« mein Wissen im Bereich Diplomatie, Ethnologie und Gruppenprozesse erfragen.

Die mit dem Psychotherapeutengesetz auf längere Zeit gänzlich zementierten Einschränkungen der psychoanalytischen und gruppenanalytischen Psychotherapie auf die Vorberufe Psychologie und Medizin verstärken die

Angst, bei psychoanalytischer oder gruppenanalytischer Beratung generell als krank definiert zu werden. Das ist vor allem in Wirtschaft und Politik eine ungünstige Voraussetzung für eine Inanspruchnahme von Psychoanalyse oder Gruppenanalyse. Seitens der Gruppenanalyse wird meiner Kenntnis nach viel zu selten mit konkreten Angeboten von Organisations- oder Politikberatung an Politiker bzw. an den politischen Bereich herangetreten. Man weiß in der Regel nicht viel voneinander. Gruppenanalytikern/innen fehlen oft fundierte Kenntnisse über die Aufgaben und Gesetzmäßigkeiten in den verschiedensten Ebenen der Politik, die Politiker ihrerseits kennen Gruppenanalyse meist nur in Form der Psychotherapie. Diese Situation bedeutet für die Aus- und Weiterbildungsinstitute eine Herausforderung, Gruppenanalyse und Psychoanalyse für andere Berufsgruppen in ihrem beruflichen Umkreis, und nicht nur als Psychotherapie, wieder von neuem interessant zu machen. Die Anwendung der Gruppenanalyse als Beratungsmöglichkeit oder als Supervisionsinstrument in der Politik könnte einer dieser attraktiven Bereiche sein. Wie in jedem Anwendungsbereich der Gruppenanalyse ist auch hier das Setting durch das Anwendungsfeld und das Ziel stark mitbestimmt.

Beispiel 1:
Als man mich im Frühjahr 1978 zu einer Fraktionssitzung einer Partei zum Thema Gesundheitspolitik einlud, war unklar, was man von mir genau erwartete. Meine Vermutung vorab war jedoch richtig, man wollte etwas zur Einordnung der Psychotherapie in das allgemeine Gesundheitssystem aus meiner Sicht erfahren. Es stellte sich heraus, dass die Anfrage an mich von einem alten Bekannten ausgegangen war und auf persönlichem Vertrauen basierte, das wahrscheinlich mit meinen beruflichen Tätigkeiten und deren Einschätzung weniger zu tun hatte, obwohl man sich darüber schon genauer informiert hatte. In einer Art »Anhörung« sollte vorab erklärt werden, was Psychotherapie, Psychoanalyse, Gruppenanalyse, was Psychiatrie und schließlich Psychologie eigentlich seien. Dazu fragten einerseits die Fraktionsmitglieder bekannte Dinge ganz offen, die ihnen als Politiker aber bisher nur über interessengeleitete Verbandsvertreter vermittelt worden waren, und die sie daher wohl in ihren offiziellen Kontakten mit Verbandsvertretern aufgrund der Scheu, für Verbandsinteressen missbraucht zu werden, nie genauer nachgefragt hatten. Andererseits spürte ich ein ziemlich gespanntes und lauerndes Klima der Abgeordneten untereinander, das mich sehr irritierte. Man hackte in Seitenbemerkungen aufeinander herum. Langsam kristallisierte sich im Gespräch heraus, dass nur einige wenige Abgeordnete »etwas zu sagen« hatten, andere bei Äußerungen dieser zu Sachpositionen nur zustimmen mussten. Der Zweck meiner Einladung war die Befragung eines Sachverständigen mit dem Wunsch, moderierend eine gemeinsame Position der Fraktion erarbeiten zu

helfen. In der Folge erarbeitete sich die Fraktion in mehreren Sitzungen mit meiner Begleitung und Moderation tatsächlich eine eigene Position. Wohl aufgrund dieser und sicherlich einiger anderer »Anhörungen« entschied sich die Staatsregierung, den damals vorliegenden Entwurf für ein Psychotherapeutengesetz im Erstentwurf nicht zu akzeptieren und Nachbesserungen grundlegender Art im Bundesrat vorzuschlagen, die weitgehend auf meinen Vorschlägen beruhten.

Beispiel 2:
Im gleichen Jahr bat mich ein anderes Parteigremium zu einigen Gesprächen über eine mögliche Neuorganisation dieser Partei. Hier bestand mein Kontakt in der persönlicher Bekanntschaft mit einem Mitglied des Parteivorstands, der gewissermaßen für mich bürgte und ich war wegen meiner Fachkenntnisse über politische Organisationen gefragt. Im Gespräch wurde deutlich, dass einige Vorstandsmitglieder hofften, mit meiner Begleitung gewisse Ziele zu erreichen, dies aber der Vorsitzende durchkreuzte, indem er die Gesprächsleitung immer wieder an sich riss und darauf beharrte, dass jeglicher im Gespräch erreichte Veränderungsvorschlag nicht umzusetzen sei. Auch bei diesem Treffen stellte ich ein gespanntes und lauerndes Klima der Politiker untereinander fest. Aus meiner Sicht brachten die Gespräche wenig Veränderungen innerhalb dieser Partei, obwohl mehrere machbare positive Veränderungsmöglichkeiten erörtert wurden. Immerhin aber konnten die Grundlagen der Parteiorganisation erörtert und in Frage gestellt werden. Im Anschluss an diese beiden Einladungen sprach ich mit den beiden Politikern über meine Beobachtung bzgl. des Klimas der Parteimitglieder untereinander und bekam zu hören, es gäbe Freunde, dann Feinde, schließlich schlimme Feinde, und die Steigerung davon sei der »Parteifreund«. Untereinander bekämpfe man sich innerhalb der Parteien viel heftiger als die Parteien gegenseitig, es gehe um Geld, um Macht, sowie um Positionen in Partei und Fraktion. Die Kämpfe seien oft gnadenlos; offen sage dies natürlich niemand, und in der Öffentlichkeit dürfe darüber nicht gesprochen werden. Etwa die Hälfte der Beteiligten habe in beiden Gruppen die Fortsetzung der Moderation gewünscht, jedoch hatten sich diejenigen aus der Fraktions- oder Parteispitze durchgesetzt, die eine ablehnende Haltung vertraten, was mehr mit innerparteilichen und innerfraktionellen Schwierigkeiten als mit mir als Person zu tun hatte. Zudem habe man das mögliche Ausufern der Diskussion nicht zulassen wollen, weil sich hinter den sachlich geäußerten Positionen andere politische Hintergründe verborgen hätten.

Konnte ich gruppenanalytische Supervision, wie ich sie damals definierte und praktizierte (Gfäller 1979), den Parteien oder einer Fraktion überhaupt anbieten? Mein Verständnis von Supervision beinhaltete zwei verschiedene Formen, einmal die Teamsupervision meist am Ort der Institution, zum anderen die Supervision von voneinander unabhängigen und aus verschiedenen Institutionen kommenden Fachleuten in meiner Praxis. Für beide waren eine gewisse Fachkompetenz und Kenntnis über die institutionellen Strukturen Voraussetzung, da ich über die genauen und aktuellen Geschehnisse in den Parteien und Fraktionen zu wenig Kenntnisse hatte, kam also weder die eine noch die andere Form wirklich in Betracht; eher schon die aus der Gruppendynamik heraus entwickelten Formen der Teamentwicklung oder die aus der Soziologie heraus entwickelten Modelle der Evaluation (Antons 1973; Däumling u. a. 1974; Selvini Palazzoli u. a. 1984). Wahrscheinlich hat gerade meine gruppenanalytische Haltung wesentlich dazu beigetragen, dass es trotz »Angst« vor Öffentlichkeit und um die Karriere im ersten Fall gelungen ist, der Fraktion zu einer klaren Meinungsbildung zu verhelfen, und im zweiten Fall die Grundfeste der Parteiorganisation zumindest einmal in Frage zu stellen. Die Feldorientierung der gruppenanalytischen Methode hatte ich bei meiner Definition der Supervision nicht gesehen, sondern unnötigerweise nur den Widerspruch zwischen Methode und Feld. Auch die Erwartung von Offenheit der Teilnehmer untereinander war ja schon in der Teamsupervision begrenzt gewesen, weil hier berufliche Abhängigkeiten vorlagen. Nachträglich gesehen, hatte es sich also durchaus um supervisorische Prozesse im gruppenanalytischen Sinn gehandelt, auch wenn ich mich anfänglich noch scheute, es als solche zu benennen.

Gruppenanalytische Supervision

Es stellte sich die Frage, wie kommt man von der »Orientierung an einer Methode« zu einer »Feldorientierung«, ohne in blinden Pragmatismus zu verfallen? Im Nachwort zu dem wohl zentralen Buches von Foulkes (1992) war es mit Hilfe der Zusammenfassung der nicht ins Deutsche übertragenen Kapitel gut möglich aufzuzeigen, dass die Gruppenanalyse von ihrem ganzen theoretischen und praktischen Ansatz her (Vernetzungs- und Matrizen-Theorie) die jeweiligen Rahmenbedingungen institutioneller, gesellschaftlicher Art grundsätzlich mitreflektiert und dem jeweiligen Gruppenprozess zur Verfügung stellt (Gfäller 1992). Gemeint ist damit, dass sich Gruppenprozesse aus der Sicht von Foulkes, immer auf mehreren Ebenen abspielen.

a) Mit der *Ebene der Öffentlichkeit* konzeptualisier Foulkes schon früh die Bedeutung von umgebender und doch innerhalb des Gruppenprozesses wirkender Institution und Gesellschaft. Realität braucht Öffentlichkeit und öffentliche Kommunikation, wie es später Hanna Arendt von der Philosophie her formulieren wird. In dieser Gleichzeitigkeit von Öffentlichkeit und

Realität ist die gruppenanalytische Definition von unbewussten Prozessen enthalten: In Gruppen ist das Unbewusste das Nicht-Kommunizierte. Letzteres entfaltet die gleiche untergründige Dynamik, wie das Unbewusste in der Psychoanalyse.

b) Auf der *klassischen psychoanalytischen Übertragungsebene* werden im Gegenüber, in der Gruppenleitung oder durch die Gesamtgruppe »ganze« Personen, Eltern, Geschwister und sonstige relevante Übertragungsfiguren erlebt.

c) Mit der *projektiven Ebene* meint Foulkes spezifische Übertragungsprozesse zwischen einzelnen Gruppenmitgliedern, zwischen der Leitung oder auch den Untergruppen, hier wird im »Anderen« nicht die ganze Person gesehen, sondern abgewehrte und projizierte Teile der eigenen Person geortet.

d) Die *Gruppenebene des Körpers* schließt alle körperlichen Vorgänge als Resonanzprozesse des Geschehens ein.

e) Der *primordialen Ebene* werden tradierte Verhaltensweisen wie Sprachweisen, Traditionen und Rituale zugeordnet, die in der Regel nicht bewusst sind, und als Verständigungsgrundlage dienen. Dazu gehört auch das Sitzen im Kreis, meist um einen kleinen Tisch (Lagerfeuer, Opferplatz), das eine unbewusste Verbindung untereinander herstellt (Regelung von Nähe und Distanz, Berührungstabu).

Diese Ebenen stehen im Zusammenhang mit drei unterschiedlichen Matrizen:

a) Die *Individuelle Matrix* ist der Mensch mit seiner Lebensgeschichte, seinen Anlagen und Verarbeitungsmechanismen. Dieses Individuelle ist vernetzt mit den jeweils anderen, sehr individuellen Lebensgeschichten der verschiedenen Gruppenmitglieder.

b) Die *Grundlagenmatrix* besteht aus Gemeinsamkeit von Sprache, Symbol, Herkunft. Sie bieten die Grundlagen jeglicher Verständigungsmöglichkeit, die gewissermaßen als Grundverhältnis (von Weizsäcker 1957) vorausgesetzt ist.

c) Die *dynamische Matrix* schließlich ergibt sich aus dem drängenden Versuch jedes Gruppenmitglieds, seine individuelle Matrix und Verständigungsmöglichkeit wiederherzustellen und gegen die der anderen durchzusetzen.

Es ist wahrscheinlich, dass mit einem differenzierten Blick auf die Ebenen und Matrizen des Gruppengeschehens, auch Supervisionsprozesse mit ihren eigenen Spiegelungen vertieft und differenziert erfasst werden können; vor allem wird dabei die Umgebung und der Rahmen immer mit reflektiert. Auch in der Supervision gilt, dass durch die Aktivität der Leitung, das heißt über die

Deutung der Widerstände und der Wirkungen des gegebenen Settings, sowie unter Berücksichtigung der Rahmenbedingungen eine möglichst offene Kommunikation erreicht werden soll, was im Sinne von Spiegelungsprozessen dann wieder auf die Klienten und deren Vernetzungen untereinander zurückwirkt und reflektiert werden kann.

Supervision in der ursprünglich ambulanten Form mit voneinander unabhängigen Teilnehmern und der geforderten Offenheit, ist bei miteinander in heftiger Konkurrenz stehenden Politikern, die einander argwöhnisch belauern, kaum möglich. Zusätzlich ist die nötige Schweigepflicht, damit das, was geschieht, ausschließlich innerhalb der Gruppe bleibt, nicht aufrechtzuerhalten. Die Konkurrenz zwischen den Politikern ist dafür zu ausgeprägt. Die Methode und das Setting der Supervision sind entsprechend den Anforderungen zu gestalten, die generell für eine Teamsupervision mit voneinander abhängige Personen, gelten. So ist es möglich, den gruppenanalytischen Ansatz im Sinne der Mithilfe bei der Klärung politischer Stellungnahmen ganzer Fraktionen oder Parteien, Umorganisation politischer Institutionen und den damit entstehenden kommunikativen Schwierigkeiten zu verwenden.

Aus meiner Sicht ist ein wesentliches Kriterium gruppenanalytischen Arbeitens die innere Haltung des Leiters der Gruppe. Sie bedeutet, sich selbst und die Teilnehmer in den jeweils eigenen und gerade bestehenden Vernetzungszusammenhängen sehen zu können und die Folgen daraus im Kommunikationsprozess zu beleuchten. Absolute Vertraulichkeit oder Konsequenzlosigkeit sind in der Team-Supervision nicht möglich. Konsequenzen für die Teamarbeit und die Behandlung der Klienten/Patienten sind vorgegeben. Supervision in der Politik fordert also wie jede Teamsupervision Anpassung der Methode an ihr Feld – bei Aufrechterhaltung der grundsätzlichen gruppenanalytischen Haltung. Ein Spezifikum hier ist, dass nach meiner Erfahrung neben der Begleitung bei Entscheidungsprozessen mehr oder weniger häufig mediative Elemente (Beratung) im Sinne von »Fachkompetenz« in der Politik einfließen. Die Aufgabe ist – neben der Freisetzung »unterdrückter Kompetenzen« durch Analyse der Widerstände – auch die konkrete Beratung durch gemeinsame Arbeit an den Zielen, wie sie in den Vorgesprächen vereinbart worden sind. Immer waren es mehr Arbeitsgruppen im Sinne von Bion – Foulkes würde von Gruppen mit der Okkupation durch zu erarbeitenden Ziele sprechen – in denen neben den bekannten Gruppenabwehrmechanismen auch Regressionsmechanismen wie »Abhängigkeit vom Leiter«, »Kampf und Flucht« und »Paarbildung« (Bion 1971) mit zu beachten und zu bearbeiten waren.

Psychoanalyse und Gruppenanalyse habe ich immer so verstanden, dass der eigene bestehende Resonanzkörper in besonderer Weise erkannt und genutzt werde. Neben unbewussten Faktoren, spielt auch die verarbeitete eigene Geschichte eine große Rolle. Von daher sehe ich spezifische Sozialisationsbedingungen:

Im Sinne meiner früheren Arbeit am »Max-Planck-Institut zur Erforschung der Lebensbedingungen der wissenschaftlich-technischen Welt« (Direktoren: von C. F. Weizsäcker und J. Habermas) habe ich meine Tätigkeit im Sinne politischer Verantwortung der Wissenschaft auch in der Beratung der Politik verstanden. Dieses Institut war mit expliziter Absicht der Max-Planck-Gesellschaft von C. F. von Weizsäcker gegründet worden, um der Politik beratend mit wissenschaftlicher Verantwortung beizustehen. Meine verschiedenen Studiengänge waren eine Grundlage dafür. Von daher war es kein großer Schritt, gruppenanalytisches Wissen und Handwerkszeug auch in der Politik anzuwenden. Die Vernetzungs-, Ebenen- und Matrizentheorien der Gruppenanalyse implizieren schon vom Ansatz her alle möglichen Anwendungsfelder, Supervision, Moderation oder Mediation in der Politik eingeschlossen. In meinem Denken stehe ich neben der praktischen Philosophie von C. F. von Weizsäcker (1992, 19942) und dem Prinzip von Viktor von Weizsäcker (1957) nahe: Wahrnehmen ist Bewegen (Gfäller 1995). Wissenschaft, auch die von der Gruppenanalyse, kann der Politik keine Lösungen anbieten, aber durch Analyse und Aufdeckung unbewusster (unkommunizierter) Hintergründe, Bedingungsfelder und Wechselwirkungen kann sie Erleichterungen schaffen, unnötige Beeinträchtigungen der Vernunft verringern.

Politik

Politik in westlichen Demokratien ist in der Regel auf zwei Dinge ausgerichtet: Politik dient auf verschiedenen Ebenen der Organisation und Steuerung der Gesellschaft und des Staates, sowohl nach Innen als nach Außen. In demokratischen Staaten gehört dazu die Gewaltenteilung in Legislative, Judikative und Exekutive. Max Weber (1919) unterscheidet die gewählten von den verbeamteten Politikern (in Ministerien, Bezirks-, Stadt- und Gemeindeverwaltung); erstere sind für die Strategie, letztere mehr für die Ausführung zuständig. Das politische System Deutschlands gliedert sich in Gemeinden, Städte, Bezirke, Bundesländer und den Bund (Ellwein 1973). Im innerstaatlichen, z. B. ministeriellen Bereich, spricht man von Ordnungspolitik, zwei Beispiele handeln davon. Im Bereich der internationalen Politik und Diplomatie beschäftigt man sich mit dem Aus- und Abgleich der nationalen Interessen, um ein gewisses Gleichgewicht der Kräfte und um konkrete zwischenstaatliche Konflikte, im schlimmsten Falle mit Kriegen. Nicht öffentlich kommunizierte, in der Sprache der Gruppenanalyse »unbewusste Prozesse« genannt, wie z. B. unausgesprochene ökonomische und militärische Interessen, spielen hier eine oft größere Rolle als die »öffentlichen Prozesse« (Ebene a der Gruppenanalyse).

Konkret wollen Politiker und Parteien wieder gewählt werden, also verhalten sie sich so, dass die dafür geeigneten Grundlagen und Positionen erarbeitet werden. Aufgrund der zunehmenden Differenzierung der Gesellschaft sowie des ständig zunehmenden Wissens samt Informationen, sind die einzelnen Politiker kaum mehr in der Lage, sich Grundlagen für wirklich sachgerechte Entscheidungen zu erarbeiten. Sie bräuchten dazu einen verlässlichen Stab von Beratern und Wissenschaftlern, außer, sie verhalten sich strikt entsprechend vorgegebener »Parteidisziplin«. Auch der einzelne Staatsbürger ist bei gegebener Informationsflut damit überfordert, die jeweils wichtigen Informationen von unwichtigen Informationen zu trennen. So tendiert die Berichterstattung über Politik in der Mediengesellschaft zu Verkürzungen, fast unhaltbaren Vereinfachungen, zu sog. Komplexitätsreduktion auf populistische Nähe, gestützt von Vorurteilen. Politiker und Parteien müssen heute zudem, um wieder gewählt zu werden, bei den Medien »ankommen«.

Diese beiden Ziele können sich durchaus widersprechen. Eine nicht geringe Anzahl von Abgeordneten, die in ihren Parteien schon viel getan haben, bis sie eine gute Listenposition einnehmen, hüten sich, vorschnell eine öffentliche Stellungnahme abzugeben, ohne sich vorab der Rückendeckung durch die Parteizentrale zu vergewissern. Erst wenn man in der Parteihierarchie eine gewisse Position erreicht hat, darf man sich freier äußern. Damit sowohl die Partei als auch der Abgeordnete wieder gewählt werden, hält man sich an die Ergebnisse von Studien über prognostiziertes Wählerverhalten, äußert sich so, dass man damit Mehrheiten erhalten kann. Der nächste Orientierungspunkt ist der Wahlkreis, wo es manchmal angebracht erscheint, eine andere Position als die der Gesamtpartei zu vertreten, da ansonsten dieser Wahlkreis verloren gehen könnte.

Beispiel 3:
Mit einem Abgeordneten, der sich in besonderer Weise für die Bevölkerung und deren Interessen einsetzen wollte, habe ich im Beratungsgespräch herausgearbeitet, dass er neben anderen Angelegenheiten, in denen er mit seiner Partei konform ging, im Gegensatz zu dieser eine Umgehungsstraße um einen größeren Ort im Wahlkreis befürwortete (die Partei wollte eine so genannte Verkehrsberuhigung dadurch erreichen, dass man die Durchgangsstraße im Ort beließ und beständigen Stau in Kauf nahm, um mit einer anderen Partei, die im Übrigen in dieser Frage kontrovers diskutierte, weiter koalieren zu können). Dem Abgeordneten drohte nach dem größten Erfolg (33% der Wählerstimmen für ihn und seine Partei in diesem Wahlkreis, im Gegensatz zur früheren Wahl), beinahe ein Parteiausschlussverfahren. Er selbst war vom Verhalten der Parteiführung so enttäuscht, dass er aus der Partei austrat und sich einer parteiunabhängigen Gruppierung anschloss.

Es stellt sich die Frage, was vorzuziehen ist:

a) Reduzierung des privaten Autoverkehrs (ohne Bau einer Umgehungsstraße) zugunsten öffentlicher Verkehrsmittel, die in der notwendigen Weise tatsächlich gar nicht ausreichend zur Verfügung standen, aber entwickelt werden sollten (Position seiner und einer anderen Partei), oder
b) Bau einer Umgehungsstrasse, aufgrund der Umweltbelastung für die am Ort wohnenden Bürger, bei gleichzeitiger Reduzierung vorhandener Durchgangsstraßen, zum Zweck des dadurch erforderlichen Umstiegs auf öffentliche Verkehrsmittel sowie deren Ausbau (Position des von mir beratenen Abgeordneten). Der konkurrierende Kandidat einer anderen Partei war ausschließlich für die Umgehungsstrasse ohne Begrenzung des Durchgangsverkehrs im Ort, wodurch gewisse Standortvorteile für die Wirtschaft und das Militär (Bundesgrenzschutz) erhalten geblieben wären, was Arbeitsplätze gesichert hätte.

Schon an diesem kleinen Beispiel aus der regionalen Verkehrspolitik lässt sich die Komplexität der Ebenen erkennen, auf denen politische Entscheidungen getroffen werden. Wie kann sich da ein Supervisor, eine Supervisorin, einmischen? Ist Einmischung überhaupt Aufgabe der Supervision, nicht vielmehr Begleitung und Aufdeckung unbewusster Inhalte? Dafür wäre aus meiner Sicht gut und notwendig, als psycho- oder gruppenanalytischer Supervisor politische Entscheidungsprozesse zu begleiten. Die Aufdeckung unbewusster Vernetzungszusammenhänge, unbewusster Dynamiken, die in der Politik wie sonst auch eine nicht zu unterschätzende Rolle spielen, ist im Kern gruppenanalytische Arbeit. Wenn Soziologen von formalen und informellen Strukturen, Institutionen, Hierarchien usw. sprechen, meinen sie das eher phänomenologisch, während die Gruppenanalyse die dahinter verborgenen Mechanismen aufdecken kann.

Für den Bereich der internationalen Politik hat Volkan (1999) aus Schlussfolgerungen seiner dortigen Beratungstätigkeit eine psychoanalytische Hypothese entworfen: Nationen entwickeln eine »Großgruppenidentität«, die aus sieben »Fäden« zusammen gewoben ist:
1. Passende Ziele nicht integrierter »guter« Selbst- und Objektbilder der Kinder der Großgruppe samt Projektionen von »geschätzten« Elementen.
2. Von den Kindern geteilte Identifikationen.
3. Passende Ziele der nicht integrierten »bösen« Selbst- und Objektbilder der Feinde der Gruppe und das Reservoir, der von den Feinden ausgehenden Projektionen »unerwünschter« Elemente.
4. Ausgewählte Ruhmesblätter und geistige Vorstellungen vom Mythos und der Geschichte, wie die Gruppe »geboren« wurde.

5. »Ausgewählte« Traumata.
6. Externalisierte Bilder der inneren Welten von (revolutionären) Führern und deren Ideologien.
7. Symbolbildung. Das Großgruppenzelt, die Identität, werde vom »Führer« getragen. Solche Großgruppen prallen aufeinander, wodurch die Heftigkeit und Uneinsichtigkeit samt vielen möglichen Missverständnissen erklärt wird.

Ich teile die Annahme einer Bereitschaft zu solchen Regressionsprozessen. Auch nach meiner Beobachtung ist es so, dass geschickte Staatsoberhäupter oder Regierungen sich bei der Bevölkerung mit gezielten Halbwahrheiten oder sogar nachweislich falschen Informationen, d. h. sich mit Hilfe solcher Regressionsprozesse kurzfristig die Gefolgschaft sichern. Parin (1995) bezieht sich auf eine andere manipulative Taktik von Regierungen angesichts der Auseinandersetzungen im früheren Jugoslawien: Die Ethnisierung der Politik. Man leugne lange gewachsene familiäre und gesellschaftliche Verbindungen und greife auf mythisch aufgeladene und eigentlich schon fast vergessene, ethische Unterschiede und Konflikte zurück, übertreibe einzelne Vorfälle, so dass in einem kollektiven Regressionsprozess die Ethnien sich plötzlich voneinander abgrenzen und zu Feinden werden. Gezielte und von eigenen oder gekauften Personen durchgeführte Aktionen menschenfeindlichster Art verstärken Angst und Regression innerhalb der Bevölkerung, mit der darauf folgenden Bereitschaft, im Sinne vermeintlicher und später echter Notwehr kriegerische Auseinandersetzungen zu beginnen. Ein solches Problem bestand und besteht z. B. in Georgien, wo aus den ursprünglich gemeinsamen Marineeinheiten und Truppen nun eigenständige georgische und russische Verbände werden sollen, die russischen Marineeinheiten aber auf ihren Stützpunkten bestehen. Dank guter Beratungstätigkeit von als neutral akzeptierten Vermittlern, konnte der Prozess der Ethnisierung in obigem Sinne weitgehend eingedämmt bleiben. Aus gruppenanalytischer Sicht reicht Volkans Beschreibung nicht aus; er nimmt nur die Ebenen b, c und e des Ebenenmodells (siehe oben) auf. Ökonomische, geografische und militärische Machtfaktoren haben aber gerade dann, wenn sie nicht kommuniziert werden, ebenso ihre unterschwellig starke Wirkung (Ebene a). Volkan zeigt Beispiele und einzelne Mechanismen auf, wie man mit dieser Methode ganze Völker aufhetzen und in den Krieg treiben kann. Das gruppenanalytische Modell ist meines Erachtens differenzierter. Es fehlen zusätzlich die Gesetzmäßigkeiten verdrängter Geschichte und die Eigendynamiken von Institutionen wie z. B. der organisierten Politik.

Politikberatung fand in meiner beruflichen Praxis häufig im Einzelgespräch statt, man könnte dies »gruppenanalytisch orientiertes Coaching« nennen. Auch im internationalen Bereich der WHO, der UNO, der NATO, oder anderer internationaler Organisationen wie der Weltbank, von denen ich gelegentlich angefragt wurde, konnte ich nur selten eine Gruppe zusammenstellen; vielmehr fand Einzelberatung statt. Wiederum kann ich nur betonen, dass mir die Sicht der Gruppenanalyse mit ihren Vernetzungszusammenhängen und Matrizen eine der wesentlichen Grundlagen für meine Tätigkeiten war und ist. Jegliches so genannte »Coaching«, d. h. Einzelgespräch, hat den gruppenanalytischen Hintergrund. Schon lange vertrete ich die Ansicht, wahrscheinlich mit vielen ausgebildeten Gruppenanalytikern, dass die Einzelanalyse ohne Abwertung der Psychoanalyse, als Sonderform der Gruppenanalyse angesehen werden könnte. Die »Wirklichkeit« der »conditio humana« ist wahrscheinlich die Gruppe (Heigl-Evers und Gfäller 1993).

Gruppenanalyse, Politik, Supervision

Hier einige weitere aktuelle Beispiele, in denen ich mit gruppenanalytischem Hintergrund supervisorische Beratung durchführte. In allen Fällen um die es ging, hatten die Ereignisse einen recht hohen öffentlichen Stellenwert. Um den nötigen Vertrauensschutz für Politiker und Politikerinnen, mit denen ich sprach, zu gewährleisten, werde ich anhand von weit zurückliegenden Beispielen die Grundsätze meines Herangehens schildern.

Beispiel 4:
Im Auftrag eines Ministeriums sollten die untergeordneten Behördenleiter landesweit für Supervisionsprozesse gewonnen werden, die dann von Kollegen am Ort durchzuführen wären. Im ersten Schritt, zur Klärung der Situation, fanden Einzel- und Gruppengespräche mit verschiedenen leitenden Mitarbeitern innerhalb des Ministeriums statt. In diesen Gesprächen stellte sich heraus, dass innerhalb des Ministeriums schon weit fortschrittlicher und moderner gedacht wurde, als es die einzelnen Behördenleiter umzusetzen vermochten oder wollten. Man versuchte herauszubekommen, warum die Neuerungen des Ministeriums sich nicht innerhalb der einzelnen Behörden durchsetzen konnten. Hier konnte herausgearbeitet werden, dass die Art und Weise, wie das Ministerium bzgl. der Umsetzung an seine Behörden herantrat, schon vom Sprachstil her einschüchternd wirken musste. Man hatte es hier mit Überresten alter bürokratischer Hierarchien zu tun, die eher noch aus dem letzten Jahrhundert stammten, als dass sie der heutigen Zeit adäquat gewesen wären. Die Behördenleiter verhielten sich so, dass sie nur dann etwas umsetzten, wenn gewissermaßen der Befehl dazu gegeben wurde, nicht aber dann, wenn man anregte, etwas selbständig zu erarbeiten und umzusetzen. Das erste Ziel des Ministeriums musste also sein, die Kommunikationsstrukturen zwischen Ministerium und untergebenen Behörden zu ändern. Auf

einer Referatsleiterkonferenz wurde das Thema angesprochen, ausdiskutiert und der Kommunikationsstil langsam verändert.

Meine Erfahrung mit Ministerien und deren Beratung ist, dass in Bundesländern mit sicheren Mehrheiten die Ministerien ziemlich frei entscheiden können, was sie für umsetzungsrelevant halten und wie sie die Umsetzungen mit den nachrangigen Behörden durchführen. In Bundesländern mit weniger sicheren Mehrheiten mischen sich die Staatssekretäre und Minister ständig in den Apparat des Ministeriums ein, überspringen gelegentlich sogar die offiziellen Dienstwege und schalten und walten in untergeordneten Behörden, so dass sich überall die Befürchtung breit macht, etwas falsch zu machen. Die Ängste und Sorgen um die Wiederwahl der Minister wird so bis ins letzte Glied weitergegeben und wie man aus der gruppenanalytischen Organisationsberatung wissen kann, ist der Leiter für das Klima verantwortlich. Im angesprochenen Beispiel hatte ich es mit einem Ministerium zu tun, das in seinen Entscheidungen wegen langer und klarer Mehrheiten relativ frei war. Das Ministerium wollte, dass die nachrangigen Behördenleiter sich auf Supervisionsprozesse einließen, um damit den Leitungsanforderungen besser zu genügen. Man hatte in diesen Behörden einen erheblichen Krankenstand, und außergewöhnlich viele vorzeitige Pensionierungen. Die andauernde Weigerung der Behördenleiter, Reformvorschläge seitens des Ministeriums anzunehmen, konnte man sich im Ministerium nicht erklären. Den alten Anordnungsweg wollte man nicht begehen, er hatte sich ja als unfruchtbar erwiesen. Man entwickelte die Idee, die Behördenleiter in Supervisionsgruppen zusammenzufassen, um sie für Führungsfragen sensibler zu machen. Nun kann ein Ministerium nicht gänzlich für den Minister arbeiten, auch nicht gegen ihn. Die Lage war, dass der Minister selbst aus dem Kreise der Behörden kam und die Modernisierungstendenzen seines Ministeriums eher blockierte, zumindest nicht unterstützte. So kam man mit Hilfe meiner Beratungstätigkeit zu dem Entschluss, sowohl die Politik auf geeignete Art und Weise einzuschalten, als auch Vortragsreihen zu beginnen, in denen den Behördenleitern die Möglichkeit von Supervision als Hilfestellung für ihre Leitungstätigkeit nahe gebracht werden sollte. Um auf politischer Ebene zu agieren, gab es zwei Möglichkeiten: einmal durch ein direktes Gespräch zwischen dem Leiter des Ministeriums und dem Minister und über Gespräche mit Mitgliedern des Landtags. Bald zeigte es sich, dass der Leiter des Ministeriums die für nötig erachtete Angelegenheit dem Minister leider nicht nahe bringen konnte. Direkt an den Ministerpräsidenten heranzutreten wäre unklug gewesen. Also musste der Landtag eingeschaltet werden. Das wurde nun meine Aufgabe. Der zuständige Ausschussvorsitzende empfing mich zuerst zu einem Zweiergespräch, anschließend zu einem Gespräch mit seiner Fraktion und dann zu einem Gespräch mit denjenigen Fraktionskollegen, die im zuständigen Ausschuss waren. Das Ministerium selbst konnte nicht an den Landtag herantreten; dies musste über meine Person geschehen. In mehreren Gesprächen mit der Fraktion, mit der Gruppe der Ausschussmitglieder und dem Ausschussvorsitzenden wurde den Politikern schnell klar, dass die notwendigen Veränderungsprozesse in Gang gesetzt werden müssten. Folgende Lösung wurde erarbeitet: Es sollte eine Parlamentsanfrage an die Regierung geben mit dem Inhalt, was die Regierung tue, um die Leitungstätigkeiten der Behörden und auch des Ministeriums effektiver und dem jeweiligen Personal adäquater zu gestalten. Die Schwierigkeit dabei war, dass die Anfrage an die Regierung aus der eigenen Fraktion kommen musste, denn eine Anfrage aus der Opposition wäre nicht ernst genommen worden. Da der Ausschussvorsitzende noch länger Vorsitzender bleiben wollte und in Sorge war, seine politische Karriere zu gefährden, wenn er an die eigene Regierung eine Anfrage stellen würde, brauchte er weitere Unterstützung. Dazu bot sich ein Politiker in Schlüsselposition an, der von mir bereits beraten worden war und meine Meinung schätzte. In mehreren Gesprächen sah er die Notwendigkeit des Handelns auch im Sinne einer Parlamentsanfrage und unterstützte in eigenen Gesprächen den Ausschussvorsitzenden. Es kam zur Parlamentsanfrage, und das Ministerium, mein Auftraggeber, musste dem Parlament gegenüber antworten. Der Minister war gezwungen, die Überlegungen zur Supervision seines eigenen Ministeriums nun vor dem Parlament zu unterstützen, um nicht gegenüber seiner eigenen Fraktion als rückständig zu gelten. Damit war die Idee der Supervision als Instrument zur Verbesserung der Führungsqualitäten der Behördenleiter und auch innerhalb des Ministeriums akzeptiert. In der Zwischenzeit hatten die Vorträge stattgefunden, es zeigte sich dabei aber, dass gerade diejenigen Büroleiter, die Fortschritte am meisten blockierten, eher wenig an Supervision interessiert waren und andere, die ohnehin schon einen moderneren Umgang mit ihren Mitarbeitern pflegten, die Supervisionsidee gerne aufgriffen. Man konnte es also nicht ganz der Freiwilligkeit der Behördenleiter überlassen, an den Supervisionssitzungen teilzunehmen. In weiteren Gesprächen im Ministerium wurde daraufhin vereinbart, dass ein einwöchiger Probelauf mit ausgewählten Behördenleitern stattfinden solle. Diese sollten dann als Multiplikatoren eingesetzt werden, um weitere Überzeugungsarbeit zu leisten. Es wurde festgelegt, dass jeder zukünftige Behördenleiter vor seiner Ernennung mehrwöchige Kurse in Führungsfragen zu absolvieren hatte. Für die schon im Amt befindlichen Leiter wurde ein Fortbildungsprogramm erarbeitet, das mehr oder weniger Pflicht wurde.

Dieses ausführliche Beispiel zeigt, wie auf verschiedenen Ebenen in der Politik gearbeitet werden muss, um Veränderungsprozesse zu bewirken. Es ist nötig, die gesamten Vernetzungen und Zusammenhänge gemeinsam mit den Auftraggebern eines solchen Projekts sichtbar zu machen, um zu einer klaren Diagnose und

Entscheidung zu kommen. Foulkes nannte diesen Vorgang *Administration der Gruppe*. Ein Supervisor kann alleine nicht wissen, in welchen Vernetzungszusammenhängen Politiker und in diesem Falle auch Ministerien stehen; das ist gemeinsam mit den Betroffenen zu erarbeiten.

In der Supervisionsarbeit mit Politkern besteht die erste Aufgabe darin, eine genaue Untersuchung der Vernetzungen, der Abhängigkeiten und Zuständigkeiten gemeinsam mit den Auftraggebern vorzunehmen. Daraus ergibt sich als zweiter Schritt die Konzeptualisierung einer adäquaten Herangehensweise sowie des Settings. Je kleiner ein Netzwerk ist, desto leichter lässt es sich gestalten. Wie in der Gruppenanalyse, so ist man auch in der gruppenanalytischen Supervision oder Beratung von Politikern aufgefordert, das Setting, in dem die Prozesse stattfinden können, aktiv zu gestalten. Ein wesentlich geringerer administrativer Aufwand wäre es, aus vielen interessierten Politikern Supervisionsgruppen zusammen zustellen. Wie man dabei der Schweigepflicht gerecht werden könnte ist jedoch unklar, da wie eingangs bereits erwähnt, die Konflikte innerhalb der Parteien oft noch größer sind als die zwischen den Parteien. Hier wäre jedenfalls die administrative Zentralaufgabe zu Beginn zu überprüfen, inwieweit und unter welchen Bedingungen eine offene Kommunikation überhaupt möglich ist.

Doch zurück zum Beispiel: Für Gruppenanalytiker interessant ist die Frage, welche unbewussten Hintergründe durch die Analyse der Widerstände, wie sie sich im Netzwerk entfaltet haben, erhellt werden konnten. Der erste aufgedeckte Hintergrund hier, war der immer noch bestehende autokratische bzw. autoritäre Umgang mit den Behördenleitern, die ihrerseits in ähnlicher Weise regierten. Im Gegensatz zur bewussten Absicht hatte sich die alte Tradition durchgesetzt, Politik nicht für das Volk, sondern eher gegen das Volk zu machen. Der Widerspruch zeigte sich darin, dass die Behördenleiter freiwillig und aus innerer Überzeugung heraus Supervision in Anspruch nehmen sollen; gleichzeitig aber werden sie zu dieser Freiheit gezwungen. Es wurde deutlich, dass die Behördenleiter, die nach modernen Kriterien ihre Führungsaufgaben wahrnahmen, viel lieber zur Supervision kamen als diejenigen, die noch den alten Stil pflegten. Und gerade letztere wollte man erreichen. Im Ministerium wurde realisiert, dass hier ein langjähriger Umorientierungsprozess stattfinden müsse, auch innerhalb des Ministeriums. Weitere unbewusste Hintergründe waren die starken Verflechtungen auf politischer Ebene, in der es, soziologisch gesehen, neben »formeller« Hierarchie eine viel bedeutendere »informelle« Hierarchie gab und noch gibt. Diese informelle Hierarchie aufzudecken und öffentlich zu machen, erwies sich weitgehend als unmöglich, sie wurde aber immerhin angesprochen. Das durch Wahlen beeinflusste Verhältnis innerhalb des Ministeriums zwischen Beamten und Minister und dessen Stand in der Regierung, wirken ebenso als unbewusster Hintergrund. Es zeigte sich, was es bedeutet, wenn ein Land mit stabiler Regierungsmehrheit geführt wird, und was es bedeutet, wenn ein Land diese stabile Regierungsmehrheit nicht hat. Es ist ersichtlich, dass die Stärke der Opposition in einem Land viel zur Ängstlichkeit bei Entscheidungsprozessen beiträgt, hinunter bis in die kleinsten Einheiten.

Auch die Zusammenarbeit zwischen den Ministerien hängt zu nicht geringen Teilen von der Stärke der Regierungsmehrheit ab. Andererseits kann in Ländern mit starken und sicheren Regierungsmehrheiten davon ausgegangen werden, dass sich in zunehmendem Maße informelle Hierarchien bilden, auch »Seilschaften« genannt, die fern jeglicher demokratischer Kontrolle und Öffentlichkeit mehr die Politik bestimmen, als die nach außen hin bekannten »formellen« Hierarchien. Dabei wächst die Korruptionsgefahr. So war es in unserem Beispiel nicht der Ausschussvorsitzende, der verantwortlich für seinen Bereich die Anfrage alleine stellen konnte, sondern eine erst zu gewinnende Person der Partei im Parlament, die es ermöglichte, dass die Anfrage gestellt wurde. Anders wäre der Vorgang, hätten formelle und informelle Hierarchie übereingestimmt: der für das Projekt zuständige Abteilungsleiter im Ministerium wendet sich an seinen Vorgesetzten, den Direktor des Ministeriums, dieser wiederum spricht mit dem Minister, um dann das Projekt durchzuführen, wenn der Minister zustimmt.

Ein Land mit starker und sicherer Regierungsmehrheit kann es sich leisten, Personen, die sich in der Partei verdient gemacht haben, als Minister einzusetzen, auch wenn sie kaum über Fachkenntnisse oder Kenntnisse der Personalführung verfügen. Es kann sogar Minister geben, die ihre öffentlichen Reden zuerst einmal mit dem Direktor des Ministeriums absprechen müssen – auf Anweisung des Ministerpräsidenten, damit eine oft schnell zu Tage tretende Unfähigkeit nicht öffentlich wird. In der Gruppenanalyse ist man der Auffassung, dass alles, was nicht kommuniziert werden darf oder kann, unbewusste Dynamiken entfaltet, dies gilt auch für informelle Hierarchien, die im Rahmen der Gespräche erst einmal aufgedeckt werden müssen. Im Falle unseres Beispiels wurde auf diese Weise der Minister unter Nutzung der politischen Gremien so einbezogen, dass ihm gar keine andere Möglichkeit blieb, als seine Zustimmung zur Unterstützung des Projekts zu geben. Schon Max Weber (1964) hat den möglichen Widerspruch zwischen gewählten und beamteten Politikern deutlich aufgezeigt.

Als weiterer unbewusster Hintergrund wurde herausgearbeitet, dass die Leiter der Behörden vom Ministerium aus gesehen fast unangreifbar waren. Es gab zwar eine formelle Hierarchie, aber diese konnte nicht genutzt werden, weil die Bedingungen, zu denen man Leiter einer solchen Behörde wird, ebenso der Differenz zwischen formeller und informeller Organisation unterlagen. Zwar waren ausgeklügelte Qualifikationskriterien vorgegeben, diese setzen sich aber nicht ausreichend durch. So hatte es sich eingeschlichen, dass man Behördenleiter ernannte, die gerade das nicht konnten oder machten, was eigentlich als ihre Aufgabe definiert war. Erst als dies ausgesprochen war, konnte das Ministerium geeignete Veränderungen für die Qualifikation späterer Behördenleiter erarbeiten.

Schließlich erwies sich, dass zwei miteinander konkurrierende Gewerkschaften unbedingt mit einbezogen werden mussten, weil sie nicht unerheblichen Einfluss in den einzelnen Behörden hatten – die eine Gewerkschaft neigte mehr der Regierungspartei und die andere mehr einer Oppositionspartei zu. Um die Größe des Projektes zu veranschaulichen, nenne ich die Zahl der Behördenleiter: es waren über 630. Jede einzelne Behörde hat wiederum zwischen 30 und 120 Mitarbeiter. Vonseiten des Ministeriums waren einbezogen: der zuständige Abteilungsleiter, die Rechtsabteilung, die Fort- und Weiterbildungsabteilung und die Personalabteilung. Die Behörden ihrerseits betreuten jeweils zwischen 300 und 3000 Bürger und Bürgerinnen.

Beispiel 5:
Ende 1970 wurde der Strafvollzug in einigen wesentlichen Bestandteilen verändert. Man war zu der Auffassung gekommen, dass Straffällige resozialisiert werden sollten, unter anderem, um die Belegung in den Gefängnissen zu reduzieren. Aus dem Strafvollzug entwickelte sich der so genannte Behandlungsvollzug, der mit zusätzlichen Sozialarbeitern und Psychologen an den Gefängnissen arbeitete. Im Rahmen dieser Strafvollzugslockerungen kam es immer wieder zu spektakulären Geiselnahmen durch Straftäter, die auf Freigang waren, so dass die Bundesregierung und die Justizministerien der Bundesländer unter großem Druck der Öffentlichkeit überlegten, wie die Rückfallquote gesenkt werden könnte. Aus anderen Bundesländern war bekannt, dass Rückfälligkeit bei Freigängern deutlich eingeschränkt werden konnte, wenn einsitzende Straftäter nicht bloß verwahrt wurden, sondern es die Möglichkeit gab, sie in Arbeitsprozesse einzubinden, ihnen Aus- oder Weiterbildungsmaßnahmen anbot und sie mit der Wirklichkeit außerhalb der Gefängnisse Kontakt halten ließ. Die Entscheidung über diese »Vollzugslockerungen« treffen normalerweise die Führungskräfte einer Justizvollzugsanstalt eigenverantwortlich, außer eine solche Maßnahme wurde dezidiert durch einen Gerichtsbeschluss ausgeschlossen. Zwei Bundesländer, ein eher konservatives und ein eher fortschrittliches, sollten mit Hilfe der speziellen mehrjährigen Weiterbildung der Direktoren und stellvertretenden Direktoren großer Anstalten durch die Untersuchung der »Vollzugslockerungskonferenz« besser in die Lage versetzt werden, zukünftiges Verhalten von Freigängern einzuschätzen. Die Sektion Sozialtherapie des DAGG hatte schon Erfahrung mit solchen Einrichtungen; die erste sozialtherapeutische Anstalt in Kassel war unter Mithilfe eines ausgewählten Teams dieser Sektion erfolgreich gegründet worden. Ebenso gab es ein Gruppensupervisionsmodell dieser Sektion (Gfäller 1988). Ein Team wurde gebildet, das sich zusammensetzte aus einem Gefängnispsychologen und gleichzeitig stellvertretenden Direktor einer Anstalt (Günter Neuland), einem erfahrenen Gefängnisdirektor und gleichzeitigem Begründer der Justizvollzugsschulen (Rudolf Schmuck) und einem mit Institutionen erfahrenen

Gruppenanalytiker (G. Gfäller). Alle drei waren sowohl mit der Gründung der Anstalt in Kassel als auch mit dem Aufbau der Sektion Sozialtherapie im DAGG befasst gewesen. Dieses Team führte über vier Jahre eine Weiterbildung in Seminaren von jeweils etwa einer Woche pro Jahr durch. Es wurde dabei klar, dass niemand wirklich eine sichere Vorhersage über zukünftiges Verhalten machen könne, dass man aber durch Untersuchung der unterschiedlicher Prozessabläufe auf der »Vollzugslockerungskonferenz« zumindest neue Aufmerksamkeit auf die möglichen unbewussten Hintergründe lenken konnte. In keiner der supervidierten Vollzugsanstalten kam es im Zeitraum der Weiterbildung zu irgendeiner gefährlichen Tat eines Insassen auf Freigang. Soweit ich weiß, ist es auch später, so lange die weitergebildeten Personen ihre Gefängnisse leiteten, zu keiner solchen Tat mehr gekommen. Das hätte die Justizministerien eigentlich begeistern und zur Fortsetzung des Projekts bewegen müssen, aber Geldmangel und mangelnder politischer Einsatz führte dazu, dass über die einzelnen Länderministerien nur wenig von unseren Erfahrungen umgesetzt wurde.

Was hat das Team Neuland/Schmuck/Gfäller konkret gemacht? Wir wollten Prozesse unbewusster Art im Sinne von Übertragung und Gegenübertragung im institutionellen Raum deutlich machen. Wir benutzten dazu Rollenspiele auf der Grundlage von soziologischen und psychodramatischen Rollentheorien, Klein- und Großgruppenprozesse (Antons 1973; Däumling u. a. 1974; Selvini Palazzoli u. a. 1984). Den gruppenanalytischen Hintergrund gewährleistete ich, ohne auf Widerstand seitens der beiden anderen Teammitglieder, die vorwiegend gruppendynamisch weitergebildet waren, zu stoßen, denn zu einsichtig und der Wirklichkeit nahe war die gruppenanalytische Haltung und Methode. Den klaren juristischen Hintergrund lieferte Schmuck mit seinem Wissen über solche Institutionen; der psychologische Hintergrund mit ebenfalls großem Wissen über Abläufe und Prozesse innerhalb der Vollzugsanstalten wurde durch Neuland abgedeckt.

Supervision sehr großer oder mehrerer miteinander vernetzter Institutionen bedarf in der Regel einer Gruppe von Supervisoren (Beratern, Trainern). In dieser Gruppe sollten sich die nötigen Fachkompetenzen samt klarer gruppenanalytischer Identität versammeln, um in wechselseitigen Spiegelungsprozessen unter Einbeziehung verschiedener zusätzlicher und geeigneter Methoden wie Gruppendynamik, Rollenspiel, Sozio- und Psychodrama, die Wirklichkeit und die unbewussten Hintergründe der miteinander vernetzten Institutionen erfassen zu können. Ein einzelner Supervisor dürfte da überfordert sein. Ein solches Team aber kann die einzelnen Prozesse in Klein- und Großgruppen wieder zum gemeinsamen Projekt zusammenbringen (Gfäller 1988).

Supervisionsprozesse mit politischen Institutionen, mit Politikern selber und Fraktionen, bedürfen des gruppenanalytischen Gedankens der Vernetzung und der Administration in üblicher Weise. Man kann im Vorfeld der Supervision zusammen mit den Auftraggebern gar nicht genug die Bedingungen und Verflechtungen eruieren, in denen die Supervision stattfinden wird (Gfäller 1990). Das zu gestaltende Setting muss erst erforscht werden, dann auf seine Tauglichkeit geprüft, gegebenenfalls verändert werden, damit das, was die Supervision erreichen soll, auch wirklich erreicht werden kann. Jedoch ist bereits viel erreicht, wenn man gemeinsam mit den Auftraggebern herausfindet, dass in diesem Falle vielleicht gar keine Supervision sinnvoll ist, sondern ganz etwas anderes. Eine besondere Schwierigkeit ist z. B., dass konkurrierende Parteien, oft die eigenen Parteifreunde, Druck und Macht ausüben, indem sie die Veröffentlichung von Schwachstellen androhen, so dass die Vertraulichkeit nur äußerst schwer geschützt werden kann. Diese aber ist in den besprochenen Grenzen unabdingbar.

An die Integrität und Vertraulichkeit des Beraters oder Supervisors wird in der Politik ein hoher Anspruch gestellt. Es geht in der internationalen Politik um Völkerverständigung, um Krieg und Frieden, in der nationalen Politik um nichts Geringeres als um das Allgemeinwohl und das Funktionieren unseres Staates. Die Analyse der Gegenübertragung empfinde ich in diesem Bereich weit schwieriger als in Praxisfeldern, weil politische Grundhaltungen und Einstellungen sich leicht hinter den aus der eigenen Analyse bekannten Mustern der Kindheit verstecken können. Schnell ist man in Gefahr, das Gefühl für Gerechtigkeit, und für richtiges politisches Handeln ohne genügende Analyse seines Über-Ichs für absolut zu halten. Man bekennt sich z. B. problemlos für Menschenrechte, wenn man damit seine unbewusste Neigung, andere zu erniedrigen oder gar zu quälen, per Reaktionsbildung ausschalten kann. Man tritt für Frieden und Gerechtigkeit ein, um seinen gegenteiligen Impulsen nicht ausgesetzt zu sein. Je stärker die jeweilige Haltung von Abwehrmechanismen geprägt ist, desto starrer wird sie. Wenn man nicht das Glück hatte, in der eigenen Psychoanalyse oder Gruppenanalyse seine politischen Haltungen und Meinungen auf die unbewussten Hintergründe geprüft zu haben, ist man als Berater in politischen Entscheidungsprozessen und Konflikten nur wenig in der Lage, den Konfliktparteien ausreichend gerecht zu werden. Es ist dies kein Grund, als Berater der Politik aus dem Wege zu gehen, vielmehr ist dann eigene Supervision und Selbstkritik im analytischen Sinne besonders erforderlich. Negative Gegenübertragung äußert sich hier oft als Ungeduld und in einem gewissen Unwillen, wenn die beteiligten Personen oder Repräsentanten einfache Lösungsmöglichkeiten nicht aufgreifen, oder sich wenig kooperativ zeigen. Eine gefährliche Reaktion im narzisstischen Bereich ist das Gefühl, dass man – wenn man selbst an Stelle der Konfliktparteien wäre – viel einsichtiger und die gegnerische Position akzeptierender handeln würde. Hier ist sogar eine durchaus reflektierte Gruppe von Supervisoren in Gefahr, in Abwehrmechanismen zu verfallen. Wenn es keine Gruppe gibt, in der die Fachkenntnisse verschieden verteilt sind, sondern ein Supervisor alleine arbeitet, halte ich es für erforderlich, über gute Kenntnisse politischer Abläufe zu verfügen.

Der gruppenanalytische Ansatz mit seinem Wissen über die Wirkungen von Vernetzungen und Wechselwirkungen ist aus mindestens zwei Gründen aus der Beratung der Politik nicht mehr wegzudenken: zum einen als Ausdruck politischer Verantwortung der Wissenschaft der Gruppenanalyse und zum anderen als nicht zu unterschätzendes Gebiet der Anwendung. Es ist ein weites und von Politik und Gruppenanalyse leider noch zu wenig gesehenes Feld, in dem die Wissenschaft und Praxis der Gruppenanalyse Anwendung finden kann. Im Rahmen der DGPT ist so etwas wie ein Institut für interdisziplinäre Psychoanalyse geplant; ein Teilbereich des Instituts soll sich mit der Frage der Beratung der Politik beschäftigen. Die Gruppenanalyse wird da einen wichtigen Platz einnehmen. Es wird erforderlich sein, dass sich Gruppenanalytiker, die sich in diesen Bereich einarbeiten wollen, auch institutionell zusammenfinden, um auf der Ebene der Politik gruppenanalytisch arbeiten zu können. Eine solche notwendigerweise interdisziplinär zusammengesetzte Gruppe bestehend aus Psychoanalytikern, Gruppenanalytikern, Politikern, Politologen, Juristen, Militärs und Diplomaten wird es möglich machen, auf der Grundlage der Gruppenanalyse eine hohe Kompetenz zu entwickeln.

Literatur

Antons, K. (1973): Praxis der Gruppendynamik. Göttingen, Toronto, Zürich (Hogrefe).

Bion, W. R. (1971): Erfahrungen in Gruppen und andere Schriften. Stuttgart (Klett).

Däumling, A.M., Fengler, J., Nellessen, L., Svensson, A. (Hg.) (1974): Angewandte Gruppendynamik. Stuttgart (Klett).

Ellwein, Th. (1973): Das Regierungssystem der Bundesrepublik Deutschland. Opladen (Westdeutscher Verlag).

Foulkes, S. H. (1992): Gruppenanalytische Psychotherapie. Mit einem Nachwort von Georg R. Gfäller. München (Pfeiffer).

Freud, S. (1960): Massenpsychologie und Ich-Analyse. In: Freud, S.: Gesammelte Werke 13. Frankfurt/Main (Fischer), S. 71–161.

Gfäller, G. R. (1979): Gruppenanalytische Supervision in psychosozialen Institutionen. In: Informationsblatt der Sektion Sozialtherapie im DAGG, Heft 0, S. 16–42.

Gfäller, G. R. (1988): Methodenentwicklung in der Sektion Sozialtherapie. In: Zeitschrift für Gruppenpsychotherapie und Gruppendynamik 24, S. 229–237.

Gfäller, G.R. (1990): Die Reflexion des institutionellen Umfelds in der gruppenanalytischen Supervision. In: Pühl, H. (Hg.): Handbuch der Supervision. Berlin (Spiess), S. 194–212.

Gfäller, G. R. (1992): Nachwort. In: Foulkes, S.H.: Gruppenanalytische Psychotherapie. München (Pfeiffer), S. 260–284.
Gfäller, G. R. (1993): Strafvollzug und Gruppenanalyse – ein unlösbarer Widerspruch? Bericht über vier Jahre Fortbildung von Führungskräften aus den Justizvollzugsanstalten. In: Knauss, W., Keller-Husemann, U. (Hg.): Boundaries and Barriers. Heidelberg (Mattes), S. 205–212.
Gfäller, G. R. (1995): Konvergenzen der anthropologischen Medizin von Viktor von Weizsäcker und der Gruppenanalyse nach S. H. Foulkes. In: Zeitschrift für Gruppenpsychotherapie und Gruppendynamik 31, S. 212–241.
Heigl-Evers, A., Gfäller, G. R. (1993): Gruppenpsychotherapie – eine Psychotherapie sui generis?! In: Zeitschrift für Gruppenpsychotherapie und Gruppendynamik 29, S. 333–358.
Kant, I. (1991): Zum ewigen Frieden. Ein philosophischer Entwurf. In: Kant, I.: Werkausgabe XI. Fankfurt am Main: (Suhrkamp), S. 191–244.
Lohmer, M. (Hrsg.) (2000): Psychodynamische Organisationsberatung. Stuttgart (Klett-Cotta).
Parin, P. (1995): Die Ethnisierung der Politik. Unveröffentlichtes Manuskript.
Prechtl, P., Burkard, F.-P. (1999): Metzler Philosophie Lexikon. Stuttgart, Weimar (Metzler).
Selvini Palazzoli, M., Anolli, L., Di Blasio, P., Giossi, L., Pisano, J., Ricci, C., Sacchi, M., Ugazio, V. (1984): Hinter den Kulissen der Organisation. Stuttgart (Klett).
Volkan, V. D. (1999): Das Versagen der Diplomatie. Zur Psychoanalyse nationaler, ethnischer und religiöser Konflikte. Gießen (Psychosozial).
Weber, M. (1964): Politik als Beruf. Berlin (Duncker & Humblot).
Weizsäcker, C. F. (1992): Zeit und Wissen. München, Wien (Hanser).
Weizsäcker, C. F. (1994): Der bedrohte Friede – heute. München, Wien (Hanser).
Weizsäcker, V. (1987): Der Gestaltkreis. Theorie der Einheit von Wahrnehmen und Bewegen. In: Weizsäcker, V. von: Gesammelte Schriften 4, Frankfurt/Main (Suhrkamp).

Supervision in kirchlichen Organisationen: Das Fundamentalismusproblem

Martin Weimer

Einleitung

Die folgenden Überlegungen basieren auf meinen Supervisionserfahrungen in erster Linie mit Pastorinnen und Pastoren. Diese Erfahrungen scheinen mir typisch für Supervision in kirchlichen Organisationen überhaupt zu sein. Denn auch da, wo Supervision in kirchlichen Organisationen mit nichttheologischen Mitarbeitenden stattfindet, bestimmt die Berufsgruppe der Pastorinnen und Pastoren doch die leitenden Tendenzen im Tendenzbetrieb Kirche. So geraten alle nicht gemeindlichen Organisationen in der Kirche wie z. B. Beratungsstellen, Krankenhäuser oder Sozialstationen in kirchlicher Trägerschaft, aber auch Kindergärten in Kirchengemeinden gegenwärtig verstärkt unter Druck, ihre kirchliche Identität deutlich zu markieren. Worin aber zeigt sich die Kirchlichkeit der benannten Organisationen, worin unterscheiden sie sich von nichtkirchlichen Parallelorganisationen? Wie auch immer die Mitarbeitenden in den entsprechenden Organisationen diese Frage beantworten, sie müssen sie in der Kirche jedenfalls gegenüber Pastorinnen und Pastoren beantworten. Die typischen Konflikte kirchlicher Organisationen fokussieren sich daher in der Berufsgruppe der Pastorinnen und Pastoren.

Denn diese Berufsgruppe ist unterdessen selbst genauso von der Strukturkrise kirchlicher Organisationen in der Bundesrepublik betroffen. In den letzten 10 Jahren sind innerhalb der nord-elbischen evangelisch-lutherischen Landeskirche ein Drittel aller Pfarrstellen gestrichen worden. Die rapide schwindenden Finanzmittel der Kirche zwingen zu weiteren und eingreifenderen strukturellen Reformen der Gesamtorganisation, und dies verschärft alte strukturelle Konflikte in kirchlichen Organisationen wie beispielsweise den Konflikt zwischen gemeindlichen und nicht-gemeindlichen kirchlichen Organisationen oder auch den Konflikt zwischen Pastoren und nicht-theologischen Mitarbeitenden.

Dem gruppenanalytischen Supervisoren zeigen sich in dieser Situation zwei organisationsspezifische Abwehrformationen in der Berufsgruppe der Pastorinnen und Pastoren, die ich in dieser Arbeit darstellen will. Ich nenne sie den sichtbaren und den unsichtbaren Fundamentalismus. Den sichtbaren Fundamentalismus kennen wir gut aus den politischen Katastrophen der letzten Jahre. Dass er eine psychosoziale Abwehr von Vernichtungsängsten darstellt, kann man aber genauso gut in der vergleichsweise anonymen Alltagspraxis von Pastorinnen und Pastoren sehen. Was ich daneben als »unsichtbaren Fundamentalismus« bezeichne, ist bisher nur als individuelles psychopathologisches Phänomen beschrieben worden (Britton 2001). Ich meine aber, dass die damit benannten Phänomene ebenso wie beim sichtbaren Fundamentalismus eine primär psycho*soziale* Dynamik in Gruppen und Organisationen darstellen – und zwar in solchen Organisationen, die sich in einer Strukturkrise befinden (übrigens nicht nur in kirchlichen Organisationen!).

Der gruppenanalytische Gesichtspunkt besteht gegenüber dem individualpsychologischen darin, diese psychosoziale Dynamik eben als psycho*soziale* Abwehrform zu verstehen. Das heißt in Bezug auf kirchliche Organisationen: die Mitglieder dieser Organisationen und der Gruppen in ihnen schützen sich unbewusst mit Hilfe des sichtbaren und des unsichtbaren Fundamentalismus davor, von ganz spezifischen Ängsten, die durch die Strukturkrise dieser Organisationen erzeugt werden, so überwältigt zu werden, dass sie in ihrer Arbeit ernsthaft behindert wären. Indem nun der gruppenanalytische Supervisor diese psychosozialen Syndrome des sichtbaren bzw. des unsichtbaren Fundamentalismus als Abwehrformen versteht, kann er der Gruppe zu größerer Toleranz gegenüber denjenigen Ängsten verhelfen, die diese Abwehrformen erforderlich machen. Da es sich bei Supervisionsgruppen nicht um Therapiegruppen handelt, interveniert der Supervisor hier nicht mit der Tendenz, diese psychosozialen Abwehrformen zu labilisieren. Das würde (bestenfalls) einen therapeutischen Prozess befördern. Der Supervisor versucht vielmehr, die manchmal heftigen Gefühle, die Fundamentalismusphänomene in Gruppen und in uns selbst gewöhnlich erzeugen, zuerst in sich zu halten, sie gleichsam so lange zu speichern, bis die Gruppe – manchmal einfach nur aus Erschöpfung! – bereit ist, über die Ursachen ihrer fundamentalistischen Erregung nachzudenken. Es fällt allerdings schwer, auf heftige Erregungszustände in der Gruppe nicht selbst aufgeregt zu antworten! Manchmal, so ist es meine Erfahrung, kann ein Stück Theoriewissen über den Ursprung und den Sinn psychosozialer Abwehrformen dabei helfen, einfach nur noch ein paar Atemzüge warten zu können.

Im Ergebnis führt diese supervisorische Haltung in der gegenwärtigen Situation kirchlicher Organisationen nach meinen Erfahrungen zu einer größeren Offenheit für Zeiten und Räume der Trauer über den teilweise erschreckend rapiden Niedergang dieser Organisationen und über unsere eigene Ohnmacht, diesen Niedergang aufzuhalten. Ich glaube, dass eine Supervision, die in kirchlichen Organisationen und den Gruppen in ihnen diese Toleranz für Zeiten und Räume der Trauer fördert, den Menschen in diesen Organisationen einen unverzichtbaren Dienst leistet. Der sichtbare und der unsichtbare Fundamentalismus in kirchlichen Organisationen erweisen sich dem gegenüber als psychosoziale Abwehrformen gegen die zuweilen wirklich verzweifelnden Erlebnisse des Schmerzes und der Trauer über die Erosion dieser Organisationen.

Die Legitimations- und Ressourcenkrise kirchlicher Organisationen

Kirchliche Organisationen befinden sich in der Bundesrepublik seit Jahren in einer fortschreitenden Ressourcen- und Legitimationskrise. Beide Krisen zusammen machen die Strukturkrise dieser Organisationen aus.

So wenig wie Sport im Verein ist Religion noch in den Kirchen am schönsten. Verwaltet wird sie nicht mehr allein vom christlichen Duopol der katholischen und der evangelischen Kirchen, sondern Religion wird in individualisierten Wahlverfahren für eine jeweils begrenzte Zeit von Bürgerinnen und Bürgern in Anspruch genommen – oder eben auch nicht. Traditionale Bindungen an eine der beiden Großkirchen, die bis in die späten 60er Jahre des letzten Jahrhunderts auch bei fehlender innerer Bindung aufrecht erhalten wurden, sind einem polymorphen religiösen Pluralismus gewichen, der sich jeder Orientierung an irgendeinem allgemeinen Primat verweigert. Für die Perspektive empirischer Soziologie ist Kirche »unsichtbar« geworden (Luckmann 1991), und zwar in einem durchaus anderen Sinn, als Theologen sich das einmal gedacht hatten. Denn die traditionelle theologische Unterscheidung zwischen ecclesia visibilis et invisibilis, zwischen der sichtbaren und der unsichtbaren Kirche, war einmal gebildet worden, um den unvermeidbaren Widerspruch zwischen kirchlicher Idealität und Realität begrifflich einfangen zu können, setzte aber darin den Monopolanspruch kirchlich organisierter Christlichkeit als faktisch gegeben voraus.

Dem gegenüber haben wir es heute in den postindustriellen Gesellschaften mit vielfältigen, verwirrenden Phänomenen einer frei flottierenden Religiosität zu tun. Erlebnisse des »fascinans et tremendum«, des Faszinierenden und Erschütternden (für den Religionsphilosophen Rudolf Otto (1963) das Merkmal des Heiligen), werden heute massenhaft eher in den Ritualen der Massenkultur und des Hochleistungssports als noch in Kirchen gemacht. Man wird von heiligem Schauder ergriffen, wenn Simon Rattle die »Symphonie der 1000« von Mahler erklingen lässt oder wenn Ailton Werder Bremen zur deutschen Meisterschaft schießt. Organisierte Religion ist dem gegenüber nahezu unsichtbar geworden, wo sie nicht museal in den dafür vorgesehenen Gebäuden gepflegt oder als ein »event« unter mehreren auf den Kirchentagen als heiliges Strohfeuer gefeiert wird.

Diese Diversifizierung des Religiösen, weit über traditionell religiöse Organisationen hinaus, verdeutlicht die Legitimationskrise kirchlicher Organisationen.

Pastorinnen und Pastoren heute glauben jedenfalls immer öfter, sich beispielsweise bei Hausbesuchen legitimieren zu müssen. Noch vor wenigen Jahren hatten sie selbstverständlichen Zugang zum Privaten.

Die finanziellen Ressourcen kirchlicher Organisationen schwinden zeitgleich rapide. Das hat seine Gründe in der chronifizierten Massenarbeitslosigkeit im Zuge des Wandels von einer industriellen zu einer postindustriellen Gesellschaft, in der die vorhandenen Finanzmittel in immer geringerem Maße in Arbeitsplätze investiert werden. Das Geld braucht die Menschen nicht mehr, worin sein von Marx beschriebener Fetischcharakter deutlich wird. Dadurch brechen die Kirchensteuern in der Bundesrepublik ein. Die damit erforderlichen Sparmaßnahmen zwingen einerseits die kirchlichen Funktionsträger zu grundsätzlichen Überlegungen darüber, welche kirchlichen Strukturen erhalten bleiben sollen und welche nicht. Muss beispielsweise jeder Stadtteil seine eigene Kirche, womöglich noch in doppelt konfessioneller Ausfertigung, haben? Muss die Kirche Kindergärten, Krankenhäuser, Friedhöfe, Beratungsstellen oder Sozialstationen unterhalten? Andererseits aber findet die so unumgängliche Prioritätendebatte in einem gesellschaftlichen Umfeld statt, das eben von polymorpher religiöser Pluralität geprägt ist, also einer distinkten Prioritätendiskussion gerade keinen sozialen Raum gibt. Kirchliche Entscheidungsgruppen werden denn auch gesellschaftlich zunehmend marginalisiert; die politischen Entscheidungsträger nehmen immer weniger Rücksicht auf sie, wie der sukzessive Abbau kirchlicher Feiertage gut zeigt. Andererseits bricht das tendenziell ortlos gewordene Religiöse sich unvermutet Bahn in gesellschaftlichen Diskursen wie dem Kopftuchstreit oder der Frage, ob Gott in der europäischen Verfassung vorkommen soll.

Nun stellen solche Diachronien keineswegs ein neuartiges Phänomen in der Kirchengeschichte dar. Sie kamen vielmehr strukturell ganz analog schon in den anderen fundamentalen Umbruchzeiten der Kirchengeschichte vor, also im 3. und 4. Jahrhundert bei der Bildung der Staatskirche wie im 16. Jahrhundert in der Krise der Reformation. An der gegenwärtigen Ressourcen- und Legitimationskrise ist aber gegenüber den Umbrüchen der Reformationszeit neu, dass sich das Christliche nicht mehr von selbst versteht. Es gibt nicht länger den Definitionsrahmen für die Strukturkrise ab. Christlich organisierte Religiosität ist empirisch zu einer unter mehreren faktischen Wahlmöglichkeiten geworden. Dem widerspricht theologisch der Monotheismus und soziologisch die in der Bundesrepublik noch bestehende volkskirchliche Organisationsform des christlich Religiösen, also eine Organisationsform, die grundsätzlich davon ausgeht, das die christlich organisierte Religion die normative Religionsform darstellt. Dieser strukturelle Widerspruch in kirchlichen Organisationen erzeugt bei den Mitarbeitenden tiefgründige emotionale Spannungen. Dies hat Folgen für die Supervisionsarbeit in kirchlichen Organisationen.

Eines der ersten deutschsprachigen Supervisionsprojekte in kirchlichen Organisationen, die Balintgruppe für Theologen am Frankfurter Sigmund-Freud-Institut (Argelander 1973), konnte noch eine insgesamt stabile soziale Organisation Kirche voraussetzen. Die Teilnehmenden wie die Leitenden dieser Balintgruppen konnten sich so getreu der von Balint entwickelten Methode noch ganz auf das dyadische Geschehen in einem Seelsorgefall konzentrieren und die Gruppe dazu wie in einem Laboratorium als Vergrößerungsglas benutzen. Da die kirchlichen Organisationen zu dieser Zeit noch allgemein anerkannt waren, konnte die beginnende Supervisionspraxis in ihnen sich selbst noch in cartesianischer Isolierung von der Umwelt der Organisation gestalten (man kann, nebenbei, an den Protokollen der Gruppensitzungen aus heutiger Sicht eindrucksvoll studieren, wie die religiöse normative Funktion von den Pastoren an die Psychoanalytiker übergegangen ist!).

Mein unten folgendes Fallbeispiel wird nun zeigen, dass diese Reduktion auf die dyadischen Prozesse einer Seelsorgebeziehung heute so in aller Regel nicht mehr möglich ist. Die Frage, ob ein Pastor das Kind einer Mutter taufen dürfe, die ihrerseits nicht Kirchenmitglied ist, berührt die oben benannten Grundprobleme kirchlicher Organisationen und erzeugt damit teilweise heftige emotionale Reaktionen der Gruppenmitglieder und in Resonanz darauf des Leiters der Gruppe. Eine Zeitlang tobt in der Gruppe ein durchaus fundamentalistischer Glaubenskrieg! Dies kann dann mit dem auf die Dyade fokussierten Modell der Balintgruppe nicht mehr gehalten und nicht mehr verstanden werden.

Wir müssen also, wie Gerhard Wilke (2001, S. 135ff) es in Bezug auf das medizinische Feld beschrieben hat, in unserer Supervisionsarbeit Bereiche »jenseits von Balint« ergründen, damit die Gruppenmitglieder und wir selbst zu ausreichender Reflexion der eigenen Arbeit fähig bleiben. Kirchliche Supervisionsgruppen, zumal wenn sie wie in meinem Fall, von einem internen Supervisor geleitet werden, geraten so mehr zu berufsbezogenen Selbsthilfegruppen. Aber sie bedürfen gleichzeitig des asymmetrischen Blicks von außen, hier also der gruppenanalytischen Perspektive, um die psychosozialen Figurationen als Abwehrformen gegenüber tiefen Ängsten verstehen zu können. In meinem Fall finden die Supervisionsgruppen in der Evangelischen Beratungsstelle statt, als deren Leiter ich in keinen politischen Gremien des Kirchenkreises tätig bin, so dass es zwischen den Supervisanden und mit keine realen Abhängigkeitsverhältnisse gibt.

Fallbeispiel
Die vierjährige Nicole hat im kirchlichen Kindergarten die Taufe eines anderen Kindes miterlebt und verlangt nun von ihrer sie allein erziehenden Mutter, auch getauft zu werden. Die Mutter nimmt Kontakt zu Herrn Pastor A. auf,

der diesen Fall in der Supervisionsgruppe vorstellt. Nicoles Mutter ist vor mehreren Jahren aus der Kirche ausgetreten und hat auch nicht vor, anlässlich der Taufe ihrer Tochter wieder einzutreten. Sie, die im säkularen psychosozialen Bereich arbeitet, weiß Pastor A. in freundlichen Worten mitzuteilen, dass sie seinen Vorschlag, anlässlich der Taufe ihrer Tochter doch wieder in die Kirche einzutreten, als Missachtung der Autonomie ihrer Tochter empfindet. Sie sagt in diesem Gespräch mit Pastor A. auch, als die Tochter ihr von der anderen Taufe im Kindergarten erzählt habe, sei ihr schlagartig bewusst geworden, dass sie schon lange fürchte, ihrer Tochter könne einmal etwas zustoßen und sie müsse sich dann vorwerfen, ihr irgendwie etwas vorenthalten zu haben. Andererseits entstamme sie selbst einer Familie, in der die Autonomie der Mädchen nichts galt, so dass sie die Säuglingstaufe grundsätzlich ablehne. Ihrer Tochter solle nicht dasselbe wie ihr widerfahren. Nach dem Gespräch ist Pastor A. bereit, Nicole zu taufen, erntet aber heftigen Streit mit den Kollegen in seiner Gemeinde, der sich auch in unserer Gruppe wiederholte.

Pastor B. äußerte am deutlichsten seine Ablehnung des Taufwunsches von Tochter und Mutter. »Ich lasse mich doch nicht zum Kasper machen!«, lautete einer seiner empörten Sätze. »Wir machen uns doch lächerlich!« ein anderer, »und müssen uns nicht wundern, wenn wir überhaupt nicht mehr beachtet werden«. Auch verlangte er, dass sich nicht nur die Pastoren einer Gemeinde, sondern überhaupt die einer ganzen Stadt unbedingt einig sein müssten in der Ablehnung von kirchlichen Amtshandlungen (Taufe, Konfirmation, Trauung, Beerdigung) an Nichtmitgliedern. »Wir müssen Flagge zeigen«, sagte er. In Widerrede und Zustimmung begannen wir alle ums Wort zu kämpfen; mir schoss gerade noch das Bild durch den Sinn, dass, wer immer gerade das Wort hat, so lange und atemlose Sätze formuliert, als ginge es nur darum, das Wort zwischen den eigenen Zähnen festzuhalten wie ein Verhungernder einen Bissen Nahrung in einer gierigen Meute Gleicher.

Ich verspannte mich in dieser Phase der Sitzung immer mehr, fing an, mich mit ins argumentative Getümmel zu stürzen und musste dabei rasch mit enormer Anstrengung gegen mein Bedürfnis ankämpfen, Pastor B., den ich eigentlich gerne mag, ein für alle Mal den Mund zu verbieten. Wie es in Fundamentalismus-Debatten zugeht, sah ich überdeutlich den Splitter in seinem Auge und sagte ihm einmal in angestrengter Neutralität, es falle mir doch auf, dass er andere nicht ausreden lasse. »Du ja auch nicht«, war sein – allerdings zutreffender! – Kommentar.

Diese Dynamik scheint mir ein gutes Beispiel für die enorm infektiösen Tendenzen des sichtbaren Fundamentalismus angesichts der kirchlichen Legitimations- und Ressourcenkrise zu sein. Nach Ronald Britton (1993, S. 107) taucht Fundamentalismus in allen Religionen überall da auf, »wo Idealität und Realität (...) nicht nur als unvereinbar empfunden werden, sondern das eine als der Tod des anderen gesehen wird«. Fundamentalismus scheint also eine Reaktion religiöser Gruppen auf Vernichtungsangst darzustellen (und das hat der sichtbare Fundamentalismus in diesem kleinen Beispiel gemeinsam mit dem ungleich prominenteren in den großen Weltreligionen). Pastor B.'s Äußerungen und meine spontane Reaktion, ihm am liebsten für den Rest der Sitzung ein Redeverbot zu erteilen, verstehe ich als Hinweise auf solche tiefen Ängste. Fundamentalismus ist hochgradig ansteckend; man fühlt sich in solchen Debatten ungefähr so, wie nach dem Genuss unverträglicher Speisen. Das, was man in sich fühlt, muss unmittelbar, eben: ein für allemal!, hinaus aus einem (das kennzeichnet die Elemente des Fundamentalismus als »beta-Elemente«, also als absolut unverdauliche mentale Inhalte; Bion 1963). In dieser Situation pflegen auch gruppenanalytische Interventionen des Supervisors zu mentalen Geschossen zu werden!

Aber auch die Gegenposition in der Gruppe, die vor allem von Pastorin C. vertreten wurde, scheint mir fundamentalistische Züge aufzuweisen, wenn auch in einer latenten, nicht sichtbaren Form. Das zeigte sich unter anderem an der unauflöslich wirkenden Konfrontation mit Pastor B.:

Sie warf Pastor B. »Dogmatismus« vor und fügte hinzu, an seiner Engstirnigkeit ginge noch einmal die Kirche zugrunde. »Nein«, warf der Angesprochene ein, »sie geht an Deiner Beliebigkeit zu Grunde!« Es sei doch auch typisch männlich, antwortete Pastorin C., wie Pastor B. mit Macht seine Position durchzudrücken versuche; als Frau würde sie sich von ihm verachtet fühlen. Im Übrigen müsse man sich auch einmal fragen, ob die Kirche nicht selbst Schuld trage an den Austritten; »Menschen wie Nicoles Mutter fühlen sich doch meist nicht bei uns angenommen«. Für Pastorin C. ist Kirche in erster Linie dazu da, dass sich Menschen in ihr vorurteilslos angenommen erleben können, und sie setzt voraus, dass es genug Menschen gibt, die eben dies von der Kirche wollen. »Wir müssen die Botschaft von der Annahme zu den Menschen bringen – dann brauchen wir uns um die Kirche auch keine Sorgen mehr zu machen«, sagte sie mit Emphase an einer Stelle.

Dass sich auch hinter dieser Haltung ein Fundamentalismus verbergen kann, der hier allerdings unsichtbar bleibt, will ich in dieser Arbeit zeigen. Immerhin können wir schon auf den ersten Blick sehen, dass Pastorin C. das Thema der Annahme polarisierend aufspaltet: die passive Seite des Angenommenseins kommt grundsätzlich der Klientel von Kirche zu, die aktive Seite des Annehmens aber ihr selbst, der Pastorin, die die Botschaft ungefähr so zu den Menschen tragen will, wie ein Hirte die Schafe zum frischen Wasser führt. Diese polarisierende Aufspaltung des Angenommenseins und des Annehmens ist in meiner Sicht ein wesentliches Element subtiler kirchlicher Machtausübung. In den gegenwärtigen postchristlichen Zeiten scheint mir der unsichtbare Fundamentalismus in kirchlichen Organisationen Hochkonjunktur zu haben, verspricht er doch kontrafaktische Relevanz. Der französische Philosoph Michel Foucault hat dazu in seinem Spätwerk eine wichtige Analyse der christlichen Hirtenmetapher entwickelt (Foucault 1988; Weimer 1995), auf die ich im übernächsten Abschnitt zurückkommen werde.

Im Moment reicht es mir, darauf hinzuweisen, dass den beiden Protagonisten des Konflikts eines jedenfalls gemeinsam ist: die offensichtliche Sorge bzw. Angst um den Bestand der kirchlichen Organisation. Gegen diese Angst versuchen beide Protagonisten anzugehen, der eine mit dem sichtbaren, die andere mit dem unsichtbaren Fundamentalismus. Fundamentalismus meint in beiden Formen eine Glaubenshaltung, die dazu dient, Vernichtungsängste unbewusst zu halten.

In einer überraschenden Weise verbindet diese psychosoziale Dynamik nun die Mitarbeitenden in kirchlichen Organisationen mit ihrer Klientel, was ein Blick auf die Grundmatrix in kirchlichen Organisationen zeigt.

Die Grundmatrix kirchlicher Organisationen

Die Mutter sagt in dem Gespräch mit Pastor A. auch, als die Tochter ihr von der anderen Taufe erzählt habe, sei ihr schlagartig bewusst geworden, dass sie schon lange fürchte, ihrer Tochter könne einmal etwas zustoßen und sie müsse sich dann vorwerfen, ihr irgendwie etwas vorenthalten zu haben.

Die Theorie über die Grundmatrix in kirchlichen Organisationen habe ich an verschiedenen anderen Stellen ausgearbeitet (Weimer 1999, 2001a, b) und kann sie darum hier grob zusammengefasst vorstellen. Die emotionale Situation, in der Menschen nach wie vor Kontakt zu kirchlichen Organisationen suchen, hat in einem erheblichen Teilbereich mit einer »schlagartig« aufbrechenden Angst zu tun, wie sie Nicoles Mutter erlebt hat. Die empirische psychosoziale Basis kirchlicher Organisationen ist das erschütternde Erlebnis; für Nicoles Mutter ist es ihre plötzlich aufbrechende Schuldangst, ihrer Tochter etwas irgendwie Entscheidendes vorenthalten zu haben. Bei aller Strukturkrise religiöser Organisationen können wir davon ausgehen, dass Menschen immer noch im Zusammenhang mit erschütternden Erlebnissen Kontakt zu diesen Organisationen suchen werden.

Die theologischen Denkmuster und die jeweiligen religiösen Symbole lassen sich als theoriegeleitete oder symbolische Verarbeitungsformen erschütternder Erlebnisse verstehen. Ein damit zusammen hängendes Problem kann ich hier nur benennen, nicht aber genauer diskutieren. Jeder Supervisor in kirchlichen

Organisationen sollte mit dem symbolischen Register dieser Organisationen ebenso wie mit den wesentlichen Elementen ihrer theologischen Tradition ausreichend vertraut sein, denn beide bilden die kulturelle Tradition, das »soziale Gedächtnis« (Welzer 2001) der Organisation. Das setzt nicht unbedingt ein eigenes theologisches Studium voraus, wohl aber die Fähigkeit, die theologischen Traditionen und das symbolische Register in Bezug auf das jeweils konkrete erschütternde Erlebnis lesen zu können, in dessen Zusammenhang es Erwähnung findet. Also beispielsweise Fragen als Gegenstand der Supervision zu betrachten wie: Welchen Bibeltext wählen Pastoren bei einer der so genannten »Amtshandlungen«? Mit welcher Andacht wurde die Sitzung eines Kirchenvorstandes oder einer Synode eingeleitet? Bei kirchlichen wie kirchenfernen Menschen wird diese Bereitschaft allerdings oft verwechselt mit der Aufforderung zu glauben, worunter dann eine Unterwerfung unter eine irgendwie geistliche Herrschaft verstanden wird. In diesem Fall werden theologische Denkformen ebenso wie religiöse Symbole als »Klischees« im Sinne Alfred Lorenzers (Lorenzer 1970) bzw. als »symbolische Gleichung« im Sinne von Hanna Segal (1992) verstanden. Das ist eine allerdings überraschende Parallele zum fundamentalistischen Bibelverständnis, wo ja ebenfalls die biblischen Texte oder die religiösen Symbole genauso als konkrete Gebrauchsanleitung fürs Leben missverstanden werden. Aber es heißt nicht: »Der Herr ist wirklich auferstanden«, sondern: »Der Herr ist wahrhaftig auferstanden«.

Man mag also theologisch an dem Taufverständnis von Nicoles Mutter einiges auszusetzen haben; sie scheint die Taufe als eine Art magischen Schutzritus zu verstehen, also durchaus als Klischee bzw. symbolische Gleichsetzung. Aber man könnte in diesem magischen Ritualverständnis ihren Versuch sehen, eine schlechthin erschütternde Angst in einer rituellen Kommunikation zu integrieren. Theologinnen und Theologen genauso wie die nicht-theologischen Mitarbeitenden in kirchlichen Organisationen können von gruppenanalytischen Supervisoren diesen Bezug theologischer Modelle und religiöser Symbole zu erschütternden Erlebnissen lernen – vorausgesetzt, der Supervisor oder die Supervisorin kann spielerisch mit diesen Stoffen umgehen! Ich halte diese Fähigkeit für eine grundlegende Voraussetzung zur Supervision in kirchlichen Organisationen.

Wenn wir ein erschütterndes Erlebnis haben, so fürchten wir mehr oder weniger intensiv zu zerfallen. Andere Menschen halten uns deswegen fest, was Pastorinnen und Pastoren alltäglich etwa am offenen Grab sehen. Jedes erschütternde Erlebnis ist von Fragmentierungsangst begleitet, ein überwältigend schönes ebenso wie ein überwältigend schlimmes. Daher hoffen Menschen, wenn sie Kontakt zu kirchlichen Organisationen suchen, eine individuelle und soziale Re-Integration zu erreichen. Die Primäraufgabe kirchlicher Organisationen besteht also darin, die Fragmentierungsangst erschütternder Erlebnisse in symbolisch und rituell vermittelte Erlebnisse von Re-Integration zu verwandeln.

Im evangelischen Raum organisiert man die zentralen lebensgeschichtlich erschütternden Erlebnisse in den so genannten »Amtshandlungen«. Taufe, Konfirmation, Trauung und Beerdigung antworten jeweils auf die erschütternden Erlebnisse der Geburt, der psychosexuellen Reifung, der Paarbildung und des Todes. Neben diesen individuellen Ereignissen suchen Menschen aber ebenso bei kollektiv erschütternden Erlebnissen kirchliche Organisationen auf. Dabei zeigt sich gewissermaßen ein antizyklischer Aspekt der Diversifizierung des Religiösen: beim Eisenbahnunglück von Eschede bekommt keine Berufsgruppe soviel Sendezeit in den Medien wie die Notfallseelsorger, die es vor wenigen Jahren noch gar nicht gab. Bei Lady Di's Beerdigung wiegt sich der Globus im medial vermittelten Gesang von Elton John aus kirchlichem Gemäuer. In Zeiten kollektiver Risiken und Ent-Traditionalisierungen steigt proportional das Bedürfnis nach einer »leichten, modernen, anschmiegsamen Frage, und darauf eine profunde uralte Antwort! Was gäb ich nicht dafür, mich einmal wieder rundherum, von Kopf bis Fuß beantwortet zu fühlen!« (Strauß 1985, S. 91).

Neben den situativen erschütternden Erlebnissen als »Input« ins System kirchlicher Organisationen gibt es eine andere Gruppe in der kirchlichen Klientel, die einen repetitiven dauerhaften Kontakt zu diesen Organisationen aufrecht erhält, in dem es oft lebenslang keinerlei psychosoziale Entwicklung mehr gibt. Diese Gruppe macht nach meiner Auffassung das aus, was man innerkirchlich die Kerngemeinde nennt. Die Kirchengemeinde und besonders wichtig darin der Pastor oder die Pastorin sind für diese Menschen gleichsam Stützpfeiler einer vielschichtigen persönlichen Organisation zur Verhinderung von Wandlung und Entwicklung. In der Psychoanalyse werden diese Phänomene seit einigen Jahren als »pathologische Persönlichkeitsorganisation« (Steiner 1998) beschrieben. Aber da kirchliche Orte in der Regel die gesellschaftlichen Zuschreibungen von Pathologie und Normalität nicht mitvollziehen, stellen sie für diese Klientel eine bisweilen sehr konkrete Heimstatt dar. Dass dessen ungeachtet Pastorinnen und Pastoren für sie wenig schmeichelhafte Bezeichnungen wie »Talarwanzen« oder »Kanzelschwalben« zur Verfügung haben, zeigt in meiner Sicht die enorme emotionale Belastung, die in aller Regel von dieser Klientel ausgeht.

Im Laufe der Jahrhunderte haben sich nun in den kirchlichen Organisationen unterschiedliche kirchliche Subsysteme herausgebildet mit jeweils eigenen Primäraufgaben, die also in jeweils spezifischer Weise auf erschütternde Erlebnisse re-integrierend antworten. Ich nenne in Stichworten:

- das missionarische Subsystem, das in Predigt und Unterricht mit normativen Mitteln an der Primäraufgabe der Re-Integration arbeitet,
- das diakonische System, das in praktischer Sozialarbeit sozial regulativ Re-Integration versucht,

– das rituelle Subsystem, das sozial-integrativ auf erschütternde Erlebnisse antwortet und
– das seelsorgerliche Subsystem, das interpretierend auf erschütternde Erlebnisse antwortet.

In den Zeiten deutscher kirchlicher Hochkonjunktur nach den kollektiv erschütternden Erlebnissen zweier Weltkriege, die von Deutschland ausgingen, haben sich diese Subsysteme jeweils eigene Organisationen geschaffen; das missionarische Subsystem etwa die evangelischen und katholischen Akademien ebenso wie das »Wort zum Sonntag« im Fernsehen, das diakonische Subsystem in Caritas und Diakonischem Werk die in manchen Regionen größten Arbeitgeber, das rituelle Subsystem die mannigfachen kollektiven Rituale der Kirchentage und das seelsorgerliche Subsystem die vielfältigen Organisationsformen der Pastoralpsychologie. Es kann sein, dass die gegenwärtige Strukturkrise kirchlicher Organisationen wieder deutlicher zu einer Integration dieser Subsysteme in der Pastorenrolle und das heißt zu ihrem Abbau als relativ selbständige Subsysteme führt – mit der Gefahr eines Fundamentalismus gemeindlicher Strukturen, wo die Kirche, was immer mit der Welt passiert, im Dorf bleiben soll. Gleichzeitig zwingt die Strukturkrise aber zur Schaffung immer größerer kirchlicher Räume mit immer weniger pastoralem Personal.

Man kann in den zeitgenössischen Debatten um diese Strukturkrise kirchlicher Organisationen immerhin gut sehen, in welchem Maße diese Organisationen von dem Konflikt in ihrer Grundmatrix bestimmt werden: dem Konflikt zwischen Fragmentierungsangst einerseits und ubiquitären Integrationswünschen andererseits. In Kirchen wird sonntags gesungen »Komm Herr, segne uns, dass wir uns nicht trennen«; dieselben Menschen beschließen montags größere kirchliche Verwaltungseinheiten mit weniger Personal und die Aufgabe ganzer kirchlicher Subsysteme. Normalerweise findet beides in ein und derselben Veranstaltung statt; in kirchlichen Organisationen wird vor, während und nach Gremiensitzungen gesungen, gebetet und gegessen. Die, die in solcher Situation echte Affekte der Trauer und der Wut über den (drohenden oder schon realen) Verlust ihrer Arbeitsplätze zeigen, setzen sich damit selbst ins Unrecht, verstoßen sie damit doch gegen den ubiquitären Integrationswunsch. Dieser Konflikt befördert die psychosoziale Abwehr des unsichtbaren Fundamentalismus, die sich vor allem um die Hirtenmetapher herum bildet.

»Beglückte Herde, Jesu Schafe«

Am Beispiel der christlichen Hirtenmetapher lässt sich abschließend gut zeigen, wie wichtig für gruppenanalytische Supervisorinnen und Supervisoren die

Kenntnis der symbolischen Tradition des Christentums ist. Diese symbolische Tradition bietet gleichsam das Baumaterial für das Gebäude umfassender Harmonie und Integration, das angesichts des erschütternden Erlebnisses mit seiner begleitenden Fragmentierungsangst für kirchliche Organisation so unverzichtbar ist.

Wohl kein anderes Symbol ist in der kulturellen Tradition kirchlicher Organisation so wirksam geworden wie die Hirtenmetapher. Glaubt man Maarten 't Hart (2002, S. 16), so kann man die berühmte Arie »Beglückte Herde, Jesu Schafe« aus der Kantate BWV 104 mit ihrer wiegenden Melodie auf »Die Welt ist euch ein Himmelreich« »ein Leben lang vor sich hinpfeifen, ohne dass sie jemals langweilt oder etwas von ihrem Glanz und Zauber verliert«. Das mag Bachs Genie geschuldet sein, aber dieses Genie bewährt sich eben (auch) an der Vertonung der christlichen Hirtenmetapher. So mag es auch schwerfallen, in der eigentümlichen Anmut des Gedanken (nicht nur) von Pastorin C., wir müssten das Evangelium von der vorurteilsfreien Annahme zu den Menschen tragen, ein Problem zu sehen. Hatte nicht Paul Tillich seine ganze Theologie um diesen Gedanken der vorurteilsfreien Annahme herum gebildet? Und sind nicht übrigens von hier her die grundlegenden Verbindungen zur Pastoralpsychologie geknüpft worden (Scharfenberg 1985)?

Im Bild des Hirten sind von den Zeiten der Alten Kirche der ersten nachchristlichen Jahrhunderte an bis in die mitteleuropäische Neuzeit hinein die individuelle Hut einerseits und die kollektive Kontrolle andererseits eine historisch höchst wirksame Symbiose eingegangen (Foucault 1988). Im Modus der »fürsorglichen Belagerung« (Böll) werden die Rollen des Menschen, der behüten, halten, nähren und kontrollieren kann einerseits, und desjenigen andererseits, der im regressiven Bedürfnis, sich »einmal rundherum beantwortet zu fühlen« (Strauß) und damit zum abhängigen Schaf wird, polarisierend gespalten. Der Schrecken darin mag sich in mancher katholischen Biographie mit den beschämenden Erlebnissen im Zusammenhang mit der Ohrenbeichte verbinden; die »Gottesvergiftung« (Moser 1976) im protestantischen Raum kann sich damit, wenn auch innengeleiteter, freilich durchaus messen. Michel Foucault, der die Schicksale dieser pastoralen Machttechnik von der christlichen Antike über die frühneuzeitliche »Polizeywissenschaft« bis in den Geständniszwang auf der psychoanalytischen Couch (»Warum sind die Geständnisse auf der Folter so ähnlich den Mitteilungen meiner Patienten in der psychischen Behandlung?«, fragt Freud [1985, S. 237] am 17. Januar 1897 seinen Freund Fließ) untersucht hat, übersieht allerdings nach meiner Auffassung daran zweierlei:

Die Macht der Hirten rührt in psychoanalytischer Perspektive von der patriarchalen Aufhebung der Geschlechterdifferenz her (Weimer 1995). Im ursprünglich männlichen Hirten werden mütterlich-weibliche und männliche Eigenschaften im männlichen Körper vereint. Das mag auf der Ebene unbewusster

Phantasien an eine der frühesten kindlichen Angstvorstellungen rühren, an die Imago der »Vereinigten Eltern-Figur« (Hinshelwood 1993, S. 691ff.). In dieser patriarchalen Auflösung der Geschlechterdifferenz im Körper des männlichen Hirten versinnbildlicht die christliche Hirtenmetapher eine außerordentlich gewaltsame Vernichtung jedweder Differenz, die eben an einer der tiefsten menschlichen Differenzerfahrungen ansetzt, nämlich an der Erfahrung der Geschlechterdifferenz;

Die polarisierende Spaltung in den Rollen des Hirten und der Schafe, der aktiven und der passiven Seite des Annehmens, symbolisiert die christliche Hirtenmetapher die Unmöglichkeit der Integration aggressiver Gefühle. Daraus gewinnen die barocken Pastoralmusiken, besonders bei Bach und Händel, ihre betörende Schönheit. Aber die Kehrseite der Medaille erscheint im Bild der brutalen Gewalt des Hirten mit dem eisernen Stab: »Wer da überwindet und hält meine Werke bis ans Ende, dem will ich Macht geben über die Heiden, und er soll sie weiden mit eisernem Stabe, und wie eines Töpfers Gefäße soll er sie zerschmeißen« (Offb. 2, 26.27). Diese Gewalt, die präzise dem zeitgenössischen Fundamentalismus gleicht, tritt immer dann auf, wenn die Versuche der harmonisierenden Differenzvernichtung gescheitert sind.

Fallbeispiel
Auf einer Sitzung des Kirchenvorstands ihrer Gemeinde war es zwischen der Supervisandin, Pastorin A., und ihrem Kollegen zu einer heftigen affektgeladenen Konfrontation gekommen – natürlich unterm Tagesordnungspunkt »Verschiedenes«, dem Raum für die Wiederkehr des organisatorisch Verdrängten.

Die Szenerie spielte in einer dieser typischen bundesrepublikanischen Vorstadtgemeinden, wo man in den schmucken kleinen Einfamilienhäusern seit einigen Jahren der chronifizierten Massenarbeitslosigkeit morgens immer mehr Männer sieht. Während Pastorin A.'s Kollege die Gemeinde in einer entschlossenen und gekonnten Machtpolitik auf seinen fundamentalistischen Kurs einschwört, riskiert Pastorin A. immer wieder Einsprüche, die sie allerdings im nächsten Schritt sogleich selbst wieder relativiert. Sie konnte gelegentlich in den Supervisionssitzungen außer sich geraten vor hilflosem Zorn über dieses Kassandra-Zaudern, wie wir es nannten. Denn deutlich war mit der Zeit ihre katastrophische depressive Angst vor den unabsehbaren Folgen ihrer persönlichen Aggression ihrem Kollegen gegenüber.

Nun also war der Knoten geplatzt, es war zur Konfrontation gekommen. Kassandra hatte, in meiner Sicht: realistisch genug, Unheil gekündet. Also ging man verbittert und uneins nach Sitzungsende spät in der Nacht auseinander.

Noch in der Nacht packte Pastorin A. die Angst vor den Folgen des Eklats und sie unternahm gleich am folgenden Morgen ihren Versöhnungsversuch, dem sie freilich selbst durchaus nicht wirklich glaubte. Von ihrem Versöhnungsversuch indes erfuhr ein in der Gemeinde hoch angesehener Kirchenvorsteher, opinion leader der kleinen Honoratiorengruppe in der Vorstadt, der nicht einmal eine Stunde später am Pastorat klingelte: Blumen in der Hand und Tränen in den Augen. Es sei doch so wichtig, dass »wir Christen wie Brüder beieinander wohnten« – eine biblische Versöhnungsformulierung (Psalm 133,1), in der im übermächtigen Versöhnungswunsch des mächtigen Kirchenvorstehers beiläufig die Geschlechterdifferenz verschwand.

Das Beispiel zeigt gut in seiner Schlussszene die symbolische Vernichtung der Geschlechterdifferenz, wenn der Kirchenvorsteher der Pastorin seine Versöhnung mit dem Bibelzitat anbietet, wir sollten doch »wie Brüder« beieinander wohnen.

Dieses zwanghafte Harmoniebedürfnis zusammen mit der Spaltung der aktiven und der passiven Rollen beim Prozess der emotionalen Annahme verstehe ich als Wesensmerkmal des unsichtbaren Fundamentalismus. Wer diesem Harmoniebedürfnis gegenüber auf der fortdauernden Konfliktspannung besteht, macht sich gewissermaßen des emotionalen Hausfriedensbruchs verdächtig. Das müssen Supervisoren in kirchlichen Organisationen wissen.

Sind diese Supervisoren gruppenanalytisch qualifiziert, so verstehen sie diese Phänomene als sinnvolle Abwehr von Gruppen und von Individuen in ihnen. Da sich diese Abwehr – wie jeder Fundamentalismus – gegen Vernichtungsängste richtet, also in Organisationen gegen die Angst vor dem Zerfall der Organisation, werden sich gruppenanalytische Supervisoren davor hüten, diese Abwehr ihrerseits anzugreifen. Dass das leichter gesagt als getan ist, weiß ich gut aus eigener Erfahrung. Ich würde jedenfalls nicht meine Hand dafür ins Feuer legen, dass Pastorin A. nicht auch die unterdrückten Wünsche ihres Supervisors ausgetragen hatte, als sie nach quälend langen Supervisionssitzungen endlich einen Streit mit ihrem fundamentalistischen Kollegen vom Zaun brach! Fundamentalismus ist ansteckend. Roger Money-Kyrle (2003, S. 26) spricht in diesem Zusammenhang davon, dass der Patient oder in meinem Fall die Supervisandin »nun für etwas steht, das der Analytiker noch nicht gelernt hat, in sich selbst schnell zu verstehen«. Wir sollten nicht zu streng mit uns sein – Vernichtungsangst ist eben nicht schnell zu verstehen, denn sie ist eo ipso ja überwältigend. Immerhin kann man aus Erfahrungen wie den angedeuteten sich vorstellen, welchen enormen emotionalen Belastungen kirchliche Mitarbeiterinnen und Mitarbeiter in diesen Zeiten der Strukturkrise dieser Organisationen ausgesetzt sind.

Erst wenn es über meist lange Zeiten hin zu wiederholten Erfahrungen gekommen ist, in denen das in dieser Abwehr enthaltene Bedürfnis nach Versöhnung und nach Harmonie angesichts einer zutiefst bedrohten Realität der kirchlichen Organisation Anerkennung gefunden hat, können Gefühle der

Trauer zusammen mit den unvermeidlichen Auseinandersetzungen über Fragen der eigenen Schuld an der Bedrohung der Organisation Raum bekommen.

Literatur

Argelander, H. (Hg.) (1973): Konkrete Seelsorge. Stuttgart (Kreuz-Verlag).
Britton, R. (1993): Fundamentalismus und Idolbildung. In: Gutwinski-Jeggle, J., Rotmann, J. M. (Hg.): »Die klugen Sinne pflegend«. Hermann Beland zu Ehren, Tübingen (edition diskord), S. 100–119.
Britton, R. (1998): Glaube, Phantasie und psychische Realität. Stuttgart (Klett-Cotta).
Bion, W. R. (1963): Elements of Psychoanalysis. London (Maresfield Library).
Foucault, M. (1988): Omnes et Singulatim. Für eine Kritik der politischen Vernunft. In: Letter International 1, S. 58–66.
Freud, S. (1985): Briefe an Wilhelm Fließ. Frankfurt am Main (S. Fischer).
Hinshelwood, R. D. (1993): Wörterbuch der kleinianischen Psychoanalyse. Stuttgart (Verlag Internationale Psychoanalyse).
Lorenzer, A. (1970): Sprachzerstörung und Rekonstruktion. Frankfurt am Main (Suhrkamp).
Luckmann, Th. (1991): Die unsichtbare Religion. Frankfurt am Main (Suhrkamp).
Money-Kyrle, R. (2003): Normale Gegenübertragung und mögliche Abweichungen. In: Frank, C. Weiß, H. (Hg.): Normale Gegenübertragung und mögliche Abweichungen. Tübingen (edition diskord).
Moser, T. (1976): Gottesvergiftung. Frankfurt am Main (Suhrkamp).
Scharfenberg, J. (1985): Einführung in die Pastoralpsychologie Göttingen (Vandenhoeck & Ruprecht).
Segal, H. (1992): Anmerkungen zur Symbolbildung. In: Segal, H.: Wahnvorstellung und künstlerische Kreativität. Stuttgart (Klett-Cotta).
Steiner, J. (1998): Orte des psychischen Rückzugs. Stuttgart (Klett-Cotta).
Strauß, B. (1985): Der Park. Schauspiel. München (dtv-Taschenbuch).
't Haart, M. (2002): Bach und ich. München (Piper-Taschenbuch).
Weimer, M. (1995): Das Verdrängte in der Hirtenmetapher. In: Wege zum Menschen 47, S. 61–75.
Weimer, M. (1999): Der Brief Christi. In: Wege zum Menschen 51, S. 484–495.
Weimer, M. (2001a): Die Seelsorgerolle als offenes System. In: Pastoraltheologie 90, S. 2–16.
Weimer, M. (2001b): Leiten in Veränderung. In: Wege zum Menschen 53, S. 313–330.
Welzer, H. (2001) (Hg.): Das soziale Gedächtnis. Hamburg (Hamburger Edition).
Wilke, G. (2001): How to be a Good Enough GP. London (Radcliffe Medical Press).

Vier Gründe, einen Organisationsberater oder einen Supervisor zu rufen: Gesellschaftliche Bedingungen gruppenanalytischer Organisationsberatung und Teamsupervision

Hans Bosse

Einleitung

Krisen in Organisationen werden in der Alltagsroutine vom Einzelnen auf zwei Ebenen registriert – auf einer persönlichen (*»Mit mir, der Kollegin, dem Chef stimmt etwas nicht«*) oder einer betrieblichen (*»Etwas läuft hier falsch«*). Die gruppenanalytische Teamsupervision und Organisationsberatung verfügt als einzige Praxis über ein Konzept und über eine praktische Methode, mit der sich dieser Zusammenhang von individuellem Leid und »Betriebsstörung« erkennen und beides sich auch zusammen auflösen lässt. Sie verdankt dies ihrer spezifisch gruppenanalytischen Kompetenz. Das Wort *»Gruppe«* verweist auf die Gesellschaft als Ursprung der Störung, die sich im Gruppenhandeln ausdrückt. Um die Störung sozialen Handelns erkennen zu können, braucht es ein Wissen um die Regeln, Gesetze, Strukturen und Dynamik, nach denen auch die kleinste Gruppe als Gesellschaft funktioniert. Deshalb stützt sich die Gruppenanalyse auf die Kompetenz der Soziologie. Das Wort *»Analyse«* verweist auf den Ort der Störung in der psychischen Verfassung des Individuums oder der Gruppenteilnehmer. Diese psychische Verfassung zu erkennen, bedarf es der Psychoanalyse, die als einzige Theorie und Praxis die innere Welt entschlüsseln kann, die unbewusst hinter der Störung und dem Leiden von Personen liegt.

Die gruppenanalytische Teamsupervision und Organisationsberatung ist das Kind der beiden Disziplinen Soziologie und Psychoanalyse. Aus der Verbindung ist etwas Neues hervorgegangen; das in einigen wichtigen Zügen darzustellen, ist die Aufgabe dieser Einleitung. Die *Gruppenanalyse* betrachtet die Psychoanalyse und die Soziologie als ihre Verbündeten und »quasi Eltern«. Sie hat die zentralen Sichtweisen beider Disziplinen in sich aufgenommen. Sie kann deshalb auch Aufgaben meistern, wie sie die Teamsupervision und Organisationsberatung stellt – Aufgaben, die weder allein von der Soziologie noch von der Psychoanalyse zureichend gelöst werden können.

Die soziologische Organisationsberatung und Teamsupervision

Die soziologische Organisationsberatung und Teamsupervision ohne Verbindung zur psycho- oder gruppenanalytischen Nachbardisziplin geht davon aus, dass es nur einer soziologischen Kompetenz bedarf, um Störungen in Organisationen zu erkennen und zu beheben. Sind erst einmal die sozialen Gesetze der Krisensituation erkannt, lässt sich auch ohne Weiteres das individuelle Leiden beheben (wenn das überhaupt ins Blickfeld gerät), die individuelle Störung abschaffen. Die Soziologie hält dabei eine psycho- oder gruppenanalytische Kompetenz für unnötig. In der Grundlagenforschung innerhalb der Soziologie gibt es dennoch wichtige Bündnispartner. Die Theorie einer »inneren Professionalisierung« von Berufstätigen bezieht neben den klassischen Professionen Medizin und Recht auch die Beratungs- und Supervisionspraxis ein (Oevermann 1993, 1996). Ihre Bedeutung für die Praxis ergibt sich daraus, dass sie ausgehend von Freuds Konzept des *Arbeitsbündnisses* zwischen dem Therapeuten und dem Klienten ein allgemeines Modell des *professionellen Handelns* in der Klientenbeziehung entwickelt hat. Im unvermeidlichen Sich-Einmischen und Eingriff in die Lebens- oder Arbeitswelt des Klienten durch die hermeneutische Praxis des Verstehens und die »stellvertretende Deutung« ist es gerade die *Enthaltsamkeit* des Supervisors oder Beraters – das heißt der Verzicht auf *lebenspraktische oder arbeitspraktische Anweisungen* an den Klienten –, die diesen theoretischen Ansatz von andern Ansätzen unterscheidet, wie bspw. von den »systemischen« oder so genannten »reflexiven«, die jeweils mit konkreten Anweisungen und Direktiven in das Handeln ihrer Klienten eingreifen und deren Autonomie der Arbeitspraxis unterhöhlen. Nach dem theoretischen Modell des professionellen Handelns geht es allein darum, dem Klienten eine neue Kenntnis seiner eigenen Praxis zu ermöglichen. Wie er mit dieser Praxis verfährt, wie er sie in seine Arbeits- oder Lebenspraxis aufnimmt, ist seiner eigenen autonomen Verantwortung anheim gelegt. Wir werden allerdings sehen, dass dieses mit der gruppenanalytischen Sicht gemeinsame normative Modell zum großen Teil wieder rückgängig gemacht wird, wenn es als »klinische Soziologie« zur unmittelbar praktischen Supervisions- und Beratungstechnik wird (Behrend und Wienke 2001). Denn dort entgeht die Praxis zwar dem Diktat des Tuns (»was der Klient tun soll«), mündet aber selbst in ein Diktat der Erkenntnis (»was der Klient erkennen soll«). Ich werde später beim kurzen Methodenvergleich der Ansätze darauf zurückkommen.

Einen großen Gewinn für die Weiterbildung des Beraters und Supervisor bilden auch bestimmte Forschungsergebnisse aus der Soziologie, insbesondere da, wo sie auf die notwendige intuitive Praxis des Verstehens in der Praxis selber den verfremdeten Blick der Wissenschaft werfen. Hier sind etwa die nach der

Methode der »Objektiven Hermeneutik« (Oevermann 1993) umfassend und im Detail minutiös rekonstruierten wörtlichen Protokolle von Teamsupervisionssitzungen aufschlussreich. Für derartige Einblicke in die Praxis ist die Beratung und Supervision auf Dienstleistungen von Seiten der Forschung angewiesen, die sie wegen der Zeitaufwendigkeit der Analysen und Methodenschulung nicht selber leisten kann. Die minutiöse Untersuchung von Teamstörungen eignet sich hervorragend dazu, die Abwehrstrukturen als einen zentralen Teil der sozialen Realität, hier insbesondere der Realität von Institutionen zu erfassen. Die von der klinischen Soziologie »latente Sinnstrukturen« genannten Abwehrstrukturen zeigen tatsächlich auf eine gewisse Weise, wie das Soziale und das Psychische eine Einheit bilden.

In der rein soziologischen *Beratungspraxis* selber gibt es allerdings einen zentralen Unterschied zur gruppenanalytischen und psychoanalytischen Supervision und Beratung. Er liegt generell im unterschiedlichen Erkenntnisziel begründet. Das zeigt die Gegenüberstellung. Die »klinische« Soziologie etwa untersucht die *objektiven Regeln* der Störung, ihr Muster, nach dem die Störung immer wieder abläuft. Ihr Ziel ist, den Klienten mit dem gefundenen Muster, das er routinemäßig wiederholt (Behrend und Wienke 2001, S. 191) zu konfrontieren, so dass sich der Klient von ihm distanzieren kann. Ziel ist also, in der Sprache der Gruppenanalyse formuliert, dass die Struktur des abwehrenden, etwas unbewusst machenden oder haltenden Klientenhandelns erkennbar und mitteilbar wird.

Das Erkenntnisziel der gruppenanalytischen und psychoanalytischen Beratung oder Supervision ist demgegenüber ein ganz anderes. Für sie liegt das Hauptziel darin, dass die Klienten die in den Arbeitsabläufen *unbewussten* Prozesse erkennen. Diese zeigen sich im Bewusstsein und im Erleben nur als Störungen der gewollten oder gesollten Praxis. Das Unbewusste ist in diesem Falle das *Abgewehrte* selber, das was nicht im Bewusstsein erscheinen soll und darf. Durch die Supervision oder Beratung soll dem Klienten ein in seiner Lebens- bzw. Arbeitspraxis *zugrunde liegender abgewehrter Wunsch oder Affekt oder eine abgewehrte Vorstellung* erkennbar werden. Erkenntnisziel ist also immer das gemeinsame Aufspüren des unbewussten, genauer: des dynamisch unbewussten, d. h. unbewusst gemachten *Motivs* einer Handlungsroutine. Ziel ist immer die Wiedererinnerung und das Wiedererscheinen eines abgewehrten Wunsches und der verdrängten Krisensituation, in der der Wunsch unter traumatischen Umständen fallengelassen werden musste, durch eine Situation der Kränkung, Bedrohung, Enttäuschung etc. in der zurückliegenden Lebens- oder Organisationsgeschichte. Ziel der so ermöglichten Erinnerung ist es, dass der Klient oder die Gruppe das ins Bewusstsein Zurückgeholte nun mit den Mitteln des Bewusstseins – Realitätssinn, Reflexivität – *situationsgerecht verwandelt und damit erstmals in die Praxis umsetzen kann.*

Die »klinische« Soziologie kann das an der Arbeitspraxis unbewusst Gemachte, das sich symptomhaft an Störungen andeutet und ausbreitet, das sich als Krise der Gruppe oder Organisation manifestiert und deshalb auf ungelöste Konflikte der Akteure schließen lässt, nicht erfassen, weil sie soziale Wirklichkeit einer Organisation auf *Sprachhandeln und Sprachstruktur* reduziert. In den Blick ihres Beraters oder Supervisors kommen nur die in sprachlichen Protokollen niedergelegten Handlungen, die bereits versprachlicht sind. Die von der Psychoanalyse ebenso wie von der Gruppenanalyse in ihren Beratungs- und Supervisionsansätzen erfasste *Struktur affektiver und motivationaler Äußerungen* (Krause 1998, 2003; Lorenzer 1974), die sich gerade nicht auf Sprache stützen, sondern *rein körperlich* auftreten und die sozialen und psychischen Vorgänge vertreten, die aus der Sprache *ausgeschlossen* sind – die für die Psychoanalyse zentrale »Sprache« des *Leibes* –, wird nicht berücksichtigt. Damit wird systematisch der Zugang zu der unbewusst gemachten, in der Organisation präsenten Wirklichkeit verschlossen. Gerade diese Zugänge soll die gruppenanalytische Organisations-, Beratungs- und Teamsupervisionspraxis eröffnen. Die Gruppenanalyse geht dabei auch über die psychoanalytischen Ansätze hinaus, weil die Psychoanalyse die nur für individuelle Personen entwickelten Verfahren des Verstehens weitgehend umstandslos und ohne eine eigene Theorie und Soziologie der Gruppe auf eben Gruppen, Teams, ja ganze Organisationen anwendet und damit die gruppenhafte Störung nach dem Muster einer Störung in einer Person missversteht.

Die psychoanalytische Teamsupervision und Organisationsberatung

Umgekehrt wie ihre soziologische Schwester geht die psychoanalytische Teamsupervision und Organisationsberatung davon aus, dass man nur eine *psychoanalytische* Kompetenz braucht, um Krisen des sozialen Handelns in Organisationen zu verstehen und zu beheben. Für sie folgt das soziale Handeln aus der psychischen Struktur: »Die Psychoanalyse beziehungsweise die psychoanalytische Entwicklungspsychologie stellt bislang die einzige umfassend angelegte psychologische Theorie der Entstehung pathologischer psychischer Strukturen und *dementsprechend* gestörten sozialen Handelns dar« (Wolf 1995, S. 139, Hervorhebung von H. B). Gerade weil der Autor ausdrücklich von der »Gefahr eines psychoanalytischen Reduktionismus in den Konzepten wie in der supervisorischen Praxis« spricht und fragt, »ob die supervisorische Bearbeitung psychischer Störungen interaktionellen und institutionellen Kontext über psychoanalytische Kompetenzen hinaus nicht handlungstheoretische und organisationspsychologische Zusatzkenntnisse erfordert« (Wolf 1995, S. 140), erwartet man, dass der Schleier, der über jeder Organisation liegt, durch die Analyse des Supervisors weggezogen und erkennbar wird, was denn nun »Sache ist«, was der unerkannte soziale Konflikt in der Organisation ist, der jede Teamarbeit stört oder zerstört. Diese Analyse muss aus dem je konkreten Supervisionsfall selber betrieben werden. Dazu braucht die Psychoanalyse jedoch soziologische Kategorien. Über diese verfügt sie nicht. In ihrer Not greift die Psychoanalyse deshalb häufig auf rein technische Begriffe des Arbeitsmanagments in Organisationen zurück – »aufgabenbezogene Rollen«, »arbeitsteilige Kooperation« (Wolf 1995, S. 169) –, die keinen zusätzlichen Gewinn zur Erklärung gesellschaftlicher Bedingungen bedeuten. Eine hoch differenzierte psychoanalytische Auffassung von Teamsupervision und Organisationsberatung verbündet sich hier mit einer oft platten Allerweltssoziologie. Das schwächt den Ansatz der Psychoanalyse, wenn sie sich nicht gruppenanalytisch oder soziologisch kompetent macht – denn die Psychoanalyse wird von der Soziologie und Gruppenanalyse gebraucht. Das Gewicht des psychoanalytischen Ansatzes liegt vor allem in seiner Vorrangstellung vor anderen Psychologien. Seine Notwendigkeit liegt darin, dass sie das »gesunde« Handeln einer Person ebenso wie eine Störung, die bei einer Person auftreten kann, immer als Ergebnis eines inneren, psychischen Konfliktes versteht, den es zu entschlüsseln gilt. Die Psychoanalyse geht außerdem davon aus, dass dieser Konflikt und seine gelungenen oder misslungenen Auflösungen immer eine Geschichte haben. Beim Individuum ist das die eigene Lebensgeschichte. In der psychoanalytischen Sichtweise haben Konflikte der Person in der Gegenwart immer Ursprünge in der Vergangenheit. In der Gegenwart wird der unaufgelöste Konflikt aus der Vergangenheit zur *Krise*, weil die Person in der Gegenwart potentiell über mehr Lösungskapazität verfügt, als sie in der Vergangenheit hatte. Krise heißt deshalb: In der Gegenwart taucht ein Konflikt auf, der auch in die Gegenwart gehört. Er hat aber eine Vorgeschichte und auch eine Vorgeschichte schlechter oder guter Lösungen. In der Gegenwartssituation verfügt die Person jedoch potentiell über bessere, differenziertere etc. Möglichkeiten, den Konflikt angemessen zu lösen. *Konflikt, Geschichte und Krise* sind die drei entscheidenden Begriffe der Psychoanalyse, um Störungen im gegenwärtigen Erleben von Personen zu erkennen. Von einer Soziologie aus psychoanalytischer Sicht muss erwartet werden, dass sie ähnliche Kategorien verwendet, um Störungen im gegenwärtigen Leben von Gesellschaft – also in Organisationen – zu erfassen. Mit beschreibenden Begriffen wie *»Rollen«, »Aufgabendifferenzierung«* verrät man als psychoanalytischer Teamsupervisor den eigenen Ansatz. *Verraten* ist hier im Sinne von *untergraben* gemeint.

»Es waren zwei Königskinder, die konnten zueinander nicht kommen«: Die Aufgabe der gruppenanalytischen Supervision und Beratung

Die gruppenanalytische Methode der Organisationsberatung und Teamsupervision steht vor einer doppelten Aufgabe. Im Bündnis mit der Psychoanalyse und der Soziologie muss sie doch deren unterschiedliche methodische Unzulänglichkeiten überwinden.

Die Psychoanalyse und die Soziologie entstanden beide als neue Wissenschaftsdisziplinen im letzten Jahrzehnt des 19. Jahrhunderts: S. Freud, E. Durkheim, M. Weber. Im Großen und Ganzen ist es in den über hundert Jahren, von der Frankfurter Schule abgesehen, zu einer wechselseitigen Rezeption oder gar zu einer Verbindung zwischen diesen beiden Sichtweisen des Verhältnisses von Individuum und Gesellschaft nicht gekommen. Obwohl doch beide eine Revolution der Erkenntnis einleiteten (Bosse 1999, 2000), ist es wie im Lied von den zwei Königskindern: »*Sie konnten zueinander nicht kommen, das Wasser war viel zu tief.*« (Offensichtlich konnten die Königskinder nicht schwimmen.) Was hat systematisch verhindert, dass sich beide Disziplinen aufeinander zu bewegen konnten? Man könnte mit dem Lied sagen: Das »*tiefe Wasser*«, das die Königskinder trennt, könnte sie auch verbinden, als Weg zur Vereinigung dienen. Erst in der Gruppenanalyse ist zwar nicht die notwendige Unterscheidung, wohl aber der falsche Gegensatz zwischen Individuum und Gesellschaft, Individuellem und Kollektivem, Psychischem und Sozialem aufgehoben. Erst in der Gruppenanalyse ist auch die falsche Gleichsetzung von Individuellem und Psychischem, wie auch von Sozialem und Kollektivem (so noch bei Behrend und Wienke 2001, S. 183, 193, 195) überwunden.

Die Methode – eine bestimmte Art, Gesellschaft zu sehen

Das methodische Hauptproblem der *psychoanalytischen Beratungs- und Supervisionsansätze* besteht darin, dass alle ihre theoretischen, methodologischen und praktischen Annahmen von der Zweierbeziehung zwischen Psychoanalytiker und Klient ausgehen. Im Mittelpunkt steht immer – so der Blick der Psychoanalyse – eine Beziehung von Einzelpsyche zu Einzelpsyche. Daraus ergeben sich die größten Schwierigkeiten, wenn die Psychoanalyse mit einer Organisation zu tun hat, in der das Zentrum der Aufmerksamkeit des Psychoanalytikers nicht mehr die Einzelpsyche des Klienten, sonder das *soziale Handeln* einer Gruppe ist. Mit dem Konzept des individuellen Unbewussten einzelner Personen lassen sich soziale Phänomen in Gruppen nicht erfassen. Methodisch steht der Supervisor unauflöslich vor dem Problem, in welchem Rahmen er Äußerungen einzelner Personen oder Störungen im Handeln einzelner Personen interpretieren soll. Das gleiche gilt für Gruppenphänomene, denen er kein eigenes Subjekt zuordnen kann. In der Metapsychologie Freuds sind psychische Massenphänomene immer Additionen einzelner psychischer Aktionen der beteiligten Individuen (Freud [1921c] 1960).

Das Methodenproblem »*klinischer*« *Soziologie* hingegen beruht darauf, dass sie sich mit ihrer Reduktion auf das Verstehen von Sprachstrukturen zwar ein fiktives Gesamtsubjekt gegeben hat – nämlich die Sprachgemeinschaft, auf deren Hintergrund die einzelnen Sprachvorgänge zurecht immer gelesen werden. Ihr Problem liegt aber darin, dass sie sich der methodischen Bearbeitung der vielfältigen Ausdrucksformen entschlagen hat, die nicht in Sprache gefasst sind und deshalb auch nicht über Protokolle von Arbeitsabläufen – dem Material der »klinischen« Soziologie erfasst werden können. Mit dem schriftlichen Protokoll in der Hand glaubt sie, prinzipiell auf *die Anwesenheit des Supervisors oder Beraters im Moment der Störung, in der Störungssituation selber verzichten zu können.* Sie konzentriert ihren Auftrag darauf, das Sprachprotokoll von Arbeitsgängen zu rekonstruieren und die Klienten mit den Ergebnissen zu konfrontieren. Diese, unter dem Namen »stellvertretende Deutung« laufende Erkenntnispraxis der Supervision und Beratung gibt wesentliche Momente der Entstehung von Erkenntnis beim Klienten auf. Nicht mehr die *Erinnerung des Klienten*, die nach Deutungen des Supervisors oder Beraters (in der psychoanalytischen oder gruppenanalytischen Methode) *als autonome Leistung des Klienten selber* unbedingt erforderlich ist, führt zur Entdeckung des bisher Unbewussten. Der Klient wird so um seine autonome Erkenntnisleistung betrogen. Der Anspruch des Arbeitsbündnisses, die autonome Praxis des Klienten zu respektieren, wird nicht auf die Praxis des Erkenntnisprozesses selber angewendet. Stattdessen wird der Klient über die Struktur seiner Störung und über die bessere Lösung belehrt. Ihm wird die vom Berater bereits »dechiffrierte« bessere Lösung als »latentes Anders-Sein«, das in der Störung bereits als angelegt vom Berater erkannt ist, »zu Bewusstsein gebracht« (Behrend und Wienke 2001, S. 182ff.). Zweifel und Einwände der Teilnehmer sind »argumentativ auszuräumen«. Diese Sicht beruht auf der Annahme »der objektiven Vernünftigkeit der sinnstrukturierten Welt«, der sich auf Dauer ein Subjekt nicht entziehen kann, das vom Supervisor mit der latenten Vernünftigkeit seiner eigenen Struktur konfrontiert wird. Demgegenüber nimmt die psycho- oder gruppenanalytische Praxis *die Ambivalenz zwischen Erkenntniswunsch und Widerstand, zwischen unbewusstem Triebwunsch und Angst vor seiner Äußerung* beim Klienten ernst.

Schließlich fehlt der »klinischen« Soziologie trotz einer sehr sorgfältigen Methode der Entzifferung ihres Materials, die vor unkontrollierten Verstehensoperationen schützen soll, eine Theorie systematischer Selbstreflexion der *Erkenntniswiderstände des Beraters und Supervisors* selber. Freud hat bekanntlich die Erkenntniswiderstände des Therapeuten ernst genommen, die er auf unerledigte Lebenskrisen des Analytikers in der Kindheit zurückführte – sicher eine noch zu enge Sicht des Widerstandsproblems des Supervisors selber. Die Widerstandsanalyse muss sich vielmehr auch auf die Kernstruktur des professionellen Handelns des Beraters selbst richten. So ist etwa der Teamsupervisor auf vielfältige Weise von der Institution, in die er auf Zeit gerufen ist, abhängig – abhängig von Vertragsverlängerungen, von Erfolgen, von unbekannten Absichten, die Teamchefs oder deren Vorgesetzten mit der Teamsupervison verbinden etc. Jeder erfahrene Teamsupervisor weiß, welche Macht diese sozialen Realitäten auf seine eigene professionelle Haltung und Erkenntnisfähigkeit ausüben. Nur eine gruppenanalytische Haltung, die anders als klinische Soziologie und Psychoanalyse den Erkenntniswiderstand nicht nur beim Patienten oder Klienten, sondern auch als eine unvermeidbare Grundrealität des professionellen Handelns selber anerkennt, wird erfolgreich sein.

Weiterhin entfällt durch die Entwertung der Supervisions- oder Beratungssituation als einer Situation, in der bereits fertige Erkenntnisse dem Klienten präsentiert werden, das wichtige, das von Freud für die Psychoanalyse und für die Gruppenanalyse erarbeitete Konzept des Erkenntniswertes der Beobachtung, Protokollierung und der Beratungs- und Supervisionspraxis. Es fehlt die Bearbeitung der eigenen Gegenübertragungen des Supervisors in der Therapiesituation, entsprechend abgewandelt für die Supervisionssituation. Es fehlt die gruppenanalytische Haltung der systematischen Selbstreflexivität.

Die Gruppenanalyse geht methodisch anders vor. Der Supervisor versteht sich immer als Teil der Arbeitspraxis der Klienten. Er ist in der Supervisionssituation anwesend. Obwohl es sich um eine aus der Alltagspraxis der Organisation ausgesonderte Situation handelt, ist doch die Supervisionssituation zugleich immer auch eine *Arbeitssituation*. Sie ist durch einen Vertrag zwischen der Organisation und dem Supervisor/Berater konstituiert, findet gewöhnlich in der Arbeitszeit der Klienten und am Ort der Organisation statt, in Räumen, die in der Praxis oft sogar im Alltag anderen Zwecken dienen usw. Die gruppenanalytische Beratung/Supervision macht sich die Realität dieser Supervisionssituation zunutze, die gleichzeitig Arbeitssituation, jedoch nicht identisch mit der alltäglichen Arbeitssituation ist. Aus diesem Identischen und dieser Differenz ergeben sich sehr viele Erkenntnismöglichkeiten:

Die Supervisionssituation wird zu einem *Übertragungsraum*, auf den die Arbeitskonflikte, Arbeitsstörungen und Praxiskrisen der Klienten übertragen werden, so dass sie im Verhalten der Klienten untereinander und mit dem Supervisor, der in dieses Geschehen einbezogen wird, ausgedrückt, sichtbar und für den Supervisor/Berater verständlich werden.

Der Supervisor/Berater kommt zu einem *Erkenntnisprozess*, ähnlich wie die Klienten durch ein *gemeinsames Situationserlebnis*. Dieses wird zum notwendigen Bestandteil des gemeinsamen und auch des getrennten Erkenntnisprozesses. Die Erkenntnis des Supervisors/Beraters, ob sie nun in der Situation erfolgt oder nachträglich bei der Bearbeitung von Protokollen geschieht und wieder eingebracht wird in der nächsten Sitzung, kann immer im allen einsichtigen Bezug auf die gemeinsam, aber durchaus unterschiedlich erlebte Supervisionssituation sichtbar gemacht werden.

Bei der ethnohermeneutischen Fassung der gruppenanalytischen Beratung und Supervision wird die Haltung systematischer Selbstreflexivität durch eine begleitende Analyse des *kulturellen Erkenntniswiderstandes des Beraters oder Supervisors* als Forscher eingelöst (vgl. Bosse 2001, S. 50ff.). Im Gegensatz zur »klinischen« Soziologie, die davon ausgeht, dass sich der Supervisor durch »*Anschmiegen der Analyse an die Protokolle*« widerstandslos in den Besitz des richtigen Erkennens der »*eindeutigen Sinnstruktur*« von Team-Äußerungen bringt (Behrend und Wienke 2001, S. 180f.), geht die Gruppenanalyse davon aus, dass der Supervisor immer auch sein eigenes persönliches Unbewusstes und das seiner Profession bearbeiten muss, weil er immer auch *nicht* versteht, weil er unbewusst nicht verstehen *will*, was in seiner eigenen Profession unbewusst ist und sich in der Auseinandersetzung mit einer Organisation meldet (Bosse 1995, S. 80ff.). Die Beratung oder Supervision wird im gruppenanalytischen Ansatz also von einer systematischen Selbstreflexion des Supervisors begleitet. Dabei richtet sich der Blick auf die *objektive Struktur der Beratungssituation*. Hier wird statt eines Anspruchs auf objektive Erkenntnis die *ethnohermeneutische Methode* (Bosse 2001) am strengsten angewendet: auch der Beruf, die Position und das Handeln des Supervisors selber ist »ethnisch« zentriert – er gehört einer bestimmten Profession an. Deren Realität, die auch unbewusst im Erkenntnisprozess mitschwingt, muss immer mitanalysiert werden. Zusammen bilden das Supervisionsteam und der Supervisor oder die Supervisorin einen »Ethnos« – eine Gruppe mit gemeinsamen Aufgaben, Regeln und Normen, obwohl mit unterschiedlichen Funktionen. Die einzige Methode, das Unbewusste des Teams oder der Organisation zu erkennen, liegt darin, alles, was sich ereignet, was von Teammitgliedern und dem Supervisor gesprochen wird, auf die gemeinsame Supervisions*situation* und d. h. auf die *Gruppen*situation – auf den Supervisions-»Ethnos«, die Gemeinschaft, die Team und Supervisor einschließt, zu beziehen. Dieser Ethnos, die Teamsupervisonssituation, hat eine zweifache Realität. Im Folgenden werde ich an einigen typischen Fallsituationen Brennpunkte und Möglichkeiten der Teamsupervision vorstellen.

360 Hans Bosse

»Täter« und »Opfer«. Die wahnhafte Welt- und Selbstsicht von Dienstleistungsorganisationen unter extremem politischem und ökonomischem Druck

Funktionsstörungen in einer Organisation machen sich in der Regel erst einmal an Personen fest. Einzelne oder mehrere Mitglieder leiden an den unterschiedlichsten »Störungen« wie im folgenden ersten Fallbeispiel: »*Immer müssen wir Frauen auf andere Rücksicht nehmen.*« So verbirgt sich hinter dem Persönlichen das Gesellschaftliche – der strukturelle Konflikt einer Organisation. Am individuellen Leiden wird schon etwas sichtbar, was mit Hilfe des Teamsupervisors oder Organisationsberaters als zu lösendes Problem der Organisation erkannt werden kann. Ich werde im Folgenden fünf strukturelle Konflikte der Organisation darstellen. Sie alle hängen mit Veränderungen der Gesellschaft zusammen. Stumm wie Fische ziehen neue Strukturen ein, vermischen sich mit den herkömmlichen Strukturen und reiben sich an ihnen. Fische kann man nicht zum Sprechen bringen, Strukturen ja. Den Strukturbeschreibungen werde ich jeweils einen kleinen Fall voranstellen, so dass man sich besser vorstellen kann, was sich hinter einer scheinbar zufälligen persönlichen Störung an gesellschaftlicher Brisanz verbergen kann.

Krach am Frühstückstisch eines Teams
Die Supervision fand im großen Versammlungsraum des Teams statt, wir hatten am ersten Sitzungstag auf der freien Fläche des Raumes im Kreis sitzend gearbeitet. Als ich am Vormittag des zweiten Sitzungstermins den Raum betrat, fand ich das Team überraschend um einen Konferenztisch versammelt. Man teilte mir mit, das Team hätte hier gerade zusammen gefrühstückt und wolle von jetzt an lieber an diesem Tisch arbeiten, weil sie »sich da wohler fühlten«. Weitere Erklärungen gab es nicht. (Später erfuhr ich, dass diese neue Tradition eines gemeinsamen Frühstücks vom Team als Frucht der ersten Supervisionssitzungen verstanden wurde. Man suchte nach Möglichkeiten, sich mehr als Team zu begreifen.) Ich sagte: »Für unsere Arbeit ist ein klares und verlässliches Setting wichtig, damit Sie auch Verunsicherungen ertragen können, die während unserer Arbeit auftreten.« Das wurde mir ausgelegt, als hätte ich gesagt, man solle sich in der Supervision nicht wohl fühlen. Ich sagte dazu: »Vertrauen Sie mir, dass es auch in einer Runde ohne Tisch gut gehen wird und Sie es überleben werden.« Eine Mitarbeiterin: »Ich habe aber kein Vertrauen.« Es wurde weiter diskutiert. Jemand sagte, er könne überall sitzen. Ein anderer meinte, es wäre offensichtlich für die Frauen wichtiger »sich wohl zu fühlen« als für die Männer. Schließlich sagte ich: »Hier am Tisch bin ich mir nicht sicher, welche Rolle ich habe. Bin ich ein Gast bei Ihrem Frühstück? Oder Gast bei Ihrer Mitarbeiterbesprechung? Oder bin ich Ihr Supervisor? Um mit

Ihnen arbeiten zu können, muss ich eine klare Rolle haben.« Spannung entstand. Einige fassten Ihre Stühle, als wollten sie aufstehen und hinüber in die andere Hälfte des Raumes gehen, wo wir sonst saßen. Ich fühlte mich vom Team dazu herausgefordert, ja fast verleitet, von meiner Macht als Supervisor Gebrauch zu machen und den Konflikt autoritativ zu entscheiden. Die Mitglieder schauten mit Spannung auf mich, ob ich jetzt wohl aufstehen und mit meinem Stuhl hinüber gehen würde. Dies tat ich nicht, ich sagte stattdessen: »Ich kann Sie nur bitten, dass Sie es wegen mir tun, damit ich Ihr Supervisor sein kann.« Die Wortführerin stand auf und ging hinüber: »Immer müssen wir Frauen Rücksicht auf andere nehmen.« Wir alle folgten ihr. Sie beklagte sich dann, dass es hier den ganzen Tag so gehe, immer müsse sie Rücksicht nehmen. Zu Hause setze sich das fort: Niemand frage sie dort, ob es ihr gut gehe, wenn sie für alle anderen sorge. Nicht einmal eine einzige Stunde habe sie am Tage für sich selbst. In der Supervision wolle sie sich endlich einmal wohl fühlen können. Ich sagte: »Ich habe mich heute im Team verhalten wie eine Mutter, die darauf besteht, dass es ihr gut geht. Sie mussten Rücksicht auf mich nehmen.« Die Mitarbeiterin: »Wie soll das zu Hause gehen?« Ich: »Die Kinder wollen nicht auf die Mutter Rücksicht nehmen. Die Mutter soll immer zu ihrer Verfügung stehen. Die Kinder werden protestieren, wenn Sie auf Ihren Wünschen bestehen. Es wird eine Auseinandersetzung geben.« Die Mitarbeiterin: »Ich habe etwas gelernt heute Nachmittag.« Sie sagte dies sehr warm und zufrieden. Der Leiter des Teams: »Für mich war es wichtig, zu sehen, was Sie machen würden. Wären Sie einfach hinüber gegangen, hätten Sie nicht nur die Frauen gegen sich gehabt, sondern auch die Männer. So aber hat es eine Lösung gegeben. Sie haben sich nicht angepasst. Ihre Arbeit mit uns war Ihnen wichtig. Deshalb haben Sie sich gewehrt. Sie haben darauf bestanden, dass Sie mit uns arbeiten können. Es ist gut, wenn man sich wehrt« (vgl. Bosse 1995).

Der Fall und seine gesellschaftlichen Bedingungen

Die Szene am Frühstückstisch des Teams ist eine Schlüsselszene, in der sich zum ersten Mal für den Supervisor ein Einblick in den Strukturkonflikt bietet, in den das Team verwickelt ist, ohne ihn schon erkennen zu können. Der Supervisor, der zu Beginn einer dreieinhalbjährigen Arbeit mit einem Team noch nichts von den Hintergründen des Wunsches nach Supervision weiß, hat offensichtlich eine Probe bestanden, weil er das Team um ein Setting bittet, in dem er seine Arbeitsfähigkeit erhalten und seine Arbeit mit dem Team tun kann. In den Augen der Mitarbeiterin, die sich über die Männer beklagt, erscheint der Konflikt am Frühstückstisch jedoch zunächst nicht als Problem ihrer Arbeitsfähigkeit, sondern als Ausdruck ihres offenbar benachteiligten Geschlechtes. Sie beklagt die Szene als ein bekanntes Geschlechterdrama mit bekanntem Ausgang: Die Frauen müssen »*immer*« auf autoritäre und patriarchale Männer Rücksicht nehmen. Das ist natürlich auch ein reales und wichtiges Thema; aber das Leiden der Mitarbeiterin an der anscheinend noch fortbestehenden Geschlechterhierarchie am Arbeitsplatz verdeckt in dieser Situation einen anderen Konflikt. In Wahrheit soll der Teamsupervision der Zahn gezogen werden. Die Situation, bekennt der Leiter des Teams am Schluss der Szene, war so etwas wie eine Falle für den Supervisor. Hätte sich dieser autoritär für die »Supervision-ohne-Tisch« entschieden, wäre diese nach zwei Sitzungen geplatzt. Das eigentliche Problem scheint also darin zu bestehen, dass das Team irgendwie herausbekommen muss, ob der Supervisor autoritär von oben herab wie ein Vorgesetzter entscheidet oder nicht. Diese Frage erscheint so drängend, dass das Team den Abbruch der Arbeit riskiert. Wie kommt es zu derart listigen, gewalttätigen und selbstdestruktiven Prozessen in einem Team?

Bekannt war, dass die Bundesregierung gerade ein sehr restriktives Asylgesetz und eine ebenso restriktive Flüchtlingspolitik beschlossen hatte. Das Team sparte jedoch die erheblichen Folgen und Probleme, die sich daraus für seine bewährte jahrelange Arbeit ergaben, völlig aus den Gesprächen aus. Erst allmählich im Verlaufe der Arbeit stellt sich Folgendes heraus. Die radikalen politischen Veränderungen zwangen das Team, das Asylanten und Flüchtlinge betreute, beriet oder therapierte, zu einschneidenden Änderungen ihrer Arbeit. Das ursprüngliche Ziel der Eingliederung in die bundesrepublikanische Gesellschaft war durch die neue Gesetzgebung ins Gegenteil verkehrt worden: Ihre Aufgabe war nun plötzlich, möglichst zur raschen Abschiebung oder Rückkehr von Flüchtlingen und Asylbewerbern beizutragen. Die Arbeitsziele und das professionelle Ethos der Teammitarbeiter wurden dadurch empfindlich getroffen. Die Beziehungen zu Klienten wurden teilweise zerrüttet. All dieses spielte sich auf der bewussten Ebene ab, wenngleich dies nur zögernd ans Licht kam.

Neben der bewussten gibt es noch eine zweite Realitätsebene. Die Weigerung des Supervisors, die Sitzungen an den Frühstückstisch des Teams zu verlegen, wird von vielen im Team als Ausdruck seines autoritären oder herrischen Verhaltens empfunden. Der Satz des Supervisors »Ich kann Sie nur bitten, dass Sie es (sich vom Frühstückstisch weg zur tischlosen Supervisionsrunde zu begeben) wegen mir tun, damit ich Ihr Supervisor sein kann«, gibt dem Leiter des Teams zum ersten Mal die Möglichkeit, am Vorbild des Supervisors eine Aufgabe des Teams in der gesellschaftlichen Krisensituation zu formulieren. Der Supervisor hat unerlässliche Bedingungen einer erfolgsorientierten Arbeit genannt. Er hat sich unsinnigen und selbstdestruktiven Forderungen verwehrt. Er hat das autoritäre Vorgehen des Teams gespiegelt, das ihm seine Arbeitsweise vorschreiben wollte, ohne selbst autoritär über das Team verfügen. An dieser kleinen Szene wird sowohl dem Supervisor, wie auch dem Team selbst zum ersten Male die unerkannte Störung deutlich, die das Team lahm legt und zu zerrütten droht. Dieses Team kann nur noch in Kategorien von Tätern und Opfern, autoritären Herren und unterworfenen Sklaven denken und handeln. Es ist unfähig, die noch verbliebenen Spielräume zur Gestaltung seiner Berufspraxis unter den neuen politischen Bedingungen durchzudenken und zu formulieren. Über ein Jahr fordert bspw. der Teamleiter sein Team vergeblich auf, die Folgen der neu verordneten notwendige Etat- und Stellenkürzungen durch eine bewusste Planung zu mildern, die ihre wichtigsten Arbeitsvorhaben um den Preis des Abbaus weniger zentraler Aufgaben retten soll.

Vom Einzelfall ablösbar tritt an der zeitweiligen Verrohung und Zerrüttung demokratischer und sachbezogener Orientierungen ein wichtiges Gesetz professionellen Handelns zutage. Formell freie, aber von öffentlichen Einrichtungen finanziell abhängige Dienstleistungsorganisationen wie das im Fallbeispiel angeschaute Beratungs- und Therapiezentrum verfügen über engagierte, zum Teil sehr gut ausgebildete und in der Regel selbstbewusst nach demokratischen Normen handelnde Mitarbeiter und Mitarbeiterinnen. Diese Organisationen sind intern oft wenig bürokratisch und hierarchisch aufgebaut. Sie betonen Kooperation und wechselseitige Angewiesenheit ihrer Mitglieder. Das Verhältnis zwischen übergeordneter Dienststelle und Arbeitsstelle wird von diesen Teams zwar meist als unbefriedigend empfunden, vor allem wenn die Verwaltung autoritär, mit sachlicher Inkompetenz oder inhaltlichem Desinteresse in die Arbeit des Teams eingreift, was jedoch in der Regel ein Ausnahmefall bleibt. Diese Teams sind sich aber gleichzeitig einer relativ großen Freiheit bei der Ausgestaltung ihrer rechtlichen, politischen, inhaltlichen und finanziellen Handlungsspielräume bewusst. Der Wechsel zu einem autoritär- unterwürfigen Verhalten mit entsprechender Einschätzung von Personen, die eine Leitungsrolle wie im obigen Falle der Supervisor übernehmen, bedürfen deshalb einer besonderen Untersuchung und Klärung. Relativ leicht lässt sich vermuten, dass sie das Ergebnis bedrohlicher gesellschaftlicher Kräfte sind, die von außen in die Organisation eindringen. Schwer jedoch zu verstehen scheint mir, wie in vielen Konflikten erfahrene und gestandene Mitarbeiter in ein derartig autoritär-unterwürfiges Fahrwasser geraten können, wie die explosive Szene zeigt.

Wie lässt sich bei kompetenten Teams unter dem Druck traumatischer Krisensituationen der Organisation der Verfall demokratischer Orientierungen, differenzierter Wahrnehmung und demokratischer eigener Handlungspotentiale verstehen? Auffällig ist, dass dieser Wechsel von demokratischen zu autoritären Orientierungen und ihre Reduktion der sozialen Wahrnehmung, die überall nur noch autoritäre Strukturen wirksam sicht, nicht nur bei Einzelnen anzutreffen ist. Im obigen Fall ist nicht nur eine einzige Mitarbeiterin von dieser Interpretation der Supervisionssituation betroffen. Vielmehr findet dieser Wechsel von Orientierung und Bewusstsein kollektiv statt, erfasst tendenziell das ganze Team. Es handelt sich also nicht um persönliche, sondern um strukturelle Probleme, nicht um eine individuelle Regression von einem demokratischen auf ein autoritäres Bewusstsein, sondern um eine *kollektive* oder *institutionelle* Regression eines Gesamtteams.

Meine These zu dieser *institutionellen Regression* ist, dass das innere Bild von der Gesellschaft, über die demokratisch erzogenen Individuen verfügen, im Berufsalltag wirksam ist, aber in Fragen schwerer Kränkungen des eigenen Berufsbildes und der Berufsmoral Schaden nehmen kann. In solchen Situationen greift das Individuum und mit ihm die anderen Arbeitskollegen auf ein individuell früh vom kleinen Kind erworbenes Gesellschaftsbild zurück, das durch die spätere Entwicklung des Kindes von einem reiferen, demokratischen Bild verdrängt wurde, aber im Unbewussten weiter schlummert (vgl. Kernberg 1981). Deshalb kann es auch unter besonderen Bedingungen wieder in Kraft treten. Dieses frühe Gesellschaftsbild ist nach dem Schema von Tätern und Opfern, Macht und Ohnmacht konstruiert. Konflikte werden in diesem frühen Bild nicht über Aushandeln und Abwägen, sondern über Antun und Erleiden beendet. Beim Erwachsenen findet unter traumatischen Arbeitsbedingungen u. U. ein Rückschritt auf ein vordemokratisches Gesellschaftsbild zwar im Individuum und somit auch individuell statt, ist aber durch die unmittelbaren zeitnahen Arbeitserfahrungen verursacht. Deshalb kann diese unbewusste Verarmung oder Verrohung auch am Arbeitsplatz in Form geeigneter Organisationsberatung oder Teamsupervision bewusst gemacht werden und sich auflösen. Zuallererst in der Supervisionssituation selber, d. h. an den Konflikten, die zwischen dem Team und dem Supervisor auftreten, erfolgt dann die Rückkehr zu einem demokratischen inneren Bild von Gesellschaft und der eigenen Rolle in ihr. Dann erst können Konflikte mit Autoritäten, Kollegen oder Klienten wieder als verhandelbar, als rational und das heißt unter wechselseitiger Achtung professioneller Standards lösbar erscheinen.

Die Supervisionssituation. Zur gruppenanalytischen Wahrnehmung und Analyse der Gegenübertragung

Ich werde später kurz auf die wissenschaftlichen Methoden der hermeneutischen Rekonstruktion von Teamsupervison hinweisen. An dieser Stelle hier ist es jedoch notwendig, auf die intuitiv verwendete gruppenanalytische Methode des Teamsupervisors oder Organisationsberaters *in der Supervisionssituation selber* einzugehen. Der Gegenstand der Aufmerksamkeit im gruppenanalytischen Ansatz ist die Supervisions*situation*, im Gegensatz zu einem Objekt (ein Klient, die Klientengruppe), als deren Teil sich der Supervisor erlebt und wahrnimmt. Im vorliegenden Beispiel ist das die »Betriebsstörung« am Frühstückstisch zu Beginn der Supervisionssitzung. Der Supervisor nimmt die

Gesamtszene wahr, von der er ein Teil ist – die gesellschaftlichen Interaktionen (die Verhandlung um den Ort) und gleichzeitig sein inneres Erleben derselben. Methodisch relevant ist dabei, dass er *wie in der psychoanalytischen Supervision* sein inneres Erleben – Gefühle, Phantasien wahrnimmt und als Reaktion auf unbewusste Projektionen der Teilnehmer auf ihn, den Supervisor analysiert (Gegenübertragung), dass er jedoch *dabei auf die gesellschaftlichen Situationen achtet, die auf sein inneres Erleben projiziert werden.* Aus den sehr persönlich, auch affektiv und körperlich intensiv erlebten inneren Szenen analysiert er das gesellschaftliche Muster, von dem er im Erleben selber Teil geworden ist – Gast und Gastgeber, Täter und Opfer, Herren und Knechte, Eindringling und Verteidiger, patriarchale Männer und beherrschte Frauen.

In diesem Vorgehen zeigt sich der Unterschied zur rein psychoanalytischen oder soziologischen Supervision. Denn der gruppenanalytische Supervisor verwendet das aus der Psychoanalyse stammende Instrument – die Gegenübertragungsanalyse, verändert es jedoch folgenschwer, um eine *Arbeitssituation als gesellschaftliche Situation adäquat verstehen zu können.* Er untersucht die Übertragungen seiner Klienten als deren gesellschaftliche Situationsdeutungen, die sich an der *Supervisionssituation als einer gesellschaftlichen Szene* festmachen, während die Psychoanalyse als Ichpsychologie und Objektbeziehungstheorie Übertragungen immer als *personale Projektion* dechiffrieren muss: sie kann (wenn sie im Einklang mit ihrer Theorie bleibt) Klientenübertragungen immer nur als Projektionen von Selbstanteilen oder Objektbildern eines Klienten verstehen (z. B. der Supervisor als herrischer Ehemann der am Frühstückstisch klagenden Mitarbeiterin). Der modische Wechsel psychoanalytischer Supervision vom Objekt- und Subjekt- zum »szenischen Verstehen« nach Lorenzer und Argelander ist wenig effizient, solange die »Szenen« wie bei ihren Urhebern immer nach dem Modell innerer Bilder von Familienbeziehungen (Mutter und Kind, Vater und Kind, Ehemann und Ehefrau) konstruiert sind (Wolf 1995, 162f.) und der traditionelle Übertragungsbegriff der Psychoanalyse umstandslos und unverändert in der Organisationsberatung weiter verwendet wird (Wolf 1995, 139, 154). Um die unbewussten Gesellschaftsprojektionen (statt personalen Projektionen) von Teams im eigenen Erleben als Supervisor wahrnehmen zu können, ist eine hohe soziologische Kompetenz Voraussetzung. Der Supervisor muss

- seine eigenen Erlebnisbilder auf den konkreten Einzelfall der gerade stattfindenden einmaligen Arbeitssituation als Supervisionssituation beziehen können,
- die daraus probeweise erschlossene unbewusste Auffassung des Einzelfalls durch die Klienten mit ihrem derzeitigen strukturellen Arbeitsverhältnis in Verbindung bringen können (Frage nach der Verbindung der Projektion mit einem Vorgang in der Institution) – im obigen Fall hieße das, die im

Erleben des Supervisors als auffällig von den Klienten gestaltete Frühstücksszene auf ihre Verbindung mit der institutionellen Matrix zu untersuchen
– der kürzlichen Veränderung des Arbeitsauftrags des gesamten Beratungszentrums,
– in der merkwürdigen Situationsdeutung, die die Teilnehmer dem Sitzungsbeginn geben, ein mentales Schema erkennen können, das der Supervisor zunächst für sich selber versprachlicht und das er als potentielles unbewusstes Gesellschaftsbild der Teilnehmer auffasst (die unbewusste »Gesellschaftsrepräsentanz«, Bosse 1995), das noch durch weitere Szenen zu erhärten ist, das der Supervisor jedoch bereits in der Situation als eine unmissverständliche an ihn gerichtete Handlungsaufforderung auffasst, die er anspricht, statt ihr zu folgen. Diesen Vorgang stelle ich im Folgenden kurz und notwendigerweise unvollständig dar.

Der Supervisor als »ungebetener Gast«

In der hermeneutischen Rekonstruktion (Bosse 2001, S. 80 ff.) der Supervisionsszene am Frühstückstisch, die ich hier aus Platzgründen nicht leisten kann, zeigt sich, wie unbewusste Geschlechter- und rassistische Phantasien der Teilnehmer ineinander greifen. In meiner damaligen Bemerkung »*Bin ich heute Gast an Ihrem Frühstückstisch? Oder Gast in Ihrer Mitarbeiterbesprechung?*« ist ein Teil der unbewussten Szene von mir bereits richtig entschlüsselt. Ich sehe mich vom Team aus der Supervisorrolle verdrängt und in die Gastrolle gedrängt. In der Frageform, die Unsicherheit ausdrückt, ist implizit schon enthalten, dass ich Objekt einer unangenehmen Manipulation bin, die mich meiner Rollenklarheit und -einnahme beraubt. In ihrer vollständigen Version, die den bewussten Sinn dieser Inszenierung durch das Team auszudrücken hätte, müsste die Szene jedoch noch anders beschrieben werden. Denn meine selbstverständlich Einnahme der Supervisorenrolle wird mir vom Team herausfordernd verwehrt. Ich werde wie ein ungebetener Gast behandelt, der dem Team, das vor den Resten des Frühstücks sitzt, die Idylle des gemeinsamen Frühstücks zerstören will. Möglicherweise werde ich wie jemand gesehen, der sich über den gedeckten Tisch hermachen und ihnen das Ihre rauben, oder das verspeisen will, was sie noch übrig gelassen haben. Mit meiner Intervention, die meine Aufgabe retten soll, erlebe ich mich wie jemand, der ihnen den Schutz des Tisches fort nehmen und ihnen damit ihre Verteidigung zerstören will, die sie gegenüber eindringenden Ausländern aufgebaut haben. Ich mache mich daran, die Scheinintimität und Scheinharmonie, die durch das gemeinsame Frühstück symbolisiert wird, zu entlarven und zu zerstören, indem ich auf einer Supervisionsarbeit bestehe, in der auch Unangenehmes zur Sprache kommen soll. Das soll verhindert werden. Ich soll nur an ihrer Runde teilnehmen dürfen, wenn ich mich nach ihren Regeln richte. Dadurch würde ich jedoch meiner Macht und meines Handlungsspielraumes als Supervisor beraubt, zum Opfer gemacht, während sie Täter würden.

In dieser von mir hier lückenhaft rekonstruierten unbewussten Inszenierung verhält sich das Team genauso, wie es auf keinen Fall von seinen Klienten, den Flüchtlingen, gesehen werden möchte, aber zunehmend, in verzerrter Wahrnehmung, gesehen wird. In dieser Szene verhält sich das Team wie der verlängerte Arm einer deutschen Gesellschaft und ihres Staates, die in den Ausländern, den Flüchtlingen oder Einwanderern nur Störer sieht und Regeln für deren Aufnahme und Teilnahme an der deutschen Gesellschaft aufstellt; diese Regeln verletzen jedoch die Würde des Ausländers, weil sie ihm grundsätzlich die Fähigkeit absprechen, selbst ein vernünftiges und entscheidungsfähiges Wesen zu sein.

Der Fortgang jener Gesprächsszene zeigt, was geschieht, wenn der Supervisor den unbewussten Bedeutungsgehalt dieser Szene als einer Abweisung unerwünschter Supervisionsarbeit aufdeckt. Indem der Supervisor ausspricht, dass er sich als willkommener Gast am Frühstückstisch fühlt, stellt er klar, dass er sich dadurch zugleich als unwillkommener Supervisor behandelt fühlt. Der Supervisor gibt der Szene im Gespräch selber eine Deutung. Er führt das Wort »Gast« ein, das an »Gastarbeiter« erinnert. Indem er ausspricht, dass er sich hier wie ein willkommener/unwillkommener Gast fühlt, hat er offensichtlich eine unbewusste Phantasie des Gesamtteams angesprochen, mit der es sich gegen die ungebetene, von oben verordnete Supervision wehrt. Im Unbewussten des Teams wird der Supervisor wie ein Ausländer, wie ein Gastarbeiter gesehen, den man nur unter für ihn entwürdigenden Bedingungen und auch nur in Grenzen hereinlassen will. Er darf nur Gast sein, nicht jedoch Teilnehmer ihrer Arbeit mit allen Rechten und unter Ausübung seiner spezifischen Kompetenzen. Auch Assoziationen vom Flüchtling, der sich über die Reichtümer der Deutschen hermacht – am Frühstückstisch alles auffisst – liegen hier nahe. Mit meiner Frage: Bin ich Gast an Ihrem Frühstückstisch?, ziele ich auf den sinnlichen Sinn der Szene und gebe ihm eine sprachliche Form. Ich verweise damit auf unbewusste Phantasien des Teams, die hinter der Szene stehen, durch sie gebunden und sinnlich symbolisiert wurden und nun, durch die sprachliche Thematisierung aufseiten des Supervisors beim Team ins Bewusstsein vorzustoßen drohen. (Wohlgemerkt, ich spreche hier von unbewussten rassistischen Phantasien, die verwendet werden, um einen Konflikt zu lösen, der nichts mit realem Rassismus zu tun hat. Die Mitarbeiter wehren sich gegen eine verordnete, scheinbare Kontrolle ihrer Arbeit durch Supervision, können aber diesen Vorbehalt gegen den Supervisor nicht ansprechen.)

Die unbewussten rassistischen Phantasien wirken so bedrohlich auf das Team, das sich ja in seiner Berufsarbeit einer antirassistischen Flüchtlingsarbeit mit Leib und Seele verschrieben hat, dass es in der Folge zu einer Phantasie des

Geschlechterverhältnisses greift, um den penetranten Supervisor, der auf seinem Arbeitskonzept besteht und um seine vertraglich zugesicherte Rolle als Supervisor kämpft, zu seinen Bedingungen »hereinzulassen«. Die Männer fordern den Supervisor auf, von seinen Rechten autoritär und machtvoll Gebrauch zu machen, als »Herr«. Die Frauen protestieren und sehen sich als »Opfer« einer männlichen Herrenkultur und eines Herrenbündnisses zwischen deutschen und bikulturellen Mitarbeitern, den Supervisor eingeschlossen. Die rassistischen Phantasien werden so unschädlich gemacht durch die Einigung sowohl der Geschlechter wie der Angehörigen unterschiedlicher Kulturen auf einen neuen heimlichen »Rassismus« – den im Geschlechterverhältnis, ein Rassismus, der Männer und Frauen auf ihr biologisches Geschlecht reduziert und damit das gesellschaftliche Verhältnis zwischen den Geschlechtern als quasi biologisch konstruiert. Die Männer aller Kulturen sind hier die Herren und Täter, die Frauen (nur) die Opfer. Hier handelt es sich nun um eine bewusste Phantasie oder wie ich es nenne, ein Idiom oder eine Ideologie. Sie ist ungefährlicher, denn über sie gibt es einen zumindest partiellen Konsens der Gesellschaft. Allerdings ist sie ebenso destruktiv wie die vorhergehende, am Frühstückstisch sinnlich inszenierte und als Vorstellung unbewusst bleibende Phantasie von den Herren und Herrinnen der Festung Deutschland, die den Supervisor als »Ausländer«, als Gast oder Gastarbeiter nur unter restriktiven und entwürdigenden Bedingungen hereinlassen. Auch diese bewusste Phantasie droht die Supervision zu zerstören, bis der Supervisor jenseits der Herren-Täter- und der Opferposition den dritten Weg einschlägt, bei dem die wechselseitige Angewiesenheit von Männer und Frauen, von Deutschen und »Ausländern« betont wird: *Ich kann Sie nur bitten, mit mir in den andern Teil des Raums zu gehen, damit ich ihr Supervisor sein kann.«*

Widersprüchliche Realitätsstrukturen der Organisation. Zur Notwendigkeit einer Soziologie der Institution

Ungetrunkener Sekt
In der Vorbesprechung zu einer mehrjährigen Teamsupervision, bei der ich zum ersten Mal dem Team begegnete, das Angehörige von Sozial- und Bildungsdiensten fortbildete, brach eine der Mitarbeiterinnen in heftiges Weinen aus. Sie hatte gerade ein Modellprojekt erfolgreich abgeschlossen, das sie im Alleingang konzipiert und durchgezogen hatte. Sekt war bereitgestellt worden, um ihren Erfolg zu feiern, der auch dem Gesamtteam ein neues Arbeits- und Einkommensfeld eröffnen sollte. Der Sekt war ungetrunken geblieben in der morgentlichen Teambesprechung, an die sich unser Vorgespräch anschloss. Die Tränen der Teilnehmerin, die ich später als erfahrenes und gestandenes

Teammitglied kennen lernen sollte, wurden wegen des Leiters der Organisation vergossen. Ihm war die Ehrung der Kollegin, wie es schien, nicht wichtig genug erschienen. Mich befremdete ihre kindliche und hilflose Art, auf Enttäuschung und Kränkung zu reagieren. Auch die Stummheit des Teams, das diese Panne wie ein schicksalhaftes Ereignis hinnahm, störte mich. Der Leiter redete sich verlegen heraus. Die Panne blieb damit am Leiter hängen und wirkte auf mich im Nachhinein wie eine Schandmütze, die man ihm aufsetzte, damit der Supervisor von Anfang an ins rechte Bild gesetzt würde. Der Leiter erschien so bereits in der Vorbesprechung als unfähiger, uninteressierter, das Team schlecht führender Leiter, der nichts vom Gesetz wechselseitiger Anerkennung von Leistungen verstand oder es nicht achtete. Erst später, nachdem langsam die Einbettung dieses Teams in die Arbeit, Struktur, Ziele und Zwänge der Dachorganisation deutlich zu werden begann, bekam die längst vergessene Szene mit dem ungetrunkenen Sekt für mich eine neue Bedeutung, die ich dem Team mitteilte. Es stellte sich heraus: Nicht ein herzloser oder gar unfähiger Leiter hatte diese Tränen verursacht, nicht ein scheinbar unsolidarisches Team, vielmehr betrieb die Dachorganisation ein ihr selber vielleicht nicht bewusstes Spiel mit dem Team. In der Klientel dieser Dachorganisation – großen und mächtigen Verbänden verschiedener sozialer Dienstleistungen – war das gehaltvolle und zukunftsweisende Fortbildungsprojekt, das die Mitarbeiterin entwickelt hatte, politisch nicht durchsetzbar. Diese Verbände verweigerten den Schritt nach vorn – die Qualifizierung und Professionalisierung ihrer Dienste, um zu »sparen«, um etablierte Führungs- und Machtstrukturen nicht zu gefährden, oder um einen Großteil ihrer Mitarbeiter nicht entsprechend dem neuen Modell fortbilden zu müssen, also insgesamt aus ökonomischen Zwängen oder als Zwang titulierten Prioritäten. Die Dachorganisation jedoch, um ihr eigenes politisches Gewicht bemüht, förderte das Modellprojekt, um an der Spitze des Bildungs- und Sozialfortschrittes zu stehen. Das konnte klug gehandelt sein. Indem sie aber das Team im Glauben ließ, auch für die politische Anwendung des neuen Projektes zu sorgen, die federführende Mitarbeiterin jedoch in Wirklichkeit für die Schublade arbeiten ließ, ohne sie darüber zu informieren, brachte die Organisation es fast zustande, das Standing dieser Mitarbeiterin zu ruinieren. Im Dunkeln tappend über die wirkliche Politik der Dachorganisation konnte sich das getäuschte Teammitglied die Folgenlosigkeit eigener Arbeit nur selber als Versagen und Ausweis eigener Inkompetenz zurechnen. Erst über die beharrliche soziologische Detailaufklärung in der Teamsupervision kamen Täuschung und Selbsttäuschung der Organisation an die Oberfläche, die sich wie ein Nebel auf die Sicht der Teilnehmerin gelegt hatten. Von nun an konnte sie ihre Weiterarbeit unter realistischer Einschätzung der Erfolgs- und Anwendungsaussichten planen und gestalten.

Sinn und Interesse – Zielkonflikte von Institutionen als Geheimnis

Institutionen werden gebildet, um sinn- und zielorientiertes Handeln organisieren zu können (Weber 1964 S. 3ff.). Von Weber ausgehend, können wir *wertorientierte* von *zweckgeleiteten* Institutionen unterscheiden. (Den ersteren lassen sich aus heutiger Sicht Bereiche wie Religion, Ausbildung, Weiterbildung, Beratung, Therapie zuordnen, den letzteren etwa Produktionsbetriebe, Verwaltungen, Behörden usw.). In der Regel vermischen sich beide Institutionstypen in der Realität, zum Beispiel bei Kliniken, die einerseits dem Therapiegebot verpflichtet und auf der anderen Seite Dienstleistungsbetriebe sind, die medizinische Sachleistungen zur Verfügung stellen. Das gilt auch für viele andere Institutionen. Aus diesen, oft bereits in sich widersprüchlichen Institutionszielen ergeben sich entsprechende Entscheidungsstrukturen, eine spezifische Arbeitsteilung und Systeme zur Steuerung der Informationskanäle. In all diesen Institutionen werden in unterschiedlichem Maße auch Angehörige von Professionen eingesetzt – Ärzte, Psychologen, Therapeuten; Juristen und Soziologen; Pädagogen, Sozialarbeiter und Theologen; Wissenschaftler und Forscher. Was alle diese Professionsangehörigen miteinander verbindet, ist ihre fachliche Kompetenz, an der Erhaltung gesellschaftlicher zentraler Werte – Wahrheit, Konsens, Selbstreflexivität – zu arbeiten. Professionelles Handeln in der Institution heißt, von einem idealen Professionsverständnis her betrachtet, zur Klärung von Sinnproblemen beizutragen. So tragen Therapeuten in Beratungsstellen oder Kliniken dazu bei, dass ihre Klienten sich über den lebensgeschichtlichen Ursprung ihrer psychosozialen oder körperlichen Probleme aufklären können und so ein Stück Autonomie in ihrer Praxis zurückgewinnen und ihrem Leben selber eine Sinnperspektive geben. Soziologen oder Pädagogen in der Abteilung Jugendförderung und Jugendpolitik einer Stadtverwaltung arbeiten in der Auseinandersetzung mit freien Trägern und Angestellten der Stadt daran, das durch Traditionsüberhang, Routine, schlechte Ausbildung und Fehlbesetzung gesunkene Reflexionsniveau zu erhöhen und neue Zielvorgaben zu entwickeln, die dann politisch und verwaltungsmäßig den realen Möglichkeiten entsprechend revidiert und schließlich umgesetzt werden. Dieser Professionalität, die durchaus ein ernsthaftes Institutionsziel darstellen kann, stehen nun aber, eingestanden oder uneingestanden, *legitime oder illegitime andere Institutionsziele diametral entgegen* – finanzpolitische oder parteipolitische Ziele, oder wie etwa in einem Produktionsbetrieb eindeutig übergeordnete Interessen wie Profit und Rentabilität. Liegt beim Produktionsbetrieb der Widerspruch zwischen Wertorientierung und instrumentellen Zielen der Institution klar auf der Hand (wenn auch nicht notwendigerweise immer im individuellen Bewusstsein der dort tätigen Professionsangehörigen), so ist er in primär sinnbildenden Institutionen zumeist strukturell verdeckt, wenn auch alle Mitarbeiter davon wissen (Bosse 2003). Aufgabe der Supervision ist es, einen Raum zu öffnen, in dem dieser Konflikt zwischen sinnbildenden und instrumentellen Zielen der Institution, zwischen professionellem und instrumentellem Handeln als interner Strukturkonflikt der Institution selber erscheinen darf.

Das Fallbeispiel zeigt, dass Organisationen, die zwischen Motiven der Professionalisierung ihrer Dienstleistungen, politischen Machtzielen und ökonomischen Rentabilitätsinteressen intern vermitteln müssen, häufig zentrale, den Strukturkonflikt übergreifende Normen verletzen oder sabotieren: Informationsfluss, Transparenz der Entscheidungen, Begründungen für Interessenkompromisse, Anerkennung für die Leistungen ihrer Mitglieder etc. Diese Normverletzungen werden selbstverständlich stumm betrieben – stumm wie die Fische, die wir schon einmal bemüht haben. Stummheit der Normverletzung macht sie zur strukturellen Gewalt. Ihr wieder Sprache zu geben, so dass die stumme Gewalt nicht von den Betroffenen auch selbst noch gegen sich gerichtet wird wie im Beispiel der Tränen einer Mitarbeiterin, ist ein Grund für Teamsupervision und Organisationsberatung.

Die Gleichzeitigkeit des Ungleichzeitigen. Der Kampf zwischen patriarchalen und professionellen Kulturen in einer Organisation und die Aufgabe der Organisationsberatung und Teamsupervision

Als Beispiel nehme ich wiederum den Kampf von professionellen Teams in kirchlichen Organisationen um die Anerkennung ihrer professionellen Leistung. Kirchliche Dienstleistungsorganisationen sind bis heute von einer beeindruckenden Ethik des Dienstes am Nächsten bestimmt. In dieser Ethik verbirgt sich jedoch eine sehr alte patriarchale und damit vorprofessionelle Struktur des Handelns zwischen Leitung und Mitarbeitern, Dienstleistenden und Klienten. Diese Struktur ist in *Mythen* aufbewahrt, die den vielen dort Arbeitenden, fachlich oft hoch ausgebildeten Professionsangehörigen unbekannt sind. In der Organisation wirken diese Mythen und die sie tragenden Amtstraditionen jedoch noch höchst lebendig fort. Die Leitungsfunktionen dieser Organisationen sind zum großen Teil noch von Geistlichen besetzt, die oft neben ihrer theologischen Ausbildung auch über eine sozialwissenschaftliche Zweitausbildung verfügen. Die informellen Traditionen des sozialen Handelns als Dienen sind überall ebenso präsent wie formelle arbeitsrechtliche Regeln, die dem Status der Kirchen ähnlich wie der Gewerkschaften als »Tendenzbetrieb« folgen. Auch diese harten Regeln sind den Professionsangehörigen zumeist nicht bekannt. Tradiert wird diese vormoderne religiöse Kultur in Mythen, die im offiziellen *Gedächtnis* der Institution – den heiligen Texten, Gesangbüchern, Sprüchen und der gesamten kirchlich geprägten Sprachkultur aufbewahrt und in den *ritualisierten* religiösen Diensthandlungen wie Andachten und Gottesdiensten, zu denen beispielsweise geistliche Leiter professioneller Teams im Sakralbereich der Organisation auch verpflichtet sind, regelmäßig re-inszeniert werden. Überdies leben sie auch fort in einer informellen, aber deutlich sichtbaren *Haltung* religiös gebundener Mitarbeiter, die in der Arbeitspraxis als mit der professionellen Haltung völlig verquickt auftritt, gleichzeitig jedoch einem nicht religiös gebundenen Mitarbeiter als befremdlich und unverständlich erscheint. Unter den vielen Mythen kirchlicher Institutionen greife ich hier einen heraus, den ich erstmals als Zehnjähriger aufgemalt als Spruch auf einer Flurwand eines evangelischen Diakonissenmutterhauses fand: »Dass ich die Liebe, von der ich leb', liebend an andere weiter geb.« In diesem beeindruckenden Liedausschnitt ist die Berufsethik einer Diakonisse beschrieben. Die Diakonisse hat von ihrem Erlöser eine Liebe empfangen. Diese gibt sie zurück – und das macht aus, was wir modern einen Beruf nennen. Das Wesentliche ist dabei, dass sie die Liebe an ihren Erlöser zurückgibt, indem sie das Empfangene an ihre Klienten »*weitergibt*«. Der Beruf wird zur Berufung. Er ist Ausdruck der religiösen Lebensführung; umgekehrt muss sich auch die Lebensführung in der religiösen Indienstnahme des Berufs ausdrücken. Das gilt insbesondere für den Protestantismus (Weber 1920), aber auch weitgehend in den andern Konfessionen der Weltreligionen. Der Diakonissenspruch fasst diese Umsetzung von Lebens- und Arbeitsentwurf in gelungener mythischer Verdichtung zusammen. Ohne einmal das Wort Beruf zu gebrauchen, läuft der Spruch auf das Bekenntnis »Liebe als Beruf« (»*Liebe weitergeben*«) hinaus. Anerkennung der eigenen beruflichen Leistung erfolgt in diesem religiösen Kontext daher nicht primär nach berufsbezogenen sachlichen Kriterien, sondern ist in die religiöse Sphäre zurückverlagert. Die Diakonisse erhält Anerkennung durch die »Liebe« des Erlösers, d. h. durch seine Selbstopferung für sie. Sie erkennt wechselseitig diese Selbstopferung des Erlösers an, indem sie in ihrem Beruf ebenfalls alles bis auf ihr nacktes Leben opfert, d. h. auf Gattenliebe, Sexualität, Kinder, Familie und bezahlte Arbeit verzichtet. Auch diese Wechselseitigkeit des Selbstopfers ist, ohne je in Worten formuliert zu sein, im Wechselseitigkeitsspiel des Verses von der »Liebe, von der ich leb'›liebend an andere weitergeb‹« exemplarisch ausgedrückt. Die Wechselseitigkeit findet nicht auf der Arbeitsebene statt, sondern auf der existenziell-religiösen Ebene. Nicht die Arbeit des Erlösers als jüdischer Zimmermann, sondern als Heiland ist relevant und bestimmt die Ebene der Anerkennung der Leistung auch der Diakonisse. Entscheidend ist, dass sie ihr Leben hingibt aus existenzieller Liebe, und nicht, dass sie einen Beruf professionell ausübt.

In diesem Feld wechselseitiger religiöser Anerkennung gibt es damit keine Autonomie der Lebenspraxis oder der Berufspraxis – befremdlich, weil gerade die christlichen Religionen, voran der protestantische Puritanismus mit seinem religiösen Konzept der methodischen, Welt und Arbeit zugewandten Lebensführung zur Professionalisierung der Berufe Wesentliches beigetragen haben.

Das religiös bestimmte Konzept von Berufsarbeit ist deshalb vor-professionell, d. h. nicht am Zentralwert der Autonomie der Lebens- und Berufspraxis orientiert, weil beide Arbeitsentwürfe abhängig bleiben von der transzendentalen Gabe der Liebe des Erlösers. Von dieser Quelle ist keine Trennung möglich wie die des Adoleszenten von den Eltern. Der religiöse Lebensentwurf ist stattdessen als lebenslängliche wechselseitige Gabe konzipiert, die man ständig empfängt und zurückgibt. Ohne ständige Bindung an den Erlöser bricht der Lebens- und Arbeitsentwurf zusammen. Er ist abhängig von der Anwesenheit des Erlösers. Er ist kein autonom gewählter und gefundener, sondern ein vom *Vorbild* des Erlösers übernommener Entwurf. Diese Abhängigkeit steigert einerseits durch ihre Sakralisierung den Wert des Berufslebens der Diakonisse und aller religiös definierten Arbeitsentwürfe, entwertet aber andererseits das Autonomieprinzip. Die Versorgung der Bedürftigen ist nur Ausdruck der Opfergabe, die sich an den Erlöser richtet. Die Bedürftigen sind Objekt, nie Subjekt von arbeitsäquivalenten Leistungen. Es gibt nur eine Gleichheit von religiösem Diener und dem Bedürftigen: beide sind dankbar. Beide verfügen gegenüber ihrem Geber über keine Autonomie, teilen keine Autonomie mit ihm. Nur in der Abhängigkeit von und Angewiesenheit auf den Geber können sie etwas geben. Das Wechselseitigkeitsmodell ist damit vertikal konzipiert. Es gibt keine Ebene, auf der sich beide, wenn auch in verschiedenen Rollen als Ebenbürtige und Gleichwertige in der Autonomie des einen und des andern und im wechselseitigen Respekt für sie treffen.

Dagegen orientiert sich die professionelle Haltung, wie wir sahen, an der Norm der Autonomie, die grundsätzlich auch bei ungleichen Rollen für beide, den Professionellen und seinen Klienten gilt, dessen Autonomie wiederhergestellt (z. B. Patient) oder gefördert (z. B. Schüler) werden soll. Der entscheidende Punkt liegt dabei im wechselseitigen Respekt vor der Autonomie des andern als einer Struktur symmetrischer Wechselseitigkeit.

Für das Verhältnis von Leitung und Mitarbeitern in heutigen Professionsteams gilt als Grundlage des Arbeitsbündnisses zwischen beiden Seiten eine symmetrische Wechselseitigkeit der Autonomie des Handelns (Beruf), in unterschiedlichen Funktionen, für Leitung und Mitarbeiter. Und es gilt die Gleichzeitigkeit spezifischer, rollenförmiger Leistungen im Berufsalltag und »diffuser« Beziehungen in Krisensituationen, in denen sich Leiter und Mitglied auch als »ganze Menschen« mit Bedürfnissen gegenüberstehen. Ein Leiter muss über entsprechende Fähigkeiten auf beiden Handlungs- und Beziehungsebenen verfügen. Auf beiden Ebenen ist das wechselseitige Handeln an der Norm der Autonomie der Praxis aller Beteiligten orientiert. Also nicht »Liebe« wie im Mythos der Diakonisse, sondern gegenseitiger Respekt vor der Autonomie der Lebenspraxis ist der zentrale wechselseitige Wert in Teams von Professionellen.

In den Institutionen nun tobt ein Kampf der Kulturen, der Kampf zwischen einer professionellen und einer patriarchal-vorprofesionellen Kultur. Das gilt nicht nur für Mitarbeiter, die größtenteils die leitenden Mythen der Institutionen, seien sie latent oder öffentlich, nicht mehr kennen und deshalb erleiden müssen, es gilt auch für Leitungsmitglieder selber, die in beiden Kulturen, der professionellen und der kirchlichen ausgebildet sind und in ihrer Seele durch den *Clash* der Werte zerrissen, in ihrer Professionalität beschädigt werden und andere beschädigen.

Nun ist dies kein Spezialfall, sondern gilt nach meinen Erfahrungen auch für andere Institutionen – medizinische, soziale, universitäre, schulische, öffentliche Verwaltung etc. Sie alle befinden sich derzeit in einer Situation radikaler Krise. Sie manifestiert sich darin, dass in der täglichen Arbeit Anerkennung ausbleibt, weil auch in ihnen langsam vordringende Professionalitätsstrukturen in Konflikt mit den patriarchalen Normen und Traditionen der Vergangenheit geraten. Es geht dabei nicht nur um den Clash zwischen der Liebesnorm und der Norm der wechselseitigen Respektierung der Autonomie der Lebenspraxis des anderen. Es geht insgesamt um den Zusammenprall zwischen patriarchalen, ethnisch-partikularen Normen und universalen Professionsnormen. Als universale Normen professionellen Handelns gelten neben dem wechselseitigen Respekt vor der Autonomie des fachlichen Urteils auch Kommunikationszwang und gleichzeitig Kommunikationserlaubnis nach bestimmten Regeln, die Reflexivität sichern sollen und insbesondere auf eine Begründungsverpflichtung und Verantwortungsübernahme für das eigene Handeln hinauslaufen.

Im Kampf der Kulturen stehen sich zwei Auffassungen und Realitäten von Wechselseitigkeit gegenüber. In der ethnischen oder patriarchalen Gesellschaft sind wechselseitige Beziehungen durch ungleiche Machtverteilung geprägt und deshalb asymmetrisch. Die »Gabe« wird vom Geber strukturell als Machtinstrument über andere eingesetzt (Mauss 1975), etwa mit einer Rückzahlungspflicht verbunden. Mauss spricht deshalb von asymmetrischer Wechselseitigkeit. Für Gesellschaften mit Professionsnormen, die sich am Prinzip wechselseitiger Autonomiegewährung orientieren, gilt dagegen als Idealnorm das Prinzip symmetrischer Wechselseitigkeit. Die Gabe muss die Autonomie des andern respektieren.

In soziologischer Perspektive scheint mir die Hauptaufgabe der Teamsupervision in Organisationen zu sein, dem tödlichen Kampf zwischen den Kulturen eine neue Perspektive zu geben. Mir scheint, dass die vormodernen, vorprofessionellen Traditionen institutionellen sozialen Handelns sowohl von ihren Verteidigern wie auch Gegnern in einer ganz unzureichenden Perspektive wahrgenommen werden

– als entweder zu verteidigende oder als zu bekämpfende und zu erledigende Tradition. Es scheint in Institutionen fast unmöglich, in bestimmten vormodernen, patriarchalen Handlungsmustern nicht nur die wirksamen Herrschafts- und Gewaltmuster zu sehen, also ein strukturelles Defizit an Respekt vor der Autonomie des andern, sondern auch eine vormoderne Form der Wechselseitigkeit der »guten Gabe« wie im Wahlspruch und Lebensentwurf der Diakonissen. Im Mythos von der Weitergabe empfangener Liebe als Motto eines Lebens- und Arbeitsentwurfs ist tatsächlich eine revolutionäre Weltauffassung formuliert, die historisch die Antike beendet hat. Sie schloss die »böse Gabe« aus der Wechselseitigkeitsregel aus und löste damit die jüdische Tradition ab, in der gleichzeitig mit der wechselseitigen Norm der guten Gabe, so für den Nächsten zu sorgen, wie Gott für Israel sorgte, das Talionsgesetz der bösen Gabe und Gegengabe galt – »Auge um Auge«. Natürlich fällt dem soziologischen Blick des Team-Supervisors von heute auf: Die wechselseitige Anerkennung, die darin besteht, das man für den andern bewusst sein Leben hingibt, findet nur zwischen Erlöser und erlöstem Dienstleistenden statt. Die Armen, Bedürftigen und Hilflosen, in heutiger Sprache die Klienten, sind nur Objekt der Liebesleistung als Aufopferung des eigenen Lebens. Zwar geben sie der Diakonisse Anerkennung in Form von Dankbarkeit und Liebe. Aber sie opfern sich nicht zum Dank für die erhaltene Liebe auf. Darin liegt die Asymmetrie der religiös motivierten Gabe. Denn Autonomie gibt es im monotheistischen Typ religiös-patriarchalen Handelns nur in der Autonomie des eigenen Selbstopfers für den andern. Beide und nur beide entschließen sich zu ihm: Gott und der sich durch sein Opfer heraushebende Diener Gottes (hier: die Diakonisse). Die Bedürftigen dagegen, durch deren Versorgung sich das Opfer des Dieners vollzieht, sind immer nur Objekte, nie Subjekte von »Autonomie«.

Inzwischen sind an die Stelle der Diakonisse weitgehend professionelle oder halb-professionelle Mitarbeiter getreten. Aber die Mythen sind geblieben und wirken weiter. An die Stelle der alten Triade *Erlöser – erlöste Dienstleistende – bedürftige Objekte* ist die neue Triade von *Erlöser, Leitung und bedürftigem Professionellen* getreten. Zwar werden den Mitarbeitern professionelle Leistungen abverlangt (und die Kirchen sind in manchen Gebieten sozialer und pädagogischer Dienstleistung führend in der Verprofessionalisierung), aber gleichzeitig werden sie als Objekte vorprofessioneller Führung behandelt, und es wird ihnen abverlangt, in den Vertrag der Diakonisse mit ihrem Erlöser einzusteigen und ihr Berufsleben und persönliches Leben als gute Gegengabe für die eigene Erlösung zum Opfer zu bringen.

Die soziologische Aufgabe des Supervisors liegt in derartigen Organisationen darin, zusammen mit den Mitarbeitern und der Leitung den stillen, latenten, in jeder Situation des Berufsalltags wirksamen aber den Teilnehmern völlig verborgenen Kampf zwischen den beiden Anerkennungs-Kulturen zu rekonstruieren.

Diese Arbeit hat drei Ziele: Die unbewusste Destruktivität des Kampfes der Kulturen soll bewusst werden; der *Traditionsbruch* von vor-autonomen und vor-professionellen zu autonomen, professionellen Anerkennungsverhältnissen soll wissend begangen werden; die Kontinuitätsperspektive, dass Autonomie nur als wechselseitiges Verhältnis möglich ist, soll bewusst eingenommen werden können. Dazu ist viertens eine Supervision oder Beratung nötig, über die die verschiedenen und sich oft bekämpfenden Vorstellungen darüber, wer »wir als Organisation« sind, erst einmal bewusst werden können:

- das *patriarchale Wir*, das von ständischen, ethnisch-partikularen Herrschaftsnormen geprägt ist und aus den Herkunftsfamilien von Mitarbeitern oft noch gestützt wird,
- das *professionelle Wir*, das durch universale, Autonomie-orientierte Normen geprägt wurde,
- das *gemeinwohlzentrierte Wir*, das an gesellschaftlichen Grundwerten (etwa Gesundheit, Konsensus, Wahrheit, Gerechtigkeit) orientiert ist,
- das *markt- und wirtschaftlichkeitsorientierte Wir*, das oft nur noch die ideologische Hülle eines von instrumentellen Zielen geleiteten Handelns darstellt usw.

Wir verbringen ein ganzes Leben in einer Organisation, oder ständig in anderen und neuen; wir leiden darunter, dass wir in der Organisation sind, weil wir nicht wissen, »wer wir sind als Organisation«.

Literatur

Becker, H. (1995): Angewandte Psychoanalyse in der Teamsupervision als Forschungsansatz. Zur Ethnopsychonalyse psychiatrischer Institutionen. In: Becker, H. (Hg.): Psychoanalytische Teamsupervision. Göttingen (Vandenhoeck & Ruprecht), S. 179–230.

Behrend, O., Wienke, I. (2001): Zum Konzept der klinischen Soziologie als Basis einer fallorientierten Beratung. In: Degele N., Münch, T., Pongratz, H. J., Saam, N.J. (Hg.): Soziologische Beratungsforschung. Perspektiven für Theorie und Praxis der Organisationsberatung. Opladen (Leske + Budrich), S. 177–198.

Bosse, H. (1995): Herrenphantasien bei Helfern. Gesellschaftsrepräsentanz und unbewusste Gesellschaftsphantasien bei Angehörigen beratender und therapeutischer Berufe im Spiegel einer gruppenanalytischen Team-Supervision. In: Arbeitshefte Gruppenanalyse 2, S. 56–83.

Bosse, H. (2000): Von der Couch zum Kreis. Wandlungen des Übertragungsverständnis auf dem Wege zu einer gruppenanalytischen Theorie und Praxis. In: gruppenanalyse 10 (1), S. 49–66.

Bosse, H. (2001): Subjektives und strukturelles Unbewusstes. In: Arbeitshefte Gruppenanalyse 8, S. 43–94.

Bosse, H. (2003): Kampf um Anerkennung in Institutionen – Gruppenanalytische Teamsupervision in kirchlichen Organisationen. In: Jahrbuch für Gruppenanalyse 9, S. 95–116.

Bosse, H. (im Druck): Die Spannung zwischen dem endlichen und dem unendlichen Wir. Ein sozialpsychologisches Modell religiöser Vergemeinschaftung und der Entstehung des Neuen in ethnischen und modernen Gesellschaften. In: Wiedenhofer, S. (Hg): Kulturelle und religiöse Traditionen. Zum Stand traditionstheoretischer Forschung im deutschsprachigen Raum. Münster (LIT Verlag).

Freud, S. (1960): Massenpsychologie und Ich-Analyse. In: Freud, S.: Gesammelte Werke XIII. Frankfurt am Main (Fischer), S. 71–161.

Kernberg, O. F. (1981): Objektbeziehungen und Praxis der Psychoanalyse. Stuttgart (Klett-Cotta).

Krause, R. (1998): Allgemeine psychoanalytische Krankheitslehre. Bd. 2. Stuttgart (Kohlhammer).

Krause, R. (2003): Was ist unbewusst an affektiven Prozessen? In: Arbeitshefte Gruppenanalyse 10, S. 73–91.

Lorenzer, A. (1974): Die Wahrheit der psychoanalytischen Erkenntnis. Frankfurt am Main (Suhrkamp).

Mauss, M (1975): Die Gabe. Form und Funktion des Austauschs in archaischen Gesellschaften. In: Mauss, M.: Soziologie und Anthropologie II. Frankfurt am Main (Syndikat).

Oevermann, U. (1993): Struktureigenschaften supervisorischer Praxis. In: Bardé, B., Matte, D. (Hg.): Therapeutische Teams. Göttingen (Vandenhoeck & Ruprecht), S. 141–269.

Oevermann, U. (1996): Theoretische Skizze einer revidierten Theorie professionellen Handelns. In: Combe, A., Helsper, W. (Hg): Pädagogische Professionalität. Frankfurt am Main (Suhrkamp), S. 70–182.

Weber M (1920) Die protestantische Ethik und der Geist des Kapitalismus. In: Weber, M., Gesammelte Aufsätze zur Religionssoziologie I. Tübingen (J. C. B. Mohr), S. 17–206.

Weber, M. (1956): Wirtschaft und Gesellschaft. Köln (Kiepenheuer & Witsch).

Wolf, M. (1995): Stellvertretende Deutung und stellvertretende Leitung. Funktionen und Kompetenzen des psychoanalytischen Teamsupervisors. In: Becker, H. (Hg.): Psychoanalytische Teamsupervision. Göttingen (Vandenhoeck & Ruprecht), S. 126–178.

Nachwort:
Professionalisierung gruppenanalytischer Supervision und Organisationsberatung

Rolf Haubl

Was vor zwei Jahrzehnten noch eher die Ausnahme war, ist inzwischen Normalität: Supervision und Organisationsberatung werden in verschiedenen Formen angeboten und auch nachgefragt. Es ist ein lukrativer Markt entstanden, in dem im Laufe der Zeit auch immer mehr Gruppenanalytiker tätig geworden sind und weiterhin tätig werden wollen. Waren es anfangs Einzelne und vereinzelte Personen, die Gelegenheiten ergriffen, die sich ihnen mehr oder weniger zufällig boten, um an Prozessen der Organisationsentwicklung – zunächst in Non-Profit-Organisationen, später auch in Profit-Organisationen – gruppenanalytisch mitzuarbeiten, so wurde doch bald erkennbar, dass es systematischerer Anstrengungen bedarf, um die Gruppenanalyse in Abgrenzung zu anderen Formen der Supervision und Organisationsberatung zu profilieren. Mit solchen Anstrengungen soll die Professionalisierung von Gruppenanalytikern für dieses Aufgabenspektrum erreicht werden.

Professionalisierung ist eine berufspolitische Strategie, Märkte für berufliche Leistungen effektiv zu beeinflussen. Soweit ein solcher Markt ein freier Markt ist, bestimmt die Kundennachfrage, welcher der konkurrierenden Anbieter einer nachgefragten Leistung engagiert wird. Der Kunde entscheidet also selbst, wer seine Probleme am besten lösen kann, und strukturiert darüber maßgeblich die Art und Weise, in der die Leistungen erbracht werden. Vor diesem Hintergrund ist Professionalisierung die Strategie, Qualitätsstandards aufzustellen, sie im öffentlichen Bewusstsein – zumindest im Bewusstsein potenzieller Kunden – durchzusetzen und deren Einhaltung selbst zu überwachen. Wo Professionalisierung gelingt, wird die Kundennachfrage an diese Standards gebunden: Der Kunde hat die Überzeugung gewonnen, dass es das Beste für ihn ist, einen Anbieter zu engagieren, der sie erfüllt. Infolgedessen werden alle Anbieter einer Leistung, die diese Standards nicht erfüllen, auf einen »grauen« Markt abgedrängt, was idealtypisch dazu führt, dass deren Chancen schwinden, zu Aufträgen zu gelangen.

Das ultimative Ziel einer Professionalisierung ist das – vergleichsweise seltene – Erreichen eines durch Sanktionen gestützten Leistungsmonopols: Es gibt nur einen Anbieter, der die nachgefragte Leistung qualifiziert erbringt, und diese Leistungen sind gesellschaftlich so relevant, dass es potenziellen Konkurrenten bei Strafe verboten wird, solche Leistungen anzubieten.

Zudem emanzipieren sich mit einer gelungenen Professionalisierung die geltenden Erfolgskriterien von den Kriterien, die Kunden als Erfolgskriterien anlegen. Denn es kommt zu einer polaren Rollenverteilung in Experten und Laien. Zwar hängt das Vertrauen der Laien in die Experten nach wie vor davon ab, ob auch sie Leistungen der Experten als Erfolge verbuchen. Für den Experten aber wird das Urteil der Fachkollegen zu dem vorrangigen Maßstab: Beurteilt der Fachverband sein Handeln als »lege artis«, ist es legitimiert. Professionalisierung zielt somit darauf ab, Laien davon zu überzeugen, dass Experten es »besser wissen und können« als sie. Zu den problematischen Konsequenzen dieser Strategie gehört die Infantilisierung der Laien, wie sie im Medizinsystem, das mit seiner Professionalisierung von Heilberufen vorbildlich geworden ist, seit langem zu recht kritisiert wird. Trotz solcher Kritik bleibt Professionalisierung für Berufsgruppen ein attraktives Ziel.

Zu den wichtigsten Kriterien einer Professionalisierung gehören: Berufsverband, geschützte Berufsbezeichnung, standardisierter Ausbildungsgang, Verwissenschaftlichung und ethische Selbstkontrolle. Legt man die genannten Kriterien an, so sind für die gruppenanalytische Supervision und Organisationsberatung erste Schritte auf dem Wege einer Professionalisierung getan. Dieser Weg wird sicherlich nicht zu einer Monopolstellung führen, dafür gibt es zu viele und zu starke gleich weit professionalisierte Konkurrenten, was auch heißt, dass sich alle Anbieter in ihren Erfolgsquoten zu wenig unterscheiden.

(a) *Berufsverband*: Berufsverbände vertreten die Interessen der Absolventen beruflich qualifizierender Ausbildungen. Im Falle der gruppenanalytischen Supervision und Organisationsberatung ist das die »Sektion Analytische Gruppenpsychotherapie« (GA) im »Deutschen Arbeitskreis für Gruppenpsychotherapie und Gruppendynamik« (DAGG). Die Sektion unterhält eine Reihe anerkannter Ausbildungsinstitute. Diese zentralen Institute bieten geeigneten Berufsgruppen eine Ausbildung in Gruppenanalyse an, die anschließend um eine Ausbildung in gruppenanalytischer Supervision und Organisationsberatung erweitert werden kann.

(b) *Geschützte Berufsbezeichnung*: Wer die Ausbildung in Gruppenanalyse erfolgreich absolviert und damit das Zertifikat »Gruppenanalytiker« erworben hat, erwirbt durch die Zusatzausbildung in gruppenanalytischer Supervision und Organisationsberatung auch das Zertifikat »gruppenanalytischer Supervisor und Organisationsberater«. Diese zusätzlich qualifizierten Gruppenanalytiker werden von der AG auf einer öffentlichen Liste geführt, die potenziellen Auftraggebern die Gewähr bietet, dass die auf der Liste geführten Männer und

Frauen fähig sind, Leistungen in gruppenanalytischer Supervision und Organisationsberatung zu erbringen, deren Qualität einem Mindeststandard entspricht.

(c) *Standardisierter Ausbildungsgang:* Dieser Mindeststandard wird durch Ausbildungsgänge erreicht, deren theoretische, methodologische und interventionspraktische Inhalte alle zentralen Ausbildungsinstitute nach vergleichbaren Curricula vermitteln und abprüfen. Freilich bietet jedes dieser Curricula die Chance, sich über den Mindeststandard hinaus zu qualifizieren. Ausbildungsgänge sind jedoch nicht danach zu beurteilen, ob und wie viele außergewöhnlich leistungsfähige Absolventen sie hervorbringen, da sich Höchstleistungen nur bedingt planen lassen, sondern danach, wie leistungsfähig der durchschnittliche Absolvent ist.

(d) *Verwissenschaftlichung:* Professionelle Kompetenzen, Probleme zu lösen, beruhen soweit wie möglich auf wissenschaftlichem Wissen. Während einfache Berufe sich mit der Befähigung begnügen, Routineprobleme zu lösen, geht Professionalisierung darüber hinaus. Wer über professionelle Kompetenzen verfügt, ist fähig, neue Probleme zu lösen, da er oder sie gelernt hat, sich das dafür benötigte Wissen forschend zu beschaffen. Dies gilt nicht nur für den einzelnen Professionellen, sondern für die Profession insgesamt, die gehalten ist, Forschung zu betreiben, um ständig ihr Wissen und Können zu verbessern. Das setzt die Bereitschaft voraus, sich als Berufsgruppe zu organisieren, die an einer kontinuierlichen Bilanzierung ihrer Erfolge und Misserfolge interessiert ist, um daraus Hinweise für ihre Weiterentwicklung zu gewinnen. In diesem Sinne veranstaltet die AG jährliche Fachtagungen, die der wissenschaftlichen Diskussion aktueller Fragestellungen gruppenanalytischer Supervision und Organisationsberatung sowie dem interdisziplinären Austausch dienen. Außerdem regt sie begleitende wissenschaftliche Untersuchungen an, die bevorzugt in dem »Jahrbuch für Gruppenanalyse« und der »Zeitschrift für Gruppenpsychotherapie und Gruppendynamik« veröffentlicht werden.

(e) *Ethische Selbstkontrolle:* Professionen geben sich ein Ethos, auf das sie ihre Vertreter verpflichten. Zu den generellen ethischen Prinzipien, die auch für gruppenanalytische Supervisoren und Organisationsberater gelten, gehört zum einen die ethische Verpflichtung eines Professionellen, nur Aufträge zu übernehmen, die in seinen Kompetenzbereich fallen, sowie seine Klientel über die Art und Weise aufzuklären, warum er oder sie wie interveniert und welche Chancen und Risiken sich dadurch im Hinblick auf die zu lösenden Probleme realistischerweise ergeben. Zum anderen verpflichtet sich ein Professioneller, aufkommende fachliche Streitfragen darüber, ob und wie weit er oder sie nach

Maßgabe des verfügbaren Wissens »lege artis« gehandelt hat, durch Kontrollgremien entscheiden zu lassen, die durch Fachkollegen besetzt sind.

Alle benötigten Informationen über Ausbildungsrichtlinien und Curricula sind über das Sekretariat des DAGG – Landaustraße 18, 34121 Kassel; Tel.: 0561-284567; E-Mail: *Geschaeftsstelle@DAGG.de* – oder direkt über den Sektionsvorstand der AG – E-Mail: *A.Berghaus@t-online.de* zu beziehen.

Was die zukünftige Entwicklung der gruppenanalytischen Supervision und Organisationsberatung anbelangt, so lassen sich eine Reihe von »Baustellen« ausmachen, die es dringend zu bearbeiten gilt, um auf dem Weg der Professionalisierung weiter voranzukommen:

- Gruppenanalytische Supervison und Organisationsberatung rekurrieren letztlich auf die Psychoanalyse als Bezugstheorie. Dabei wird in letzter Zeit vermehrt die Frage diskutiert, wie weit es bislang überhaupt eigenständige gruppenanalytische Konzepte gibt, die der Komplexität der nachgefragten Leistungen in Supervison und Organisationsberatung angemessen sind. Womöglich orientiert sich die Gruppenanalyse nach wie vor zu sehr an konzeptuellen Vorstellungen, die aus der Einzelanalyse stammen. Dann stünde die Emanzipation der Gruppenanalyse noch aus, was auch Folgen für die Konzeptualisierung einer originär gruppenanalytischen Supervision und Organisationsberatung haben dürfte. Dabei gehört es zu den vorrangigen Aufgaben, die Konstruktion anspruchsvoller Konzepte eines überindividuellen (gruppalen, organisationalen) Unbewussten zu befördern.
- Supervision und Organisationsberatung dienen dem übergeordneten Ziel der Organisationsentwicklung. Diese findet auf drei Ebenen statt, die teilautonom und folglich miteinander verflochten sind, ohne aufeinander reduzierbar zu sein: die Ebene der einzelnen Organisationsmitglieder mit ihren lebensgeschichtlich erworbenen Persönlichkeitsstrukturen; die Ebene der Gruppen, in denen Organisationsmitglieder vernetzt interagieren und kommunizieren; und die Ebene der Organisation mit ihren Arbeitsstrukturen. Gruppenanalytische Supervisoren und Organisationsberater setzen auf der Gruppenebene an, wo sie dazu beitragen, die Beziehungen der Organisationsmitglieder zu klären und zu stärken. Von dieser Ebene aus gesehen erscheinen Organisationen als Netzwerke verschiedener Gruppen – so wie Gruppen als Netzwerke verschiedener Organisationsmitglieder erscheinen. Organisationswissenschaftlich gilt dieses »Bild« von Organisationen jedoch als fragwürdig. Bis heute ist die Verbindung von Gruppenanalyse und Organisationsanalyse eine »Leerstelle«, die womöglich die Erfolgsbilanz beeinträchtigt.

- Gruppenanalytische Supervisoren und Organisationsberater arbeiten mit einzelnen Organisationsmitgliedern, vor allem Leitungskräften, mit Gruppen von Organisationsmitgliedern, die verschiedenen Organisationen angehören, dort aber gleiche oder arbeitsteilig aufeinander bezogene Rollen inne haben, mit Teams, die für kurzfristige Projekte zusammengestellt oder dauerhaft institutionalisiert sind, mit einzelnen Abteilungen oder sogar mit abteilungsübergreifenden Großgruppen. Sie tun dies alleine oder in einem Beraterteam. Der »Erfindung« neuer Settings sind keine Grenzen gesetzt, zumal wenn man den Anspruch erhebt, maßgeschneiderte Problemlösungen anzubieten: Dann müssen die Probleme den Settings (adaptive Indikation) und nicht die Settings den Problemen (selektive Indikation) vorausgehen. Freilich darf Kreativität nicht zur Willkür verkommen. Deshalb ist es dringend erforderlich, die Diversifikation gruppenanalytischer Methoden im Bereich der Supervision und Organisationsberatung methodenkritisch zu begleiten. Bis heute fehlt es aber an einem breiten Überblick über die praktischen Erfahrungen, die in erfolgreichen, aber auch gescheiterten »Experimenten« gemacht worden sind – von differentiellen Interventionskonzepten ganz zu schweigen.
- Und schließlich fehlt es generell an wissenschaftlichen Untersuchungen analog zur Therapieforschung: und zwar sowohl an Ergebnisstudien, die anhand angemessener Erfolgskriterien die Effektivität gruppenanalytischer Supervision und Organisationsberatung prüfen, als auch an Verlaufsstudien, die untersuchen, was jenseits von idealtypischen Beschreibungen in konkreten Supervisionen und Organisationsberatungen tatsächlich geschieht. Es kann kein Trost sein, dass dieser Mangel für andere Formen von Supervision und Organisationsberatung ebenfalls festzustellen ist. Zumindest gilt es, eines zu bedenken: Gegenüber Konkurrenten sind entsprechende Erfolgsnachweise entscheidende Argumente, an denen sich eine zunehmend marktbewusster werdende Klientel orientiert. Hinzu kommt, dass sich die Effektivität gruppenanalytischer Supervision und Organisationsberatung nur verbessern lässt, wenn man sie kennt.

Die in diesem Sammelband zusammen gestellten Beiträge vermögen nicht, die skizzierten Mängel schlagartig zu beheben. Mit ihnen wird aber zum ersten Mal dokumentiert, welche Praxis gruppenanalytischer Supervision und Organisationsberatung sich in verschiedenen Praxisfeldern entwickelt hat und wie weit die Konzeptualisierung dieser Praxis bislang gediehen ist. Es sind Dokumente, die von der Erfahrung zeugen, dass es keine »Erfolgsrezepte« gibt. Mit einer gruppenanalytischen Haltung an die Probleme heranzugehen, wegen denen eine Supervision oder Organisationsberatung nachfragt wird, heißt vielmehr: nicht einfach Wissen anzuwenden, sondern einen gemeinsamen Lernprozess in

Gang zu setzen, in dem diese Anwendung selbst erst gelernt werden muss. Insofern handelt es sich bei der Gruppenanalyse um eine *reflexive* Form der Supervision und Organisationsberatung. Darin sind sich alle Autorinnen und Autoren dieses Sammelbandes einig.

Statt von der Vorstellung auszugehen, es würde »Erfolgsrezepte« geben, sprich: generelle oder gar universelle Problemlösungen, die sich aus einem Bestand gesicherten wissenschaftlichen Wissens oder praktischen Erfahrungswissens auf den Einzelfall übertragen lassen, wird angenommen, dass sich ein gruppenanalytischer Supervisor und Organisationsberater durch solches Wissen zwar anregen lassen kann, erfolgversprechende Problemlösungen zu finden, er oder sie dieses Wissen aber bei jedem Auftrag auf spezifische Weise kontextualisieren oder gar generieren muss, um sie tatsächlich zu finden. Wo nach Rezept verfahren wird, stellen sich früher oder später Enttäuschungen ein, weil die Besonderheiten eines Problems einer Organisation oder Organisationseinheit verfehlt werden. Dies gilt gerade auch dann, wenn Auftraggeber die Anwendung von »Erfolgsrezepten« erwartet, da sie glauben und hoffen, darin bestünde die Expertise von Experten. Als reflexive Form muss gruppenanalytische Supervision und Organisationsberatung diesen Glauben und diese Hoffnung enttäuschen, was auch heißt: Sie besteht darauf, dass erfolgversprechende Problemlösungen das Ergebnis eines gemeinsamen Suchprozesses sind, in dem der gruppenanalytische »Experte« die Klientel anhält, ihre eigene Praxis kritisch zu befragen, um einen spezifischen Veränderungsbedarf auszumachen und das Bedürfnis zu entwickeln, die als notwendig eingesehenen Veränderungen auch praktisch zu realisieren – und sei es gegen eigene Widerstände.

Die Betonung von Partizipation ist dabei keine Finte, um sich aus der Verantwortung zu stehlen, so als sei immer die Klientel schuld, wenn die erwünschten Problemlösungen ausbleiben. Der gruppenanalytische Supervisor und Organisationsberater übernimmt Verantwortung, freilich in erster Linie für die Gestaltung eines Prozesses, in dem das gemeinsame Reflexionsniveau so hoch wie möglich gehalten wird, was bei allen Formen reflexiver Interventionen, die von der Psychoanalyse her kommen, vor allem darauf zielt, die Produktion von Unbewusstheit für alle Organisationsmitglieder wahrnehmbar und besprechbar zu machen. Wie weit dabei die Abstinenz des »Experten« im Hinblick auf das Einbringen eigener Vorschläge für Problemlösungen gehen soll, ist strittig. So gibt es gruppenanalytische Supervisoren und Organisationsberater, die unterstellen, dass die Organisationsmitglieder über alles notwendige Wissen für die Kontextualisierung oder Generierung geeigneter Problemlösungen verfügen, auch wenn sie das nicht wissen, so dass sie sich mit Hilfestellungen begnügen können, dieses Wissen zu heben. Inzwischen gewinnt allerdings eine weniger puristische Position an Boden: Ihre Anhänger halten es mit der Rolle als Prozessbegleiter für vereinbar, wenn sie ihr wissenschaftliches

Wissen oder praktisches Erfahrungswissen aktiv zur Verfügung stellen, um mögliche Alternativen zu einer bestehenden Praxis aufzuzeigen.

Diese Absage an eine überzogene Abstinenz geht meist auch mit zwei fundamentalen Einsichten einher: dass erstens kein »Experte« in Organisationen intervenieren kann, ohne sich dabei zumindest von unausgesprochenen normativen Vorstellungen darüber leiten zu lassen, wie Organisationsmitglieder ihre primäre Aufgabe möglichst erfolgreich erfüllen; und dass zweitens auch kein »Experte« in der Lage ist, organisationsinterne Interessenkonflikte und daraus resultierende Machtkämpfe zu beobachten, ohne selbst in sie verwickelt zu werden. Deshalb empfiehlt es sich, das Abstinenzprinzip einem Transparenzprinzip unterzuordnen, das dem gruppenanalytischen Supervisor und Organisationsberater methodisch die Selbstkritik auferlegt, die er seiner Klientel abverlangt: Das schließt ein, dass er oder sie fähig und bereit ist, mit nicht intendierten Folgen seiner oder ihrer Interventionen und mehr noch mit der eigenen Unbewusstheit zu rechnen – sie wahrzunehmen und besprechbar zu machen.

Formen reflexiver Supervision und Organisationsberatung zeichnen sich genau dadurch aus, dass sie ihre Theorie und Praxis konsequent auf sich selbst anwenden. Allerdings gilt es dabei, ihr Grundprinzip der Reflexionssteigerung stets mit Augenmaß und nicht um seiner selbst willen zu verfolgen. Denn Reflexion wird leicht zum Fetisch, wenn der »Experte« die Machbarkeit von kontextualisierten oder generierten Problemlösungen aus den Augen verliert. Als Vertreter des Realitätsprinzips hat er oder sie die materiellen, kognitiven und emotionalen Ressourcen zu bedenken, die Organisationsmitgliedern aktuell zu Verfügung stehen. Nur so sind sie vor Überforderung zu schützen. Wo das Reflexionsniveau um seiner selbst willen erhöht wird, verkehrt es sich in sein Gegenteil, weil es seine Erfolgsaussichten diskreditiert.

Um aber die Machbarkeit von besprochenen Problemlösungen beurteilen zu können, bedarf es eines Minimums an Feldkompetenz: Während gruppenanalytische Supervisoren und Organisationsberater früher oftmals unterstellt haben, sie könnten auf Wissen über die Organisationen verzichten, mit deren Mitglieder sie arbeiten, weil sie ja lediglich für die Prozessgestaltung verantwortlich seien, sind es immer weniger, die so denken. Vertreter reflexiver Formen der Supervision und Organisationsberatung kennen und akzeptieren ihre eigenen Grenzen, weshalb sie (von Zugeständnissen an die Auftragsquote einmal abgesehen) nur in Organisationen tätig werden, deren Funktionslogik sie vorab studiert haben. Über Feldkompetenz zu verfügen, heißt nicht zwangsläufig, der Funktionslogik der auftraggebenden Organisationen unkritisch zu begegnen. Sie ist keine vorauseilende Affirmation der bestehenden Herrschaftsverhältnisse, aber auch nicht deren klammheimliche Subversion. Deshalb begnügen sich gruppenanalytische Supervisoren und Organisationsberater in politischer Hinsicht damit, konstruktive Kritik als Mittel der Organisationsentwicklung zu institutionalisieren.

Zu diesem Zweck beziehen sie auch die Aufträge selbst in den gemeinsamen Reflexionsprozess ein – und sei es gegen den Widerstand eines Auftraggebers, der eine reibungslose Erledigung seines Auftrages erwartet, von dem er meist fälschlich unterstellt, er verstehe sich von selbst.

Was schließlich den Bedarf an gruppenanalytischer Supervision und Organisationsberatung anbelangt, so gilt generell, dass die einstige »Goldgräberstimmung« vorbei ist, in der alle Formen von Supervision und Organisationsberatung von überzogenen Erwartungen ihrer Auftraggeber profitierten. Die eingetretene Ernüchterung mag zwar potentielle Auftraggeber vorsichtiger oder gar skeptischer machen, aber sie verringert nicht den Bedarf, sondern verstärkt in erster Linie den Druck auf eine Qualitätssicherung der angebotenen Leistungen und verlangt damit, in Professionalisierung zu investieren – wenn auch ohne Erfolgsgarantie.

Geht man von der sozialwissenschaftlichen Diagnose einer zunehmenden Flexibilisierung und Globalisierung der Erwerbsarbeit aus, dann dürften die Turbulenzen in den Profit- und Non-Profit-Organisationen, in denen diese Arbeit getan wird, noch zunehmen: und damit – wenigstens vorübergehend, wenn nicht dauerhaft – tief greifende Verunsicherungen, mit denen alle Organisationsmitglieder leben lernen müssen. Diese Verunsicherungen wenigstens zu mildern, verlangt Organisationen, die sich als lernende Organisationen verstehen. Gruppenanalytische Supervision und Organisationsberatung kann die erforderlichen Lernprozesse unterstützen, indem sie dazu beiträgt, dass die Konfrontation mit der Realität, gerade dann, wenn sie schmerzlich ist, die Oberhand behält oder (wieder) gewinnt. Das mag angesichts überholter Größenphantasien, den Kapitalismus zu »humanisieren«, als (zu) wenig erscheinen, schwächt aber zumindest grassierende Desintegrationsprozesse, die andernfalls leicht zu verdeckten oder offen feindseligen und gewalttätigen Auseinandersetzungen führen. Eine gemeinsame Untersuchung ihrer objektiven und subjektiven Handlungsbedingungen – vor allem der unbewussten, dem Bewusstsein entzogenen Bedingungen – offeriert den Organisationsmitgliedern keine billige Harmonisierung bestehender Interessenkonflikte. Sie hilft ihnen, mit diesen Konflikten ohne vorauseilende Anpassung, aber auch ohne Aufbegehren, das sich selbst erschöpft, leben zu lernen. Eine gelungene gruppenanalytische Supervision und Organisationsberatung fördert eine realistische Einschätzung von Handlungsmöglichkeiten sowie den Mut, diese auch zu ergreifen.

Autorenverzeichnis

Marita Barthel-Rösing, Gruppenanalytische Ausbildung am SGAZ, Gruppenlehranalytikerin (DAGG), Gruppenanalytische Supervisorin und Organisationsberaterin (DAGG), Gruppenanalytische Balintgruppenleiterin (DAGG), Psychoanalytische Ausbildung in Frankfurt am Main, Analytische Kinder- und Jugendlichenpsychotherapeutin (DPV aff.) in freier Praxis in Bremen.

Dr. phil. Mariagrazia Bianchi Schaeffer, Diplompsychologin. Gruppenlehranalytikerin (DAGG) am Institut für Gruppenanalyse Heidelberg. Tätigkeit als Therapeutin, Supervisorin und Ausbilderin in freier Praxis in Frankfurt am Main. Lehrbeauftragte für Methodik der interkulturellen Gruppenarbeit an der Evangelischen Fachhochschule Dresden.

Prof. Dr. theol., Dr. phil. Hans Bosse, emeritierter Professor für Sozialpsychologie und Soziologie an der Johann Wolfgang Goethe-Universität in Frankfurt am Main mit den Schwerpunkten Sozialisationstheorie, interkulturelle Sozialisationsforschung und Ethnogruppenanalyse; Gründungsmitglied, Lehranalytiker und Supervisor am Institut für Gruppenanalyse Heidelberg, Mitglied der Sektionen Analytische Gruppentherapie sowie Klinik und Praxis im DAGG.

Prof. Dr. phil. Holger Brandes, Diplom-Psychologe und Diplom-Pädagoge; Professor für Psychologie an der Evangelischen Hochschule für Soziale Arbeit in Dresden; Gruppenanalytiker und Lehrgruppenleiter (DAGG, KuP).

Dipl. sc. pol. Georg R. Gfäller, Psychoanalytiker (DPGT, DGIP), Gruppenanalytiker G.A.S. London, IGA Heidelberg, AG im DAGG), Supervisor und Organisationsberater in freier Praxis in München.

Prof. Dr. phil. Dr. rer. pol. habil. Rolf Haubl, Diplompsychologe und Germanist; Professor für Soziologie und psychoanalytische Sozialpsychologie an der Johann Wolfgang Goethe-Universität in Frankfurt am Main und Direktor des dortigen Sigmund-Freud-Instituts; Gruppenlehranalytiker, gruppenanalytischer Supervisor und Organisationsberater.

Dr. med. Rudolf Heltzel, Arzt für Psychiatrie und Neurologie, Arzt für Psychotherapeutische Medizin, Psychoanalytiker (DGPT), Gruppenlehranalytiker

(DAGG), gruppenanalytischer Supervisor, Organisationsberater und Balintgruppenleiter (DAGG) in freier Praxis in Bremen.

Prof. Dr. rer. soc. Franziska Lamott, Diplomsoziologin, apl. Professorin für Sozialpsychologie an der Universität Ulm, Abt. Psychosomatische Medizin und Psychotherapie, Sektion Forensische Psychotherapie. Gruppenanalytikerin (DAGG).

Prof. Dr. phil. Elisabeth Rohr, Professorin für Interkulturelle Erziehung am Fachbereich Erziehungswissenschaften der Philipps-Universität Marburg, Gruppenanalytikerin, Supervisorin.

Prof. Dr. med. Ulrich Schultz-Venrath, Arzt für Psychotherapeutische Medizin und Nervenheilkunde, Psychotherapeut/Psychoanalytiker (DPV, IPA) und Gruppenanalytiker (GRAS, DAGG); Chefarzt der Klinik für Psychiatrie, Psychotherapie und Psychosomatik im Evangelischen Krankenhaus Bergisch Gladbach; Fakultätsmitglied und Fachvertreter für Psychosomatik und Psychotherapeutische Medizin an der Universität Witten/Herdecke.

Prof. Dr. med. Josef Shaked, Facharzt für Psychiatrie und Neurologie, Psychotherapeut (Psychoanalyse, Gruppenpsychoanalyse); Ehrenpräsident des Wiener Arbeitskreises für Psychoanalyse; Leiter der Sektion Gruppenanalyse im ÖAGG; Ehrenmitglied des Sektion Analytische Gruppentherapie im DAGG; Mitbegründer der Internationalen Arbeitsgemeinschaft für Gruppenanalyse in Altaussee.

PD Dr. phil. Erhard Tietel, Diplom Psychologe und Diplomwirt, Supervisor (DGSVr). Projektleiter der Akademie für Arbeit und Politik in Bremen.

Dipl. Päd. Cornelia Volhard, Gruppenlehranalytikerin (IGA, DAGG, GAS), gruppenanalytische Supervisorin und Organisationsberaterin (DGSv, DAGG) in freier Praxis in Frankfurt am Main.

Martin Weimer, Pastoralpsychologe in Kiel.

Gerhard Wilke, Ethnologe und Gruppenanalytiker in freier Praxis in London (IGA)

2003 · 562 Seiten · Broschur
EUR (D) 38,00 · SFr 65,30
ISBN 3-89806-284-8

Die Freie Assoziation, das deutschsprachige Organ für das Unbewusste in Organisation und Kultur, feiert ihr fünfjähriges Jubiläum. Für die Herausgeber ein Anlass, diesen Sonderband dem Unbewussten in Organisationen zu widmen. Die international renommierten Autoren Alastair Bain, Hansjörg Becker, Ullrich Beumer, Martin Bowles, Douglas Kirsner, W. Gordon Lawrence, Susan Long, Rose R. Mersky, Dieter Ohlmeier, Burkard Sievers und Howard F. Stein fokussieren einerseits das Verstehen irrationalen Verhaltens in Organisationen und untersuchen andererseits soziale Mechanismen der Angstabwehr sowie subjektive Aspekte wie Träume, Gefühle oder Phantasien.

Vermittels ihres psychoanalytischen Blicks auf psychosoziale Dynamiken in Organisationen ermöglichen sie Beratern, Managern, Supervisoren und Studierenden Zugang zu einem tieferen Verständnis der Organisationen, in denen sie arbeiten.

P☒V
Psychosozial-Verlag

Michael Hayne, Dieter Kunze (Hg.)
Moderne Gruppenanalyse
Theorie, Praxis und spezielle Anwendungsgebiete

edition ■psychosozial

2004 · 334 Seiten · Broschur
EUR (D) 32,– · SFr 55,60
ISBN 3-89806-312-7

Das Buch Moderne Gruppenanalyse dokumentiert in 18 Beiträgen international renommierter Gruppenanalytiker den aktuellen Entwicklungsstand der Gruppenanalyse als Therapieform und Forschungsinstrument. Der von Beginn an als offenes Modell angelegte Ansatz von Foulkes verbindet heute mühelos neuere Erkenntnisse u. a. aus der Psychotraumatologie, der Säuglings- und Kleinkindforschung, der Bindungstheorie und der Neurobiologie, neben weiterführenden Überlegungen aus der Selbstpsychologie, der relationalen Psychoanalyse und der Objektbeziehungstheorie. Das Buch ist in drei Teile gegliedert: Theorie, Praxis und spezielle Anwendungsgebiete. Nachdem im ersten Teil die Implikationen neuerer Forschungsbefunde für die Theorie der Gruppenanalyse dargestellt werden, geht es im zweiten Teil um die praktische Anwendung in erweiterten und modifizierten Behandlungsansätzen. Der dritte Teil gilt der Anwendung der Gruppenanalyse auf große Gruppen, im interkulturellen Feld, im stationären Setting und mit psychotischen und älteren Patienten.

Mit Beiträgen u. a. von Josef Shaked, Mario Marrone, Franco Paparo, Farhad Delal, Hilary Hall.

P☒V
Psychosozial-Verlag

**Kornelia Steinhardt
Psychoanalytisch orientierte Supervision**
Auf dem Weg zu einer Profession?

2005 · 210 Seiten · Broschur
EUR (D) 22,– · SFr 38,60
3-89806-396-8

Supervision hat sich in den letzten 100 Jahren als eigenständige Form berufsbezogener Beratung im deutschsprachigen Raum etabliert. Sie blieb von der psychoanalytischen Bewegung, die sich parallel entwickelte, nicht unbeeinflusst. Aus historischer und professionstheoretischer Perspektive arbeitet Kornelia Steinhardt heraus, in welchem Nahverhältnis Supervision und Psychoanalyse standen und stehen. Sie zeigt aber auch, dass sich psychoanalytisch orientierte Supervision erst in der Abgrenzung zur Psychoanalyse eigenständig entwickeln konnte.

Anhand einer empirischen Vergleichsuntersuchung verdeutlicht Steinhardt im letzten Teil des Buches, was psychoanalytisch orientierte Supervisorinnen und Supervisoren in ihrer professionellen Identität charakterisiert.

P⬚V
Psychosozial-Verlag

Peter Geißler (Hg.)
Mediation – Theorie und Praxis
Neue Beiträge zur Konfliktregelung

2004 · 326 Seiten · Broschur
EUR (D) 24,90· SFr 43,70
ISBN 3-89806-272-4

»Spannung, Widerspruch und Konflikt scheinen elementare Lebensprozesse zu sein: in unseren Zellen, im Bereich unseres Seelenlebens, aber auch zwischen Menschen, zwischen Menschengruppen, zwischen Völkern. Konflikte bewegen uns sowohl in und mit uns selbst (...) als auch im mitmenschlichen Bereich (...). Es gibt Konflikte in Zusammenhang mit Meinungen, mit Einstellungen, mit Überzeugungen, mit religiösen Glaubenssystemen; es gibt Konflikte zwischen unterschiedlichen Wünschen und Ansprüchen, es gibt Erwartungskonflikte, es gibt Rollenkonflikte und vieles mehr. Der Mensch ist also nicht nur harmoniebedürftig, er ist ganz wesentlich ein konflikthaftes Wesen.«

Peter Geißler

Ausgehend von dieser These thematisieren erfahrene Mediatoren aktuelle Entwicklungen der Mediation als Lösungsmodell sowohl innergesellschaftlicher Konflikte (wie die Flughafen-Mediation in Wien), als auch internationaler, interkultureller, Konfliktfelder und sie wagen einen bereichernden Blick über den Tellerrand der Mediationspraxis hinaus in angrenzende Bereiche wie die Körpertherapie, die Psychoanalyse und den Sport.

P✶V
Psychosozial-Verlag

www.ingramcontent.com/pod-product-compliance
Ingram Content Group UK Ltd.
Pitfield, Milton Keynes, MK11 3LW, UK
UKHW041946230426
12048UKWH00008B/167